Recommended by Teachers
Trusted by Toppers

All in One

हिंदी 'ब'

CBSE कक्षा 9

सभी खंडों की अध्ययन सामग्री ▪ अभ्यास प्रश्न ▪ प्रतिदर्श प्रश्न-पत्र

AF814349

लेखकगण
वीरेन्द्र सिंह
बनानी विश्वास

arihant
SUCCESS AND NOTHING LESS

अरिहन्त प्रकाशन

(स्कूल डिवीज़न सीरीज़)

卐 रजि. कार्यालय

'रामछाया' 4577/15, अग्रवाल रोड, दरिया गंज, नई दिल्ली-110002
फोन: 011-47630600, 43518550; फैक्स: 011-23280316

मुख्य कार्यालय

कालिन्दी, टी०पी० नगर, मेरठ (यूपी)-250002 फोन: 0121-7156203, 7156204

卐 शाखा कार्यालय

आगरा, अहमदाबाद, बरेली, बंगलुरु, चेन्नई, दिल्ली, गुवाहाटी, हैदराबाद, जयपुर, झाँसी, कोलकाता, लखनऊ, नागपुर तथा पुणे

卐 PO No : TXT-XX-XXXXXXX-X-XX

Published by Arihant Publications (India) Ltd.

'अरिहन्त' की पुस्तकों के बारे में अधिक जानकारी के लिए हमारी वेबसाइट
www.arihantbooks.com पर लॉग इन करें या info@arihantbooks.com पर सम्पर्क करें।

Follow us on

卐 मूल्य ₹ 300.00

प्रोडक्शन टीम

पब्लिशिंग मैनेजर	कवर डिज़ाइनर	इनर डिज़ाइनर
महेन्द्र सिंह रावत, केशव मोहन	सलमान	अंकित त्यागी
प्रोजेक्ट हैड	*पेज लेआउट*	*प्रूफ रीडर*
मोहित महरोल	रवि सागर	दीपक

Index *cum* Study Planner

खंड 'ग' पाठ्यपुस्तक (स्पर्श भाग–1)
पूरक पाठ्यपुस्तक (संचयन भाग–1)

One Book- Endless Features

to Help you Succeed

पाठ का सार

पाठ्यपुस्तक के प्रत्येक अध्याय में NCERT Theory का सरल शब्दों में Coverage किया गया है, जिससे छात्र संपूर्ण अध्याय के CRUX को कम-से-कम समय में समझ सकें व याद कर सकें।

खंड 'ग' : पाठ्यपुस्तक व पूरक पाठ्यपुस्तक

दु:ख का अधिकार यशपाल

अध्याय 1

पाठ की रूपरेखा 'दु:ख का अधिकार' कहानी में यशपाल ने समाज में फैले अंधविश्वास और कुरीतियों के साथ-साथ समाज की उस दोहरी मानसिकता को भी उजागर किया है, जिसमें अमीर और गरीब के बीच का अंतर स्पष्ट दिखता है। हैसियत दिलाती है। पोशाकें मनुष्य के मन-मस्तिष्क में इस कदर छाई रहती हैं कि चाहते हुए भी एक समृद्ध व्यक्ति किसी गरीब—असहाय व्यक्ति के निकट जाकर उससे आत्मीय संबंध नहीं बना पाता, उसके दु:ख को नहीं जान पाता। लेखक के सामने भी यही समस्या आई।

शब्दार्थ

पाठ्यपुस्तक के प्रत्येक अध्याय में दिए गए कठिन शब्दों को उनके सरल अर्थ के साथ 'शब्दार्थ' रूप में दिया गया है, जिससे छात्र कठिन शब्दों को सरलता से समझ सकें व उनके अर्थ के साथ उन्हें याद कर सकें।

NCERT फोल्डर

पाठ्यपुस्तक के प्रत्येक अध्याय में NCERT पाठ्यपुस्तक के अभ्यास प्रश्नों का उत्तर सरल भाषा में दिया गया है तथा उतना ही उत्तर दिया गया है जितना कि प्रश्न में अनिवार्य रूप से पूछा गया है। NCERT प्रश्नोत्तर को यहाँ देने का मुख्य उद्देश्य यह है कि छात्र NCERT का पूर्ण अभ्यास एक ही पुस्तक में कर सकें।

शब्दार्थ

शब्द	अर्थ	शब्द	अर्थ
श्रेणियाँ	वर्ग	सूतक	किसी बच्चे के जन्म या किसी व्यक्ति की मृत्यु के बाद एक तय समय तक पूजा-पाठ से पहले परिवार के सदस्यों को छूना मना होता है
पोशाक	वस्त्र	कछियारी	खेतों में फल-सब्ज़ी उगाना
दर्ज़ा	स्थान, वर्ग	निर्वाह	गुज़ारा
अनुभूति	अहसास	तरावट	नमी, ठंडक, शीतलता
अड़चन	बाधा	ओझा	झाड़-फूँक करने वाला
खास	विशेष	दफे	बार
डलिया	टोकरी	छन्नी-ककना	ज़ेवर
बिक्री	बिकना		
घृणा	नफ़रत		
व्यथा	दु:ख		

NCERT फोल्डर

पाठ्यपुस्तक (स्पर्श भाग-1) के प्रश्नोत्तर

मौखिक

निम्नलिखित प्रश्नों के उत्तर एक-दो पंक्तियों में दीजिए

प्र.1 किसी व्यक्ति की पोशाक को देखकर हमें क्या पता चलता है?

उत्तर किसी व्यक्ति की पोशाक को देखकर हमें उस व्यक्ति की आर्थिक स्थिति का पता चलता है।

प्र.2 खरबूज़े बेचने वाली स्त्री से कोई खरबूज़े क्यों नहीं खरीद रहा था?

उत्तर खरबूज़े बेचने वाली स्त्री के बेटे को मरे हुए एक दिन ही हुआ था। वह बिना तेरहवीं किए सूतक में फल बेचने आ गई थी, इसलिए लोग सूतक मानकर अपवित्र होने के भय से उससे खरबूज़े नहीं खरीद रहे थे।

प्र.3 उस स्त्री को देखकर लेखक को कैसा लगा?

उत्तर उस स्त्री को देखकर लेखक के मन में व्यथा-सी उठी। वह उसके दु:ख को जानने के लिए बेचैन हो उठा।

प्र.4 भगवाना अपने परिवार का निर्वाह कैसे करता था? 'दु:ख का अधिकार' पाठ के आधार पर लिखिए। दक्षता आधारित प्रश्न

उत्तर भगवाना शहर के पास डेढ़ बीघा भर ज़मीन में कछियारी करके अपने परिवार का निर्वाह करता था। वह अपनी ज़मीन पर हरी सब्ज़ियाँ एवं खरबूज़े जैसे फल उगाया करता था और उन्हें बेचता था।

प्र.5 लड़के की मृत्यु के दूसरे दिन बुढ़िया खरबूज़े बेचने क्यों चल पड़ी?

उत्तर लड़के की मृत्यु के पश्चात् उसके घर में परिवार का पालन-पोषण करने वाला कोई नहीं था। बच्चे भूख से बिलबिला रहे थे और भगवाना की पत्नी बुखार से तप रही थी। बेटे के बिना बुढ़िया को कोई उधार देने को भी तैयार न था, इसलिए बुढ़िया बेटे की मृत्यु के दूसरे दिन ही खरबूज़े बेचने चल पड़ी।

प्र.6 बुढ़िया के दु:ख को देखकर लेखक को अपने पड़ोस की संभ्रांत महिला की याद क्यों आई? दक्षता आधारित प्रश्न

उत्तर बुढ़िया के दु:ख को देखकर लेखक को अपने पड़ोस की संभ्रांत

One Book- Endless Features

to Help you Succeed

अभ्यास प्रश्न

पाठ्यपुस्तक के प्रत्येक अध्याय के NCERT प्रश्नोत्तर के पश्चात् 'अभ्यास प्रश्न' दिया गया है। इस खंड में दिए गए प्रश्न पूर्णतः CBSE के नवीनतम पाठ्यक्रम व नवीनतम सैंपल पेपर पर आधारित हैं। परीक्षा अभ्यास देने का मुख्य उद्देश्य यह है कि छात्र अपने द्वारा अध्याय में पढ़ी हुई पाठ्य सामग्री से संबंधित प्रश्नोत्तर का अध्ययन यहाँ कर सकते हैं।

अभ्यास प्रश्न
बहुविकल्पीय व वर्णनात्मक प्रश्नों सहित

पाठ पर आधारित बहुविकल्पीय प्रश्न

1. समाज में मनुष्यों का अधिकार और उनका दर्जा कैसे सुनिश्चित होता है?
   (क) व्यवहार से
   (ख) पोशाक से
   (ग) खान-पान से
   (घ) रहन-सहन से
   उत्तर (ख) पोशाक से
2. लेखक के अनुसार, अनेक बंद दरवाजे कौन खोल देती है?
   (क) हमारी सभ्यता (ख) हमारी आवश्यकताएँ
   (ग) हमारी विचारधारा (घ) हमारी पोशाक
   उत्तर (घ) हमारी पोशाक

8. कथन (A) खरबूजे बेचने वाली से कोई व्यक्ति खरबूजे नहीं ले रहा था।
   कारण (R) उसके बेटे की मृत्यु के कारण उसके घर में सूतक चल रहा था। दक्षता आधारित प्रश्न
   (क) कथन (A) सही नहीं है, लेकिन कारण (R) सही है।
   (ख) कथन (A) सही है, लेकिन कारण (R) सही नहीं है।
   (ग) कथन (A) और कारण (R) दोनों सही हैं।
   (घ) कथन (A) और कारण (R) दोनों गलत हैं।
   उत्तर (ग) कथन (A) और कारण (R) दोनों सही हैं।
9. भगवाना अपने परिवार का निर्वाह कैसे करता था?
   (क) मजदूरी करके
   (ख) परचून की दुकान लगाकर
   (ग) फेरी लगाकर सामान बेचकर

स्व-मूल्यांकन

अध्याय के इस चरण में छात्र अध्याय से संबंधित अपने ज्ञान का मूल्यांकन कर सकते हैं। इस चरण में दिए गए सभी प्रश्न पूर्णतः CBSE के नवीनतम पाठ्यक्रम व नवीनतम CBSE सैंपल पेपर पर आधारित हैं।

स्व-मूल्यांकन

पाठ पर आधारित बहुविकल्पीय प्रश्न

1. 'दुःख का अधिकार' कहानी में लोगों ने पत्थर दिल किसे कहा है?
   (क) लेखक को (ख) उच्च वर्ग को
   (ग) बूढ़ी स्त्री को (घ) दुकान वाले लाला को
2. कथन के संदर्भ में लेखक ने व्यंग्य .... किया है।
   (क) लाला जी पर
   (ख) स्वयं पर
   (ग) सामाजिक रूढ़िवादिता पर
   (घ) राजनीतिक व्यवस्था पर
3. कथन (A) बूढ़ी स्त्री को दुःख मनाने का अधिकार क्यों नहीं था?
   कारण (R) क्योंकि उसने अपना ईमान बेच दिया और वह पुत्र की मृत्यु के अगले दिन बाजार गई।
   (क) कथन (A) सही है, लेकिन कारण (R) सही नहीं है।
   (ख) कथन (A) और कारण (R) दोनों सही हैं।
   (ग) कथन (A) सही नहीं है, लेकिन कारण (R) सही है।
   (घ) कथन (A) और कारण (R) दोनों गलत हैं।

(ii) कथन (A) गद्यांश में लेखक ने संभ्रांत महिला के पुत्र-शोक का उदाहरण दिया है।
कारण (R) वह बूढ़ी स्त्री की अपेक्षा दो महीने से ज्यादा समय तक पुत्र-शोक मनाती रही।
(क) कथन (A) सही है, लेकिन कारण (R) कथन (A) की सही व्याख्या नहीं करता है।
(ख) कथन (A) सही है, परंतु कारण (R) कथन (A) की सही व्याख्या करता है।
(ग) कथन (A) सही नहीं है, लेकिन कारण (R) कथन (A) की सही व्याख्या करता है।
(घ) कथन (A) और कारण (R) दोनों गलत हैं।

(iii) शहर के लोग किसके दुःख से द्रवित हो उठे थे?
1. बूढ़ी स्त्री के 2. लेखक के
3. संभ्रांत महिला के 4. भगवाना के बच्चों के
कूट
(क) केवल 1 सही है। (ख) केवल 2 सही है।

प्रतिदर्श प्रश्न पत्र (Model Paper)

पुस्तक के अंत में CBSE के नवीनतम पाठ्यक्रम व नवीनतम सैंपल पेपर पर आधारित 3 प्रतिदर्श प्रश्न-पत्र दिए गए हैं। सभी प्रतिदर्श प्रश्न-पत्रों को परीक्षा पैटर्न व समय सीमा को ध्यान में रखकर तैयार किया गया है। इन प्रतिदर्श प्रश्न-पत्रों की प्रैक्टिस कर छात्र परीक्षा की सटीक तैयारी कर सकते हैं।

प्रतिदर्श प्रश्न-पत्र 1 (व्याख्या सहित)

CBSE कक्षा 9 की परीक्षा के लिए नमूना प्रश्न-पत्र

हिंदी 'ब'

समय : 3 घंटे पूर्णांक : 80

1. इस प्रश्न-पत्र में दो खंड होंगे–खंड 'अ' और 'ब'।
2. खंड 'अ' में 43 वस्तुपरक प्रश्न पूछे जाएँगे, जिनमें से केवल 40 प्रश्नों के ही उत्तर देने होंगे।
3. खंड 'ब' में वर्णनात्मक प्रश्न पूछे जाएँगे, प्रश्नों में उचित आंतरिक विकल्प दिए जाएँगे।

खंड (अ) : वस्तुपरक प्रश्न (40 अंक)

1. निम्नलिखित गद्यांश को ध्यानपूर्वक पढ़कर पूछे गए प्रश्नों के उत्तर दीजिए। (1 × 5 = 5)

भारत एक बड़ा देश है। बहुसांस्कृतिक, बहुजातीय, बहुभाषीय लोगों का देश। हर हिस्से के अलग रीति-रिवाज, पोशाक की विभिन्नताएँ आदि मौजूद हैं, लेकिन देश के किसी हिस्से में भी चले जाइए, सारी विभिन्नताओं के बीच एक समानता ज़रूर है– सोने को लेकर गज़ब का प्यार। सौभाग्य का प्रतीक है–सोना। हमारी परंपराओं, मान्यताओं, रीति-रिवाज़ों, त्योहारों और संस्कारों से जुड़ा हुआ। युगों-युगों से ये हमें सम्मोहित करता रहा है। गज़ब की कशिश है इसकी चमक में, न जाने क्या जादू है इसमें। ये शुद्ध है, कालजयी, अजर और अमर है। हिंदुओं की मान्यता है कि सोना भगवान सूर्य का अंग है। उनकी अश्रुधारा से निकला हुआ, इसलिए उन्हीं के समान तेजवान और तीव्र रत वाला सोना तो अच्छा है न? इसलिए कि यह कंगाल या धनी सबको एक-सा मयस्सर है।

(i) गद्यांश के अनुसार, देश में विभिन्नताएँ होते हुए कौन-सी समानता है? (1)
(क) सभी का देश के प्रति प्रेम
(ख) बहुत-सी मान्यताएँ व परंपराएँ समान होना
(ग) सभी का एक ही भाषा को बोलना
(घ) सोने को लेकर गजब का प्यार

(ii) गद्यांश में सोने को किसका प्रतीक बताया गया है? (1)
(क) दुर्भाग्य का (ख) सौभाग्य का
(ग) संपन्नता का (घ) विपन्नता का

नवीनतम पाठ्यक्रम

कक्षा 9 वीं हिंदी–'ब' परीक्षा हेतु पाठ्यक्रम विनिर्देशन

- भारांक – 80 (वार्षिक परीक्षा) + 20 (आंतरिक परीक्षा)

निर्धारित समय – 3 घंटे | **वार्षिक बोर्ड परीक्षा हेतु भार विभाजन** | **भारांक – 80**

		विषयवस्तु	उप भार	कुल भार
		खंड – क (अपठित बोध)		
1		अपठित गद्यांश पर बोध, चिंतन, विश्लेषण, सराहना आदि पर बहुविकल्पीय, अतिलघुत्तरात्मक व लघुत्तरात्मक प्रश्न		
	(अ)	दो अपठित गद्यांश (लगभग 200 शब्दों के) एक अंकीय तीन बहुविकल्पीय प्रश्न (1 × 3 = 3) पूछे जाएँगे। अतिलघुत्तरात्मक व लघुत्तरात्मक प्रश्न (2 × 2 = 4) पूछे जाएँगे।	7+7	14
		खंड–ख (व्यावहारिक व्याकरण)		
2		व्याकरण के लिए निर्धारित विषयवस्तु का बोध, भाषिक बिंदु/संरचना आदि पर अतिलघुत्तरात्मक प्रश्न (1 अंक × 16 प्रश्न) (कुल 20 प्रश्न पूछे जाएँगे, जिनमें से केवल 16 प्रश्नों के उत्तर देने होंगे।)		16
	1	शब्द और पद (2 अंक) (3 में से 2 प्रश्न)	2	
	2	अनुस्वार (1 अंक), अनुनासिक (1 अंक) (3 में से 2 प्रश्न)	2	
	3	उपसर्ग (2 अंक), प्रत्यय (2 अंक) (5 में से 4 प्रश्न)	4	
	4	स्वर संधि (3 अंक) (4 में से 3 प्रश्न)	3	
	5	विराम–चिह्न (2 अंक) (3 में से 2 प्रश्न)	2	
	6	अर्थ की दृष्टि से वाक्य भेद (3 अंक) (4 में से 3 प्रश्न)	3	
		खंड–ग (पाठ्यपुस्तक एवं पूरक पाठ्यपुस्तक)		
3	(अ)	**गद्य खंड (पाठ्यपुस्तक)**	11	30
		स्पर्श (भाग–1) से निर्धारित पाठों में से गद्यांश के आधार पर विषयवस्तु का ज्ञान, बोध, अभिव्यक्ति आदि पर एक अंकीय पाँच बहुविकल्पीय प्रश्न पूछे जाएँगे। (1 × 5)	5	
		स्पर्श (भाग–1) से निर्धारित पाठों में से विषयवस्तु का ज्ञान, बोध,अभिव्यक्ति आदि पर तीन प्रश्न पूछे जाएँगे। (विकल्प सहित 25-30 शब्द–सीमा वाले 4 में से 3 प्रश्न करने होंगे) (2 × 3)	6	
	(ब)	**काव्य खंड (पाठ्यपुस्तक)**	11	
		स्पर्श (भाग–1) से निर्धारित कविताओं में से काव्यांश के आधार पर एक अंकीय पाँच बहुविकल्पीय प्रश्न पूछे जाएँगे। (1 × 5)	5	
		स्पर्श (भाग–1) से निर्धारित कविताओं के आधार पर विद्यार्थियों का काव्यबोध परखने हेतु तीन प्रश्न पूछे जाएँगे। (विकल्प सहित 25-30 शब्द–सीमा वाले 4 में से 3 प्रश्न करने होंगे) (2×3)	6	
	(स)	**पूरक पाठ्यपुस्तक**	8	
		संचयन (भाग–1) से निर्धारित पाठों पर आधारित दो प्रश्न पूछे जाएँगे। (4×2) (विकल्प सहित 50-60 शब्द–सीमा वाले 3 में से 2 प्रश्न करने होंगे)	8	

4	खंड–घ (रचनात्मक लेखन)		
(i)	विभिन्न विषयों और संदर्भों पर विद्यार्थियों के तर्कसंगत विचार प्रकट करने की क्षमता को परखने के लिए संकेत बिंदुओं पर आधारित समसामयिक एवं व्यावहारिक जीवन से जुड़े हुए किन्हीं तीन विषयों में से किसी एक विषय पर लगभग 120 शब्दों में अनुच्छेद लेखन। (5 अंक ×1 प्रश्न)	5	
(ii)	अभिव्यक्ति की क्षमता पर केंद्रित अनौपचारिक विषयों में लगभग 100 शब्दों में किसी एक विषय पर पत्र। (5 अंक ×1 प्रश्न)	5	20
(iii)	किसी दृश्य/घटना के चित्र पर आधारित लेखन (5 अंक ×1 प्रश्न) (लगभग 100 शब्दों में) (बिना किसी विकल्प के)	5	
(iv)	भाव एवं दृश्य संकेतों के आधार पर संवाद लेखन। (लगभग 100 शब्दों में) (विकल्प सहित)	5	
	कुल		**80**
	आंतरिक मूल्यांकन (अ) सामयिक आकलन (ब) बहुविध आकलन (स) पोर्टफोलियो (द) श्रवण एवं वाचन	 5 5 5 5	**20**
	कुल		**100**

निर्धारित पुस्तकें

1. स्पर्श, भाग–1, एन.सी.ई.आर.टी., नई दिल्ली द्वारा प्रकाशित नवीनतम संस्करण
2. संचयन, भाग–1, एन.सी.ई.आर.टी., नई दिल्ली द्वारा प्रकाशित नवीनतम संस्करण

नोट : निम्नलिखित पाठों से प्रश्न नहीं पूछे जाएँगे–	
स्पर्श (भाग–1)	• धर्म की आड़ (पूरा पाठ) • आदमीनामा (पूरा पाठ) • एक फूल की चाह (पूरा पाठ)
संचयन (भाग–1)	• हामिद खाँ (पूरा पाठ) • दिये जल उठे (पूरा पाठ)

खंड 'क' : अपठित बोध

अध्याय 1

अपठित गद्यांश

अपठित गद्यांश का अर्थ

गद्य का ऐसा अंश जिसका अध्ययन पहले नहीं किया गया हो, वह अपठित गद्यांश कहलाता है। प्रायः अपठित गद्यांश का उद्देश्य किसी विषय को समझना, भावों व अर्थों को ग्रहण करना, भाषा और शैली के बीच के संबंधों को खोजना, शब्द भंडार में वृद्धि करना तथा विद्यार्थियों की अवबोध क्षमता को परखना होता है। अपठित गद्यांश का विद्यार्थियों को सावधानीपूर्वक, गंभीरता व गहनता से अध्ययन करना चाहिए, जिससे वे इसका भावार्थ (मूलभाव) समझ सकें।

अपठित गद्यांश को हल करने के चरणबद्ध तरीके

अपठित गद्यांश को हल करने के चरणबद्ध तरीके निम्नलिखित हैं

- सर्वप्रथम दिए गए अपठित गद्यांश को दो-तीन बार ध्यानपूर्वक पढ़कर उसके मूल भाव को आत्मसात् (समझना) करना चाहिए।
- गद्यांश में दी गई महत्त्वपूर्ण सूचनाओं को रेखांकित करते रहना चाहिए। इससे **विषय-वस्तु** व पठन कौशल वाले प्रश्नों को हल करने में आसानी होती है।
- **भाषिक संरचना** एवं **व्याकरण** संबंधी प्रश्नों के लिए गद्यांश में दिए गए कठिन शब्दों, मुहावरों आदि को रेखांकित करना चाहिए।
- शीर्षक संबंधी प्रश्न पर विशेष ध्यान देना चाहिए तथा पूरे गद्यांश को पढ़ने व समझने के पश्चात् ही उचित शीर्षक का चयन करना चाहिए।
- गद्यांश पर आधारित कथन व कथन/कारण वाले बहुविकल्पीय प्रश्नों को हल करने हेतु सर्वप्रथम उनके केन्द्र बिन्दु व मुख्य उद्देश्य को समझना चाहिए। इसके पश्चात् ही सही विकल्प का चयन करना चाहिए।
- अंत में एक बार सभी प्रश्नों के उत्तरों को पुनः ध्यानपूर्वक पढ़कर जाँच लेना चाहिए।

साधित उदाहरण

निम्नलिखित गद्यांशों को पढ़कर उन पर आधारित प्रश्नों के उत्तर दीजिए

सैंपल गद्यांश 1

मन की दृढ़ इच्छा-शक्ति को किसी एक काम में केंद्रित कर देने को एकाग्रता कहते हैं। एकाग्रता पैदा होने पर संसार में ऐसा कोई काम नहीं रह जाता, जो पूरा न किया जा सके। यदि जीवन में बुद्धिमानी की कोई साधना है, तो वह एकाग्रता है और यदि कोई खराब बात है, तो वह है अपनी शक्तियों को बिखेर देना। सफल और असफल मनुष्यों में क्या अंतर होता है? सफल व्यक्ति अपना कार्य एकाग्रता से करता है तथा पूरी इच्छा-शक्ति से करता है जबकि असफल व्यक्ति बोझ ढोता है, बहुचित्तता से कार्य करता है, परिस्थितियों को पकड़े रहता है, अवसर से लाभ उठाना नहीं जानता। उसमें वह योग्यता नहीं होती, जिससे असफलता को सफलता में बदला जाता है। किसी विचारक ने कहा है कि दुर्बल से दुर्बल प्राणी भी अपनी शक्तियों को एक वस्तु पर केंद्रित करके कुछ-न-कुछ कर सकता है। इसके विपरीत शक्तिशाली भी उन शक्तियों को बहुत-सी बातों में बिखेरकर हर एक काम में असफल हो सकता है। लगातार गिरने वाली बूँदों से कठोर-से-कठोर चट्टान में भी छेद हो जाता है, पर तेजी से बहने वाले पानी का प्रवाह भयंकर आवाज़ करता हुआ निकल जाता है, उसका कोई भी चिह्न पीछे नहीं रह जाता।

प्रश्न

I. निम्नलिखित कथन (A) तथा कारण (R) को ध्यानपूर्वक पढ़िए। उसके बाद दिए गए विकल्पों में से कोई एक सही विकल्प चुनकर लिखिए। दक्षता आधारित प्रश्न

कथन (A) एकाग्रता से व्यक्ति किसी भी कार्य में सफलता प्राप्त कर सकता है ।

कारण (R) एकाग्रता किसी व्यक्ति की वह मानसिक स्थिति है, जिसमें वह पूरा ध्यान केंद्रित करके किसी कार्य में निरंतरता बनाए रखता है।

(क) कथन (A) तथा कारण (R) दोनों गलत हैं।

(ख) कथन (A) गलत है, लेकिन कारण (R) सही है।

(ग) कथन (A) सही है, लेकिन कारण (R) उसकी गलत व्याख्या करता है।

(घ) कथन (A) तथा कारण (R) दोनों सही हैं तथा कारण (R) कथन (A) की सही व्याख्या करता है।

उत्तर (घ) **कथन (A) तथा कारण (R) दोनों सही हैं तथा कारण (R) कथन (A) की सही व्याख्या करता है।** गद्यांश के अनुसार, एकाग्रता से व्यक्ति किसी भी कार्य में सफलता प्राप्त कर सकता है, क्योंकि एकाग्रता वह मानसिक स्थिति है, जिसमें व्यक्ति अपना पूरा ध्यान केंद्रित करके किसी कार्य में निरंतरता बनाए रखता है, जिससे उसे सफलता प्राप्त होती है।

II. 'असफल व्यक्ति बोझ ढोता है, बहुचित्तता से कार्य करता है' कथन के अनुसार सही विकल्प का चयन कीजिए दक्षता आधारित प्रश्न

(क) बहुचित्तता से अपने लक्ष्य की प्राप्ति में समस्या होती है।

(ख) असफलता का सामना करना पड़ता है।

(ग) 'क' और 'ख' दोनों

(घ) बहुचित्तता के कारण मानसिक एकाग्रता बनी रहती है।

उत्तर (ग) **'क' और 'ख'** दोनों गद्यांश के अनुसार, बहुचित्तता से अपने लक्ष्य की प्राप्ति में समस्या होती है और असफलता का सामना करना पड़ता है, क्योंकि बहुचित्तता के कारण व्यक्ति अपनी शक्तियों को बहुत सारे कार्यों में बिखेरने की कोशिश करता है, जिससे उसकी मानसिक एकाग्रता बिगड़ जाती है।

III. दुर्बल से दुर्बल प्राणी भी अपनी शक्तियों को एक वस्तु पर केंद्रित करके कुछ-न-कुछ कर सकता है। यहाँ उपर्युक्त कथन से कवि क्या कहना चाहता है? दक्षता आधारित प्रश्न

(क) दुर्बल प्राणी को अपनी शक्तियों पर आत्मविश्वास बनाए रखना चाहिए।

(ख) दुर्बल प्राणी भी यदि एकाग्रता से कार्य करे, तो सफल हो सकता है।

(ग) समर्थन न होने पर भी व्यक्ति को आत्मनिर्भर बनना चाहिए।

(घ) किसी कार्य में सफलता के लिए आत्मविश्वास रखना ज़रूरी नहीं है।

उत्तर (ख) **दुर्बल प्राणी भी यदि एकाग्रता से कार्य करे, तो सफल हो सकता है।** गद्यांश के अनुसार, इस कथन द्वारा लेखक का यह कहना है कि एक दुर्बल व्यक्ति, यदि वह अपनी शक्तियों को सही दिशा में स्थापित करके एकाग्रता से लक्ष्य को केंद्रित करता है, तो वह किसी भी कार्य में सफलता प्राप्त करने की क्षमता प्राप्त कर सकता है।

IV. गद्यांश के अनुसार, किसका सीधा परिणाम सफलता है तथा व्यक्ति सफल कब होता है?

उत्तर गद्यांश के अनुसार, एकाग्रता का सीधा परिणाम सफलता होता है। जब कोई व्यक्ति अपना पूरा ध्यान एक ही कार्य पर केंद्रित कर निरंतर प्रयास करता है, तो वह सफल होता है।

V. गद्यांश के अनुसार, बहुचित्तता का क्या कार्य है?

उत्तर गद्यांश के अनुसार, बहुचित्तता के कारण व्यक्ति अपनी शक्तियों को अनेक कार्यों में प्रयोग करने की कोशिश करता है, जिससे उसके कार्यों में विघ्न आता है। बहुचित्तता को बहु-मानसिकता भी कह सकते हैं, जिसका अर्थ है—वह स्थिति जहाँ व्यक्ति एक ही समय में अनेक विचारों, धारणाओं या भावनाओं को स्वीकार करता है।

सैंपल गद्यांश 2

अपनी सभ्यता का जब मैं अवलोकन करता हूँ, तब लोगों को काम के संबंध की उनकी विचारधारा के अनुसार उन्हें विभाजित करने लगता हूँ। एक वर्ग में वे लोग आते हैं, जो काम को उस घृणित आवश्यकता के रूप में देखते हैं, जिसकी उनके लिए उपयोगिता केवल धन अर्जित करना है। वे अनुभव करते हैं कि जब दिनभर का श्रम समाप्त हो जाता है, तब वे सचमुच जीना शुरू करते हैं और अपने आप में होते हैं।

जब वे काम में लगे होते हैं, तब उनका मन भटकता रहता है। काम को वे उतना महत्त्व देने का कभी विचार नहीं करते, क्योंकि केवल आमदनी के लिए ही उन्हें काम की आवश्यकता है। दूसरे वर्ग के लोग अपने काम को आनंद और आत्मपरितोष पाने के एक सुयोग के रूप में देखते हैं। वे धन इसलिए कमाना चाहते हैं, ताकि अपने काम से अधिक एकनिष्ठता के साथ समर्पित हो सकें। जिस काम में वे संलग्न होते हैं, उसकी पूजा करते हैं।

पहले वर्ग में केवल वे लोग ही नहीं आते हैं, जो बहुत कठिन और अरुचिकर काम करते हैं। उसमें बहुत-से संपन्न लोग भी सम्मिलित हैं, जो वास्तव में कोई काम नहीं करते हैं। ये सभी धन को ऐसा कुछ समझते हैं, जो उन्हें काम करने के अभिशाप से बचाता है। इसके सिवाय कि उनका भाग्य अच्छा रहा है, वे अन्यथा उन कारखानों के मजदूरों की तरह ही हैं, जो अपने दैनिक काम को जीवन का सबसे बड़ा अभिशाप समझते हैं। उनके लिए काम कोई घृणित वस्तु है और धन वांछनीय, क्योंकि काम से छुटकारा पाने के साधन का प्रतिनिधित्व यही धन करता है।

यदि काम को वे टाल सकें और फिर भी धन प्राप्त हो जाए, तो खुशी से यही करेंगे। जो लोग काम में अनुरक्त हैं तथा उसके प्रति समर्पित हैं, ऐसे कलाकार, विद्वान् और वैज्ञानिक दूसरे वर्ग में सम्मिलित हैं। वस्तुओं को बनाने और खोजने में वे हमेशा दिलचस्पी रखते हैं। इसके अंतर्गत परंपरागत कारीगर भी आते हैं, जो किसी वस्तु को रूप देने में गर्व और आनंद का वास्तविक अनुभव करते हैं। अपनी मशीनों को ममत्वभरी सावधानी से चलाने और उनका रख-रखाव करने वाले कुशल मिस्त्री और इंजीनियर इसी वर्ग से संबंधित हैं।

प्रश्न

I. 'काम करना' किनके लिए घृणित है?

(क) जो काम की तुलना में धन को प्राथमिकता देते हैं

(ख) जो धन की तुलना में काम को प्राथमिकता देते हैं

(ग) जो दैनिक जीवन की आवश्यकताओं की पूर्ति करते हैं

(घ) जो धन और काम को समान नहीं मानते हैं

उत्तर (क) **जो काम की तुलना में धन को प्राथमिकता देते हैं** काम करना उनके लिए घृणित है, जो काम की तुलना में धन को प्राथमिकता देते हैं। ऐसे लोग काम को काम न समझकर उसे बोझ समझते हैं और धन कमाने को प्रमुखता प्रदान करते हैं।

II. दूसरे वर्ग के लोगों के विषय में कौन-सा कथन सही नहीं है?

(क) वे काम में अनुरक्त रहते हैं

(ख) वे काम के प्रति समर्पित होते हैं

(ग) वे वस्तुओं को रूप देने में आनंद का अनुभव करते हैं

(घ) वे काम से छुटकारा पाना चाहते हैं

उत्तर (घ) **वे काम से छुटकारा पाना चाहते हैं।** दूसरे वर्ग के लोगों के विषय में कथन (घ) सही नहीं है कि वे काम से छुटकारा पाना चाहते हैं, क्योंकि ये लोग काम से छुटकारा नहीं पाना चाहते, बल्कि काम को आनंद के साथ करते हैं।

III. कथन (A) **काम के प्रति समर्पित लोगों के वर्ग में कलाकार, विद्वान, वैज्ञानिक, परम्परागत कारीगर, कुशल मिस्त्री और इंजीनियर लोग आते हैं।**

कारण (R) **क्योंकि इन वर्गों के लोग वस्तुओं को बनाने और सीखने में रुचि लेते हैं।** **दक्षता आधारित प्रश्न**

कूट

(क) कथन (A) गलत है, किंतु कारण (R) सही है।

(ख) कथन (A) और कारण (R) दोनों गलत हैं।

(ग) कथन (A) सही है और कारण (R), कथन (A) की सही व्याख्या करता है।

(घ) कथन (A) सही है, किंतु कारण (R), कथन (A) की सही व्याख्या नहीं करता है।

उत्तर (ग) **कथन (A) सही है और कारण (R), कथन (A) की सही व्याख्या करता है।** काम के प्रति समर्पित लोगों के वर्ग में कलाकार, विद्वान, वैज्ञानिक, परम्परागत कारीगर, कुशल मिस्त्री और इंजीनियर लोग आते हैं, क्योंकि इन वर्गों के लोग वस्तुओं को बनाने और सीखने में रुचि लेते हैं।

IV. पहले वर्ग के लोग धन प्राप्ति के साधन के रूप किसे देखते हैं?

उत्तर पहले वर्ग के लोग काम को केवल धन प्राप्ति के साधन के रूप में देखते हैं। वे काम कम तथा धन को अधिक महत्त्व देते हैं।

V. दूसरे वर्ग के लोग काम के प्रति अधिक समर्पित क्यों हैं? स्पष्ट कीजिए।

उत्तर दूसरे वर्ग के लोग अपने काम को आनंद और आत्म-संतुष्टि पाने के अवसर के रूप में देखते हैं। वे पैसा कमाना चाहते हैं, ताकि वे अपने काम के प्रति अधिक ईमानदारी से समर्पित हो सकें। वे जिस काम में लगे रहते हैं, उसकी पूजा करते हैं।

अभ्यास प्रश्न

बहुविकल्पीय व वर्णनात्मक प्रश्नों सहित

गद्यांश 1

ईर्ष्या का यही अनोखा वरदान है। जिस मनुष्य के हृदय में ईर्ष्या घर बना लेती है, वह उन चीजों से आनंद नहीं उठाता, जो उसके पास मौजूद हैं, बल्कि उन वस्तुओं से दुःख उठाता है, जो दूसरों के पास है। वह अपनी तुलना दूसरों के साथ करता है और इस तुलना में अपने पक्ष के सभी अभाव उसके हृदय पर दंश मारते रहते हैं। दंश के इस दाह को भोगना कोई अच्छी बात नहीं है। मगर, ईर्ष्यालु मनुष्य करे भी तो क्या? आदत से लाचार होकर उसे यह वेदना भोगनी पड़ती है।

एक उपवन को पाकर भगवान को धन्यवाद देते हुए उसका आनंद नहीं लेना और बराबर इस चिंता में निमग्न रहना कि इससे भी बड़ा उपवन क्यों नहीं मिला, एक ऐसा दोष है, जिससे ईर्ष्यालु व्यक्ति का चरित्र भी भयंकर हो उठता है। अपने अभाव के प्रति दिन-रात सोचते-सोचते वह सृष्टि की प्रक्रिया को भूलकर विनाश में लग जाता है और अपनी उन्नति के लिए उद्यम करना छोड़कर वह दूसरों को हानि पहुँचाने को ही अपना श्रेष्ठ कर्त्तव्य समझने लगता है।

ईर्ष्या की बड़ी बेटी का नाम निंदा है। जो व्यक्ति ईर्ष्यालु होता है, वही बुरे किस्म का निंदक भी होता है। दूसरों की निंदा वह इसलिए करता है कि इस प्रकार, दूसरे लोग जनता अथवा मित्रों की आँखों से गिर जाएँगे और जो स्थान रिक्त होगा, उस पर मैं अनायास ही बैठा दिया जाऊँगा।

मगर ऐसा न आज तक हुआ है और न होगा। दूसरों को गिराने की कोशिश करते हुए अपने को बढ़ाने की कोशिश नहीं की जा सकती। एक बात और है कि संसार में कोई भी मनुष्य निंदा से नहीं गिरता। उसके पतन का कारण सद्गुणों का ह्रास होता है। इसी प्रकार कोई भी मनुष्य दूसरों की निंदा करने से अपनी उन्नति नहीं कर सकता। उन्नति तो उसकी तभी होगी, जब वह अपने चरित्र को निर्मल बनाए तथा अपने गुणों का विकास करे।

प्रश्न

I. दिए गए विकल्पों में से सही विकल्प चुनकर लिखिए

दक्षता आधारित प्रश्न

(क) मनुष्य के पतन का कारण उसके सद्गुणों का ह्रास होता है।

(ख) दूसरों की निंदा करके स्वयं की कभी भी उन्नति नहीं की जा सकती।

(ग) 'क' और 'ख' दोनों

(घ) उपर्युक्त में से कोई नहीं

II. गद्यांश के अनुसार, मनुष्य की उन्नति तब होगी जब ………।

(क) मनुष्य निंदा को छोड़ दे

(ख) मनुष्य अपने चरित्र को स्वच्छ एवं साफ बनाए

(ग) मनुष्य सद्गुणों का विकास करे

(घ) उपर्युक्त सभी

III. 'ईर्ष्या की बड़ी बेटी का नाम निंदा है।' कथन के अनुसार सही विकल्प का चयन कीजिए।

दक्षता आधारित प्रश्न

(i) ईर्ष्यालु और निंदक के मध्य घनिष्ठ संबंध होता है।

(ii) जो व्यक्ति जितनी अधिक ईर्ष्या करता है, वह उसकी उतनी ही अधिक निंदा भी करता है।

(iii) निंदक वही होता है, जो ईर्ष्यालु स्वभाव का होता है।

कूट

(क) केवल (i) सही है।

(ख) केवल (ii) सही है।

(ग) (ii) और (iii) दोनों सही हैं।

(घ) (i), (ii) और (iii) सही हैं।

IV. अनोखा वरदान क्या है तथा मनुष्य के हृदय में कौन घर बना लेती है?

V. ईर्ष्यालु व्यक्ति का चरित्र भयंकर क्यों हो उठता है?

गद्यांश 2

वर्तमान युग कंप्यूटर का युग है। यदि भारतवर्ष पर नज़र दौड़ाकर देखें, तो हम पाएँगे कि जीवन के लगभग सभी क्षेत्रों में कंप्यूटर का प्रवेश हो गया है। बैंक, रेलवे-स्टेशन, हवाई-अड्डे, डाकखाने, बड़े-बड़े उद्योग-कारखाने, व्यवसाय हिसाब-किताब तथा रुपये गिनने तक की मशीनें कंप्यूटरीकृत हो गई हैं। हमारे देश में आज भी कंप्यूटर का प्रारंभिक प्रयोग है किंतु आने वाला समय इसके विस्तृत फैलाव का संकेत दे रहा है। प्रश्न उठता है कि क्या कंप्यूटर आज की ज़रूरत है? इसका उत्तर है—कंप्यूटर जीवन की मूलभूत अनिवार्य वस्तु तो नहीं है, किंतु इसके बिना आज की दुनिया अधूरी जान पड़ती है। सांसारिक गतिविधियों, परिवहन और संचार उपकरणों आदि का ऐसा विस्तार हो गया है कि उन्हें सुचारु रूप से चलाना अत्यंत कठिन होता जा रहा है।

पहले मनुष्य जीवन-भर में यदि सौ लोगों के संपर्क में आता था, तो आज वह दो-हज़ार लोगों के संपर्क में आता है। पहले वह दिन में पाँच-दस लोगों से मिलता था, तो आज पचास-सौ लोगों से मिलता है। पहले वह दिन में काम करता था, तो आज रातें भी व्यस्त रहती हैं। आज व्यक्ति के संपर्क बढ़ रहे हैं, व्यापार बढ़ रहे हैं, गतिविधियाँ बढ़ रही हैं, आकांक्षाएँ बढ़ रही हैं तथा साधन बढ़ रहे हैं। इस अनियंत्रित गति को सुव्यवस्था देने की समस्या आज की प्रमुख समस्या है। कहते हैं आवश्यकता आविष्कार की जननी है। इस आवश्यकता ने अपने अनुसार निदान ढूँढ़ लिया है।

कंप्यूटर एक ऐसी स्वचालित प्रणाली है, जो कैसी भी अव्यवस्था को व्यवस्था में बदल सकती है। हड़बड़ी में होने वाली मानवीय भूलों के लिए कंप्यूटर रामबाण औषधि है। क्रिकेट के मैदान में अंपायर की निर्णायक भूमिका हो या लाखों-करोड़ों की लंबी-लंबी गणनाएँ, कंप्यूटर पलक झपकते ही आपकी समस्या हल कर सकता है। पहले इन कामों को करने वाले कर्मचारी हड़बड़ाकर काम करते थे, एक भूल से घबराकर और अधिक गड़बड़ी करते थे। परिणामस्वरूप काम कम, तनाव अधिक होता था। अब कंप्यूटर की सहायता से काफी सुविधा हो गई है।

प्रश्न

I. गद्यांश के अनुसार, किस आवश्यकता ने कंप्यूटर में अपना निदान ढूँढ़ लिया है?

(क) अनियंत्रित कर्मचारियों को अनुशासित करने की

(ख) अनियंत्रित गति को सुव्यवस्था देने की

(ग) अधिक-से-अधिक लोगों से जुड़ जन-जागरण लाने की

(घ) अधिक-से-अधिक कार्य कभी भी व कहीं भी करने की

II. गद्यांश के अनुसार कंप्यूटर के महत्त्व के विषय में कौन-सा विकल्प सही है?

(क) कंप्यूटर काम के तनाव को समाप्त करने का उपाय है

(ख) कंप्यूटर कई मानवीय भूलों को निर्णायक रूप से सुधार देता है

(ग) कंप्यूटर के आने से सारी हड़बड़ाहट दूर हो गई है

(घ) मानव की सारी समस्याओं का हल कंप्यूटर द्वारा ही संभव है

III. कथन (A) और कारण (R) को पढ़कर उपयुक्त विकल्प चुनिए।

कथन (A) **कंप्यूटर के बिना आज की दुनिया अधूरी है, क्योंकि**

कारण (R) **सारी व्यवस्था, उपकरण और मशीनें कंप्यूटरीकृत नहीं हैं।**

(क) कथन (A) गलत है, किन्तु कारण (R) सही है।

(ख) कथन (A) और कारण (R) दोनों ही गलत हैं।

(ग) कथन (A) सही है और कारण (R), कथन (A) की सही व्याख्या करता है।

(घ) कथन (A) सही है, किन्तु कारण (R), कथन (A) की सही व्याख्या नहीं करता है।

IV. वर्तमान युग किसका युग है?

V. गद्यांश के अनुसार, कर्मचारी क्यों घबराए हुए रहते थे ?

गद्यांश 3

पाठक आमतौर पर रूढ़िवादी होते हैं, वे सामान्यत: साहित्य में अपनी मर्यादाओं की स्वीकृति या एक स्वप्न-जगत में पलायन चाहते हैं। साहित्य एक झटके में उन्हें अपने आस-पास के उस जीवन के प्रति सचेत करता है, जिससे उन्होंने आँखें मूँद रखी थीं। शुतुरमुर्ग अफ्रीका के रेगिस्तानों में ही नहीं मिलते, वे हर जगह बहुतायत में उपलब्ध हैं। प्रौद्योगिकी के इस दौर का नतीजा जीवन के हर गोशे में नक़द फ़सल के लिए बढ़ता हुआ पागलपन है और हमारे राजनीतिज्ञ, सत्ता के

दलाल, व्यापारी, नौकरशाह- सभी लोगों का इस भगदड़ में नहीं पहुँचना, जैसा दूसरे करते हैं वैसा करने, चूहादौड़ में शामिल होने और कुछ-न-कुछ हासिल कर लेने को जिए जा रहे हैं।

हम थककर साँस लेना और अपने चारों ओर निहारना, हवा के पेड़ में से गुज़रते वक़्त पत्तियों की मनहर लय-गतियों को और फूलों के जादुई रंगों को, फूली सरसों के चमकदार पीलेपन को, लिखे मैदानों की घनी हरीतिमा को मर्मर ध्वनि के सौंदर्य, हिमाच्छादित शिखरों की भव्यता, समुद्र तट पर पछाड़ खाकर बिखरती हुई लहरों के घोष को देखना-सुनना भूल गए हैं।

कुछ लोग सोचते हैं कि पश्चिम का आधुनिकतावाद और भारत तथा अधिकांश तीसरी दुनिया के नव-औपनिवेशिक चिंतन के साथ अपनी जड़ों से अलगाव, व्यक्तिवादी अजनबियत में हमारा अनिवार्य बेलगाम धँसाव, अचेतन के बिंब, बौद्धिकता से विद्रोह, यह घोषणा कि 'दिमाग अपनी रस्सी के अंतिम सिरे पर है', यथार्थवाद का विध्वंस, काम का ऐन्द्रिक सुख मात्र रह जाना और मानवीय भावनाओं का व्यवसायीकरण तथा निम्नस्तरीयकरण इस अंधी घाटी में आ फँसने की वजह है। लेकिन वे भूल जाते हैं कि आधुनिकीकरण इतिहास की एक सच्चाई है, जो नई समस्याओं को जन्म देने और विज्ञान को अधिक जटिल बनाने के बावजूद, एक तरह से, मानव जाति की नियति है।

मेरा सुझाव है कि विवेकहीन आधुनिकता के बावजूद आधुनिकता की दिशा में धैर्यपूर्वक सुयोजित प्रयास होने चाहिए। एक आलोचक किसी नाली में भी झाँक सकता है, पर वह नाली-निरीक्षक नहीं होता। लेखक का कार्य दुनिया को बदलना नहीं, समझना है, साहित्य क्रांति नहीं करता, वह मनुष्यों का दिमाग बदलता है और उन्हें क्रांति की आवश्यकता के प्रति जागरूक बनाता है।

प्रश्न

I. पाठक साहित्य से सामान्यतौर पर क्या अपेक्षा रखते हैं?

(क) साहित्य को हमारे मन की बात कहनी चाहिए

(ख) साहित्य को संसार को यथावत समझना चाहिए

(ग) साहित्य तनाव कम करने वाला होना चाहिए

(घ) साहित्य को जीवन कौशलों व मूल्यों की शिक्षा देनी चाहिए

II. लेखक के अनुसार, गद्यांश पढ़कर बताइए कि लेखक का कार्य क्या है?

(i) लेखक का कार्य दुनिया को बदलना है। **दक्षता आधारित प्रश्न**

(ii) लेखक का कार्य दुनिया को समझना है।

(iii) लेखक का कार्य मनुष्यों का दिमाग बदलना है।

(iv) लेखक लोगों को क्रांति की आवश्यकता के प्रति जागरूक करता है।

कूट

(क) केवल कथन (i) सही है।

(ख) कथन (i), (ii) और (iii) सही हैं।

(ग) कथन (ii), (iii) और (iv) सही हैं।

(घ) उपर्युक्त में से कोई नहीं

III. कथन पढ़कर उपयुक्त विकल्प चुनिए **दक्षता आधारित प्रश्न**

(क) 'आजकल लोगों का नकद फसल के प्रति पागलपन बढ़ता ही जा रहा है।

(ख) लोग तुरंत व अधिक-से-अधिक लाभ कमाना चाहते हैं।

(ग) 'क' और 'ख' दोनों

(घ) मानवीय भावनाओं का व्यवसायीकरण आधुनिकीकरण की देन है।

IV. सपनों की दुनिया में रहने वाले पाठक को लेखक ने क्या कहा?

V. आधुनिकता की दिशा में सुयोजित प्रयास क्यों होने चाहिए? स्पष्ट कीजिए।

गद्यांश 4

व्यक्ति का चित्त प्रत्येक समय आदर्शों द्वारा चालित नहीं होता। जितने बड़े पैमाने पर मनुष्य की उन्नति के विधान बनाए गए, उतने ही बड़े पैमाने पर लोभ, मोह जैसे विकार भी विस्तृत होते गए, लक्ष्य की बात भूल गए, आदर्शों को मज़ाक का विषय बनाया गया और संयम को दकियानूसी मान लिया गया। परिणाम जो होना था, वह हो रहा है। यह कुछ थोड़े-से लोगों के बढ़ते हुए लोभ का नतीजा है, परंतु इससे भारतवर्ष के पुराने आदर्श और भी अधिक स्पष्ट रूप से महान और उपयोगी दिखाई देने लगे हैं।

भारतवर्ष सदा कानून को धर्म के रूप में देखता आ रहा है। आज एकाएक कानून और धर्म में अंतर कर दिया गया है। धर्म को धोखा नहीं दिया जा सकता, परंतु कानून को दिया जा सकता है। यही कारण है कि जो धर्मभीरू हैं, वे भी त्रुटियों से लाभ उठाने में संकोच नहीं करते।

इस बात के पर्याप्त प्रमाण खोजे जा सकते हैं कि समाज के ऊपरी वर्ग में चाहे जो भी होता रहा हो, भीतर-बाहर भारतवर्ष आज भी यही अनुभव कर रहा है कि धर्म, कानून से बड़ी चीज़ है। आज भी सेवा, ईमानदारी, सच्चाई और आध्यात्मिकता के मूल्य बने हुए हैं। वे दब अवश्य गए हैं, लेकिन नष्ट नहीं हुए हैं। आज भी वह मनुष्य से प्रेम करता है, महिलाओं का सम्मान करता है, झूठ और चोरी को गलत समझता है तथा दूसरों को पीड़ा पहुँचाने को पाप समझता है।

प्रश्न

I. कथन (A) और कारण (R) को पढ़कर उपयुक्त विकल्प चुनिए।

कथन (A) धर्मभीरु लोग भी त्रुटियों का लाभ उठाते हैं।

कारण (R) धर्म को धोखा नहीं दिया जा सकता, जबकि कानून को दिया जा सकता है। **दक्षता आधारित प्रश्न**

(क) कथन (A) गलत है, किंतु कारण (R) सही है।

(ख) कथन (A) और कारण (R) दोनों ही गलत हैं।

(ग) कथन (A) सही है और कारण (R), कथन (A) की सही व्याख्या करता है।

(घ) कथन (A) सही है, किन्तु कारण (R), कथन (A) की सही व्याख्या नहीं करता है।

II. निम्नलिखित में से सर्वाधिक उपयुक्त शीर्षक का चयन कीजिए।

(क) उन्नति के संदर्भ में जीवन मूल्यों की प्रासंगिकता

(ख) मानव चित्त के आकर्षण निवारण में आदर्शों की भूमिका

(ग) समाज कल्याण हेतु धर्म और कानून का सहअस्तित्व

(घ) धार्मिक व सार्वभौमिक मूल्यों का एकीकरण

III. धर्म एवं कानून के संदर्भ में भारत के विषय में कौन-सा कथन सबसे अधिक सही है? **दक्षता आधारित प्रश्न**

(क) महिलाओं का सम्मान करना धर्म तो है, पर कानून नहीं है।
(ख) धर्म और कानून दोनों को धोखा दिया जा सकता है।
(ग) भले लोगों के लिए कानून नहीं चाहिए और बुरे लोग इसकी परवाह नहीं करते हैं।
(घ) भारत का निचला वर्ग कदाचित अभी भी कानून को धर्म के रूप में देखता है।

IV. (क) मनुष्य ने आदर्शों को किस कारण मजाक बना दिया है?
(ख) गद्यांश के अनुसार, लोभ, मोह आदि के कारण मनुष्य क्या भूलते गए?

V. भारतवर्ष में सेवा और सच्चाई के मूल्य किस कारण छिप गए हैं?

गद्यांश 5

जो लोग अपनी असफलताओं के लिए या जीवन में गतिरोध के लिए हालातों को जिम्मेदार ठहराते हैं, वे लोग या तो गलत हैं या हालात से डरते हैं। वे या तो जीवन को समझ नहीं पाए या उलझनों में फँसे हुए हैं। वे या तो आलसी हैं या अकर्मण्य हैं। एक कारण और भी हो सकता है कि उनकी नीयत और नीति में मेल न हो। यह अति आवश्यक है कि नीयत और नीति दोनों एक सूत्र में पिरोई हुई हों अर्थात् मेल खाती हों। ऐसा कदापि संभव नहीं है और नीयत मानसिक इच्छा है, जो खोटी भी हो सकती है और खरी भी। खोटी नीयत वाला व्यक्ति कदापि इस संसार में नहीं टिक सकता और यदि टिकेगा, तो बहुत कम समय के लिए, केवल तब तक, जब तक उसकी नीयत खुलकर सामने नहीं आती, क्योंकि नीति की जननी नीयत है और जब जननी में ही दोष है, तो संतान में कोई-न-कोई विकृति अवश्य आ जाएगी।

हालातों को असफलता के लिए जिम्मेदार ठहराना ठीक नहीं लगता, क्योंकि हालात तो उनके साथ भी वही होते हैं, जो सफलता प्राप्त करते हैं। यदि कोई व्यक्ति अपनी असफलताओं की जिम्मेदारी खुद नहीं ले सकता, तो वह अपनी सफलता की जिम्मेदारी लेने के काबिल भी नहीं है। जीवन का असली आनंद तो तभी है, जब परिस्थितियाँ विषम हों।

प्रश्न

I. कथन (A) और कारण (R) को पढ़कर उपयुक्त विकल्प चुनिए।
कथन (A) हालातों को असफलता के लिए जिम्मेदार नहीं ठहराना चाहिए।
कारण (R) गलत नीयत व नीति के कारण खोटी नीयत वाला व्यक्ति इस संसार में नहीं टिक पाता। **दक्षता आधारित प्रश्न**

(क) कथन (A) सही है, किंतु कारण (R) गलत है।
(ख) कथन (A) गलत है, किंतु कारण (R) सही है।
(ग) कथन (A) और कारण (R) दोनों ही गलत हैं।
(घ) कथन (A) और कारण (R) दोनों ही सही हैं।

II. लेखक ने नीति की जननी किसे कहा है?
(क) व्यवहार को (ख) नीयत को
(ग) समय को (घ) सोच को

III. "असफलता के लिए .... जिम्मेदार ठहराना ठीक नहीं है।" कथन के अनुसार सही विकल्प का चयन कीजिए
(क) प्रकृति को
(ख) हालातों को
(ग) काबिल व्यक्ति को
(घ) उपरोक्त सभी

IV. हालात को जिम्मेदार ठहराने वाले लोग कैसे होते हैं?

V. जीवन का असली आनंद तो तभी है, जब परिस्थितियाँ विषम हों। इस कथन को स्पष्ट कीजिए।

गद्यांश 6

संसार में अमरता ऐसे ही लोगों को मिलती है, जो अपने पीछे कुछ आदर्श छोड़ जाते हैं, जिनका स्थायी मूल्य होता है। बहुधा यही देखा गया है कि ऐसे व्यक्ति संपन्न परिवार में बहुत कम पैदा होते हैं। अधिकांश ऐसे लोगों का जन्म मध्यम वर्ग के घरों में या गरीब परिवार में ही होता है।

इस तरह का पालन-पोषण साधारण परिवार में होता है और वे सादा जीवन बिताने के आदी हो जाते हैं। मनुष्य में विनय, उदारता, कष्ट-सहिष्णुता, साहस आदि चारित्रिक गुणों का विकास अत्यावश्यक है। इन गुणो का प्रभाव उनके जीवन पर पड़ता है। ये गुण व्यक्ति को अहंकारहीन या सादा-सरल बनाते हैं। सादा जीवन या सादगी का अर्थ है, रहन-सहन, वेशभूषा और आचार-विचार का एक निर्दिष्ट स्तर। जीवन में सादगी लाने के लिए दो बातें विशेष रूप से अनुकरणीय हैं, प्रथम कठिन-से-कठिन परिस्थितियों में धैर्य को न छोड़ना, द्वितीय अपनी आवश्यकताओं को न्यूनतम बनाना।

सादगी का विचारों से भी घनिष्ठ संबंध है। सादा जीवन व्यतीत करना चाहिए और अपने विचारों को उच्च रखना चाहिए। व्यक्ति की सच्ची पहचान उसके विचारों और करनी से होती है। मनुष्य के विचार उसके आचरण पर प्रभाव डालते हैं और उसके विवेक को जाग्रत रखते हैं। विवेकशील व्यक्ति ही अपनी आवश्यकताओं को सीमित रखता है, उन्हें अपने ऊपर हावी नहीं होने देता। सादा जीवन व्यतीत करने वाले व्यक्ति को कभी शिथिल होकर अपने आत्मसम्मान पर आँच नहीं आने देनी चाहिए। सादगी मनुष्य के चरित्र का अंग है, वह बाहरी चीज नहीं है। महात्मा गाँधी सादा जीवन पसंद करते थे और हाथ के कते और बुने खद्दर के मामूली वस्त्र पहनते थे, किंतु अपने उच्च विचारों के कारण वे संसार में वंदनीय हो गए।

प्रश्न

I. कौन-सा गुण व्यक्ति को अहंकारहीन बनाता है?
(क) विनय (ख) साहस
(ग) उदारता (घ) ये सभी

II. प्रस्तुत गद्यांश का सर्वाधिक उपयुक्त शीर्षक क्या हो सकता है?
(क) सादा जीवन उच्च विचार
(ख) मनुष्य की विचारधारा
(ग) जीवन का रहस्य
(घ) सामाजिक स्थिति का निर्धारण

III. कथन (A) और कारण (R) को पढ़कर उपयुक्त विकल्प चुनिए।

कथन (A) व्यक्ति की सच्ची पहचान उसके विचार व कर्म होते हैं।

कारण (R) मनुष्य के विचार व कर्म उसके आचरण को प्रभावी बनाते हैं तथा उसके विवेक को जाग्रत रखते हैं।

(क) कथन (A) गलत है और कारण (R) सही है।

(ख) कथन (A) और कारण (R) दोनों गलत हैं।

(ग) कथन (A) सही है और कारण (R), कथन (A) की सही व्याख्या करता है।

(घ) कथन (A) सही है, किंतु कारण (R), कथन (A) की सही व्याख्या नहीं करता है।

IV. (क) गद्यांश के अनुसार, महापुरुष प्रायः किस वर्ग के घरों में जन्म लेते हैं?

(ख) संसार में अमरता किन लोगों को मिलती है?

V. एक सच्चे व्यक्ति के विचार कैसे होते हैं?

गद्यांश 7

मनुष्यता बौद्धिकता में निवास न करके, उसके व्यवहार में निवास करती है। व्यवहार में बौद्धिकता का समावेश तब ही हो सकता है, जब सद्बुद्धि मौजूद हो, सद्विवेक उपस्थित हो और सद्बुद्धि या सद्विवेक यथार्थ में सुमति ही है। सुमतिसंपन्न व्यक्ति को अनेक अनमोल निधियाँ प्राप्त होती हैं। व्यक्ति को सुमतिसंपन्न बनाने में महत्त्वपूर्ण भूमिका उसकी शिक्षा एवं समाजीकरण निभाता है। इसी से किसी व्यक्ति के विवेकयुक्त व्यक्तित्व का निर्माण होता है। उचित शिक्षा व्यक्ति को विनम्रता एवं शालीनता का पाठ पढ़ाती है और उसे स्वावलंबी बनाती है। शिक्षा ही उचित-अनुचित, अच्छे-बुरे आदि में अंतर करने की दिव्य-दृष्टि प्रदान करती है, जिससे व्यक्ति सही-गलत, सत्य-असत्य की पहचान कर सकने में सक्षम बनता है।

इसके अतिरिक्त, शिक्षा विद्यार्थियों में उच्च चारित्रिक गुणों का निर्माण करके उनमें देश एवं समाज के प्रति उदात्त भावनाओं का विकास करती है अर्थात् समाज के अन्य सदस्यों के प्रति सद्विचार उत्पन्न करती है और सुमतिसंपन्न व्यक्ति निरंतर न सिर्फ़ अपने व्यक्तित्व का विकास करता है, बल्कि इससे समाज एवं राष्ट्र भी प्रगति के पथ पर अग्रसर होता है। जब मनुष्य में सद्विवेक उत्पन्न होगा, तो वह एक-दूसरे से ईर्ष्या एवं द्वेष करना छोड़ देगा, जातीयता, सांप्रदायिकता, प्रांतीयता, अंध-क्षेत्रीयता आदि से संबंधित स्थापित संकीर्ण मान्यताओं को अस्वीकार कर सकेगा। धर्म एवं जाति की संकीर्ण कलुषित मानसिकता की जकड़न को तोड़कर वह इतना अहसास कर पाएगा कि सभी बंधनों से पूर्व सर्वप्रथम हम मानव हैं और मानव होने के नाते हमारे कुछ सामान्य लक्ष्य हैं, जिन्हें प्राप्त करना सभी मनुष्यों का धर्म है। इससे धर्म, सत्ता, अर्थ एवं वि-संस्कृति की अंधानुकृति के कारण लोप हो रही मानवता की पुनर्स्थापना की जा सकती है।

प्रश्न

I. प्रस्तुत गद्यांश का सर्वाधिक उपयुक्त शीर्षक क्या होगा?

(क) सांप्रदायिकता का जहर

(ख) मनुष्य का धर्म

(ग) बौद्धिकतापूर्ण मानवता की पुनर्स्थापना

(घ) शिक्षा और समाज

II. शिक्षा किस प्रकार समाज एवं देश की प्रगति में सहयोग करती है?

(i) व्यक्ति में चारित्रिक गुणों का विकास करके

(ii) समाज के अन्य व्यक्तियों के प्रति सद्भावना विकसित करके

(iii) समाज के प्रति आदर सम्मान की भावना विकसित करके

कूट

(क) केवल कथन (i) सही है।

(ख) कथन (i) और (ii) सही हैं।

(ग) कथन (iii) सही है।

(घ) उपर्युक्त सभी

III. कथन पढ़कर उपयुक्त विकल्प चुनिए **दक्षता आधारित प्रश्न**

(क) उचित शिक्षा व्यक्ति को विनम्र व शालीन बनाती है।

(ख) शिक्षा से व्यक्ति को उचित-अनुचित का ज्ञान होता है।

(ग) 'क' और 'ख' दोनों

(घ) शिक्षा देश की प्रगति में असहयोग करती है।

IV. (क) कुशल बुद्धि के निर्माण में किसका महत्त्वपूर्ण योगदान है?

(ख) गद्यांश के अनुसार, मनुष्यता किसमें निवास करती है?

V. मनुष्य शिक्षा के माध्यम से क्या बनता है?

गद्यांश 8

सिनेमा जगत के अनेक नायक-नायिकाओं, गीतकारों, कहानीकारों और निर्देशकों को हिंदी के माध्यम से पहचान मिली है। यही कारण है कि गैर-हिंदी भाषी कलाकार भी हिंदी की ओर आए हैं। समय और समाज के उभरते सच को परदे पर पूरी अर्थवत्ता में धारण करने वाले ये लोग दिखावे के लिए भले ही अंग्रेज़ी के आग्रही हों, लेकिन बुनियादी और ज़मीनी हकीकत यही है कि इनकी पूँजी, इनकी प्रतिष्ठा का एकमात्र निमित्त हिंदी ही है।

लाखों-करोड़ों दिलों की धड़कनों पर राज करने वाले ये सितारे हिंदी फ़िल्म और भाषा के सबसे बड़े प्रतिनिधि हैं। 'छोटा परदा' ने आम जनता के घरों में अपना मुकाम बनाया तो लगा हिंदी आम भारतीय की जीवन-शैली बन गई। हमारे आद्यग्रंथों रामायण और महाभारत को जब हिंदी में प्रस्तुत किया गया तो सड़कों का कोलाहल सन्नाटे में बदल गया। 'बुनियाद' और 'हम लोग' से शुरू हुआ सोप ऑपेरा का दौर हो या सास-बहू धारावाहिकों का, ये सभी हिंदी की रचनात्मकता और उर्वरता के प्रमाण हैं। 'कौन बनेगा करोड़पति' से करोड़पति चाहे जो बने हों, पर सदी के महानायक की हिंदी हर दिल की धड़कन और हर धड़कन की भाषा बन गई।

सुर और संगीत की प्रतियोगिताओं में कर्नाटक, गुजरात, महाराष्ट्र, असम, सिक्किम जैसे गैर-हिंदी क्षेत्रों के कलाकारों ने हिंदी गीतों के माध्यम से पहचान बनाई। ज्ञान गंभीर 'डिस्कवरी' चैनल हो या बच्चों को रिझाने-लुभाने वाला 'टॉम एंड जेरी'। इनकी हिंदी उच्चारण की मिठास और गुणवत्ता अद्भुत, प्रभावी और ग्राह्य है। धर्म-संस्कृति, कला-कौशल, ज्ञान-विज्ञान सभी कार्यक्रम हिंदी की संप्रेषणीयता के प्रमाण हैं।

प्रश्न

I. कथन (A) और कारण (R) को पढ़कर उपयुक्त विकल्प चुनिए।

कथन (A) गैर-हिंदी भाषी कलाकार हिंदी सिनेमा में आना चाहते थे। **दक्षता आधारित प्रश्न**

कारण (R) वे हिंदी के माध्यम से अपनी पहचान बनाना चाहते थे।

(क) कथन (A) गलत है, किंतु कारण (R) सही है।

(ख) कथन (A) और कारण (R) दोनों गलत हैं।

(ग) कथन (A) सही है, किंतु कारण (R) गलत है।

(घ) कथन (A) सही है और कारण (R), कथन (A) की सही व्याख्या करता है।

II. निम्नलिखित में से किसकी हिंदी ने दर्शक वर्ग को सर्वाधिक प्रभावित किया?

(क) रामायण की

(ख) सास-बहू धारावाहिक की

(ग) सदी के महानायक की

(घ) डिस्कवरी चैनल की

III. हिंदी की संप्रेषणीयता के प्रमाण से संबंधित कथन पढ़कर सही विकल्प का चयन कीजिए **दक्षता आधारित प्रश्न**

(i) गैर-हिंदी क्षेत्रों के कलाकारों द्वारा हिंदी को अपनाना।

(ii) गैर-हिंदी राज्यों के कलाकारों द्वारा हिंदी को अपनी पहचान के रूप में चुनना।

(iii) डिस्कवरी चैनल का हिंदी में अनुवाद होना।

कूट

(क) केवल कथन (i) सही है।

(ख) कथन (ii) और (iii) सही हैं।

(ग) केवल कथन (ii) सही है।

(घ) उपर्युक्त सभी

IV. सिनेमा जगत को सबसे अधिक पहचान किस भाषा से मिली?

V. प्रस्तुत गद्यांश का सर्वाधिक उपयुक्त शीर्षक क्या होगा?

गद्यांश 9

राष्ट्रीय भावना के अभ्युदय एवं विकास के लिए भाषा भी एक प्रमुख तत्त्व है। मानव समुदाय अपनी संवेदनाओं, भावनाओं एवं विचारों की अभिव्यक्ति हेतु भाषा का साधन अपरिहार्यत: अपनाता है। इसके अतिरिक्त उसके पास कोई विकल्प नहीं है। दिव्य ईश्वरीय आनंदानुभूति के संबंध में भले ही कबीर ने 'गूँगे केरी शर्करा' उक्ति का प्रयोग किया था, परंतु इससे उनका लक्ष्य शब्दरूपी भाषा के महत्त्व को नकारना नहीं था।

प्रत्युत उन्होंने भाषा को 'बहता नीर' कहकर भाषा की गरिमा प्रतिपादित की थी। विद्वानों की मान्यता है कि जिस प्रकार किसी एक राष्ट्र के भू-भाग की भौगोलिक विविधताएँ तथा उसके पर्वत, सागर, सरिताओं आदि की बाधाएँ उस राष्ट्र के निवासियों के परस्पर मिलने-जुलने में अवरोधक सिद्ध हो सकती हैं, उसी प्रकार भाषागत विभिन्नता से भी उनके पारस्परिक संबंधों में निर्बाधता नहीं रह पाती।

आधुनिक विज्ञान के युग में यातायात एवं संचार के साधनों की प्रगति से जिस प्रकार भौगोलिक बाधाएँ अब पहले की तरह बाधित नहीं करतीं, उसी प्रकार यदि राष्ट्र की एक संपर्क भाषा का विकास हो जाए, तो पारस्परिक संबंधों के गतिरोध बहुत सीमा तक समाप्त हो सकते हैं।

मानव का अपना एक निश्चित व्यक्तित्व होता है। भाषा अभिव्यक्ति के माध्यम से इसके व्यक्तित्व को साकार करती है। उसके अमूर्त मानसिक वैचारिक स्वरूप को मूर्त एवं बिंबात्मक रूप प्रदान करती है। मनुष्यों के विविध समुदाय हैं। उनकी विविध भावनाएँ हैं, विचारधाराएँ हैं, संकल्प एवं आदर्श हैं। उन्हें भाषा ही अभिव्यक्त करने में सक्षम होती है। साहित्य, शास्त्र, गीत-संगीत आदि में मानव समुदाय अपने आदर्शों, संकल्पनाओं, अवधारणाओं एवं विशिष्टताओं को वाणी देता है।

भाषा ही एक ऐसा साधन है, जिससे मनुष्य एक-दूसरे के निकट आ सकते हैं। उनमें परस्पर घनिष्ठता स्थापित हो सकती है। अत: राष्ट्रीय भावना के विकास के लिए भाषा-तत्त्व परम आवश्यक है।

प्रश्न

I. देश के हित के लिए संपर्क भाषा क्यों आवश्यक है?

(क) देश की एकता व अखंडता बनाए रखने के लिए

(ख) एक-दूसरे को समझने के लिए

(ग) अपने विचार प्रकट करने के लिए

(घ) उपर्युक्त सभी

II. कथन (A) और कारण (R) को पढ़कर उपयुक्त विकल्प चुनिए।

कथन (A) राष्ट्रीय भावना के विकास के लिए भाषा-तत्त्व बहुत ज़रूरी है।

कारण (R) भाषा के द्वारा ही मनुष्यों में परस्पर घनिष्ठता होती है। **दक्षता आधारित प्रश्न**

(क) कथन (A) गलत है और कारण (R) सही है।

(ख) कथन (A), कारण (R) की सही व्याख्या करता है।

(ग) कथन (A) सही है, परंतु कारण (R) गलत है।

(घ) कथन (A) और कारण (R) दोनों गलत हैं।

III. प्रस्तुत गद्यांश का सर्वाधिक उपयुक्त शीर्षक क्या होगा?

(क) कबीर की भाषा

(ख) राष्ट्र की भाषा

(ग) भाषा की उपयोगिता

(घ) भाषा और मानव का इतिहास

IV. (क) राष्ट्रीय भावना के अभ्युदय एवं विकास के लिए एक प्रमुख तत्त्व क्या है?

(ख) मनुष्य को परस्पर जोड़ने का कार्य कौन करता है?

V. कबीर ने भाषा को क्या कहकर गरिमा प्रदान की?

गद्यांश 10

फिजूलखर्ची एक बुराई है, इसके पीछे बारीकी से नज़र डालें, तो अहंकार नज़र आएगा। अहं के प्रदर्शन से तृप्ति मिलती है। अहं की पूर्ति के लिए कई बार बुराइयों से रिश्ता भी जोड़ना पड़ता है। अहंकारी लोग बाहर से भले ही गंभीरता का आवरण ओढ़ लें, लेकिन भीतर से वे उथलेपन से भरे रहते हैं।

जब कभी समुद्र तट पर जाने का मौका मिले, तो आप देखेंगे कि लहरें आती हैं, जाती हैं और चट्टानों से टकराती हैं। पत्थर वहीं रहते हैं, लहरें उन्हें भिगोकर लौट जाती हैं। हमारे भीतर हमारे आवेगों की लहरें भी हमें ऐसे ही टक्कर देती हैं।

इन आवेगों, आवेशों के प्रति अडिग रहने का अभ्यास करना होगा, क्योंकि अहंकार यदि लंबे समय तक टिकने की तैयारी में आ जाए, तो वह नए-नए तरीके ढूँढ़ेगा। स्वयं को महत्त्व मिले अथवा स्वेच्छाचारिता के प्रति आग्रह, ये सब धीरे-धीरे सामान्य जीवन-शैली बन जाती है। ईसा मसीह ने कहा है—''मैं उन्हें धन्य कहूँगा, जो अंतिम हैं।'' आज के भौतिक युग में यह टिप्पणी कौन स्वीकारेगा, जब 'चारों ओर नंबर वन' होने की होड़ लगी है।

ईसा मसीह ने इसी में आगे जोड़ा है कि ''ईश्वर के राज्य में वही प्रथम होंगे, जो अंतिम हैं और जो प्रथम होने की दौड़ में रहेंगे, वे अभागे रहेंगे।'' यहाँ 'अंतिम' होने का संबंध लक्ष्य और सफलता से नहीं है। जीसस ने विनम्रता, निरहंकारिता को शब्द दिया है 'अंतिम'। आपके प्रयास व परिणाम प्रथम हों, अग्रणी रहें, पर आप भीतर से अंतिम हों यानी विनम्र, निरहंकारी रहें। अन्यथा अहं अकारण ही जीवन के आनंद को खा जाता है।

प्रश्न

I. कथन (A) और कारण (R) को पढ़कर उपयुक्त विकल्प चुनिए।
कथन (A) फिजूलखर्ची से अहं व्यक्त होता है।
कारण (R) मनुष्य का अहंकार समुद्र की लहरों की तरह होता है।

दक्षता आधारित प्रश्न

(क) कथन (A) सही है, किंतु कारण (R) गलत है।
(ख) कथन (A) गलत है, और कारण (R) सही है।
(ग) कथन (A) सही है, किंतु कारण (R), कथन (A) की सही व्याख्या नहीं करता है।
(घ) कथन (A), कारण (R) की सही व्याख्या करता है।

II. अहंकारी व्यक्तियों की किन कमियों की ओर संकेत किया गया है? कथन पढ़कर सही विकल्प का चयन कीजिए।
(i) अहंकारी व्यक्ति भीतर से उथलेपन से भरे होते हैं
(ii) अहंकारी व्यक्ति सतही मानसिकता रखते हैं
(iii) अहंकारी व्यक्ति किसी भी प्रकार से अपने अहं का प्रदर्शन करना चाहते हैं

कूट
(क) केवल कथन (i) सही है।
(ख) केवल कथन (ii) सही है।
(ग) केवल कथन (iii) सही है।
(घ) उपर्युक्त सभी

III. प्रस्तुत गद्यांश का सर्वाधिक उपयुक्त शीर्षक क्या होगा?
(क) अहंकार: एक बड़ा अवगुण
(ख) फिजूलखर्ची का महत्त्व
(ग) मनुष्य की जीवन-शैली
(घ) जीसस के विचार

IV. प्रस्तुत गद्यांश में 'फिजूलखर्ची' को सूक्ष्म दृष्टि से क्या कहा गया है?

V. गद्यांश के अनुसार, मनुष्य को अन्दर से कैसा होना चाहिए?

गद्यांश 11

भारत की जलवायु में काफी क्षेत्रीय विविधता पाई जाती है। संपूर्ण विश्व आज जिस बड़ी समस्या से जूझ रहा है, वह है—जलवायु परिवर्तन। जलवायु परिवर्तन आज एक ऐसी विश्वस्तरीय समस्या का रूप ले चुका है, जिसके समाधान के लिए संपूर्ण विश्व को संयुक्त रूप से अंतर्राष्ट्रीय स्तर पर सतत प्रयास करने की आवश्यकता है। सामान्य मौसमी अभिवृत्तियों में किसी विशेष स्थान पर होने वाले विशिष्ट परिवर्तन को ही जलवायु परिवर्तन कहते हैं।

मौसम में अचानक परिवर्तन, फसल-चक्र का परिवर्तित होना, वनस्पतियों की प्रजातियों का लुप्त होना, तापमान में वृद्धि, हिमनदों का पिघलना और समुद्र जल-स्तर में लगातार वृद्धि ऐसे सूचक हैं, जिनसे जलवायु परिवर्तन की परिघटना का पता चलता है। हिमनदों का पिघलना जलवायु परिवर्तन का सबसे संवेदनशील सूचक माना जाता है। पृथ्वी पर हिमनदों के लगातार कम होने तथा उनके स्तर के नीचे खिसकने से समुद्र के जल-स्तर में वृद्धि हुई है।

जलवायु परिवर्तन के पीछे कोई एक कारण नहीं है, किंतु वातावरण में ग्रीन हाउस गैसों की मात्रा के निरंतर बढ़ते रहने को इसका सबसे बड़ा कारण माना जाता है। पृथ्वी पर आने वाली सौर ऊर्जा की बड़ी मात्रा अवरक्त किरणों के रूप में पृथ्वी के वातावरण से बाहर चली जाती है। इस ऊर्जा की कुछ मात्रा ग्रीन हाउस गैसों द्वारा अवशोषित होकर पुनः पृथ्वी पर पहुँच जाती है, जिससे तापक्रम अनुकूल बना रहता है। ग्रीन हाउस गैसों में मीथेन, कार्बन-डाइऑक्साइड, नाइट्रस ऑक्साइड इत्यादि शामिल हैं। वातावरण में ग्रीन हाउस गैसों का होना अच्छा है, किंतु जब इनकी मात्रा बढ़ जाती है, तो तापमान में वृद्धि होने लगती है। इससे जो समस्या सामने आई है, उसे 'ग्लोबल वार्मिंग' अर्थात् 'वैश्विक तापवृद्धि' की संज्ञा दी गई है। वास्तव में, ग्लोबल वार्मिंग जलवायु परिवर्तन का ही एक रूप है।

प्रश्न

I. गद्यांश में जलवायु परिवर्तन का सबसे संवेदनशील सूचक माना जाता है

दक्षता आधारित प्रश्न

(क) तापमान में वृद्धि को
(ख) मौसम में परिवर्तन को
(ग) हिमनदों के पिघलने को
(घ) समुद्र जल स्तर में वृद्धि को

II. वातावरण में ग्रीन हाउस गैसों की मात्रा बढ़ जाने के फलस्वरूप किसकी समस्या उत्पन्न होती है?
(क) तापमान में वृद्धि की
(ख) वैश्विक तापवृद्धि की
(ग) तापमान में कमी की
(घ) वैश्विक प्रदूषण की

III. **कथन** (A) और **कारण** (R) को पढ़कर उपयुक्त विकल्प चुनिए।

कथन (A) वातावरण में ग्रीन हाउस गैसों का होना अच्छा है।

कारण (R) ग्रीन हाउस गैसें पृथ्वी के वातावरण के ताप को अनुकूल बनाए रखती हैं। **दक्षता आधारित प्रश्न**

(क) कथन (A) गलत है, किंतु कारण (R) सही है।

(ख) कथन (A) सही है, किंतु कारण (R) गलत है।

(ग) कथन (A) सही है और कारण (R), कथन (A) की सही व्याख्या करता है।

(घ) कथन (A) सही है, किंतु कारण (R), कथन (A) की सही व्याख्या नहीं करता है।

IV. भारतीय जलवायु में कौन-सी विविधता पाई जाती है तथा संपूर्ण विश्व आज किस बड़ी समस्या से जूझ रहा है?

V. प्रस्तुत गद्यांश का सर्वाधिक उपयुक्त शीर्षक क्या होगा?

गद्यांश 12

समाज-कल्याण क्या है, इसकी पूर्ण तथा सांगोपांग परिभाषा देते समय मतभेद हो सकता है, किंतु जहाँ तक इसके सार-तत्त्व को समझने की बात है, लोगों में एक प्रकार से सामान्य सहमति मालूम पड़ती है। इसका तात्पर्य एक व्यक्तिगत सेवा से है, जो विशेष प्रकार की न होकर सामान्य प्रकार की होती है। इसका उद्देश्य किसी ऐसे व्यक्ति की सहायता करना है, जो असमर्थता की भावना से दु:खी होने पर भी अपने जीवन का सर्वोत्तम सदुपयोग करना चाहता है अथवा उन कठिनाइयों पर विजयी होना चाहता है, जो उसे पराजित कर चुकी हैं अथवा पराजय की आशंकाएँ उत्पन्न करती हैं।

समाज-कल्याण की भावना दुर्बल की सहायता करती है तथा अपरिवर्तनीय स्थितियों के साथ संबंध सुधारने या सामंजस्य स्थापित करने का प्रयत्न करती है।

इसके सर्वोच्च आदर्शों का सही-सही निरूपण स्वास्थ्य-मंत्रालय के एक परिपत्र द्वारा निर्दिष्ट वाक्य में किया गया है, जिसका संबंध विकलांगों के कल्याण से है। इसके अनुसार, कल्याणकारी सेवाओं का उद्देश्य यह सुनिश्चित करना है कि ''सभी विकलांग व्यक्तियों को चाहे उनकी अक्षमता कुछ भी हो, सामुदायिक जीवन में हाथ बँटाने तथा उसके विकास में योगदान देने के लिए अधिक-से-अधिक अवसर दिए जाएँगे, ताकि उनकी क्षमताओं का पूर्ण क्रियान्वयन हो सके, उनका आत्मविश्वास जाग सके तथा उनके सामाजिक संपर्क मजबूत बन सकें।''

प्रश्न

I. गद्यांश के आधार पर बताइए कि समाज-कल्याण की भावना किसकी सहायता करती है?

(क) दुर्बल व्यक्ति की

(ख) सक्षम व्यक्ति की

(ग) आदर्श व्यक्ति की

(घ) इनमें से कोई नहीं

II. ''उनका आत्मविश्वास जाग सके तथा उनके सामाजिक संपर्क मजबूत बन सकें'', वाक्य में 'उनका' शब्द किसके लिए प्रयुक्त हुआ है?

(क) केवल दृष्टिहीन व्यक्ति के लिए

(ख) केवल दुर्बल व्यक्ति के लिए

(ग) सभी विकलांग व्यक्तियों के लिए

(घ) उपर्युक्त सभी

III. **कथन** (A) और **कारण** (R) को पढ़कर उपयुक्त विकल्प चुनिए।

कथन (A) कल्याणकारी सेवाएँ दुर्बलों की सहायता करती हैं।

कारण (R) कल्याणकारी सेवाएँ दुर्बल व कमज़ोर व्यक्तियों में आत्मविश्वास जगाती हैं। **दक्षता आधारित प्रश्न**

(क) कथन (A) सही है और कारण (R), कथन (A) की सही व्याख्या करता है।

(ख) कथन (A) और कारण (R) दोनो गलत हैं।

(ग) कथन (A) गलत है, किंतु कारण (R) सही है।

(घ) कथन (A) सही है, किंतु कारण (R) गलत है।

IV. समाज-कल्याण का क्या उद्देश्य है?

V. गद्यांश के आधार पर 'समाज-कल्याण' का क्या तात्पर्य है?

गद्यांश 13

चरित्र का मूल भी भावों के विशेष प्रकार के संगठन में ही समझना चाहिए। लोकरक्षा और लोकरंजन की सारी व्यवस्था का ढाँचा इन्हीं पर ठहरा है। धर्म-शासन, राज-शासन, मत-शासन सबमें इनसे पूरा काम लिया गया है। इनका सदुपयोग भी हुआ है और दुरुपयोग भी। जिस प्रकार लोक-कल्याण के व्यापक उद्देश्य की सिद्धि के लिए मनुष्य के मनोविकार काम में लाए गए हैं, उसी प्रकार संप्रदाय या संस्था के संकुचित और परिमित विधान की सफलता के लिए भी। सब प्रकार के शासन में चाहे धर्म-शासन हो, चाहे राज-शासन हो, मनुष्य-जाति से भय और लोभ से पूरा काम लिया गया है।

दंड का भय और अनुग्रह का लोभ दिखाते हुए राज-शासन तथा नरक का भय और स्वर्ग का लोभ दिखाते हुए धर्म-शासन और मत-शासन चलते आ रहे हैं। प्राय: इसके द्वारा भय और लोभ का प्रवर्तन सीमा के बाहर भी हुआ है और होता रहता है। जिस प्रकार शासक वर्ग अपनी रक्षा और स्वार्थसिद्धि के लिए भी इनसे काम लेते आए हैं, उसी प्रकार धर्म-प्रवर्तक और आचार्यों ने भी अपने स्वरूप वैचित्र्य की रक्षा और अपने प्रभाव की प्रतिष्ठा के लिए भय और लोभ का सहारा लिया है।

शासक वर्ग अपने अन्याय और अत्याचार के विरोध की शांति के लिए भी डराते और ललचाते आए हैं। मत-प्रवर्तक अपने द्वेष और संकुचित विचारों के प्रचार के लिए भी कँपाते और डराते आए हैं। एक जाति को मूर्ति-पूजा करते देख दूसरी जाति के मत-प्रवर्तकों ने उसे पापों में गिना है। एक संप्रदाय को भस्म और रुद्राक्ष धारण करते देख दूसरे संप्रदाय के प्रचारकों ने उनके दर्शन तक को पाप माना है।

प्रश्न

I. कथन (A) और कारण (R) को पढ़कर उपयुक्त विकल्प चुनिए।

कथन (A) धर्म-प्रवर्तकों ने भी स्वर्ग-नरक का भय और लोभ दिखाया है। **दक्षता आधारित प्रश्न**

कारण (R) उन्होंने ऐसा अपने स्वरूप वैचित्र्य की रक्षा करने के लिए किया।

(क) कथन (A) सही हैं, किंतु कारण (R) गलत है।

(ख) कथन (A), कारण (R) की सही व्याख्या करता है।

(ग) कथन (A) गलत है, किंतु कारण (R) सही है।

(घ) कथन (A) और कारण (R) दोनों गलत हैं।

II. आपके अनुसार, प्रस्तुत गद्यांश का सर्वाधिक उपयुक्त शीर्षक क्या हो सकता है?

(क) शासन व्यवस्था और समाज (ख) धर्म और संस्कृति

(ग) मनुष्य के मनोविकार (घ) सामाजिक दंड विधान

III. किसी जाति विशेष के किन कार्यों को अन्य जाति अनिष्ट कार्य मानती है? **दक्षता आधारित प्रश्न**

(i) मूर्ति पूजा करना

(ii) भस्म या रुद्राक्ष धारण करना

(iii) अन्य धर्म का सम्मान न करना

कूट

(क) केवल (i) सही है। (ख) केवल (ii) सही है।

(ग) (i) और (ii) सही हैं। (घ) केवल (iii) सही है।

IV. (क) लोकरंजन की व्यवस्था का ढाँचा किस पर आधारित है?
(ख) लोक-कल्याण के व्यापक उद्देश्य की सिद्धि के लिए क्या काम में लाए गए हैं?

V. शासन व्यवस्था किन कारणों से भय और लालच का सहारा लेती है?

गद्यांश 14

हरियाणा के पुरातत्त्व विभाग द्वारा किए गए अब तक के शोध और खुदाई के अनुसार लगभग 5500 हेक्टेयर में फैली यह राजधानी ईसा से लगभग 3300 वर्ष पूर्व मौजूद थी। इन प्रमाणों के आधार पर यह तो तय हो ही गया है कि राखीगढ़ी की स्थापना उससे भी सैकड़ों वर्ष पूर्व हो चुकी थी।

अब तक यही माना जाता रहा है कि इस समय पाकिस्तान में स्थित हड़प्पा और मोहनजोदड़ो ही सिंधुकालीन सभ्यता के मुख्य नगर थे। राखीगढ़ी गाँव में खुदाई और शोध का काम रुक-रुक कर चल रहा है। हिसार का यह गाँव दिल्ली से मात्र एक सौ पचास किलोमीटर की दूरी पर है। पहली बार यहाँ वर्ष 1963 में खुदाई हुई थी और तब से इसे सिंधु-सरस्वती सभ्यता का सबसे बड़ा नगर माना गया। उस समय के शोधार्थियों ने सप्रमाण घोषणाएँ की थीं कि यहाँ दबे नगर कभी मोहनजोदड़ो और हड़प्पा से भी बड़े रहे होंगे।

अब सभी शोध विशेषज्ञ इस बात पर सहमत हैं कि राखीगढ़ी, भारत-पाकिस्तान और अफ़गानिस्तान का आकार और आबादी की दृष्टि से सबसे बड़ा शहर था। प्राप्त विवरणों के अनुसार समुचित रूप से नियोजित इस शहर की सभी सड़कें 1.92 मीटर चौड़ी थीं। यह चौड़ाई कालीबंगा की सड़कों से भी ज्यादा है। इस स्थल पर एक ऐसा बर्तन भी मिला है, जो सोने और चाँदी की परतों से ढका है। इस स्थल पर एक 'फाउंड्री' के भी चिह्न मिले हैं, जहाँ सम्भवत: सोना ढाला जाता होगा।

इसके अलावा टैराकोटा से बनी असंख्य प्रतिमाएँ ताँबे के बर्तन और कुछ प्रतिमाएँ और एक 'फ़र्नेस' के अवशेष भी मिले हैं। मई, 2012 में 'ग्लोबल हैरिटेज फंड' ने इसे एशिया के दस ऐसे 'विरासत स्थलों' की सूची में शामिल किया है, जिनके नष्ट हो जाने का खतरा है।

राखीगढ़ी का पुरातात्त्विक महत्त्व विशिष्ट है। इस समय यह क्षेत्र पूरे विश्व के पुरातत्त्व विशेषज्ञों की रुचि और जिज्ञासा का केंद्र बना हुआ है। यहाँ बहुत-से काम बाकी हैं, जो अवशेष मिले हैं, उनका समुचित अध्ययन अभी शेष है। उत्खनन का काम अब भी अधूरा है।

प्रश्न

I. चौड़ी सड़कों से स्पष्ट होता है कि

(क) यातायात के साधन थे (ख) अधिक आबादी थी

(ग) शहर नियोजित था (घ) बड़ा शहर था

II. राखीगढ़ी को एशिया के 'विरासत स्थलों' में स्थान मिला, क्योंकि

(क) नष्ट हो जाने का खतरा है।

(ख) सबसे विकसित सभ्यता है।

(ग) इतिहास में इसका नाम सर्वोपरि है।

(घ) यहाँ विकास की तीन परतें मिली हैं।

III. कथन (A) और कारण (R) को पढ़कर उपयुक्त विकल्प चुनिए।

कथन (A) पुरातत्त्व विशेषज्ञ राखीगढ़ी में विशेष रुचि ले रहे हैं, क्योंकि

कारण (R) इसका समुचित उत्खनन का कार्य अभी अधूरा है।

(क) कथन (A) सही है, किंतु कारण (R), कथन (A) की सही व्याख्या नहीं करता है।

(ख) कथन (A) और कारण (R) दोनों गलत हैं।

(ग) कथन (A) गलत है और कारण (R) सही है।

(घ) कथन (A) और कारण (R) दोनों सही हैं।

IV. गद्यांश के अनुसार कौन-सा क्षेत्र पूरे विश्व के पुरातत्त्व विशेषज्ञों की रुचि और जिज्ञासा का केंद्र बना हुआ है?

V. प्रस्तुत गद्यांश का सर्वाधिक उपयुक्त शीर्षक क्या होगा?

गद्यांश 15

बाल मज़दूरी हमारे देश के लिए अक्षम्य अपराध है। देश में आज न जाने कितने बच्चे बाल मज़दूरी कर रहे हैं, क्या उन्हें हमारी तरह जीने का अधिकार नहीं है? राजेश जोशी ने बड़े ही मार्मिक तरीके से 'बाल-श्रमिक' के ऊपर करुण रस की कविता लिखी है।

उनका कहना है 'बच्चे काम पर जा रहे हैं सुबह-सुबह' अर्थात् पढ़ाई-लिखाई छोड़कर बच्चे मज़दूरी करने काम पर जा रहे हैं। क्या उनके जीवन में खेल का मैदान नहीं है? क्या उनके लिए पुस्तकालय

और पाठशाला नहीं हैं? इस तरह के भाव-बोध और पीड़ा-बोध से रचित राजेश जोशी की कविता आधुनिक सभ्य समाज के ऊपर एक प्रकार का व्यंग्य भी प्रस्तुत करती है। वैश्विक स्तर पर शांति के लिए वर्ष 2014 के नोबल पुरस्कार प्राप्तकर्ता श्री कैलाश सत्यार्थी, जो 'बचपन बचाओ आंदोलन' के सृजनकर्ता माने जाते हैं, का कहना है कि ''बाल-श्रमिकों की पहचान के संबंध में सबसे बड़ी समस्या उम्र का निर्धारण करना है।'' उनके जागरूकता अभियान के कारण अब बहुत सीमा तक लोग जानने लगे हैं कि 14 साल के बच्चे से काम कराना एक दंडनीय अपराध है। इसमें उम्र का निर्धारण कर पाना बेहद कठिन काम है। इसमें बच्चों का शोषण करने वाले लोग उनकी उम्र-सीमा 14 वर्ष से ऊपर दिखाकर कानूनी प्रक्रिया से बंधनमुक्त हो जाया करते हैं। यदि कठोर नियम बनाकर उचित कार्यवाही की जाए, तो बाल मज़दूरी के ऊपर बहुत सीमा तक लगाम लगाई जा सकती है।

प्रश्न

I. बाल श्रमिकों की पहचान के संबंध में सबसे बड़ी समस्या माना गया है

(क) विद्यालयों की सीमित संख्या को

(ख) पढ़ाई के प्रति बच्चों की उदासीनता को

(ग) समाज में पढ़ाई को कम महत्त्व देने को

(घ) उम्र का निर्धारण करने को

II. कथन (A) और कारण (R) को पढ़कर उपयुक्त विकल्प चुनिए।

कथन (A) 'बचपन बचाओ आंदोलन' का समाज पर सकारात्मक प्रभाव पड़ा।

कारण (R) लोग जानने लगे कि 14 वर्ष से कम आयु के बच्चों से काम कराना एक अपराध है। **दक्षता आधारित प्रश्न**

(क) कथन (A) सही है, किंतु कारण (R) गलत है।

(ख) कथन (A) सही है और कारण (R), कथन (A) की सही व्याख्या करता है।

(ग) कथन (A) गलत है, किंतु कारण (R) सही है।

(घ) कथन (A) और कारण (R) दोनों ही गलत हैं।

III. गद्यांश के अनुसार, बाल मजदूरी पर रोक कैसे लगाई जा सकती है?

(क) कठोर नियम बनाकर उचित कार्यवाही द्वारा

(ख) जागरूकता अभियान द्वारा

(ग) बच्चों को काम पर न भेजकर

(घ) बाल मजदूरी को महत्त्व न देकर

IV. बाल मज़दूरी हमारे देश के लिए क्या है?

V. राजेश जोशी की कविता का मूल आशय क्या है?

गद्यांश 16

भारत के लिए लोकतंत्र को अपनाया जाना भारत के राष्ट्रीय आंदोलन व जनता की आकांक्षाओं का स्वाभाविक परिणाम था। लोकतंत्र के मूलभूत तत्त्व को समझा नहीं गया है और इसलिए लोग समझते हैं कि सब कुछ सरकार को करना चाहिए, हमारी कोई जिम्मेदारी नहीं है। लोगों में अपनी पहल से जिम्मेदारी उठाने और निभाने का संस्कार विकसित नहीं हो पाया है। फलस्वरूप देश की विशाल मानव शक्ति अभी ख़र्राटे लेती पड़ी है और देश की पूँजी उपयोगी बनने के बदले आज बोझ बन बैठी है, लेकिन उसे नींद से झकझोर कर जाग्रत करना है। किसी भी देश को महान बनाते हैं, उसमें रहने वाले लोग।

लेकिन अभी हमारे देश के नागरिक अपनी जिम्मेदारी से बचते रहे हैं। चाहे सड़क पर चलने की बात हो अथवा साफ़-सफ़ाई की बात हो, जहाँ-तहाँ हम लोगों को गंदगी फैलाते और अव्यवस्थित ढंग से वाहन चलाते देख सकते हैं। फिर चाहते हैं कि सब कुछ सरकार ठीक कर दे।

सरकार ने बहुत सारे कार्य किए हैं, इसे अस्वीकार नहीं किया जा सकता है। वैज्ञानिक प्रयोगशालाएँ खोली हैं, विशाल बाँध बनवाए हैं तथा फ़ौलाद के कारखाने खोले हैं आदि बहुत सारे काम सरकार के द्वारा हुए हैं, परंतु अभी भी करोड़ों लोगों को कार्य के प्रति प्रेरित नहीं किया जा सका है। वास्तव में, होना तो यह चाहिए कि लोग अपनी सूझ-बूझ के साथ अपनी आंतरिक शक्ति के बल पर खड़े हों और अपने पास जो कुछ साधन-सामग्री हो उसे लेकर कुछ कार्य करना शुरू कर दें और फिर सरकार उसमें आवश्यक मदद करे।

उदाहरण के लिए, गाँव वाले बड़ी-बड़ी पंचवर्षीय योजनाएँ नहीं समझ सकेंगे, पर वे लोग यह बात जरूर समझ सकेंगे कि अपने गाँव में कहाँ कुआँ चाहिए, सिंचाई के लिए कौन-सा साधन सुलभ है और कहाँ पुल की आवश्यकता है। बाहर के लोग इन सब बातों से अनभिज्ञ होते हैं।

प्रश्न

I. गद्यांश के आधार पर बताइए कि किसको नींद से झकझोर कर जाग्रत करने की आवश्यकता है?

(क) सरकार को

(ख) देश की विशाल मानव शक्ति को

(ग) लोकतंत्र को

(घ) उपर्युक्त में से कोई नहीं

II. गद्यांश में लेखक द्वारा राष्ट्र के नागरिकों को क्या सुझाव दिए गए हैं? **दक्षता आधारित प्रश्न**

(क) लोग अपनी समझ व आंतरिक ऊर्जा को आधार बनाएँ

(ख) जो भी साधन उपलब्ध हों, उनके आधार पर कार्य आरंभ करें

(ग) 'क' और 'ख' दोनों

(घ) कारखाने खोलें

III. कथन (A) और कारण (R) को पढ़कर उपयुक्त विकल्प चुनिए।

कथन (A) लोग सब कुछ सरकार की ही जिम्मेदारी समझते हैं।

कारण (R) लोगों में स्वयं जिम्मेदारी उठाने व निभाने का संस्कार विकसित नहीं हुआ है। **दक्षता आधारित प्रश्न**

(क) कथन (A) गलत है, किंतु कारण (R) सही है।

(ख) कथन (A) सही है, किंतु कारण (R) गलत है।

(ग) कथन (A) और कारण (R) दोनों गलत हैं।

(घ) कथन (A) और कारण (R) दोनों सही हैं।

IV. लोकतंत्र का मूल तत्त्व क्या है तथा इसे लेकर लोगों की क्या धारणा है?

V. गद्यांश के अनुसार, सरकार ने कौन-कौन से कार्य किए हैं?

गद्यांश 17

मानव सभ्यता पर औद्योगिक क्रांति की धमक अभी थमी भी नहीं कि एक नई तकनीकी क्रांति ने अपने आने की घोषणा कर दी है। 'नैनो-तकनीक' के समर्थक दावा करते हैं कि जब यह अपने पूरे वजूद में आएगी, तो धरती का नामो-निशान मिट जाएगा और नैनो रोबोट की स्वनिर्मित फौज पूरी तरह क्षत-विक्षत शव को पलक झपकते ही चुस्त-दुरुस्त इंसान में तबदील कर देगी।

दूसरी ओर नैनो-तकनीक की असीमित शक्ति से आशंकित इसके विरोधी इसे मिस्र के पिरामिडों में सोई ममियों से भी ज्यादा अभिशप्त समझते हैं। इन दोनों अतिवादी धारणाओं के बीच इतना अवश्य कहा जा सकता है कि हम तकनीकी क्रांति के एक सर्वथा नए मुहाने पर आ पहुँचे हैं, जिसके बाद उद्योग, चिकित्सा, दूरसंचार, परिवहन सहित हमारे जीवन में शामिल तमाम तकनीकी जटिलताएँ अपना पुराना अर्थ खो देंगी। इस अभूतपूर्व तकनीकी बदलाव के सामाजिक-सांस्कृतिक निहितार्थ क्या होंगे, यह देखना सचमुच दिलचस्प होगा।

आदमी ने कभी सभ्यता की बुनियाद पत्थर के बेडौल हथियारों से डाली थी, अनगढ़ शिलाओं को छीलकर उन्हें कुल्हाड़ों और भालों की शक्ल में ढाला और इस उपलब्धि ने उत्पादकता की दृष्टि से उसे दूसरे जंतुओं की तुलना में लाभ की स्थिति में ला खड़ा किया। औजारों को बेहतर बनाने का यह सिलसिला आगे कई विस्मयकारी मसलों से गुजरा और औद्योगिक क्रांति ने तो मनुष्य को मानो प्रकृति के नियंत्रक की भूमिका सौंप दी।

तकनीकी कौशल की हतप्रभ कर देने वाली इस यात्रा में एक बात ऐसी है, जो पाषाण युग के बेढब हथियारों से चमत्कारी माइक्रोचिप निर्माण तक एक जैसी बनी रही। हम अपने औजार, कच्चे माल को तराशकर बनाते हैं। यह सर्वविदित तथ्य है कि सारे पदार्थ परमाणुओं से मिलकर बने हैं, लेकिन पदार्थों के गुण इस बात पर निर्भर करते हैं कि उनमें परमाणुओं को किस तरह सजाया गया है। कार्बन के परमाणुओं की एक खास बनावट से कोयला तैयार होता है, तो दूसरी खास बनावट उन्हें हीरे का रूप दे देती है। परमाणु और अणुओं को इकाई मानकर मनचाहा उत्पाद तैयार करना ही 'नैनो-तकनीक' का सार है।

प्रश्न

I. कथन (A) और कारण (R) को पढ़कर उपयुक्त विकल्प चुनिए।

कथन (A) नैनो तकनीक ने आज हमें एक नई तकनीकी क्रांति के सामने लाकर खड़ा कर दिया है, क्योंकि

कारण (R) इस क्रांति के कारण आज हम पुरानी तकनीकी जटिलताओं के अर्थ को कहीं खो बैठे हैं।

(क) कथन (A) और कारण (R) दोनों सही हैं तथा कारण (R), कथन (A) की सही व्याख्या करता है।
(ख) कथन (A) गलत है, परंतु कारण (R) सही है।
(ग) कथन (A) और कारण (R) दोनों ही गलत हैं।
(घ) कथन (A) और कारण (R) दोनों सही हैं, परंतु कारण (R) कथन (A) की सही व्याख्या नहीं करता है।

II. मानव प्रकृति का नियंत्रक किस आधार पर बन गया?

(क) औजारों का निर्माण करके
(ख) औद्योगिक क्रांति करके
(ग) (क) और (ख) दोनों
(घ) प्रकृति को प्रोत्साहित करके

III. नैनो-तकनीक के महत्त्व के बारे में कौन-सा कथन सही है?

(i) यह ऐसी तकनीक है, जो मनुष्य की सोच की सीमा बढ़ा देगी।
(ii) यह मनुष्य के विकास के लिए अत्यंत आवश्यक है।
(iii) यह मनुष्य को केवल विनाश की ओर ले जाएगी।
(iv) यह ऐसी तकनीक है, जो मनुष्य की सोच को सीमित कर देगी।

कूट

(क) केवल कथन (i) सही है।
(ख) केवल कथन (iii) सही है।
(ग) कथन (i), (ii) और (iii) सही हैं।
(घ) कथन (ii) और (iv) सही हैं।

IV. (क) गद्यांश के अनुसार, आदमी ने सभ्यता की बुनियाद किससे डाली थी?

(ख) 'नैनो-तकनीक' के प्रभुत्व में आने का क्या परिणाम होगा?

V. गद्यांश के अनुसार, 'नैनो-तकनीक' क्या है?

गद्यांश 18

वर्तमान युग कंप्यूटर का युग है। यदि भारतवर्ष पर नजर दौड़ाकर देखें, तो हम पाएँगे कि जीवन के लगभग सभी क्षेत्रों में कंप्यूटर का प्रवेश हो गया है। बैंक, रेलवे-स्टेशन, हवाई-अड्डे, डाकखाने, बड़े-बड़े उद्योग-कारखाने, व्यवसाय हिसाब-किताब तथा रुपये गिनने तक की मशीनें कंप्यूटरीकृत हो गई हैं।

आज भी कंप्यूटर का प्रारंभिक प्रयोग है तथा आने वाला समय इसके विस्तृत फैलाव का संकेत दे रहा है। प्रश्न उठता है कि क्या कंप्यूटर आज की जरूरत है? इसका उत्तर है—कंप्यूटर जीवन की मूलभूत अनिवार्य वस्तु तो नहीं है, किंतु इसके बिना आज की दुनिया अधूरी जान पड़ती है। सांसारिक गतिविधियों, परिवहन और संचार उपकरणों आदि का ऐसा विस्तार हो गया है कि उन्हें सुचारु रूप से चलाना अत्यंत कठिन होता जा रहा है।

पहले मनुष्य जीवन-भर में यदि सौ लोगों के संपर्क में आता था, तो आज वह दो-हजार लोगों के संपर्क में आता है। पहले वह दिन में पाँच-दस लोगों से मिलता था, तो आज पचास-सौ लोगों से मिलता है। पहले वह दिन में काम करता था, तो आज रातें भी व्यस्त रहती हैं। आज व्यक्ति के संपर्क बढ़ रहे हैं, व्यापार बढ़ रहे हैं, गतिविधियाँ बढ़ रही हैं, आकांक्षाएँ बढ़ रही हैं तथा साधन बढ़ रहे हैं।

इस अनियंत्रित गति को सुव्यवस्था देने की समस्या आज की प्रमुख समस्या है। कहते हैं 'आवश्यकता आविष्कार की जननी है'। इस आवश्यकता ने अपने अनुसार निदान ढूँढ लिया है।

कंप्यूटर एक ऐसी स्वचालित प्रणाली है, जो कैसी भी अव्यवस्था को व्यवस्था में बदल सकती है। हड़बड़ी में होने वाली मानवीय भूलों के लिए कंप्यूटर रामबाण औषधि है। क्रिकेट के मैदान में अम्पायर की

निर्णायक भूमिका हो या लाखों-करोड़ों की लंबी-लंबी गणनाएँ, कंप्यूटर पलक झपकते ही आपकी समस्या हल कर सकता है।

पहले इन कामों को करने वाले कर्मचारी हड़बड़ाकर काम करते थे, एक भूल से घबराकर और अधिक गड़बड़ी करते थे। परिणामस्वरूप काम कम, तनाव अधिक होता था। अब कंप्यूटर की सहायता से काफी सुविधा हो गई है।

प्रश्न

I. गद्यांश को पढ़कर कंप्यूटर के महत्त्व के विषय में कौन-सा विकल्प सही है?

(क) कंप्यूटर काम के तनाव को समाप्त करने का उपाय है।
(ख) कंप्यूटर कई मानवीय भूलों को निर्णायक रूप से सुधार देता है।
(ग) कंप्यूटर के आने से सारी हड़बड़ाहट दूर हो गई है।
(घ) मानव की सभी समस्याओं का हल कंप्यूटर द्वारा ही संभव है

II. गद्यांश के अनुसार, किस आवश्यकता ने कंप्यूटर में अपना निदान ढूँढ लिया है?

(क) अनियंत्रित कर्मचारियों को अनुशासित करने की
(ख) अनियंत्रित गति को सुव्यवस्था देने की
(ग) अधिक-से-अधिक लोगों से जुड़कर जन-जागरण लाने की
(घ) अधिक-से-अधिक कार्य कभी भी व कहीं भी करने की

III. कथन (A) और कारण (R) को पढ़कर उपयुक्त विकल्प चुनिए।

कथन (A) कंप्यूटर के बिना आज की दुनिया अधूरी है, क्योंकि

कारण (R) सारी व्यवस्था, उपकरण और मशीनें कंप्यूटरीकृत नहीं हैं।

दक्षता आधारित प्रश्न

(क) कथन (A) गलत है, किंतु कारण (R) सही है।
(ख) कथन (A) और कारण (R) दोनों ही गलत हैं।
(ग) कथन (A) सही है और कारण (R), कथन (A) की सही व्याख्या करता है।
(घ) कथन (A) सही है, किंतु कारण (R), कथन (A) की सही व्याख्या नहीं करता है।

IV. गद्यांश के अनुसार, वर्तमान युग किसका है और क्यों?

V. गद्यांश के अनुसार, कंप्यूटर के प्रयोग से पहले अधिक तनाव क्यों होता था?

गद्यांश 19

संसद ने महिला आरक्षण से संबंधित संविधान (128वाँ संशोधन) विधेयक, 2023 पारित किया, जिसमें लोकसभा, राज्य विधानसभाओं और दिल्ली विधानसभा में महिलाओं के लिए कुल सीटों में से एक-तिहाई सीटें आरक्षित करने का प्रावधान है। महिलाओं को लोकसभा और राज्य विधानसभाओं में 33% आरक्षण देने वाला महिला आरक्षण विधेयक (Women's Reservation Bill) राज्यसभा में पारित हो गया है। संविधान (128वाँ संशोधन) विधेयक या नारी शक्ति वंदन अधिनियम, (Nari Shakti Vandan Adhiniyam) और इसके छ: खंड राज्यसभा में 21 सितंबर को पारित हुए। उपस्थित सभी 214 सदस्यों ने विधेयक के पक्ष में मतदान किया, लोकसभा ने 21 सितम्बर, 2023 को विधेयक पारित किया था। लोकसभा के 454 सदस्यों ने विधेयक का समर्थन किया था, जबकि केवल दो सदस्यों ने ऑल इंडिया मजलिस-ए-इत्तेहादुल मुस्लिमीन के असदुद्दीन औवेसी और सैयद इम्तियाज जलील ने विधेयक का विरोध किया। महिला आरक्षण विधेयक नए संसद भवन में दोनों सदनों द्वारा पारित होने वाला पहला कानून है। यह अनुसूचित जाति, अनुसूचित जनजाति और एंग्लो इंडियंस के लिए आरक्षण के भीतर आरक्षण का भी प्रावधान करता है। विधेयक में अनुच्छेद-330 A में एक क्लॉज जोड़ने के लिए कहा गया है कि लोकसभा में SC और ST के लिए आरक्षित सीटों में से एक-तिहाई सीटें इन श्रेणियों की महिलाओं के लिए आरक्षित की जाएँगी।

प्रश्न

I. नारी शक्ति अधिनियम, 2023 कौन-सा संविधान संशोधन है?

(क) 124वाँ संशोधन
(ख) 128वाँ संशोधन
(ग) 132वाँ संशोधन
(घ) 136वाँ संशोधन

II. कथन (A) महिला आरक्षण विधेयक, 2023 में आर्टिकल जोड़े गए हैं।

कारण (R) अनुच्छेद-330(A) अनुसूचित जातियों व अनुसूचित जनजातियों से प्रेरित है।

(क) कथन (A) और कारण (R) दोनों सही हैं।
(ख) कथन (A) सही और कारण (R) गलत है।
(ग) कथन (A) गलत और कारण (R) सही है।
(घ) कथन (A) और कारण (R) दोनों गलत हैं।

III. नारी शक्ति वंदन एक अधिनियम है।
इस अधिनियम के पक्ष में निम्नलिखित में से कौन-सा/से तर्क सही है/हैं?

(i) महिलाओं के राजनीतिक आरक्षण की लंबे समय से चली आ रही माँग।
(ii) समिति ने स्थानीय निकायों में महिलाओं के आरक्षण की सिफारिश की।
(iii) महिला विधायक बेहतर आर्थिक परिणामों और ढाँचें के विकास से जुड़ी हुई हैं।

कूट

(क) (i) और (ii) सही हैं। (ख) (i) और (iii) सही हैं।
(ग) (ii) और (iii) सही हैं। (घ) ये सभी सही हैं।

IV. नारी शक्ति वंदन अधिनियम कब लागू हुआ?

V. नारी शक्ति वंदन अधिनियम क्या है?

गद्यांश 20

शरीर का खाद्य भोजनीय पदार्थ है और मस्तिष्क का खाद्य, साहित्य। यदि हम अपने मस्तिष्क को निष्क्रिय और कालांतर में निर्जीव-सा नहीं करना चाहते तो साहित्य का सतत सेवन करना चाहिए और उसमें नवीनता लाने के लिए उसका उत्पादन भी करना चाहिए; पर याद रखिए बुरे साहित्य से मस्तिष्क भी पीड़ित होकर रोगी हो जाता है। मस्तिष्क का बलवान और शक्ति संपन्न होना अच्छे साहित्य पर ही निर्भर करता है। अतएव यह बात स्पष्ट है कि मस्तिष्क के पर्याप्त विकास का एकमात्र साधन अच्छा साहित्य है।

यदि हमें सभ्यता की दौड़ में अन्य जातियों की बराबरी करनी है तो सत्साहित्य का उत्पादन और प्राचीन साहित्य की रक्षा करनी चाहिए और यदि हम अपनी वर्तमान दयनीय दशा में रहना चाहते हैं तो साहित्य सम्मेलन के दिखावे को बंद कर देना चाहिए।

आँख उठाकर जरा दूसरे देशों और जातियों की ओर तो देखिए! साहित्य ने वहाँ के समाज की दशा ही बदल दी है; शासन प्रबंध में बड़े-बड़े उथल-पुथल कर डाले हैं।

हमें अपनी ही भाषा और उसी के साहित्य को प्रधानता देनी चाहिए, क्योंकि अपने देश और जाति का कल्याण अपनी भाषा के साहित्य की उन्नति से ही हो सकता है। ज्ञान, विज्ञान, धर्म और राजनीति की भाषा सदैव लोकभाषा ही होनी चाहिए। अतएव अपनी भाषा के साहित्य का विकास करना हमारा परम धर्म है।

प्रश्न

I. उपर्युक्त गद्यांश में शारीरिक और मानसिक स्वास्थ्य के लिए पौष्टिक भोजन और ………….. साहित्य की बात कही गई है।

(क) अच्छे (ख) नवीन
(ग) जातिप्रधान (घ) भाषाप्रधान

II. (i) साहित्य सम्मेलनों में सदैव दिखावे वाली बातें होती हैं।
(ii) प्राचीन और वर्तमान का सत्साहित्य ही भविष्य का निर्णायक है।
(iii) साहित्य के विकास का कार्य मात्र एक भाषा पर ही निर्भर होता है।

उपर्युक्त गद्यांश के आधार पर साहित्यकार के मूल विचारों वाला विकल्प चुनिए

(क) केवल (i) (ख) केवल (ii)
(ग) (i) और (iii) दोनों (घ) (ii) और (iii) दोनों

III. गद्यांश में साहित्यकार द्वारा अन्य देशों का उल्लेख क्यों किया गया है?

(क) अपने समाज को ललकारने के लिए
(ख) पाठकों में ईर्ष्या की भावना उत्पन्न करने के लिए
(ग) अपनी शासन व्यवस्था को चुनौती देने के लिए
(घ) स्वदेशी साहित्य का महत्त्व स्थापित करने के लिए

IV. भविष्य में स्वयं को सजीव बनाए रखने के लिए साहित्य में क्या होना चाहिए?

V. श्रेष्ठ साहित्य का विकास कब संभव होगा? स्पष्ट कीजिए।

उत्तरमाला (अभ्यास प्रश्न)

गद्यांश 1

I. (ग) **'क' और 'ख' दोनों** गद्यांश के अनुसार, मनुष्य के पतन का कारण उसके सद्गुणों का ह्रास होता है, क्योंकि दूसरों की निंदा करके व्यक्ति स्वयं कभी भी उन्नति को प्राप्त नहीं कर सकता है।

II. (घ) **उपर्युक्त सभी।** गद्यांश के अनुसार, कोई भी मनुष्य दूसरों की निंदा करने से अपनी उन्नति नहीं कर सकता। उन्नति तो तब होगी, जब वह अपने चरित्र को निर्मल व स्वच्छ बनाए तथा अपने गुणों का विकास करे।

III. (घ) **(i), (ii) और (iii) सही हैं।** गद्यांश के अनुसार, ईर्ष्या की बड़ी बेटी का नाम निंदा है अर्थात् ईर्ष्यालु और निंदक के मध्य घनिष्ठ संबंध होता है, जो व्यक्ति जिससे जितनी अधिक ईर्ष्या करता है, वह उसकी उतनी ही अधिक निंदा भी करता है अर्थात् ईर्ष्यालु व्यक्ति ही निंदक होता है।

IV. गद्यांश के अनुसार, अनोखा वरदान ईर्ष्या है तथा मनुष्य के हृदय में ईर्ष्या घर बना लेती है।

V. गद्यांश के अनुसार, जब ईर्ष्यालु व्यक्ति अपने सुख के साधनों को दूसरों के साधन से कमतर मान लेता है और दूसरों के साधनों को बेहतर मानकर उन्हें न मिलने की सोच में जलने लगता है, तब उसका चरित्र भयंकर हो उठता है।

गद्यांश 2

I. (ख) **अनियंत्रित गति को सुव्यवस्था देने की** गद्यांश के अनुसार, अनियंत्रित गति को सुव्यवस्था देने की आवश्यकता ने कंप्यूटर में अपना समाधान ढूँढ लिया है।

II. (ख) **कंप्यूटर कई मानवीय भूलों को निर्णायक रूप से सुधार देता है** गद्यांश में स्पष्ट किया गया है कि हड़बड़ी में होने वाली मानवीय भूलों के लिए कंप्यूटर रामबाण औषधि है। अतः कंप्यूटर के महत्त्व के विषय में यह कथन सही है कि कंप्यूटर कई मानवीय भूलों को निर्णायक रूप से सुधार देता है।

III. (घ) **कथन (A) सही है, किंतु कारण (R), कथन (A) की सही व्याख्या नहीं करता है।** कंप्यूटर के बिना आज की दुनिया अधूरी इसलिए है, क्योंकि वर्तमान समय में सारी व्यवस्था, उपकरण और मशीनें कंप्यूटरीकृत हो गई हैं।

IV. वर्तमान युग कंप्यूटर का युग है, क्योंकि कंप्यूटर के बिना जीवन की कल्पना असंभव-सी हो गई है।

V. गद्यांश के अनुसार, कंप्यूटर के प्रयोग से पहले अधिक तनाव होता था। पहले काम करने वाले कर्मचारी हड़बड़ाकर काम करते थे, एक भूल से घबराकर और अधिक गड़बड़ी करते थे और गलतियाँ होने के डर से कर्मचारी घबराए हुए रहते थे। इसके परिणामस्वरूप उनका तनाव और अधिक बढ़ जाता था।

गद्यांश 3

I. (ख) **साहित्य को संसार को यथावत समझना चाहिए** गद्यांश की आरंभिक पंक्तियों से स्पष्ट होता है कि पाठक साहित्य से आमतौर पर यह अपेक्षा रखते हैं कि साहित्य को संसार को यथावत समझना चाहिए।

II. (ग) **कथन (ii), (iii) और (iv) सही हैं।** लेखक का कार्य दुनिया को बदलना नहीं, बल्कि उसे समझना है। वह अपने साहित्य द्वारा मनुष्यों को प्रेरित करता है और उन्हें यथार्थ से अवगत कराता है तथा क्रांति की आवश्यकता के प्रति जागरूक करता है।

III. (ग) **'क' और 'ख' दोनों** आजकल लोगों का नकद फसल के प्रति पागलपन बढ़ता ही जा रहा है, क्योंकि लोग तुरंत व अधिक-से-अधिक लाभ कमाना चाहते हैं।

IV. सपनों की दुनिया में रहने वाले पाठक को लेखक ने अफ्रीका के रेगिस्तान के शुतुरमुर्ग कहा।

V. आधुनिकता की दिशा में सुयोजित प्रयास इसलिए होने चाहिए, क्योंकि आधुनिकता होने की प्रक्रिया सदा से ही मानव सभ्यता का अंग रही है। आधुनिकता न केवल तकनीकी विकास को इंगित करती है, बल्कि सामाजिक, आर्थिक, राजनीतिक और मानवीय दृष्टिकोण से भी महत्त्वपूर्ण है। इस प्रकार का प्रयास एक नए और बेहतर जीवन के लिए सक्षम है, जो समृद्धि, ताकत और सामाजिक न्याय से जुड़ा है।

गद्यांश 4

I. (ग) **कथन (A) सही है और कारण (R), कथन (A) की सही व्याख्या करता है।** गद्यांश के आधार पर कहा जा सकता है कि धर्म से डरने वाले लोग भी त्रुटियों का लाभ उठाने में संकोच नहीं करते, क्योंकि धर्म को धोखा नहीं दिया जा सकता, परंतु कानून को दिया जा सकता है।

II. (क) **उन्नति के संदर्भ में जीवन मूल्यों की प्रासंगिकता** प्रस्तुत गद्यांश का सर्वाधिक उपयुक्त शीर्षक 'उन्नति के संदर्भ में जीवन मूल्यों की प्रासंगिकता' होगा, क्योंकि गद्यांश में स्पष्ट किया गया है कि वर्तमान समय में उन्नति के लिए जीवन मूल्य बहुत आवश्यक है।

III. (ग) **भले लोगों के लिए कानून नहीं चाहिए और बुरे लोग इसकी परवाह नहीं करते हैं।** गद्यांश के अनुसार, धर्म एवं कानून के संदर्भ में भारत के विषय में यह कथन सबसे अधिक सही है कि भले लोगों के लिए कानून नहीं चाहिए और बुरे लोग इसकी परवाह नहीं करते हैं।

IV. (क) मनुष्य ने आदर्शों को लोभ के कारण मजाक बना दिया है।
(ख) गद्यांश के अनुसार, लोभ, मोह आदि के कारण मनुष्य अपने लक्ष्य को भूलते गए।

V. भारतवर्ष में सेवा और सच्चाई के मूल्य जीवन में उन्नति के बड़े पैमाने के कारण कहीं छिप से गए हैं। सेवा और सच्चाई के मूल्य भारतीय समाज के आधारभूत स्तंभ हैं, जो समृद्धि और सामाजिक विकास की दिशा में महत्त्वपूर्ण योगदान करते हैं। हालाँकि, कभी-कभी इन मूल्यों के महत्त्व या उनके द्वारा जीने की वास्तविकता को नजर अंदाज कर दिया जाता है, जिससे उनका महत्त्व छिप जाता है।

गद्यांश 5

I. (घ) **कथन (A) और कारण (R) दोनों ही सही हैं।** हालातों को असफलता के लिए जिम्मेदार नहीं ठहराना चाहिए, क्योंकि सफल व्यक्ति के सामने भी वही हालात होते हैं। इसी तरह खोटी नीयत वाला व्यक्ति इस संसार में गलत नीयत व नीति के कारण नहीं टिक पाता है, क्योंकि जब तक उसकी नीयत सही नहीं होगी तब तक समाज में उसका कोई स्थान नहीं होगा।

II. (ख) **नीयत को** लेखक ने नीति की जननी नीयत को कहा है। जब जननी (नीयत) में ही दोष होगा तो संतान (नीति) में कोई-न-कोई विकृति अवश्य आ जाएगी।

III. (ख) **हालातों को** गद्यांश के अनुसार, हालातों को असफलता के लिए जिम्मेदार ठहराना ठीक नहीं है, क्योंकि व्यक्ति संघर्ष करके ही सफलता प्राप्त करता है, वह हालात को दोष देकर नहीं बैठा रहता।

IV. गद्यांश के अनुसार, हालात को जिम्मेदार ठहराने वाले लोग आलसी व अकर्मण्य होते हैं तथा उन लोगों की नीयत और नीति मेल नहीं खाती।

V. गद्यांश के अनुसार, विषम परिस्थितियों में जीवन का असली आनंद आता है। विषम परिस्थितियों में, किसी व्यक्ति की सही मायने में पहचान इसलिए होती है, क्योंकि उसके पास अपनी शक्तियों और प्रतिभाओं का सामना करने का अवसर होता है। विपरीत परिस्थितियों में व्यक्ति अपनी सहनशक्ति, संघर्ष क्षमता और निर्णय लेने की क्षमता को पहचान पाता है।

गद्यांश 6

I. (घ) **ये सभी** विनय, साहस, उदारता, कष्ट सहिष्णुता आदि गुण मनुष्य को अहंकारहीन बनाते हैं। इन गुणों का प्रभाव व्यक्ति के जीवन पर पड़ता है।

II. (क) **सादा जीवन उच्च विचार** प्रस्तुत गद्यांश का सर्वाधिक उचित शीर्षक 'सादा जीवन उच्च विचार' हो सकता है, क्योंकि यहाँ सरल जीवन-शैली अपनाने तथा विचार की उच्चता पर बल दिया गया है।

III. (ग) **कथन (A) सही है और कारण (R), कथन (A) की सही व्याख्या करता है।** व्यक्ति की सच्ची पहचान उसके विचार व कर्म होते हैं। मनुष्य के विचार व कर्म उसके आचरण को प्रभावी बनाते हैं तथा उसके विवेक को जाग्रत रखते हैं।

IV. गद्यांश के अनुसार, महापुरुष प्रायः मध्यवर्ग के घरों या गरीब परिवार में जन्म लेते हैं।
(ख) संसार में अमरता उन लोगों को मिलती है, जो अपने पीछे कुछ आदर्श छोड़ जाते हैं।

V. एक सच्चे व्यक्ति के विचार स्पष्ट और सही होते हैं और वह अपने शब्दों और कार्यों में ईमानदारी और नैतिकता का पालन करता है। उनका जीवन उनके कार्यों से प्रेरित और निर्देशित होता है और वह स्वयं को समुदाय के हितों के लिए समर्पित करते हैं।

गद्यांश 7

I. (ग) **बौद्धिकतापूर्ण मानवता की पुनर्स्थापना** गद्यांश का सर्वाधिक उपयुक्त शीर्षक बौद्धिकतापूर्ण मानवता की पुनर्स्थापना होगा, क्योंकि इसमें इस तथ्य पर प्रकाश डाला गया है कि विवेकपूर्ण मानव को दोबारा स्थापित किया जाए।

II. (घ) **उपर्युक्त सभी** गद्यांश में बताया गया है कि शिक्षा व्यक्ति में चारित्रिक गुणों का विकास करके, समाज के अन्य व्यक्तियों के प्रति सद्भावना विकसित करके तथा समाज के प्रति आदर सम्मान की भावना विकसित करके समाज एवं राष्ट्र (देश) की प्रगति में सहयोग करती है।

III. (ग) **'क' और 'ख' दोनों** उचित शिक्षा व्यक्ति को विनम्र व शालीन बनाती है, क्योंकि शिक्षा से व्यक्ति को उचित-अनुचित का ज्ञान होता है।

IV. (क) कुशल बुद्धि के निर्माण में शिक्षा और समाजीकरण का महत्त्वपूर्ण योगदान है।
(ख) गद्यांश के अनुसार, मनुष्यता व्यक्ति के व्यवहार में निवास करती है।

V. मनुष्य शिक्षा के माध्यम से स्वावलंबी बनता है। शिक्षा व्यक्ति को विनम्रता एवं शालीनता का पाठ पढ़ाती है और उसे स्वावलंबी बनाती है। व्यक्ति को आत्मनिर्भर बनाने में शिक्षा अहम भूमिका निभाती है। शिक्षा उसे सामाजिक और आर्थिक रूप से सशक्त बनाती है, जिससे वह समाज में अपना स्थान बना पाता है।

गद्यांश 8

I. (घ) **कथन (A) सही है और कारण (R), कथन (A) की सही व्याख्या करता है।** सिनेमा जगत के अनेक नायक-नायिकाओं, गीतकारों, कहानीकारों और निर्देशों को हिंदी के माध्यम से पहचान मिली। इसी कारण गैर-हिंदी भाषी कलाकार भी हिंदी की ओर आए।

II. (ग) **सदी के महानायक की** गद्यांश के अनुसार, सदी के महानायक अभिताभ बच्चन की हिंदी ने दर्शक वर्ग को सर्वाधिक प्रभावित किया। इस कारण हिंदी हर दिल की धड़कन बन गई।

III. (घ) **उपर्युक्त सभी** गद्यांश से स्पष्ट होता है कि गैर-हिंदी क्षेत्रों के कलाकारों द्वारा हिंदी को अपनाना, गैर-हिंदी राज्यों के कलाकारों द्वारा हिंदी को अपनी पहचान के रूप में चुनना तथा डिस्कवरी चैनल का हिंदी में अनुवाद होना, ये सभी हिंदी की संप्रेषणीयता के प्रमाण हैं।

IV. गद्यांश के अनुसार, सिनेमा जगत को सबसे अधिक पहचान हिंदी भाषा से मिली तथा हिंदी भाषा आम भारतीयों की जीवन शैली बन गई।

V. प्रस्तुत गद्यांश का सर्वाधिक उपयुक्त शीर्षक 'हिंदी भाषा की गुणवत्ता एवं उपयोगिता' होगा, क्योंकि इसमें हिंदी भाषा के गुणों; जैसे— सरल, सहजता, प्रवाहमय तथा उसके उपयोग पर बल दिया गया है।

गद्यांश 9

I. (घ) **उपर्युक्त सभी** गद्यांश के अनुसार, देश के हित के लिए संपर्क भाषा इसलिए आवश्यक है, क्योंकि यह देश की एकता व अखंडता को बनाए रखती है। एक-दूसरे को समझने में सहायक है तथा अपने विचार प्रकट करने का माध्यम है।

II. (ख) **कथन (A), कारण (R) की सही व्याख्या करता है।** राष्ट्रीय भावना को विकसित करने के लिए भाषा-तत्त्व बहुत ज़रूरी है, क्योंकि भाषा के माध्यम से ही मनुष्य एक-दूसरे के निकट आते हैं और उनमें घनिष्ठता आती है।

III. (ग) **भाषा की उपयोगिता** प्रस्तुत गद्यांश का सर्वाधिक उपयुक्त शीर्षक 'भाषा की उपयोगिता' होगा, क्योंकि इसमें भाषा के उपयोग पर प्रकाश डालते हुए उसका महत्त्व स्वीकार किया गया है।

IV. (क) राष्ट्रीय भावना के अभ्युदय एवं विकास के लिए एक प्रमुख तत्त्व भाषा है।
(ख) मनुष्य को परस्पर जोड़ने का कार्य भाषा करती है।

V. कबीर ने भाषा को बहता नीर कहकर भाषा की गरिमा प्रदान की थी, लेकिन उनका लक्ष्य शब्द रूपी भाषा के महत्त्व को नकारना नहीं था। उनका उद्देश्य शब्दों की शक्ति और महत्त्व को बढ़ावा देना था, जो उनकी कई कविताओं और दोहों में स्पष्ट है।

गद्यांश 10

I. (ग) **कथन (A) सही है, किंतु कारण (R), कथन (A) की सही व्याख्या नहीं करता है।** गद्यांश के अनुसार, फिजूलखर्ची एक बुराई है, जिससे मनुष्य का अहं व्यक्त होता है। उन्हें इस तरह के प्रदर्शन से संतुष्टि मिलती है। दूसरी ओर लेखक ने मनुष्य के अहंकार को नहीं, बल्कि उसकी भावनाओं को समुद्र की लहरों की तरह बताया है।

II. (घ) **उपर्युक्त सभी** गद्यांश में स्पष्ट रूप से कहा गया है कि अहंकारी व्यक्ति बाहर से भले ही गंभीरता का आवरण ओढ़ लें, लेकिन भीतर से वे उथलेपन से भरे होते हैं, वे सतही मानसिकता रखते हैं और किसी भी प्रकार से अपने अहं का प्रदर्शन करना चाहते हैं। इस प्रकार सभी विकल्प सही हैं।

III. (क) **अहंकार : एक बड़ा अवगुण** प्रस्तुत गद्यांश का सर्वाधिक उपयुक्त शीर्षक 'अहंकार : एक बड़ा अवगुण' होगा, क्योंकि यहाँ अहंकार के कारण होने वाली हानि पर प्रकाश डालते हुए उसे मनुष्य के लिए अनुपयुक्त माना है।

IV. प्रस्तुत गद्यांश में 'फिजूलखर्ची' को सूक्ष्म दृष्टि से अहंकार का प्रदर्शन करना कहा गया है।

V. मनुष्य को भीतर से अंतिम अर्थात् विनम्र और निरहंकारी होना चाहिए। विनम्रता और निरहंकारिता मानव व्यक्तित्व के दो महत्त्वपूर्ण आधारशिला हैं। विनम्रता व्यक्ति को अधिक संवेदनशील व सहानुभूतिपूर्ण बनाती है। दूसरी ओर, निरहंकारिता मनुष्य को अहंकार रहित बनाती है। दोनों ही गुण एकसाथ काम करके व्यक्ति को संतुलित, सफल और समृद्ध जीवन की दिशा में अग्रसर करते हैं।

गद्यांश 11

I. (ग) **हिमनदी को पिघलने को** गद्यांश में स्पष्ट रूप से बताया गया है कि हिमनदों का पिघलना जलवायु परिवर्तन का सबसे संवेदनशील सूचक माना जाता है।

II. (ख) **वैश्विक तापवृद्धि की** गद्यांश के अनुसार, वातावरण में जब ग्रीन हाउस गैसों की मात्रा बढ़ जाती है, तो तापमान में वृद्धि होने लगती है, जिसके कारण ग्लोबल वार्मिंग अर्थात् वैश्विक तापमान की समस्या उत्पन्न होती है।

III. (ग) **कथन (A) सही है और कारण (R), कथन (A) की सही व्याख्या करता है।** वातावरण में ग्रीन हाउस गैसों का होना अच्छा है, क्योंकि ये गैसें सौर ऊर्जा की बड़ी मात्रा, जो वातावरण से बाहर चली जाती हैं, में से कुछ मात्रा को अवशोषित कर पृथ्वी के वातावरण के तापमान को संतुलित बनाए रखती हैं।

IV. भारतीय जलवायु में क्षेत्रीय विविधता पाई जाती है तथा संपूर्ण विश्व आज जलवायु परिवर्तन की समस्या से जूझ रहा है।

V. प्रस्तुत गद्यांश में जलवायु परिवर्तन के कारण होने वाली समस्याओं पर प्रकाश डाला गया है। जलवायु परिवर्तन की समस्या विश्वभर में एक

महत्त्वपूर्ण चुनौती है। ऐसा माना जाता है कि मनुष्यों के कारण होने वाला वैश्विक उत्सर्जन, जलवायु परिवर्तन को तेज़ कर रहा है। जलवायु परिवर्तन समाधान के लिए वैश्विक प्रयास किए जा रहे हैं। अतः इसका सर्वाधिक उपयुक्त शीर्षक 'जलवायु परिवर्तन की समस्या' होगा।

गद्यांश 12

I. (क) **दुर्बल व्यक्ति की** गद्यांश में स्पष्ट रूप से बताया गया है कि समाज-कल्याण की भावना समाज के सबसे दुर्बल व्यक्ति की सहायता करती है।

II. (ग) **सभी विकलांग व्यक्तियों के लिए** ''उनका आत्मविश्वास जाग सके तथा उनके सामाजिक संपर्क मजबूत बन सकें'' वाक्य में 'उनका' शब्द सभी विकलांग व्यक्तियों के लिए प्रयुक्त हुआ है।

III. (क) **कथन (A) सही है और कारण (R), कथन (A) की सही व्याख्या करता है।** कल्याणकारी सेवाएँ दुर्बलों की सहायता करती हैं, क्योंकि इन सेवाओं से दुर्बल व कमज़ोर व्यक्तियों में आत्मविश्वास जागता है तथा उनके सामाजिक संपर्क मजबूत बनते हैं।

IV. समाज-कल्याण का उद्देश्य समाज में आम जनता के जीवन को बेहतर बनाना है, ताकि प्रत्येक व्यक्ति अपनी सर्वोत्तम क्षमता के अनुसार सफलता और संतुष्टि प्राप्त कर सके।

V. समाज—कल्याण का तात्पर्य व्यक्तिगत सेवा से है और व्यक्तिगत सेवा भी ऐसी, जो विशेष प्रकार की न होकर सामान्य प्रकार की होती है। समाज-कल्याण की प्रक्रिया में शिक्षा, स्वास्थ्य, रोजगार आदि विभिन्न क्षेत्रों में व्यक्तिगत रूप से सुधार किए जाते हैं।

गद्यांश 13

I. (ख) **कथन (A), कारण (R) की सही व्याख्या करता है।** धर्म-प्रवर्तकों ने स्वर्ग-नरक का भय इसलिए दिखाया है, जिससे वह अपने स्वरूप वैचित्र्य की रक्षा और अपने प्रभाव की प्रतिष्ठा को बनाए रख सके। साथ ही उनके स्वार्थों की पूर्ति भी होती रहे।

II. (क) **शासन व्यवस्था और समाज** प्रस्तुत गद्यांश का सर्वाधिक उपयुक्त शीर्षक 'शासन व्यवस्था और समाज' होगा, क्योंकि गद्यांश में समाज और शासन व्यवस्था पर चर्चा करते हुए बताया गया है कि शासन व्यवस्था अपने स्वार्थों की पूर्ति के लिए समाज में भय और लालच की भावना को बढ़ावा देती है।

III. (ग) **(i) और (ii) सही हैं।** गद्यांश में स्पष्ट रूप से कहा गया है कि किसी जाति विशेष को मूर्ति पूजा करते देखना तथा भस्म या रुद्राक्ष धारण करना अन्य जातियों के प्रवर्तकों के लिए अनिष्ट कार्य है।

IV. (क) लोकरंजन की व्यवस्था का ढाँचा मनुष्य के भावों के विशेष प्रकार के संगठन पर आधारित है।
(ख) लोक-कल्याण के व्यापक उद्देश्य की सिद्धि के लिए मनुष्य के मनोविकार काम में लाए गए हैं।

V. शासन व्यवस्था अनेक कारणों से भय और लालच का सहारा लेती है, जिनमें से कुछ इस प्रकार हैं—अन्याय और अत्याचार के विरोध को रोकने के लिए, द्वेष और संकुचित विचारों के प्रचार को बनाए रखने के लिए तथा उनके द्वारा किए गए अत्याचार के विरुद्ध आवाज़ न उठाने के लिए।

गद्यांश 14

I. (ग) **शहर नियोजित था** गद्यांश के अनुसार, राखीगढ़ी में चौड़ी सड़कों के पाए जाने से स्पष्ट होता है कि यह शहर नियोजित था। इसकी सड़कों की चौड़ाई 1.92 मीटर थी।

II. (क) **नष्ट हो जाने का खतरा है।** मई, 2012 में राखीगढ़ी को 'ग्लोबल हैरिटेज फंड' ने एशिया के विरासत स्थलों में शामिल किया है, क्योंकि इसके नष्ट हो जाने का खतरा है।

III. (क) **कथन (A) सही है, किंतु कारण (R), कथन (A) की सही व्याख्या नहीं करता है।** पुरातत्त्व विशेषज्ञ राखीगढ़ी में विशेष रुचि ले रहे हैं, क्योंकि इसके बारे में समुचित अध्ययन शेष है। यहाँ से प्राप्त अवशेष हड़प्पा और मोहनजोदड़ो सभ्यता से भी प्राचीन हैं।

IV. गद्यांश के अनुसार, राखीगढ़ी क्षेत्र पूरे विश्व के पुरातत्त्व विशेषज्ञों की रुचि और जिज्ञासा का केंद्र बना हुआ है।

V. प्रस्तुत गद्यांश का सर्वाधिक उपयुक्त शीर्षक 'एक विस्तृत शहर राखीगढ़ी' होगा, क्योंकि गद्यांश में हरियाणा के हिसार जिले में खुदाई में मिले राखीगढ़ी शहर पर प्रकाश डाला गया है। हरियाणा के पुरातत्त्व विभाग द्वारा किए गए शोध तथा खुदाई के अनुसार, लगभग 5,500 हेक्टेयर में फैले (ईसा से लगभग 3,300 वर्ष पूर्व से मौजूद) राखीगढ़ी के सिंधु सभ्यता का सबसे बड़ा नगर होने की संभावना है।

गद्यांश 15

I. (घ) **उम्र का निर्धारण करने को** गद्यांश में बताया गया है कि कैलाश सत्यार्थी के अनुसार, बाल श्रमिकों की पहचान के संबंध में सबसे बड़ी समस्या उम्र का निर्धारण करना है।

II. (ख) **कथन (A) सही है और कारण (R), कथन (A) की सही व्याख्या करता है।** गद्यांश के अनुसार कहा जा सकता है कि 'बचपन बचाओ आंदोलन' का समाज पर सकारात्मक प्रभाव पड़ा। इससे अधिकांश लोग इस तथ्य से अवगत हो गए कि 14 वर्ष से कम आयु के बच्चों से काम कराना एक अपराध है।

III. (क) **कठोर नियम बनाकर उचित कार्यवाही द्वारा** बाल मजदूरी पर रोक लगाने के लिए सरकार का कर्त्तव्य है कि वह इसके विरुद्ध कठोर नियम व कानून बनाए तथा जो इन नियमों की अवहेलना या उल्लंघन करे, उनके प्रति कठोर कार्यवाही की जाए।

IV. गद्यांश के अनुसार, बाल मज़दूरी हमारे देश के लिए अक्षम्य अपराध है।

V. राजेश जोशी की कविता का मूल आशय बच्चों के प्रति तत्कालीन समाज की संवेदनहीनता को व्यक्त करना है। वह कैसा समाज है, जो अपने बच्चों के लिए पुस्तकालय, खेल का मैदान, पाठशाला उपलब्ध नहीं करा पा रहा है।

गद्यांश 16

I. (ख) **देश की विशाल मानव शक्ति को** गद्यांश में बताया गया है कि देश की विशाल मानव शक्ति अभी सोई पड़ी है। अतः उसे नींद से झकझोर कर जाग्रत करने की आवश्यकता है।

II. (ग) **(क) और (ख) दोनों** गद्यांश में लेखक नागरिकों को यह सुझाव देता है कि लोग अपनी समझ व आंतरिक ऊर्जा को आधार बनाकर खड़े हों और उनके समक्ष जो भी साधन उपलब्ध हों उनके आधार पर ही उन्हें कार्य आरंभ करना चाहिए।

III. (घ) **कथन (A) और कारण (R) दोनों सही हैं।** गद्यांश के अनुसार लोग लोक-तंत्र को सही से समझ नहीं पाए हैं। वे सभी कार्यों की जिम्मेदारी सरकार की समझते हैं। उनमें स्वयं जिम्मेदारी उठाने व निभाने का संस्कार अभी तक विकसित नहीं हुआ है।

IV. लोकतंत्र का मूल तत्त्व कर्त्तव्यपालन है तथा इसे लेकर लोगों की यह धारणा है कि उनकी सभी आवश्यकताओं की पूर्ति की जिम्मेदारी सरकार की है।

V. गद्यांश के अनुसार, सरकार ने अनेक कार्य किए, जिसे अस्वीकार नहीं किया जा सकता; जैसे—वैज्ञानिक प्रयोगशालाएँ खोली हैं, विशाल बाँध बनवाए हैं तथा बड़े-बडे कारखाने खोले हैं आदि।

गद्यांश 17

I. (क) **कथन (A) और कारण (R) दोनों सही हैं तथा कारण (R), कथन (A) की सही व्याख्या करता है।** नैनो तकनीक ने आज हमें एक नई तकनीकी क्रांति के सामने लाकर खड़ा कर दिया है, क्योंकि इस क्रांति के कारण आज हम पुरानी तकनीकी जटिलताओं के अर्थ को कहीं खो बैठे हैं।

II. (ग) **(क) और (ख) दोनों** मानव औजारों का निर्माण करके तथा औद्योगिक क्रांति करके प्रकृति का नियंत्रक बन गया।

III. (क) **केवल कथन (i) सही है।** गद्यांश के अनुसार, यह ऐसी तकनीक है, जो मनुष्य की सोच की सीमा बढ़ा देगी। जबकि अन्य तीनों विकल्प नैनो तकनीक के महत्त्व के संबंध में गलत हैं।

IV. (क) गद्यांश के अनुसार, आदमी ने सभ्यता की बुनियाद पत्थर के बैडोल हथियारों से डाली थी।

(ख) 'नैनो-तकनीक' के प्रभुत्व में आने का परिणाम यह होगा कि धरती का नामो-निशान मिट जाएगा।

V. गद्यांश के अनुसार, परमाणु और अणुओं को मूलभूत इकाई मानकर इच्छानुसार उत्पाद तैयार करना ही नैनो तकनीक है। नैनो-तकनीक अत्यंत सूक्ष्म स्तर पर काम करती है। यह तकनीक इलेक्ट्रॉनिक्स, उपचार, सेना और ऊर्जा उत्पादन जैसे विभिन्न क्षेत्रों में अनुसंधान और उपयोग के लिए उपलब्ध है।

गद्यांश 18

I. (ख) **कंप्यूटर अनेक मानवीय भूलें को निर्णायक रूप से सुधार देता है।** गद्यांश में स्पष्ट किया गया है कि हड़बड़ी में होने वाली मानवीय भूलों के लिए यह कंप्यूटर रामबाण औषधि है। अत: कंप्यूटर के महत्त्व के विषय में यह कथन सही है कि कंप्यूटर कई मानवीय भूलों को निर्णायक रूप से सुधार देता है।

II. (ख) **अनियंत्रित गति को सुव्यवस्था देने की** गद्यांश के अनुसार, अनियंत्रित गति को सुव्यवस्था देने की आवश्यकता ने कंप्यूटर में अपना निदान ढूँढ लिया है।

III. (घ) **कथन (A) सही है, किंतु कारण (R), कथन (A) की सही व्याख्या नहीं करता है।** कंप्यूटर के बिना आज की दुनिया अधूरी इसलिए है, क्योंकि वर्तमान समय में सारी व्यवस्था, उपकरण और मशीनें कंप्यूटरीकृत हो गई हैं।

IV. गद्यांश के अनुसार, वर्तमान युग कंप्यूटर का युग है, क्योंकि आज कंप्यूटर के बिना जीवन की कल्पना असंभव-सी है।

V. कंप्यूटर के प्रयोग से पहले अधिक तनाव इसलिए होता था, क्योंकि पहले इन पर काम करने वाले कर्मचारी हड़बड़ाकर काम करते थे, एक भूल से घबराकर और अधिक गड़बड़ी करते थे। इसके परिणामस्वरूप काम कम और तनाव अधिक होता था।

गद्यांश 19

I. (ख) **128 वाँ संशोधन** 'नारी शक्ति वंदन अधिनियम, 2023' 128वाँ संविधान संशोधन है।

II. (क) **कथन (A) और कारण (R) दोनों सही हैं।** महिला आरक्षण विधेयक, 2023 में आर्टिकल जोड़े गए हैं। विधेयक में अनुच्छेद-330(A) को सम्मिलित किया गया है, जो अनुसूचित जातियों और अनुसूचित जनजातियों के लिए लोकसभा में सीटों के आरक्षण पर अनुच्छेद-330 के प्रावधानों से प्रेरित है।

III. (घ) **ये सभी सही हैं।** दिए गए सभी तर्क नारी शक्ति वंदन अधिनियम के विषय में सही हैं। नारी शक्ति वंदन अधिनियम महिलाओं के राजनीतिक आरक्षण की लंबे समय से चली आ रही माँग है, जिसके लिए समिति ने स्थानीय निकायों में महिलाओं के आरक्षण की भी सिफारिश की। जो महिलाओं के बेहतर आर्थिक परिणामों और बुनियादी ढाँचे के विकास से जुड़ी हुई है।

IV. नारी शक्ति वंदन अधिनियम 21 सितंबर, 2023 को लागू हुआ।

V. नारी शक्ति वंदन अधिनियम महिलाओं के राजनीतिक आरक्षण की लंबे समय से चली आ रही माँग है, जिसके लिए समिति ने स्थानीय निकायों में महिलाओं के आरक्षण की भी सिफारिश की, जो महिलाओं के बेहतर आर्थिक परिणामों और बुनियादी ढाँचे के विकास से जुड़ी हुई है।

गद्यांश 20

I. (क) **अच्छे।** गद्यांश के अनुसार, शारीरिक और मानसिक स्वास्थ्य के लिए पौष्टिक भोजन और अच्छे साहित्य की बात कही गई है, क्योंकि बुरे साहित्य से मस्तिष्क पर बुरा प्रभाव पड़ता है।

II. (घ) **(ii) और (iii) दोनों।** गद्यांश के अनुसार, प्राचीन और वर्तमान सत्साहित्य से ही भविष्य की दशा में सुधार होगा। सत्साहित्य से समाज में बदलाव संभव है तथा साहित्य की उन्नति या अवनति साहित्य की भाषा पर ही निर्भर करती है। यदि साहित्य की भाषा अच्छी होगी तो वह उन्नति की ओर लेकर जाएगी और यदि भाषा बुरी होगी तो वह अवनति की ओर ले जाएगी तथा साहित्य सम्मेलनों में साहित्य तथा साहित्यकारों को प्रोत्साहित किया जाता है।

III. (घ) **स्वदेशी साहित्य का महत्त्व स्थापित करने के लिए।** गद्यांश में साहित्यकार का उद्देश्य यह बताना है कि जैसे दूसरे देश साहित्य में अपनी भाषा को सम्मान और प्राथमिकता देते हैं, वैसे ही हमें भी अपनी भाषा और उसके साहित्य को प्राथमिकता देनी चाहिए, क्योंकि अपनी भाषा के साहित्य की उन्नति से ही हमारा, हमारे देश का, हमारी जाति का हित और कल्याण हो सकता है।

IV. भविष्य में स्वयं को सजीव बनाए रखने के लिए साहित्य में नवीनता होनी चाहिए।

V. गद्यांश के अनुसार, जब लोगों के द्वारा प्रत्येक क्षेत्र में अपनी स्वदेशीय भाषा में साहित्य का निर्माण होता रहेगा, तभी श्रेष्ठ साहित्य का विकास संभव हो सकेगा। जब लोग अपनी मूल भाषा में साहित्य रचते हैं, तो उनके विचार और भावनाएँ साहित्य में सटीक रूप से प्रतिबिंबित होते हैं। इससे भाषा समृद्ध होती है और उसे समृद्ध साहित्य की भूमिका मिलती है।

स्व-मूल्यांकन

गद्यांश 1

एक ज़माना था जब मोहल्लेदारी पारिवारिक आत्मीयता से भरी होती थी। सब मिल-जुलकर रहते थे। हारी-बीमारी, खुशी-गम सबमें लोग एक-दूसरे के साथ थे। किसी का किसी से कुछ छिपा नहीं था। आज के लोगों को शायद लगे कि लोगों की अपनी 'प्राइवेसी' क्या रही होगी, लेकिन इस 'प्राइवेसी' के नाम पर ही तो हम एक-दूसरे से कटते रहे और कटते-कटते ऐसे अलग हुए कि अकेले पड़ गए। पहले अलग चूल्हे-चौके हुए, फिर अलग मकान लेकर लोग रहने लगे, निजी स्वतंत्रता की अपनी नई परिभाषा देकर यह एकाकीपन हमने स्वयं अपनाया है। मोहल्ले में आपस में चाहे कितनी चखचख हो, यह थोड़े ही संभव था कि बाहर का कोई आकर किसी को कड़वी बात कह जाए! पूरा मोहल्ला टिड्डी-दल की तरह उमड़ पड़ता था। देखते-देखते ज़माना हवा हो गया। मोहल्लेदारी टूटने लगी, आबादी बढ़ी, महँगाई बढ़ी, पर सबसे ज़्यादा जो चीज़ दुर्लभ हो गई वह था आपसी लगाव, अपनापन। लोगों की आँखों का शील मर गया।

देखते-देखते कैसा रंग बदला है! लोग अपने-आप में सिमट कर पैसे के पीछे भागे जा रहे हैं। सारे नाते-रिश्तों को उन्होंने ताक पर रख दिया है, तब फिर पड़ोसी से उन्हें क्या लेना-देना है। यह नीरस महानगरीय सभ्यता महानगरों से चलकर कस्बों और देहातों तक को अपनी चपेट में ले चुकी है। मकानों में रहने वाले एक-दूसरे को नहीं जानते। इन जगहों में आदमी का अस्तित्व समाप्त हो गया है। यदि आपको फ्लैट नंबर मालूम नहीं है, तो उसी बिल्डिंग में जाकर भी वांछित व्यक्ति को नहीं ढूँढ़ पाएँगे। ऐसी जगहों में किसी प्रकार के संबंधों की अपेक्षा ही कहाँ की जा सकती है?

प्रश्न

I. कथन (A) और कारण (R) को पढ़कर उपयुक्त विकल्प चुनिए।
कथन (A) पहले मोहल्लेदारी में पारिवारिक आत्मीयता थी?
कारण (R) वे सभी मिल-जुलकर साथ रहते थे।
(क) कथन (A) गलत है और कारण (R) सही है।
(ख) कथन (A) सही है और कारण (R) गलत है।
(ग) कथन (A) और कारण (R) दोनों सही हैं।
(घ) कथन (A), कारण (R) की सही व्याख्या नहीं करता है।

II. आज के व्यक्ति को 'प्राइवेसी' के नाम पर प्राप्त हुआ है
(क) अलगाव और अकेलापन
(ख) अपने में ही सीमित न होने का आनंद
(ग) संयुक्त परिवार की समस्याओं से मुक्ति
(घ) उपर्युक्त सभी

III. 'ताक पर रखना' का अर्थ .... है।
(क) उपेक्षा करना (ख) आशा रखना
(ग) छोड़ देना (घ) निंदा करना

IV. गद्यांश के अनुसार पहले के जमाने में लोग कैसे रहते थे तथा प्राइवेसी से क्या तात्पर्य है?

V. प्रस्तुत गद्यांश का उपयुक्त शीर्षक क्या होगा?

गद्यांश 2

नेहरू के संबंध में लोगों के मानस-पटल पर जो चित्र अंकित हैं, उनमें नेहरू ऐसे व्यक्ति के रूप में विद्यमान हैं, जो वैभव में पले, जिन्हें सदा मोटर और हवाई-जहाज़ की सुविधाएँ प्राप्त रहीं, जिनको नेतृत्व पैदायशी हक के रूप में मिल गया, जिन्होंने कभी धन का अभाव जाना ही नहीं। नेहरू के ये चित्र ध्यान में आते ही नहीं कि पिता की मोटर और बग्घी है, किंतु नेहरू धूप में गाँव-गाँव पैदल घूम रहे हैं; थकान के बाद चाय पीने को मन करता है, तो जेब में इतने पैसे नहीं कि पाँच-सात साथी चाय पी सकें। विदेशों में प्रचार के लिए डाक-व्यय मुश्किल से ही जुट पाता है। घर में कर्ज़ बढ़ गया है–चुकाने के लिए माता और पत्नी के ज़ेवर, चाँदी के बरतन और कीमती क्रॉकरी कलकत्ते के बाज़ार में चुपके-चुपके ले जाई गई हैं। माता-पिता की मृत्यु हो गई है और क्षय से पीड़ित पत्नी विदेश में पड़ी है। देश में दमन-चक्र चल रहा था, स्वयं जेल में बंद चिंता से छटपटा रहे थे। किंतु कर्मयोगी नेहरू ने जेल की नौ वर्ष की इस यातना-भरी अवधि में ही विश्व-साहित्य की अमर कृतियाँ रचीं।

मानसिक वेदनाओं का लंबा इतिहास! आज़ादी मिली, तो देश के टुकड़े हो गए; आदमी जानवर बन गया, लाखों इंसानों के लंबे काफ़िले कुटुंबियों की बेकफ़न लाशों को छोड़कर राजधानी आ गए। अहिंसा, सत्य, प्रेम, त्याग–सारा दर्शन और आदर्श ध्वस्त हो गए और गाँधी की हत्या कर दी गई है। भारत गणतंत्र की डगर पर डगमग कदमों से चलना सीख ही रहा था कि चीन ने भारत के गले में मित्रता की एक बाँह डाले-डाले, दूसरे हाथ से कमर में छुरा भोंक दिया। इन परिस्थितियों में भी उस कर्मयोगी ने साहस का परित्याग नहीं किया।

प्रश्न

I. देश की आज़ादी के लिए नेहरू ने क्या नहीं भोगा?
(i) धन का अभाव (ii) जेल-यात्रा
(iii) पत्नी से वियोग (iv) वैभवपूर्ण जीवन

कूट
(क) केवल (iv) सही है।
(ख) (i), (ii) और (iii) सही हैं।
(ग) (ii), (iii) और (iv) सही हैं।
(घ) उपर्युक्त सभी

II. कथन पढ़कर उपयुक्त विकल्प चुनिए
(क) नेहरू ने अपने जीवन में विभिन्न समस्याओं का सामना किया।
(ख) उन्होंने नौ वर्ष तक जेल में रहकर अमर कृतियों की रचना की।
(ग) नेहरू जी धूप में पैदल गाँव-गाँव घूमे।
(घ) उपर्युक्त सभी

III. "विदेशों में प्रचार के लिए पत्र-व्यवहार करना पड़ता है, किंतु जितना डाक-व्यय चाहिए, पूरा नहीं पड़ता" वाक्य का प्रकार है
(क) सरल (ख) संयुक्त
(ग) मिश्र (घ) साधारण

IV. देश की आजादी के लिए नेहरू ने क्या-क्या यातना सही?

V. गद्यांश के आधार पर नेहरू जी के चरित्र के बारे में बताइए।

गद्यांश 3

किसी भी जीव के शरीर और मानस के सबसे ऊपर मस्तिष्क है। इस मस्तिष्क का स्वभाव कैसे तय होता है? बुद्धि में होने वाले विचार से। इसका मतलब यह है कि किसी भी व्यक्ति के वंशानुगत स्वभाव को उसकी बुद्धि, उसका विवेक बदल सकता है। इसका मतलब यह है कि हमारे बर्ताव, हमारे कर्म पर हमारा वश है, चाहे दुनिया भर पर न भी हो। हम अपने स्वभाव को

बदल सकते हैं, अपनी बुद्धि में बारीक बदलाव लाकर। इसके लिए हमें मस्तिष्क की रूप-रेखा पर एक नज़र दौड़ानी होगी। हमारे मस्तिष्क के दो विभिन्न अंश हैं: चेतन और अवचेतन। दोनों ही अलग-अलग प्रयोजनों के लिए ज़िम्मेदार हैं और दोनों के सीखने के तरीके भी अलग-अलग हैं। मस्तिष्क का चेतन भाग हमें विशिष्ट बनाता है, वही हमारी विशिष्टता है। इसकी वजह से एक व्यक्ति किसी दूसरे व्यक्ति से अलग होता है। हमारा कुछ अलग-सा स्वभाव, हमारी कुछ अनोखी सृजनात्मक शक्ति-ये सब मस्तिष्क के इसी हिस्से से संचालित होती हैं, तय होती हैं।

हर व्यक्ति की चेतन रचनात्मकता ही उसकी मनोकामना, उसकी इच्छा और महत्वाकांक्षा तय करती है। इसके विपरीत मस्तिष्क का अवचेतन हिस्सा एक ताकतवर प्रतिश्रुति यंत्र जैसा ही है। यह अब तक के रिकॉर्ड किए हुए अनुभव दोहराता रहता है। इसमें रचनात्मकता नहीं होती। यह उन स्वचालित क्रियाओं और उस सहज स्वभाव को नियंत्रित करता है, जो दुहरा-दुहरा कर, हमारी आदत का एक हिस्सा बन चुका है। यह ज़रूरी नहीं है कि अवचेतन दिमाग की आदतें और प्रतिक्रियाएँ हमारी मनोकामनाओं या हमारी पहचान पर आधारित हों। दिमाग का यह हिस्सा अपने जन्म के थोड़े पहले, माँ के पेट में ही सीखना शुरू कर देता है जैसे जीवन के 'चक्रव्यूह' में उतरने से पहले ही 'अभिमन्यु' पाठ सीखने लगा हो। यहाँ से लेकर सात वर्ष की आयु तक वे सारे कर्म और आचरण हमारे दिमाग का यह अवचेतन हिस्सा सीख लेते हैं, जो भावी जीवन के लिए मूल आधार हैं।

प्रश्न

I. निम्न में से कौन-सा कथन सही है?

(i) वंशानुगत स्वभाव को अपने विवेक और बुद्धि से बदल सकते हैं।
(ii) वंशानुगत स्वभाव को अपने विवेक और बुद्धि से नहीं बदल सकते हैं।
(iii) व्यवहार और कर्म पर किसी का वश नहीं है।
(iv) नियति ही सर्वोच्च है और होनी होकर रहती है।

कूट

(क) केवल कथन (i) सही है।
(ख) केवल कथन (ii) सही है।
(ग) कथन (i) और (ii) दोनों सही हैं।
(घ) कथन (ii), (iii) और (iv) सही हैं।

II. किसी व्यक्ति को दूसरे से भिन्न और विशिष्ट स्वभाव का बनाता है ....।

(क) चेतन मस्तिष्क
(ख) अवचेतन मस्तिष्क
(ग) हमारे कर्मों का फल
(घ) हँसमुख व्यवहार

III. कथन (A) और कारण (R) को पढ़कर उपयुक्त विकल्प चुनिए।

कथन (A) अभिमन्यु की चर्चा से लेखक प्रतिपादित करना चाहता है कि
कारण (R) अवचेतन मस्तिष्क जन्म से पहले ही काम करना शुरू कर देता है।

(क) कथन (A) और कारण (R) दोनों गलत हैं।
(ख) कथन (A) सही है, किन्तु कारण (R) गलत है।
(ग) कथन (A), कारण (R) की सही व्याख्या करता है।
(घ) कथन (A) गलत है और कारण (R) सही है।

IV. (क) किसी भी जीव के शरीर और मानस के सबसे ऊपर क्या है?
(ख) हम अपने स्वभाव को कैसे परिवर्तित कर सकते हैं?

V. रचनात्मक तथा सृजनात्मक कार्यों की क्या जिम्मेदारी है? स्पष्ट कीजिए।

गद्यांश 4

सवेरे हम अपनी मंज़िल काठमांडू की ओर बढ़े। पहाड़ी खेतों में मक्के और अरहर की फसलें लहरा रही थीं। छोटे-छोटे गाँव और परकोटे वाले घर बहुत सुंदर लग रहे थे। शाम होते-होते हम काठमांडू पहुँच गए। आज काठमांडू पर लिखते हुए अंगुलियाँ काँप रहीं हैं। वैसे ही जैसे पच्चीस अप्रैल को काठमांडू की धरती काँप उठी थी। न्यूज चैनल जब धरहरा स्तंभ को भरभराकर गिरते दिखा रहे थे, मेरा मन बैठा जा रहा था। क्या हुआ होगा धरहरा के इर्दगिर्द फेरी लगाकर सामान बेचने वालों का और उस बाँसुरी वादक का जिसके सुरों ने मन मोह लिया था? और वे पर्यटक जो धरहरा के सौंदर्य में बिंधे उसका सौंदर्य निहारते। सब कुछ जानते हुए भी मन यही कह रहा है कि सब ठीक हो।

रात को हम बाज़ार गए। बाज़ार इलेक्ट्रॉनिक सामानों से अटा पड़ा था और दुकानों की मालकिनें मुस्तैदी से सामान बेच रही थीं। हमारे हिमालयी क्षेत्रों की तरह यहाँ भी अर्थव्यवस्था का आधार औरतें हैं, क्योंकि पहाड़ों पर पर्याप्त ज़मीन नहीं होती और रोज़गार के साधन भी बहुत नहीं होते, सो घर के पुरुष नीचे मैदानी इलाकों में कमाने जाते हैं और घर परिवार की सारी ज़िम्मेदारी महिलाएँ उठाती हैं। यहाँ गाँव की महिलाएँ खेती और शहर की महिलाएँ व्यवसाय सँभालती हैं। मैंने देखा वे बड़ी कुशलता से व्यावसायिक दाँव-पेंच अपना रही थीं। हम पोखरा होते हुए लौट रहे थे।

रास्ते भर हिमाच्छादित चोटियाँ आँख मिचौली खेलती रहीं। राह में अनेक छोटे-बड़े नगर-गाँव और कस्बे आते रहे। नेपाली औरतें घरों में काम करती नज़र आ रही थीं। मक्का कटकर घर आ चुकी थी। उसके गुच्छे घर के बाहर खूँटियों के सहारे लटके नज़र आ रहे थे। अब हम काली नदी के साथ-साथ चल रहे थे।

प्रश्न

I. काठमांडू पर लिखने के लिए लेखक की अँगुलियाँ क्यों काँप रही थीं?

(क) नेपाल में आया भूकंप याद आ गया
(ख) आतंकवादी हमले की आशंका थी
(ग) लेखक के हाथ में चोट थी
(ग) धरहरा स्तंभ अब कभी नहीं देख पाएगा

II. कथन को पढ़कर बताइए कि लेखक दुःखी और हताश क्यों था?

(i) धरहरा स्तंभ भूकंप में तहस-नहस हो गया था।
(ii) न्यूज चैनल जब धरहरा स्तंभ दिखा रहे थे।
(iii) लग रहा था जीवन क्षणभंगुर है।
(iv) प्राकृतिक आपदा कहीं भी आ सकती है।

कूट

(क) केवल कथन (i) सही है।
(ख) केवल कथन (ii) सही है।
(ग) कथन (i) और (ii) सही हैं।
(घ) कथन (iii) और (iv) सही हैं।

III. फेरीवाले और बाँसुरी वादक के लिए लेखक क्यों दुःखी है?

(क) भूकंप में वे नहीं बचे होंगे
(ख) उनका काम-धंधा ठप्प हो गया होगा
(ग) उनकी मुलाकात को कुछ समय ही हुआ था
(घ) उनसे अच्छी दोस्ती हो गई थी

IV. लेखक के अनुसार, नेपाल की अर्थव्यवस्था का आधार कौन है और क्यों?

V. गद्यांश के लिए उपयुक्त शीर्षक क्या होगा?

गद्यांश 5

सवेरे हम अपनी मंजिल काठमांडू की ओर बढ़े। पहाड़ी खेतों में मक्के और अरहर की फसलें लहरा रही थीं। छोटे-छोटे गाँव और परकोटे वाले घर बहुत सुंदर लग रहे थे। शाम होते-होते हम काठमांडू पहुँच गए। आज काठमांडू पर लिखते हुए अँगुलियाँ काँप रहीं हैं। वैसे ही जैसे पच्चीस अप्रैल को काठमांडू की धरती काँप उठी थी। न्यूज चैनल जब धरहरा स्तंभ को भरभराकर गिरते दिखा रहे थे, मेरा मन बैठा जा रहा था। क्या हुआ होगा धरहरा के इर्द-गिर्द फेरी लगाकर सामान बेचने वालों का और उस बाँसुरी वादक का जिसके सुरों ने मन मोह लिया था? और वे पर्यटक जो धरहरा के सौंदर्य में बिंधे उसका सौंदर्य निहारते। सब कुछ जानते हुए भी मन यही कह रहा है कि सब ठीक हो।

रात को हम बाजार गए। बाजार इलेक्ट्रॉनिक सामानों से अटा पड़ा था और दुकानों की मालकिनें मुस्तैदी से सामान बेच रही थीं। हमारे हिमालयी क्षेत्रों की तरह यहाँ भी अर्थव्यवस्था का आधार औरतें हैं। क्योंकि पहाड़ों पर पर्याप्त जमीन नहीं होती और रोजगार के साधन भी बहुत नहीं होते, सो घर के पुरुष नीचे मैदानी इलाकों में कमाने जाते हैं और घर परिवार की सारी जिम्मेदारी महिलाएँ उठाती हैं। यहाँ गाँव की महिलाएँ खेती और शहर की महिलाएँ व्यवसाय सँभालती हैं। मैंने देखा वे बड़ी कुशलता से व्यावसायिक दाँव-पेंच अपना रही थीं। हम पोखरा होते हुए लौट रहे थे।

रास्ते भर हिमाच्छादित चोटियाँ आँख मिचौली खेलती रहीं। राह में अनेक छोटे-बड़े नगर-गाँव और कस्बे आते रहे। नेपाली औरतें घरों में काम करती नजर आ रही थीं। मक्का कटकर घर आ चुकी थी। उसके गुच्छे घर के बाहर खूँटियों के सहारे लटके नजर आ रहे थे। अब हम काली नदी के साथ-साथ चल रहे थे।

प्रश्न

I. कथन को पढ़कर बताइए कि लेखक दुःखी और हताश क्यों था?
(क) धरहरा स्तंभ भूकंप में तहस-नहस हो गया था
(ख) न्यूज चैनल जब धरहरा स्तंभ दिखा रहे थे
(ग) लग रहा था जीवन क्षणभंगुर है
(घ) उपर्युक्त सभी

II. कथन (A) और कारण (R) को पढ़कर उपयुक्त विकल्प चुनिए।
कथन (A) नेपाल में अर्थव्यवस्था का आधार औरतें हैं।
कारण (R) पुरुष रोजगार के लिए बाहर जाकर काम करते हैं।
(क) कथन (A) सही है और कारण (R) गलत है।
(ख) कथन (A) गलत है और कारण (R) सही है।
(ग) कथन (A) कारण (R) की सही व्याख्या करता है।
(घ) कथन (A) और कारण (R) दोनों गलत हैं।

III. गद्यांश के लिए उपयुक्त शीर्षक होगा
(क) काठमांडू की यात्रा
(ख) पर्यटन और नेपाल
(ग) बाजार सँभालती नेपाली औरतें
(घ) भूकंप के बाद का शहर

IV. प्रस्तुत गद्यांश में किस स्थान का वर्णन किया गया है?

V. फेरीवाले और बाँसुरी वादक के लिए लेखक क्यों दुःखी है?

खंड 'ख' : व्यावहारिक व्याकरण

अध्याय 1

शब्द और पद

1.1 शब्द

एक से अधिक वर्णों के मेल से बने सार्थक वर्ण-समूह शब्द कहलाते हैं; जैसे— म् + ओ + ह् + अ + न् + अ = मोहन, ब् + आ + ज़् + आ + र् + अ = बाज़ार, न् + ई + र् + अ + ज् + आ = नीरजा, ख् + ई + र् + अ = खीर

यहाँ 'मोहन', 'बाजार', 'नीरजा' तथा 'खीर' शब्द एक से अधिक वर्णों के सार्थक मेल से बने हैं। अत: ये शब्द हैं।

शब्द वर्णों के मेल से बनते हैं। शब्द सार्थक वर्ण-समूह या अक्षर-समूह होते हैं। वर्णों का वही सार्थक समूह शब्द कहलाता है, जिसका प्रयोग स्वतंत्र रूप से होता है; जैसे–रमेश, शतरंज, राधा, पुस्तक, मेज़ आदि।

शब्दों का वर्गीकरण

शब्दों का वर्गीकरण निम्नलिखित चार आधारों पर किया जाता है

(i) स्रोत या उत्पत्ति के आधार
(ii) रचना के आधार
(iii) अर्थ के आधार
(iv) व्याकरणिक प्रकार्य के आधार पर

स्रोत या उत्पत्ति के आधार पर

स्रोत या उत्पत्ति के आधार पर शब्दों के पाँच भेद होते हैं

(i) **तत्सम** तत्सम शब्द दो शब्दों से बना है–तत् + सम् अर्थात् उसके समान। अत: वे शब्द, जो संस्कृत से लिए गए हैं और बिना किसी परिवर्तन के अपने मूल रूप में ही हिंदी में प्रयोग किए जाते हैं, तत्सम शब्द कहलाते हैं; जैसे—अग्नि, मातृ, पितृ, सूर्य, सत्य, छात्र, निपुण, पत्र, वायु आदि।

(ii) **तद्भव** तद्भव शब्द दो शब्दों से बना है–तद् + भव अर्थात् उससे बना (उत्पन्न)। अत: वे संस्कृत शब्द, जो हिंदी में कुछ परिवर्तन के साथ प्रयोग किए जाते हैं, तद्भव शब्द कहलाते हैं; जैसे—आग, माता, पिता, सूरज, आँख, आँसू, भाई आदि।

कुछ तद्भव-तत्सम शब्द इस प्रकार हैं

तद्भव	तत्सम
आम	आम्र
पंछी	पक्षी
किसान	कृषक
कचहरी	कृतगृह
आग	अग्नि
आँसू	अश्रु
कपोत	कबूतर
ग्राम	गाँव

(iii) **देशज** जो शब्द साधारण बोलचाल की भाषा में प्रचलित हैं और संस्कृत या किसी अन्य भाषा से नहीं, बल्कि भारत में प्रचलित अन्य बोलियों से लिए गए हैं, देशज शब्द कहलाते हैं; जैसे—जूता, लड़का, डिबिया, खिड़की, खड़ाऊँ, झाड़ू, झुग्गी, घोंसला, आँखफोड़, घुड़कियाँ, फटकार आदि।

(iv) **विदेशज** ऐसे शब्द, जो विदेशी भाषाओं (अंग्रेज़ी, अरबी, फारसी, तुर्की, फ्रांसीसी) से हिंदी में लिए गए हैं, विदेशज शब्द कहलाते हैं; जैसे—मशीन, स्कूल, पेंट, चश्मा, टाइम-टेबल, स्पेशल, लाश, हाशिया, जमात, हर्फ़, स्कीम आदि। विदेशी शब्दों को आगत शब्द भी कहते हैं।

कुछ विदेशज शब्द निम्नलिखित हैं

अरबी अजब, अमीर, अक्ल, तमाम, तरक्की आदि।
फ़ारसी आतिशबाजी, कबूतर, गुलाब, जागीर, मुफ्त आदि।
तुर्की उर्दू, मुगल, काबू, आका, चमचा, तोप आदि।
पुर्तगाली आलपिन, आलमारी, तम्बाकू, काजू, गमला आदि।
अंग्रेजी अफसर, इंजन, डॉक्टर, अस्पताल, टेलीविजन आदि।

(v) **संकर शब्द** जिन शब्दों की रचना अलग-अलग भाषा के शब्दों से मिलकर होती है, उन्हें 'संकर शब्द' कहते हैं; जैसे—
वर्ष (संस्कृत) + गाँठ (हिंदी) = वर्षगाँठ

मोटर (अंग्रेजी)	+	गाड़ी (हिंदी)	=	मोटरगाड़ी
टिकट (अंग्रेजी)	+	घर (हिंदी)	=	टिकटघर
छाया (संस्कृत)	+	दार (फ़ारसी)	=	छायादार
अख़बार(फ़ारसी)	+	वाला (हिंदी)	=	अख़बारवाला

रचना के आधार पर

रचना के आधार पर शब्दों के तीन प्रकार होते हैं

(i) **रूढ़ शब्द** वे शब्द जिनके खंड करने पर कोई अर्थ न निकलता हो तथा जो पूर्ण रूप से स्वतंत्र होते हैं, रूढ़ शब्द कहलाते हैं; जैसे—कल, कपड़ा, आदमी, घर, घास, पुस्तक, घोड़ा, हाथ, पैर, रोटी आदि।

'कल' शब्द के खंड कर देने पर यह 'क' और 'ल' अर्थहीन रूप देता है।

(ii) **यौगिक शब्द** वे शब्द, जो दो या दो से अधिक शब्दों या शब्दांशों से बने हों और जिनका अर्थ इनमें शामिल शब्दों के अर्थ पर आधारित होता हो, यौगिक शब्द कहलाते हैं; जैसे—

देश + भक्ति = देश के लिए भक्ति

विद्या + आलय = विद्या का आलय

'विद्यालय' शब्द 'विद्या' व 'आलय' शब्दों के योग से बना है। विद्या का अर्थ है—ज्ञान और आलय का अर्थ—घर अर्थात् ज्ञान का घर।

(iii) **योगरूढ़ शब्द** कुछ शब्द ऐसे होते हैं, जिनमें रूढ़ तथा यौगिक दोनों शब्दों की विशेषताएँ होती हैं। इससे तात्पर्य यह है कि यौगिक शब्दों के समान इनके सार्थक खंड (टुकड़े) किए जा सकते हैं, परन्तु इनके अर्थ शब्द में शामिल खंडों पर आधारित न होकर एक विशेष अर्थ का बोध कराते हैं। वे उसी अर्थ के लिए रूढ़ हो जाते हैं; जैसे—हिमालय, पीतांबर, नीलकंठ, पंकज, जलद, चतुर्भुज, दशरथ, दशानन आदि।

इनमें 'पंकज' शब्द 'पंक' और 'ज' से मिलकर बना है। इसमें 'पंक' का अर्थ है—कीचड़ और 'ज' का अर्थ है—जन्म लेना अर्थात् कीचड़ में जन्म लेने वाला।

कीचड़ में मछलियाँ, सीप, घोंघे, कमल आदि पैदा होते हैं, परंतु कमल को ही पंकज कहते हैं, किसी अन्य को नहीं। पंकज, कमल के अर्थ में रूढ़ है।

अर्थ के आधार पर

अर्थ के आधार पर शब्दों के चार भेद होते हैं

(i) **एकार्थी शब्द** जिन शब्दों का प्रयोग केवल एक ही अर्थ में किया जा सकता है, उन्हें एकार्थी शब्द कहते हैं; जैसे—घर, रात, पुस्तक, गंगा, दिल्ली, राम, पटना आदि।

(ii) **अनेकार्थी शब्द** जिन शब्दों का प्रयोग अनेक अर्थों के लिए किया जा सकता है, उन्हें अनेकार्थी शब्द कहते हैं; जैसे—

शब्द	**अनेक अर्थ**
हार	गले की माला, पराजय
कनक	सोना, धतूरा, गेहूँ

(iii) **समानार्थी या पर्यायवाची शब्द** जिन शब्दों के अर्थ में समानता हो, उन्हें समानार्थी या पर्यायवाची शब्द कहते हैं;

जैसे—

शब्द	**पर्यायवाची शब्द**
अँधेरा	अंधकार, तिमिर, तम
राजा	नृप, नरेश, महीप
फूल	पुष्प, सुमन, कुसुम

(iv) **विपरीतार्थी या विलोम शब्द** जो शब्द किसी शब्द का विपरीत अर्थ प्रकट करते हैं, उन्हें विपरीतार्थी शब्द कहते हैं; जैसे—

शब्द	**विलोम शब्द**
अनुराग	विराग
अपना	पराया
अज्ञान	ज्ञान
अपमान	सम्मान
पाप	पुण्य
सच	झूठ
दिन	रात

प्रयोग/व्याकरणिक प्रकार्य के आधार पर

प्रयोग/व्याकरणिक प्रकार्य के आधार पर शब्दों के दो भेद होते हैं

(i) **विकारी शब्द** वे शब्द जिनमें लिंग, वचन, कारक, काल आदि के कारण परिवर्तन हो जाता है, विकारी शब्द कहलाते हैं; जैसे—

- लड़का पढ़ रहा है। (लिंग परिवर्तन)—लड़की पढ़ रही है।
- लड़का दौड़ रहा है। (वचन परिवर्तन)—लड़के दौड़ रहे हैं।
- लड़का आम खाता है। (कारक परिवर्तन)—लड़के ने आम खाया।

विकारी शब्दों के चार भेद हैं

(क) **संज्ञा** राम, छात्र, हाथ, लड़का, किताब, बचपन, ढेर आदि।

(ख) **सर्वनाम** मैं, तू , वह, यह, इसे, उसे, जो, जिसे, कौन, कोई, कब आदि।

(ग) **विशेषण** अच्छा, बुरा, नीला, पीला, भारी, मीठा, बुद्धू आदि।

(घ) **क्रिया** खेलना, कूदना, सोना, जागना, लेना, देना, खाना, पीना आदि।

(ii) **अविकारी शब्द** वे शब्द, जिनके रूप में लिंग, वचन, कारक, काल आदि के कारण विकार (परिवर्तन) नहीं होता, अविकारी शब्द कहलाते हैं; जैसे—

- छात्र आज हिंदी पढ़ेंगे।
- छात्रा आज हिंदी पढ़ेगी।
- छात्रों, आज हिंदी पढ़ो।

उपर्युक्त वाक्यों में 'छात्र' और 'पढ़ना' के रूप बदल गए हैं, परंतु 'आज' का रूप किसी वाक्य में नहीं बदला है। अतः 'आज' अविकारी शब्द है।

अविकारी शब्दों के चार भेद हैं

(क) **क्रियाविशेषण अव्यय** आज, कल, अब, कब, परसों, यहाँ, वहाँ, इधर, उधर, कैसे, क्यों।

(ख) **संबंधबोधक अव्यय** के ऊपर, के नीचे, के बाद, के आगे, से पीछे, की ओर।

(ग) **समुच्चयबोधक अव्यय** और, परंतु, या, इसलिए, तो, किंतु, क्योंकि।

(घ) **विस्मयादिबोधक अव्यय** आहा!, हा!, ओह!, वाह! वाह!, राम राम!, या अल्लाह!, या खुदा!

1.2 पद

जब कोई शब्द व्याकरण के नियमों, प्रत्यय, उपसर्ग, वचन, लिंग, कारक, पुरुष आदि में बँधकर किसी वाक्य में प्रयुक्त होता है, तो वह शब्द स्वतंत्र शब्द न रहकर पद बन जाता है; जैसे—

- संन्यासी सोता है।
- बंदर कूदता है।
- शेर दहाड़ रहा है।
- सुभाष लिखता है।

यहाँ 'संन्यासी', 'बंदर', 'शेर', 'सुभाष' आदि शब्द विभिन्न वाक्यों में प्रयुक्त होकर पद बन गए हैं।

पद के प्रकार

हिंदी में पद पाँच प्रकार के होते हैं

1. संज्ञा 2. सर्वनाम 3. विशेषण 4. क्रिया 5. अव्यय

1. संज्ञा

किसी वस्तु, व्यक्ति, स्थान, भाव अथवा प्राणी के नाम को 'संज्ञा' कहते हैं; जैसे—राम, चाँदी, अयोध्या, प्रेम, पुस्तक, दिल्ली, राधेश्याम आदि।

संज्ञा के पाँच भेद हैं

(i) **व्यक्तिवाचक संज्ञा** जिन संज्ञा शब्दों से किसी विशिष्ट व्यक्ति, स्थान अथवा वस्तु का ज्ञान होता है, वे 'व्यक्तिवाचक संज्ञा' कहलाते हैं; जैसे—श्याम, भारत, अमेरिका, जनवरी, हिमालय, दीपावली, गंगा, सोमवार, पटना आदि।

(ii) **जातिवाचक संज्ञा** जिन संज्ञा शब्दों से किसी वस्तु, व्यक्ति अथवा स्थान की जाति का बोध होता है, वे 'जातिवाचक संज्ञा' कहलाते हैं; जैसे—लड़का, देश, पहाड़, नदी, विद्यालय, अखबार, शिक्षक, पुस्तक, विद्यार्थी आदि।

(iii) **भाववाचक संज्ञा** जिन संज्ञा शब्दों से किसी व्यक्ति, वस्तु अथवा स्थान के गुण, धर्म, दशा, अवस्था आदि का पता चलता है, वे भाववाचक संज्ञा कहलाते हैं; जैसे—स्नेह, बल, जवानी, मिठास, हरियाली, शीतलता, मित्रता, क्रांति, क्रोध, आलसी, सच्चाई, अहंकारी, पढ़ाई आदि।

(iv) **समूहवाचक संज्ञा** जिन संज्ञा शब्दों से किसी समुदाय या समूह का बोध होता है, उन्हें 'समूहवाचक संज्ञा' कहते हैं; जैसे—परिवार, सेना, मेला, सभा, दल, गुच्छा, गिरोह, कक्षा, समिति, आयोग, टीम, कर्मचारी आदि।

(v) **द्रव्यवाचक संज्ञा** जिन संज्ञा शब्दों से किसी धातु, द्रव या तरल पदार्थ का बोध होता है, वे 'द्रव्यवाचक संज्ञा' कहलाते हैं; जैसे—सोना, चाँदी, घी, तेल, पानी, दाल, चावल, रोटी, दही, धुआँ, मिट्टी आदि।

2. सर्वनाम

संज्ञा के स्थान पर प्रयुक्त किए जाने वाले शब्द 'सर्वनाम' कहलाते हैं; जैसे—मैं, वह, तुम, यह, हम, वे, जो, जिसे, कौन, किसका आदि।

सर्वनाम के छः भेद हैं

(i) **पुरुषवाचक सर्वनाम** जिन सर्वनाम शब्दों का प्रयोग बोलने वाले (वक्ता), सुनने वाले अथवा जिसके विषय में कुछ कहा जा रहा हो उसके लिए किया जाता है, वे 'पुरुषवाचक सर्वनाम' कहलाते हैं।

इसके तीन भेद हैं

(क) **उत्तम पुरुषवाचक सर्वनाम** सर्वनाम के जिस रूप से बोलने या कहने वाले का बोध होता है, वह उत्तम 'पुरुषवाचक सर्वनाम' कहलाता है; जैसे—

- **मैं** छोटा था।
- **हम** मैदान में खेल रहे थे।

यहाँ 'मैं' व 'हम' उत्तम पुरुषवाचक सर्वनाम हैं।

(ख) **मध्यम पुरुषवाचक सर्वनाम** सर्वनाम के जिस रूप से सुनने वाले का बोध होता है, वह 'मध्यम पुरुषवाचक' सर्वनाम कहलाता है; जैसे—

- अब **तुम** लौट जाओ, अतिथि!
- क्या **आप** मेरे साथ चलेंगे?

यहाँ 'तुम' और 'आप' मध्यम पुरुषवाचक सर्वनाम हैं।

(ग) **अन्य पुरुषवाचक सर्वनाम** सर्वनाम के जिस रूप का प्रयोग बोलने अथवा सुनने वाले के अतिरिक्त अन्य किसी के लिए किया जाता है, वह, वे 'अन्य पुरुषवाचक' सर्वनाम कहलाता है; जैसे—

- **वह** कपड़े धो रहा है।
- **वे** सूत भी बहुत सुंदर कातते थे।

यहाँ 'वह' और 'वे' अन्य पुरुषवाचक सर्वनाम हैं।

(ii) **निश्चयवाचक सर्वनाम** जिन सर्वनाम शब्दों से पास अथवा दूर के व्यक्तियों या वस्तुओं का निश्चित संकेत स्पष्ट होता है, वे 'निश्चयवाचक सर्वनाम' कहलाते हैं; जैसे—

- **वे** मेरे बड़े भाई हैं।
- **यह** बहुत मजबूत है।

यहाँ 'वे' और 'यह' निश्चयवाचक सर्वनाम हैं।

(iii) **अनिश्चयवाचक सर्वनाम** जिन सर्वनाम शब्दों से किसी व्यक्ति अथवा वस्तु का निश्चित बोध नहीं होता, वे 'अनिश्चयवाचक सर्वनाम' कहलाते हैं; जैसे—

- लकीर पीटते रहना **कुछ** अपना धर्म समझते हैं।

यहाँ 'कुछ' अनिश्चयवाचक सर्वनाम है।

(iv) **संबंधवाचक सर्वनाम** जिन सर्वनाम शब्दों का संबंध वाक्य के दूसरे शब्दों से प्रकट हो, वे 'संबंधवाचक सर्वनाम' कहलाते हैं; जैसे—

- **यह** तो जनरल के भाई का है, जो थोड़ी देर पहले यहाँ पधारे थे।

यहाँ 'यह' और 'जो' संबंधवाचक सर्वनाम हैं।

(v) **प्रश्नवाचक सर्वनाम** जिन सर्वनाम शब्दों का प्रयोग प्रश्न पूछने के लिए किया जाता है, वे 'प्रश्नवाचक सर्वनाम' कहलाते हैं; जैसे—

- चिल्ला **कौन** रहा था?

यहाँ 'कौन' प्रश्नवाचक सर्वनाम है।

(vi) **निजवाचक** जो सर्वनाम शब्द स्वयं का बोध कराते हैं, वे 'निजवाचक सर्वनाम' कहलाते हैं; जैसे—

- बचेंद्री पाल ने स्वयं बर्फ पिघलाकर चाय बनाई। वे अपने आप आगे बढ़ती गईं।

यहाँ 'स्वयं' तथा 'अपने आप' निजवाचक सर्वनाम हैं।

3. विशेषण

संज्ञा अथवा सर्वनाम की विशेषता प्रकट करने वाले शब्द 'विशेषण' कहलाते हैं; जैसे—सुंदर, मोटा, काला आदि।

विशेषण जिस शब्द की विशेषता बताते हैं, वह 'विशेष्य' कहलाता है।

विशेषण के चार भेद हैं

(i) **गुणवाचक विशेषण** जो शब्द संज्ञा अथवा सर्वनाम के गुण-दोष, रंग, आकार, स्थान, दशा, काल आदि का बोध कराते हैं, वे 'गुणवाचक विशेषण' कहलाते हैं; जैसे—

- महादेव देसाई की लेखन शैली **मनोहारी** थी।
- **बेचारा** साधारण आदमी धर्म के तत्त्वों को क्या जानें।

(ii) **संख्यावाचक विशेषण** जो शब्द संज्ञा अथवा सर्वनाम की संख्या का बोध कराते हैं, 'संख्यावाचक विशेषण' कहलाते हैं।

इसके दो भेद हैं

(क) **निश्चित संख्यावाचक** जो शब्द विशेष्य की निश्चित संख्या का बोध कराते हैं, वे 'निश्चित संख्यावाचक विशेषण' कहलाते हैं; जैसे—

- तब वे **चौदह** साल के थे।
- कुंभ का मेला प्रत्येक **पाँच वर्ष** में लगता है।

(ख) **अनिश्चित संख्यावाचक** जिन शब्दों से विशेष्य की निश्चित संख्या का बोध नहीं होता, वे 'अनिश्चित संख्यावाचक विशेषण' कहलाते हैं; जैसे—

- पत्नी भयभीत थी कि अतिथि **अधिक** दिनों तक ठहरेगा। *(तुम कब जाओगे अतिथि।)*
- **कई** बार मुझे डाँटने का अवसर पाकर भी उन्होंने धीरज से काम लिया।

(iii) **परिमाणवाचक विशेषण** जिन शब्दों से विशेष्य के परिमाण अथवा मात्रा का बोध होता है, वे 'परिमाणवाचक विशेषण' कहलाते हैं।

इसके दो भेद हैं

(अ) **निश्चित परिमाणवाचक** जिन शब्दों से विशेष्य की निश्चित मात्रा का बोध होता है, वे 'निश्चित परिमाणवाचक विशेषण' कहलाते हैं; जैसे—

- वे आते-जाते पूरे **11 मील** चलते थे। *(शुक्रतारे के समान)*
- उसने **तीन किलो** आलू खरीदा।

(ब) **अनिश्चित परिमाणवाचक** जिन शब्दों से विशेष्य की निश्चित मात्रा का बोध नहीं होता, वे 'अनिश्चित परिमाणवाचक विशेषण' कहलाते हैं; जैसे—

- खीर में **थोड़ी** चीनी और डालिए।
- **कुछ** दूर के बाद कोई चढ़ाई नहीं है। *(एवरेस्ट मेरी शिखर यात्रा।)*

(iv) **सार्वनामिक विशेषण** जो शब्द विशेष्य की ओर संकेत करते हैं अथवा जो सर्वनाम संज्ञा के विशेषण के रूप में प्रयुक्त होते हैं, वे 'सार्वनामिक विशेषण' कहलाते हैं; जैसे—

- सर आशुतोष मुखर्जी को **इस** युवक के बारे में जानकारी मिली। *(वैज्ञानिक चेतना के वाहक : चंद्रशेखर वेंकटरामन)*
- शराफत भी **कोई** चीज होती है। *(तुम कब जाओगे, अतिथि)*।

नोट जब सर्वनाम के तुरंत बाद संज्ञा आ जाए, तो वही सर्वनाम सार्वनामिक विशेषण बन जाता है; जैसे—
अंदर ही अंदर **मेरा** बटुआ काँप रहा था।

4. क्रिया

जो शब्द किसी कार्य के करने अथवा होने का बोध कराते हैं, वे 'क्रिया' कहलाते हैं।

क्रिया के दो भेद होते हैं

(i) **सकर्मक क्रिया** जिस क्रिया के साथ कर्म हो या कर्म की संभावना हो तथा जिस क्रिया का फल कर्ता पर न पड़कर कर्म पर पड़ता हो, उसे 'सकर्मक क्रिया' कहते हैं; जैसे—

- राम फल खाता है। ('खाना' क्रिया के साथ 'फल' कर्म है।)
- कल से मैं उपन्यास पढ़ रहा हूँ। ('पढ़ना' क्रिया के साथ 'उपन्यास' कर्म है।)

(ii) **अकर्मक क्रिया** अकर्मक क्रिया के साथ कर्म नहीं होता तथा उसका फल कर्ता पर पड़ रहा है; जैसे—

- शीला हँसती है। (कर्म का अभाव है तथा 'हँसती है' क्रिया का फल 'शीला' पर पड़ रहा है।)
- बुढ़िया डलिया में खरबूजे समेटकर बाजार की ओर चली। (कर्म का अभाव तथा 'चली' क्रिया का फल 'बुढ़िया' पर पड़ रहा है।)

5. अव्यय

वे शब्द जिनमें लिंग, वचन, कारक, पुरुष आदि के कारण विकार उत्पन्न नहीं होता, 'अव्यय' कहलाते हैं; जैसे—अब, यहाँ, वहाँ, क्यों, कैसे, इसलिए, तथा, और, जब, किंतु, परंतु, इधर, कब, तब, आज, कल आदि। अव्यय के चार भेद होते हैं

(i) **क्रियाविशेषण** जिन शब्दों से क्रिया की विशेषता प्रकट होती है, वे 'क्रियाविशेषण' कहलाते हैं।

क्रियाविशेषण के चार भेद हैं

(अ) **स्थानवाचक** क्रिया के स्थान का बोध कराने वाले विशेषण 'स्थानवाचक क्रियाविशेषण' कहलाते हैं; जैसे—

- वे चारदीवारी पर चढ़कर **नीचे** कूद रहे हैं।
- अंगदोरजी **बाहर** खड़ा था। *(एवरेस्ट : मेरी शिखर यात्रा)*

(ब) **कालवाचक** जिन क्रियाविशेषणों से क्रिया के होने का समय जाना जाता है, वे 'कालवाचक क्रियाविशेषण' कहलाते हैं; जैसे—

- लड़का **परसों सुबह** मुँह-अँधेरे पके खरबूजे चुन रहा था। *(दु:ख का अधिकार।)*
- **आज** ही के दिन पूरे हिंदुस्तान में स्वतंत्रता दिवस मनाया गया था।

(स) **परिमाणवाचक** जिन क्रियाविशेषणों से क्रिया की मात्रा अथवा परिमाण का बोध होता है, वे 'परिमाणवाचक क्रियाविशेषण' कहलाते हैं; जैसे—

- बबली की बेटी बहुत **ज़्यादा** रोती है।
- मुझे यह नाम **बहुत** भाया।
  (एवरेस्ट : मेरी शिखर यात्रा)

(द) **रीतिवाचक** जिन क्रियाविशेषणों से क्रिया के होने का ढंग (रीति) पता चलता है, वे 'रीतिवाचक क्रियाविशेषण' कहलाते हैं; जैसे—

- मकान **धीरे-धीरे** बनकर तैयार हुए।
  (शुक्रतारे के समान)
- एक कुत्ता तीन टाँगों के बल पर **रेंगता** चला आ रहा है।

(ii) **संबंधबोधक** वे अव्यय शब्द जो संज्ञा अथवा सर्वनाम का संबंध वाक्य के अन्य शब्दों से स्थापित करते हैं, 'संबंधबोधक' कहलाते हैं; जैसे—

- हिमपुंज सीधी ढलान **से नीचे** आया। एवरेस्ट: मेरी शिखर यात्रा।
- वे एक पग भी धर्म **के बिना** चलने को तैयार नहीं।
  (धर्म की आड़)

(iii) **समुच्चयबोधक** वे अव्यय शब्द जो दो शब्दों या उपवाक्यों को जोड़ते हैं, 'समुच्चयबोधक' कहलाते हैं।
समुच्चयबोधक के दो मुख्य भेद हैं

(अ) **समानाधिकरण** वे अव्यय जो स्वतंत्र पदों, वाक्यांशों या उपवाक्यों को समानता के आधार पर एक-दूसरे से जोड़ते हैं, 'समानाधिकरण समुच्चयबोधक' कहलाते हैं; जैसे—

- मैं पढ़ूँ **या** न पढ़ूँ।
- आदमी मोह **और** माया के बंधन में जकड़ा रहता है।

(ब) **व्यधिकरण** जिन अव्यय शब्दों द्वारा एक मुख्य वाक्य में एक या एक से अधिक आश्रित वाक्य जोड़े जाते हैं, 'व्यधिकरण समुच्चयबोधक' कहलाते हैं; जैसे—

- **जो** परिश्रम करेगा, **वह** सफलता अवश्य पाएगा।
- **जो** सभा में भाग लेंगे, **उन्हें** दोषी माना जाएगा।

(iv) **विस्मयादिबोधक** वे अव्यय शब्द जो हर्ष, शोक, घृणा, प्रशंसा, विस्मय आदि मनोभावों को प्रकट करते हैं, 'विस्मयादिबोधक' कहलाते हैं; जैसे—

- **हाय!** तुमने यह क्या किया।
- **शाबास!** तुम्हें तो शिखर पर पहले ही प्रयास में पहुँच जाना चाहिए।

शब्द और पद में अंतर

- शब्द स्वतंत्र एवं सार्थक इकाई होते हैं, जबकि वाक्य में प्रयुक्त शब्द पद होते हैं।
- शब्द के बारे में उनके अर्थ से परिचय मिलता है, जबकि पद का परिचय उनके वचन, लिंग, कारक आदि से होता है।
- शब्द, शब्दकोश का हिस्सा होते हैं, जबकि पद वाक्य का हिस्सा होते हैं।
- 'रोहन' एक शब्द है, जबकि 'रोहन' विद्यालय जाता है। वाक्य में 'रोहन' पद बन गया है।

अभ्यास प्रश्न

बहुविकल्पीय व वर्णनात्मक प्रश्नों सहित

बहुविकल्पीय प्रश्न

1. एक से अधिक वर्णों के मेल से बने सार्थक वर्ण समूह को क्या कहते हैं?
(क) शब्द (ख) पद (ग) वाक्य (घ) पदबंध

2. उत्पत्ति के आधार पर शब्द के कितने भेद होते हैं?
(क) दो (ख) पाँच (ग) तीन (घ) छः

3. संस्कृत भाषा के ऐसे शब्द, जिन्हें हम ज्यों का त्यों प्रयोग में लाते हैं, क्या कहलाते हैं?
(क) तत्सम (ख) तद्भव (ग) देशज (घ) विदेशज

4. 'पत्र' शब्द निम्न वर्गों में से किस वर्ग में आता है?
(क) तत्सम (ख) तद्भव
(ग) देशज (घ) विदेशज

5. निम्न में से तत्सम शब्द का चयन कीजिए
(क) आँसू (ख) सूरज (ग) वायु (घ) पिता

6. संस्कृत के वे शब्द, जो हिंदी में कुछ परिवर्तन के साथ प्रयोग किए जाते हैं, क्या कहलाते हैं? दक्षता आधारित प्रश्न
(क) तत्सम (ख) विदेशज
(ग) तद्भव (घ) देशज

7. निम्न में से तद्भव शब्द का चयन कीजिए
(क) अग्नि (ख) सत्य
(ग) पत्र (घ) आँख

8. वे शब्द, जिनके टुकड़े न किए जा सकें, कहलाते हैं
(क) रूढ़ शब्द (ख) यौगिक शब्द
(ग) योगरूढ़ शब्द (घ) एकार्थी शब्द

9. रचना के आधार पर कौन-सा शब्द योगरूढ़ है?

(क) नीलकंठ (ख) विद्यालय
(ग) रोटी (घ) पुस्तक

10. निम्नलिखित में से रूढ़ शब्द कौन-सा है?

(क) मलयज (ख) चतुर्भुज
(ग) कपड़ा (घ) हिमालय

11. 'कमल' किस प्रकार का शब्द है?

(क) रूढ़ (ख) यौगिक
(ग) योगरूढ़ (घ) इनमें से कोई नहीं

12. 'हिमालय' किस प्रकार का शब्द है?

(क) रूढ़ (ख) यौगिक
(ग) योगरूढ़ (घ) इनमें से कोई नहीं

13. निम्नलिखित में से कौन-सा शब्द यौगिक है?

(क) मुरलीधर (ख) पंकज
(ग) देशभक्ति (घ) दशरथ

14. 'पाठशाला' किस प्रकार का शब्द है?

(क) यौगिक (ख) रूढ़
(ग) योगरूढ़ (घ) इनमें से कोई नहीं

15. निम्नलिखित में से देशज शब्द कौन-सा है?

(क) प्रार्थना (ख) अग्नि (ग) खिड़की (घ) भाई

16. सुमेलित कीजिए दक्षता आधारित प्रश्न

	सूची I		सूची II
A.	शब्द	1.	मोहन ने फल खाया
B.	पद	2.	के निकट
C.	क्रियाविशेषण	3.	मोहन
D.	समुच्चयबोधक	4.	मंद-मंद

कूट

	A	B	C	D		A	B	C	D
(क)	1	2	3	4	(ख)	2	3	1	4
(ग)	3	1	4	2	(घ)	3	2	4	1

17. प्रतिभावान छात्र सरकारी नौकरी की ओर आकर्षित होते थे। दक्षता आधारित प्रश्न

1. 'छात्र' पद है।
2. 'की ओर' क्रिया विशेषण है।
3. 'सरकारी' एक शब्द है।
4. 'नौकरी' विशेष्य है।

सही उत्तर वाला विकल्प चुनिए

(क) केवल 1 सही है।
(ख) केवल 2 सही है।
(ग) 2 और 3 सही हैं।
(घ) 1 और 4 सही हैं।

18. निम्नलिखित कथन (A) और कारण (R) को ध्यानपूर्वक पढ़िए। उसके बाद दिए गए विकल्पों में से एक सही विकल्प को उत्तर के रूप में चुनिए

कथन (A) मेरी आशंका निर्मूल नहीं थी। यहाँ 'आशंका' पद है।

कारण (R) 'आशंका' व्याकरण के नियमानुसार वाक्य में प्रयोग किया गया है। दक्षता आधारित प्रश्न

(क) कथन A तथा कारण R दोनों गलत हैं।
(ख) कथन A सही है, लेकिन कारण R गलत है।
(ग) कथन A तथा कारण R दोनों सही हैं तथा कारण R, कथन A की सही व्याख्या करता है।
(घ) कथन A गलत है, परंतु कारण R उसकी गलत व्याख्या करता है।

19. मेरी पत्नी की आँखें एकाएक बड़ी हो गईं। वाक्य में 'एकाएक' है

(क) शब्द (ख) विशेषण
(ग) क्रियाविशेषण (घ) संबंधबोधक

20. सुमेलित कीजिए दक्षता आधारित प्रश्न

	सूची I		सूची II
A.	शब्द	1.	विकारी शब्द
B.	पद	2.	अविकारी शब्द
C.	संज्ञा	3.	मौलिक
D.	क्रियाविशेषण	4.	उसकी रचनाएँ मौलिक हैं।

कूट

	A	B	C	D		A	B	C	D
(क)	4	1	2	3	(ख)	2	3	1	4
(ग)	4	1	3	2	(घ)	3	4	1	2

21. निम्नलिखित कथन (A) को ध्यानपूर्वक पढ़िए। उसके बाद दिए गए विकल्पों में से एक सही विकल्प को उत्तर के रूप में चुनिए दक्षता आधारित प्रश्न

कथन (A) 'रामन', 'नौकरी', 'वैज्ञानिक' पद हैं।

कारण (R) 'रामन', 'नौकरी', 'वैज्ञानिक' का प्रयोग व्याकरण के नियमानुसार किया गया है।

(क) कथन A तथा कारण R दोनों गलत हैं।
(ख) कथन A सही है, लेकिन कारण R गलत है।
(ग) कथन A तथा कारण R दोनों सही हैं तथा कारण R, कथन A की सही व्याख्या करता है।
(घ) कथन A सही है, परंतु कारण R उसकी गलत व्याख्या करता है।

22. उन्हें गाँधीजी के सेक्रेटरी के समान खुशनवीश कहाँ मिलता था? वाक्य में दक्षता आधारित प्रश्न

1. 'उन्हें' एक शब्द है।
2. 'गाँधीजी', 'सेक्रेटरी' और 'खुशनवीश' संज्ञा हैं।
3. 'के समान' संबंधबोधक है।
4. 'कहाँ' शब्द सर्वनाम है।

सही विकल्प चुनिए
(क) केवल 1 सही है। (ख) 1 और 2 सही हैं।
(ग) 2 और 3 सही हैं। (घ) 3 और 4 सही हैं।

23. शब्द के बारे में कौन-सा कथन असत्य है?
(क) शब्द वर्णों से बनते हैं।
(ख) वाक्य में प्रयुक्त शब्द ही पद बन जाते हैं।
(ग) शब्द का व्याकरणिक परिचय होता है।
(घ) शब्द अपना विशेष अर्थ रखते हैं।

अतिलघु उत्तरीय प्रश्न

1. शब्द किसे कहते हैं? उदाहरण देकर समझाइए।

2. स्रोत या उत्पत्ति के आधार पर शब्द कितने प्रकार होते हैं? उनके नाम बताइए।

3. योगरूढ़ शब्द को स्पष्ट कीजिए।

4. व्याकरणिक प्रकार्य के आधार पर शब्द के कितने भेद हैं? उन्हें स्पष्ट कीजिए।

5. शब्द तथा पद में अंतर स्पष्ट कीजिए।

6. हिंदी में पद कितने प्रकार के होते हैं? स्पष्ट कीजिए।

7. सर्वनाम किसे कहते हैं और इसके कितने प्रकार हैं?

8. विशेषण की परिभाषा देते हुए इसके भेद बताइए।

9. सकर्मक क्रिया किसे कहते हैं? स्पष्ट कीजिए।

10. अकर्मक क्रिया किसे कहते हैं? स्पष्ट कीजिए।

11. अव्यय किसे कहते हैं? इसके कितने प्रकार हैं?

12. निम्नलिखित प्रश्नों के निर्देशानुसार उत्तर दीजिए।
(i) 'घोड़ा' संज्ञा का कौन-सा प्रकार है?
(ii) 'हरियाली' कौन-सी संज्ञा है?
(iii) 'पूरब दिशा' में 'पूरब' संज्ञा का कौन-सा प्रकार है?
(iv) प्रेरणा ने कहा "मैं पढ़ने के लिए विद्यालय जाऊँगी।" इस वाक्य में सर्वनाम शब्द बताइए?
(v) कौन-से संज्ञा शब्दों का प्रायः बहुवचन नहीं होता है?
(vi) बोलने या सुनने वाले स्त्री या पुरुष के स्थान पर आने वाले शब्द कौन-से सर्वनाम कहलाते हैं?
(vii) 'स्वयं' कौन-सा सर्वनाम है?

13. संज्ञा के भेद लिखिए।

14. एक या अधिक अक्षरों से बनी हुई स्वतंत्र व सार्थक ध्वनि को क्या कहते हैं?

15. वाक्य किससे मिलकर बनता है?

16. पद किसे कहते हैं? उदाहरण देकर स्पष्ट कीजिए।

17. शब्द का एक उदाहरण लिखिए।

18. वाक्य में प्रयुक्त शब्द क्या कहलाता है?

19. स्वतंत्र सार्थक वर्ण समूह क्या कहलाता है?

20. हिंदी में पद कितने प्रकार के होते हैं?

21. निम्न रेखांकित शब्द है अथवा पद
(i) आज अच्छा दिन है।
(ii) विद्यालय पद है या शब्द?
(iii) छात्रों को अवकाश अच्छा लगता है।

22. "जापानी लोग बहुत परिश्रमी होते हैं।"-वाक्य में कौन-सा विशेषण है? दक्षता आधारित प्रश्न

23. विशेषण की विशेषता बताने वाले शब्द को क्या कहते हैं?

24. "कुछ लड़कियाँ आ रही हैं।"-वाक्य में कौन-सा विशेषण मौजूद है? दक्षता आधारित प्रश्न

25. "उमेश फल खाता है।"-वाक्य में कौन-सी क्रिया है?

26. 'श्याम, उठकर बाहर देखो, दरवाज़ा कौन खटखटा रहा है?'-वाक्य में प्रयुक्त 'बाहर' शब्द किस प्रकार का शब्द है?

27. "चिड़िया आकाश में उड़ रही है।"-वाक्य में प्रयुक्त 'उड़ रही' क्रिया किस प्रकार की क्रिया है? दक्षता आधारित प्रश्न

व्याख्या सहित उत्तर

बहुविकल्पीय प्रश्न

1. (क) शब्द
2. (ख) पाँच
3. (क) तत्सम
4. (क) तत्सम
5. (ग) वायु
6. (ग) तद्भव
7. (घ) आँख
8. (क) रूढ़ शब्द
9. (क) नीलकंठ
10. (ग) कपड़ा
11. (क) रूढ़
12. (ग) योगरूढ़
13. (ग) देशभक्ति
14. (क) यौगिक
15. (ग) खिड़की
16. (ग) 3 1 4 2
17. (घ) 1 और 4 सही हैं।
18. (ग) कथन (A) तथा कारण (R) दोनों सही हैं तथा कारण (R), कथन (A) की सही व्याख्या करता है।
19. (ग) क्रियाविशेषण
20. (घ) 3 4 1 2
21. (क) कथन A तथा कारण R दोनों गलत हैं।
22. (घ) 3 और 4 सही हैं।
23. (ग) शब्द का व्याकरणिक परिचय होता है।

अतिलघु उत्तरीय प्रश्न

1. एक से अधिक वर्णों के मेल से बने सार्थक वर्ण-समूह को शब्द कहते हैं; जैसे—'र् + आ + त् + अ' वर्णों से बना सार्थक वर्ण-समूह 'हरात' शब्द है। अत: कहा जा सकता है कि
   (i) शब्द वर्णों के मेल से बनते हैं।
   (ii) शब्द सार्थक वर्ण-समूह या अक्षर-समूह होते हैं।
   (iii) शब्द स्वतंत्र होते हैं।
2. स्रोत या उत्पत्ति के आधार पर शब्द के पाँच प्रकार होते हैं
   (i) तत्सम (ii) तद्भव (iii) देशज (iv) विदेशज
   (v) संकर
3. योगरूढ़ शब्द ऐसे शब्द होते हैं, जिनमें रूढ़ तथा यौगिक दोनों शब्दों की विशेषताएँ होती हैं। यौगिक शब्दों के समान इनके सार्थक खंड (टुकड़े) किए जा सकते हैं परन्तु इनका अर्थ इनके खंडों पर आधारित नहीं होता है। ये विशेष अर्थ के लिए रूढ़ हो जाते हैं, जैसे—पंकज, पीतांबर, नीलकंठ, दशानन, लंबोदर आदि।
4. व्याकरणिक प्रकार्य के आधार पर शब्द के दो भेद होते हैं,
   (i) **विकारी शब्द** वे शब्द जिनमें लिंग, वचन, कारक, काल आदि के कारण परिवर्तन हो जाता है, विकारी शब्द कहलाते हैं; जैसे
   (क) संज्ञा (ख) सर्वनाम
   (ग) क्रिया (घ) विशेषण
   (ii) **अविकारी शब्द** वे शब्द जिनके रूप में किसी भी कारण से विकार (परिवर्तन) नहीं होता, अविकारी शब्द कहलाते हैं। ये भी चार प्रकार के होते हैं—
   (क) क्रियाविशेषण (ख) संबंधबोधक
   (ग) समुच्चयबोधक (घ) विस्मयादिबोधक
5. प्रत्येक स्वतंत्र सार्थक वर्ण-समूह 'शब्द' कहलाता है, किंतु वाक्य में प्रयुक्त होने पर वह शब्द स्वतंत्र नहीं रह जाता। इस तरह, जब कोई शब्द व्याकरण के नियमों, प्रत्यय, उपसर्ग, वचन, लिंग, कारक, पुरुष आदि में बँधकर किसी वाक्य में प्रयुक्त होता है, तो वह 'पद' कहलाता है अर्थात् वाक्य में प्रयुक्त होने वाले शब्द ही पद कहलाते हैं। जैसे—'शेर' एक शब्द है, लेकिन 'शेर दहाड़ता है।' वाक्य में प्रयुक्त होने पर यही 'शेर' पद बन जाता है।
6. हिंदी में पद पाँच प्रकार के होते हैं
   (i) संज्ञा (ii) सर्वनाम (iii) विशेषण (iv) क्रिया
   (v) अव्यय
7. संज्ञा के स्थान पर प्रयुक्त किए जाने वाले शब्द सर्वनाम कहलाते हैं; जैसे—मैं, तुम, वह आदि।
   सर्वनाम छ: प्रकार के होते हैं
   (i) पुरुषवाचक (ii) निश्चयवाचक
   (iii) अनिश्चयवाचक (iv) संबंधवाचक
   (v) प्रश्नवाचक (vi) निजवाचक
8. संज्ञा और सर्वनाम की विशेषता प्रकट करने वाले शब्द विशेषण कहलाते हैं; जैसे—सुंदर, पतला, लाल आदि।
   इसके चार भेद हैं
   (i) गुणवाचक (ii) संख्यावाचक
   (iii) परिमाणवाचक (iv) सार्वनामिक
9. जिस क्रिया के साथ कर्म हो या कर्म की संभावना हो तथा जिस क्रिया का फल कर्ता पर न पड़कर कर्म पर पड़ता हो, उसे सकर्मक क्रिया कहते हैं; जैसे—राम क्रिकेट खेलता है। (यहाँ क्रिकेट 'कर्म' है तथा 'खेलता है' क्रिया। फल इस पर पड़ रहा है।
10. अकर्मक क्रिया के साथ कर्म नहीं होता तथा उसका फल कर्ता पर पड़ता है; जैसे—श्याम दौड़ता है। (यहाँ कर्म का अभाव है तथा 'दौड़ता है' क्रिया का फल कर्ता 'श्याम' पर पड़ रहा है)
11. वे शब्द जिनमें लिंग, वचन, कारक, पुरुष आदि के कारण विकार उत्पन्न नहीं होता, अव्यय या अविकारी शब्द कहलाते हैं; जैसे—अब, अचानक, सुबह, बाहर, कल, धीरे-धीरे आदि।
    अव्यय चार प्रकार के होते हैं
    (i) क्रियाविशेषण (ii) संबंधबोधक
    (iii) समुच्चयबोधक (iv) विस्मयादिबोधक

12. (i) जातिवाचक संज्ञा (ii) भाववाचक संज्ञा
(iii) व्यक्तिवाचक संज्ञा (iv) मैं
(v) द्रव्यवाचक संज्ञा (vi) पुरुषवाचक सर्वनाम
(vii) निजवाचक सर्वनाम

13. संज्ञा के मुख्यत: पाँच भेद हैं
(i) व्यक्तिवाचक (ii) जातिवाचक
(iii) भाववाचक (iv) समूहवाचक
(v) द्रव्यवाचक

14. एक या एक से अधिक अक्षरों से बनी हुई स्वतंत्र व सार्थक ध्वनि को शब्द कहते हैं।

15. वाक्य पद से मिलकर बनता है।

16. जब कोई शब्द व्याकरण के नियमों में बँधकर किसी वाक्य में प्रयुक्त होता है, तो वह शब्द स्वतंत्र शब्द न रहकर पद बन जाता है; जैसे— संन्यासी सोता है। इस वाक्य में 'संन्यासी' शब्द पद है।

17. 'बच्चा' शब्द का उदाहरण है।

18. पद

19. शब्द

20. पाँच

21. (i) प्रस्तुत वाक्य में 'दिन' पद है, क्योंकि यह वाक्य में प्रयुक्त किया गया है और व्याकरण के नियमों के अनुसार ही है।
(ii) 'विद्यालय' शब्द है, क्योंकि यह वाक्य में प्रयुक्त नहीं किया गया है तथा स्वतंत्र शब्द है।
(iii) 'छात्रों' पद है, क्योंकि यह वाक्य में प्रयुक्त किया गया है।

22. गुणवाचक विशेषण

23. प्रविशेषण

24. अनिश्चित संख्यावाचक विषेषण

25. सकर्मक क्रिया

26. क्रिया विशेषण

27. अकर्मक क्रिया

स्व–मूल्यांकन

बहुविकल्पीय प्रश्न

1. सार्थक वर्ण समूह होता है
(क) शब्द (ख) पद (ग) वाक्य (घ) पदबंध

2. 'सत्य' शब्द निम्न वर्गों में से किस वर्ग में आता है?
(क) तत्सम (ख) तद्भव
(ग) देशज (घ) विदेशज

3. निम्न में से तत्सम शब्द का चयन कीजिए
(क) चाँद (ख) साँप (ग) हाथी (घ) सूर्य

4. सही कथन वाला विकल्प चुनिए
I. शब्द स्वतंत्र होते हैं।
II. शब्दों की रचना वर्णों के मेल से होती है।
III. शब्द वाक्य में प्रयुक्त नहीं होते हैं।
IV. शब्दों का अपना अर्थ होता है।

कूट
(क) केवल कथन I सही है।
(ख) कथन I एवं II सही हैं।
(ग) कथन II, III एवं IV सही हैं।
(घ) कथन I, II एवं IV सही हैं।

5. निम्नलिखित कथन (A) तथा कारण (R) को ध्यानपूर्वक पढ़िए और दिए गए विकल्पों में से सही विकल्प चुनिए
कथन (A) लालकिला दिल्ली में स्थित है। वाक्य में 'लाल किला' पद है।
कारण (R) 'लाल किला' व्याकरणिक नियमों के अनुसार वाक्य में प्रयुक्त है।

कूट
(क) कथन A तथा कारण R दोनों गलत हैं।
(ख) कथन A सही है, लेकिन कारण R गलत है।
(ग) कथन A तथा कारण R दोनों सही हैं तथा कारण R, कथन A की सही व्याख्या करता है।
(घ) कथन A सही है, लेकिन कारण R उसकी गलत व्याख्या करता है।

अतिलघु उत्तरीय प्रश्न

1. अर्थ के आधार पर शब्दों के वर्गीकरण का संक्षेप में परिचय दीजिए।
2. रूढ़ एवं यौगिक शब्द को उदाहरण सहित स्पष्ट कीजिए।
3. सार्वनामिक विशेषण की परिभाषा देते हुए उसके भेदों पर प्रकाश डालिए।
4. विकारी एवं अविकारी शब्दों में अंतर स्पष्ट कीजिए।
5. क्रिया किसे कहते हैं? उदाहरण सहित समझाइए।
6. क्रियाविशेषण किसे कहते हैं? भेद सहित स्पष्ट कीजिए।
7. अव्यय को परिभाषित कीजिए।
8. निम्नलिखित प्रश्नों के निर्देशानुसार उत्तर दीजिए।
(i) 'मिठास' संज्ञा का कौन-सा प्रकार है?
(ii) 'लोहा' कौन-सी संज्ञा है?
(iii) राजीव ने कहा, "तुम कॉलेज कब जाओगे?" इस वाक्य में सर्वनाम बताइए।
9. ऐसे शब्द जो विदेशी भाषा से हिंदी में लिए गए हैं, क्या शब्द कहलाते हैं?
10. पुरुषवाचक सर्वनाम के कितने भेद हैं?
11. जिन शब्दों के अर्थ में समानता होती है, उन्हें क्या कहते हैं?
12. निम्न रेखांकित शब्द हैं अथवा पद बताइए
(i) राम शब्द है अथवा पद?
(ii) रमेश विद्यालय गया है। 'रमेश' शब्द है अथवा पद?
(iii) कमल, रमण, जल—ये शब्द हैं अथवा पद?

अध्याय 2

अनुस्वार व अनुनासिक

2.1 अनुस्वार बिंदु (ं)

अनुस्वार एक व्यंजन ध्वनि है, जो स्वर के बाद आती है। इसके उच्चारण में नाक से अधिक वायु निकलती है और मुख से कम। इसका प्रयोग विभिन्न शब्दों के साथ मिलता है।

इसे लिखते समय शिरोरेखा के ऊपर बिंदु लगाकर (ं) प्रकट किया जाता है। इसका प्रयोग 'क वर्ग', 'च वर्ग', 'ट वर्ग', 'त वर्ग' और 'प वर्ग' के पाँचवें वर्ण के स्वर रहित रूप 'ङ्', 'ञ्', 'ण्', 'न्' तथा 'म्' के स्थान पर होता है।

अनुस्वार का प्रयोग करते समय जिस वर्ण के साथ इसकी ध्वनि निकलती है, उसके अगले वर्ण को देखकर यह जाना जा सकता है कि किस वर्ग के पंचमाक्षर के स्थान पर यह प्रयुक्त हुआ है; जैसे—

मंगल (मङ्गल) दंगा (दङ्गा)

'म' पर लगे अनुस्वार का अगला वर्ण 'ग' है, जो 'क' वर्ग का तीसरा व्यंजन है। इसका पंचम वर्ण 'ङ' है। दोनों ही शब्दों में अनुस्वार 'ग' के अनुसार 'ङ्' का स्वर रहित रूप प्रयुक्त है।

- कंचन = (कञ्चन) - 'च' वर्ग का 'ञ्'
- पाखंड = (पाखण्ड) - 'ट' वर्ग का 'ण्'
- बंदर = (बन्दर) - 'त' वर्ग का 'न्'
- चंबल = (चम्बल) - 'प' वर्ग का 'म्'

2.2 अनुनासिक या चंद्रबिंदु (ँ)

अनुनासिक (ँ) का प्रयोग उच्चारण की उस अवस्था में होता है, जब मुख और नाक दोनों से हवा निकले, लेकिन नाक से बहुत कम और मुँह से अधिक साँस निकलती है। अनुनासिक को चंद्रबिंदु भी कहते हैं; जैसे—दाँत, आँख, चाँद आदि।

चंद्रबिंदु या अनुनासिक का प्रयोग प्रायः सभी स्वरों के साथ होता है। 'अनुनासिक' एक नासिक्य स्वर ध्वनि है।

जिन स्वरों की मात्राओं में शिरोरेखा होती है, वहाँ अनुनासिक का प्रयोग अनुस्वार (ं) के रूप में होता है; जैसे— चिड़ियाँ-चिड़ियों, स्त्रियाँ-स्त्रियों आदि।

अनुस्वार तथा अनुनासिक (चंद्रबिंदु) का प्रयोग

अनुस्वार (ं) और अनुनासिक (ँ) दोनों निम्नलिखित स्थितियों में प्रयुक्त होते हैं

(क) संयुक्त व्यंजन के रूप में जहाँ पंचमाक्षर के बाद समवर्गीय शेष चार वर्णों में से कोई वर्ण हो, तो अनुस्वार का प्रयोग भी किया जा सकता है; जैसे—गंगा, चंचल, ठंडा, संध्या, संपादक आदि में पंचमाक्षर के बाद उसी वर्ग का वर्ण आता है। अतः पंचमाक्षर पर अनुस्वार का प्रयोग हो सकता है।

(ख) यदि किसी शब्द में पंचमाक्षर एक साथ दो बार आते हैं, तो पहला पंचमाक्षर अनुस्वार के रूप में नहीं बदलता; जैसे—

मानक	अमानक
वाङ्मय	वांमय
अन्न	अंन
सम्मेलन	संमेलन
सम्मति	संमति
उन्मुख	उंमुख

(ग) यदि पंचमाक्षर 'य', 'व', 'ह' से पहले आता है, तो वहाँ पंचमाक्षर ही अपने मूल रूप में लिखा जाता है। उसके स्थान पर अनुस्वार नहीं लगता; जैसे—

मानक	अमानक
पुण्य	पुंय
कण्व	कंव
अन्वय	अंवय
कन्हैया	कंहैया
तुम्हारा	तुंहारा

(घ) 'श', 'ष', 'स', 'ह' से पूर्व लगने वाले अनुस्वार को पंचमाक्षर में नहीं बदला जा सकता; जैसे—

मानक	अमानक
अंश	अन्श
वंश	वन्श
हंस	हन्स
कंस	कन्स
संहार	सम्हार/सन्हार

(ङ) 'सम्' उपसर्ग के बाद यदि अंत:स्थ या ऊष्म वर्ण आए, तो 'म्' का रूपांतरण 'न्' में हो जाता है; जैसे—

सम् + यंत्र = संयंत्र
सम् + रचना = संरचना
सम् + लाप = संलाप
सम् + वाद = संवाद

(च) ईकारांत और ऊकारांत शब्दों के बहुवचन रूप बनाते समय 'ई' और 'ऊ' क्रमश: 'इ' और 'उ' बन जाते हैं; जैसे—

एकवचन	बहुवचन
बहू	बहुएँ
वधू	वधुएँ
दवाई	दवाइयाँ
कलाई	कलाइयाँ
ईसाई	ईसाइयों

(छ) अनुनासिक के स्थान पर अनुस्वार का प्रयोग नहीं करना चाहिए। इससे अर्थ में अंतर आ जाता है;
जैसे— हँस : हंस, अँगना : अंगना आदि।
अतएव ऐसे भ्रम को दूर करने के लिए चंद्रबिंदु का प्रयोग अवश्य किया जाना चाहिए।

(ज) यदि शिरोरेखा के ऊपर मात्रा है, तो अनुनासिक का प्रयोग भी अनुस्वार के रूप में किया जाता है; जैसे-मैं, हैं, गोंद, ओंकार, चोंच, ढोंग आदि।

अयोगवाह

हिंदी में अं, अः ध्वनियाँ अयोगवाह मानी जाती हैं। वास्तव में, अं और अः ध्वनियाँ न तो पूरी तरह स्वर हैं और न ही व्यंजन, किंतु ये स्वरों के सहारे चलती हैं। आचार्य किशोरीदास वाजपेयी ने इन्हें अयोगवाह कहा है, क्योंकि ये बिना किसी से योग किए ही साथ रहते हैं अर्थात् अर्थ वहन करते हैं। हिंदी वर्णमाला में इनका स्थान स्वरों के बाद और व्यंजनों से पहले निर्धारित किया गया है।

अनुस्वार और अनुनासिक में अंतर

अनुस्वार	अनुनासिक
अनुस्वार नासिक्य व्यंजन है।	अनुनासिक नासिक्य स्वर है।
अनुस्वार के उच्चारण में व्यंजनों की तरह मुख में अवरोध होता है।	अनुनासिक के उच्चारण में वायु स्वरों की भाँति बिना किसी अवरोध के मुख तथा नाक से बाहर निकलती है।
अनुस्वार का प्रयोग केवल शब्द के मध्य और अंत में होता है; जैसे—कञ्चन (कंचन), गङ्गा (गंगा) आदि।	अनुनासिक का प्रयोग आरंभ, मध्य तथा अंत तीनों स्थानों पर किया जा सकता है; जैसे-हँसना, जाएँगे, चिड़ियाँ आदि।
लिखते समय अनुस्वार का प्रयोग उससे पहले वाले वर्ण के ऊपर होता है; जैसे—कंगन (कङ्गन), डंडा (डण्डा) आदि।	अनुनासिक का प्रयोग उसी वर्ण पर होता है, जिसका उच्चारण उसके साथ किया जाता है; जैसे—काँच, साँप आदि।
अनुस्वार संस्कृत से हिंदी में आए हैं।	अनुनासिक का विकास हिंदी भाषा में हुआ है।

अभ्यास प्रश्न

बहुविकल्पीय व वर्णनात्मक प्रश्नों सहित

बहुविकल्पीय प्रश्न

1. 'ठण्डा' शब्द में उचित स्थान पर अनुस्वार लगाकर मानक रूप लिखिए।
(क) ठंडा (ख) ठँडा
(ग) ठडाँ (घ) ठडां

2. 'सयम' शब्द में उचित स्थान पर अनुस्वार लगाकर मानक रूप क्या होगा?
(क) सँयम (ख) सयम
(ग) सयमं (घ) संयम

3. अनुस्वार की दृष्टि से शुद्ध शब्द कौन-सा है?
(क) परतत्रं (ख) परतंत्र
(ग) परंतत्र (घ) पंरतत्र

4. निम्नलिखित में से किस शब्द में अनुस्वार का प्रयोग सही नहीं हुआ है?
(क) संकल्प (ख) उपंरात
(ग) भयंकर (घ) दिसंबर

5. निम्नलिखित में से अनुस्वार की दृष्टि से सही शब्द कौन-सा है?
(क) पतंग (ख) आनँद (ग) सँस्था (घ) शकंर

6. निम्नलिखित में से अनुस्वार के उचित प्रयोग वाला शब्द कौन-सा है?

(क) कम्पन (ख) पुयं

(ग) सँधि (घ) कंगन

7. 'सम्बन्ध' में उचित स्थान पर अनुस्वार लगाने पर मानक रूप कौन-सा है? दक्षता आधारित प्रश्न

(क) सम्बंध (ख) संबन्ध

(ग) संबंध (घ) सबंध

8. दिए गए शब्दों में से सही अनुस्वार वाले शब्द का चयन कीजिए।

(क) दतंमंजन (ख) पाखडं

(ग) सरंक्षण (घ) अंजन

9. निम्नलिखित में से कौन-सा शब्द सही अनुस्वार युक्त है?

(क) रकं (ख) कठं

(ग) शंका (घ) सविधांन

10. निम्नलिखित में से किस शब्द में अनुस्वार का सही प्रयोग हुआ है? दक्षता आधारित प्रश्न

(क) संम्प्रदाय (ख) संशय

(ग) संम्वाद (घ) सरंचना

11. निम्नलिखित में से किस शब्द में अनुनासिक का प्रयोग नहीं हुआ है?

(क) माँ (ख) महँगाई

(ग) कंधा (घ) फूँकना

12. निम्नलिखित में से सही अनुनासिक शब्द कौन-सा है?

(क) नीदँ (ख) बिंदु

(ग) धुँधला (घ) कुँआ

13. निम्नलिखित में से सही अनुनासिक शब्द का चयन कीजिए

(क) आंवला (ख) कांच

(ग) कुँवर (घ) तँदूर

14. निम्नलिखित में से किस शब्द में अनुनासिक का सही प्रयोग हुआ है?

(क) सांडँ (ख) चिड़ियाँ

(ग) सकराँ (घ) चादँ

15. सुमेलित कीजिए दक्षता आधारित प्रश्न

	सूची I		सूची II
A.	अनुस्वार	1.	वायु नाक एवं मुँह दोनों से निकलती है।
B.	चंदन, संगम	2.	अनुनासिक
C.	गाँव, पाँव	3.	वायु (ध्वनि) नाक से निकलती है।
D.	अनुनासिक	4.	अनुस्वार

कूट

	A	B	C	D		A	B	C	D
(क)	4	1	3	2	(ख)	3	2	4	1
(ग)	3	4	2	1	(घ)	1	2	4	3

16. निम्नलिखित कथन (A) तथा कारण (R) को ध्यानपूर्वक पढ़िए। अब दिए गए विकल्पों में से सही विकल्प को उत्तर के रूप में चुनिए। दक्षता आधारित प्रश्न

कथन (A) 'चोंच' शब्द में अनुनासिक का प्रयोग है।

कारण (R) शिरोरेखा के ऊपर मात्रा लगी होने के कारण अनुनासिक का प्रयोग बिंदु के रूप में हुआ है।

(क) कथन A तथा कारण R दोनों गलत हैं।

(ख) कथन A सही, लेकिन कारण R गलत है।

(ग) कथन A तथा कारण R दोनों सही हैं तथा कारण R, कथन A की सही व्याख्या करता है।

(घ) कथन A सही है, परंतु कारण R उसकी गलत व्याख्या करता है।

17. अनुनासिक के बारे में सही कथन है

I. अनुनासिक ध्वनि नाक से निकलती है।

II. अनुनासिक का प्रयोग चंद्रबिंदु (ँ) की तरह होता है।

III. अनुनासिक को बिंदु (अनुस्वार की तरह) रूप में प्रयोग किया जाता है।

IV. 'होंठ', 'हैं', 'मैं', में अनुनासिक का प्रयोग है। दक्षता आधारित प्रश्न

कूट

(क) केवल कथन I सही है।

(ख) कथन I और II सही हैं।

(ग) कथन I, II और III सही हैं।

(घ) कथन II और IV सही हैं।

अतिलघु उत्तरीय प्रश्न

1. अनुस्वार की दो विशेषताएँ लिखिए।

2. अनुस्वार का प्रयोग कब किया जाता है?

3. शब्द में प्रयुक्त अनुस्वार किस वर्ग के पंचमाक्षर का है, इसे कैसे जानेंगे? दक्षता आधारित प्रश्न

4. अनुनासिक का प्रयोग कब किया जाता है?

5. अनुनासिक का दूसरा नाम बताइए।

6. अनुनासिक को अनुस्वार के समान कब लिखा जाता है? उदाहरण सहित स्पष्ट कीजिए।

7. किसी शब्द में पंचमाक्षर यदि दो बार आ जाए तो अनुस्वार पर क्या असर पड़ता है।

8. वे कौन-से वर्ण हैं, जिनके पूर्व पंचमाक्षर आने पर उन्हें मूल रूप में ही लिखा जाता है? दक्षता आधारित प्रश्न

9. 'अग्रेज' शब्द में अनुस्वार का सही प्रयोग कौन-सा होगा?

10. 'मञ्जू' शब्द में उचित स्थान पर अनुस्वार का प्रयोग कर उसका मानक रूप क्या होगा? दक्षता आधारित प्रश्न

11. अम्बर शब्द में अनुस्वार का प्रयोग कीजिए।

12. 'चादनी' शब्द में अनुनासिक का सही प्रयोग कौन-सा है?

13. 'मन्हगा' शब्द में उचित स्थान पर अनुनासिक का प्रयोग करने पर उसका मानक रूप क्या होगा?

व्याख्या सहित उत्तर

बहुविकल्पीय प्रश्न

1. (क) ठंडा **2.** (घ) संयम **3.** (ख) परतंत्र

4. (ख) उपरांत **5.** (क) पतंग **6.** (घ) कंगन

7. (ग) संबंध **8.** (घ) अंजन **9.** (ग) शंका

10. (ख) संशय **11.** (ग) कंधा **12.** (ख) बिंदु

13. (ग) कुँवर **14.** (ख) चिड़ियाँ **15.** (ग) 3 4 2 1

16. (ग) कथन A तथा कारण R दोनों सही हैं तथा कारण R, कथन A की सही व्याख्या करता है।

17. (घ) कथन II और IV सही हैं।

अतिलघु उत्तरीय प्रश्न

1. अनुस्वार की दो विशेषताएँ निम्नलिखित हैं
(i) अनुस्वार स्वर के बाद आने वाली व्यंजन ध्वनि है।
(ii) अनुस्वार के उच्चारण में नाम से ध्वनि अधिक निकलती है, मुख से कम।

2. अनुस्वार का प्रयोग 'क वर्ग', 'च वर्ग', 'ट वर्ग' और 'प वर्ग' के पाँचवें वर्ण क्रमशः 'ङ', 'ञ', 'ण', 'न' और 'म' के स्वर रहित रूप की जगह होता है।

3. जिस वर्ण के साथ अनुस्वार की ध्वनि निकलती है, उसके अगले वर्ण को देखकर जाना जा सकता है, जैसे-'कंठ' शब्द में 'क' वर्ण के साथ अनुस्वार ध्वनि निकल रही है। इसका अगला वर्ण 'ठ' है यह 'ट वर्ग' का वर्ण है, जिसका पंचमाक्षर 'ण' है। अतः 'कंठ' शब्द में 'ण' का स्वर रहित रूप प्रयुक्त है।

4. अनुनासिक का प्रयोग उस समय किया जाता है जब किसी शब्द का उच्चारण करते समय वायु नाक और मुँह दोनों से निकले।

5. अनुनासिक का दूसरा नाम 'चंद्रबिंदु' है।

6. अनुनासिक का प्रयोग अनुस्वार की तरह तब किया जाता है, जब शब्द में शिरोरेखा के ऊपर मात्रा लगी होती है; जैसे—मैं, होंठ, ओंकार, चिड़ियों, हैं आदि।

7. किसी शब्द में पंचमाक्षर यदि दो बार आ जाए तो पहला पंचमाक्षर अनुस्वार के रूप में नहीं लिखा जाता है; जैसे—सम्मिलित, उन्नयन, अन्न आदि।

8. वे वर्ण 'य', 'व', 'ह' हैं जिनके पूर्व पंचमाक्षर आने पर उन्हें अपने मूल रूप में ही लिखा जाता है; जैसे—कन्हैया, तुम्हारा, कण्व आदि।

9. 'अग्रेज' शब्द में अनुस्वार का सही प्रयोग अंग्रेज़ होगा।

10. 'मञ्जू' शब्द में उचित स्थान पर अनुस्वार का प्रयोग कर उसका मानक रूप मंजू होगा।

11. अम्बर शब्द में अनुस्वार का प्रयोग अंबर है।

12. 'चादनी' शब्द में अनुनासिक का सही प्रयोग चाँदनी है।

13. 'मन्हगा' शब्द में उचित स्थान पर अनुनासिक का प्रयोग करने पर उसका मानक रूप महँगा होगा।

स्व-मूल्यांकन

बहुविकल्पीय प्रश्न

1. 'पतङ्ग' शब्द में उचित स्थान पर अनुस्वार लगाकर मानक रूप लिखिए।

(क) पंतग (ख) पतँग
(ग) पतंग (घ) पतगं

2. 'सम्बल' शब्द में उचित स्थान पर अनुस्वार लगाकर मानक रूप क्या होगा?

(क) सवंल (ख) संबल
(ग) सँबल (घ) सवँल

3. अनुस्वार की दृष्टि से शुद्ध शब्द कौन-सा है?

(क) तम्बूल (ख) तंबूल
(ग) तबूंल (घ) तँबूल

4. निम्नलिखित में से किस शब्द में अनुस्वार का प्रयोग सही नहीं हुआ है?

(क) रणंजय (ख) जोंक
(ग) वीरांगना (घ) नीलांबर

5. निम्नलिखित में से अनुस्वार की दृष्टि से सही शब्द कौन-सा है?

(क) अनँत (ख) अँगूर
(ग) अगूंठी (घ) मयंक

6. निम्नलिखित में से अनुस्वार के उचित प्रयोग वाला शब्द कौन-सा है?

(क) अंधकार (ख) अधँकार
(ग) अँधकार (घ) मतँग

7. निम्नलिखित कथन (A) तथा कारण (R) को ध्यानपूर्वक पढ़िए और दिए गए विकल्पों में से सही विकल्प को उत्तर के रूप में चुनिए।

कथन (A) कञ्चन का मानक रूप कंचन है।

कारण (R) 'कंचन' शब्द के 'ञ्' को अनुस्वार रूप में लिखा गया है।

कूट

(क) कथन A तथा कारण R दोनों गलत हैं।
(ख) कथन A सही है, लेकिन कारण R गलत है।
(ग) कथन A तथा कारण R दोनों सही हैं तथा कारण R, कथन A की सही व्याख्या करता है।
(घ) कथन A सही है, परंतु कारण R उसकी गलत व्याख्या करता है।

8. सुमेलित कीजिए

	सूची I		सूची II
A.	रंजन, मयंक	1.	नाक से ध्वनि निकलती है
B.	होंठ, गोंद ओंकार	2.	अनुस्वार
C.	अनुस्वार	3.	नाक एवं मुँह से ध्वनि निकलती है।
D.	अनुनासिक	4.	अनुनासिक

कूट

	A	B	C	D		A	B	C	D
(क)	3	1	2	4	(ख)	2	4	1	3
(ग)	2	1	4	3	(घ)	4	2	3	1

अतिलघु उत्तरीय प्रश्न

1. वर्णमाला में किस वर्ण को अनुस्वार और किस वर्ण को अनुनासिक कहा जाता है?

2. लिखते समय अनुस्वार का प्रयोग किस तरह किया जाता है?

3. 'मंडली' शब्द में किस पंचमाक्षर को अनुस्वार के रूप में लिखा गया है?

4. अनुनासिक का प्रयोग कब किया जाता है?

5. 'चोंच' शब्द में अनुस्वार का प्रयोग है या अनुनासिक का, स्पष्ट कीजिए।

6. निरनुनासिक से आप क्या समझते हैं?

7. ऐसे तीन शब्द लिखिए, जिनमें पंचमाक्षर साथ-साथ दो बार आए हों।

अध्याय 3

उपसर्ग एवं प्रत्यय

शब्दों के बिना भाषा की कल्पना करना भी कठिन है। शब्द ही भाषा को समृद्ध बनाते हैं। शब्दों की इसी महत्ता के कारण नए-नए शब्दों की रचना की जाती है। उपसर्ग एवं प्रत्यय भी शब्द रचना करने के तरीकों में से एक है।

3.1 उपसर्ग

'उपसर्ग' शब्द वस्तुत: 'उप' तथा 'सर्ग' के योग से निर्मित है। 'उप' का अर्थ 'समीप', 'निकट' या 'पास में' होता है, जबकि 'सर्ग' का अर्थ 'सृष्टि करना' है इस तरह उपसर्ग का अर्थ है—पास रहकर नए अर्थ वाले अन्य शब्द की सृष्टि करना। उपसर्ग को अव्यय भी कहा जाता है।

उपसर्ग वे शब्दांश होते हैं, जो किसी सार्थक शब्द के पहले लगकर उसके अर्थ को नवीनता एवं विशेषता प्रदान करते हैं; जैसे—

नि	+	दान	=	निदान
अध	+	खिला	=	अधखिला
खुश	+	हाल	=	खुशहाल
सु	+	पुत्र	=	सुपुत्र
वि	+	ज्ञान	=	विज्ञान
अनु	+	कूल	=	अनुकूल

यहाँ 'नि', 'अध', 'खुश', 'सु', 'वि' तथा 'अनु' शब्दांश उपसर्ग हैं, जो क्रमश: 'दान', 'खिला', 'हाल', 'पुत्र' 'ज्ञान' तथा 'कूल' शब्द के साथ जुड़कर उनके अर्थ में परिवर्तन कर देते हैं।

उपसर्ग अक्षरों के समूह होते हुए भी स्वतंत्र नहीं होते हैं और न ही उनका स्वतंत्र रूप से प्रयोग ही होता है। जब तक किसी शब्द के साथ उपसर्ग की संगति नहीं बैठती, तब तक उपसर्ग अर्थवान नहीं होता है।

हिंदी में तीन प्रकार के उपसर्गों का प्रयोग होता है

1. **संस्कृत उपसर्ग** संस्कृत भाषा के तत्सम उपसर्ग
2. **हिंदी उपसर्ग** संस्कृत भाषा के परिवर्तित तद्भव उपसर्ग
3. **आगत या विदेशी उपसर्ग** मुख्यत: उर्दू (अरबी-फ़ारसी) एवं अंग्रेज़ी भाषा के उपसर्ग

1. संस्कृत उपसर्ग

वे उपसर्ग, जो संस्कृत भाषा से अपने मूलरूप में हिंदी में आए हैं, उन्हें संस्कृत (तत्सम) उपसर्ग कहते हैं; जैसे—

उपसर्ग	अर्थ	निर्मित शब्द
अति	अधिक, सीमा पार	अतिकाल, अत्याचार, अतिशय, अतिरिक्त, अतिक्रमण, अत्यंत, अत्यधिक
अधि	श्रेष्ठ, ऊँचा	अधिकरण, अधिवक्ता, अधिकार, अधिनायक, अधिराज, अध्यक्ष, अध्यादेश, अधिकांश
अनु	पीछे, गौण, बाद में	अनुकूल, अनुभूति, अनुमान, अनुक्रम, अनुशासन, अनुचर, अनुरूप, अनुभव, अनुसार, अनुरोध
अप	बुरा अभाव, हीनता, अनुचित	अपहरण, अपव्यय, अपयश, अपमान, अपवाद, अपशब्द, अपराध, अपकर्ष
अभि	अधिकता, समीपता, सामने	अभिजात, अभिमान, अभिशाप, अभिनेता, अभिप्राय, अभियोग, अभिवादन, अभिनय
अव	हीन, नीचे, बुरा	अवनति, अवगुण, अवमानना, अवतरण, अवरोध, अवशेष, अवरोध
आ	तक, पूर्ण, पूरा	आरोहण, आगमन, आघात, आशंका, आजीवन, आमरण, आदान, आजन्म, आचरण, आवास, आसक्त, आयोजक
उत्	श्रेष्ठ, उत्तम, ऊँचा	उत्साह, उत्थान, उत्कर्ष, उत्पन्न, उत्पल, उत्पत्ति
उद्	श्रेष्ठ, ऊपर, होना	उद्भव, उद्गम, उद्घाटन, उद्गार, उद्धत
उप	गौण, पास, छोटा	उपमान, उपयुक्त, उपमंत्री, उपदेश, उपनाम, उपवन, उपस्थित, उपभेद, उपसंहार, उपसचिव, उपनेता
दुर्	बुरा, कठिन	दुर्भाग्य, दुर्दशा, दुरात्मा, दुर्लभ, दुर्गम, दुर्जन

उपसर्ग	अर्थ	निर्मित शब्द
दुस्	बुरा, कठिन	दुष्कर्म, दुष्कार, दुष्टात्मा, दुस्साध्य
नि	अधिकता	नियम, निवास, नियोग, निवारण, निबंध
निर्	बिना, रहित	निर्दोष, निर्मल, निर्जीव, निर्धन, निर्दयी, निर्गुण, निर्भय, निर्वाण, निर्जन
निस्	रहित, बिना	निश्चिंत, नि:शंक, निस्संदेह, निश्चल
परा	अधिक, उल्टा	पराजय, पराक्रम, परामर्श, परास्त, पराभव
परि	चारों ओर	परिवर्तन, परिणाम, परिदर्शन, परिकल्पना, परिक्रमा, परिपूर्ण, परिजन
प्र	आगे, अधिक	प्रवास, प्रथम, प्रबल, प्रयोग, प्रचारक, प्रसन्न, प्रताप, प्रसिद्ध, प्रबंध, प्रदीप, प्रगति
प्रति	समान, विरुद्ध, प्रत्येक	प्रतिध्वनि, प्रतिक्षण, प्रतिलिपि, प्रतिवाद, प्रत्येक, प्रतिकार, प्रत्यक्ष, प्रत्याशा
वि	भिन्न, हीन, विशेष	विज्ञापित, वियोग, विहीन, विशिष्ट, विजय, विदर्भ, विधाता, विभाग, विज्ञान
सम्	समान, संयोग, अधिकता	संबंध, संभव, सम्मान, संपूर्ण, संतोष, संजय, संचय, संवाद, संसर्ग, संगम
सु	अच्छा, शुभ, सहज	सुकवि, सुगम, स्वागत, सुयोग्य, सुपथ, सुकर्म, सुपुत्र, सुपुत्री, सुवास

2. हिंदी उपसर्ग

वे उपसर्ग, जो मूलत: संस्कृत उपसर्गों से विकसित हुए हैं, हिंदी उपसर्ग कहलाते हैं। इनका प्रयोग हिंदी के तद्‌भव शब्दों के पूर्व किया जाता है; जैसे—

उपसर्ग	अर्थ	निर्मित शब्द
अ	निषेध, अभाव	अमर, अटूट, अकाल, अधरम, अथाह, अभागा, अज्ञात, अपढ़, अमर, अजान, अगाध, अटल, अछूत, अटूट
अन	निषेध, कमी	अनपढ़, अनजान, अनबन, अनदेखा, अनचाहा, अनमोल, अनसुना, अनकही
अध	आधा	अधखिला, अधमरा, अधजला, अधपचा, अधकचरा, अधखुला, अधकपारी
उन	एक कम	उनचास, उनसठ, उनहत्तर, उनासी
औ	निषेध, हीन	औगुन, औघट, औसर, औकात, औतार
ति	तीन	तिपहिया, तिमंज़िला, तिराहा
दु	दो, कम, बुरा	दुगुना, दुअन्नी, दुअर्थी, दुबला, दुधारी, दुकान
चौ	चार	चौसठ, चौराहा, चौपट, चौमासा, चौपाया, चौपाई, चौरासी, चौपाल, चौकन्ना
पर	दूसरा, दूसरी पीढ़ी	परदादा, परपोता, परपीड़ा, परनाना, परदादी

उपसर्ग	अर्थ	निर्मित शब्द
भर	भरा हुआ, पूरा	भरपूर, भरपेट, भरसक, भरपाई, भरमार
स	सहित	सरल, सचेत, सकुशल, सक्रिय, सफल, सपूत, सपरिवार
सु	अच्छा	सुघड़, सुकन्या, सुलभ, सुदेह, सुजान
नि	रहित, बिना, हीन	निडर, निकम्मा, निगोड़ा, निहत्था, निठल्ला
न	कमी, निषेध	नकार, नगण्य
कु	बुरा	कुचाल, कुचैला, कुचक्र, कुराह, कुदिन
बिन	बिना, निषेध	बिनब्याहा, बिनखाए, बिनपाए, बिनजाने

3. आगत या विदेशी उपसर्ग

आगत उपसर्ग विदेशी भाषाओं से आए हुए उपसर्ग हैं, जिन्हें हिंदी भाषा में स्वीकार कर लिया गया है। इनमें उर्दू और अंग्रेज़ी भाषा के उपसर्ग प्रमुख हैं।

अरबी-फ़ारसी या उर्दू के उपसर्ग

उपसर्ग	अर्थ	निर्मित शब्द
अल	निश्चित	अलबत्ता, अलसुबह
कम	थोड़ा, हीन	कमज़ोर, कमउम्र, कमअक्ल, कमसिन, कमबख्त
खुश	शुभ, अच्छा	खुशहाली, खुशनुमा, खुशखबरी, खुशबू, खुशगवार, खुशकिस्मत
गैर	उल्टा, दूसरा	गैरहाजिर, गैरकानूनी, गैरआदमी, गैरसरकारी, गैरमुमकिन
दर	निहित, में	दरअसल, दरकार, दरवाज़ा, दरगाह
ना	नहीं, अभाव	नाराज़, नालायक, नामुमकिन, नाचीज़, नापसंद, नामुराद, नाकाबिल
ला	बिना	लावारिस, लाज़वाब, लापरवाह, लाइलाज, लाचार
ब	के अनुसार, साथ	बदौलत, बनाम, बतौर, बदस्तूर
बा	के साथ	बाइज़्ज़त, बाक़ायदा, बाउसूल, बावजूद, बाअदब, बावफ़ा
बद	बुरा, हीन	बददिमाग, बदतर, बदकिस्मत, बदबू , बदतमीज़, बदगुमान, बदहजमी
बिना	बिना, बगैर	बिनावज़ह, बिनाकसूर
बे	बिना	बेनाम, बेईमान, बेकसूर, बेरहम, बेकाम, बेचारा
सर	मुख्य, प्रधान	सरकार, सरदार, सरताज, सरपंच
हम	बराबर, साथ	हमउम्र, हमदम, हमसफ़र, हमवतन, हमदर्द, हमशक्ल, हमराज़
हर	प्रति, प्रत्येक	हररोज़, हरदम, हरसाल, हरदिन, हरपल

अंग्रेज़ी के उपसर्ग

उपसर्ग	अर्थ	निर्मित शब्द
डिप्टी	उप	डिप्टी कलेक्टर, डिप्टी कमिश्नर, डिप्टी जेलर
सब	उप, अधीन	सब इंस्पेक्टर, सब कमेटी, सब मजिस्ट्रेट
वाइस	उप	वाइस प्रेसीडेंट, वाइस चांसलर, वाइस प्रिंसिपल, वाइस चेयरमैन
हाफ़	आधा	हाफ़ पैंट, हाफ़ शर्ट, हाफ़-डे
हेड	प्रमुख	हेडक्लर्क, हेडमास्टर, हेड ऑफ़िसर

दो उपसर्ग वाले शब्द

हिंदी में कुछ शब्द ऐसे भी हैं, जिनमें एक साथ दो उपसर्ग लगते हैं; जैसे–

उपसर्ग	+	उपसर्ग	+	मूल शब्द	=	निर्मित शब्द
अ	+	प्रति	+	अक्ष	=	अप्रत्यक्ष
अ	+	प्रति	+	घात	=	अप्रतिघात
अ	+	प्रति	+	आशा	=	अप्रत्याशा
अ	+	सु	+	रक्षा	=	असुरक्षा
अ	+	नि	+	यंत्रित	=	अनियंत्रित
निर्	+	अभि	+	मान	=	निरभिमान
निर्	+	अप	+	राध	=	निरपराध
वि	+	आ	+	करण	=	व्याकरण
प्रति	+	उप	+	कार	=	प्रत्युपकार
सम्	+	आ	+	लोचना	=	समालोचना
सु	+	वि	+	ख्यात	=	सुविख्यात
दुर्	+	वि	+	ख्यात	=	दुर्विख्यात
प्रति	+	आ	+	लोचन	=	प्रत्यालोचन
सम्	+	आ	+	चार	=	समाचार
सु	+	प्र	+	सिद्ध	=	सुप्रसिद्ध

3.2 प्रत्यय

'प्रत्यय' शब्द 'प्रति' एवं 'अय' शब्दों से मिलकर निर्मित हुआ है। 'प्रति' का अर्थ 'साथ में' (यहाँ बाद में) होता है, जबकि 'अय' का अर्थ 'चलने वाला' होता है। इस तरह, 'प्रत्यय' का अर्थ हुआ—शब्दों के साथ, लेकिन बाद में चलने वाला या लगने वाला।

अत: वे शब्दांश जो किसी शब्द के अंत में जुड़कर उसके अर्थ में परिवर्तन कर देते हैं, प्रत्यय कहलाते हैं।

प्रत्यय दो प्रकार के होते हैं

1. कृत प्रत्यय
2. तद्धित प्रत्यय

1. कृत प्रत्यय

जो प्रत्यय क्रिया या धातुओं के अंत में लगकर संज्ञा या विशेषण शब्द बनाते हैं, उन्हें **कृत प्रत्यय** कहते हैं। इनसे निर्मित शब्द **कृदंत** कहलाते हैं; जैसे—

क्रिया का मूल रूप/धातु	प्रत्यय	बने हुए नए शब्द
गा	ऐया	गवैया
लिख	आई	लिखाई
रट	अंत	रटंत
थक	आवट	थकावट

कृत प्रत्यय पाँच प्रकार के होते हैं

(i) कर्तृवाचक कृत प्रत्यय

जिन प्रत्ययों के मेल से बने शब्द काम करने वाले अर्थात् कर्ता का बोध कराते हैं, उन्हें कर्तृवाचक कृत प्रत्यय कहते हैं; जैसे—

मूल शब्द	कर्तृवाचक कृत प्रत्यय	नए शब्द
घूम, पी, भूल	अक्कड़	घुमक्कड़, पियक्कड़, भुलक्कड़
गा, पठ, धाव	अक	गायक, पाठक, धावक
झगड़	आलू	झगड़ालू
मर, अड़, सड़	इयल	मरियल, अड़ियल, सड़ियल
पढ़, लड़	आकू	पढ़ाकू, लड़ाकू

(ii) कर्मवाचक कृत प्रत्यय

जिन प्रत्ययों के मेल से बने शब्द कर्मवाचक शब्दों का बोध कराते हैं, उन्हें कर्मवाचक कृत प्रत्यय कहते हैं; जैसे—

मूल शब्द	कर्मवाचक कृत प्रत्यय	नए शब्द
खेल, बिछ	औना	बिछौना, खिलौना
पाल	ना	पालना
कतर, ओढ़	नी	कतरनी, ओढ़नी

(iii) करणवाचक कृत प्रत्यय

जिन प्रत्ययों के मेल से बने शब्द करणवाचक शब्दों अर्थात् क्रिया होने के साधन का बोध कराते हैं, उन्हें करणवाचक कृत प्रत्यय कहते हैं; जैसे—

मूल शब्द	करणवाचक कृत प्रत्यय	नए शब्द
झूल, ठेल	आ	झूला, ठेला
झाड़	ऊ	झाड़ू

(iv) भाववाचक कृत प्रत्यय

जिन प्रत्ययों के मेल से बने शब्द भाववाचक संज्ञा शब्दों का बोध कराते हैं, उन्हें भाववाचक कृत प्रत्यय कहते हैं; जैसे—

मूल शब्द	भाववाचक कृत प्रत्यय	नए शब्द
चल, नम, मिल	अन	चलन, नमन, मिलन
रट, भिड़	अंत	रटंत, भिडंत

मिल	आप	मिलाप
पढ़, लिख, सिल	आई	पढ़ाई, लिखाई, सिलाई
उठ, थक, ढल	आन	उठान, थकान, ढलान
झुक, बह, रिस	आव	झुकाव, बहाव, रिसाव
भूल, छल	आवा	भुलावा, छलावा
चुन, कर	औती	चुनौती, कटौती

(v) क्रियावाचक कृत प्रत्यय

जिन प्रत्ययों के मेल से बने शब्द क्रियासूचक विशेषण तथा विशेष अर्थ वाली क्रियाएँ बनती हैं, उन्हें क्रियावाचक कृत प्रत्यय कहते हैं; जैसे—

मूल शब्द	क्रियावाचक कृत प्रत्यय	नए शब्द
लिख, जा, पढ़, चल	ता	लिखता, जाता, पढ़ता, चलता
कह, सुन, हँस	आ	कहा, सुना, हँसा
रो, धो, खा	कर	रोकर, धोकर, खाकर
लिख, चल, पी, जा	ते	लिखते, चलते, पीते, जाते

2. तद्धित प्रत्यय

जो प्रत्यय संज्ञा, सर्वनाम और विशेषण के अंत या बाद में लगकर उनमें विशेषता लाते हैं अथवा नए अर्थ वाले शब्द बनाते हैं, वे **तद्धित प्रत्यय** कहलाते हैं। तद्धित प्रत्ययों से निर्मित शब्दों को **तद्धितांत** कहते हैं; जैसे—

चित्र	+	कार	=	चित्रकार
धर्म	+	इक	=	धार्मिक
पंजाब	+	ई	=	पंजाबी
डाका	+	ऐत	=	डकैत
मानव	+	ता	=	मानवता

तद्धित प्रत्यय कई प्रकार के होते हैं

(i) कर्तृवाचक तद्धित प्रत्यय

संज्ञा, सर्वनाम, विशेषण शब्दों में जुड़कर काम करने वाले का बोध कराने वाले प्रत्यय कर्तृवाचक तद्धित प्रत्यय कहलाते हैं; जैसे—

मूल शब्द	कर्तृवाचक तद्धित प्रत्यय	नए शब्द
सोना, लोहा	आर	सुनार, लुहार
पूजा, भीख, जुआ	आरी	पुजारी, भिखारी, जुआरी
मुख, रसोई	इया	मुखिया, रसोइया
साँप, लूट	एरा	सपेरा, लुटेरा
लकड़ी, पानी	हारा	लकड़हारा, पनिहारा
दुकान, छाया, हवा	दार	दुकानदार, छायादार, हवादार
फल, सब्जी, रद्दी	वाला	फलवाला, सब्जीवाला, रद्दीवाला
ग्रंथ, पत्र, कला, फ़िल्म	कार	ग्रंथकार, पत्रकार, कलाकार, फ़िल्मकार
तेल, शराब	ई	तेली, शराबी

(ii) भाववाचक तद्धित प्रत्यय

भाववाचक संज्ञाओं का बोध कराने वाले प्रत्यय भाववाचक तद्धित प्रत्यय कहलाते हैं; जैसे—

मूल शब्द	भाववाचक तद्धित प्रत्यय	नए शब्द
भला, बुरा, अच्छा	आई	भलाई, बुराई, अच्छाई
बूढ़ा, पूजा, मोटा	आपा	बुढ़ापा, पुजापा, मोटापा
कड़वा, गरम	आहट	कड़वाहट, गरमाहट
मीठा, खट्टा	आस	मिठास, खटास
अमीर, गरीब	ई	अमीरी, गरीबी
लाल, काला	इमा	लालिमा, कालिमा
मानव, पशु, मित्र	ता	मानवता, पशुता, मित्रता
गुरु, महा, स्त्री	त्व	गुरुत्व, महत्व, स्त्रीत्व
अपना, बच्चा, पराया	पन	अपनापन, बचपन, परायापन

(iii) संबंधवाचक तद्धित प्रत्यय

संबंधों का बोध कराने वाले प्रत्यय संबंधवाचक तद्धित प्रत्यय कहलाते हैं; जैसे—

मूल शब्द	संबंधवाचक तद्धित प्रत्यय	नए शब्द
मामा, चाचा	एरा	ममेरा, चचेरा
दादा, नाना	हाल	ददिहाल, ननिहाल

(iv) लघुतावाचक तद्धित प्रत्यय

लघुता का बोध कराने वाले प्रत्यय लघुतावाचक तद्धित प्रत्यय कहलाते हैं; जैसे—

मूल शब्द	लघुतावाचक तद्धित प्रत्यय	नए शब्द
चूहा, डिब्बा, लोटा	इया	चुहिया, डिबिया, लुटिया
थाल, टोकरा,	ई	थाली, टोकरी
छाता, कोठा	री	छतरी, कोठरी

(v) स्त्रीवाचक तद्धित प्रत्यय

जिन प्रत्ययों के प्रयोग से स्त्रीवाचक शब्दों की रचना होती है, उन्हें स्त्रीवाचक तद्धित प्रत्यय कहते हैं; जैसे—

मूल शब्द	स्त्रीवाचक तद्धित प्रत्यय	नए शब्द
आचार्य, सुत, शिष्य	आ	आचार्या, सुता, शिष्या
हिरन, दादा, चाचा, लड़का	ई	हिरनी, दादी, चाची, लड़की
नाग, साँप, माली	इन	नागिन, साँपिन, मालिन
शेर, मोर, जाट, जादूगर	नी	शेरनी, मोरनी, जाटनी, जादूगरनी
गायक, पाठक, नायक	इका	गायिका, पाठिका, नायिका
चूहा, बूढ़ा	इया	चुहिया, बुढ़िया

(vi) गुणवाचक तद्धित प्रत्यय

जिन प्रत्ययों के योग से गुणवाचक शब्दों का बोध होता है, उन्हें गुणवाचक तद्धित प्रत्यय कहते हैं; जैसे—

मूल शब्द	गुणवाचक तद्धित प्रत्यय	नए शब्द
कुल, रंग	ईन	कुलीन, रंगीन
प्यास, भूखा	आ	प्यासा, भूखा
धन, लोभ	ई	धनी, लोभी
बाज़ार, पेट	ऊ	बाज़ारू, पेटू
दिन, विज्ञान, भूगोल	इक	दैनिक, वैज्ञानिक, भौगोलिक
चमक, रंग, जहर	ईला	चमकीला, रंगीला, जहरीला
गुण, धन, बल	वान	गुणवान, धनवान, बलवान

(vii) बहुवचनवाचक तद्धित प्रत्यय

जिन प्रत्ययों के मेल से बहुवचनवाचक शब्दों का बोध होता है, उन्हें बहुवचनवाचक तद्धित प्रत्यय कहते हैं; जैसे—

मूल शब्द	बहुवचनवाचक तद्धित प्रत्यय	नए शब्द
पत्ता, बस्ता, रास्ता	ए	पत्ते, बस्ते, रास्ते
दवा, हवा, कन्या	एँ	दवाएँ, हवाएँ, कन्याएँ

उपसर्ग और प्रत्यय दोनों का साथ-साथ प्रयोग

कुछ शब्द ऐसे हैं, जिनमें उपसर्ग और प्रत्यय का एकसाथ प्रयोग होता है; जैसे—

उपसर्ग	शब्द	प्रत्यय	निर्मित शब्द
स्व	अधीन	ता	स्वाधीनता
निर्	दया	ई	निर्दयी
अंतः	राष्ट्र	ईय	अंतर्राष्ट्रीय
बे	रोज़	गारी	बेरोज़गारी
अ	शोभन	ईय	अशोभनीय
परि	पूर्ण	ता	परिपूर्णता
सु	लभ	ता	सुलभता
दुस्	साहस	ई	दुस्साहसी
अभि	मान	ई	अभिमानी
उप	कार	क	उपकारव

अभ्यास प्रश्न

बहुविकल्पीय व वर्णनात्मक प्रश्नों सहित

बहुविकल्पीय प्रश्न

1. वे शब्दांश, जो किसी सार्थक शब्द के पूर्व लगकर उसके अर्थ में परिवर्तन कर देते हैं, उन्हें क्या कहते हैं?

(क) उपसर्ग (ख) प्रत्यय
(ग) समास (घ) पद

2. हिंदी में उपसर्ग कितने प्रकार के होते हैं?

(क) दो (ख) तीन
(ग) चार (घ) पाँच

3. 'संसर्ग' शब्द में प्रयुक्त उपसर्ग है

(क) सन् (ख) स (ग) सम् (घ) अर

4. 'दुर्लभ' शब्द में प्रयुक्त उपसर्ग है

(क) दु (ख) दुल् (ग) दुर (घ) दुस्

5. 'अध्यादेश' शब्द में किस उपसर्ग का प्रयोग हुआ है? दक्षता आधारित प्रश्न

(क) अ (ख) अध
(ग) अधि (घ) अति

6. 'निर्वाह' शब्द में प्रयुक्त उपसर्ग है

(क) नि (ख) निर्

(ग) निर (घ) निस्

7. निम्नलिखित में से किस शब्द में 'अधि' उपसर्ग का प्रयोग नहीं हुआ है? दक्षता आधारित प्रश्न

(क) अधिवक्ता (ख) अधिनायक

(ग) अध्यक्ष (घ) अभिप्राय

8. निम्नलिखित में से 'दुर्' उपसर्ग से निर्मित शब्द कौन-सा है?

(क) दुरात्मा (ख) दुर्जन

(ग) दुर्भाग्य (घ) ये सभी

9. 'अतिक्रमण' शब्द में कौन-सा उपसर्ग है?

(क) अव (ख) अधि

(ग) अति (घ) अभि

10. निम्नलिखित में से किस शब्द में उपसर्ग का प्रयोग नहीं हुआ है?

(क) उपसचिव (ख) अपहरण

(ग) प्रतिध्वनि (घ) भौगोलिक

11. 'परा' उपसर्ग से निर्मित शब्द है दक्षता आधारित प्रश्न

(क) पर्यावरण (ख) परिक्रमा

(ग) पराभव (घ) परास्त

12. निम्नलिखित में से किस शब्द में 'सम्' उपसर्ग है?

(क) संतोष (ख) संवाद

(ग) संभव (घ) ये सभी

13. 'स्वागत' शब्द में कौन-सा उपसर्ग है?

(क) स (ख) सु

(ग) स्व (घ) सम्

14. 'दुस्' उपसर्ग से निर्मित शब्द है दक्षता आधारित प्रश्न

(क) दुष्कर्म

(ख) दुस्साध्य

(ग) 'क' और 'ख' दोनों

(घ) दुर्दशा

15. 'कुचक्र' में किस उपसर्ग का प्रयोग हुआ है?

(क) क (ख) कु

(ग) क्र (घ) चक्र

16. 'उत्कर्ष' शब्द में उपसर्ग है

(क) उत (ख) उत्

(ग) उतक (घ) इनमें से कोई नहीं

17. 'निष्कपट' शब्द में उपसर्ग है

(क) निष (ख) निष्

(ग) निस् (घ) निस

18. 'जय' शब्द में कौन-सा उपसर्ग लगाने से वह 'जय' का विलोमार्थक हो जाता है? दक्षता आधारित प्रश्न

(क) वि (ख) परि

(ग) परा (घ) अ

19. किस शब्द में उपसर्ग का प्रयोग हुआ है?

(क) उपकार (ख) लाभदायक

(ग) अपनापन (घ) समझदार

20. निम्नलिखित में से कौन-सा उपसर्ग रहित शब्द है?

(क) संयोग (ख) विदेश

(ग) अत्यधिक (घ) सुरेश

21. उपसर्ग के बारे में सही कथन है

I. उपसर्ग के प्रयोग से मूलशब्द के अर्थ में बदलाव या विशेषता आ जाती है।

II. उपसर्ग शब्द के पीछे या बाद में जुड़ते हैं।

III. उपसर्ग के मेल से नए शब्दों की रचना होती है।

IV. उपसर्गों का स्वतंत्र प्रयोग होता है। दक्षता आधारित प्रश्न

कूट

(क) केवल कथन I सही है।

(ख) कथन I और II सही हैं।

(ग) कथन I और III सही हैं।

(घ) कथन II, III और IV सही हैं।

22. प्रत्यय से आप क्या समझते हैं?

I. प्रत्यय शब्दों से पहले लगते हैं।

II. प्रत्यय के दो भेद होते हैं।

III. ता, त्व, पन प्रत्यय भाववाचक संज्ञा बनाते हैं।

IV. प्रत्यय जुड़ने से मूल शब्द के अर्थ में बदलाव आ जाता है। दक्षता आधारित प्रश्न

कूट

(क) केवल कथन I सही है।

(ख) कथन I और II सही हैं।

(ग) कथन I, II और III सही हैं।

(घ) कथन II, III और IV सही हैं।

23. सुमेलित कीजिए दक्षता आधारित प्रश्न

सूची I	सूची II
A. प्रतिशत	1. खुश
B. संयोग	2. प्रति
C. खुशबू	3. दुर्
D. दुर्जन	4. सम्

कूट

	A	B	C	D
(क)	3	1	2	4
(ख)	1	2	4	3
(ग)	2	4	1	3
(घ)	2	1	4	3

24. सुमेलित कीजिए दक्षता आधारित प्रश्न

	सूची I		सूची II
A.	वाइस प्रिंसिपल	1.	हिंदी
B.	अधपका	2.	उर्दू
C.	अधिवक्ता	3.	संस्कृत
D.	हमसफ़र	4.	अंग्रेज़ी

कूट	A	B	C	D
(क)	2	1	4	3
(ख)	4	1	3	2
(ग)	3	1	2	4
(घ)	4	2	1	3

25. सुमेलित कीजिए

	सूची I		सूची II
A.	पुष्पित	1.	इक
B.	हार्दिक	2.	इका
C.	भारतीय	3.	इत
D.	लेखिका	4.	ईय

कूट

	A	B	C	D		A	B	C	D
(क)	3	1	2	4	(ख)	1	3	4	2
(ग)	2	4	1	3	(घ)	3	1	4	2

अतिलघु उत्तरीय प्रश्न

1. **उपसर्ग किसे कहते हैं? सोदाहरण समझाइए।**
2. **निम्नलिखित शब्दों में प्रयुक्त उपसर्गों को अलग कीजिए**
   अध्यादेश, उत्पत्ति, उद्‌भव, संचय, अनादि, दुष्कर्म, सपूत, बेकसूर, लावारिस, निडर, दुर्बल, विधाता, असीम, कुसंग, अत्यधिक, समायोजन, अनधिकार, परिणाम
3. **निम्नलिखित शब्दों में से मूल शब्द और उपसर्ग अलग-अलग लिखिए**
   उत्कर्ष, निःशंक, तत्काल, प्रत्येक, उत्पत्ति, संभव, निर्दोष, अचल, बेहोश, लाइलाज, विधाता, निरक्षर, सद्‌भावना, बाइज़्ज़त, सुगम
4. **निम्नलिखित शब्दों में उपयुक्त उपसर्ग लगाकर नए शब्द बनाइए**
   वास, व्यवस्थित, कूल, गति, रोहण, रक्षित
5. **निम्नलिखित उपसर्गों का प्रयोग करके दो-दो शब्द बनाइए**
   ला, बिला, बे, बद, ना, खुश, हर, गैर,
   अन, अभि, उप, सम्, प्रति, परि, अप।
6. **प्रत्यय किसे कहते हैं? उदाहरण सहित समझाइए।**
7. **प्रत्यय के कितने भेद हैं? लिखिए।**
8. **निम्नलिखित शब्दों में से प्रत्यय अलग करके लिखिए**
   लालिमा, गरमाहट, मातृत्व, भौगोलिक, लुटेरा, लिखावट, पीना, मिलाप, चालक, लड़ाई, अपमानित, हवाई, दृश्यता, अग्रिम, पर्वतीय, लुभावना
9. **निम्नलिखित शब्दों में से मूल शब्द और प्रत्यय अलग-अलग करके लिखिए**
   स्थानीय, ऊँचाई, धार्मिक, अड़ियल, पंकज, गाना, रूपवान, गुजराती, पल्लवित, लिपिक, खिलाड़ी, घबराहट, गुणवान
10. **निम्नलिखित प्रत्ययों से दो-दो शब्द बनाइए**
    अक्कड़, ईय, आवा, त्व, इमा, आई, ता, इक, ई, इत, आनी, गर
11. **निम्नलिखित शब्दों में आगत (विदेशी) प्रत्यय जोड़कर नए शब्द बनाइए**
    दादा, घूस, राज़, रंग, नाटक, बल, उम्मीद, घड़ी, गोता, सिलसिला, नेता
12. **निम्नलिखित शब्दों में से मूल शब्द व उपसर्ग/प्रत्यय को अलग-अलग करके लिखिए**
    अभियोग, आमरण, पत्रकार
13. **तद्धित प्रत्यय किसे कहते हैं? उदाहरण सहित समझाइए।**
14. **निम्नलिखित शब्दों से मूल शब्द और प्रत्यय अलग-अलग करके लिखिए**
    कालिमा, मोटाई, बुलावा, माली, पठित, अड़ियल, भड़कीला, लकड़हारा
15. **निम्नलिखित शब्दों में प्रयुक्त मूल शब्द, उपसर्ग एवं प्रत्यय अलग-अलग कीजिए।**
    बखूबी, अनुकरणीय, बेचैनी, अशोभनीय, विफलता, अशिक्षित

व्याख्या सहित उत्तर

बहुविकल्पीय प्रश्न

1. (क) उपसर्ग
2. (ख) तीन
3. (ग) सम्
4. (ग) दुर्
5. (ग) अधि
6. (ख) निर्
7. (घ) अभिप्राय
8. (घ) ये सभी
9. (ग) अति
10. (घ) भौगोलिक
11. (ग) पराभव
12. (घ) ये सभी
13. (ख) सु
14. (ग) 'क' और 'ख' दोनों
15. (ख) कु
16. (ख) उत्
17. (ग) निस्
18. (ग) परा
19. (क) उपकार
20. (घ) सुरेश
21. (ग) कथन I और III सही हैं।
22. (घ)कथन II, III और IV सही हैं।
23. (ग) 2 4 1 3
24. (ख) 4 1 3 2
25. (घ) 3 1 4 2

अतिलघु उत्तरीय प्रश्न

1. उपसर्ग वे शब्दांश होते हैं, जो किसी सार्थक शब्द के पहले लगकर उसके अर्थ को परिवर्तित कर उसे विशेष अर्थ प्रदान करते हैं; जैसे— 'अभिमान' तथा 'उपयोग' में क्रमशः 'अभि' एवं 'उप' शब्दांश उपसर्ग हैं।

2.

शब्द		उपसर्ग	शब्द		उपसर्ग
अध्यादेश	=	अधि	उत्पत्ति	=	उत्
उद्भव	=	उद्	संचय	=	सम्
अनादि	=	अन्	दुष्कर्म	=	दुस्
सपूत	=	स	बेकसूर	=	बे
लावारिस	=	ला	निडर	=	नि
दुर्बल	=	दुर्	विधाता	=	वि
असीम	=	अ	कुसंग	=	कु
अत्यधिक	=	अति	समायोजन	=	सम्
अनधिकार	=	अन्	परिणाम	=	परि

3.

शब्द		उपसर्ग		मूल शब्द
उत्कर्ष	=	उत्	+	कर्ष
निःशंक	=	निस्	+	शंक
तत्काल	=	तत्	+	काल
प्रत्येक	=	प्रति	+	एक
उत्पत्ति	=	उत्	+	पत्ति
संभव	=	सम्	+	भव
निर्दोष	=	निर्	+	दोष
अचल	=	अ	+	चल
बेहोश	=	बे	+	होश
लाइलाज	=	ला	+	इलाज
विधाता	=	वि	+	धाता
निरक्षर	=	निर्	+	अक्षर
सद्भावना	=	सत्	+	भावना
बाइज़्ज़त	=	बा	+	इज़्ज़त
सुगम	=	सु	+	गम

4.

वास	- निवास, सुवास
व्यवस्थित	- अव्यवस्थित, सुव्यवस्थित
कूल	- अनुकूल, प्रतिकूल
गति	- सद्गति, दुर्गति
रोहण	- आरोहण, अवरोहण
रक्षित	- आरक्षित, सुरक्षित

5.

उपसर्ग		शब्द
ला	-	लाइलाज, लापरवाह
बिना	-	बिनावज़ह, बिनाशक
बे	-	बेइज़्ज़त, बेईमान
बद	-	बदतमीज़, बदनाम
ना	-	नाखुश, नाराज़
खुश	-	खुशकिस्मत, खुशमिजाज़
हर	-	हरदम, हरपल
गैर	-	गैरकानूनी, गैरवाज़िब
अन	-	अनमोल, अनजान
अभि	-	अभिमान, अभिधान
उप	-	उपस्थित, उपहार
सम्	-	संहार, संसार
प्रति	-	प्रतिपल, प्रत्युत्पन्न
परि	-	परिचालक, परिवार
अप	-	अपकार, अपमान

6. वे अविकारी शब्दांश, जो किसी सार्थक शब्द के अंत में जुड़कर उसके अर्थ में परिवर्तन कर देते हैं, 'प्रत्यय' कहलाते हैं।
उदाहरण
मौसेरा (मौसा + एरा), भलाई (भला + आई)

7. प्रत्यय के दो भेद हैं
(क) कृत प्रत्यय (ख) तद्धित प्रत्यय

8.

शब्द		प्रत्यय	शब्द		प्रत्यय
लालिमा	=	इमा	चालक	=	क
गरमाहट	=	आहट	लड़ाई	=	आई
मातृत्व	=	त्व	अपमानित	=	इत
भौगोलिक	=	इक	हवाई	=	ई
लुटेरा	=	एरा	दृश्यता	=	ता
लिखावट	=	आवट	अग्रिम	=	इम
पीना	=	ना	पर्वतीय	=	ईय
मिलाप	=	आप	लुभावना	=	आवना

9.

शब्द		मूल शब्द	प्रत्यय
स्थानीय	=	स्थान	+ ईय
ऊँचाई	=	ऊँचा	+ आई
धार्मिक	=	धर्म	+ इक
अड़ियल	=	अड़	+ इयल
पंकज	=	पंक	+ ज
गाना	=	गा	+ ना
रूपवान	=	रूप	+ वान
गुजराती	=	गुजरात	+ ई
पल्लवित	=	पल्लव	+ इत
लिपिक	=	लिपि	+ इक
खिलाड़ी	=	खेल	+ आड़ी
घबराहट	=	घबरा	+ आहट
गुणवान	=	गुण	+ वान

10.

प्रत्यय		निर्मित शब्द
अक्कड़	=	भुलक्कड़, पियक्कड़
ईय	=	स्थानीय, राष्ट्रीय
आवा	=	भुलावा, बुलावा
त्व	=	पितृत्व, सतीत्व
इमा	=	लालिमा, कालिमा
आई	=	लिखाई, पढ़ाई
ता	=	कर्मठता, सहनशीलता
इक	=	साहसिक, शारीरिक
ई	=	पहाड़ी, पक्षी
इत	=	प्रोत्साहित, द्रवित
आनी	=	देवरानी, कहानी
गर	=	सौदागर, जादूगर

11.

शब्द		आगत प्रत्यय		निर्मित शब्द
दादा	+	गीरी	=	दादागीरी
घूस	+	खोर	=	घूसखोर
राज़	+	दार	=	राज़दार
रंग	+	साज़	=	रंगसाज़
नाटक	+	बाज़	=	नाटकबाज़
बल	+	वान	=	बलवान
उम्मीद	+	वार	=	उम्मीदवार
घड़ी	+	साज़	=	घड़ीसाज
गोता	+	खोर	=	गोताखोर
सिलसिला	+	वार	=	सिलसिलेवार
नेता	+	गीरी	=	नेतागीरी

12. **अभियोग** 'अभियोग' शब्द में मूल शब्द 'योग' है, जिसमें 'अभि' उपसर्ग प्रयुक्त हुआ है।

आमरण 'आमरण' शब्द में मूल शब्द 'मरण' है, जिसमें 'आ' उपसर्ग प्रयुक्त हुआ है।

पत्रकार 'पत्रकार' शब्द में मूल शब्द 'पत्र' है, जिसमें 'कार' प्रत्यय जोड़ा गया है।

13. जो प्रत्यय संज्ञा, सर्वनाम और विशेषण के अंत या बाद में लगकर विशेषता लाते हैं अथवा उनके अर्थ में बदलाव कर देते हैं; वे तद्धित प्रत्यय कहलाते हैं; जैसे—सोना + आर = सुनार; चित्र + कार = चित्रकार आदि।

14.

शब्द		मूल शब्द	प्रत्यय
कालिमा	=	काला	इमा
मोटाई	=	मोटा	आई
बुलावा	=	बुला	आवा
माली	=	माला	ई
पठित	=	पठ्	इत
अड़ियल	=	अड़	इयल
भड़कीला	=	भड़क	ईला
लकड़हारा	=	लकड़ी	हारा

15.

शब्द		उपसर्ग	मूल शब्द	प्रत्यय
बखूबी	=	ब	खूब	ई
अनुकरणीय	=	अनु	करण	ईय
बेचैनी	=	बे	चैन	ई
अशोभनीय	=	अ	शोभा	अनीय
विफलता	=	वि	फल	ता
अशिक्षित	=	अ	शिक्षा	इत

स्व-मूल्यांकन

बहुविकल्पीय प्रश्न

1. वे शब्दांश, जो किसी सार्थक शब्द के बाद में लगकर उसके अर्थ में परिवर्तन कर देते हैं, उन्हें क्या कहते हैं?
(क) उपसर्ग (ख) प्रत्यय (ग) समास (घ) पद

2. हिंदी भाषा में कितने प्रकार के उपसर्ग प्रयोग किए जाते हैं?
(क) दो (ख) तीन (ग) चार (घ) पाँच

3. 'संसाधन' शब्द में प्रयुक्त उपसर्ग है
(क) सन् (ख) स (ग) सम् (घ) अर

4. 'दुराचार' शब्द में प्रयुक्त उपसर्ग है
(क) दु (ख) दुल्
(ग) दुर् (घ) दुस्

5. 'अत्याचार' शब्द में किस उपसर्ग का प्रयोग हुआ है?
(क) अ (ख) अध (ग) अधि (घ) अति

6. 'निर्लज्ज' शब्द में प्रयुक्त उपसर्ग है
(क) नि (ख) निर् (ग) निर (घ) निस्

7. निम्नलिखित में से किस शब्द में 'अभि' उपसर्ग का प्रयोग नहीं हुआ है?
(क) अधिवक्ता (ख) अभिनय
(ग) अभ्यागत (घ) अभिप्राय

8. निम्नलिखित में से 'दुस्' उपसर्ग से निर्मित शब्द कौन-सा है?
(क) दुस्साहस (ख) दुष्कर (ग) दुष्कर्म (घ) ये सभी

9. 'अत्यंत' शब्द में कौन-सा उपसर्ग है?
(क) अव (ख) अधि (ग) अति (घ) अभि

10. निम्नलिखित में से किस शब्द में उपसर्ग का प्रयोग नहीं हुआ है?
(क) प्रत्याशा (ख) आयात (ग) अनुभव (घ) अवश्य

11. धातु के अंत में जोड़े जाने वाले प्रत्यय के मेल से बनने वाले शब्दों को कहते हैं
I. तद्धितांत शब्द II. कृदंत शब्द
III. भाववाचक शब्द IV. अविकारी शब्द

कूट
(क) केवल कथन I सही है। (ख) केवल कथन II सही है।
(ग) कथन I और II सही हैं। (घ) कथन III और IV सही हैं।

12. सूची I में दिए गए शब्दों को सूची II से सुमेलित कीजिए

सूची I		**सूची** II	
A.	अति	1.	आशा
B.	अनु	2.	अंत
C.	प्रति	3.	भावना
D.	सत्	4.	गमन

कूट

	A	B	C	D
(क)	3	1	4	2
(ख)	2	1	4	3
(ग)	2	4	1	3
(घ)	4	2	3	1

अतिलघु उत्तरीय प्रश्न

1. निम्नलिखित शब्दों में से मूल शब्द एवं उपसर्ग को अलग करके लिखिए
निर्दोष, बेवफ़ा, प्रत्येक

2. निम्नलिखित शब्दों में प्रयुक्त उपसर्ग को अलग कीजिए
दुर्बल, संबंध, दुस्साहस

3. निम्नलिखित शब्दों में से मूल शब्द एवं प्रत्यय को अलग करके लिखिए
दैनिक, अक्लमंद, भारतीय

4. निम्नलिखित शब्दों में प्रयुक्त प्रत्यय को अलग कीजिए
शक्ति, भिड़ंत, समझौता

5. निम्नलिखित शब्दों में प्रयुक्त मूल शब्द, उपसर्ग एवं प्रत्यय को अलग-अलग करके लिखिए
निर्दयी, बेरोज़गारी, स्वाधीनता

6. निम्नलिखित शब्दों में उपयुक्त प्रत्यय जोड़कर नए शब्द बनाइए
बड़बड़, उड़, झगड़ा, भूल, गरम, ग्रंथ, राजनीति, उपचार, रंग, लोक, अंतर

7. निम्नलिखित उपसर्गों को जोड़कर नए शब्द बनाइए
सत्, निर्, ला, पुनर्, अव, अभि

8. निम्नलिखित प्रत्ययों को जोड़कर नए शब्द बनाइए
आवना, हारा, अक, इयल, आवना, आन, आहट

9. हिंदी में उपसर्ग कितने प्रकार के होते हैं? उनके नाम लिखिए।

10. उपसर्ग तथा प्रत्यय का अंतर स्पष्ट कीजिए।

अध्याय

4

संधि

4.1 संधि

संधि का शाब्दिक अर्थ **मेल** होता है। दो समीपवर्ती वर्णों या ध्वनियों के संयोग से होने वाले परिवर्तन या विकार को संधि कहते हैं।

संधि करते समय कभी एक वर्ण में, तो कभी दोनों वर्णों में परिवर्तन होता है। संधि में पहले शब्द के अंतिम वर्ण तथा दूसरे शब्द के प्रथम वर्ण के मेल से विकार उत्पन्न होता है; जैसे—

सुर + इंद्र = सुरेंद्र (अ + इ = ए)

शिव + आलय = शिवालय (अ + आ = आ)

संधि विच्छेद

संधि के नियमों द्वारा बने हुए या शब्दों को पुन: मूल अर्थात् प्रारंभिक अवस्था में लाने को **संधि-विच्छेद** कहते हैं; जैसे—

परिच्छेद = परि+ छेद

नयन = ने + अयन

जगन्नाथ = जगत् + नाथ

> **स्मरणीय बिंदु**
>
> संधि वहीं होती है, जहाँ ध्वनियों (वर्णों) के मेल के फलस्वरूप उनमें परिवर्तन हो। ध्वनियों के पास-पास होने पर भी यदि उनमें परिवर्तन न हो, तो उसे संधि नहीं, बल्कि संयोग कहते हैं; जैसे–कालातीत (काल + अतीत) में संधि है, कालयोग (काल + योग) में नहीं।

संधि के प्रकार

संधि तीन प्रकार की होती है

1. स्वर संधि 2. व्यंजन संधि

नोट पाठ्क्रम के अनुसार यहाँ केवल स्वर संधि का वर्णन किया गया है।

स्वर संधि

स्वर के साथ स्वर का मेल होने पर जो परिवर्तन होता है, उसे स्वर संधि कहते हैं; जैसे–

देव + आलय = देवालय

वीर + उचित = वीरोचित

स्वर संधि के निम्नलिखित पाँच भेद हैं

1. दीर्घ संधि 2. गुण संधि 3. वृद्धि संधि
4. यण् संधि 5. अयादि संधि

1. **दीर्घ संधि** यदि ह्रस्व ('अ', 'इ', 'उ') या दीर्घ (आ, ई, ऊ) स्वर एक-दूसरे के पश्चात् आ जाएँ तो वे मिलकर दीर्घ **आ, ई, ऊ** हो जाते हैं। इस परिवर्तन को दीर्घ संधि कहते हैं; जैसे–

संधि			**उदाहरण**		
अ + अ = आ	पुष्प	+	अवली	=	पुष्पावली
	देव	+	अर्चन	=	देवार्चन
अ + आ = आ	हिम	+	आलय	=	हिमालय
	सत्य	+	आग्रह	=	सत्याग्रह
आ + अ = आ	माया	+	अधीन	=	मायाधीन
	सीमा	+	अंत	=	सीमांत
आ + आ = आ	विद्या	+	आलय	=	विद्यालय
	महा	+	आनंद	=	महानंद
इ + इ = ई	कवि	+	इच्छा	=	कवीच्छा
	मुनि	+	इंद्र	=	मुनींद्र
इ + ई = ई	हरि	+	ईश	=	हरीश
	परि	+	ईक्षा	=	परीक्षा
ई + इ = ई	मही	+	इन्द्र	=	महीन्द्र
	लक्ष्मी	+	इच्छा	=	लक्ष्मीच्छा
ई + ई = ई	नदी	+	ईश	=	नदीश
	योगी	+	ईश्वर	=	योगीश्वर
उ + उ = ऊ	सु	+	उक्ति	=	सूक्ति
	विधु	+	उदय	=	विधूदय
उ + ऊ = ऊ	सिन्धु	+	ऊर्मि	=	सिन्धूर्मि
	धातु	+	ऊष्मा	=	धातूष्मा
ऊ + उ = ऊ	भू	+	उद्धार	=	भूद्धार
ऊ + ऊ = ऊ	भू	+	ऊर्ध्व	=	भूर्ध्व

2. **गुण संधि** जब अ अथवा आ के आगे 'इ' या 'ई', 'उ' या 'ऊ' तथा 'ऋ' स्वर आता है, तो उनका क्रमशः **ए, ओ** और **अर्** हो जाता है, इस परिवर्तन को गुण संधि कहते हैं; जैसे—

संधि	उदाहरण
अ + इ = ए	उप + इंद्र = उपेंद्र
	पुष्प + इंद्र = पुष्पेंद्र
अ + ई = ए	गण + ईश = गणेश
	सोम + ईश = सोमेश
आ +इ = ए	महा + इंद्र = महेंद्र
	राजा + इंद्र = राजेंद्र
आ + ई = ए	रमा + ईश = रमेश
	महा + ईश = महेश
अ + उ = ओ	चन्द्र + उदय = चन्द्रोदय
	वीर + उचित = वीरोचित
अ + ऊ = ओ	समुद्र+ ऊर्मि = समुद्रोर्मि
	सूर्य + ऊर्जा = सूर्योर्जा
आ + उ = ओ	महा + उत्सव = महोत्सव
	गंगा + उदक = गंगोदक
आ +ऊ = ओ	गंगा + ऊर्मि = गंगोर्मि
	महा + ऊर्मि = महोर्मि
अ + ऋ = अर्	देव + ऋषि = देवर्षि
आ + ऋ = अर्	महा + ऋषि = महर्षि

3. **वृद्धि संधि** जब अ या आ के आगे 'ए' या 'ऐ' आता है तो दोनों का **ऐ** हो जाता है। इसी प्रकार 'अ' या 'आ' के आगे 'ओ' या 'औ' आता है तो दोनों का **औ** हो जाता है, इसे वृद्धि संधि कहते हैं; जैसे—

संधि	उदाहरण
अ + ए = ऐ	पुत्र + एषणा = पुत्रैषणा
	लोक+ एषणा = लोकैषणा
अ + ऐ = ऐ	मत + ऐक्य = मतैक्य
	धन + ऐश्वर्य = धनैश्वर्य
आ + ए = ऐ	सदा + एव = सदैव
	तथा + एव = तथैव
आ + ऐ = ऐ	महा + ऐश्वर्य = महैश्वर्य
	रमा + ऐश्वर्य = रमैश्वर्य
अ + ओ = औ	वन + ओषध = वनौषध
	दंत + ओष्ठ = दंतौष्ठ
अ + औ = औ	परम + औषध = परमौषध
	परम + औदार्य = परमौदार्य
आ + ओ = औ	महा + ओषधि = महौषधि
	महा + ओज = महौज
आ + औ = औ	महा + औदार्य = महौदार्य
	महा + औषध = महौषध

4. **यण् संधि** जब इ-ई, उ-ऊ तथा ऋ के आगे कोई भिन्न स्वर आता है तो ये क्रमशः य्, व् तथा र् में परिवर्तित हो जाते हैं, इस परिवर्तन को यण् संधि कहते हैं; जैसे—

संधि	उदाहरण
इ + अ = य	अति + अल्प = अत्यल्प
	अति + अधिक = अत्यधिक
इ + आ = या	इति + आदि = इत्यादि
	अति + आचार = अत्याचार
इ + उ = यु	अभि + उदय = अभ्युदय
	प्रति + उत्तर = प्रत्युत्तर
इ +ऊ = यू	नि + ऊन = न्यून
	प्रति + ऊष = प्रत्यूष
इ + ए = ये	अधि + एषणा = अध्येषणा
	प्रति + एक = प्रत्येक
ई + आ = या	देवी + आलय = देव्यालय
	सखी + आगमन = सख्यागमन
ई + ऐ = यै	देवी + ऐश्वर्य = देव्यैश्वर्य
	नदी + ऐश्वर्य = नद्यैश्वर्य
उ + अ = व	अनु + अय = अन्वय
	मनु + अन्तर = मन्वन्तर
उ +आ = वा	सु + आगत = स्वागत
	अनु + आदेश = अन्वादेश
उ + इ = वि	अनु + इत = अन्वित
	धातु + इक = धात्विक
उ + ए = वे	अनु + एषण = अन्वेषण
	प्रभु + एषणा = प्रभ्वेषणा
उ + ओ = वो	मधु + ओदन = मध्वोदन
	लघु + ओष्ठ = लघ्वोष्ठ
उ + औ = वौ	मधु + औषध = मध्वौषध
	गुरु + औदार्य = गुर्वौदार्य
ऊ + आ = वा	भू + आदि = भ्वादि
	वधू + आगमन = वध्वागमन
ऋ + अ = र	पितृ + अनुमति = पित्रनुमति
	पितृ + अनुदेश = पित्रनुदेश
ऋ + आ = रा	पितृ + आज्ञा = पित्राज्ञा
	मातृ + आज्ञा = मात्राज्ञा
ऋ + इ = रि	मातृ + इच्छा = मात्रिच्छा
	पितृ + इच्छा = पित्रिच्छा

5. **अयादि संधि** जब 'ए', 'ऐ', 'ओ' और 'औ' के बाद कोई भिन्न स्वर आता है, तो 'ए' का **अय**, 'ऐ' का **आय्** , 'ओ' का **अव्** और 'औ' का **आव्** हो जाता है; इस परिवर्तन को अयादि संधि कहते हैं; जैसे—

संधि	उदाहरण
ए + अ = अय	ने + अयन = नयन
	चे + अयन = चयन
ऐ + अ = आय	नै + अक = नायक
	विधै + अक = विधायक

ऐ + इ = आयि	नै	+ इका	= नायिका
	गै	+ इका	= गायिका
ओ + अ = अव	पो	+ अन	= पवन
	श्रो	+ अन	= श्रवण
ओ + इ = अवि	पो	+ इत्र	= पवित्र
	गो	+ इनि	= गविनी
ओ + ई = अवी	गो	+ ईश	= गवीश
	रो	+ ईश	= रवीश
औ + अ = आव	पौ	+ अक	= पावक
	धौ	+ अक	= धावक
औ + इ = आवि	भौ	+ इनि	= भाविनी
	नौ	+ इक	= नाविक
औ + उ = आवु	भौ	+ उक	= भावुक

कुछ महत्त्वपूर्ण संधि–विच्छेद

दीर्घ संधि

शब्द	संधि-विच्छेद	शब्द	संधि-विच्छेद
राष्ट्राध्यक्ष	राष्ट्र + अध्यक्ष	नवांकुर	नव + अंकुर
नयनाभिराम	नयन + अभिराम	सहानुभूति	सह + अनुभूति
युगान्तर	युग + अन्तर	दीक्षान्त	दीक्षा + अन्त
शरणार्थी	शरण + अर्थी	वार्तालाप	वार्ता + आलाप
सत्यार्थी	सत्य + अर्थी	पुस्तकालय	पुस्तक + आलय
दिवसावसान	दिवस + अवसान	विकलांग	विकल + अंग
प्रसंगानुकूल	प्रसंग +अनुकूल	आनन्दातिरेक	आनन्द + अतिरेक
विद्यानुराग	विद्या + अनुराग	कामायनी	काम + अयनी
परमावश्यक	परम + आवश्यक	दीपावली	दीप +अवली
उदयाचल	उदय + अचल	दावानल	दाव + अनल
ग्रामांचल	ग्रामा + अंचल	महात्मा	महा + आत्मा
ध्वंसावशेष	ध्वंस + अवशेष	हिमालय	हिम + आलय
हस्तान्तरण	हस्त + अन्तरण	देशान्तर	देश + अन्तर
परमानन्द	परम + आनन्द	सावधान	स + अवधान
रत्नाकर	रत्न + आकर	तीर्थाटन	तीर्थ + अटन
देवालय	देव + आलय	विचाराधीन	विचार + अधीन
धर्मात्मा	धर्म + आत्मा	मुरारि	मुर + अरि
आग्नेयास्त्र	आग्नेय + अस्त्र	कुशासन	कुश + आसन
मर्मान्तक	मर्म + अन्तक	उत्तमांग	उत्तम + अंग
रामायण	राम + अयन	सावयव	स + अवयव
सुखानुभूति	सुख + अनुभूति	भग्नावशेष	भग्न + अवशेष
आज्ञानुपालन	आज्ञा +अनुपालन	धर्माधिकारी	धर्म + अधिकारी
देहान्त	देह + अन्त	जनार्दन	जन + अर्दन
गीतांजलि	गीत + अंजलि	अधिकांश	अधिक + अंश
मात्राज्ञा	मातृ + आज्ञा	गौरीश	गौरी + ईश
भयाकुल	भय + आकुल	लक्ष्मीश	लक्ष्मी + ईश
त्रिपुरारि	त्रिपुर + अरि	पृथ्वीश्वर	पृथ्वी + ईश्वर

शब्द	संधि-विच्छेद	शब्द	संधि-विच्छेद
आयुधागार	आयुध + आगार	अनूदित	अनु + उदित
स्वर्गारोहण	स्वर्ग + आरोहण	मंजूषा	मंजु + उषा
प्राणायाम	प्राण + आयाम	गुरूपदेश	गुरु + उपदेश
कारागार	कारा + आगार	साधूपदेश	साधु + उपदेश
शाकाहारी	शाक + आहारी	बहूद्देशीय	बहु + उद्देशीय
फलाहार	फल + आहार	वधूपालम्भ	वधु + उपालम्भ
गदाघात	गदा + आघात	भानूदय	भानु + उदय
स्थानापन्न	स्थान + आपन्न	मधूत्सव	मधु + उत्सव
कंटकाकीर्ण	कंटक + आकीर्ण	बहूर्जा	बहु + ऊर्जा
स्नेहाकांक्षी	स्नेह + आकांक्षी	सिन्धूर्मि	सिन्धु + ऊर्मि
महामात्य	महा + अमात्य	चमूत्तम	चमू + उत्तम
चिकित्सालय	चिकित्सा+ आलय	लघूत्तर	लघु + उत्तर
रचनात्मक	रचना + आत्मक	वधूल्लास	वधू + उल्लास
क्षितींद्र	क्षिति + इंद्र	भ्रूर्ध्व	भ्रू + ऊर्ध्व
अधीश्वर	अधि + ईश्वर	पितृण	पितृ + ऋण
प्रतीक्षा	प्रति + ईक्षा	मातृण	मातृ + ऋण
परीक्षा	परि + ईक्षा	महींद्र	मही + इंद्र
गिरींद्र	गिरि + इंद्र	श्रीश	श्री + ईश
मुनींद्र	मुनि + इंद्र	सतीश	सती + ईश
अधीक्षक	अधि + ईक्षक	फणीन्द्र	फणी + इंद्र
हरीश	हरि + ईश	रजनीश	रजनी + ईश
अधीन	अधि + इन	नारीश्वर	नारी + ईश्वर
गिरीश	गिरि + ईश	देवीच्छा	देवी + इच्छा
वारीश	वारि + ईश	लक्ष्मीच्छा	लक्ष्मी + इच्छा
गणेश	गण + ईश	परमेश्वर	परम + ईश्वर
सुधींद्र	सुधी + इंद्र	परोपकार	पर + उपकार
अभीष्ट	अभि + इष्ट	सूक्ति	सु + उक्ति

शब्द	संधि-विच्छेद	शब्द	संधि-विच्छेद
गुण संधि			
योगेंद्र	योग + इंद्र	शुभेच्छा	शुभ + इच्छा
मानवेंद्र	मानव + इंद्र	गजेंद्र	गज + इंद्र
मृगेंद्र	मृग + इंद्र	जितेंद्रिय	जित + इंद्रिय
पूर्णेंद्र	पूर्ण + इंद्र	सुरेंद्र	सुर + इंद्र
यथेष्ट	यथा + इष्ट	विवाहेतर	विवाह + इतर
हितेच्छा	हित + इच्छा	साहित्येतर	साहित्य + इतर
शब्देतर	शब्द + इतर	भारतेंद्र	भारत + इंद्र
उपदेष्टा	उप + दिष्टा	स्वेच्छा	स्व + इच्छा
अन्त्येष्टि	अन्त्य + इष्टि	बालेंदु	बाल + इंदु
राजर्षि	राज + ऋषि	नीलोत्पल	नील + उत्पल
देशोपकार	देश + उपकार	सूर्योदय	सूर्य + उदय
रोगोपचार	रोग + उपचार	ज्ञानोदय	ज्ञान + उदय
पुरुषोचित	पुरुष + उचित	दुग्धोपजीवी	दुग्ध + उपजीवी
अन्त्योदय	अन्त्य + उदय	वेदोक्त	वेद + उक्त
महोदय	महा + उदय	विद्योन्नति	विद्या + उन्नति
महोपदेशक	महा + उपदेशक	महोपकार	महा + उपकार
दलितोत्थान	दलित + उत्थान	सर्वोपरि	सर्व + उपरि
सोद्देश्य	स + उद्देश्य	जनोपयोगी	जन + उपयोगी
सोल्लास	स + उल्लास	भावोद्रेक	भाव + उद्रेक
धीरोद्धत	धीर + उद्धत	सर्वोत्तम	सर्व + उत्तम
मानवोचित	मानव + उचित	कथोपकथन	कथ + उपकथन
नवोन्मेष	नव + उन्मेष	नवोदय	नव + उदय
महोर्मि	महा + ऊर्मि	महोर्जा	महा + ऊर्जा
सूर्योष्मा	सूर्य + उष्मा	महोत्सव	महा + उत्सव
नवोढ़ा	नव + ऊढ़ा	क्षुधोत्तेजन	क्षुधा + उत्तेजन
देवर्षि	देव + ऋषि	महर्षि	महा + ऋषि
वृद्धि संधि			
प्रियैषी	प्रिय + एषी	पुत्रैषणा	पुत्र + एषणा
लोकैषणा	लोक + एषणा	देवौदार्य	देव + औदार्य

शब्द	संधि-विच्छेद	शब्द	संधि-विच्छेद
परमौषध	परम + औषध	हितैषी	हित + एषी
जलौध	जल + ओध	वनौषधि	वन + ओषधि
धनैषी	धन + एषी	महौदार्य	महा + औदार्य
विश्वैक्य	विश्व + एक्य	स्वैच्छिक	स्व + ऐच्छिक
महैश्वर्य	महा + ऐश्वर्य	अधरोष्ठ	अधर + ओष्ठ
शुद्धोधन	शुद्ध + ओधन	स्वागत	सु + आगत
यण् संधि			
व्याकरण	वि + आकरण	प्रत्युत्तर	प्रति + उत्तर
उपर्युक्त	उपरि + उक्त	उभ्युत्थान	अभि + उत्थान
अध्यात्म	अधि + आत्म	अत्युक्ति	अति + उक्ति
अत्युत्तम	अति + उत्तम	सख्यागमन	सखी + आगमन
स्वच्छ	सु + अच्छ	तन्वंगी	तनु + अंगी
समन्वय	सम् + अनु + अय	अन्वेषण	अनु + एषण
अभ्यास	अभि + आस	पर्यवसान	परि + अवसान
रीत्यनुसार	रीति + अनुसार	अभ्यर्थना	अभि + अर्थना
प्रत्यभिज्ञ	प्रति + अभिज्ञ	प्रत्युपकार	प्रति + उपकार
त्र्यम्बक	त्रि + अम्बक	अत्यल्प	अति + अल्प
जात्यभिमान	जाति + अभिमान	गत्यानुसार	गति + अनुसार
देव्यागमन	देवी + आगमन	गुर्वौदार्य	गुरु + औदार्य
लघ्वोष्ठ	लघु + औष्ठ	मात्रुपदेश	मातृ + उपदेश
पर्यावरण	परि + आवरण	ध्वन्यात्मक	ध्वनि + आत्मक
अभ्यागत	अभि + आगत	अत्याचार	अति + आचार
व्याख्यान	वि + आख्यान	मन्वंतर	मनु + अंतर
अयादि संधि			
नायक	नै + अक	गायक	गै + अक
गायन	गै + अन	विधायक	विधै + अक
पवन	पो + अन	हवन	हो + अन
शावक	शौ + अक	श्रावण	श्रौ + अन
नाविक	नौ + इक	भावुक	भौ + उक

अभ्यास प्रश्न

बहुविकल्पीय व वर्णनात्मक प्रश्नों सहित

बहुविकल्पीय प्रश्न

1. दो वर्णों के मेल से होने वाले विकार को कहते हैं
(क) संधि (ख) समास (ग) उपसर्ग (घ) प्रत्यय

2. संधि कितने प्रकार की होती है?
(क) दो (ख) तीन (ग) चार (घ) छ:

3. स्वर संधि कितने प्रकार की होती है?
(क) दो (ख) तीन (ग) चार (घ) पाँच

4. 'हिमालय' शब्द का संधि-विच्छेद है
(क) हिमा + लय (ख) हिमा + अलय
(ग) हिमा + आलय (घ) हिम + आलय

5. 'विद्यार्थी' का सही संधि-विच्छेद है
(क) विद्या + रथी (ख) विद्या + अर्थी
(ग) विद्य + अर्थी (घ) विद्या + आर्थी

6. 'महोत्सव' का संधि-विच्छेद है
(क) महा + उत्सव (ख) मह + औत्सव
(ग) महा + ओत्सव (घ) महा + ऊत्सव

7. 'सावधान' का सही संधि-विच्छेद है
(क) साव + धान (ख) सा + वधान
(ग) स + आवधान (घ) स + अवधान

8. 'यथोचित' का सही संधि-विच्छेद है
(क) यथो + उचित (ख) यथा + उ + चित
(ग) यथा + उचित (घ) यथा + ओचित

9. 'प्रत्युत्तर' का सही संधि-विच्छेद है
(क) प्र + त्युत्तर (ख) प्रति + उत्तर
(ग) प्रत + उत्तर (घ) प्रत्यु +उत्तर

10. 'हिमांशु' शब्द का संधि-विच्छेद कीजिए
(क) हिम + अंशु (ख) हिमा + अंशु
(ग) हिम + आंशु (घ) हिमांश + उ

11. 'नाविक' का सही संधि-विच्छेद है
(क) नौ + विक (ख) ना + विक
(ग) नौ + इक (घ) न + आविक

12. 'रीत्यनुसार' का सही संधि-विच्छेद है
(क) रीत्य + अनुसार (ख) रीत + अनुसार
(ग) रीति + अनुसार (घ) रीत्या + अनुसार

13. 'यद्यपि' शब्द का संधि-विच्छेद होगा
(क) यद्य + अपि (ख) यदि + अपि
(ग) यद्य + पि (घ) यदि + पि

14. 'कवीश्वर' शब्द का सही संधि-विच्छेद बताइए
(क) कवि + ईश्वर (ख) कविश + वर
(ग) कवि + इश्वर (घ) कवी + ईश्वर

15. 'पुस्तकालय' में कौन-सी संधि है?
(क) दीर्घ (ख) गुण
(ग) वृद्धि (घ) यण्

16. 'व्याख्यान' में कौन-सी संधि है?
(क) गुण (ख) दीर्घ
(ग) यण् (घ) विसर्ग

17. 'भानूदय' में प्रयुक्त संधि का नाम है
(क) गुण संधि (ख) दीर्घ संधि
(ग) व्यंजन संधि (घ) वृद्धि संधि

18. निम्नलिखित शब्दों में से किसमें स्वर संधि है?
(क) अतएव (ख) रजनीश
(ग) तपोगुण (घ) सदाचार

19. 'पवन' शब्द में संधि है दक्षता आधारित प्रश्न
(क) गुण संधि (ख) व्यंजन संधि
(ग) अयादि संधि (घ) वृद्धि संधि

20. गुण संधि का उदाहरण है
(क) महर्षि (ख) पावक
(ग) अभ्युदय (घ) मतैक्य

21. संधि से संबंधित सही विकल्प कौन-सा है?
I. संधि वर्णों के मेल से उत्पन्न विकार है।
II. संधि से नए शब्दों की रचना होती है।
III. संधि में स्वर से स्वर का ही मेल होता है।
IV. इसमें पहले शब्द की अंतिम और दूसरे शब्द की प्रथम ध्वनि का मेल होता है। दक्षता आधारित प्रश्न

कूट
(क) केवल कथन I सही है।
(ख) कथन I और II सही हैं।
(ग) कथन II, III और IV सही हैं।
(घ) कथन I, II और IV सही हैं।

22. सही कथन इनमें से कौन-सा है? विकल्प चुनकर उत्तर दीजिए। दक्षता आधारित प्रश्न

I. आ + आ = आ दीर्घ संधि है।
II. अ + इ = ए गुण संधि है।
III. ए + अ = अय् यण् संधि है।
IV. अ + ए = ऐ वृद्धि संधि है।

कूट
(क) केवल कथन I सही है।
(ख) कथन II और III सही हैं।
(ग) कथन I, II और IV सही हैं।
(घ) कथन II, III और IV सही हैं।

23. सुमेलित कीजिए दक्षता आधारित प्रश्न

सूची I	सूची II
A. अनु + अय = अन्वय	1. वृद्धि संधि
B. वन + ओषधि = वनौषधि	2. गुण संधि
C. गै + अक = गायक	3. यण संधि
D. भारत + इंदु = भारतेंदु	4. अयादि संधि

कूट

	A	B	C	D		A	B	C	D
(क)	2	1	4	3	(ख)	3	2	4	1
(ग)	4	1	3	2	(घ)	3	1	4	2

24. निम्नलिखित कथन (A) और कारण (R) को ध्यानपूर्वक पढ़िए और दिए गए विकल्पों में से सही विकल्प चुनिए
कथन (A) विद्याभ्यास दीर्घ संधि का उदाहरण है।
कारण (R) आ + अ = आ होने के कारण दीर्घ संधि है। दक्षता आधारित प्रश्न
(क) कथन A तथा कारण R दोनों गलत हैं।
(ख) कथन A सही है, लेकिन कारण R गलत है।
(ग) कथन A तथा कारण R दोनों सही हैं तथा कारण R, कथन A की सही व्याख्या करता है।
(घ) कथन A गलत है, परंतु कारण R, कथन A की गलत व्याख्या करता है।

25. निम्नलिखित कथन (A) और कारण (R) को ध्यानपूर्वक पढ़िए और दिए गए विकल्पों में से सही विकल्प चुनिए।
कथन (A) 'प्रत्येक' यण् संधि का उदाहरण है।
कारण (R) इ + भिन्न स्वर = 'य' होने के कारण शब्द 'प्रत्येक' में यण् संधि है। दक्षता आधारित प्रश्न
(क) कथन A तथा कारण R दोनों गलत हैं।
(ख) कथन A सही है, लेकिन कारण R गलत है।
(ग) कथन A तथा कारण R दोनों सही हैं तथा कारण R, कथन A की सही व्याख्या करता है।
(घ) कथन A गलत है, परंतु कारण R कथन A की गलत व्याख्या करता है।

अतिलघु उत्तरीय प्रश्न

1. दो वर्णों के मेल से उत्पन्न विकार को क्या कहते हैं?
2. संधि के कितने भेद होते हैं?
3. स्वर संधि के कितने भेद होते हैं?
4. अ + आ = आ किस संधि का नियम है?
5. इ + ऋ = अर् किस संधि का नियम है?
6. अ + ए = ऐ किस संधि का नियम है?
7. इ + उ = य किस संधि का नियम है?
8. ए + अ = अय किस संधि का नियम है?
9. 'वीरांगना' का संधि विच्छेद क्या होगा?
10. 'वधूर्मि' का संधि विच्छेद क्या होगा?
11. 'महैश्वर्य' का संधि विच्छेद क्या होगा?
12. 'पित्र + आज्ञा' की संधि क्या होगी?
13. 'भौ + उक' की संधि क्या होगी?
14. 'इति + आदि' की संधि क्या होगी?
15. 'राज + ऋषि' की संधि क्या होगी?
16. 'देव + आलय' में कौन-सी संधि है?
17. 'सदैव' में कौन-सी संधि है?
18. 'वध्वागमन' में कौन-सी संधि है? दक्षता आधारित प्रश्न
19. 'कमलेश' में कौन-सी संधि है?
20. 'नायक' में कौन-सी संधि है?
21. 'कुश + आसन' में संधि है
22. 'सप्त+ऋषि' इससे बनी संधि है
23. 'गुण स्वर संधि' का उदाहरण चुनिए।
24. 'अ + इ = ए' स्वर संधि के किस भेद को व्यक्त करता है?
25. ए, ऐ, ओ, औ के बाद कोई भिन्न स्वर आए तो ए = अय, ऐ = आय, ओ = अव, औ = आव हो जाता है। इस परिवर्तन को कहते हैं
26. इ- ई, उ - ऊ, ऋ के बाद (आगे) कोई स्वर आए तो ये क्रमशः य, व, र में बदल जाते हैं। इस परिवर्तन को कहते हैं
27. 'अत्युत्तम' के संधि-विच्छेद का सही विकल्प चुनिए
28. 'अभि + उदय की संधि कीजिए
29. स्वर संधि का उदाहरण नहीं है

व्याख्या सहित उत्तर

बहुविकल्पीय प्रश्न

1. (क) संधि
2. (ख) तीन
3. (घ) पाँच
4. (घ) हिम + आलय
5. (ख) विद्या + अर्थी
6. (क) महा + उत्सव
7. (घ) स + अवधान
8. (ग) यथा + उचित
9. (ख) प्रति + उत्तर
10. (क) हिम + अंशु
11. (ग) नौ + इक
12. (ग) रीति + अनुसार
13. (ख) यदि + अपि
14. (क) कवि + ईश्वर
15. (क) दीर्घ
16. (ग) यण्
17. (ख) दीर्घ संधि
18. (ख) रजनीश
19. (ग) अयादि संधि
20. (क) महर्षि
21. (घ) कथन I, II और IV सही हैं।
22. (ग) कथन I, II और IV सही हैं।
23. (घ) 3 1 4 2
24. (ग) कथन A तथा कारण R दोनों सही हैं तथा कारण R, कथन A की सही व्याख्या करता है।
25. (ग) कथन A तथा कारण R दोनों सही हैं तथा कारण R, कथन A की सही व्याख्या करता है।

अतिलघु उत्तरीय प्रश्न

1. संधि
2. तीन
3. पाँच
4. दीर्घ स्वर संधि
5. गुण स्वर संधि
6. वृद्धि स्वर संधि
7. यण् संधि
8. अयादि संधि
9. वीर + अंगना
10. वधु + ऊर्मि
11. महा + ऐश्वर्य
12. पित्राज्ञा
13. भावुक
14. इत्यादि
15. राजर्षि
16. दीर्घ स्वर संधि
17. वृद्धि संधि
18. यण संधि
19. गुण संधि
20. अयादि संधि
21. (क) दीर्घ संधि
22. (घ) गुण
23. (क) यमुनोर्मि
24. (ख) गुण संधि
25. (क) अयादि
26. (घ) यण्
27. (घ) अति + उत्तम
28. (क) अभ्युदय
29. (ख) जगदीश

स्व-मूल्यांकन

बहुविकल्पीय प्रश्न

1. वर्णों के मेल से उत्पन्न विकार कहलाता है
(क) संधि (ख) समास
(ग) उपसर्ग (घ) प्रत्यय

2. 'शिवालय' शब्द का संधि-विच्छेद है
(क) शिवा + लय (ख) शिवा + अलय
(ग) शिवा + आलय (घ) शिव + आलय

3. 'लाभार्थी' का सही संधि-विच्छेद है
(क) लभ + रथी (ख) लाभ + अर्थी
(ग) लभा + अर्थी (घ) लाभा + आर्थी

4. यदि + अपि की संधि होगी
(क) यद्यपि (ख) यदापि
(ग) यदीपि (ग) यद्यापि

5. 'परोपकार' का सही संधि-विच्छेद है
(क) परा + उपकार (ख) पर + ओपकार
(ग) परा + अपकार (घ) पर + उपकार

6. 'महोदय' का सही संधि-विच्छेद है
(क) मह + उदय (ख) महान + उदय
(ग) महा + उदय (घ) महा + ओदय

7. 'अत्युत्तम' का सही संधि-विच्छेद है
(क) अ + त्युत्तम (ख) अति + उत्तम
(ग) अत + उत्तम (घ) अत्यु +उत्तम

8. 'दीपांशु' शब्द का संधि-विच्छेद कीजिए
(क) दिप + अंशु (ख) दीप + अंशु
(ग) दीपा + आंशु (घ) दीपांश + उ

9. सुमेलित कीजिए

	सूची I		**सूची II**
A.	महोदय	1.	वृद्धि संधि
B.	सदैव	2.	अयादि संधि
C.	यद्यपि	3.	गुण संधि
D.	पावक	4.	यण् संधि

कूट

	A	B	C	D
(क)	2	4	1	3
(ख)	3	2	4	1
(ग)	3	1	4	2
(घ)	2	3	4	1

10. निम्नलिखित कथन (A) और कारण (R) को ध्यानपूर्वक पढ़िए और दिए गए विकल्पों में से सही विकल्प को उत्तर के रूप में चुनिए।
कथन (A) 'सदैव' वृद्धि संधि का उदाहरण है।
कारण (R) आ + ए = ऐ होने का कारण वृद्धि संधि है।
(क) कथन A तथा कारण R दोनों गलत है।
(ख) कथन A सही है, लेकिन कारण R गलत है।
(ग) कथन A तथा कारण R दोनों सही हैं, तथा कारण R, कथन A की सही व्याख्या करता है।
(घ) कथन A गलत है, परंतु कारण R उसकी सही व्याख्या करता है।

11. सही विकल्प को उत्तर के रूप में चुनिए
I. दीप + अवली = दीपावली दीर्घ संधि है।
II. देव + इंद्र = देवेंद्र गुण संधि है।
III. तथा + एव = तथैव यण् संधि है।
IV. पो + अन = पवन अयादि संधि है।

कूट
(क) केवल कथन I सही है।
(ख) कथन I और II सही हैं।
(ग) कथन I, II और III सही हैं।
(घ) कथन I, II और IV सही हैं।

अति लघु उत्तरीय प्रश्न

1. दीर्घ संधि का नियम क्या है?
2. संधि किसे कहते हैं?
3. स्वर संधि के कितने भेद होते हैं?
4. अ + इ = ए किस संधि का नियम है?
5. अति + आचार = ...
6. आ + ए = ऐ किस संधि का नियम है?
7. ए + भिन्न स्वर = अय किस संधि का नियम है?
8. वधू + आगमन = ...
9. 'प्राणेश्वर' का संधि विच्छेद क्या होगा?
10. 'साधूक्ति' का संधि विच्छेद क्या होगा?
11. 'गायक' का सही संधि-विच्छेद बताइए।
12. 'दीप + अवली = दीपावली किस संधि का उदाहरण है?
13. पुरुषोत्तम = पुरुष + उत्तम- यह किस संधि का उदाहरण है?
14. 'नदीश्वर' शब्द का सही संधि-विच्छेद बताइए।
15. 'गणेश' में कौन-सी संधि है?
16. 'लघ्वर्पण' में कौन-सी संधि है?
17. 'वधूत्सव' में प्रयुक्त संधि का नाम बताइए।

अध्याय

5

विराम-चिह्न

5.1 विराम-चिह्न का अर्थ

विराम का शाब्दिक अर्थ है—रुकना या ठहरना। वाक्यों को लिखते समय उनमें विराम या ठहराव को दर्शाने के लिए जिन चिह्नों द्वारा प्रकट किया जाता है, उन्हें विराम-चिह्न (Punctuation) कहते हैं।

विराम-चिह्न के प्रयोग से वाक्य अर्थपूर्ण एवं स्पष्ट हो जाता है। इनके अनुचित प्रयोग से अर्थ का अनर्थ भी हो जाता है; जैसे—

1. गाड़ी रोको मत, जाने दो।
2. गाड़ी रोको, मत जाने दो।

उपर्युक्त उदाहरणों में अल्प विराम का स्थान परिवर्तन होते ही वाक्यों के अर्थों में परिवर्तन हो गया। प्रथम वाक्य में 'रोको मत' के बाद अल्प विराम लगाया गया है, जिसके द्वारा गाड़ी को न रोकने के लिए कहा गया है। दूसरे वाक्य में 'रोको' के बाद अल्प विराम लगाया गया है, जिसका अर्थ प्रथम वाक्य के विपरीत हो गया है। यहाँ गाड़ी को रोकने के लिए कहा गया है।

हिंदी के प्रमुख विराम-चिह्न

नाम	चिह्न
पूर्ण विराम-चिह्न (Sign of full-stop)	।
अर्द्ध विराम-चिह्न (Sign of semi colon)	;
अल्प विराम-चिह्न (Sign of comma)	,
प्रश्नवाचक चिह्न (Sign of interrogation)	?
विस्मयादिबोधक चिह्न (Sign of exclamation)	!
उद्धरण चिह्न (Sign of inverted commas)	(" ") (' ')
निर्देशक (Sign of dash)	—
रेखा चिह्न (Sign of Line)	———
विवरण चिह्न (Sign of colon dash)	:—
अपूर्ण विराम-चिह्न (Sign of colon)	:
योजक विराम-चिह्न (Sign of hyphen)	-
कोष्ठक (Brackets)	( ) { } [ ]
संक्षेपसूचक/लाघव चिह्न (Sign of abbreviation)	o/,/.
त्रुटिबोधक चिह्न (Sign of error; indicator)	λ

नोट हिंदी के विराम-चिह्नों में फुल स्टॉप (.) के अतिरिक्त शेष सभी विराम-चिह्न वही प्रयोग किए गए हैं, जो अंग्रेजी भाषा में हैं। हिंदी में फुल स्टॉप के स्थान पर खड़ी पाई (।) का प्रयोग किया जाता है।

विराम-चिह्नों का प्रयोग

नीचे दिए गए विराम-चिह्नों का प्रयोग हिंदी भाषा में निम्न प्रकार किया जाता है

पूर्ण विराम (।) का प्रयोग

पूर्ण विराम (Full Stop) का अर्थ है—भली-भाँति ठहरना।

जहाँ वाक्य की गति अंतिम रूप ले ले अर्थात् विचार के तार टूट जाएँ, वहाँ पूर्ण विराम का प्रयोग होता है।

हिंदी में सबसे अधिक प्रयोग इस चिह्न का किया जाता है। सामान्यत: पूर्ण विराम का प्रयोग निम्नलिखित स्थितियों में होता है

1. प्रश्नवाचक और विस्मयादिबोधक वाक्यों को छोड़कर शेष सभी वाक्यों के अंत में पूर्ण विराम का प्रयोग होता है; जैसे—
   - यह पुस्तक अच्छी है।
   - गीता खेलती है।
   - बालक लिखता है।
2. किसी व्यक्ति या वस्तु का सजीव वर्णन करते समय वाक्यांशों के अंत में भी पूर्ण विराम का प्रयोग होता है; जैसे—
   - मुसकुराता चेहरा।
   - स्फूर्तिमय काया।
   - मनमोहक नेत्र।

3. मुख्यतः दोहा, श्लोक आदि की प्रथम पंक्ति में एक पूर्ण विराम (।) व दूसरी पंक्ति में दो पूर्ण विरामों (।।) का प्रयोग किया जाता है;

जैसे—

- परहित सरिस धरम नहिं भाई। परपीड़ा सम नहिं अधमाई।।

अर्द्ध विराम (;) का प्रयोग

अर्द्ध विराम (Semicolon) का अर्थ है—आधा विराम।

जहाँ पूर्ण विराम की तुलना में कम रुकना होता है, वहाँ अर्द्ध विराम का प्रयोग होता है। सामान्यतः अर्द्ध विराम का प्रयोग निम्नलिखित स्थितियों में होता है

1. जहाँ संयुक्त वाक्यों के मुख्य उपवाक्यों में परस्पर विशेष संबंध नहीं होता है, वहाँ अर्द्ध विराम द्वारा उन्हें अलग किया जाता है; जैसे—

   उसने अपने माल को बचाने के लिए अनेक उपाय किए, परंतु वे सब निष्फल हुए।

2. मिश्र वाक्यों में प्रधान वाक्य के साथ पार्थक्य प्रकट करने के लिए अर्द्ध विराम का प्रयोग किया जाता है; जैसे—

   जब मेरे पास रुपये होंगे; तब मैं आपकी सहायता करूँगा।

3. अनेक उपाधियों को एक साथ लिखने तथा उनमें पार्थक्य प्रकट करने के लिए इसका प्रयोग होता है; जैसे—

   डॉ. अशोक जायसवाल, बी.ए.; पी.एच.डी.; डी.लिट्.।

अल्प विराम (,) का प्रयोग

अल्प विराम (Comma) का अर्थ है— न्यून ठहराव।

वाक्य में जहाँ बहुत ही कम ठहराव होता है, वहाँ अल्प विराम का प्रयोग होता है। इस चिह्न का प्रयोग सर्वाधिक होता है। सामान्यतः अल्प विराम का प्रयोग निम्नलिखित स्थितियों में होता है

1. जहाँ एक तरह के अनेक शब्द, वाक्यांश या वाक्य एक साथ आते हैं, तब उनके बीच अल्प विराम का प्रयोग होता है; जैसे—
   - रमेश, सुरेश, महेश और वीरेंद्र घूमने गए।
2. जहाँ भावातिरेक के कारण वाक्य में शब्दों की पुनरावृत्ति होती है, वहाँ अल्प विराम का प्रयोग होता है; जैसे—
   - सुनो, सुनो, ध्यान से सुनो, कोई गा रहा है।
3. सम्बोधन के समय जिसे सम्बोधित किया जाता है, उसके बाद अल्प विराम का प्रयोग होता है; जैसे—
   - वीरेंद्र, तुम यहीं ठहरो।
4. औपचारिक पत्रों में भी संबोधन से पूर्व अल्प विराम का प्रयोग किया जाता है; जैसे—महोदय, मान्यवर आदि।
5. जब हाँ अथवा नहीं को शेष वाक्य से पृथक् किया जाता है, तो उसके बाद अल्प विराम का प्रयोग होता है; जैसे—
   - हाँ, मैं कविता सुनूँगा।
6. पर, परंतु, इसलिए, अतः, क्योंकि, बल्कि, तथापि, जिससे आदि समुच्चयबोधक शब्दों के पूर्व अल्प विराम का प्रयोग होता है; जैसे—
   - वह विद्यालय न जा सका, क्योंकि अस्वस्थ था।
7. उद्धरण से पूर्व 'कि' के लोप के लिए अल्प विराम का प्रयोग होता है; जैसे—
   - राम ने श्याम से कहा, "अपना काम करो।" (कि का लोप)
8. यह, वह, तब, तो, और, अब आदि के लोप होने पर वाक्य में अल्प विराम का प्रयोग होता है; जैसे—
   जब जाना ही है, जाओ। ('तो' का लोप)
   - मैं जो बोलता हूँ, ध्यान से सुनो। ('वह' का लोप)
   - वह शहर से कब लौटेगा, कहा नहीं जा सकता। ('यह' का लोप)
9. बस, हाँ, नहीं, वस्तुतः, अच्छा, वास्तव में आदि से आरंभ होने वाले वाक्यों में इनके पश्चात् अल्प विराम का प्रयोग होता है; जैसे—
   - वास्तव में, मनोबल सफलता की कुँजी है।
   - हाँ, मुझे ज्ञात है।
   - नहीं, रोहन को वहाँ नहीं जाना चाहिए था।
10. दिनांक के साथ महीने का नाम लिखने के बाद तथा सन्, संवत् के पूर्व अल्प विराम का प्रयोग किया जाता है; जैसे—
    2 अक्टूबर, 1869 को गाँधीजी का जन्म हुआ।
11. अंकों को लिखते समय भी अल्प विराम का प्रयोग किया जाता है; जैसे— 5, 6, 7, 8, 10, 20, 30, 40, 50, 60, 70, 80, 90, 100, 1000 आदि।

प्रश्नवाचक चिह्न (?) का प्रयोग

जब किसी वाक्य में प्रश्नात्मक भाव हो, उसके अंत में प्रश्नवाचक चिह्न (?) लगाया जाता है।

प्रश्नवाचक चिह्न का प्रयोग निम्नलिखित स्थितियों में होता है

1. प्रश्नवाचक चिह्न (Mark of Interrogation) का प्रयोग प्रश्नवाचक वाक्यों के अंत में किया जाता है; जैसे—
   - तुम्हारा क्या नाम है?
   - वह कहाँ रहता है?
2. प्रश्नवाचक चिह्न का प्रयोग अनिश्चय की स्थिति में किया जाता है; जैसे—
   - आप सम्भवतः दिल्ली के निवासी हैं?
3. व्यंग्य करने की स्थिति में भी प्रश्नवाचक चिह्न का प्रयोग होता है; जैसे—
   - घूसखोरी नौकरशाही की सबसे बड़ी देन है, है न?
4. जहाँ शुद्ध-अशुद्ध का संदेह उत्पन्न हो, तो उस पर या उसकी बगल में कोष्ठक लगाकर उसके अंतर्गत प्रश्नवाचक चिह्न लगा दिया जाता है; जैसे—
   - हिंदी की पहली कहानी 'ग्यारह वर्ष का समय' (?) मानी जाती है।

ऐसे वाक्य जिनमें प्रश्नवाचक चिह्न का प्रयोग नहीं होता

अप्रत्यक्ष कथन वाले प्रश्नवाचक वाक्यों के अंत में प्रश्नवाचक चिह्न नहीं लगाया जाता; जैसे—

मैं यह नहीं जानता कि मैं क्या चाहता हूँ।

जिन वाक्यों में प्रश्न आज्ञा के रूप में हों, उन वाक्यों में प्रश्नवाचक चिह्न नहीं लगाया जाता है; जैसे—

महाराष्ट्र की राजधानी बताओ।

विस्मयादिबोधक चिह्न (!) का प्रयोग

आश्चर्य, करुणा, घृणा, भय, विषाद, विस्मय आदि भावों की अभिव्यक्ति के लिए विस्मयादिबोधक चिह्न (Mark of Exclamation) का प्रयोग होता है।

इसका प्रयोग निम्नलिखित स्थितियों में होता है

1. विस्मयादिबोधक चिह्न का प्रयोग हर्ष, घृणा, आश्चर्य आदि भावों को व्यक्त करने वाले शब्दों के साथ होता है; जैसे—
   - अरे! वह अनुत्तीर्ण हो गया।
   - वाह! तुम धन्य हो।
2. विनय, व्यंग्य, उपहास इत्यादि को व्यक्त करने वाले वाक्यों के अन्त में पूर्ण विराम के स्थान पर विस्मयादिबोधक चिह्न का प्रयोग होता है; जैसे—
   - आप तो हरिश्चंद्र हैं!(*व्यंग्य*)
   - हे भगवान! दया करो! (*विनय*)
   - वाह! वाह! फिर साइकिल चलाइए! (*उपहास*)

उद्धरण चिह्न ('....') ("....") का प्रयोग

उद्धरण चिह्न (Inverted Commas) दो प्रकार के होते हैं—इकहरे ('....') और दोहरे ("....")। उद्धरण चिह्नों का प्रयोग निम्नलिखित स्थितियों में होता है

1. किसी लेख, कविता, समाचार-पत्र और पुस्तक इत्यादि का शीर्षक लिखने में इकहरे उद्धरण चिह्न का प्रयोग होता है; जैसे— मैंने तुलसीदास जी कृत ग्रंथ 'रामचरितमानस' पढ़ा है।
2. जब किसी शब्द की विशिष्टता अथवा विलगता सूचित करनी होती है, तो इकहरे उद्धरण चिह्न का प्रयोग होता है; जैसे— खाना का अर्थ 'घर' होता है।
3. उद्धरण के अंतर्गत कोई दूसरा उद्धरण होने पर इकहरे उद्धरण चिह्न का प्रयोग होता है; जैसे— डॉ. वर्मा ने कहा है, "निराला जी की कविता 'वह तोड़ती पत्थर' बड़ी मार्मिक है।"
4. जब किसी कथन या वाक्य को उसकी यथास्थिति या उसके पूर्व की स्थिति (ज्यों का त्यों) में ही प्रयोग किया जाता है, तब दोहरे उद्धरण चिह्न का प्रयोग होता है; जैसे— सरदार पूर्णसिंह का कथन है, "हल चलाने वाले और भेड़ चराने वाले स्वभाव से ही साधु होते हैं।"

निर्देशक (–) का प्रयोग

किसी विषय-विचार अथवा विभाग के मन्तव्य को सुस्पष्ट करने के लिए निर्देशक चिह्न (Dash) या रेखिका चिह्न का प्रयोग किया जाता है। निर्देशक चिह्न सामान्यत: योजक चिह्न से बड़ा होता है। निर्देशक या रेखिका का प्रयोग निम्नलिखित स्थितियों में होता है

1. किसी के द्वारा कहे गए कथन या लिखे गए कथन से पहले रेखिका का प्रयोग किया जाता है; जैसे—
   - तुलसी ने कहा है—"परहित सरिस धरम नहिं भाई।"
2. विवरण प्रस्तुत करने के पहले निर्देशक चिह्न का प्रयोग किया जाता है; जैसे—
   - रचना के आधार पर शब्द तीन प्रकार के होते हैं—रूढ़, यौगिक और योगरूढ़।
3. यथा और उदाहरण आदि शब्दों के बाद निर्देशक चिह्न का प्रयोग होता है; उदाहरण—
   - संस्कृति की 'स' ध्वनि फ़ारसी में 'ह' हो जाती है; जैसे— असुर > अहुर।
4. वाक्य में टूटे हुए विचारों को जोड़ने के लिए रेखिका का प्रयोग होता है; जैसे—
   - आज ऐसा लग रहा है—मैं घर पहुँच गया हूँ।
5. किसी कविता या अन्य रचना के अंत में रचनाकार का नाम देने से पूर्व निर्देशक चिह्न का प्रयोग होता है; जैसे—
   - शायद समझ नहीं पाओ तुम, मैं कितना मज़बूर हूँ।
मन है पास तुम्हारे लेकिन, रहता इतनी दूर हूँ। —ओंकारनाथ वर्मा
6. संवादों को लिखने के लिए निर्देशक चिह्न का प्रयोग किया जाता है; जैसे—
   - सुरेश— क्या तुम स्कूल आओगे?
   - रमेश— हाँ।
7. सूची बनाने से पूर्व भी निर्देशक चिह्न का प्रयोग किया जाता है; जैसे—
   - प्रतियोगिता में सफल होने वाले विद्यार्थियों की सूची इस प्रकार है—सुमित, राघव, मोहन और रोहित।

रेखा चिह्न (—)

जिन शब्दों पर विशेष रूप से बल दिया जाता है या शब्दों को अलग से प्रदर्शित करने के लिए उनके नीचे एक लंबी रेखा खींच दी जाती है, इसे ही रेखा चिह्न कहते हैं; जैसे—कोरोना वायरस का प्रकोप जारी है।

विवरण चिह्न (:—) का प्रयोग

सामान्यत: विवरण चिह्न (Sign of Colon Dash) का प्रयोग निर्देशक चिह्न की भाँति ही होता है।

जब किसी विवरण को प्रारंभ करना होता है अथवा किसी कथन को विस्तार देना होता है तब विवरण चिह्न का प्रयोग किया जाता है; जैसे—

1. निम्नलिखित विषयों में किसी एक पर निबंध लिखिए :-
(क) साहित्य और समाज (ख) भाषा और व्याकरण
(ग) देशाटन (घ) विज्ञान वरदान है या अभिशाप
(ङ) नई कविता
2. जयशंकर प्रसाद ने कहा है:—'जीवन विश्व की संपत्ति है।'
3. किसी वस्तु का सविस्तार वर्णन करने में विवरण चिह्न का प्रयोग होता है; जैसे:— इस देश में कई बड़ी-बड़ी नदियाँ हैं; जैसे:— गंगा, सिंधु, यमुना, गोदावरी आदि।

अपूर्ण विराम (:) का प्रयोग

अपूर्ण विराम (Sign of Colon) चिह्न विसर्ग की तरह दो बिंदुओं के रूप में होता है, इसलिए कभी-कभी विसर्ग का भ्रम होता है, फलत: इसका प्रयोग कम होता है। अपूर्ण विराम का स्वतंत्र प्रयोग किसी शीर्षक को उसी के आगे स्पष्ट करने में होता है; जैसे—

- कामायनी : एक अध्ययन।
- विज्ञान : वरदान या अभिशाप

योजक चिह्न (-) का प्रयोग

दो शब्दों में परस्पर संबंध स्पष्ट करने के लिए तथा उन्हें जोड़कर लिखने के लिए योजक चिह्न का प्रयोग किया जाता है। योजक चिह्न को विभाजक चिह्न भी कहते हैं। हिन्दी में अल्प विराम के बाद योजक चिह्न का अधिक प्रयोग होता है।

योजक चिह्न (Sign of Hypen) का प्रयोग निम्नलिखित परिस्थितियों में किया जाता है

1. दो विलोम शब्दों के बीच योजक चिह्न का प्रयोग होता है; जैसे— रात-दिन, यश-अपयश, आना-जाना।
2. द्वंद्व समास के बीच योजक चिह्न का प्रयोग होता है; जैसे— माता-पिता, भाई-बहन, गुरु-शिष्य।
3. दो समानार्थी शब्दों की पुनरुक्ति के बीच में भी इसका प्रयोग होता है; जैसे—घर-घर, रात-रात्रि, धन-दौलत, रुपया-पैसा।
4. जब विशेषण पदों का प्रयोग संज्ञा के अर्थ में होता है; जैसे— भूखा-प्यासा, थका-माँदा, लूला-लँगड़ा
5. गुणवाचक विशेषण के साथ यदि **सा**, **सी** का संयोग हो, तो उनके बीच योजक-चिह्न का प्रयोग होता है; जैसे— छोटा-सा घर, नन्हीं-सी बच्ची, बड़ा-सा कष्ट।
6. दो प्रथम-द्वितीय प्रेरणार्थक के योग के बीच भी योजक चिह्न का प्रयोग होता है; जैसे—करना-करवाना, जीतना-जितवाना, पीना-पिलवाना।

कोष्ठक ( ), { }, [ ] का प्रयोग

कोष्ठकों (Sign of Brackets) का प्रयोग निम्नलिखित स्थितियों में होता है

1. जब किसी भाव या शब्द की व्याख्या करना चाहते हैं, किंतु उस अंश को मूल वाक्य से अलग ही रखना चाहते हैं, तो छोटे कोष्ठक ( ) का प्रयोग किया जाता है। साथ ही छोटे कोष्ठक ( ) का प्रयोग कठिन शब्दों के अर्थ को स्पष्ट करने के लिए भी किया जाता है; जैसे—
   - उन दिनों मैं सेठ जयदयाल हाईस्कूल (अब इंटर कॉलेज) में हिंदी अध्यापक था।
   - अर्जुन, कर्ण के सामर्थ्य (शक्ति) से भली-भाँति परिचित था।
2. नाटक या एकांकी में निर्देश देने के लिए कोष्ठक का प्रयोग होता है; जैसे—
   - मन्त्री (राजा से धीरे से)- यह व्यक्ति जासूस प्रतीत होता है।
   - रोहन कक्षा में प्रवेश करता है (चेहरे पर हल्की मुस्कान के साथ)
3. किसी वर्ग के उपवर्गों, विषय, विभाग को लिखते समय वर्णों या संख्याओं को कोष्ठक में लिखा जाता है; जैसे—
   - (क), (ख)
   - (1), (2)
4. प्राय: बड़े [ ] और मझोले { } कोष्ठकों का उपयोग गणित के कोष्ठक वाले प्रश्नों को हल करने के लिए किया जाता है।

संक्षेपसूचक/लाघव चिह्न (o) का प्रयोग

संक्षेपसूचक चिह्न (Sign of Abbreviation) का प्रयोग किसी नाम या शब्द के संक्षिप्त रूप के साथ होता है; जैसे—डॉक्टर के लिए (डॉ.), प्रोफेसर या प्रोपराइटर के लिए (प्रो.), पण्डित के लिए (पं.), मास्टर ऑफ आर्ट्स के लिए (एम.ए.) और डॉ. ऑफ फिलॉसफी के लिए (पी एच.डी.) आदि।

शून्य अधिक स्थान घेरता है, अत: इसके स्थान पर बिंदु (.) का भी प्रयोग किया जाता है।

त्रुटिबोधक या हंसपद चिह्न (λ) का प्रयोग

अक्षर, पद, पद्यांश या वाक्य के छूट जाने पर छूटे अंश को उस वाक्य के ऊपर लिखने हेतु वाक्य के अंश के नीचे त्रुटि या हंसपद चिह्न (Sing of Caret) का प्रयोग किया जाता है; जैसे—

- राम ने खाना ^(नहीं) खाया।
- 2 अक्टूबर को गाँधी ^(जयंती) होती है।

गौण विराम चिह्न

पुनरुक्तिसूचक (Mark of Repetition) („ „) इस चिह्न का प्रयोग ऊपर लिखे किसी शब्द या वाक्य की पुनरुक्ति से बचने के लिए किया जाता है; जैसे-राकेश तिवारी, कक्षा सातवीं

राकेश „ „ „

योग चिह्न (Plus Mark) (+) इस चिह्न का प्रयोग दो या दो से अधिक शब्दों को जोड़ने में किया जाता है। विशेषकर सन्धि को दर्शाने तथा शब्द की व्युत्पत्ति बताने में इसका प्रयोग होता है; जैसे-सूर्य + उदय, उप + मान आदि।

गोली (Bullet) (•) इस चिह्न का प्रयोग मुख्य बात या तथ्यों को सारांश रूप देने में किया जाता है; जैसे- • 'रामचरितमानस' तुलसीदास की प्रसिद्ध रचना है।

तिर्यक रेखा (Oblique/Slash) (/) इस चिह्न का प्रयोग 'या, अथवा' के अर्थ में तथा कविता की पंक्ति को अलग-अलग करने में होता है; जैसे-रति/अनुराग।

समाप्तिसूचक (Finish Mark) (—0—, • • •, VVV, □□□) इस चिह्न का प्रयोग बड़े लेख, कहानी, अध्याय या पुस्तक की समाप्ति का बोध कराने में होता है; जैसे-इस तरह कहानी का अंत सुखद रहा। —o—

अभ्यास प्रश्न

बहुविकल्पीय व वर्णनात्मक प्रश्नों सहित

बहुविकल्पीय प्रश्न

1. विराम चिह्न (;) का नाम है

(क) अर्द्धविराम (ख) विराम
(ग) अल्पविराम (घ) हंसपद

2. निम्न में से कौन-सा विराम-चिह्न अंग्रेजी भाषा में प्रचलित नहीं है?

(क) ; (ख) ,
(ग) ! (घ) ।

3. निम्नलिखित में से कौन-सा योजक चिह्न है?

(क) । (ख) ,
(ग) – (घ) " "

4. सामासिक पदों/पुनरुक्त/युग्म शब्दों के मध्य प्रयोग किया जाता है।

(क) अल्पविराम (ख) अर्द्धविराम
(ग) योजक चिह्न (घ) उद्धरण चिह्न

5. विराम-चिह्न के सही युग्म का चयन कीजिए

(क) विस्मयसूचक – (!) (ख) इत्यादि-चिह्न – (.......)
(ग) अर्द्धविराम – (;) (घ) ये सभी

6. आकाश-पाताल के बीच लगने वाला (-) चिह्न है

(क) अल्पविराम (ख) विस्मयादिबोधक
(ग) योजक चिह्न (घ) उद्धरण चिह्न

7. जहाँ पूर्ण विराम की अपेक्षा कम रुकना अपेक्षित हो, वहाँ .... चिह्न का प्रयोग किया जाता है।

(क) अर्द्धविराम (ख) अल्पविराम
(ग) संक्षेप चिह्न (घ) कोष्ठक

8. पूर्ण विराम के बाद सर्वाधिक प्रयुक्त होने वाला विराम-चिह्न है

(क) विस्मयादिबोधक (ख) प्रश्नवाचक
(ग) अल्पविराम (घ) अर्द्धविराम

9. एक ही वाक्य या वाक्यांश में एक ही तरह के पद, शब्द, पदबंध या वाक्यांश एक साथ आने पर .... लगाया जाता है। दक्षता आधारित प्रश्न

(क) अल्पविराम (ख) अर्द्धविराम
(ग) पूर्णविराम (घ) विस्मयादिबोधक

10. विराम-चिह्न की दृष्टि से कौन-सा वाक्य अशुद्ध है?

(क) वह ईमानदार, परिश्रमी, कर्मठ और मृदुभाषी है।
(ख) उसके पास धन-वैभव, नौकर-चाकर आदि सभी कुछ था।
(ग) हाँ मेरा यही विचार है।
(घ) आप हमारे घर आना चाहते हैं, तो आइए और ठहरना चाहते हैं, तो ठहरिए।

11. विराम-चिह्न की दृष्टि से कौन-सा वाक्य अशुद्ध है?

(क) नहीं कल मैं तुम्हारे घर नहीं आ सकूँगा।
(ख) मैं क्या कहता?
(ग) महक रागिनी, श्वेता आदि भी आई हैं; ये सब अब गाना गाएँगी।
(घ) उसने पूछा, "तुम कहाँ थे?"

निर्देश (प्र. सं. 12 से 16 तक) प्रत्येक प्रश्न में जिस विकल्प में विराम-चिह्नों का सही प्रयोग हुआ है, उसका चयन कीजिए।

12. (क) कह सकते हैं कि वाक्य, अनुशासित शब्दों की व्यवस्थित कड़ी है।
(ख) कह सकते हैं, "कि वाक्य अनुशासित शब्दों की कड़ी है!"
(ग) कह सकते हैं कि; वाक्य अनुशासित शब्दों की कड़ी है।
(घ) कह सकते हैं—कि वाक्य अनुशासित शब्दों-की-कड़ी है।

13. (क) घर जाकर, उसने नहाया। कपड़े धोए। और सारे घर की सफाई की।
(ख) घर जाकर उसने नहाया, कपड़े धोए और सारे घर की सफाई की।
(ग) घर जाकर उसने—नहाया—कपड़े—धोए और, सारे घर की सफाई की।
(घ) घर, जाकर, उसने नहाया; कपड़े धोए और सारे घर की सफाई की

14. (क) राम की पत्नी दोनों बच्चे और नौकर घूमने गए हैं।
(ख) राम की पत्नी : दोनों बच्चे : और नौकर घूमने गए हैं।
(ग) राम की पत्नी, दोनों बच्चे और नौकर घूमने गए हैं।
(घ) राम, की पत्नी दोनों, बच्चे और नौकर, घूमने गए हैं।

15. (क) जीना, मरना, सुख, दु:ख, हानि, लाभ और होनी, अनहोनी लगे ही रहते हैं।
(ख) जीना मरना; सुख दु:ख; हानि लाभ और होनी, अनहोनी; गे ही रहते हैं।
(ग) जीना-मरना, सुख-दु:ख, हानि-लाभ और होनी-अनहोनी लगे ही रहते हैं।
(घ) जीना-मरना, सुख-दु:ख, हानि-लाभ और होनी, अनहोनी लगे ही रहते हैं।

16. (क) नहीं, यह मुझसे न होगा।
(ख) नहीं यह, मुझसे न होगा।
(ग) नहीं! यह मुझसे न होगा?
(घ) नहीं! यह मुझसे न होगा।

17. विराम चिह्नों के बारे में सही कथन चुनिए
I. विराम चिह्न कथन का अर्थ स्पष्ट करते हैं।
II. विराम चिह्नों से लिखावट सुंदर होती है।
III. विराम चिह्न का प्रयोग स्थान बदलकर करने पर अर्थ बदल जाता है।
IV. विराम चिह्न भाषा लेखन को शुद्ध बनाते हैं।

कूट दक्षता आधारित प्रश्न
(क) केवल कथन I सही है।
(ख) कथन I और II सही हैं।
(ग) कथन II, III और IV सही हैं।
(घ) कथन I, III और IV सही हैं।

18. अल्प विराम के बारे में सही कथन चुनिए
I. वाक्य में कम समय तक रुकने के लिए इसका प्रयोग करते हैं।
II. समान शब्दों को अलग करने के लिए अल्प विराम लगाते हैं।
III. 'हाँ' और 'नहीं' के बाद इसका प्रयोग करते हैं।
IV. विस्मयसूचक शब्दों के बाद इसका प्रयोग करते हैं।

कूट दक्षता आधारित प्रश्न
(क) केवल कथन I सही है।
(ख) कथन I और II सही हैं।
(ग) कथन I, II और III सही हैं।
(घ) कथन II, III और IV सही हैं।

19. सुमेलित कीजिए। दक्षता आधारित प्रश्न

सूची I	सूची II
A. अल्प विराम	1. ;
B. अर्द्धविराम	2. !
C. लाघव चिह्न	3. ,
D. विस्मयसूचक चिह्न	4. °

कूट

	A	B	C	D		A	B	C	D
(क)	2	3	1	4	(ख)	3	1	4	2
(ग)	4	1	2	3	(घ)	3	2	4	1

20. निम्नलिखित कथन (A) और कारण (R) को ध्यानपूर्वक पढ़िए और दिए गए विकल्पों में से सही विकल्प का चयन कीजिए। दक्षता आधारित प्रश्न

कथन (A) ये आम, अमरूद, जामुन और सेब मीठे हैं। वाक्य में अल्पविराम का प्रयोग होगा।
कारण (R) आम अमरूद जामुन समान पद हैं, इन्हें अलग करने के लिए अल्प विराम का प्रयोग किया जाता है।
(क) कथन A तथा कारण R दोनों गलत हैं।
(ख) कथन A सही है, लेकिन कारण R गलत है।
(ग) कथन A तथा कारण R दोनों सही हैं तथा कारण R, कथन A की सही व्याख्या करता है।
(घ) कथन A सही है, परंतु कारण R उसकी सही व्याख्या करता है।

अतिलघु उत्तरीय प्रश्न

1. विराम का शाब्दिक अर्थ क्या है?
2. किस विराम चिह्न का प्रयोग प्रश्नसूचक व विस्मयादिबोधक वाक्यों में नहीं होता है?
3. जब मेरे पास रुपये होंगे; तब मैं आपकी सहायता करूँगा। प्रस्तुत वाक्य में किस विराम चिह्न का प्रयोग हुआ है?
4. सुनो, सुनो, ध्यान से सुनो, कोई गा रहा है वाक्य में किस विराम चिह्न का प्रयोग हुआ है?
5. आप सम्भवत: दिल्ली के निवासी हैं? वाक्य में किस विराम चिह्न का प्रयोग हुआ है?
6. अरे! वह अनुत्तीर्ण हो गया वाक्य में किस विराम चिह्न का प्रयोग हुआ है?
7. डॉ. वर्मा ने कहा है, "निराला जी की कविता 'वह तोड़ती पत्थर' बडी मार्मिक है।" वाक्य में कौन-सा विराम चिह्न है?
8. अंजलि एम.ए., बी.एड., पी.एच.डी. धारक है वाक्य में किस विराम चिह्न का प्रयोग हुआ है?
9. वाक्य में जहाँ सबसे कम रुकना होता हो, वहाँ किस विराम चिह्न का प्रयोग होता है?
10. पूर्ण विराम के स्थान पर एक अन्य चिह्न भी प्रचलित है, वह क्या है?
11. निषेधसूचक 'नहीं' और स्वीकारसूचक 'हाँ' के बाद कुछ लिखना हो, तो कौन-सा चिह्न प्रयुक्त किया जाएगा?
12. समुच्चयबोधक अव्यय का लोप होने पर प्रयुक्त होता है
13. किसी कठिन शब्द को स्पष्ट करने के लिए किस विराम चिह्न का प्रयोग होता है?
14. किसी के कथन को उद्धृत करते समय किस विराम चिह्न का प्रयोग किया जाता है? दक्षता आधारित प्रश्न
15. एक व्यक्ति से प्रश्न किए जाने पर उत्तर नहीं मिलता या गलत उत्तर मिलता है तो दूसरे से प्रश्न किए जाने पर वाक्यांश में कौन-सा चिह्न लगाया जाता है? दक्षता आधारित प्रश्न
16. विनय, व्यंग्य, उपहास को व्यक्त करने के लिए किस विराम-चिह्न का प्रयोग किया जाता है?
17. दो विपरीतार्थक शब्दों के बीच किस चिह्न का प्रयोग होता है?
18. जब दो शब्दों में एक सार्थक और दूसरा निरर्थक हो तब वहाँ लगाया जाता है

व्याख्या सहित उत्तर

बहुविकल्पीय प्रश्न

1. (क) अर्द्धविराम
2. (घ) ।
3. (ग) –
4. (ग) योजक चिह्न
5. (घ) ये सभी
6. (ग) योजक चिह्न
7. (क) अर्द्धविराम
8. (ग) अल्पविराम
9. (क) अल्पविराम
10. (ग) हाँ मेरा यही विचार है।
11. (क) नहीं कल मैं तुम्हारे घर नहीं आ सकूँगा।
12. (क) कह सकते हैं कि वाक्य, अनुशासित शब्दों की व्यवस्थित कड़ी है।
13. (ख) घर जाकर उसने नहाया, कपड़े धोए और सारे घर की सफाई की।
14. (ग) राम की पत्नी, दोनों बच्चे और नौकर घूमने गए हैं।
15. (ग) जीना-मरना, सुख-दु:ख, हानि-लाभ और होनी—अनहोनी लगे ही रहते हैं।
16. (क) नहीं, यह मुझसे न होगा।
17. (घ) कथन I, III और IV सही हैं।
18. (ग) कथन I, II और III सही हैं।
19. (ख) 3 1 4 2
20. (ग) कथन A तथा कारण R दोनों सही हैं तथा कारण R, कथन A की सही व्याख्या करता है।

अतिलघु उत्तरीय प्रश्न

1. रुकना या ठहरना।
2. पूर्ण विराम
3. अर्द्धविराम
4. अल्प विराम
5. प्रश्नवाचक विराम-चिह्न
6. विस्मयादिबोधक चिह्न
7. उद्धरण चिह्न
8. संक्षेपसूचक और अल्प विराम
9. अल्प विराम
10. फुलस्टॉप
11. अल्पविराम
12. अल्पविराम
13. कोष्ठक
14. उद्धरण चिह्न
15. पूर्णविराम
16. विस्मयादिबोधक
17. योजक चिह्न
18. योजक चिह्न

स्व–मूल्यांकन

बहुविकल्पीय प्रश्न

1. विराम चिह्न (^) का नाम है
(क) अर्द्ध विराम (ख) पूर्ण विराम
(ग) अल्पविराम (घ) हंसपद

2. निम्न में से कौन-सा विराम-चिह्न भावों को व्यक्त करता है?
(क) ; (ख)
(ग) ! (घ) ।

3. निम्नलिखित में से कौन-सा उद्धरण चिह्न है?
(क) । (ख)
(ग) - (घ) " "

4. वाक्य में आए कठिन शब्दों का अर्थ स्पष्ट करने के लिए किस चिह्न का प्रयोग करते हैं?
(क) अल्प विराम (ख) अर्द्ध विराम
(ग) योजक चिह्न (घ) कोष्ठक चिह्न

5. विराम-चिह्न के सत्य युग्म का चयन कीजिए
(क) अल्प विराम (,) (ख) योजक चिह्न (–)
(ग) प्रश्नवाचक चिह्न (?) (घ) उपर्युक्त सभी

6. चाय-वाय के बीच लगने वाला (-) चिह्न है
(क) अल्प विराम (ख) विस्मयादिबोधक
(ग) योजक चिह्न (घ) उद्धरण चिह्न

7. जहाँ अर्द्ध विराम की अपेक्षा कम रुकना अपेक्षित हो, वहाँ .... चिह्न का प्रयोग किया जाता है।
(क) अर्द्ध विराम (ख) अल्प विराम
(ग) संक्षेप चिह्न (घ) कोष्ठक

8. किसी के नाम या उपाधि को संक्षिप्त रूप देने के लिए .... चिह्न का प्रयोग करते हैं।
(क) पूर्ण विराम (ख) अल्प विराम
(ग) अर्द्ध विराम (घ) लाघव

9. सुमेलित कीजिए।

सूची I		सूची II	
A.	प्रश्नवाचक चिह्न	1.	,
B.	विस्मयवाचक चिह्न	2.	?
C.	अल्प विराम	3.	।
D.	पूर्ण विराम	4.	!

कूट

	A	B	C	D
(क)	3	1	2	4
(ख)	2	4	1	3
(ग)	3	2	4	1
(घ)	2	3	4	1

अतिलघु उत्तरीय प्रश्न

1. विराम चिह्न क्यों लगाए जाते हैं?

2. किसी व्यक्ति या वस्तु का सजीव वर्णन करते समय वाक्यांशों के अंत में किस विराम चिह्न का प्रयोग होता है?

3. हा! राधा का एक्सीडेंट हो गया। प्रस्तुत वाक्य में किस विराम चिह्न का प्रयोग हुआ है?

4. राधा, मीरा, रघु और श्याम सभी पिकनिक पर गए हैं। वाक्य में किस विराम चिह्न का प्रयोग हुआ है?

5. आप अब कहाँ रहते हैं? वाक्य में किस विराम चिह्न का प्रयोग हुआ है?

6. राधा बोली, 'मेरा गाँव दूर है।' वाक्य में किस विराम चिह्न का प्रयोग हुआ है?

7. सबसे कम किस विराम चिह्न का प्रयोग होता है?

8. नाटकों या संवादों में किस चिह्न का प्रयोग किया जाता है?

अध्याय 6

वाक्य भेद (अर्थ की दृष्टि से)

6.1 वाक्य की परिभाषा

वाक्य, किसी भी भाषा की सबसे छोटी एवं सार्थक इकाई होती है। अपने विचारों को दूसरों तक पहुँचाने के लिए हमें वाक्य की मदद लेनी पड़ती है। वाक्यों से बोलने या लिखने वाले के आशय का बोध होता है।

शब्दों का ऐसा व्यवस्थित समूह, जिससे अभीष्ट आशय पूरी तरह स्पष्ट हो, वाक्य कहलाता है।

अत: इस आधार पर कहा जा सकता है कि किसी भी वाक्य में

- शब्दों का व्यवस्थित समूह होना चाहिए।
- उस समूह का पूरा-पूरा अर्थ स्पष्ट होना चाहिए।

वाक्य के अनिवार्य तत्त्व

वाक्य में आकांक्षा, योग्यता तथा क्रम का होना अनिवार्य होता है। वाक्य में एक पद को सुनने या जानने के बाद आगे के पदों को जानने की जो उत्सुकता पैदा होती है, उसे **आकांक्षा** कहते हैं।

जैसे—सुरेश खाता है।

इस वाक्य में यदि यह प्रश्न किया जाए कि 'सुरेश' क्या खाता है? उत्तर मिलेगा कि 'रोटी' खाता है, तो 'रोटी' इस वाक्य की 'आकांक्षा' होगी।

वाक्य में **योग्यता** से तात्पर्य पदों के अर्थबोधन की क्षमता की सामर्थ्य से है। जब वाक्य का प्रत्येक पद अर्थबोध की क्षमता रखता हो, तो समझना चाहिए कि वाक्य में 'योग्यता' विद्यमान है।

जैसे—चिड़िया पैर के सहारे उड़ती है।

इस वाक्य में व्याकरण की दृष्टि से कोई त्रुटि नहीं है, लेकिन यह सर्वविदित है कि पैर के सहारे चला जा सकता है, उड़ा नहीं। अत: इस वाक्य में अर्थबोध की क्षमता यानी योग्यता का अभाव है।

वाक्य में क्रम वास्तव में, आकांक्षा तथा योग्यता के विधान को पूर्णता प्रदान करता है। वाक्य में प्रयुक्त पदों या शब्दों को समुचित स्थान पर रखने को 'क्रम' कहते हैं।

जैसे—पढ़ी मैंने किताब।

उपरोक्त वाक्य व्याकरणिक दृष्टि से त्रुटिपूर्ण नहीं होते हुए भी इसलिए गलत है, क्योंकि इसमें 'क्रम' का अभाव है। वाक्य—'मैंने किताब पढ़ी' सही है, क्योंकि इसमें पदों की क्रमबद्धता स्पष्ट रूप से मौजूद है।

वाक्य की विशेषताएँ

वाक्य की निम्नलिखित विशेषताएँ हैं

- वाक्य की सबसे बड़ी विशेषता यह है कि उसमें प्रयुक्त सभी पदों का पूरा अर्थ अवश्य स्पष्ट होना चाहिए।
- वाक्य के सही अर्थ को जानने के लिए शब्दों का उचित क्रम में आना अत्यंत आवश्यक है। यदि वाक्य में शब्द सही क्रम में नहीं आते, तो वाक्य का अर्थ ही बदल जाता है।
- वाक्य में जो शब्द प्रयुक्त किए जा रहे हैं, उन्हें सार्थक होने के साथ-साथ प्रसंगानुकूल होना भी आवश्यक है। यदि सार्थक होते हुए भी उनकी अर्थ-क्षमता अपूर्ण है, तो उनका प्रयोग अप्रासंगिक हो जाता है; जैसे–दिनेश खाना पीता है।
- बोलने या लिखने के क्रम में वाक्य में प्रयुक्त शब्दों में निकटता का होना आवश्यक है, क्योंकि जब शब्दों को रुक-रुककर बोला जाता है, तो वे अर्थ में व्यवधान उत्पन्न करते हैं।
- जो वाक्य लिखा जा रहा है, वह अपने आप में पूरा होना चाहिए। लिखते समय वाक्य में किसी ऐसे शब्द की कमी नहीं होनी चाहिए, जिसके कारण अर्थ अधूरा प्रतीत होता हो।
- वाक्य में कर्ता, कर्म, क्रिया का लिंग, वचन, पुरुष तथा कारक में मेल होना अत्यंत आवश्यक है। यदि इन सबका मेल नहीं होगा, तो वाक्य का अर्थ अधूरा होगा।

वाक्य के अंग

जिन अवयवों को मिलाकर वाक्य की रचना होती है, उन्हें वाक्य के अंग (घटक) कहते हैं।

वाक्य के अनिवार्य अंग हैं—कर्ता एवं क्रिया। इनके बिना वाक्य संभव नहीं हैं; जैसे—

- मीरा नाचेगी।
- मोहन गाएगा।

उपर्युक्त वाक्यों में एक-एक कर्ता (मीरा, मोहन) तथा एक-एक क्रिया (नाचेगी, गाएगा) है।

कर्ता और क्रिया पक्ष के अनुसार, वाक्य के दो घटक होते हैं

(i) **उद्देश्य** वाक्य में जिसके बारे में कुछ कहा जाए, उसे उद्देश्य कहते हैं।

(ii) **विधेय** वाक्य में प्रयुक्त उद्देश्य के बारे में जो कुछ कहा जाए, उसे विधेय कहते हैं।

उदाहरण

- श्याम ने बाज़ार से फल खरीदे।
- बच्चे पतंग उड़ा रहे हैं।

उद्देश्य	विधेय
• श्याम ने	बाज़ार से फल खरीदे।
• बच्चे	पतंग उड़ा रहे हैं।

उपवाक्य

वाक्य से छोटी इकाई उपवाक्य होती है। उपवाक्य दो या दो से अधिक पदों का समूह है, जो किसी वाक्य का एक अंश होता है और उसमें उद्देश्य एवं विधेय भी होता है। अतः ऐसा पद समूह, जिसका अपना अर्थ हो, जो सामान्यतया एक वाक्य का भाग हो तथा जिसमें उद्देश्य एवं विधेय हों, उपवाक्य कहलाता है। वाक्य एक उपवाक्य का भी हो सकता है और एक से अधिक उपवाक्यों का भी। जहाँ उपवाक्य स्वतंत्र रूप में होता है, वह वास्तव में, सरल वाक्य होता है।

जब किसी वाक्य में एक से अधिक उपवाक्य होते हैं, तो उसमें एक उपवाक्य प्रधान होता है तथा अन्य उपवाक्य गौण। प्रधान उपवाक्य और गौण उपवाक्य परस्पर स्वतंत्र भी हो सकते हैं तथा परस्पर आश्रित भी। सामान्यतया उपवाक्यों के आरंभ में जिससे, जो, कि, जितना, जब, जहाँ, चूँकि, क्योंकि आदि होते हैं।

उपवाक्य तीन प्रकार के होते हैं

(i) **संज्ञा उपवाक्य** जो आश्रित उपवाक्य संज्ञा की तरह व्यवहार में लाया जाए, उसे संज्ञा उपवाक्य कहते हैं। इसकी पहचान यह है कि इस उपवाक्य के पूर्व में 'कि' होता है; *जैसे*—मैं नहीं जानता कि वह कहाँ है? इस वाक्य में 'कि वह कहाँ है' संज्ञा उपवाक्य है।

(ii) **विशेषण उपवाक्य** जो आश्रित उपवाक्य विशेषण की तरह प्रयुक्त होता हो, उसे विशेषण उपवाक्य कहते हैं। इसमें जो, जैसा, जितना आदि शब्दों का प्रयोग होता है; *जैसे*—वह लड़का, जो कल रो रहा था, आज नहीं आया है। इसमें 'जो कल रो रहा था' विशेषण उपवाक्य है।

(iii) **क्रियाविशेषण उपवाक्य** जो उपवाक्य क्रियाविशेषण की तरह प्रयुक्त होता है, उसे क्रियाविशेषण उपवाक्य कहते हैं। इसमें प्रायः जब, जहाँ, जिधर, ज्यों, यद्यपि आदि शब्दों का प्रयोग होता है; *जैसे*—जब आग लगती है, तभी धुआँ उठता है। यहाँ 'जब आग लगती है' क्रियाविशेषण उपवाक्य है।

वाक्य के भेद

वाक्यों का वर्गीकरण दो दृष्टियों से किया जाता है

I. अर्थ की दृष्टि से

II. रचना की दृष्टि से

अर्थ की दृष्टि से (आठ भेद)

अर्थ की दृष्टि से वाक्यों के आठ भेद किए जाते हैं

(i) विधानवाचक	(ii) निषेधवाचक
(iii) आज्ञावाचक	(iv) प्रश्नवाचक
(v) विस्मयवाचक	(vi) संदेहवाचक
(vii) इच्छावाचक	(viii) संकेतवाचक

रचना की दृष्टि से (तीन भेद)

रचना की दृष्टि से वाक्य के तीन भेद किए जाते हैं

(i) सरल वाक्य

(ii) संयुक्त वाक्य

(iii) मिश्र वाक्य

नोट इस कक्षा के पाठ्यक्रम में **अर्थ की दृष्टि से वाक्य भेद** निर्धारित है। इस पाठ में हम इसी का अध्ययन करेंगे।

अर्थ की दृष्टि से वाक्य के भेद

अर्थ की दृष्टि से वाक्य के आठ प्रकार होते हैं

(i) **विधानवाचक वाक्य** जिस वाक्य से किसी क्रिया या किसी भी बात के होने का बोध होता है, उसे 'विधानवाचक वाक्य' कहते हैं; जैसे—

भगवाना परलोक चला गया। *(दुःख का अधिकार)*

पिता इन्हें बचपन से गणित और भौतिकी पढ़ाते थे। *(वैज्ञानिक चेतना के वाहक)*

वे एक घंटे में चार घंटे का काम निपटा देते। *(शुक्रतारे के समान)*

इन वाक्यों में 'क्रिया' के होने अथवा उसकी प्रक्रिया का बोध होता है। इस कारण ऐसे वाक्य 'विधानवाचक वाक्य' कहलाते हैं।

अन्य उदाहरण

- भागना व्यर्थ है।
- वह नेपाल से तिब्बत जाने का मुख्य रास्ता था।
- उपभोग-भोग ही सुख है।

(ii) **निषेधवाचक वाक्य** जिस वाक्य से किसी कार्य के न होने का बोध होता है, उसे 'निषेधवाचक वाक्य' कहते हैं; *जैसे*—

हम निराशाजनक स्थिति में नहीं चल रहे थे। *(एवरेस्ट: मेरी शिखर यात्रा)*

और आशंका निर्मूल नहीं थी। *(तुम कब जाओगे, अतिथि?)*

भारत में उनके अक्षरों का कोई सानी नहीं था। *(शुक्रतारे के समान)*

इन वाक्यों में 'क्रिया' के न होने का बोध होता है। इस कारण ऐसे वाक्य 'निषेधवाचक वाक्य' कहलाते हैं।

अन्य उदाहरण

- हमारी जाति का यह धर्म नहीं है।
- न वहाँ बरफ़ की सफ़ेदी थी, न किसी तरह की हरियाली।
- पुरुष भी इस दौड़ में पीछे नहीं हैं।

(iii) **आज्ञावाचक वाक्य** जिस वाक्य में किसी प्रकार की 'आज्ञा' अथवा 'अनुरोध' का बोध हो, उसे 'आज्ञावाचक वाक्य' कहते हैं; जैसे—

- मनुष्यत्व को मानो, पशु बनना छोड़ो और आदमी बनो। *(धर्म की आड़)*
- तुम लौट जाओ, अतिथि। *(तुम कब जाओगे, अतिथि)*
- बछेंद्री, तुम हिम्मत मत हारो और आगे बढ़ते जाओ।

इन वाक्यों में 'आज्ञा' का बोध होता है। इस कारण ऐसे वाक्य 'आज्ञावाचक वाक्य' कहलाते हैं।

अन्य उदाहरण

- हीरा ने समझाया—नहीं भाई! खड़े हो जाओ।
- मैंने उनसे कहा कि जिस गाँव में ठहरना हो, उसमें पहले ही गंडे बाँट दो।

(iv) **प्रश्नवाचक वाक्य** जिस वाक्य से किसी प्रकार का प्रश्न करने का बोध होता है, उसे 'प्रश्नवाचक वाक्य' कहते हैं; जैसे—

क्या तुम वापिस जाना चाहोगी? *(एवरेस्ट : मेरी शिखर यात्रा)*

क्या तुम्हारी पृथ्वी तुम्हें नहीं पुकारती? *(तुम कब जाओगे, अतिथि)*

इन वाक्यों में 'प्रश्न' किए जाने का बोध होता है। इस कारण ऐसे वाक्य 'प्रश्नवाचक वाक्य' कहलाते हैं।

अन्य उदाहरण

- हम गरीबों को क्यों निकाल रहे हैं?
- पीठ पर सामान लादकर कैसे चलते?
- इस संस्कृति के फैलाव का परिणाम क्या होगा?

(v) **विस्मयवाचक वाक्य** जिस वाक्य से आश्चर्य, शोक, हर्ष, विस्मय इत्यादि भावों का बोध हो, उसे 'विस्मयवाचक वाक्य' कहते हैं; जैसे—

- अरे! महादेव जी की लिखावट इतनी सुंदर है। *(शुक्रतारे के समान)*
- ऐं! धनाढ्यों द्वारा गरीबों को चूसा जाता है। *(धर्म की आड़)*
- अरे! शोक करने, गम मनाने के लिए भी सहूलियत चाहिए। *(दु:ख का अधिकार)*

इन वाक्यों में 'विस्मय' के भाव का बोध हो रहा है। इस कारण ऐसे वाक्य 'विस्मयवाचक वाक्य' कहलाते हैं।

अन्य उदाहरण

- आह! यह लो! अपना ही घर आ गया।
- पिछले वर्ष के फ़ैशन इस वर्ष! शर्म की बात है।
- वृंदावन कभी कृष्ण की बाँसुरी के जादू से खाली हुआ है क्या!

(vi) **संदेहवाचक वाक्य** जिस वाक्य द्वारा किसी प्रकार का संदेह प्रकट हो, उसे 'संदेहवाचक वाक्य' कहते हैं; जैसे—

शायद ये कपड़े लॉण्ड्री पर कल तक धुल जाएँगे। *(तुम कब जाओगे, अतिथि)*

संभवत: आज हम एवरेस्ट पर पहुँच जाएँ। *(एवरेस्ट : मेरी शिखर यात्रा)*

शायद लड़के का पैर साँप पर पड़ गया। *(दु:ख का अधिकार)*

इन वाक्यों से 'संदेह तथा संभावना' का बोध होता है। इस कारण ऐसे वाक्य 'संदेहवाचक वाक्य' कहलाते हैं।

अन्य उदाहरण

- संभवत: आज नहीं तो कल वर्षा हो जाए।
- शायद दो-एक और सवार साथी हमारे साथ चल रहे थे।
- हो सकता है कि यहाँ ताजा पनीर मिल जाए।
- संभव है, लंबी यात्राओं की थकान ने उनके शरीर को कमज़ोर कर दिया हो।

(vii) **इच्छावाचक वाक्य** जिस वाक्य से किसी इच्छा, आशा या शुभकामना का बोध होता है, उसे 'इच्छावाचक वाक्य' कहते हैं; जैसे—

काश! स्वाधीनता के क्षेत्र में मौलवियों और धर्माचार्यों को स्थान न दिया जाता। (धर्म की आड़)

काश! आते-जाते 11 मील पैदल न चलते। (शुक्रतारे के समान)

मैं तुम्हारी इस अनूठी उपलब्धि के लिए तुम्हारे माता-पिता को बधाई देना चाहता हूँ। (एवरेस्ट : मेरी शिखर यात्रा)

इन वाक्यों में 'आशा, इच्छा तथा कामना' का बोध स्पष्ट है। इस कारण ऐसे वाक्य 'इच्छावाचक वाक्य' कहलाते हैं।

अन्य उदाहरण

- अगर इतनी मेहनत से काम न चलता था, तो और काम ले लेते।
- काश! मुँह की दुर्गंध से बचने के लिए माउथवॉश भी होता।
- नीट परीक्षा में सफल होने पर आपकों ढेर सारी शुभकामनाएँ।

(viii) **संकेतवाचक वाक्य** जिस वाक्य का एक हिस्सा दूसरे हिस्से की संभावना पर निर्भर करता है, उसे 'संकेतवाचक वाक्य' कहते हैं; जैसे—

यदि हम इसी गति से चलते रहे, तो शिखर पर दोपहर एक बजे तक पहुँच जाएँगे। (एवरेस्ट : मेरी शिखर यात्रा)

यदि किसी धर्म के मानने वाले कहीं जबरदस्ती टाँग अड़ाते हों, तो इसे स्वाधीनता के **विरुद्ध** समझा जाएगा। (धर्म की आड़)

यदि घर में अनाज का दाना होता, तो वह खरबूजे बेचने न आती। (दु:ख का अधिकार)

इन वाक्यों में दूसरे हिस्से की 'संभावना' पर पहले हिस्से का अर्थ निर्भर है। इस कारण ऐसे वाक्य 'संकेतवाचक वाक्य' कहलाते हैं।

अन्य उदाहरण

- दोहरी मार पड़ेगी, तो भाग खड़ा होगा।
- जब मैं ज़ोर देने लगता, तो वह और सुस्त पड़ जाता।
- जैसे-जैसे दिखावे की यह संस्कृति फैलेगी, वैसे-वैसे सामाजिक अशांति भी बढ़ेगी।

वाक्यों का रूपांतरण

किसी वाक्य में अर्थ-परिवर्तन किए बिना उसकी संरचना में परिवर्तन की प्रक्रिया 'वाक्यों का रूपांतरण' कहलाती है। वाक्य-परिवर्तन के दौरान इस बात का ध्यान रखना अत्यंत ज़रूरी होता है कि किसी भी परिस्थिति में वाक्य-परिवर्तन अर्थ को परिवर्तित न कर सके; जैसे—

(i) **विधानवाचक वाक्य से अन्य वाक्यों में परिवर्तन**

(क) **विधानवाचक वाक्य** उसका तेईस बरस का जवान लड़का था।
प्रश्नवाचक वाक्य क्या उसका लड़का तेईस बरस का था?

(ख) **विधानवाचक वाक्य** हम आशाजनक स्थिति में चल रहे थे।
निषेधवाचक वाक्य हम आशाजनक स्थिति में नहीं चल रहे थे।

(ग) **विधानवाचक वाक्य** शेरपा कुलियों में से चार घायल हो गए थे।

विस्मयसूचक वाक्य अरे! शेरपा कुलियों में से चार घायल हो गए थे।

(घ) **विधानवाचक वाक्य** हम तुम्हें स्टेशन पर छोड़ने जाएँगे।

इच्छावाचक वाक्य काश! हम तुम्हें स्टेशन पर छोड़ने जाते।

(ङ) **विधानवाचक वाक्य** हिमपात के कारण सभी काम व्यर्थ हो जाएँगे।

संदेहवाचक वाक्य हिमपात के कारण सभी काम व्यर्थ हो सकते हैं।

(च) **विधानवाचक वाक्य** दया करके मनुष्यत्व को मानना चाहिए।

आज्ञावाचक वाक्य दया करो और मनुष्यत्व को मानो।

(छ) **विधानवाचक वाक्य** लॉण्ड्री पर देने से कपड़े जल्दी धुल जाएँगे।

संकेतवाचक वाक्य यदि लॉण्ड्री पर कपड़े देंगे, तो जल्दी धुल जाएँगे।

अभ्यास प्रश्न

बहुविकल्पीय व वर्णनात्मक प्रश्नों सहित

बहुविकल्पीय प्रश्न

1. अर्थ की दृष्टि से वाक्य के कितने भेद होते हैं?

(क) तीन (ख) पाँच (ग) सात (घ) आठ

2. 'जो परिश्रम करेगा वह सफल होगा'-अर्थ के आधार पर वाक्य का कौन-सा भेद है?

(क) संदेहवाचक (ख) विधानवाचक
(ग) संकेतवाचक (घ) विस्मयवाचक

3. 'जैसी नीयत होती है अल्ला भी वैसी ही बरकत देता है' अर्थ की दृष्टि से वाक्य भेद क्या होगा?

(क) इच्छावाचक (ख) आज्ञावाचक
(ग) निषेधवाचक (घ) संकेतवाचक

4. 'लड़का परसों सुबह मुँह अँधेरे बेलों में से पके खरबूजे चुन रहा था'-वाक्य अर्थ की दृष्टि से किस प्रकार का वाक्य है?

(क) विधानवाचक (ख) संदेहवाचक
(ग) इच्छावाचक (घ) विस्मयवाचक

5. 'आज वह बाजार में सौदा बेचने चली गई; हाय रे पत्थर दिल!' वाक्य अर्थ की दृष्टि से किस वर्ग में आएगा?

(क) विधानवाचक (ख) विस्मयवाचक
(ग) इच्छावाचक (घ) संदेहवाचक

6. 'शायद उन्हें मेरी बात बुरी लग गई होगी' वाक्य में अर्थ की दृष्टि से कौन-सा भेद है? दक्षता आधारित प्रश्न

(क) निषेधवाचक (ख) आज्ञावाचक
(ग) संदेहवाचक (घ) संकेतवाचक

7. 'अनेक बार देखा कि केवल थोड़ी दूर के बाद कोई ऊँची चढ़ाई नहीं है' अर्थ की दृष्टि से वाक्य का प्रकार बताइए।

(क) विधानवाचक (ख) संदेहवाचक
(ग) आज्ञावाचक (घ) निषेधवाचक

8. 'ल्हादू एक नायलॉन की रस्सी लाया था' वाक्य अर्थ के आधार पर किस प्रकार का वाक्य है?

(क) विस्मयवाचक (ख) संदेहवाचक
(ग) इच्छावाचक (घ) विधानवाचक

9. 'क्या अँधेर है!' अर्थ के आधार पर कौन-सा वाक्य है?

(क) विधानवाचक (ख) आज्ञावाचक
(ग) निषेधवाचक (घ) विस्मयवाचक

10. 'क्या तुम भयभीत थी?' अर्थ के आधार पर कौन-सा वाक्य है?

(क) प्रश्नवाचक (ख) इच्छावाचक
(ग) संदेहवाचक (घ) संकेतवाचक

11. 'भगवाना परलोक चला गया' इस वाक्य में उद्देश्य और विधेय छाँटकर लिखिए। दक्षता आधारित प्रश्न

(क) उद्देश्य-भगवाना, विधेय-परलोक चला गया
(ख) उद्देश्य-भगवाना परलोक, विधेय-चला गया
(ग) उद्देश्य-परलोक, विधेय-चला गया
(घ) उद्देश्य-परलोक चला गया, विधेय-भगवाना

12. 'लड़का बेलों में से पके खरबूजे चुन रहा था' वाक्य को निषेधवाचक वाक्य में बदलकर लिखिए। दक्षता आधारित प्रश्न

(क) लड़का बेलों में से कच्चे खरबूजे नहीं चुन रहा था
(ख) लड़का बेलों से खरबूजे चुन रहा था
(ग) क्या लड़का बेलों में से पके खरबूजे चुन रहा था?
(घ) लड़का बेलों में से पके खरबूजे क्यों चुन रहा था?

13. 'क्या सभी सकुशल वापिस आएँगे?' इस वाक्य को इच्छावाचक वाक्य में बदलकर लिखिए।

(क) अरे! क्या सभी सकुशल वापिस आएँगे
(ख) सभी सकुशल वापिस आ गए
(ग) भगवान करे, सभी सकुशल वापिस आएँ
(घ) शायद सभी सकुशल वापिस आ गए होंगे

14. 'हो सकता है वह बाजार जाए' इस वाक्य में अर्थ के आधार पर वाक्य का कौन-सा भेद है?

(क) आज्ञावाचक (ख) प्रश्नवाचक

(ग) संदेहवाचक (घ) विधानवाचक

15. निम्नलिखित में से इच्छावाचक वाक्य कौन-सा है?

दक्षता आधारित प्रश्न

(क) ईश्वर करे, आप जल्दी स्वस्थ हो जाएँ

(ख) ईश्वर का वास प्रत्येक स्थान पर है

(ग) ईश्वर की माया कहीं धूप कहीं छाया

(घ) ईश्वर सर्वशक्तिमान है

16. 'आज्ञावाचक वाक्य' वाला विकल्प है

(क) राम धीरे चलता है।

(ख) राम धीरे नहीं चलता है।

(ग) राम धीरे चलो।

(घ) काश! राम धीरे चलता।

17. 'संदेहवाचक वाक्य' इनमें से कौन-सा है?

(क) आज वर्षा हो सकती है।

(ख) आज वर्षा होगी।

(ग) काश! आज वर्षा हो जाती।

(घ) पता नहीं, वर्षा कब होगी।

18. इनमें से आज्ञावाचक वाक्य कौन-सा है?

(क) आप यहीं बैठिए।

(ख) मुझे अंदर आने दीजिए।

(ग) अपनी पुस्तक खोलो।

(घ) उपर्युक्त सभी

19. 'विस्मयवाचक वाक्य' के उदाहरण वाला विकल्प है

(क) छिः! कितनी बदबू है।

(ख) अहा! हम मैच जीत गए।

(ग) ऐं! ऐसा कैसे हो गया।

(घ) उपर्युक्त सभी

20. सुमेलित कीजिए। दक्षता आधारित प्रश्न

सूची I	सूची II
A. सदा खुश रहो।	1. निषेधवाचक वाक्य
B. अभी चाँद नहीं निकला है।	2. संदेहवाचक वाक्य
C. अरे! तुम यहाँ।	3. इच्छावाचक वाक्य
D. गाड़ी दूर गई होगी।	4. विस्मयवाचक वाक्य

कूट

	A	B	C	D		A	B	C	D
(क)	2	1	3	4	(ख)	3	1	4	2
(ग)	4	2	3	1	(घ)	2	3	4	1

21. तालाब में रंग-बिरंगी मछलियाँ तैर रही हैं। वाक्य के बारे में सही कथन है

I. तालाब उद्देश्य है।

II. यहाँ विधेय द्वारा उद्देश्य के बारे में कुछ बताया जा रहा है।

III. 'रंग-बिरंगी मछलियाँ' उद्देश्य हैं।

IV. 'तालाब में तैर रही हैं।' विधेय है। दक्षता आधारित प्रश्न

कूट

(क) केवल कथन I सही है।

(ख) कथन I एवं II सही हैं।

(ग) कथन II एवं III सही हैं।

(घ) कथन III एवं IV सही हैं।

22. निम्नलिखित कथन (A) तथा कारण (R) को ध्यानपूर्वक पढ़िए और दिए गए विकल्पों में से सही विकल्प का चयन कीजिए।

कथन (A) अहा! हम ऐवरेस्ट के शिखर पर आ गए हैं। – यह विस्मयवाचक वाक्य है।

कारण (R) 'हर्ष' का भाव व्यक्त होने के कारण यह विस्मयवाचक वाक्य है। दक्षता आधारित प्रश्न

(क) कथन A तथा कारण R दोनों गलत हैं।

(ख) कथन A सही है, किंतु कारण R गलत है।

(ग) कथन A तथा कारण R दोनों सही हैं तथा कारण R, कथन A की सही व्याख्या करता है।

(घ) कथन A सही है, परंतु कारण R उसकी गलत व्याख्या करता है।

अतिलघु उत्तरीय प्रश्न

1. अर्थ के आधार पर निम्नलिखित वाक्यों की पहचान कर उनके भेद लिखिए

(i) राम ने भोजन नहीं किया।

(ii) वाह! सुंदर स्थान है।

(iii) यदि वर्षा होती तो फसल अच्छी होती।

(iv) भगवान आपका भला करे।

(v) मैंने आज गृहकार्य नहीं किया।

(vi) धूप में मत खेलो।

(vii) सूर्य पूरब से निकलता है।

(viii) आप जा सकते हैं।

(ix) समाचार मिलते ही चले आओ।

(x) भगवान तुम्हें सद्बुद्धि दे।

(xi) शायद हम आज उनके घर जाएँ।

(xii) राधा ने पूछा, "तुम कौन हो"?

(xiii) यदि समय पर पानी दोगे तो पौधे अच्छे बढ़ेंगे।

(xiv) आधुनिक युग विज्ञान का युग है।

(xv) मैं यह कार्य नहीं कर सकता।

2. निर्देशानुसार वाक्य परिवर्तित कीजिए

(i) राधिका को मधुर गाने पर पुरस्कार मिला। *(संकेतवाचक वाक्य में)*

(ii) मंजुला गृहकार्य कर रही है। *(निषेधात्मक वाक्य में)*

(iii) तुम पढ़ने बैठ जाओ। *(संदेहवाचक वाक्य में)*

(iv) दोनों ने अपनी मूक भाषा में सलाह की। *(प्रश्नवाचक वाक्य में)*

(v) यह चीनी किला पुराना है। *(निषेधवाचक वाक्य में)*

(vi) प्रतिष्ठा के अनेक रूप होते हैं। *(निषेधवाचक वाक्य में)*

(vii) हमारी नई संस्कृति अनुकरण की संस्कृति है। *(इच्छावाचक वाक्य में)*

(viii) लोग पक्षियों को आदमी की नज़र से नहीं देखते हैं। *(विधानवाचक वाक्य में)*

(ix) सालिम अली पक्षियों की देखभाल करते थे। *(संकेतवाचक वाक्य में)*

(x) वर्षा आएगी। *(संदेहवाचक वाक्य में)*

(xi) मनोरम दृश्य है। *(विस्मयवाचक वाक्य में)*

(xii) वह एक अच्छा छात्र है। *(निषेधवाचक वाक्य में)*

(xiii) हम सब देशप्रेमी नागरिक हैं। *(इच्छावाचक वाक्य में)*

(xiv) यहाँ अधिक वर्षा से बाढ़ आ जाती है। *(प्रश्नवाचक वाक्य में)*

3. अर्थ के आधार पर वाक्य का भेद बताइए

(i) मेरी आँखें नम हैं, सालिम अली, तुम लौटोगे ना?

(ii) सालिम अली उन लोगों में से थे, जो प्रकृति के प्रभाव में आने की बजाय प्रकृति को अपने प्रभाव में लाने के कायल होते हैं।

(iii) कौन बचा है, जो अब हिमालय और लद्दाख की बर्फीली वादियों में जीने वाले पक्षियों की वकालत करेगा?

(iv) अमेरिका में आज जो हो रहा है, कल वह भारत में भी आ सकता है।

(v) हाँ, हाँ! सब ठीक है।

(vi) क्यों अमेरिका में उन्हें घुसने नहीं दिया जाता?

(vii) तुम कैसे अनुत्तीर्ण हो गए?

(viii) टिहरी गाँव वहाँ से बहुत दूर नहीं था।

(ix) ईश्वर आपको सुख और शांति दे।

(x) ओह! कितना सुंदर दृश्य है।

4. निर्देशानुसार उत्तर दीजिए

(i) गर्मी में पानी नहीं पीने से बीमार होते हैं। *(संकेतवाचक वाक्य में)*

(ii) क्या आपने मेरी कॉपी लौटा दी? *(विधानवाचक वाक्य में)*

(iii) कपड़े अलमारी में रखे हैं। *(आज्ञावाचक वाक्य में)*

(iv) प्रधानमंत्री कल अपना वक्तव्य देंगे। *(प्रश्नवाचक वाक्य में)*

(v) लड़के अच्छा काम कर रहे हैं। *(विस्मयवाचक वाक्य में)*

(vi) प्रधानमंत्री ने लालकिले पर तिरंगा फहराया। *(उद्देश्य एवं विधेय स्पष्ट कीजिए)*

(vii) जैसे भी हो, तुरंत अमृतसर पहुँचो। *(अर्थ की दृष्टि से वाक्य भेद)*

(viii) मोहन रोज़ पढ़ने जाता है। *(आज्ञावाचक वाक्य में)*

5. अर्थ की दृष्टि से वाक्य के कितने भेद होते हैं?

6. विधानवाचक वाक्य किसे कहते हैं?

7. निषेधवाचक वाक्य की परिभाषा लिखिए।

8. प्रश्नवाचक वाक्य की परिभाषा लिखिए।

9. आज्ञावाचक वाक्य किसे कहते हैं?

10. विस्मयवाचक वाक्य की परिभाषा लिखिए।

11. इच्छावाचक वाक्य की परिभाषा लिखिए।

12. संदेहवाचक वाक्य किसे कहते हैं?

13. संकेतवाचक वाक्य किसे कहते हैं?

14. वाक्य के कितने अंग हैं?

15. 'सैनिकों को आगे बढ़ना चाहिए' इस वाक्य को आज्ञावाचक वाक्य में बदलकर लिखिए। **दक्षता आधारित प्रश्न**

16. 'हम अपने हर कदम की जानकारी बेस कैंप पर दे रहे थे' वाक्य को संदेहवाचक वाक्य में बदलकर लिखिए।

17. 'अभिनव मेरा अभिन्न मित्र है'-वाक्य में उद्देश्य और विधेय पद छाँटिए।

18. 'फूलों को समय पर पानी मिलेगा, तो अधिक समय तक खिले रहेंगे' यह वाक्य किस प्रकार का है?

19. 'आपके पास मधुर वाणी है' वाक्य को विस्मयवाचक वाक्य में बदलकर लिखिए। **दक्षता आधारित प्रश्न**

20. 'देश में आतंकवादियों का खौफ शायद अभी भी है' अर्थ की दृष्टि से वाक्य भेद है

21. 'वह मुझे देखकर हक्का-बक्का रह गया' वाक्य को विस्मयवाचक वाक्य में बदलकर लिखिए। **दक्षता आधारित प्रश्न**

22. 'शोक तथा गम मनाने के लिए भी सहूलियत चाहिए' वाक्य को निषेधवाचक वाक्य में बदलकर लिखिए।

23. 'घर में जो कुछ आटा और अनाज था, दान-दक्षिणा में उठ गया' अर्थ की दृष्टि से वाक्य का भेद है

24. 'जवान बेटे के मरने पर तेरह दिन का सूतक होता है' वाक्य को प्रश्नवाचक वाक्य में बदलकर लिखिए।

व्याख्या सहित उत्तर

बहुविकल्पीय प्रश्न

1. (घ) आठ
2. (ग) संकेतवाचक
3. (घ) संकेतवाचक
4. (क) विधानवाचक
5. (ख) विस्मयवाचक
6. (ग) संदेहवाचक
7. (घ) निषेधवाचक
8. (घ) विधानवाचक
9. (घ) विस्मयवाचक
10. (क) प्रश्नवाचक
11. (क) उद्देश्य-भगवाना, विधेय-परलोक चला गया
12. (क) लड़का बेलों में से कच्चे खरबूजे नहीं चुन रहा था
13. (ग) भगवान करे, सभी सकुशल वापिस आएँ
14. (ग) संदेहवाचक
15. (क) ईश्वर करे, आप जल्दी स्वस्थ हो जाएँ
16. (ग) राम धीरे चलो।
17. (क) आज वर्षा हो सकती है।
18. (घ) उपर्युक्त सभी
19. (घ) उपर्युक्त सभी
20. (ख) 3 1 4 2
21. (घ) कथन III एवं IV सही हैं।
22. (ग) कथन A तथा कारण R दोनों सही हैं तथा कारण R, कथन A की सही व्याख्या करता है।

अतिलघु उत्तरीय प्रश्न

1. (i) निषेधवाचक वाक्य
(ii) विस्मयवाचक वाक्य
(iii) संकेतवाचक वाक्य
(iv) इच्छावाचक वाक्य
(v) निषेधवाचक वाक्य
(vi) आज्ञावाचक वाक्य
(vii) विधानवाचक वाक्य
(viii) आज्ञावाचक वाक्य
(ix) आज्ञावाचक वाक्य
(x) इच्छावाचक वाक्य
(xi) संदेहवाचक वाक्य
(xii) प्रश्नवाचक वाक्य
(xiii) संकेतवाचक वाक्य
(xiv) विधानवाचक वाक्य
(xv) निषेधवाचक वाक्य

2. (i) यदि राधिका मधुर गाना गाती तो उसे पुरस्कार मिलता।
(ii) मंजुला गृहकार्य नहीं कर रही है।
(iii) अब तक तुम पढ़ने बैठ गए होंगे।
(iv) क्या दोनों ने अपनी मूक भाषा में सलाह की?
(v) यह चीनी किला पुराना नहीं है।
(vi) प्रतिष्ठा के अनेक रूप नहीं होते हैं।
(vii) काश, हमारी नई संस्कृति अनुकरण की संस्कृति होती।
(viii) लोग पक्षियों को आदमी की नज़र से देखते हैं।
(ix) यदि सालिम अली रहते, तो पक्षियों की देखभाल करते।
(x) शायद वर्षा आएगी।
(xi) अहा! कैसा मनोरम दृश्य है।
(xii) वह एक अच्छा छात्र नहीं है।
(xiii) काश! हम सब देशप्रेमी नागरिक होते।
(xiv) क्या यहाँ अधिक वर्षा से बाढ़ आ जाती है?

3. (i) प्रश्नवाचक वाक्य
(ii) विधानवाचक वाक्य
(iii) प्रश्नवाचक वाक्य
(iv) संदेहवाचक वाक्य
(v) विस्मयवाचक वाक्य
(vi) प्रश्नवाचक वाक्य
(vii) प्रश्नवाचक वाक्य
(viii) निषेधवाचक वाक्य
(ix) इच्छावाचक वाक्य
(x) विस्मयवाचक वाक्य

4. (i) यदि गर्मी में पानी नहीं पिया जाए, तो बीमार पड़ सकते हैं।
(ii) आपने मेरी कॉपी लौटा दी।
(iii) देखो, कपड़े अलमारी में रखे हैं।
(iv) क्या प्रधानमंत्री कल अपना वक्तव्य देंगे?
(v) अरे! लड़के अच्छा काम कर रहे हैं।
(vi) **उद्देश्य** प्रधानमंत्री ने
विधेय लालकिले पर तिरंगा फहराया।
(vii) आज्ञावाचक वाक्य
(viii) मोहन, तुम रोज़ पढ़ने जाओ।

5. अर्थ की दृष्टि से वाक्य के आठ भेद होते हैं।

6. जिस वाक्य में किसी क्रिया या किसी भी बात के होने का बोध होता है, उसे विधानवाचक वाक्य कहते हैं।

7. जिन वाक्यों में कार्य निषेध हो या जिनसे कार्य के न होने का बोध होता हो, उन्हें निषेधवाचक वाक्य कहते हैं।

8. जिस वाक्य से किसी प्रकार का प्रश्न करने का बोध होता है, उसे 'प्रश्नवाचक वाक्य' कहते हैं।

9. जिस वाक्य में किसी प्रकार की 'आज्ञा' अथवा 'अनुरोध' का बोध हो, उसे 'आज्ञावाचक वाक्य' कहते हैं।

10. जिस वाक्य से आश्चर्य, शोक, हर्ष, विस्मय इत्यादि भावों का बोध हो, उसे 'विस्मयवाचक वाक्य' कहते हैं।

11. जिस वाक्य से किसी इच्छा, आशा या शुभकामना का बोध होता है, उसे 'इच्छावाचक वाक्य' कहते हैं।

12. जिस वाक्य द्वारा किसी प्रकार का संदेह प्रकट हो, उसे 'संदेहवाचक वाक्य' कहते हैं।

13. जिस वाक्य का एक हिस्सा दूसरे हिस्से की संभावना पर निर्भर करता है, उसे 'संकेतवाचक वाक्य' कहते हैं।

14. वाक्य के दो अंग हैं

(क) उद्देश्य (ख) विधेय

15. 'सैनिकों को आगे बढ़ना चाहिए' इस वाक्य का आज्ञावाचक वाक्य होगा–सैनिकों, आगे बढ़ो।

16. 'हम अपने हर कदम की जानकारी बेस कैंप पर दे रहे थे' वाक्य का संदेहवाचक वाक्य होगा–हो सकता है हम अपने प्रत्येक कैंप की जानकारी बेस कैप को दें।

17. 'अभिनव मेरा अभिन्न मित्र है'-वाक्य में उद्देश्य 'अभिनव' और विधेय 'मेरा अभिन्न मित्र है' होगा।

18. 'फूलों को समय पर पानी मिलेगा, तो अधिक समय तक खिले रहेंगे' यह वाक्य संकेतवाचक प्रकार का है।

19. 'आपके पास मधुर वाणी है' वाक्य का विस्मयवाचक वाक्य होगा–अरे वाह! आपके पास मधुर वाणी है।

20. 'देश में आतंकवादियों का खौफ शायद अभी भी है' अर्थ की दृष्टि से वाक्य भेद होगा–संदेहवाचक।

21. 'वह मुझे देखकर हक्का-बक्का रह गया' वाक्य का विस्मयवाचक वाक्य होगा–अरे! वह मुझे देखकर हक्का-बक्का रह गया।

22. 'शोक तथा गम मनाने के लिए भी सहूलियत चाहिए' वाक्य का निषेधवाचक वाक्य होगा–शोक तथा गम मनाने के लिए कोई सहूलियत नहीं चाहिए।

23. 'घर में जो कुछ आटा और अनाज था, दान-दक्षिणा में उठ गया' अर्थ की दृष्टि से वाक्य का भेद होगा–संकेतवाचक।

24. 'जवान बेटे के मरने पर तेरह दिन का सूतक होता है' वाक्य का प्रश्नवाचक वाक्य होगा–क्या जवान बेटे के मरने पर तेरह दिन का सूतक होता है।

स्व-मूल्यांकन

बहुविकल्पीय प्रश्न

1. 'अरे! महिमा भी आई है।' अर्थ के आधार पर वाक्य का कौन-सा भेद है?
(क) संदेहवाचक (ख) विधानवाचक
(ग) संकेतवाचक (घ) विस्मयवाचक

2. 'यदि बारिश आई, तो फसल अच्छी होगी'। अर्थ की दृष्टि से वाक्य भेद क्या होगा?
(क) इच्छावाचक (ख) आज्ञावाचक
(ग) निषेधवाचक (घ) संकेतवाचक

3. 'साँप ने अचानक रामबीर पर हमला कर दिया।' वाक्य अर्थ की दृष्टि से किस प्रकार का वाक्य है?
(क) विधानवाचक (ख) संदेहवाचक
(ग) इच्छावाचक (घ) विस्मयवाचक

4. 'भगवान आपकी यात्रा सफल करे।' वाक्य अर्थ की दृष्टि से किस वर्ग में आएगा?
(क) विधानवाचक (ख) विस्मयवाचक
(ग) इच्छावाचक (घ) संदेहवाचक

5. 'मीरा आ गई होगी।' वाक्य में अर्थ की दृष्टि से कौन-सा भेद है?
(क) निषेधवाचक (ख) आज्ञावाचक
(ग) संदेहवाचक (घ) संकेतवाचक

6. 'सुनो इस बार राघव से मिलकर आना।' अर्थ की दृष्टि से वाक्य का प्रकार बताइए।
(क) विधानवाचक (ख) संदेहवाचक
(ग) आज्ञावाचक (घ) निषेधवाचक

अतिलघु उत्तरीय प्रश्न

1. अर्थ के आधार पर निम्नलिखित वाक्यों की पहचान करके उनके भेद लिखिए
(i) आप चुपचाप बैठे रहिए।
(ii) वह विद्यालय नहीं जाएगा।
(iii) क्या तुम पुस्तक-मेला देखने चलोगे?
(iv) मैं भी धनी व्यक्ति बन पाता।
(v) यदि तुम परिश्रम करते, तो अवश्य सफल होते।
(vi) तुम्हारे पिताजी कहाँ गए?
(vii) हम रात का खाना नहीं खाएँगे।
(viii) भारत तेज़ी से विकास कर रहा है।
(ix) हम लोग कल तक नहीं लौट पाएँगे।
(x) उफ! पेट में बहुत दर्द हो रहा है।

2. निम्नलिखित वाक्यों को निर्देशानुसार परिवर्तित कीजिए
(i) क्या वह इतना बुद्धिमान है? *(निषेधवाचक वाक्य में)*
(ii) वाह! कितना सुंदर दृश्य है। *(विधानवाचक वाक्य में)*
(iii) दादी जी ने मुझे पढ़ने बैठाया। *(आज्ञावाचक वाक्य में)*
(iv) अरमान पुस्तक पढ़ता है। *(प्रश्नवाचक वाक्य में)*
(v) उसके आने पर कार्यक्रम शुरू होगा। *(संकेतवाचक वाक्य में)*
(vi) विभा समय पर घर आती है। *(आज्ञावाचक वाक्य में)*
(vii) रानी शीघ्र लौट आएगी। *(इच्छावाचक वाक्य में)*
(viii) आज धूप निकलेगी। *(संदेहवाचक वाक्य में)*
(ix) वह गिर पड़ा। *(विस्मयवाचक वाक्य में)*

3. वाक्य की परिभाषा दीजिए।

4. वाक्य की कौन-कौन-सी विशेषताएँ होती हैं?

5. उद्देश्य व विधेय से आप क्या समझते हैं?

6. 'संभवतः यासीन भी वहीं है।' वाक्य अर्थ के आधार पर किस प्रकार का वाक्य है?

7. 'मैं वहाँ नहीं जाऊँगा!' अर्थ के आधार पर कौन-सा वाक्य है

अध्याय 1

दु:ख का अधिकार

यशपाल

पाठ की रूपरेखा 'दु:ख का अधिकार' कहानी में यशपाल ने समाज में फैले अंधविश्वास और कुरीतियों के साथ-साथ समाज की उस दोहरी मानसिकता को भी उजागर किया है, जिसमें अमीर और गरीब के बीच का अंतर स्पष्ट दिखता है।

देश में अनेक ऐसे अभागे लोग हैं, जिन्हें न तो दु:ख मनाने का अधिकार है, न अवकाश। 'दु:ख का अधिकार' कहानी इसी विसंगति की ओर संकेत करती है।

लेखक परिचय

यशपाल का जन्म वर्ष 1903 में पंजाब की फिरोज़पुर छावनी में हुआ। उन्होंने अपनी आरंभिक शिक्षा स्थानीय विद्यालय तथा उच्च शिक्षा लाहौर में प्राप्त की। वे अपने विद्यार्थी जीवन से ही क्रांतिकारी गतिविधियों से जुड़ गए थे। शहीद भगतसिंह, राजगुरु आदि स्वतंत्रता सेनानियों के साथ मिलकर उन्होंने स्वतंत्रता आंदोलन में हिस्सा लिया।

उनकी यह मान्यता थी कि सामाजिक समानता के साथ-साथ आर्थिक समानता के द्वारा ही समाज को उन्नत बनाया जा सकता है। उन्होंने अपनी रचनाओं में हिंदी के साथ-साथ उर्दू और अंग्रेज़ी के शब्दों का प्रयोग भी किया है।

उनकी प्रमुख कृतियाँ देशद्रोही, पार्टी कामरेड, झूठा सच, ज्ञानदान, तर्क का तूफ़ान, पिंजड़े की उड़ान, फूलों का कुर्ता, उत्तराधिकारी सिंहावलोकन आदि हैं। यशपाल जी का देहांत वर्ष 1976 में हो गया।

पाठ का सार

पोशाक से जुड़ी लेखक की समस्या

लेखक का मानना है कि पोशाकें (वस्त्र) समाज को अलग-अलग वर्गों में बाँटती हैं। अच्छी एवं स्तरीय पोशाक समाज में सम्मान एवं हैसियत दिलाती है। पोशाकें मनुष्य के मन-मस्तिष्क में इस कदर छाई रहती हैं कि चाहते हुए भी एक समृद्ध व्यक्ति किसी गरीब—असहाय व्यक्ति के निकट जाकर उससे आत्मीय संबंध नहीं बना पाता, उसके दु:ख को नहीं जान पाता। लेखक के सामने भी यही समस्या आई।

खरबूज़े बेचने वाली स्त्री का रोना

बाज़ार में लेखक ने देखा कि एक अधेड़ (आधी या ढलती उम्र की) स्त्री खरबूज़े लिए बैठी है। वह स्त्री एक कपड़े से मुँह छिपाए रो रही है। आस-पास में खड़े लोग उस बूढ़ी स्त्री को हेय (बुरी) दृष्टि से देख रहे हैं। लेखक उस स्त्री के रोने का कारण जानना चाहता है, परंतु वह संकोचवश उस स्त्री के पास जाने से कतराता है।

बुढ़िया के दु:ख का कारण और लोगों की प्रतिक्रिया

लोगों से पता चला कि इस बुढ़िया का तेईस वर्ष का एक जवान लड़का था। बहू और पोता-पोती से घर पूरा भरा था। लड़का डेढ़ बीघे ज़मीन पर कछियारी (सब्ज़ी-फल) उगाकर अपने परिवार की रोज़ी-रोटी चलाता था।

एक दिन लड़का सुबह-सुबह खेत से पके खरबूज़े तोड़ रहा था कि अचानक उसका पैर एक ज़हरीले साँप पर पड़ गया और साँप ने उसे डस लिया।

इस बूढ़ी स्त्री ने झाड़-फूँक, दान-दक्षिणा करवाई, पर कोई लाभ न हुआ। अंततः लड़का मर गया। वह लड़का ही उस गरीब असहाय परिवार का एक मात्र सहारा था। कफ़न के लिए भी पैसे न थे, इसलिए बुढ़िया ने बचे हुए गहने बेचकर बेटे का अंतिम संस्कार करवाया।

अगले दिन पोता-पोती को भूख से बिलबिलाते और बहू को बुखार से तपते देख बुढ़िया रोती-बिलखती हुई खरबूज़े की टोकरी उठा, बाज़ार में जा बैठी। बेटे की तेरहवीं संपन्न किए बिना बुढ़िया का इस तरह बाज़ार में आ बैठना, वहाँ के लोगों को आपत्तिजनक लगने लगा।

बुढ़िया के दुःख की संभ्रांत महिला के दुःख से तुलना

बुढ़िया की आर्थिक स्थिति को जाने बिना लोगों का इस तरह उसे दुत्कारना लेखक को अच्छा न लगा। बूढ़ी स्त्री के पुत्र वियोग के तरीके तथा लोगों को उसके प्रति घृणात्मक टिप्पणी करते देख लेखक को अपने पड़ोस की वह संभ्रांत (सभ्य) महिला याद आई, जो पुत्र के निधन पर ढाई महीने तक पलंग से न उठी थी।

पंद्रह-पंद्रह मिनट पर उस महिला के बार-बार बेहोश हो जाने से पूरा शहर करुणा से भर गया था और इधर यह बूढ़ी स्त्री है, जिसके दुःख को कोई भी समझ नहीं पा रहा है।

लेखक की दृष्टि में दुःख का अधिकार

लेखक टिप्पणी करता है कि उस बुढ़िया को दुःख मनाने का अवकाश एवं अधिकार नहीं है, क्योंकि वह निर्धन है। यदि वह अमीर होती और उसे अपने घर-परिवार के पेट की चिंता न होती, तो उसे भी दुःख मनाने का अधिकार होता और पूरा समाज उसके दुःख में सम्मिलित होता। कहानी के अंत में लेखक कहता है कि शोक करने, दुःख मनाने के लिए भी सहूलियत चाहिए और दुःखी होने का भी एक अधिकार होता है, जो निश्चित रूप से हमारे समाज में निर्धन एवं निम्न वर्ग के लोगों को नहीं है। प्रस्तुत कहानी समाज की इसी विसंगति का अत्यंत मार्मिक चित्रण करती है।

शब्दार्थ

शब्द	अर्थ
श्रेणियाँ	वर्ग
पोशाक	वस्त्र
दर्ज़ा	स्थान, वर्ग
अनुभूति	अहसास
अड़चन	बाधा
खास	विशेष
डलिया	टोकरी
बिक्री	बिकना
घृणा	नफ़रत
व्यथा	दुःख
समीप	पास, नज़दीक
व्यवधान	बाधा
बेहया	बेशर्म
नीयत	इरादा, आशय
बरकत	लाभ, फल
खसम-लुगाई	पति-पत्नी

शब्द	अर्थ
सूतक	किसी बच्चे के जन्म या किसी व्यक्ति की मृत्यु के बाद एक तय समय तक पूजा-पाठ से पहले परिवार के सदस्यों को छूना मना होता है
कछियारी	खेतों में फल-सब्जी उगाना
निर्वाह	गुज़ारा
तरावट	नमी, ठंडक, शीतलता
ओझा	झाड़-फूँक करने वाला
दफे	बार
छन्नी-ककना	ज़ेवर
पुत्र-वियोगिनी	पुत्र से बिछुड़ी हुई
अंदाज़ा	अनुमान
संभ्रांत	सभ्य, अमीर
द्रवित	पिघलना
सहूलियत	आराम, सुविधा
मुँह अँधेरे	भोर का समय

NCERT फोल्डर
पाठ्यपुस्तक (स्पर्श भाग-1) के प्रश्नोत्तर

मौखिक

निम्नलिखित प्रश्नों के उत्तर एक-दो पंक्तियों में दीजिए

प्र.1 किसी व्यक्ति की पोशाक को देखकर हमें क्या पता चलता है?

उत्तर किसी व्यक्ति की पोशाक को देखकर हमें उस व्यक्ति की आर्थिक स्थिति का पता चलता है।

प्र.2 खरबूज़े बेचने वाली स्त्री से कोई खरबूज़े क्यों नहीं खरीद रहा था?

उत्तर खरबूज़े बेचने वाली स्त्री के बेटे को मरे हुए एक दिन ही हुआ था। वह बिना तेरहवीं किए सूतक में फल बेचने आ गई थी, इसलिए लोग सूतक मानकर अपवित्र होने के भय से उससे खरबूज़े नहीं खरीद रहे थे।

प्र.3 उस स्त्री को देखकर लेखक को कैसा लगा?

उत्तर उस स्त्री को देखकर लेखक के मन में व्यथा-सी उठी। वह उसके दु:ख को जानने के लिए बेचैन हो उठा।

प्र.4 उस स्त्री के लड़के की मृत्यु का कारण क्या था?

उत्तर उस स्त्री का लड़का मुँह अँधेरे जब खेत में पके खरबूज़े तोड़ रहा था, तभी मेड़ की नमी में छिपे साँप पर उसका पैर पड़ गया और साँप ने उसे डस लिया, जिससे उसकी मृत्यु हो गई।

प्र.5 बुढ़िया को कोई भी उधार क्यों नहीं देता?

उत्तर बुढ़िया के बेटे की मृत्यु के पश्चात् उसे कोई भी उधार नहीं देता, क्योंकि उन्हें पैसे वापस न मिलने की आशंका थी।

लिखित

(क) निम्नलिखित प्रश्नों के उत्तर (25-30 शब्दों में) लिखिए

प्र.1 मनुष्य के जीवन में पोशाक का क्या महत्त्व है?

उत्तर मनुष्य के जीवन में पोशाक का बहुत महत्त्व है, क्योंकि पोशाक समाज में मनुष्य का अधिकार और उसका दर्ज़ा निश्चित करती है। वह हमारे लिए अनेक बंद दरवाज़े खोल देती है और कई खुले दरवाज़ों को बंद भी कर देती है।

प्र.2 पोशाक हमारे लिए कब बंधन और अड़चन बन जाती है?

उत्तर जब हम ज़रा नीचे झुककर समाज की निचली श्रेणियों की अनुभूति को समझना चाहते हैं, उस समय यह पोशाक बंधन और अड़चन बन जाती है।

प्र.3 लेखक उस स्त्री के रोने का कारण क्यों नहीं जान पाया?

उत्तर लेखक ने देखा कि फुटपाथ पर, जहाँ अधेड़ (ढलती हुई उम्र की) स्त्री बैठी रो रही थी, उसके समीप बैठने में लेखक की पोशाक व्यवधान डाल रही थी, उसे संकोच हो रहा था कि लोग क्या कहेंगे। इसलिए लेखक उस स्त्री के रोने का कारण नहीं जान पाया।

प्र.4 भगवाना अपने परिवार का निर्वाह कैसे करता था? 'दु:ख का अधिकार' पाठ के आधार पर लिखिए। दक्षता आधारित प्रश्न

उत्तर भगवाना शहर के पास डेढ़ बीघा भर ज़मीन में कछियारी करके अपने परिवार का निर्वाह करता था। वह अपनी ज़मीन पर हरी सब्जियाँ एवं खरबूज़े जैसे फल उगाया करता था और उन्हें बेचता था।

प्र.5 लड़के की मृत्यु के दूसरे दिन बुढ़िया खरबूज़े बेचने क्यों चल पड़ी?

उत्तर लड़के की मृत्यु के पश्चात् उसके घर में परिवार का पालन-पोषण करने वाला कोई नहीं था। बच्चे भूख से बिलबिला रहे थे और भगवाना की पत्नी बुखार से तप रही थी। बेटे के बिना बुढ़िया को कोई उधार देने को भी तैयार न था, इसलिए बुढ़िया बेटे की मृत्यु के दूसरे दिन ही खरबूज़े बेचने चल पड़ी।

प्र.6 बुढ़िया के दु:ख को देखकर लेखक को अपने पड़ोस की संभ्रांत महिला की याद क्यों आई? दक्षता आधारित प्रश्न

उत्तर बुढ़िया के दु:ख को देखकर लेखक को अपने पड़ोस की संभ्रांत महिला की याद इसलिए आई, क्योंकि वह महिला अपने जवान बेटे की मृत्यु के कारण ढाई महीने तक पलंग से न उठ सकी थी और पंद्रह-पंद्रह मिनट के बाद बेहोश हो जाती थी। उसके दु:ख से लोग द्रवित हो उठे थे, जबकि बुढ़िया को पुत्र की मृत्यु का शोक मनाने का भी समय नहीं मिला, उसे खरबूज़े बेचने बाज़ार जाना पड़ा।

(ख) निम्नलिखित प्रश्नों के उत्तर (50-60 शब्दों में) लिखिए

प्र.1 बाज़ार के लोग खरबूज़े बेचने वाली स्त्री के बारे में क्या-क्या कह रहे थे? अपने शब्दों में लिखिए।

***अथवा* खरबूजे बेचने वाली स्त्री के प्रति बाज़ार के लोगों की घृणा का अपने शब्दों में वर्णन करें।** CBSE Diksha

उत्तर बाज़ार के लोग खरबूज़े बेचने वाली स्त्री के बारे में घृणायुक्त नकारात्मक टिप्पणी कर रहे थे। अधिकांश लोग उसे इस बात के लिए उलाहना दे रहे थे कि पुत्र को मरे अभी एक दिन भी नहीं हुआ था और यह बुढ़िया अगले ही दिन खरबूज़े बेचने आ गई। कुछ लोग उसे 'बेहया' (बेशर्म) और कुछ लोग उसे धन-लोभी (लालची) मान रहे थे। कोई कह रहा था कि इसके घर में 'सूतक' है और यह खरबूज़े बेचकर लोगों का ईमान-धर्म खराब कर रही है।

प्र.2 पास-पड़ोस की दुकानों से पूछने पर लेखक को क्या पता चला?

उत्तर पास-पड़ोस की दुकानों से पूछने पर लेखक को पता चला कि बुढ़िया का तेईस साल का जवान लड़का थोड़ी-सी ज़मीन में सब्ज़ी उगाकर परिवार का पेट पालता था। एक दिन जब वह सवेरे-सवेरे खेत से खरबूज़े तोड़ रहा था, तब एक साँप ने उसे डस लिया। बूढ़ी माँ ने झाड़-फूँक कराई, पर कोई लाभ न हुआ। बेटा चल बसा और पीछे छोड़ गया एक पत्नी और दो बच्चे। बूढ़ी माँ ने अपना सब

कुछ बेचकर बेटे का क्रिया-कर्म कराया। अगले दिन भूख से बिलबिलाते बच्चों और बुखार से तपती बहू के लिए कुछ खाने का इंतज़ाम करने के लिए बुढ़िया रोते-सुबकते खरबूज़े बेचने बाज़ार जा पहुँची।

प्र.3 लड़के को बचाने के लिए बुढ़िया माँ ने क्या-क्या उपाय किए?

उत्तर लड़के को बचाने के लिए बुढ़िया माँ ने निम्नलिखित उपाय किए

(i) बुढ़िया माँ ने ओझा को बुलाकर झाड़-फूँक करवाया।

(ii) नागदेव की पूजा करवाई।

(iii) पूजा के लिए दान-दक्षिणा दी गई, जिसमें घर में बचा हुआ आटा और अनाज भी देना पड़ गया था।

प्र.4 लेखक ने बुढ़िया के दुःख का अंदाज़ा कैसे लगाया?

उत्तर लेखक बुढ़िया के दुःख का अंदाज़ा लगाने के लिए पिछले वर्ष अपने पड़ोस में पुत्र की मृत्यु से दुःखी संभ्रांत महिला की बात सोचने लगा कि कैसे पुत्र-वियोग में वह संभ्रांत (सभ्य) महिला ढाई माह तक पलंग से न उठी। उसे पंद्रह-पंद्रह मिनट बाद मूर्च्छा (बेहोशी) आ जाती थी। आँखों से आँसू रुकने का नाम ही नहीं ले रहे थे। पूरा शहर पुत्र वियोगिनी उस संभ्रांत महिला के दुःख से दुःखी था।

प्र.5 इस पाठ का शीर्षक 'दुःख का अधिकार' कहाँ तक सार्थक है? स्पष्ट कीजिए।

उत्तर लेखक ने जिस प्रकार पोशाक के माध्यम से समाज में व्याप्त ऊँच-नीच की सोच का वर्णन किया है, उससे दुःख व्यक्त करने के अलग-अलग मापदंड भी उजागर हुए हैं। इस पाठ में लेखक ने बताना चाहा है कि दुःख का अधिकार समाज में बँटे अनेक वर्गों (श्रेणी) के अनुसार होता है। अमीर को दुःख प्रकट करने का पूरा अधिकार है, क्योंकि समाज में उसका सम्मान है और उसके धन से कई लोग पलते हैं, जबकि निर्धन एवं अभावग्रस्त लोगों को अपनी रोज़ी-रोटी की इतनी चिंता एवं विवशता होती है कि वे अपने परिवार में होने वाली आकस्मिक मृत्यु का शोक भी नहीं मना सकते। समाज भी उन्हें हेय (बुरी) दृष्टि से देखता है, क्योंकि वे अपने दुःखों से पहले अपनी भूख, गरीबी और अपनी विवशता को देखते हैं। यही गरीबी उन्हें दुःख के अधिकार से वंचित रखती है। पाठ के इस कथ्य को देखते हुए 'दुःख का अधिकार' शीर्षक पूर्णतः सार्थक सिद्ध होता है।

(ग) निम्नलिखित के आशय स्पष्ट कीजिए

प्र.1 जैसे वायु की लहरें कटी हुई पतंग को सहसा भूमि पर नहीं गिरने देती हैं, उसी तरह खास परिस्थितियों में हमारी पोशाक हमें झुक सकने से रोके रहती है। **दक्षता आधारित प्रश्न**

उत्तर प्रस्तुत पंक्तियों के माध्यम से लेखक समाज में व्याप्त दोगलेपन को उजागर करता है। लेखक के अनुसार, पोशाकें समाज को अलग-अलग श्रेणियों में विभाजित करती हैं। अच्छे एवं साफ़-सुथरे कपड़ों से संभ्रांत लोगों की पहचान होती है और फटे-पुराने गंदे कपड़े निर्धनता के सूचक होते हैं। यह भेद इतना प्रभावी है कि अच्छी पोशाक वाला व्यक्ति चाहते हुए भी निर्धन लोगों के पास नहीं जा पाता, क्योंकि कपड़ों की गरिमा उसे ऐसा करने से रोकती है। लेखक ने अपनी इस मनःस्थिति को उस कटी पतंग के समान बताया है, जो अपनी इच्छा से नहीं, बल्कि हवा की इच्छानुसार ज़मीन पर गिरती है। लेखक की संभ्रांत पोशाक भी उसे अपनी इच्छा के अनुसार कार्य करने से रोकती है।

प्र.2 इनके लिए बेटा-बेटी, खसम-लुगाई, धर्म-ईमान सब रोटी का टुकड़ा है।

उत्तर प्रस्तुत पंक्ति हमारे समाज की संकुचित सोच के अतिरिक्त उन कुरीतियों और बुराइयों की ओर संकेत कर रही है, जो व्यक्ति को उसकी आर्थिक स्थिति से तौलती है। बुढ़िया का बेटा मर चुका है। घर में बीमार बहू और भूख से बिलबिलाते बच्चे हैं। घर की रोज़ी-रोटी सब्ज़ी-फल बेचकर ही चलती है। भूखे बच्चों के लिए रोटी की व्यवस्था हेतु बुढ़िया बाज़ार जाकर खरबूज़े बेचने बैठ जाती है।

लोगों को आश्चर्य होता है कि कल ही इसका बेटा मरा है, अभी 'सूतक' चल रहा है, फिर भी इस बुढ़िया को पैसे का इतना लालच है कि धर्म-कर्म भी भूल बैठी। सूतक उतरने तक इस तरह का काम पाप है, लेकिन इस बुढ़िया के लिए न तो बेटा बड़ा है, न बेटी, न पति, न बहू-पोते। धर्म-ईमान तो कहीं है ही नहीं, जो कुछ है सब पैसे या रोटी का टुकड़ा। समाज की यह संकुचित सोच कितनी घृणित है, इससे इसका अनुमान लगाया जा सकता है।

प्र.3 शोक करने, गम मनाने के लिए भी सहूलियत चाहिए और .... दुःखी होने का भी एक अधिकार होता है।

अथवा 'दुःख मनाने का भी एक अधिकार होता है।' टिप्पणी कीजिए।

उत्तर प्रस्तुत पंक्तियों में लेखक ने दुःख करने जैसे स्वाभाविक भाव को भी वर्गीकृत रूप में दर्शाने का प्रयास किया है। लेखक के अनुसार, यदि अमीर दुःख मनाता है, तो पूरा समाज उसके दुःख में सम्मिलित होता है और यदि गरीब अपने दुःख को प्रकट करना चाहे, तो वह उसी समाज की घृणा का पात्र बनता है। दुःख मनाने का अधिकार मात्र धनवान लोगों को है, निर्धनों को नहीं, क्योंकि वे अभावग्रस्त हैं और समाज उन्हें कुछ नहीं दे सकता। दुःख संसाधनों एवं सहूलियतों की माँग करता है, जिस व्यक्ति के पास ये सब नहीं है, उसे दुःख मनाने का भी अधिकार नहीं है। प्रस्तुत पाठ का मूल व्यंग्य यही है।

भाषा अध्ययन

प्र.1 निम्नलिखित शब्दों के पर्याय लिखिए

ईमान	....	बदन	....
अंदाज़ा	....	बेचैनी	....
गम	....	दर्ज़ा	....
ज़मीन	....	बरकत	....
जमाना	....		

उत्तर

ईमान —	सच्चाई	बदन —	शरीर, देह
अंदाज़ा —	अनुमान	बेचैनी —	व्याकुलता, तड़प
गम —	दुःख, कष्ट	दर्ज़ा —	श्रेणी
ज़मीन —	भूमि, धरती	बरकत —	वृद्धि, विकास, उन्नति
ज़माना —	समय, युग		

प्र.2 निम्नलिखित उदाहरण के अनुसार पाठ में आए शब्द-युग्मों को छाँटकर लिखिए।

उदाहरण-बेटा-बेटी

उत्तर पाठ में आए शब्द-युग्म निम्नलिखित हैं

बेटा-बेटी खसम-लुगाई पोता-पोती

प्र.3 पाठ के संदर्भ के अनुसार निम्नलिखित वाक्यांशों की व्याख्या कीजिए

बंद दरवाज़े खोल देना, निर्वाह करना, भूख से बिलबिलाना, कोई चारा न होना, शोक से द्रवित हो जाना।

उत्तर **बंद दरवाज़े खोल देना** इसका अर्थ है— किसी के तिरस्कार या उपेक्षा को समाप्त कर देना और उससे बातचीत के लिए तैयार होना।

हमारी अच्छी एवं साफ-सुथरी पोशाक हमारी स्थिति को सम्मानपूर्ण बनाकर तथाकथित उच्चवर्ग में ला खड़ा करती है। यह उच्च वर्ग हमें अपनाने के लिए तैयार हो जाता है।

निर्वाह करना इसका अर्थ है—जीविका चलाना या जीविका चलाने हेतु अर्जन करना।

बुढ़िया और उसका बेटा भगवाना कछियारी करके फल-सब्जियाँ बेचते थे। इस तरह वे अपना निर्वाह किया करते थे।

भूख से बिलबिलाना इसका अर्थ है— भूख से अत्यधिक परेशान होना या भूख से तड़पना।

भगवाना को जब साँप ने डस लिया तो सारा दिन उसके स्वस्थ होने की आशा में झाड़-फूँक और पूजा-पाठ होता रहा। इस काम में घर रुपया पैसा और आटा तक दे देना पड़ा। रात तो जैसे-तैसे बीती पर सवेरे उठने पर छोटे-छोटे बच्चे भूख से बिलबिलाने लगे।

कोई चारा न होना इसका अर्थ है—कोई अन्य उपाय न होना।

भगवाना के मरने के बाद उसके घर में न आटा बचा और न आटा खरीदने के लिए पैसे। भूखे बच्चों और बहू की भूख शांत करने के लिए बुढ़िया के पास खरबूजे बेचने के अतिरिक्त कोई चारा न था।

शोक से द्रवित हो जाना इसका अर्थ है— दु:ख के कारण करुणा से भर जाना।

शहर की संभ्रांत महिला का ढाई महीने तक शोकाकुल होकर बार-बार बेहोश होना और उसका रुदन देखकर अमीर-गरीब सभी दु:खी थे।

प्र.4 निम्नलिखित शब्द-युग्मों और शब्द-समूहों को अपने वाक्यों में प्रयोग कीजिए

(क) छन्नी-ककना अढ़ाई-मास
पास-पड़ोस दुअन्नी-चवन्नी
मुँह-अँधेरे झाड़ना-फूँकना

(ख) फफक-फफककर बिलख-बिलखकर
तड़प-तड़पकर लिपट-लिपटकर

उत्तर (क) **छन्नी-ककना** अपने बेटे के इलाज के लिए बुढ़िया को अपना छन्नी-ककना भी बेचना पड़ा।

अढ़ाई-मास इकलौते बेटे की असामयिक मृत्यु होने पर उसकी माता अढ़ाई-मास तक बिस्तर पर रही।

पास-पड़ोस दु:ख की विकट घड़ी में सबसे पहले पास-पड़ोस ही काम आता है।

दुअन्नी-चवन्नी विपत्ति के समय किसी ने गरीब बुढ़िया को दुअन्नी-चवन्नी भी नहीं दी।

मुँह-अँधेरे किसान फसल काटने के लिए मुँह अँधेरे ही खेत में चला गया।

झाड़ना-फूँकना छोटे बच्चे की तबीयत खराब होने पर पढ़े-लिखे लोग भी झाड़-फूँक करवाते हैं।

(ख) **फफक-फफककर** परीक्षा में फेल हो जाने पर सीता फफक-फफककर रोने लगी।

बिलख-बिलखकर गहने चोरी हो जाने पर वह स्त्री बिलख-बिलखकर रो रही थी।

तड़प-तड़पकर दुर्घटना में घायल व्यक्ति सड़क पर ही तड़प-तड़पकर मर गया।

लिपट-लिपटकर वर्षों बाद अपने बेटे से मिलने पर उसकी माँ ने उसे लिपट-लिपटकर चूमा।

प्र.5 निम्नलिखित वाक्य संरचनाओं को ध्यान से पढ़िए और इस प्रकार के कुछ और वाक्य बनाइए

(क) 1. लड़के सुबह **उठते ही** भूख से बिलबिलाने लगे।
2. उसके लिए तो बजाज की दुकान से कपड़ा **लाना ही** होगा।
3. चाहे उसके लिए माँ के हाथों के छन्नी-ककना **ही** क्यों न बिक जाएँ।

(ख) 1. अरे **जैसी** नीयत होती है, अल्ला भी **वैसी ही** बरकत देता है।
2. भगवाना **जो** एक दफे चुप हुआ, **तो** फिर न बोला।

उत्तर छात्र स्वयं करें।

योग्यता विस्तार

प्र.1 "व्यक्ति की पहचान उसकी पोशाक से होती है।" इस विषय पर कक्षा में परिचर्चा आयोजित कीजिए।

उत्तर विद्यार्थी स्वयं करें।

प्र.2 यदि आपने भगवाना की माँ जैसी किसी दुखिया को देखा है, तो उसकी कहानी लिखिए।

उत्तर विद्यार्थी स्वयं करें।

प्र.3 पता कीजिए कि कौन-से साँप विषैले होते हैं? उनके चित्र एकत्र कीजिए और भित्ति पत्रिका में लगाइए।

उत्तर विद्यार्थी स्वयं करें।

अभ्यास प्रश्न

बहुविकल्पीय व वर्णनात्मक प्रश्नों सहित

पाठ पर आधारित बहुविकल्पीय प्रश्न

1. समाज में मनुष्यों का अधिकार और उनका दर्जा कैसे सुनिश्चित होता है?

(क) व्यवहार से
(ख) पोशाक से
(ग) खान-पान से
(घ) रहन-सहन से

उत्तर (ख) पोशाक से

2. लेखक के अनुसार, अनेक बंद दरवाजे कौन खोल देती है?

(क) हमारी सभ्यता
(ख) हमारी आवश्यकताएँ
(ग) हमारी विचारधारा
(घ) हमारी पोशाक

उत्तर (घ) हमारी पोशाक

3. मनुष्य के जीवन में पोशाक क्या करती है?

(क) पोशाक मनुष्य के सामाजिक स्तर का निर्धारण करती है।
(ख) पोशाक मनुष्यों के बीच में भेद करती है।
(ग) पोशाक विशेष परिस्थिति में झुकने नहीं देती।
(घ) उपर्युक्त सभी

उत्तर (घ) उपर्युक्त सभी

4. लेखक ने स्वयं की तुलना किससे की है?

(क) बंधनों से
(ख) अहंकार से
(ग) कटी पतंग से
(घ) बंद दरवाज़े से

उत्तर (ग) कटी पतंग से

5. बूढ़ी स्त्री खरबूजे कहाँ बेच रही थी?

(क) दुकान पर
(ख) रेहड़ी पर
(ग) फुटपाथ पर
(घ) गली में

उत्तर (ग) फुटपाथ पर

6. बूढ़ी स्त्री को बाज़ार में खरबूजे बेचने क्यों आना पड़ा?

(क) बेटे के बिना उसे पैसे कोई उधार नहीं देता
(ख) उसकी बहू बुखार में तप रही थी
(ग) (क) और (ख) दोनों
(घ) वह और सामान खरीदना चाहती थी

उत्तर (ग) (क) और (ख) दोनों

7. बेटे की तेरहवीं संपन्न हुए बिना बूढ़ी स्त्री का इस तरह बाज़ार में आ बैठना लोगों को कैसा लगा? **दक्षता आधारित प्रश्न**

(क) आपत्तिजनक
(ख) संतोषजनक
(ग) दु:खजनक
(घ) शोकजनक

उत्तर (क) आपत्तिजनक

8. कथन (A) खरबूजे बेचने वाली से कोई व्यक्ति खरबूजे नहीं ले रहा था।

कारण (R) उसके बेटे की मृत्यु के कारण उसके घर में सूतक चल रहा था। **दक्षता आधारित प्रश्न**

(क) कथन (A) सही नहीं है, लेकिन कारण (R) सही है।
(ख) कथन (A) सही है, लेकिन कारण (R) सही नहीं है।
(ग) कथन (A) और कारण (R) दोनों सही हैं।
(घ) कथन (A) और कारण (R) दोनों गलत हैं।

उत्तर (ग) कथन (A) और कारण (R) दोनों सही हैं।

9. भगवाना अपने परिवार का निर्वाह कैसे करता था?

(क) मजदूरी करके
(ख) परचून की दुकान लगाकर
(ग) फेरी लगाकर सामान बेचकर
(घ) सब्जी-फल बेचकर

उत्तर (घ) सब्जी-फल बेचकर

10. बूढ़ी स्त्री के बेटे की मृत्यु कैसे हुई थी?

(क) लंबी बीमारी से
(ख) दुर्घटनाग्रस्त हो जाने से
(ग) साँप के काटने से
(घ) खेत में चक्कर खाकर गिर जाने से

उत्तर (ग) साँप के काटने से

11. लड़के को बचाने के लिए बूढ़ी स्त्री ने क्या किया?

(क) वह झाड़-फूंक करने वाले ओझा को बुलाकर लाई
(ख) वह चिकित्सक को बुलाकर लाई
(ग) वह स्वयं चिकित्सक बन उसकी देखभाल करने लगी
(घ) वह उसे दवा देने लगी

उत्तर (क) वह झाड़-फूंक करने वाले ओझा को बुलाकर लाई

12. साँप के काटने पर लड़के का शरीर कैसा पड़ गया था?

(क) काला
(ख) नीला
(ग) सफेद
(घ) लाल

उत्तर (क) काला

13. बूढ़ी स्त्री को अपने बचे हुए गहने क्यों बेचने पड़े?

(क) पुत्र के इलाज के लिए
(ख) पोते-पोती के भोजन के लिए
(ग) बहू के इलाज के लिए
(घ) बेटे के अंतिम संस्कार के लिए

उत्तर (घ) बेटे के अंतिम संस्कार के लिए

14. किसकी मृत्यु के बाद बूढ़ी स्त्री के परिवार का पालन- पोषण करने वाला कोई नहीं था?

(क) पुत्री की (ख) पति की

(ग) पुत्र की (घ) बहू की

उत्तर (ग) पुत्र की

15. बूढ़ी स्त्री खरबूजे बेचते समय क्या कर रही थी?

दक्षता आधारित प्रश्न

1. ग्राहकों के साथ हँस रही थी
2. सामान्य रूप से बात कर रही थी
3. (1) और (2) दोनों
4. फफक-फफककर रो रही थी

कूट

(क) केवल 1 सही है। (ख) केवल 2 सही है।

(ग) केवल 3 सही है। (घ) केवल 4 सही है।

उत्तर (घ) केवल 4 सही है।

16. 'जिंदा आदमी नंगा भी रह सकता है, परंतु मुर्दे को नंगा कैसे विदा किया जाए'?

उपर्युक्त पंक्ति के माध्यम से लेखक किस ओर संकेत कर रहा है?

(क) सामाजिक रीति-रिवाज (ख) आर्थिक भेदभाव

(ग) (क) और (ख) दोनों (घ) इनमें से कोई नहीं

उत्तर (क) सामाजिक रीति-रिवाज

17. भगवाना की मृत्यु का कारण .... था।

(क) तपेदिक (ख) साँप का डसना

(ग) हृदयाघात (घ) दुर्घटना

उत्तर (ख) साँप का डसना

18. हमें खास परिस्थितियों में झुकने से क्या रोक लेती है? **CBSE Diksha**

(क) समय (ख) पोशाक

(ग) बाधाएँ (घ) निचली श्रेणी के लोग

उत्तर (ख) पोशाक

19. किस शब्द में अनुनासिक का सही प्रयोग हुआ है? **CBSE Diksha**

(क) बूँद (ख) पँख

(ग) पतंग (घ) सँग

उत्तर (क) बूँद

गद्यांश पर आधारित बहुविकल्पीय प्रश्न

1. मनुष्यों की पोशाकें उन्हें विभिन्न श्रेणियों में बाँट देती हैं। प्राय: पोशाक ही समाज में मनुष्य का अधिकार और उसका दर्जा निश्चित करती है। वह हमारे लिए अनेक बंद दरवाजे खोल देती है, परंतु कभी ऐसी भी परिस्थिति आ जाती है कि हम ज़रा नीचे झुककर समाज की निचली श्रेणियों की अनुभूति को समझना चाहते हैं। उस समय यह पोशाक ही बंधन और अड़चन बन जाती है। जैसे वायु की लहरें कटी हुई पतंग को सहसा भूमि पर नहीं गिर जाने देतीं, उसी तरह खास परिस्थितियों में हमारी पोशाक हमें झुक सकने से रोके रहती है। बाजार में, फुटपाथ पर कुछ खरबूजे डलिया में और कुछ जमीन पर बिक्री के लिए रखे जान पड़ते थे। खरबूजों के समीप एक अधेड़ उम्र की औरत बैठी रो रही थी। खरबूजे बिक्री के लिए थे, परंतु उन्हें खरीदने के लिए कोई कैसे आगे बढ़ता? खरबूजों को बेचने वाली तो कपड़े से मुँह छिपाए सिर को घुटनों पर रखे फफक-फफककर रो रही थी।

(i) गद्यांश के आधार पर बताइए कि मनुष्य की पोशाकें कौन-सा कार्य करती हैं?

(क) समानता और भाईचारे की भावना पैदा करती हैं।

(ख) भेदभाव को कम करती हैं।

(ग) विभिन्न श्रेणियों में बाँट देती हैं।

(घ) व्यक्ति को प्रतिष्ठित बनाती हैं।

उत्तर (ग) विभिन्न श्रेणियों में बाँट देती हैं।

(ii) **कथन** (A) लेखक के अनुसार पोशाक हमारे लिए बंधन कब बन जाती है?

कारण (R) जब हम अपने से नीची श्रेणियों की अनुभूति को समझना चाहते हैं। दक्षता आधारित प्रश्न

(क) कथन (A) सही नहीं है, लेकिन कारण (R) सही है

(ख) कथन (A) और कारण (R) दोनों सही हैं।

(ग) कथन (A) सही है, लेकिन कारण (R) सही नहीं हैं।

(घ) कथन (A) और कारण (R) दोनों गलत हैं।

उत्तर (ख) कथन (A) और कारण (R) दोनों सही हैं।

(iii) लेखक किसके रोने का कारण नहीं जान सका?

1. बच्चे के 2. बूढ़ी स्त्री के
3. दुकान वाले के 4. निम्न वर्ग के

कूट

(क) केवल 1 सही है। (ख) केवल 2 सही है।

(ग) केवल 3 सही है। (घ) केवल 4 सही है।

उत्तर (ख) केवल 2 सही है।

(iv) कपड़े में मुँह को छिपाए सिर को घुटनों पर रखकर कौन रो रहा था?

(क) भगवाना (ख) लेखक का मित्र

(ग) पड़ोसिन (घ) बूढ़ी स्त्री

उत्तर (घ) बूढ़ी स्त्री

(v) बूढ़ी स्त्री के रोने का क्या कारण था?

(क) उसकी गरीबी (ख) खरबूजे न बिकना

(ग) बेटे की मृत्यु (घ) लोगों के ताने

उत्तर (ग) बेटे की मृत्यु

2. पड़ोस की दुकानों के तख्तों पर बैठे या बाजार में खड़े लोग घृणा में उसी स्त्री के संबंध में बात कर रहे थे। उस स्त्री का रोना देखकर मन में एक व्यथा-सी उठी, पर उसके रोने का कारण जानने का उपाय क्या था? फुटपाथ पर उसके समीप बैठ सकने में मेरी पोशाक ही व्यवधान बन खड़ी हो गई।

एक आदमी ने घृणा से एक तरफ थूकते हुए कहा, "क्या जमाना है! जवान लड़के को मरे पूरा दिन नहीं बीता और यह बेहया दुकान लगाके बैठी है।"

दूसरे साहब अपनी दाढ़ी खुजाते हुए कह रहे थे, "अरे जैसी नीयत होती है अल्ला भी वैसी ही बरकत देता है।"

सामने के फुटपाथ पर खड़े एक आदमी ने दियासलाई की तीली से कान खुजाते हुए कहा, "अरे, इन लोगों का क्या है? ये कमीने लोग रोटी के टुकड़े पर जान देते हैं। इनके लिए बेटा-बेटी, खसम-लुगाई, धर्म-ईमान सब रोटी का टुकड़ा है।"

(i) बाजार में लोग बूढ़ी स्त्री को किस दृष्टि से देख रहे थे?
(क) ईर्ष्या की दृष्टि से
(ख) घृणा की दृष्टि से
(ग) प्रेम की दृष्टि से
(घ) दया की दृष्टि से

उत्तर (ख) घृणा की दृष्टि से

(ii) रोती हुई स्त्री को देखकर लेखक को कैसा लगा?
(क) लेखक का मन व्यथित हो गया
(ख) लेखक पर कोई प्रभाव नहीं पड़ा
(ग) लेखक को संतुष्टि हुई
(घ) लेखक वहाँ खड़ा नहीं हो पाया

उत्तर (घ) लेखक वहाँ खड़ा नहीं हो पाया

(iii) बूढ़ी औरत का हाल पूछने में लेखक को किसके कारण परेशानी हुई?
1. दुकानदार के कारण 2 बच्चों के कारण
3. भीड़ के कारण 4. पोशाक के कारण
कूट
(क) केवल 1 सही है। (ख) केवल 2 सही है।
(ग) केवल 3 सही है। (घ) केवल 4 सही है।

उत्तर (घ) केवल 4 सही है।

(iv) **कथन** (A) बूढ़ी स्त्री के प्रति लोगों की घृणा का क्या कारण था?
कारण (R) बेटे की मृत्यु के अगले ही दिन खरबूजे बेचना।
दक्षता आधारित प्रश्न
(क) कथन (A) सही नहीं है, लेकिन कारण (R) सही है।
(ख) कथन (A) और कारण (R) दोनों सही हैं।
(ग) कथन (A) सही है, लेकिन कारण (R) सही नहीं हैं।
(घ) कथन (A) और कारण (R) दोनों गलत हैं।

उत्तर (ख) कथन (A) और कारण (R) दोनों सही हैं।

(v) "अरे जैसी नीयत होती है अल्ला भी वैसी ही बरकत देता है" पंक्ति से किस भाव का बोध हो रहा है? **दक्षता आधारित प्रश्न**
(क) व्यंग्य का भाव
(ख) दुःख का भाव
(ग) सहानुभूति का भाव
(घ) समरसता का भाव

उत्तर (क) व्यंग्य का भाव

3. "अरे भाई, उनके लिए मरे जिए का कोई मतलब न हो, पर दूसरे के धर्म-ईमान का तो खयाल करना चाहिए। जवान बेटे के मरने पर तेरह दिन का सूतक होता है और वह यहाँ सड़क पर बाजार में आकर खरबूजे बेचने बैठ गई है। हजार आदमी आते-जाते हैं। कोई क्या जानता है कि इसके घर में सूतक है। कोई इसके खरबूजे खा ले तो उसका ईमान-धर्म कैसे रहेगा? क्या अँधेर है।"

पास-पड़ोस की दुकानों से पूछने पर पता लगा-उसका तेईस बरस का जवान लड़का था। घर में उसकी बहू और पोता-पोती हैं। लड़का शहर के पास डेढ़ बीघा भर जमीन में कछियारी करके परिवार का निर्वाह करता था। खरबूजों की डलिया बाजार में पहुँचाकर कभी लड़का स्वयं सौदे के पास बैठ जाता, कभी माँ बैठ जाती।

(i) दूसरों के धर्म-ईमान की चिंता किसे सता रही थी?
(क) बूढ़ी स्त्री को (ख) लेखक को
(ग) लाला जी को (घ) आम आदमी को

उत्तर (ग) लाला जी को

(ii) **कथन** (A) घर में सूतक होने पर क्या माना जाता है?
कारण (R) घर अशुद्ध माना जाता है, घर के लोग धार्मिक कार्यों में हिस्सा नहीं लेते हैं और घर में रहकर मृत्यु का शोक मनाते हैं।
दक्षता आधारित प्रश्न
(क) कथन (A) सही नहीं है, लेकिन कारण (R) सही है।
(ख) कथन (A) और कारण (R) दोनों सही हैं।
(ग) कथन (A) सही है, लेकिन कारण (R) सही नहीं हैं।
(घ) कथन (A) और कारण (R) दोनों गलत हैं।

उत्तर (ख) कथन (A) और कारण (R) दोनों सही हैं।

(iii) बूढ़ी स्त्री के खरबूजे खा लेने से ईमान-धर्म नष्ट क्यों हो जाएगा?
(क) क्योंकि उसके घर में सूतक चल रहा है
(ख) क्योंकि वह निम्न वर्ग की स्त्री है
(ग) क्योंकि वह ईश्वर को नहीं मानती है
(घ) उपर्युक्त सभी

उत्तर (क) क्योंकि उसके घर में सूतक चल रहा है

(iv) 'कोई इसके खरबूजे खा ले तो उसका ईमान-धर्म कैसे रहेगा?" इस कथन से किस सोच का पता चलता है?
दक्षता आधारित प्रश्न
1. अंधविश्वासी सोच का 2. रूढ़िवादी सोच का
3. आस-पड़ोस की दुकान
कूट
(क) केवल 1 सही है। (ख) केवल 2 सही है।
(ग) 1 व 2 सही हैं। (घ) 2 व 3 सही हैं।

उत्तर (ग) 1 व 2 सही है।

(v) बूढ़ी स्त्री का लड़का क्या कार्य करता था?
(क) शहर के पास की ज़मीन में अनाज उगाता था
(ख) शहर के पास की ज़मीन में फल-सब्जियाँ उगाता था
(ग) शहर में ही मजदूरी करता था
(घ) सड़क पर पत्थर तोड़ता था

उत्तर (ख) शहर के पास की ज़मीन में फल-सब्जियाँ उगाता था

लघु उत्तरीय प्रश्नोत्तर

1. बुढ़िया के परिवार का वर्णन करें तथा बुढ़िया को अपने छन्नी-ककना क्यों बेचने पड़े?

उत्तर बुढ़िया के परिवार में उसका बेटा, बहू तथा पोता-पोती थे। उसका बेटा भगवाना शहर के पास लगभग डेढ़ बीघा ज़मीन में सब्ज़ी उगाकर व खेती करके अपने परिवार का गुज़ारा करता था।

अपने पुत्र भगवाना के अंतिम-संस्कार के लिए बुढ़िया के पास कुछ नहीं था, इसलिए कफ़न का प्रबंध करने के लिए वृद्धा को अपने छन्नी-ककना बेचने पड़े।

2. दु:ख मनाने का अधिकार किन्हें नहीं है और क्यों? तथा वृद्धा (भगवाना की माँ) से इसका क्या सम्बन्ध है?

उत्तर दु:ख मनाने का अधिकार निर्धन व्यक्तियों को नहीं है, क्योंकि वे अभावग्रस्त हैं और समाज उन्हें कुछ नहीं दे सकता। भगवाना की माँ के सामने परिवार का पेट भरने की समस्या आ खड़ी हुई, क्योंकि घर में अनाज नहीं था और बच्चे भूख से तड़प रहे थे। इसीलिए भगवाना की मौत के दूसरे दिन ही वह खरबूज़े बेचने (काम करने) निकल पड़ी।

3. सूतक क्या होता है? उसका दूसरों पर क्या प्रभाव पड़ता है?

उत्तर घर में किसी बच्चे के जन्म या किसी की मृत्यु होने की स्थिति में निश्चित अवधि तक घर को अशुद्ध माना जाता है, जिसे सूतक कहते हैं। इस अवधि में प्रभावित घर के लोगों द्वारा स्पर्श किए गए सामान को ग्रहण करने से परहेज़ किया जाता है।

4. लेखक भगवाना की माँ की सहायता करना चाहते हुए भी क्यों न कर सका? 'दु:ख का अधिकार' पाठ के आधार पर लिखिए।

दक्षता आधारित प्रश्न

उत्तर लेखक भगवाना की माँ को दु:खी और रोता हुआ देखकर उसके पास बैठकर, उसके दु:ख को दूर करना चाहता था, परंतु ऐसा करने में उसकी पोशाक बाधा के रूप में सामने खड़ी हो गई थी। उसे इस बात का डर था कि यदि वह गरीब बुढ़िया की सहायता करेगा, तो समाज के लोग उसके बारे में पता नहीं क्या-क्या कहेंगे। इसी कारण वह चाहते हुए भी भगवाना की माँ की सहायता नहीं कर सका।

5. "कल जिसका बेटा चल बसा, वह आज बाज़ार में सौदा बेचने चली है।" इस कथन के माध्यम से लेखक क्या स्पष्ट करना चाहता है?

उत्तर उपर्युक्त कथन के माध्यम से लेखक यह बताना चाहता है कि बुढ़िया के जीवन का सबसे बड़ा सहारा उसका पुत्र मर गया था और उसके मरने के एक ही दिन बाद बुढ़िया का बाज़ार में सौदा (सामान) बेचने जाना निश्चित रूप से यह दर्शाता है कि उसकी आर्थिक स्थिति अत्यंत दयनीय है।

वस्तुत: लेखक प्रस्तुत कथन के माध्यम से उस कटु सामाजिक यथार्थ को स्पष्ट कर देना चाहता है कि गरीब एवं निम्नवर्गीय लोगों के जीवन में आई विपत्ति की सर्वाधिक विषम स्थिति में भी भूख और पेट की चिंता भारी पड़ जाती है और इसी भूख से निपटने की जद्दोज़हद में उनका वास्तविक दु:ख कमतर दिखाई देता है।

6. लोगों के धर्म-ईमान की चिंता किसे और क्यों हो रही थी?

उत्तर सभी लोगों के धर्म-ईमान की चिंता लाला जी को सता रही थी और इसका कारण था—ईर्ष्या भाव। वास्तव में, लाला जी को किसी के धर्म-ईमान की चिंता नहीं थी। यदि ऐसा होता, तो सबसे पहले उन्हें अपना धर्म-ईमान देखना चाहिए था, जो उस संकट की घड़ी में जवान बेटे की मृत्यु का दु:ख सहने वाली बूढ़ी माँ की सहायता करना सर्वोपरि था।

ऐसा करने के स्थान पर वे सूतक के बहाने से लोगों को धर्म-ईमान की याद दिलाने लगे। लाला जी सहानुभूति प्रकट करने एवं सहायता करने की अपेक्षा उस बुढ़िया के प्रति घृणा एवं द्वेष की भावना के कारण लोगों के धर्म एवं ईमान की चिंता का ढोंग कर रहे थे।

7. क्या भगवाना की माँ द्वारा नया कफ़न खरीदना उचित था?

उत्तर वास्तव में, भगवाना की माँ धर्म-संस्कार एवं परंपराओं को निभाने वाली महिला है, जो यथासंभव प्रत्येक परंपरा का पालन करती है। बेटे की मृत्यु के बाद निराश, हताश एवं असहाय माँ अपने पुत्र-प्रेम में मानसिक रूप से अव्यवस्थित हो जाती है। संभवत: भयंकर गरीबी एवं कारुणिक परिस्थिति में भी, दाने-दाने को मोहताज होने के बावजूद अपने पुत्र-प्रेम में भाव-विभोर माँ अपने बेटे की अंतिम यात्रा को अच्छी-से-अच्छी तरह संपन्न करना चाहती है। इस दृष्टि से नया कफ़न खरीदना भावनात्मक स्तर पर उचित था। यदि वह नया कफ़न न खरीदती तो यह समाज अपने व्यंग्य बाणों से आहत करता और जीने न देता।

8. "जब मन को सूझ का रास्ता नहीं मिलता, तो बेचैनी से कदम तेज़ हो जाते हैं।" लेखक के ऐसा कहने का क्या कारण हो सकता है? स्पष्ट कीजिए।

दक्षता आधारित प्रश्न

उत्तर लेखक ने बुढ़िया को बाज़ार में रोते हुए देखा। वह उसके रोने का कारण जानने के बाद दु:खी हो गया। उसे बुढ़िया के दु:ख के प्रति सहानुभूति थी, लेकिन वह अच्छी पोशाक पहने हुए था और समाज के उच्च वर्ग से संबंधित होने के कारण बुढ़िया के पास जाकर उससे सांत्वना के अपने मनोभाव प्रकट नहीं कर पा रहा था।

उसे यह समझ में नहीं आ रहा था कि कैसे वह बुढ़िया के पास जाकर अपने मन में उसके प्रति उत्पन्न हुई हमदर्दी को अभिव्यक्त करे? इसी उधेड़बुन में वह परेशान था, जिसके कारण उसके कदम तेज़ हो गए थे।

9. बुढ़िया को पत्थर दिल किसने कहा और क्यों?

उत्तर बुढ़िया को पत्थर दिल बाज़ार में उपस्थित लोगों ने कहा, क्योंकि वे बुढ़िया की स्थिति से अनजान थे। उन्हें केवल इतना ही पता था कि एक दिन पहले बुढ़िया का जवान बेटा मरा है और अगले दिन वह खरबूज़े बेचने आ गई है। लोगों ने उसे ममताहीन समझा, लेकिन वे उसकी मजबूरी नहीं समझ सके कि उसने ऐसा किस लिए किया होगा।

10. मनुष्य का सामाजिक दर्ज़ा उसकी पोशाक से तथा उसकी आर्थिक स्थिति से निर्धारित होता है। क्या यह उचित है? अपना मत प्रस्तुत कीजिए।

दक्षता आधारित प्रश्न

उत्तर नहीं, यह उचित नहीं है कि किसी मनुष्य का सामाजिक दर्ज़ा उसकी पोशाक तथा आर्थिक स्थिति से निर्धारित हो, बल्कि इसके स्थान पर हमें यह देखना चाहिए कि किसी व्यक्ति के व्यक्तित्व में निहित मानवीय भावों एवं गुणों की स्थिति कैसी है? उसमें सामाजिक उत्तरदायित्व के प्रति बोध कैसा है? समाज को शांतिपूर्ण बनाने में उसका किस प्रकार का योगदान है?

वस्तुत: मनुष्य के मन में उपस्थित दया, उदारता, प्रेम एवं सहयोग जैसे गुणों तथा इनके माध्यम से उसके द्वारा किए गए समाजहित के कार्यों से उसका सामाजिक दर्ज़ा निर्धारित होना चाहिए। यह कार्य अमीरी दिखाने और अच्छी पोशाक पहनने की बजाय यदि वास्तविक अर्थों में मनुष्य बनें तो ज़्यादा बेहतर ढंग से हो सकेगा।

11. "अरे जैसी नीयत होती है अल्ला भी वैसी ही बरकत देता है", बाज़ार में खड़े व्यक्ति के इस कथन का पुत्र-शोक के कारण रोती बुढ़िया के दु:ख से कोई संबंध है या नहीं? स्पष्ट कीजिए।

उत्तर बाज़ार में खड़े व्यक्ति का उपर्युक्त कथन व्यंग्यात्मक है और बुढ़िया के पुत्र शोक एवं उससे उत्पन्न उसके दु:ख के भाव से इसका कोई मानवीय संबंध नहीं कहा जा सकता। इस प्रकार का कथन कहने वाले स्पष्टत: नकारात्मक मानसिकता के शिकार होते हैं। हालाँकि समाज में ऐसी स्थितियाँ प्राय: देखने को मिल जाती हैं कि लोग दूसरे की पीड़ा पर टिप्पणी करके और ऊल—जलूल तरीके से अनावश्यक बातें करके उसका आनंद लेते हैं। वास्तव में, ऐसी प्रवृत्ति के लोग अत्यंत घृणित मानसिकता वाले होते हैं।

दरिद्रता या अभाव ही जीवन की ऐसी विकट स्थितियाँ हैं, जब कोई भी व्यक्ति उपहास, व्यंग्य एवं अपमान सहने को बाध्य होता है। बुढ़िया की सामाजिक एवं आर्थिक स्थिति अत्यंत दयनीय थी, इसी कारण उसके प्रति लोग इस प्रकार की अपमानजनक एवं व्यंग्यपूर्ण टिप्पणियाँ कर रहे थे, अन्यथा पुत्र का मरना किसी माँ के लिए वास्तव में कितना कष्टप्रद हो सकता है, कोई भी संवेदनशील मनुष्य इसका सहज ही अनुमान लगा सकता है। किसी के मरने और दु:खी होने की स्थिति में अल्ला की बरकत जैसी बात करना, तो नितांत अमानवीय मानसिकता है।

12. 'दु:ख का अधिकार' कहानी से स्पष्ट होता है कि "पैसे की कमी और अभाव आदमी को दु:ख मनाने का अवसर भी नहीं देते"—कैसे और क्यों? **दक्षता आधारित प्रश्न**

उत्तर 'दु:ख का अधिकार' कहानी यह स्पष्ट करती है कि समाज के सभी व्यक्तियों को एक जैसे अधिकार प्राप्त नहीं हैं। उनकी आर्थिक भिन्नताएँ उनके सामाजिक विभाजन का भी निर्धारण करती हैं। आर्थिक दृष्टि से व्यक्ति का स्तर ही उसके सामाजिक स्तर को भी निश्चित करता है। यही कारण है कि भगवाना की माँ की तुलना एक संभ्रांत महिला के साथ करते हुए सामाजिक स्तर पर भगवाना की माँ को निम्नस्तरीय माना गया है, क्योंकि भगवाना की माँ ने अपने बेटे की मृत्यु के बाद चारों तरफ़ शोक मनाने का ढिंढोरा नहीं पीटा। उसने बहुत हाय-तौबा नहीं मचाई, क्योंकि उसके सामने आर्थिक विवशता थी। भूख से बिलबिलाते उसके पोता-पोती तथा बुखार से तपती बहू को पैसे की ज़रूरत थी और यह पैसा सिर्फ़ भगवाना की माँ ही अर्जित कर सकती थी, जिसके लिए उसे बाज़ार में खरबूज़े लेकर बेचने जाना पड़ा।

पैसे की कमी एवं अभाव के कारण ही वह अपने बेटे की मृत्यु का शोक भी ठीक से नहीं मना सकी। यदि वह शोक मनाती, तो उसके पोता-पोती एवं बहू की देखभाल कौन करता? उनकी भूख कैसे मिटती? इसी आर्थिक विवशता ने भगवाना की माँ को एक संभ्रांत परिवार की माँ से अलग कर दिया। इसी आर्थिक मज़बूरी ने भगवाना की माँ को सामाजिक स्तर पर निम्नस्तर की माँ घोषित करवा दिया। इतना ही नहीं, उसका आर्थिक स्तर ही सामाजिक स्तर का भी निर्धारक बन गया।

13. बुढ़िया के दु:ख तथा संभ्रांत महिला के दु:ख में क्या अंतर है?

अथवा

पुत्र वियोगिनी बुढ़िया माँ और संभ्रांत महिला के दु:ख का तुलनात्मक वर्णन कीजिए।

उत्तर बुढ़िया के बेटे भगवाना की आकस्मिक मौत ने उसे पूरी तरह हिलाकर रख दिया। घर में अनाज का दाना नहीं होने से भूख से बिलबिलाते बच्चे एवं बुखार से तपती बहू की जान की परवाह उसे ही करनी थी, इसलिए उसके पास अपने इकलौते बेटे की मृत्यु का दु:ख मनाने का अवसर नहीं था।

वह अंदर से टूट चुकी है, लेकिन उसे स्वयं पर नियंत्रण रखकर घर की ज़िम्मेदारी निभानी है। दूसरी तरफ़ अपने बेटे की मृत्यु के बाद एक संभ्रांत महिला महीनों तक बिस्तर पकड़े रहती है। बेटे की मृत्यु ने उसे शोक-संतप्त कर दिया है और वह अपने होश को सँभाल नहीं पा रही है। उसकी तीमारदारी (देखभाल) में दो-दो डॉक्टर लगे हुए हैं।

यह स्वाभाविक बात है कि सभी माताओं का दिल अपने बेटे के प्रति प्रेम एवं ममता लिए एक जैसा ही होता है, लेकिन इससे ज़्यादा कड़वी सच्चाई यह भी है कि समय एवं परिस्थिति मनुष्य को अपनी भावनाओं पर नियंत्रण रखने के लिए विवश कर देती है। संभ्रांत महिला के सामने भगवाना की माँ की तरह अपने परिवार का पेट पालने की ज़िम्मेदारी नहीं है। इसलिए उसे अपना दु:ख मनाने का अवसर प्राप्त हो जाता है, जिसका भगवाना की माँ के पास घोर अभाव है।

14. "पूजा के लिए दान-दक्षिणा चाहिए" किसी मरणासन्न व्यक्ति के जीवन की रक्षा करने में भी हमारा समाज अपनी परंपराओं से नहीं डिगता, क्या आप इसे उचित मानते हैं? अपने विचार लिखें। **दक्षता आधारित प्रश्न**

उत्तर वास्तव में, यह एक बहुत बड़ी विडंबना है कि आपात काल की स्थिति में भी हम सामाजिक मान्यताओं की दुहाई देते हुए अपना श्रम, समय तथा धन सब कुछ गँवाकर भी वास्तविक तौर पर कुछ भी हासिल नहीं कर पाते।

किसी आकस्मिक घटना के कारण मौत के मुँह में पड़े हुए व्यक्ति के लिए दान—दक्षिणा और पूजा—पाठ का कोई औचित्य नहीं है। यदि ऐसा कुछ किया भी जाता है, तो हमारा पहला उद्देश्य उस व्यक्ति के जीवन की रक्षा करना होना चाहिए, मनुष्य को पूजा पाठ व अंधविश्वास को किसी के जीवन से ऊपर नहीं समझना चाहिए तथा उसके जीवन की रक्षा के लिए समय रहते उसे उचित चिकित्सा मुहैय्या करानी चाहिए न कि पूजा पाठ में फँस जाना चाहिए। यह स्थिति बेहद हानिकारक होती है।

समाज की ये परंपराएँ किसी भी दृष्टि से उचित नहीं हैं, क्योंकि परंपराओं का निर्माण व्यक्ति और समाज की बेहतरी के लिए किया जाता है, न कि उसे मानसिक, शारीरिक एवं आर्थिक दृष्टि से कमज़ोर तथा विवश बनाने के लिए, इसलिए ऐसी मान्यताओं को छोड़ देना ही समाज के हित में है। जो परंपराएँ मनुष्य को बेहतर जीवन-स्थितियाँ उपलब्ध कराने में सहायक न हों और वे उसका शोषण करें, उन्हें प्रचलन में रखने का कोई तार्किक औचित्य नहीं दिखाई देता।

15. **झाड़ना-फूँकना ओझा, ये समाज की किस बुराई की ओर संकेत करते हैं? अपने विचार व्यक्त करें।** **CBSE Diksha**

अथवा

"अंधविश्वास के कारण भगवाना की तरह अनेक लोगों की असमय मृत्यु हो जाती है"-इस कथन के संदर्भ में अंधविश्वास के प्रति अपना दृष्टिकोण व्यक्त करें। **दक्षता आधारित प्रश्न**

उत्तर अंधविश्वास का ही परिणाम था कि भगवाना की मृत्यु उचित चिकित्सा के अभाव में हो गई। साँप के काटने पर उसका उचित चिकित्सकीय प्रबंध करने की अपेक्षा उसके घरवालों ने ओझाओं की झाड़-फूँक का सहारा लिया। यह अंधविश्वास ही था कि वे आधुनिक चिकित्सा की जगह ओझाओं की झाड़-फूँक पर अधिक भरोसा करते रहे, जिसका परिणाम अंततः इकलौते बेटे भगवाना की मृत्यु हो जाती है। हमारे समाज में आज भी अनेक ऐसे लोग हैं, जो इस तरह के अंधविश्वास से घिरे हैं। इसके पीछे वास्तविक कारण अशिक्षा एवं विवेकहीनता है।

मेरा दृष्टिकोण स्पष्ट है कि विज्ञान ने आज इतनी प्रगति कर ली है कि प्रकृति की अनेक स्थितियों पर हमारा नियंत्रण हो गया है। चिकित्सा विज्ञान की तरक्की ने लोगों की औसत आयु को काफ़ी अधिक बढ़ा दिया है। ऐसी स्थिति में कारगर वैज्ञानिक उपाय होने के बावजूद पुराने, दकियानूसी व अंधविश्वासी उपायों का सहारा लेना हमारी मूर्खता को दर्शाता है।

16. **पाठ के आधार पर बताइए कि शोक के समय धनी और निर्धन की दशा में क्या अंतर होता है?**

अथवा **कहानी में धनी और निर्धन वर्गों का अंतर बड़े मार्मिक रूप से उभरा है। इस कथन के औचित्य पर प्रकाश डालिए।**

उत्तर लेखक ने धनी और निर्धन वर्गों के शोक के अंतर को बड़ी मार्मिकता के साथ उभारा है। शोक के समय धनी और निर्धन को बराबर दुःख होता है, दोनों की अनुभूतियाँ भी एक जैसी ही होती हैं, फिर भी दोनों के दुःख की अभिव्यक्ति में पर्याप्त अंतर होता है। गरीब को दुःख की अभिव्यक्ति का समय नहीं मिलता। यदि वह दुःख प्रकट करने में समय व्यतीत करेगा, तो दैनिक जीवन की आवश्यकताओं की पूर्ति कैसे करेगा? इसलिए वह अपने दुःख को छिपाकर रोटी के लिए काम में लग जाता है, क्योंकि उसके पास इतने भी संसाधन नहीं होते कि दुःख पड़ने पर वह दो-चार दिन बिना काम किए रोटी खा सके, इसलिए जवान बेटे की मृत्यु के दुःख से दुःखी बुढ़िया खरबूज़े बेचने बाज़ार जाती है।

उधर संभ्रांत परिवार की महिला के पुत्र की मृत्यु होने पर वह महिला पंद्रह-पंद्रह मिनट में बेहोश हो रही थी, ढाई महीने तक बिस्तर से नहीं उठती, क्योंकि उसके पास रोजी-रोटी की व्यवस्था करने की कोई मज़बूरी नहीं थी। उसे सब सुख-सुविधाएँ उपलब्ध थीं और उसकी सेवा करने वाले लोग मौजूद थे। इस उदाहरण द्वारा लेखक ने धनी और निर्धन वर्ग की दशा के वास्तविक अंतर को स्पष्ट किया है।

17. **'दुःख का अधिकार' कहानी में समाज की किन कुरीतियों को उजागर किया गया है?** **CBSE Diksha**

अथवा

'दुःख का अधिकार' कहानी में किन सामाजिक कुरीतियों को उजागर किया गया है?

अथवा

"जिंदा आदमी नंगा भी रह सकता है, परंतु मुर्दे को नंगा कैसे विदा किया जाए।" आशय स्पष्ट कीजिए।

उत्तर 'दुःख का अधिकार' कहानी में समाज की निम्नलिखित कुरीतियों को उजागर किया गया है

(*i*) मृतक पर नए कपड़े का कफ़न चढ़ाना।
(*ii*) नीम-हकीमों पर विश्वास करना।
(*iii*) ऊँच-नीच की भावना।
(*iv*) गरीबों पर ताना कसना।
(*v*) जीवित व्यक्ति की मदद व कद्र न करना।

इन्हीं कुरीतियों के चलते 'दुःख का अधिकार' कहानी में भगवाना के मर जाने पर उसके कफ़न आदि का इंतज़ाम करने के लिए घर के जेवर तक बिक जाते हैं, जबकि जीवित प्राणी (बुढ़िया, पोता-पोती, बहू आदि) के लिए एक दाना भी नहीं बचता। बुढ़िया द्वारा खरबूज़े बेचने को लेकर सब उसे भला-बुरा तो कहते हैं, परंतु कोई भी उसकी पीड़ा और भूख में मददगार नहीं होता। सबको 'सूतक' और ऊँच-नीच का ही ध्यान रहता है।

18. **'दुःख का अधिकार' कहानी समाज में व्याप्त असमानता को उजागर करती है, स्पष्ट कीजिए।**

उत्तर महान् कथाकार यशपाल द्वारा रचित कहानी 'दुःख का अधिकार' मनुष्यों के बीच में व्याप्त भेदभाव के चरम स्वरूप को स्पष्ट करती है। कहानी का केंद्रीय भाव इस सत्य को व्यक्त करता है कि एक निर्धन व्यक्ति को अपने दुःख से एकांतिक रूप से दुःखी होने तथा उससे बाहर निकलने का भी अवसर प्राप्त नहीं है। वह दुःख की चरम अवस्था में भी समाज के दूसरे लोगों के नियंत्रण में रहता है। उसकी आर्थिक बेबसी उसे अपनी भावनाओं को व्यक्त भी नहीं करने देती।

दूसरी ओर, एक धनी व्यक्ति अपने दुःख का भरपूर प्रदर्शन करता है। संभ्रांत महिला को आर्थिक समस्या नहीं है, इसलिए वह अपने पुत्र की मृत्यु का शोक स्पष्ट रूप से प्रदर्शित कर रही है, जबकि भगवाना की माँ के सामने भूखे बच्चों एवं बीमार बहू के भरण-पोषण का भार है, इसलिए वह चाहकर एकांत में रो नहीं पाती।

उसकी सहायता करने एवं सहानुभूति प्रकट करने की जगह लोग उसे ताने मार रहे हैं, क्योंकि वह गरीब है। जवान बेटे की मृत्यु के बाद उसे लोग पहले से भी अधिक तिरस्कृत दृष्टि से देखते हैं। समाज में व्याप्त असमानता जीवन के चरम दुःख को अभिव्यक्त करने में भी स्पष्ट रूप से दिखती है। लगता है कि निर्धन व्यक्ति को शोक मनाने का भी अधिकार नहीं है।

स्व-मूल्यांकन

पाठ पर आधारित बहुविकल्पीय प्रश्न

1. 'दुःख का अधिकार' कहानी में लोगों ने पत्थर दिल किसे कहा है?
(क) लेखक को (ख) उच्च वर्ग को
(ग) बूढ़ी स्त्री को (घ) दुकान वाले लाला को

2. कफन के संदर्भ में लेखक ने व्यंग्य .... किया है।
(क) लाला जी पर
(ख) स्वयं पर
(ग) सामाजिक रूढ़िवादिता पर
(घ) राजनीतिक व्यवस्था पर

3. **कथन** (A) बूढ़ी स्त्री को दुःख मनाने का अधिकार क्यों नहीं था?
कारण (R) क्योंकि उसने अपना ईमान बेच दिया और वह पुत्र की मृत्यु के अगले दिन बाजार गई। **दक्षता आधारित प्रश्न**
(क) कथन (A) सही है, लेकिन कारण (R) सही नहीं है।
(ख) कथन (A) और कारण (R) दोनों सही हैं।
(ग) कथन (A) सही नहीं है, लेकिन कारण (R) सही है।
(घ) कथन (A) और कारण (R) दोनों गलत हैं।

4. दुःख का अधिकार कहानी का केंद्रीय पात्र कौन है?
(क) लाला जी (ख) लेखक
(ग) बूढ़ी स्त्री (घ) भगवाना

5. "जवान बेटे के मरने पर तेरह दिन का सूतक होता है और वह यहाँ सड़क पर बाजार में आकर खरबूज़े बेचने बैठ गई है।"
सूतक के दिनों में भी बूढ़ी स्त्री का खरबूज़े बेचना दर्शाता है
(क) बूढ़ी स्त्री का लोभ (ख) बूढ़ी स्त्री की विवशता
(ग) बूढ़ी स्त्री की आदत (घ) बहू व बच्चों का दबाव

गद्यांश पर आधारित बहुविकल्पीय प्रश्न

1. उस पुत्र-वियोगिनी के दुःख का अंदाजा लगाने के लिए पिछले साल अपने पड़ोस में पुत्र की मृत्यु से दुःखी माता की बात सोचने लगा। वह संभ्रांत महिला पुत्र की मृत्यु के बाद अढ़ाई मास तक पलंग से उठ न सकी थी। उन्हें पंद्रह-पंद्रह मिनट बाद पुत्र-वियोग से मूर्छा आ जाती थी और मूर्छा न आने की अवस्था में आँखों से आँसू न रुक सकते थे। दो-दो डॉक्टर हरदम सिरहाने बैठे रहते थे। हरदम सिर पर बरफ रखी जाती थी। शहर भर के लोगों के मन उस पुत्र-शोक से द्रवित हो उठे थे। जब मन को सूझ का रास्ता नहीं मिलता तो बेचैनी से कदम तेज़ हो जाते हैं। उसी हालत में नाक ऊपर उठाए, राह चलतों से ठोकरें खाता मैं चला जा रहा था। सोच रहा था-शोक करने, गम मनाने के लिए भी सहूलियत चाहिए और .... दुःखी होने का भी एक अधिकार होता है।

(i) लेखक ने बाजार में बैठी स्त्री की तुलना .... की है।
(क) संभ्रांत महिला से
(ख) दुःखी महिला से
(ग) असहाय महिला से
(घ) अपने गाँव की महिला से

(ii) **कथन** (A) गद्यांश में लेखक ने संभ्रांत महिला के पुत्र-शोक का उदाहरण दिया है।
कारण (R) वह बूढ़ी स्त्री की अपेक्षा दो महीने से ज्यादा समय तक पुत्र-शोक मनाती रही। **दक्षता आधारित प्रश्न**
(क) कथन (A) सही है, लेकिन कारण (R) कथन (A) की सही व्याख्या नहीं करता है।
(ख) कथन (A) सही है, परंतु कारण (R) कथन (A) की सही व्याख्या करता है।
(ग) कथन (A) सही नहीं है, लेकिन कारण (R) कथन (A) की सही व्याख्या करता है।
(घ) कथन (A) और कारण (R) दोनों गलत हैं।

(iii) शहर के लोग किसके दुःख से द्रवित हो उठे थे? **दक्षता आधारित प्रश्न**
1. बूढ़ी स्त्री के 2. लेखक के
3. संभ्रांत महिला के 4. भगवाना के बच्चों के

कूट
(क) केवल 1 सही है। (ख) केवल 2 सही है।
(ग) केवल 3 सही है। (घ) केवल 4 सही है।

(iv) लेखक के अनुसार, मन बेचैन कब हो जाता है?
(क) जब किसी सवाल का जवाब नहीं मिलता
(ख) जब किसी व्यक्ति का दुःख देख लेते हैं
(ग) जब सुख आवश्यकता से अधिक हो जाता है
(घ) जब दुःख को दूर करने का कोई विकल्प नहीं मिलता

(v) लेखक के अनुसार दुःख मनाने का अधिकार किसको नहीं है?
(क) संभ्रांत महिला का (ख) गरीब को
(ग) उच्च वर्ग को (घ) स्वयं लेखक को

लघु उत्तरीय प्रश्नोत्तर

निम्नलिखित प्रश्नों के उत्तर दीजिए

1. 'दुःख का अधिकार' पाठ के आधार पर बुढ़िया के दुःख का कारण स्पष्ट कीजिए।
2. समाज किस प्रकार व्यक्ति के सुख-दुःख को प्रभावित करता है?
3. रास्ते में चलते हुए लेखक के मन में किस प्रकार के विचार आ रहे थे।
4. लड़के की मृत्यु के दूसरे दिन ही बुढ़िया का खरबूज़े बेचने जाना कहाँ तक उचित है? **दक्षता आधारित प्रश्न**
5. भगवाना की माँ की चारित्रिक विशेषताएँ लिखिए।
6. पोशाक, बंद दरवाज़े किस प्रकार खोलती है?
7. बाज़ार में उपस्थित लोग बुढ़िया से घृणा क्यों कर रहे थे?
8. 'दुःख का अधिकार' कहानी समाज में व्याप्त असमानता के घृणित स्तर को उजागर करती है। अपने शब्दों में स्पष्ट कीजिए। **दक्षता आधारित प्रश्न**
9. संभ्रांत महिला के दुःख तथा बुढ़िया के दुःख में अंतर दिखाकर लेखक क्या सिद्ध करना चाहता है? स्पष्ट कीजिए। **दक्षता आधारित प्रश्न**
10. भगवाना की माँ समाज में व्याप्त अंधविश्वासों का शिकार किस प्रकार बनी? स्पष्ट कीजिए।

अध्याय 2

एवरेस्ट : मेरी शिखर यात्रा

बचेंद्री पाल

पाठ की रूपरेखा

पाठ की लेखिका बचेंद्री पाल भारत की वे प्रथम महिला हैं, जिन्होंने एवरेस्ट की चोटी पर पहुँचने में सफलता प्राप्त की। 'एवरेस्ट : मेरी शिखर यात्रा' पाठ लेखिका की आरोहण कौशल एवं निर्णयन क्षमता के साथ-साथ पारस्परिक सहयोग की भावना को भी प्रस्तुत करता है। इस पाठ में हिमालय के दुर्गम क्षेत्र की प्राकृतिक आपदाओं और इन आपदाओं से मनुष्य की संघर्ष करते रहने की ललक का भी रोमांचक चित्रण है।

लेखक परिचय

बचेंद्री पाल का जन्म 24 मई, 1954 को उत्तरांचल (उत्तराखंड) के चमोली ज़िले के बंपा गाँव में हुआ। इनकी माँ हंसादेई नेगी और पिता किशन सिंह पाल थे। आर्थिक स्थिति कमज़ोर होने के कारण इनके पिता पढ़ाई का खर्च उठाने में असमर्थ थे, इसलिए बचेंद्री पाल ने अपनी पढ़ाई पूरी करने के लिए सिलाई-कढ़ाई के कार्य किए। ऐसी विषम परिस्थितियों में भी इन्होंने हिम्मत नहीं हारी और संस्कृत से एम. ए. तथा बी. एड. की शिक्षा प्राप्त की। बचपन से ही इन्हें पहाड़ों पर चढ़ने का शौक था।

एक ओर इनकी पढ़ाई पूर्ण हुई, तो दूसरी ओर इंडियन माउंटेन फाउंडेशन ने एवरेस्ट अभियान पर जाने का साहस रखने वाली स्त्रियों की खोज शुरू की। बचेंद्री पाल भी इस अभियान दल में शामिल हो गईं। अपनी ट्रेनिंग के समय में ये 7500 मी ऊँची चोटी पर सफलतापूर्वक चढ़ीं। अपने लक्ष्य के प्रति समर्पण भाव ने इन्हें एवरेस्ट पर चढ़ने वाली प्रथम भारतीय महिला पर्वतारोही का गौरव प्राप्त करवाया।

पाठ का सार

लेखिका के एवरेस्ट अभियान की शुरुआत

एवरेस्ट अभियान दल 7 मार्च को दिल्ली से काठमांडू के लिए रवाना हुआ। मुख्य अभियान दल के प्रस्थान करने से पूर्व उपनेता प्रेमचंद के नेतृत्व में एक दल एवरेस्ट के 'बेस कैंप' के मार्ग की सफ़ाई करने के लिए भेजा गया। लेखिका ने सर्वप्रथम शेरपालैंड के सर्वाधिक महत्त्वपूर्ण नगरीय क्षेत्र नमचे बाज़ार से एवरेस्ट को देखा। नेपालियों के बीच एवरेस्ट का एक और नाम प्रचलित है, जिसे 'सागरमाथा' कहते हैं।

लेखिका एवरेस्ट के प्रति बेहद आकर्षित हुई और मन-ही-मन वह एवरेस्ट की चुनौतियों का सामना करने के लिए दृढ़ प्रतिज्ञ भी थी। अपने दल समेत लेखिका 26 मार्च को जैसे ही पैरिच पहुँची, तो वहाँ उसे एवरेस्ट अभियान पर गए सोलह शेरपा कुलियों के दल में से एक की मृत्यु तथा चार अन्य के घायल हो जाने की सूचना मिली।

कर्नल खुल्लर की प्रेरणा एवं उपनेता प्रेमचंद का सहयोग

कर्नल खुल्लर, जो एवरेस्ट अभियान दल के मुखिया थे, एवरेस्ट अभियान के दौरान इस तरह की चुनौतियों का सामना करने की प्रेरणा दे रहे थे। इस बीच उपनेता प्रेमचंद ने एवरेस्ट अभियान मार्ग की सफ़ाई हो जाने की सूचना दी। इधर आए दिन हिमपात और हिमस्खलन की सूचना मिलती रहती थी, जिससे लेखिका अपने अभियान को लेकर बेहद आशंकित और डरी रहती, परंतु एवरेस्ट की चोटी तक पहुँचने का सपना उसकी आँखों में पल रहा था। लेखिका और उसका दल एवरेस्ट की चढ़ाई के लिए निरंतर अभ्यास करता रहा।

शेरपा तेनजिंग से मुलाकात

एक दिन लेखिका के बेस कैंप में शेरपा तेनजिंग अपनी छोटी बेटी डेकी के साथ आए। उन्होंने सभी पर्वतारोहियों से अलग-अलग बात की। लेखिका ने जब उनको बताया कि वह नौसिखिया है और एवरेस्ट पर चढ़ाई करने का यह उसका पहला अभियान है, तो शेरपा तेनजिंग ने लेखिका की दृढ़ता एवं कर्मठता पर विश्वास जताते हुए उसकी सफलता की कामना की।

उन्होंने लेखिका का विश्वास बढ़ाते हुए उसे पक्की पर्वतीय लड़की बताया और कहा कि उसे पहले ही प्रयास में शिखर पर पहुँच जाना चाहिए। इससे लेखिका का उत्साह और अधिक बढ़ गया।

मौत से लेखिका का सामना (कैंप तीन की घटना)

15-16 मई, 1984 को जब लेखिका अपने कैंप-तीन में गहरी नींद में सोई हुई थी, तभी बर्फ़ की एक विशाल चट्टान उसके कैंप से आ टकराई। लेखिका कई फीट बर्फ़ के नीचे दब गई। लेखिका के सहयोगी लोपसांग एवं तशारिंग उसके साथ तंबू में थे। लोपसांग ने अपनी स्विस छुरी की मदद से लेखिका के तंबू का रास्ता साफ़ किया और वे बड़ी तत्परता से लेखिका को बचाने के प्रयास में जुट गए। आस-पास जमे कड़े हिमपिंडों को खोदकर लोपसांग ने बड़ी मुश्किल से उसे बर्फ़ की कब्र से बाहर निकाला। लेखिका मौत के मुँह में जाते-जाते बची। कर्नल खुल्लर ने इस बचाव अभियान की जमकर प्रशंसा की।

साउथकोल से एवरेस्ट-विजय तक का सफ़र

लेखिका के साथ जय तथा मीनू एवरेस्ट की इस महत्त्वपूर्ण चढ़ाई में सहयोगी थे। लेखिका साउथकोल कैंप सबसे पहले पहुँच गई, परंतु साथियों की सहायता हेतु वह दुर्गम मार्ग पर वापस आई। लेखिका के सहयोगी उसके इस तरह वापस आने से हक्का-बक्का थे। 'पृथ्वी पर बहुत अधिक कठोर जगह' के नाम से प्रसिद्ध साउथकोल से लेखिका अंगदोरजी के साथ एवरेस्ट की अंतिम चढ़ाई के लिए तैयार हुई और अपने आरोहण मार्ग की बाधाओं को अत्यंत संयम, सहजता एवं कुशलता से पार करती हुई शिखर कैंप तक पहुँची। दक्षिणी शिखर के नीचे लेखिका को ल्हाटू मिला, जिसने लेखिका की सहायता करते हुए और उसके रेगुलेटर पर ऑक्सीजन की आपूर्ति बढ़ाई। इससे शेष चढ़ाई में लेखिका को आसानी महसूस हुई।

एवरेस्ट विजेता बचेंद्री (बछेंद्री)

जमी हुई बर्फ़ को काटते तथा बर्फ़ीली हवाओं का सामना करते हुए लेखिका 23 मई, 1984 के दिन दोपहर में एक बजकर सात मिनट पर एवरेस्ट की चोटी पर पहुँच गई। इस तरह लेखिका बचेंद्री पाल एवरेस्ट की चोटी पर पहुँचने वाली भारत की प्रथम महिला बन गईं। लेखिका ने एवरेस्ट की चोटी पर माँ दुर्गा का चित्र तथा हनुमान चालीसा को एक कपड़े में लपेटकर बर्फ़ के नीचे दबा दिया और अपने रज्जु-नेता अंगदोरजी का झुककर अभिनंदन किया। आनंद के इस क्षण में लेखिका को अपने माता-पिता का ध्यान आया। कर्नल खुल्लर समेत कई लोगों ने लेखिका को उसकी सफलता के लिए बधाई दी।

शब्दार्थ

शब्द	अर्थ
अग्रिम	आगे वाला
बेस कैंप	आधार शिविर
प्लूम	बर्फ़ के बड़े फूल जैसा पिंड
हिमपात	बर्फ़ का गिरना
विचित्र	अनोखा
अवसाद	उदासी
अवगत	स्थिति की जानकारी
जायज़ा	निरीक्षण
ग्लेशियर	बर्फ़ की नदी
भौंचक्की	हैरान
हिम-विदर	बर्फ़ की खाई
प्रवास	किसी अन्य स्थान की यात्रा करना
अभियांत्रिकी	तकनीकी
नौसिखिया	नया सीखा हुआ
हिमपिंड	बर्फ़ के बहुत बड़े-बड़े टुकड़े
हिमपुंज	बर्फ़ का ढेर
कृतज्ञतापूर्वक	उपकार मानते हुए
पर्वतारोही	पर्वत पर चढ़ने वाला
कर्मठता	काम के प्रति समर्पण
आरोहण	चढ़ना
उपस्कर	पर्वतारोहण के लिए आवश्यक सामग्री
शंकु	नोक
ताज	शिखर, चोटी, मुकुट

NCERT फोल्डर

पाठ्यपुस्तक (स्पर्श भाग-1) के प्रश्नोत्तर

मौखिक

निम्नलिखित प्रश्नों के उत्तर एक-दो पंक्तियों में दीजिए

प्र.1 अग्रिम दल का नेतृत्व कौन कर रहा था?

उत्तर अग्रिम दल का नेतृत्व उपनेता प्रेमचंद कर रहे थे।

प्र.2 लेखिका को 'सागरमाथा' नाम क्यों अच्छा लगा?

उत्तर 'सागरमाथा' का अर्थ है—समुद्र का मस्तक या माथा। एवरेस्ट वास्तव में समुद्र का माथा-सा प्रतीत होता है, इसलिए लेखिका को सागरमाथा नाम अच्छा लगा।

प्र.3 लेखिका को ध्वज जैसा क्या लगा?

उत्तर लेखिका को एवरेस्ट पर बर्फ़ का एक भारी प्लूम, जो फूल जैसा दिखता है, पर्वत शिखर पर लहराता ध्वज जैसा लगा।

प्र.4 हिमस्खलन से कितने लोगों की मृत्यु हुई और कितने घायल हुए?

उत्तर हिमस्खलन से सोलह शेरपा कुलियों में से एक की मृत्यु हुई और चार घायल हो गए थे।

प्र.5 कैंप-चार कहाँ और कब लगाया गया?

उत्तर कैंप-चार 7900 मी की ऊँचाई वाले साउथकोल पर लगाया गया।

प्र.6 मृत्यु के अवसाद को देखकर कर्नल खुल्लर ने क्या कहा?

उत्तर पर्वतारोहियों के चेहरों पर मृत्यु के अवसाद को देखकर कर्नल खुल्लर ने कहा कि एवरेस्ट जैसे महान अभियान में खतरों के साथ-साथ मृत्यु को भी सहज भाव से स्वीकारना पड़ता है।

प्र.7 रसोई सहायक की मृत्यु कैसे हुई?

उत्तर जलवायु अनुकूल न होने के कारण एक रसोई सहायक की मृत्यु हो गई थी।

प्र.8 लेखिका ने शेरपा कुली को अपना परिचय किस तरह दिया?

उत्तर लेखिका ने शेरपा कुली को बताया कि वह नौसिखिया है और यह एवरेस्ट अभियान उसका पहला प्रयास है।

प्र.9 लेखिका की सफलता पर कर्नल खुल्लर ने उसे किन शब्दों में बधाई दी?

उत्तर लेखिका की सफलता पर कर्नल खुल्लर ने उसे बधाई देते हुए कहा कि मैं तुम्हारी इस अनूठी उपलब्धि के लिए तुम्हारे माता-पिता को बधाई देना चाहूँगा।

लिखित

(क) निम्नलिखित प्रश्नों के उत्तर (25-30 शब्दों में) लिखिए

प्र.1 नज़दीक से एवरेस्ट को देखकर लेखिका को कैसा लगा?

उत्तर नज़दीक से एवरेस्ट को देखकर लेखिका को इतना अच्छा लगा कि वह भौंचक्की होकर खड़ी रह गई और एवरेस्ट, ल्होत्से और नुत्से की ऊँचाइयों से घिरी, बर्फ़ीली टेढ़ी-मेढ़ी नदी को निहारती रही।

प्र.2 डॉ. मीनू मेहता ने क्या जानकारियाँ दीं?

उत्तर डॉ. मीनू मेहता ने अस्थायी पुलों को बनाने, लट्ठों और रस्सियों का उपयोग करने, बर्फ़ की आड़ी-तिरछी दीवारों पर रस्सियों को बाँधने और अभियांत्रिकी कार्यों के बारे में विस्तृत जानकारी दी।

प्र.3 तेनजिंग ने लेखिका की तारीफ़ में क्या कहा?

उत्तर तेनजिंग ने लेखिका की तारीफ़ में कहा कि तुम एक पक्की पर्वतीय लड़की हो, तुम्हें तो शिखर पर पहले ही प्रयास में पहुँच जाना चाहिए।

प्र.4 लेखिका को किनके साथ चढ़ाई करनी थी?

उत्तर लेखिका को 'जय', 'मीनू' तथा 'की' के साथ चढ़ाई करनी थी, क्योंकि अभियान दल में ये तीनों उसकी यात्रा के साथी थे।

प्र.5 लोपसांग ने तंबू का रास्ता कैसे साफ़ किया?

उत्तर लोपसांग ने अपनी स्विस छुरी से लेखिका के तंबू का रास्ता साफ़ कर दिया। उसने बड़े-बड़े हिमखंडों को काटकर जमी हुई कड़ी बर्फ़ की खुदाई की तथा लेखिका की जान बचाई।

प्र.6 साउथकोल कैंप पहुँचकर लेखिका ने अगले दिन की महत्त्वपूर्ण चढ़ाई की तैयारी कैसे शुरू की?

उत्तर जैसे ही लेखिका साउथकोल कैंप पहुँची, उसने अगले दिन की अपनी महत्त्वपूर्ण चढ़ाई की तैयारी शुरू कर दी। उसने खाना, कुकिंग गैस तथा कुछ ऑक्सीजन सिलेंडर इकट्ठे किए।

(ख) निम्नलिखित प्रश्नों के उत्तर (50-60 शब्दों में) लिखिए

प्र.1 उपनेता प्रेमचंद ने किन स्थितियों से अवगत कराया?

उत्तर उपनेता प्रेमचंद ने पहली बड़ी बाधा खुंभु हिमपात की स्थिति से लेखिका एवं अन्य लोगों को अवगत कराया। उन्होंने बताया कि उनके दल ने कैंप-एक (6000 मी), जो हिमपात के ठीक ऊपर था, तक का मार्ग साफ़ कर दिया है, साथ ही पुल बनाकर, रस्सियाँ बाँधकर तथा झंडियों से रास्ता चिह्नित कर सभी बड़ी कठिनाइयों का जायज़ा ले लिया गया है। उन्होंने याद दिलाया कि ग्लेशियर बर्फ़ की नदी है और बर्फ़ का गिरना जारी है।

प्र.2 हिमपात किस तरह का होता है और उससे क्या-क्या परिवर्तन आते हैं?

उत्तर हिमपात प्राय: बर्फ़ के भुरभुरे कणों के अव्यवस्थित तरीके से गिरने के कारण होता है। ग्लेशियर के बहने से बर्फ़ में प्राय: हलचल हो जाती है, जिससे बड़ी-बड़ी बर्फ़ की चट्टानें तत्काल गिरने लगती हैं और प्राय: खतरनाक स्थिति धारण कर लेती हैं। ज़मीन पर दरार पड़ने के साथ-साथ यह गहरे-चौड़े हिम-विदर का रूप धारण कर लेती हैं। इन हिम-विदरों में कई पर्वतारोहियों की जानें चली जाती हैं।

प्र.3 लेखिका के तंबू पर गिरे बर्फ़ के पिंड से किस तरह नुकसान पहुँचा?

उत्तर एक लंबा बर्फ़ का पिंड लेखिका के कैंप के ठीक ऊपर ल्होत्से ग्लेशियर से टूटकर नीचे आ गिरा था और उससे विशाल हिमपुंज बन गया था। हिमखंडों, बर्फ़ के टुकड़ों तथा जमी हुई बर्फ़ का विशालकाय पुंज भीषण गर्जना के साथ एक्सप्रेस रेलगाड़ी की भाँति शिविर से टकरा गया था। इससे पूरा कैंप तहस-नहस हो गया था।

प्र.4 लेखिका को देखकर 'की' हक्का-बक्का क्यों रह गया?

उत्तर लेखिका को अपने दल के अन्य सदस्यों जय, की तथा मीनू के साथ चढ़ाई करनी थी। चूँकि लेखिका साउथकोल अपने सहयोगियों से पहले पहुँच गई थी, इसलिए वह अपने साथियों की सहायता हेतु पुनः दुर्गम पहाड़ियों से नीचे उतरी। जब वह 'की' के सामने पहुँची, तो वह यह देखकर हक्का-बक्का रह गया कि लेखिका इतने दुर्गम रास्तों को पार कर यहाँ दोबारा आ पहुँची है।

प्र.5 एवरेस्ट पर चढ़ने के लिए कुल कितने कैंप बनाए गए? उनका वर्णन कीजिए।

उत्तर एवरेस्ट पर चढ़ने के लिए कुल पाँच कैंप बनाए गए। पहला कैंप बेस कैंप था, जो काठमांडू के शेरपालैंड में लगाया गया। इसका संचालन कर्नल खुल्लर कर रहे थे। इसके अतिरिक्त कैंप-एक, कैंप-दो, कैंप-तीन तथा कैंप-चार थे। कैंप-एक हिमपात से ऊपर 6000 मी की ऊँचाई पर था। कैंप-दो में शेरपा के पैर की हड्डी टूट गई, उसे स्ट्रेचर पर लिटाया गया। कैंप-तीन ल्होत्से पहाड़ियों के आँगन में स्थित था। कैंप-चार समुद्र तट से 7900 मी की ऊँचाई पर स्थित था। अंतिम दिन की चढ़ाई के लिए साउथकोल तथा शिखर कैंप बनाया गया।

प्र.6 चढ़ाई के समय एवरेस्ट की चोटी की स्थिति कैसी थी?

उत्तर एवरेस्ट की चोटी पर जमी हुई बर्फ़ की सीधी एवं ढलाऊ चट्टानें इतनी सख्त और भुरभुरी थीं मानो शीशे की चादरें बिछी हों। लेखिका को बर्फ़ काटने के लिए फावड़े का प्रयोग करना पड़ा। जमी बर्फ़ इतनी सख्त थी कि फावड़ा काफ़ी ताकत से चलाना पड़ता था। ऊँचाई पर तेज़ हवा के झोंके भुरभुरी बर्फ़ के कणों को चारों ओर उड़ा रहे थे, जिससे दृश्यता शून्य तक पहुँच गई थी।

प्र.7 सम्मिलित अभियान में सहयोग एवं सहायता की भावना का परिचय बचेंद्री के किस कार्य से मिलता है?

उत्तर बचेंद्री पाल ने आरोहण क्षमता के साथ-साथ सहयोग की भावना का भी प्रदर्शन किया। बचेंद्री अपने सहयोगियों के प्रति बेहद समर्पित थीं। साउथकोल कैंप पर पहले पहुँच जाने के पश्चात् भी बचेंद्री पीछे आ रहे अपने सहयोगियों 'जय', 'की' तथा 'मीनू' की सहायता हेतु उस दुर्गम मार्ग से वापस आईं और उनकी सहायता की। तीनों बचेंद्री के इस साहस को देख गद्गद हो गए। इसके अतिरिक्त, वह अंगदोरजी, जो बिना ऑक्सीजन के चढ़ाई करने वाला था, के साथ चढ़ाई करने को इसलिए राज़ी हुईं, क्योंकि चढ़ाई के समय अंगदोरजी के पैर इतने ठंडे हो जाते थे कि लौटकर आने में मुश्किल होती थी। ऐसे में बचेंद्री उसकी सहायता हेतु चल पड़ीं।

(ग) निम्नलिखित के आशय स्पष्ट कीजिए

प्र.1 एवरेस्ट जैसे महान अभियान में खतरों को और कभी-कभी तो मृत्यु भी आदमी को सहज भाव से स्वीकार करनी चाहिए।

उत्तर जैसे ही लेखिका और उसके सहयोगी पर्वतारोहियों को यह पता चला कि हिमस्खलन से शेरपा कुलियों के दल में से एक की मृत्यु हो गई और चार घायल हो गए, तो सबके मुख पर मृत्यु का अवसाद नज़र आने लगा।

कर्नल खुल्लर ने पर्वतारोही दल का उत्साह बढ़ाते हुए कहा कि एवरेस्ट को जीतना दुनिया को जीतना है। यह एक महत्त्वपूर्ण एवं दु:साध्य अभियान है। इस अभियान में जान को भी खतरा रहेगा। जो इन सबकी चिंता किए बिना प्रयास करेगा, सफल होगा। इस सफलता को प्राप्त करने के लिए मृत्यु को भी स्वीकार करना पड़ सकता है। सच्चा पर्वतारोही इस सत्य के साथ ही अपना अभियान प्रारंभ करता है।

प्र.2 सीधे धरातल पर दरार पड़ने का विचार और इस दरार का गहरे-चौड़े हिम-विदर में बदल जाने का मात्र ख़याल ही डरावना था। इससे भी ज़्यादा भयानक इस बात की जानकारी थी कि हमारे संपूर्ण प्रवास के दौरान हिमपात लगभग एक दर्जन आरोहियों और कुलियों को प्रतिदिन छूता रहेगा। दक्षता आधारित प्रश्न

उत्तर शेरपा कुलियों में से एक की मृत्यु से निराश पर्वतारोहियों में से एक लेखिका भी ग्लेशियर पिघलने तथा हिमखंडों के अनियंत्रित रूप से गिरने से भयभीत थी। उपर्युक्त पंक्तियाँ बर्फ़ीले इलाकों में होने वाले प्राकृतिक परिवर्तनों के संदर्भ में बताई गईं। कभी-कभी बर्फ़ की बड़ी चट्टानों में दरार पड़ जाने के कारण इन दरारों के बीच इतनी गहरी खाई बन जाती है कि यदि कोई व्यक्ति इनमें गिर जाए, तो उसकी मृत्यु निश्चित है।

लेखिका इस बात से भयभीत थी कि इस तरह की प्राकृतिक आपदाओं के कारण वह और उसके सहयोगी पर्वतारोही हर क्षण खतरों से घिरे रहेंगे।

प्र.3 बिना उठे ही मैंने अपने थैले से दुर्गा माँ का चित्र और हनुमान चालीसा निकाली। मैंने इनको अपने साथ लाए लाल कपड़े में लपेटा, छोटी-सी पूजा-अर्चना की और इनको बर्फ़ में दबा दिया। आनंद के इस क्षण में मुझे अपने माता-पिता का ध्यान आया। दक्षता आधारित प्रश्न

उत्तर जैसे ही लेखिका अपने रज्जु-नेता अंगदोरजी के साथ एवरेस्ट की सर्वाधिक ऊँची चोटी पर पहुँची, तो वह रोमांच से भर उठी। उसने श्रद्धा एवं उमंग से भरकर अपने साथ लाई गई, माँ दुर्गा का चित्र निकाला और हनुमान चालीसा पढ़ी और इन्हें साथ में लाए हुए लाल कपड़े में बाँधकर एवरेस्ट की चोटी की बर्फ़ में दबा दिया।

भगवान के स्मरण के पश्चात् लेखिका ने विजय एवं उल्लास के इस महत्त्वपूर्ण मौके पर माता-पिता को याद किया। इस विजय में लेखिका ने भगवान और अपने माता-पिता को बारी-बारी से नमन किया।

भाषा अध्ययन

प्र.1 **इस पाठ में प्रयुक्त निम्नलिखित शब्दों की व्याख्या पाठ का संदर्भ देकर कीजिए।**

निहारा है, धसकना, खिसकना, सागरमाथा, जायज़ा लेना, नौसिखिया

उत्तर **निहारा है** प्रसन्नतापूर्वक देखा

बचेंद्री पाल ने हिमालय की शोभा को जी भरकर निहारा।

धसकना नीचे धँसना

धरती का कुछ हिस्सा नीचे की ओर धसक गया।

खिसकना सरकते हुए गिरना

हिमपात भारी होने पर बड़े-बड़े हिमखंड भी खिसक जाते हैं।

सागरमाथा समुद्र का मस्तक एवरेस्ट का दूसरा नाम

बचेंद्री पाल ने नमचे बाज़ार पहुँचकर सबसे पहले एवरेस्ट को देखा, जो नेपालियों में 'सागरमाथा' नाम से प्रसिद्ध है।

जायज़ा लेना मूल्यांकन करना, जाँच-परख करना

साथ में एक अग्रिम दल सारी परिस्थितियों का जायज़ा लेता था।

नौसिखिया अनाड़ी, अनजान

तेनजिंग के सामने बचेंद्री पाल नौसिखिया ही थीं।

प्र.2 **निम्नलिखित पंक्तियों में उचित विराम चिह्नों का प्रयोग कीजिए।**

(क) उन्होंने कहा तुम एक पक्की पर्वतीय लड़की लगती हो तुम्हें तो शिखर पर पहले ही प्रयास में पहुँच जाना चाहिए

(ख) क्या तुम भयभीत थीं

(ग) तुमने इतनी बड़ी जोखिम क्यों ली बचेंद्री

उत्तर (क) उन्होंने कहा—"तुम एक पक्की पर्वतीय लड़की लगती हो। तुम्हें तो शिखर पर पहले ही प्रयास में पहुँच जाना चाहिए।"

(ख) क्या तुम भयभीत थीं?

(ग) तुमने इतनी बड़ी जोखिम क्यों ली, बचेंद्री?

प्र.3 **नीचे दिए उदाहरण के अनुसार निम्नलिखित शब्द-युग्मों का वाक्य में प्रयोग कीजिए**

उदाहरण हमारे पास एक वॉकी-टॉकी था।

टेढ़ी-मेढ़ी, हक्का-बक्का,
गहरे-चौड़े, इधर-उधर,
आस-पास, लंबे-चौड़े

उत्तर **टेढ़ी-मेढ़ी** वैष्णो देवी जाने की राह अत्यधिक टेढ़ी-मेढ़ी थी।

हक्का-बक्का सामने पिताजी को देख वह हक्का-बक्का रह गया।

गहरे-चौड़े घाटी से होकर जाते समय बस गहरी-चौड़ी खाई में गिर गई।

इधर-उधर पुलिस के पूछने पर चोर इधर-उधर देखने लगा।

आस-पास भारी पत्थर गिरने के समय संयोग से कोई भी आस-पास नहीं था।

लंबे-चौड़े वह देखने से ही लंबे-चौड़े पहलवान जैसा लग रहा था।

प्र.4 **उदाहरण के अनुसार विलोम शब्द बनाइए**

उदाहरण	**अनुकूल**	**प्रतिकूल**
	नियमित	....
	विख्यात	....
	आरोही	....
	निश्चित	....
	सुंदर	....

उत्तर

नियमित	—	अनियमित
विख्यात	—	कुख्यात
आरोही	—	अवरोही
निश्चित	—	अनिश्चित
सुंदर	—	असुंदर, खराब

प्र.5 **निम्नलिखित शब्दों में उपयुक्त उपसर्ग लगाइए**

वास, व्यवस्थित, कूल, गति, रोहण, रक्षित

उत्तर

वास	—	निवास, सुवास
व्यवस्थित	—	अव्यवस्थित, सुव्यवस्थित
कूल	—	अनुकूल, प्रतिकूल
गति	—	सद्गति, दुर्गति
रोहण	—	आरोहण, अवरोहण
रक्षित	—	अरक्षित, सुरक्षित

प्र.6 **निम्नलिखित क्रिया विशेषणों का उचित प्रयोग करते हुए रिक्त स्थानों की पूर्ति कीजिए**

अगले दिन, कम समय में, कुछ देर बाद, सुबह तक

(क) मैं .... यह कार्य कर लूँगा।

(ख) बादल घिरने के .... ही वर्षा हो गई।

(ग) उसने बहुत .... इतनी तरक्की कर ली।

(घ) नाङकेसा को .... गाँव जाना था।

उत्तर (क) सुबह तक

(ख) कुछ देर बाद

(ग) कम समय में

(घ) अगले दिन

योग्यता विस्तार

प्र.1 **इस पाठ में आए दस अंग्रेज़ी शब्दों का चयन कर उनके अर्थ लिखिए।**

उत्तर

1.	बेस कैंप	—	आधार शिविर
2.	साउथ	—	दक्षिण
3.	एक्सप्रेस	—	तेज़ गति
4.	स्ट्रेचर	—	मरीज़ों को ले जाने वाली हल्की शयनिका (उपकरण)
5.	थरमस	—	गर्म या ठंडा पानी या तरल रखने वाला बर्तन (पात्र)
6.	कुकिंग गैस	—	खाना पकाने वाली गैस
7.	किट	—	सामान रखने वाला बैग या बक्सा
8.	ऑक्सीजन सिलेंडर	—	जीवनदायिनी गैस बड़ा बेलनाकार बर्तन
9.	नायलॉन	—	एक प्रकार का कृत्रिम तथा मज़बूत रेशा
10.	किमी (किलोमीटर)	—	दो स्थानों के बीच की दूरी नापने की इकाई

प्र.2 पर्वतारोहण से संबंधित दस चीज़ों के नाम लिखिए।

उत्तर 1. ऑक्सीजन 2. तंबू
3. नायलॉन की रस्सी 4. फावड़ा
5. वॉकी-टॉकी 6. एल्युमीनियम की सीढ़ी
7. झंडियाँ 8. लट्ठे
9. थरमस 10. छुरी

प्र.3 तेनजिंग शेरपा की पहली चढ़ाई के बारे में जानकारी प्राप्त कीजिए।

उत्तर वर्ष 1935 में तेनजिंग शेरपा को 19 वर्ष की अवस्था में एरिक शिप्टन के साथ पहली बार एवरेस्ट अभियान पर जाने का अवसर मिला। इस अभियान का उद्देश्य चोटी तक पहुँचना नहीं, बल्कि रस्सी का प्रयोग करके ग्लेशियर के बीच रास्ता खोजना था।

प्र.4 इस पर्वत का नाम 'एवरेस्ट' क्यों पड़ा? जानकारी प्राप्त कीजिए।

उत्तर एवरेस्ट चोटी की प्रामाणिक जानकारी रिकॉर्ड करने वाले सर्वेयर जनरल ऑफ इंडिया के पद पर नियुक्त सर जॉर्ज एवरेस्ट को सम्मानित करने के उद्देश्य से 1865 ई. में इस चोटी का नाम 'माउंट एवरेस्ट' रखा गया। पहले इसका नाम था 'पीक –15' तथा इसकी ऊँचाई 8848 मीटर है।

परियोजना कार्य

प्र.1 आगे बढ़ती भारतीय महिलाओं की पुस्तक पढ़कर उनसे संबंधित चित्रों का संग्रह कीजिए एवं संक्षिप्त जानकारी प्राप्त करके लिखिए

(क) पी. टी. उषा
(ख) आरती साहा
(ग) किरण बेदी

उत्तर विद्यार्थी स्वयं करें।

प्र.2 रामधारी सिंह दिनकर का लेख-'हिम्मत और ज़िंदगी' पुस्तकालय से लेकर पढ़िए।

उत्तर विद्यार्थी स्वयं करें।

प्र.3 "मन के हारे हार है, मन के जीते जीत"- इस विषय पर कक्षा में परिचर्चा आयोजित कीजिए।

उत्तर विद्यार्थी स्वयं करें।

अभ्यास प्रश्न

बहुविकल्पीय व वर्णनात्मक प्रश्नों सहित

पाठ पर आधारित बहुविकल्पीय प्रश्न

1. एवरेस्ट पर चढ़ने वाली प्रथम भारतीय महिला कौन है?

(क) जुन्को तबेई (ख) बचेंद्री पाल (बछेंद्री पाल)
(ग) मेरीकॉम (घ) दीपिका पल्लीकल

उत्तर (ख) बचेंद्री पाल (बछेंद्री पाल)

2. निम्नलिखित में से कौन-सा वाक्य 'एवरेस्ट : मेरी शिखर यात्रा' से मेल खाता है? **दक्षता आधारित प्रश्न**

(क) 15 मई की रात को बर्फ का पिंड ल्होत्से ग्लेशियर से टूटकर कैंप नं. 3 पर गिरा
(ख) अंगदोरजी बिना ऑक्सीजन के ही चढ़ाई करने का इच्छुक था।
(ग) लेखिका ने थैले से दुर्गा माँ का चित्र और हनुमान चालीसा निकालकर पूँजा-अर्चना की
(घ) उपर्युक्त सभी

उत्तर (घ) उपर्युक्त सभी

3. लेखिका ने एवरेस्ट को सर्वप्रथम कहाँ से देखा था?

(क) बेस कैंप से
(ख) नमचे बाजार से
(ग) हवाई जहाज से
(घ) पैरिच से

उत्तर (ख) नमचे बाजार से

4. 'एवरेस्ट : मेरी शिखर यात्रा' पाठ के अनुसार नेपालियों में 'सागरमाथा' के नाम से कौन प्रसिद्ध है?

अथवा **सागर माथा किसे कहा जाता है?** **CBSE Diksha**

(क) हिमालय (ख) एवरेस्ट (ग) विंध्चालय (घ) अरावली

उत्तर (ख) एवरेस्ट

5. लेखिका को बर्फ का बड़ा फूल किसके समान लगा?

(क) पर्वत शिखर की चोटी
(ख) पर्वत शिखर पर लहराता ध्वज
(ग) पर्वत शिखर का अंतिम छोर
(घ) पर्वत शिखर का केंद्र

उत्तर (ख) पर्वत शिखर पर लहराता ध्वज

6. एवरेस्ट पर चढ़ने वाले अग्रिम दल का नेतृत्व कौन कर रहा था?

(क) शिवकुमार (ख) तेनजिंग (ग) प्रेमचंद (घ) बहादुर सिंह

उत्तर (ग) प्रेमचंद

7. 26 मार्च को पैरिच पहुँचते ही लेखिका को कौन-सा दुःख भरा समाचार मिला? **दक्षता आधारित प्रश्न**

(क) चार शेरपा कुलियों के घायल होने का
(ख) बर्फ से रास्ता बंद होने का
(ग) शेरपा कुली की मृत्यु का
(घ) 'क' और 'ग' दोनों

उत्तर (घ) 'क' और 'ग' दोनों

8. शेरपा कुली की मृत्यु के समाचार से किनके चेहरों पर अवसाद छा गया?
(क) कर्नल खुल्लर के
(ख) अग्रिम दल के नेता के
(ग) देशवासियों के
(घ) अभियान दल के सदस्यों के
उत्तर (घ) अभियान दल के सदस्यों के

9. कर्नल खुल्लर ने सभी सदस्यों को सहज भाव से क्या स्वीकार करने को कहा?
(क) दुर्गम मार्ग (ख) परिस्थितियाँ
(ग) मृत्यु (घ) कठिन चढ़ाई
उत्तर (ग) मृत्यु

10. पाठ के अनुसार रसोई सहायक की मृत्यु किस कारण हो गई थी?
(क) बर्फ में दबने के कारण
(ख) जलवायु अनुकूल न होने के कारण
(ग) बीमार पड़ने के कारण
(घ) अधिक भोजन खाने के कारण
उत्तर (ख) जलवायु अनुकूल न होने के कारण

11. **कथन** (A) लेखिका के अनुसार अचानक ही खतरनाक स्थिति बन जाया करती थी।
कारण (R) बड़ी-बड़ी बर्फ की चट्टानों के अचानक से गिरने लगती थीं। दक्षता आधारित प्रश्न
(क) कथन (A) सही है, लेकिन कारण (R) सही नहीं है।
(ख) कथन (A) और कारण (R) दोनों सही हैं।
(ग) कथन (A) सही नहीं है, लेकिन कारण R सही है।
(घ) कथन (A) और कारण (R) दोनों गलत हैं।
उत्तर (ख) कथन (A) और कारण (R) दोनों सही हैं।

12. लेखिका और उनके साथी वॉकी-टॉकी से अपने प्रत्येक कदम की जानकारी किसे दे रहे थे?
(क) सहयोगियों को (ख) कर्नल खुल्लर को
(ग) बेस कैंप को (घ) घर वालों को
उत्तर (ग) बेस कैंप को

13. कैंप-एक पर पहुँचने वाली दो महिलाएँ कौन थीं?
(क) डॉ. मीनू मेहता और गीता गोंबू
(ख) डॉ. मीनू मेहता और बचेंद्री पाल
(ग) रीता गोंबू और बचेंद्री पाल
(घ) अंगदोरजी और बचेंद्री पाल
उत्तर (ग) रीता गोंबू और बचेंद्री पाल

14. 29 अप्रैल को लगाया गया कैंप-चार कितनी ऊँचाई पर था?
(क) 6000 मी (ख) 7500 मी
(ग) 7900 मी (घ) 8000 मी
उत्तर (ग) 7900 मी

15. तेनजिंग किसके साथ लेखिका के बेस कैंप में आए थे?
(क) पत्नी के साथ (ख) मित्र के साथ
(ग) पुत्री के साथ (घ) पर्वतारोहियों के साथ
उत्तर (ग) पुत्री के साथ

16. कैंप में सोते समय लेखिका के ऊपर क्या आकर गिरा? दक्षता आधारित प्रश्न
1. ल्होत्से ग्लेशियर से टूटकर एक बड़ा-सा बर्फ का पिंड
2. खुंभु हिमपात के कारण बर्फ
3. टूटे हुए पुल का एक हिस्सा
कूट
(क) केवल 1 सही है। (ख) केवल 2 सही है।
(ग) केवल 3 सही है। (घ) 2 व 3 सही हैं।
उत्तर (क) केवल 1 सही है।

17. पृथ्वी पर बहुत अधिक कठोर जगह के नाम से ········ प्रसिद्ध है।
(क) नॉर्थ कोल (ख) साउथ कोल
(ग) ईस्ट कोल (घ) वेस्ट कोल
उत्तर (ख) साउथ कोल

18. एवरेस्ट अभियान दल दिल्ली से काठमांडू के लिए कब चल दिया? CBSE Diksha
(क) 10 मार्च (ख) 7 जून
(ग) 4 जून (घ) 8 जुलाई
उत्तर (ख) 7 जून

19. किसके बहने से अकसर बर्फ में हलचल हो जाती है? CBSE Diksha
(क) पत्थरों के गिरने से (ख) ग्लेशियर के बहने से
(ग) पानी बहने से (घ) ऑक्सीजन कम होने से
उत्तर (ख) ग्लेशियर के बहने से

20. 'हिमपात अपने आपमें एक तरह से बर्फ के खंडों का अव्यवस्थित ढंग से गिरना ही था।' दक्षता आधारित प्रश्न
उपर्युक्त पंक्ति के आधार पर 'हिमपात' है
(क) ग्लेशियर का बहना
(ख) बर्फ में हलचल होना
(ग) बर्फ की बड़ी-बड़ी चट्टानों का गिरना
(घ) उपर्युक्त सभी
उत्तर (ग) बर्फ की बड़ी-बड़ी चट्टानों का गिरना

21. निम्नलिखित कथनों पर विचार कीजिए और बछेंद्रीपाल के संबंध में उपयुक्त कथन चुनिए
(क) लेखिका पर्वतीय लड़की है
(ख) वह नौसिखिया पर्वतारोही है
(ग) एवरेस्ट के प्रति विचित्र रूप से आकर्षित थी
(घ) उपर्युक्त सभी
उत्तर (घ) उपर्युक्त सभी

गद्यांश पर आधारित बहुविकल्पीय प्रश्न

1. एवरेस्ट की तरफ गौर से देखते हुए, मैंने एक भारी बर्फ का बड़ा फूल (प्लूम) देखा, जो पर्वत-शिखर पर लहराता एक ध्वज-सा लग रहा था। मुझे बताया गया कि यह दृश्य शिखर की ऊपरी सतह के आसपास 150 किमी अथवा इससे भी अधिक की गति से हवा चलने के कारण बनता था, क्योंकि तेज हवा से सूखा बर्फ पर्वत पर उड़ता रहता था। बर्फ का यह ध्वज 10 किमी या इससे भी लंबा हो सकता था। शिखर पर जाने वाले प्रत्येक व्यक्ति को दक्षिण-पूर्वी पहाड़ी पर इन तूफानों को झेलना पड़ता था, विशेषकर खराब मौसम में। यह मुझे डराने के लिए काफी था, फिर भी मैं एवरेस्ट के प्रति विचित्र रूप से आकर्षित थी और इसकी कठिनतम चुनौतियों का सामना करना चाहती थी।

(i) पर्वत शिखर पर फूल (प्लूम) कैसे बनता था?

(क) वर्षा के द्वारा

(ख) पर्वतारोहियों के द्वारा

(ग) प्रकृति के द्वारा

(घ) अत्यधिक गति से बर्फीली हवाओं के चलने से

उत्तर (घ) अत्यधिक गति से बर्फीली हवाओं के चलने से

(ii) अधिक गति से हवा चलने पर पर्वत पर क्या प्रतिक्रिया होती है?

(क) सूखा बर्फ पर्वत पर उड़ता रहता है

(ख) तूफान आने की संभावना बनी रहती है

(ग) पर्वत टूटकर गिरने लगता है

(घ) पर्वत छोटे-छोटे खंडों में बँट जाता है

उत्तर (ख) तूफान आने की संभावना बनी रहती है

(iii) शिखर पर जाने वाले प्रत्येक व्यक्ति को कहाँ से आने वाले तूफानों को झेलना पड़ता है? **दक्षता आधारित प्रश्न**

(क) पूर्वी-दक्षिणी पहाड़ी से (ख) दक्षिण-पूर्वी पहाड़ी से

(ग) उत्तर-पूर्वी पहाड़ी से (घ) दक्षिणी-पश्चिमी पहाड़ी से

उत्तर (ख) दक्षिण-पूर्वी पहाड़ी से

(iv) **कथन** (A) लेखिका कठिनतम चुनौतियों का सामना करना चाहती थी।

कारण (R) वह एवरेस्ट के प्रति विचित्र रूप से आकर्षित हो गई थी। **दक्षता आधारित प्रश्न**

(क) कथन (A) सही नहीं है, लेकिन कारण (R) सही है।

(ख) कथन (A) और कारण (R) दोनों सही हैं।

(ग) कथन (A) सही है, लेकिन कारण (R) गलत है।

(घ) कथन (A) और कारण (R) दोनों गलत हैं।

उत्तर (ख) कथन (A) और कारण (R) दोनों सही हैं।

(v) गद्यांश के अनुसार, एवरेस्ट की खराब मौसम में कैसी स्थिति होती है?

1. वहाँ का मौसम समान रहता है
2. वहाँ हल्की-हल्की हवाएँ चलती हैं
3. काफी विषम परिस्थितियाँ होती हैं
4. उपर्युक्त में से कोई नहीं

कूट

(क) केवल 1 सही है। (ख) केवल 2 सही है।

(ग) केवल 3 सही है। (घ) केवल 4 सही है।

उत्तर (ग) केवल 3 सही है।

2. उपनेता प्रेमचंद, जो अग्रिम दल का नेतृत्व कर रहे थे, 26 मार्च को पैरिच लौट आए। उन्होंने हमारी पहली बड़ी बाधा खुंभु हिमपात की स्थिति से हमें अवगत कराया। उन्होंने कहा कि उनके दल ने कैंप-एक (6000 मी), जो हिमपात के ठीक ऊपर है, वहाँ तक का रास्ता साफ कर दिया है। उन्होंने यह भी बताया कि पुल बनाकर, रस्सियाँ बाँधकर तथा झंडियों से रास्ता चिह्नित कर, सभी बड़ी कठिनाइयों का जायजा ले लिया गया है। उन्होंने इस पर भी ध्यान दिलाया कि ग्लेशियर बर्फ की नदी है और बर्फ का गिरना अभी जारी है। हिमपात में अनियमित और अनिश्चित बदलाव के कारण अभी तक के किए गए सभी काम व्यर्थ हो सकते हैं और हमें रास्ता खोलने का काम दोबारा करना पड़ सकता है।

(i) लेखिका को खुंभु हिमपात के बारे में जानकारी किसने दी?

(क) शिवकुमार ने (ख) तेनजिंग ने

(ग) प्रेमचंद ने (घ) बहादुर सिंह ने

उत्तर (ग) प्रेमचंद ने

(ii) लेखिका तथा उसके साथियों की एवरेस्ट पर पहुँचने की पहली बड़ी बाधा कौन-सी थी?

(क) कैंप की ओर जाना (ख) खुंभु हिमपात की स्थिति

(ग) पर्वत पर न चढ़ पाना (घ) कठिन रास्तों पर चलना

उत्तर (ख) खुंभु हिमपात की स्थिति

(iii) कैंप-एक हिमपात से कितनी ऊँचाई पर था? **दक्षता आधारित प्रश्न**

1. 3000 मी 2. 5000 मी
3. 6000 मी 4. 7000 मी

कूट

(क) केवल 1 सही है। (ख) केवल 2 सही है।

(ग) केवल 3 सही है। (घ) केवल 4 सही है।

उत्तर (ग) केवल 3 सही है।

(iv) **कथन** (A) कैंप-एक तक रास्ता साफ किया गया।

कारण (R) पुल बनाया गया, रस्सियाँ बाँध दी गईं और झंडियों से रास्ता चिह्नित कर दिया गया। **दक्षता आधारित प्रश्न**

(क) कथन (A) सही है, लेकिन कारण (R) सही नहीं है।

(ख) कथन (A) सही नहीं है, किंतु कारण (R) कथन (A) की सही व्याख्या करता है।

(ग) कथन (A) और कारण (R) दोनों गलत हैं।

(घ) कथन (A) और कारण (R) दोनों सही हैं।

उत्तर (घ) कथन (A) और कारण (R) दोनों सही हैं।

(v) प्रेमचंद के अनुसार अब तक किए गए प्रयास व्यर्थ क्यों हो सकते हैं?
(क) हिमपात के अनियमित और अनिश्चित बदलाव के कारण
(ख) ग्लेशियर न बनने के कारण
(ग) कठिनाइयों का जायजा न लेने के कारण
(घ) बेस कैंप से सही जानकारी न मिलने के कारण

उत्तर (क) हिमपात के अनियमित और अनिश्चित बदलाव के कारण

3. जब अप्रैल में मैं बेस कैंप में थी, तेनजिंग अपनी सबसे छोटी सुपुत्री डेकी के साथ हमारे पास आए थे। उन्होंने इस बात पर विशेष महत्त्व दिया था कि दल के प्रत्येक सदस्य और प्रत्येक शेरपा कुली से बातचीत की जाए। जब मेरी बारी आई, मैंने अपना परिचय यह कहकर दिया कि मैं बिल्कुल ही नौसिखिया हूँ और एवरेस्ट मेरा पहला अभियान है। तेनजिंग हँसे और मुझसे कहा कि एवरेस्ट उनके लिए भी पहला अभियान है, लेकिन यह भी स्पष्ट किया कि शिखर पर पहुँचने से पहले उन्हें सात बार एवरेस्ट पर जाना पड़ा था। फिर अपना हाथ मेरे कंधे पर रखते हुए उन्होंने कहा, "तुम एक पक्की पर्वतीय लड़की लगती हो। तुम्हें तो शिखर पर पहले ही प्रयास में पहुँच जाना चाहिए।"

(i) पाठ के आधार पर बताइए कि तेनजिंग ………… था।
(क) लेखिका का सहयोगी
(ख) एवरेस्ट पर चढ़ने वाला पहला व्यक्ति
(ग) पर्वतों की जानकारी रखने वाला सैलानी
(घ) लेखिका का ट्रेनर

उत्तर (ख) एवरेस्ट पर चढ़ने वाला पहला व्यक्ति

(ii) तेनजिंग ने किस बात पर विशेष महत्त्व दिया?
(क) कैंप के संचालन करने पर
(ख) प्रत्येक सदस्य से बातचीत करने पर
(ग) प्रत्येक सदस्य की परीक्षा लेने पर
(घ) सदस्यों का सामान स्वयं उठाने पर

उत्तर (ख) प्रत्येक सदस्य से बातचीत करने पर

(iii) **कथन** (A) लेखिका ने स्वयं को नौसिखिया बताया।
कारण (R) एवरेस्ट पर चढ़ना उसका पहला पर्वतीय अभियान था। **दक्षता आधारित प्रश्न**
(क) कथन (A) सही है लेकिन कारण (R) कथन (A) की सही व्याख्या नहीं करता है।
(ख) कथन (A) सही हैं तथा कारण (R) कथन (A) की सही व्याख्या करता है।
(ग) कथन (A) और कारण (R) दोनों गलत हैं।
(घ) कथन (A) सही नहीं हैं, लेकिन कारण (R) सही है।

उत्तर (ख) कथन (A) सही हैं परन्तु कारण (R) कथन (A) की सही व्याख्या करता है।

(iv) गद्यांश के अनुसार बचेंद्री पाल (लेखिका) का यह कौन-सा अभियान है?
1. दूसरा 2. चौथा
3. पहला 4. तीसरा

कूट
(क) केवल 1 सही है।
(ख) केवल 2 सही है।
(ग) केवल 3 सही है।
(घ) केवल 4 सही है।

उत्तर (ग) केवल 3 सही है।

(v) लेखिका के लिए तेनजिंग ने कौन-से शब्द कहे थे?
(क) तुम पर्वतीय लड़की नहीं हो
(ख) तुम पर्वत शिखर पर नहीं पहुँच पाओगी
(ग) तुम्हें पहले प्रयास में ही शिखर पर पहुँच जाना चाहिए
(घ) तुम दल के पीछे-पीछे ही चलना

उत्तर (ग) तुम्हें पहले प्रयास में ही शिखर पर पहुँच जाना चाहिए

4. दोपहर बाद मैंने अपने दल के दूसरे सदस्यों की मदद करने और अपने एक थरमस को जूस से और दूसरे को गरम चाय से भरने के लिए नीचे जाने का निश्चय किया। मैंने बर्फीली हवा में ही तंबू से बाहर कदम रखा। जैसे ही मैं कैंप क्षेत्र से बाहर आ रही थी मेरी मुलाकात मीनू से हुई। 'की' और जय अभी कुछ पीछे थे। मुझे जय जेनेवा स्पर की चोटी के ठीक नीचे मिला। उसने कृतज्ञतापूर्वक चाय वगैरह पी, लेकिन मुझे और आगे जाने से रोकने की कोशिश की। मगर मुझे की से भी मिलना था। थोड़ा-सा और आगे नीचे उतरने पर मैंने की को देखा। वह मुझे देखकर हक्का-बक्का रह गया।
"तुमने इतनी बड़ी जोखिम क्यों ली, बचेंद्री?"
मैंने उसे दृढ़तापूर्वक कहा, "मैं भी औरों की तरह एक पर्वतारोही हूँ, इसीलिए इस दल में आई हूँ। शारीरिक रूप से मैं ठीक हूँ। इसलिए मुझे अपने दल के सदस्यों की मदद क्यों नहीं करनी चाहिए।" की हँसा और उसने पेय पदार्थ से प्यास बुझाई, लेकिन उसने मुझे अपना किट ले जाने नहीं दिया।

(i) दल से दूसरे सदस्यों की सहायता हेतु लेखिका ने क्या करने का निश्चय किया? **दक्षता आधारित प्रश्न**
1. वापस नीचे जाने का
2. रस्सी को मजबूती से बाँधने का
3. ऑक्सीजन लेकर जाने का

कूट
(क) केवल 1 सही है। (ख) केवल 2 सही है।
(ग) केवल 3 सही है। (घ) ये सभी

उत्तर (क) केवल 1 सही है।

(ii) लेखिका बर्फीली हवा में ही तंबू से बाहर क्यों निकली?
(क) उसे पीछे रह गए अपने साथियों की मदद करनी थी
(ख) उसके साथी उससे आगे चले गए थे
(ग) वह अपने साथियों को ढूँढना नहीं चाहती थी
(घ) उसे वहाँ गर्मी लग रही थी

उत्तर (क) उसे पीछे रह गए अपने साथियों की मदद करनी थी

(iii) **जय ने लेखिका को और आगे जाने से रोकने का प्रयास क्यों किया?**

(क) क्योंकि जय को लेखिका से कुछ बात करनी थी

(ख) क्योंकि आगे जाने में खतरा था

(ग) क्योंकि आगे जाने में जय को परेशानी हो रही थी

(घ) उपर्युक्त में से कोई नहीं

उत्तर (ख) क्योंकि आगे जाने में खतरा था

(iv) **कथन** (A) **लेखिका को देखकर 'की' हक्का-बक्का रह गया था।**
कारण (R) **वह दुर्गम मार्ग पर साथियों की सहायता के लिए वापस आई थी।** **दक्षता आधारित प्रश्न**

(क) कथन (A) सही है, लेकिन कारण (R) कथन (A) की सही व्याख्या करता है।

(ख) कथन (A) सही है, किंतु कारण (R) कारण (A) की सही व्याख्या नहीं करता है।

(ग) कथन (A) और कारण (R) दोनों सही हैं।

(घ) कथन (A) और कारण (R) दोनों गलत हैं।

उत्तर (क) कथन (A) सही है, लेकिन कारण (R) कथन (A) की सही व्याख्या करता है।

(v) **'इसलिए मुझे अपने दल के सदस्यों की मदद क्यों नहीं करनी चाहिए' कथन से लेखिका के ...... स्वभाव का पता चलता है।**

(क) साहसी होने का

(ख) परोपकार की भावना होने का

(ग) साहसी और परोपकारी होने का

(घ) उपर्युक्त में से कोई नहीं

उत्तर (ग) साहसी और परोपकारी होने का

लघु उत्तरीय प्रश्नोत्तर

1. लेखिका खतरों को सामने देखकर भी अंगदोरजी के साथ एवरेस्ट पर क्यों जाना चाहती थी?

उत्तर लेखिका खतरों को सामने देखकर भी एवरेस्ट पर जाना चाहती थी, क्योंकि उसके मन में कठिनतम चुनौतियों का सामना करने का साहस था और लेखिका को अंगदोरजी की कर्मठता एवं आरोहण क्षमता पर पूरा भरोसा था। इसी विश्वास के कारण उसने अंगदोरजी के साथ पर्वत-शिखर को छूने का फैसला लिया।

2. एवरेस्ट अभियान आरंभ होने से पूर्व अभियान दल को किसने, क्या जानकारी दी?

उत्तर एवरेस्ट अभियान आरंभ होने से पूर्व अभियान दल को कर्नल खुल्लर, जो एवरेस्ट अभियान दल के मुखिया थे, ने यह जानकारी दी कि कैंप-एक तक का रास्ता साफ कर दिया गया है।

3. लेखिका को 'सागरमाथा' नाम क्यों अच्छा लगा? 'एवरेस्ट : मेरी शिखर यात्रा' के आधार पर लिखिए। **CBSE Diksha**

उत्तर 'सागरमाथा' अर्थात् सागर का मस्तक या माथा। एवरेस्ट वास्तव में समुंद्र का माथा-सा प्रतीत होता है। लेखिका ने सर्वप्रथम शोरलैण्ड के प्रसिद्ध नगरीय क्षेत्र नमचे बाज़ार में एवरेस्ट को देखा था और वह इसके प्रति विचित्र रूप से आकर्षित हुई। नेपालियों द्वारा एवरेस्ट को 'सागरमाथा' कहा गया। लेखिका को यह नाम बहुत अच्छा लगा।

4. एवरेस्ट की चोटी पर पहुँचकर बचेंद्री पाल ने क्या किया? और उसकी सफलता पर कर्नल खुल्लर ने क्या कहकर बधाई दी?

उत्तर एवरेस्ट की चोटी पर पहुँचकर बचेंद्री पाल ने 'सागरमाथा' को चूमकर पूजा-अर्चना की और अपने साथ लाई गई हनुमान चालीसा और दुर्गा माँ के चित्र को बर्फ़ में दबा दिया। लेखिका की सफलता पर कर्नल खुल्लर ने उसे बधाई दी और कहा कि "तुम्हारी इस अनूठी उपलब्धि पर सभी को प्रसन्नता है; देश को इस पर गर्व है। मैं तुम्हारी इस उपलब्धि के लिए तुम्हारे माता-पिता को बधाई देना चाहूँगा।"

5. प्लूम (भारी बर्फ़ का बड़ा फूल) कैसे बनता है?

उत्तर प्लूम (भारी बर्फ़ का बड़ा फूल) वास्तव में, शिखर की ऊपरी सतह के आस-पास 150 किमी अथवा इससे भी अधिक की गति से हवा चलने के कारण बनता है, क्योंकि तेज़ हवा से सूखी बर्फ़ पर्वत पर उड़ती रहती है। यह पर्वत-शिखर पर लहराता एक ध्वज-सा लगता है और बर्फ़ का यह ध्वज 10 किमी अथवा इससे भी लंबा हो सकता है।

6. एवरेस्ट की शिखर यात्रा में डॉक्टर मीनू मेहता कौन थीं? उन्होंने यात्रियों का कैसे सहयोग किया? **दक्षता आधारित प्रश्न**

उत्तर एवरेस्ट शिखर की यात्रा में डॉक्टर मीनू मेहता एक अन्य पर्वतारोही थीं, जो लेखिका बचेंद्री पाल के दल में शामिल थीं। उन्होंने शिखर यात्रा में शामिल अन्य सभी सदस्यों को एल्युमीनियम की सीढ़ियों से अस्थायी पुलों को बनाने, लट्ठों और रस्सियों का उपयोग करने, बर्फ़ की आड़ी-तिरछी दीवारों पर रस्सियों को बाँधने और अन्य अभियांत्रिकी कार्यों के बारे में विस्तृत जानकारी देकर सहयोग किया।

7. ल्होत्से की ओर से एक बड़ी बर्फ़ की चट्टान गिरने से घटी दुर्घटना का वर्णन अपने शब्दों में कीजिए।

उत्तर ल्होत्से की बर्फ़ीली सीधी ढलान पर लगाए गए सुंदर रंगीन नायलॉन के बने तंबू के कैंप-तीन में लेखिका बचेंद्री पाल गहरी नींद में सो रही थीं। रात में अचानक उनके सिर के पिछले हिस्से से बर्फ़ की एक बड़ी चट्टान टकराई। शीघ्र ही उन्हें महसूस हुआ कि एक ठंडी एवं भारी चीज़ उनके शरीर पर से उन्हें कुचलती हुई फिसल रही है। यह बर्फ़ का पिंड ल्होत्से ग्लेशियर से टूटकर गिरा था और उसका विशाल हिमपुंज बन गया था। लेखिका बचेंद्री पाल बर्फ़ की कब्र में चली गईं, जिन्हें बड़ी मुश्किल से लोपसांग ने खींचकर बाहर निकाला।

8. तेनजिंग कौन थे? उन्होंने बचेंद्री की प्रशंसा किन शब्दों में की?

अथवा

बेस कैंप में लेखिका की मुलाकात किससे हुई? उन्होंने लेखिका का उत्साहवर्द्धन कैसे किया?

उत्तर बेस कैंप में लेखिका की मुलाकात तेनजिंग से हुई। तेनजिंग एवरेस्ट पर चढ़ने वाले प्रथम व्यक्ति थे। उन्होंने लेखिका को बताया कि वह सात बार के प्रयास में एवरेस्ट के शिखर पर पहुँचे थे, लेकिन तुम तो पक्की पर्वतीय लड़की हो। अत: तुम्हें तो पहले प्रयास में ही शिखर पर पहुँच जाना चाहिए। इस वाक्य ने लेखिका का उत्साहवर्द्धन किया।

9. अंगदोरजी के साथ यात्रा करने के लिए लेखिका को कौन-सी शर्त माननी पड़ी और क्यों?

उत्तर अंगदोरजी की इच्छा बिना ऑक्सीजन के एवरेस्ट शिखर पर चढ़ने की थी, लेकिन पर्याप्त मात्रा में ऑक्सीजन न होने के कारण उनके पैर ठंडे पड़ जाते थे, इसलिए उन्होंने निर्णय किया कि वह एक ही दिन में एवरेस्ट पर चढ़ाई करके वापस साउथकोल कैंप में लौट आएँगे।

साउथकोल कैंप से चोटी तक जाना व वापस आना एक बहुत ही कठिन व श्रमसाध्य कार्य था। अंगदोरजी ने अपने निर्णय के विषय में लेखिका को बताया और उसके समक्ष एक ही दिन में एवरेस्ट पर चढ़कर वापस लौटने की शर्त रखी। लेखिका को उनकी आरोहण क्षमता व कर्मठता पर विश्वास था, इसलिए उसने उनकी शर्त को स्वीकारते हुए उनके साथ जाने का निर्णय किया।

10. लेखिका को सपाट और कठिन चढ़ाई कब और क्यों आसान लगने लगी?

उत्तर दक्षिणी शिखर के नीचे आराम करने के बाद थोड़ी चाय पीकर लेखिका ने जब फिर चढ़ाई आरंभ की, तो वह सामान्यतया आवश्यक चार लीटर ऑक्सीजन की अपेक्षा लगभग ढाई लीटर ऑक्सीजन प्रति मिनट की दर से लेकर चढ़ रही थी, लेकिन जैसे ही ल्हाटू ने उसकी ऑक्सीजन की आपूर्ति बढ़ाई, वैसे ही लेखिका को सपाट एवं कठिन चढ़ाई भी आसान लगने लगी।

11. ल्हाटू कौन था? उसकी भूमिका क्या थी?

उत्तर ल्हाटू लेखिका के पर्वतारोही दल का महत्त्वपूर्ण सहायक था। नायलॉन की रस्सी लेकर साथ-साथ चलने वाले ल्हाटू ने ही रस्सी के सहारे चलने का प्रबंध किया। वह पर्वत-शिखर पर चढ़ते समय लेखिका बचेंद्री पाल तथा अंगदोरजी के बीचो-बीच चलता रहा और उसने अपनी सुविधा का ध्यान न रखकर इन दोनों के संतुलन को बनाए रखने की पूरी कोशिश की। उसने लेखिका की ऑक्सीजन की आपूर्ति बढ़ा दी, जिससे सपाट और कठिन चढ़ाई लेखिका को आसान लगने लगी। ल्हाटू ने ही लेखिका के पर्वत-शिखर पर पहुँचने पर कर्नल खुल्लर को वॉकी-टॉकी से इसकी सूचना दी।

12. एवरेस्ट की चोटी पर सुरक्षा का प्रश्न क्यों उठा और लेखिका ने स्वयं को वहाँ पर किस प्रकार सुरक्षित किया?

उत्तर एवरेस्ट की चोटी पर सुरक्षा का प्रश्न इसलिए उठा, क्योंकि वहाँ इतनी कम जगह थी कि दो व्यक्ति साथ-साथ खड़े नहीं रह सकते थे। चोटी के चारों ओर हज़ारों मीटर लंबी सीधी ढलानें थीं। ऐसी स्थिति में एवरेस्ट शंकु पर पहुँचकर लेखिका ने अपने बर्फ़ के फावड़े से बर्फ़ की खुदाई की और अपने खड़े होने योग्य जगह बनाकर और स्वयं को अच्छी तरह सुरक्षित रूप से स्थिर किया।

13. "सहयोग एवं सहायता की भावना के बिना सम्मिलित अभियान संभव नहीं है।" लेखिका बचेंद्री पाल ने ऐसा क्यों कहा? स्पष्ट कीजिए। **दक्षता आधारित प्रश्न**

अथवा **बिना सहायता और सहयोग के भाव से सम्मिलित अभियान संभव नहीं है। अपने विचार स्पष्ट कीजिए।** **CBSE Diksha**

उत्तर "सहयोग एवं सहायता की भावना के बिना सम्मिलित अभियान संभव नहीं है", लेखिका बचेंद्री पाल ने ऐसा इसलिए कहा, क्योंकि किसी भी बड़े अभियान की सफलता सभी के सहयोग और सहायता से ही संभव होती है। छोटे-से-छोटे काम करने वाले की भी विशेष भूमिका रहती है। उपनेता प्रेमचंद, डॉ. मीनू मेहता, लोपसांग, ल्हाटू और अंगदोरजी सभी ने अभियान की सफलता में अपना महत्त्वपूर्ण योगदान दिया था। उन सबके सहयोग के बिना यह अभियान सफल नहीं हो सकता था, इसलिए लेखिका बचेंद्री ने सफलता का श्रेय उन सबको दिया।

14. 'एवरेस्ट : मेरी शिखर यात्रा' पाठ के आधार पर बताइए कि उपनेता प्रेमचंद ने सभी को किन स्थितियों से अवगत कराया था?

उत्तर उपनेता प्रेमचंद ने सभी को निम्न स्थितियों से अवगत कराया था

(i) उन्होंने सभी को खुंभु हिमपात से अवगत कराया।
(ii) हिमपात के स्थान के ठीक ऊपर कैंप-एक (लगभग 6000 मी तक) का रास्ता साफ़ कर दिया गया है।
(iii) पुल बनाकर, रस्सियाँ बाँधकर, झंडियों से रास्ता चिह्नित करके सभी कठिनाइयों का जायज़ा ले लिया गया है।
(iv) ग्लेशियर बर्फ़ की नदी होती है और बर्फ़ का गिरना अभी तक जारी है।

15. हिमपात के अधिक होने से कौन-सी प्राकृतिक आपदा निर्मित हो जाती है? इस आपदा का सबसे अधिक शिकार कौन लोग होते हैं?

उत्तर पर्वतारोहियों को अकसर हिमपात के कारण अनेक परेशानियाँ उठानी पड़ती हैं। यात्रा के दौरान कभी भी हिमपात के कारण भू-स्खलन हो सकता है। चट्टानें भू-स्खलन से नीचे गिर सकती हैं, इस आपदा का शिकार सबसे अधिक पर्वतारोही होते हैं। इससे पर्वतारोहियों को चोट लग सकती है। वे बर्फ़ के नीचे दबकर मर भी सकते हैं। कभी-कभी हिमपात के कारण चारों तरफ़ बर्फ़ की आँधी चलने लगती है। उससे पर्वतारोहियों को कुछ भी दिखना बंद हो जाता है और आगे का रास्ता ठीक से नहीं सूझता, जिससे कोई भी दुर्घटना हो सकती है।

भारी हिमपात होने के कारण मार्ग में लगाए गए संकेतक या निशान, झंडियाँ आदि नष्ट हो जाते हैं। कभी-कभी तो चढ़ाई के लिए बनाया गया पूरा रास्ता ही नष्ट हो जाता है। अधिक हिमपात होने से ठंड का प्रभाव बढ़ जाता है और हिमपात के साथ तेज़ हवा उनके शरीर को बेधने लगती है, जिससे उनकी सोची –समझी रणनीति व्यर्थ हो जाती है। सामान्य मौसम पर्वतारोहियों के लिए अधिक उपयुक्त होता है, लेकिन हिमपात होने से उनकी समस्याएँ काफ़ी अधिक बढ़ जाती हैं।

16. लेखिका पर मृत्यु का संकट कैसे आया? उसकी रक्षा किसने और कैसे की?

अथवा **15 मई की रात को कैंप-तीन में क्या घटना घटी और एक अन्य साथी ने लेखिका की जान कैसे बचाई?** **दक्षता आधारित प्रश्न**

उत्तर लेखिका बचेंद्री पाल सुंदर रंगीन नायलॉन के बने तंबू के कैंप-तीन में गहरी नींद में सोई हुई थी कि रात में लगभग 12:30 बजे उनके सिर के पिछले हिस्से में किसी सख्त चीज़ के टकराने से उनकी नींद खुली, तभी एक ज़ोरदार धमाका हुआ। उन्होंने महसूस किया कि एक ठंडी एवं भारी चीज़ उनके शरीर पर से उन्हें कुचलती हुई चल रही है, जिससे उन्हें साँस लेने में भी कठिनाई हो रही है।

वास्तव में, एक लंबा बर्फ़ का पिंड उनके कैंप के ठीक ऊपर ल्होत्से ग्लेशियर से टूटकर नीचे आ गिरा था और एक विशाल हिमपुंज बन गया था। उस हिमपुंज ने उनके कैंप को तहस-नहस कर दिया था और हर व्यक्ति को चोट पहुँचाई थी।

लेखिका के सहयोगी लोपसांग अपनी स्विस छुरी की मदद से उनके तंबू का रास्ता साफ़ करने में सफल हो गए थे। बड़े-बड़े हिमपिंडों को कठिनाई से हटाते हुए उन्होंने लेखिका बचेंद्री पाल के चारों तरफ़ जमी कड़ी बर्फ़ की खुदाई की और उन्हें बर्फ़ की कब्र से निकालकर बाहर लाने में सफल रहे। इस प्रकार, लोपसांग ने लेखिका के सामने खड़े मृत्यु के संकट से उनकी रक्षा की।

17. एवरेस्ट यात्रा में क्या-क्या तैयारियाँ करनी पड़ती हैं? पाठ के आधार पर स्पष्ट कीजिए।

***अथवा* डॉ. मीनू मेहता ने क्या-क्या जानकारियाँ दीं?**

उत्तर एवरेस्ट की यात्रा करना एक जटिल अभियान होता है, जिसमें जोखिम भी बहुत रहता है। सभी पर्वतारोहियों को एवरेस्ट पर चढ़ने और खतरों का सामना करने का विशेष प्रशिक्षण दिया जाता है। डॉ. मीनू मेहता द्वारा उन्हें बताया जाता है कि खतरों से घबराना नहीं चाहिए। एवरेस्ट यात्रा के लिए निम्नलिखित तैयारियाँ करनी पड़ती हैं

(i) एल्युमीनियम की सीढ़ियों का पुल बनाना सीखना।

(ii) दीवारों पर बंध बाँधना सीखना।

(iii) ऑक्सीजन सिलेंडरों की समुचित व्यवस्था करना।

(iv) बर्फ़ काटने की कला में निपुणता प्राप्त करना।

(v) कैंप का सामान, दवाइयाँ आदि रखना।

18. जीवन में साहस एवं लगन की भूमिका सफलता प्राप्त करने की दृष्टि से अत्यंत महत्त्वपूर्ण है। 'एवरेस्ट : मेरी शिखर यात्रा' पाठ के आधार पर इस कथन को स्पष्ट करें। **दक्षता आधारित प्रश्न**

उत्तर सफलता प्राप्ति के लिए जीवन में साहस एवं लगन की महत्त्वपूर्ण भूमिका है। लेखिका की सफलता इसका जीवंत प्रमाण है। लेखिका की एवरेस्ट यात्रा के दौरान उसके जीवन पर ही संकट आ गया। थोड़ी देर के लिए वह भयभीत भी हुई, लेकिन अपनी दृढ़ इच्छाशक्ति एवं लगन के कारण वह इससे बाहर निकलने में सफल रही। उसने अपने लक्ष्य को प्राप्त करने के लिए मार्ग की इन बाधाओं को अधिक महत्त्व नहीं दिया। वह अत्यंत आत्मविश्वास के साथ अपने लक्ष्य की प्राप्ति में धैर्य के साथ जुटी रही और अंतत: सफलता ने उसके चरण चूमे।

लेखिका के धैर्य एवं लगन की परीक्षा पूरे अभियान के दौरान बार-बार होती रही और वह परीक्षा में खरी उतरती गई। उन्होंने अपनी दृढ़ इच्छाशक्ति के कारण ही अंगदोरजी के साथ शिखर को छूने की योजना बनाई, जिसमें उसे दिनभर में ही कैंप से शिखर तक पहुँचना एवं शिखर से वापस कैंप तक लौटना आवश्यक था, क्योंकि अंगदोरजी रात के समय में खुले बर्फ़ के बीच नहीं रह सकता था। लेखिका के साहस एवं आत्मविश्वास का ही परिणाम था कि वह अपने इस उद्देश्य में सफल हुई और उनके द्वारा एक नया इतिहास रचा गया।

19. पाठ के आधार पर बचेंद्री (बछेंद्री पाल) का चरित्र चित्रण कीजिए।

उत्तर बचेंद्री पाल की चारित्रिक विशेषताएँ निम्नलिखित हैं

(i) **निडर व साहसी** बचेंद्री बचपन से ही निडर व साहसी प्रवृत्ति की थी। उनके भाइयों में पर्वत पर चढ़ने की होड व उनसे आगे निकलने का जज्बा लिए बचेंद्री का झुकाव पवर्तारोहण में रहा। वह हिमालय की सर्वोच्च चोटी पर पहुँचने की हिम्मत व साहस रखती है।

(ii) **शारीरिक व मानसिक रूप से मजबूत** बचेंद्री पाल शारीरिक व मानसिक रूप से पूर्णत: स्वस्थ व हृष्ट-पुष्ट थी। उनमें पुरुषों से अधिक पर्वतारोहण की क्षमता, ऊँचे-नीचे रास्तों पर चलने का कौशल तथा कम समय में अधिक चढ़ाई करना शामिल था। जो यात्रा पिछले दलों द्वारा 4 घंटों में पूरी की गई थी, वही बचेंद्री ने उसे मात्र 2 घंटों में पूरा कर लिया।

(iii) **मददगार व कुशल सहयोगी** अपने साथियों को मुसीबत में देख बचेंद्री दुर्गम पहाड़ियों की ऊँचाइयों से वापिस आकर अपने सहयोगियों की मदद करती है। इतनी कठिन परिस्थितियों से भी उन्हें अपने साथियों की मदद पहुँचाने का ख्याल बना रहा।

(iv) **विनम्रता व सम्मान का भाव** बचेंद्री अपने से बड़े सभी मार्गदर्शकों, कर्नल, उपनेता, सहयोगी आदि सभी का सम्मान करती है तथा वह स्वभाव से बेहद विनम्र भी है। वह अपने स्वभाव से सभी को प्रभावित कर लेती थी।

स्व-मूल्यांकन

पाठ पर आधारित बहुविकल्पीय प्रश्न

1. एवरेस्ट पर बिना ऑक्सीजन के चढ़ाई करने वाला कौन था?
(क) तेनजिंग (ख) कर्नल खुल्लर
(ग) अंगदोरजी (घ) लेखिका

2. "लेखिका ने बर्फ पर अपने माथे को लगाकर सागरमाथा के ताज का चुम्बन लिया।"
प्रस्तुत पंक्ति में लेखिका का 'सागरमाथा' शब्द से क्या अर्थ है?
(क) सागर का हाथ (ख) सागर के पैर
(ग) सागर का माथा (घ) इनमें से कोई नहीं

3. लेखिका और अंगदोरजी को शिखर कैंप पर पहुँचने में कितना समय लगा?
(क) दो घंटे (ख) डेढ़ घंटा
(ग) एक घंटा (घ) तीन घंटे

4. **कथन** (A) लेखिका को सपाट और कठिन चढ़ाई भी आसान कैसे लगने लगी?
कारण (R) रेगुलेटर पर ऑक्सीजन की आपूर्ति बढ़ाने से **दक्षता आधारित प्रश्न**
(क) कथन (A) सही है, लेकिन कारण (R) सही नहीं है।
(ख) कथन (A) और कारण (R) दोनों सही हैं।
(ग) कथन (A) सही नहीं है, लेकिन कारण (R) सही है।
(घ) कथन (A) और कारण (R) दोनों गलत हैं।

5. लेखिका को प्रोत्साहित करने और लक्ष्य तक पहुँचाने में मुख्य भूमिका किसने निभाई?
(i) अंगदोरजी (ii) कर्नल
(iii) सोनम पुलजर (iv) ल्हाटू

कूट
(क) केवल (i) सही है। (ख) केवल (ii) सही है।
(ग) केवल (iii) सही है। (घ) केवल (iv) सही है।

गद्यांश पर आधारित बहुविकल्पीय प्रश्न

1. 23 मई, 1984 के दिन दोपहर के एक बजकर सात मिनट पर मैं एवरेस्ट की चोटी पर खड़ी थी। एवरेस्ट की चोटी पर पहुँचने वाली मैं प्रथम भारतीय महिला थी। एवरेस्ट शंकु की चोटी पर इतनी जगह नहीं थी कि दो व्यक्ति साथ-साथ खड़े हो सकें। चारों तरफ हजारों मीटर लंबी सीधी ढलान को देखते हुए हमारे सामने प्रश्न सुरक्षा का था। हमने पहले बर्फ के फावड़े से बर्फ की खुदाई कर अपने आपको सुरक्षित रूप से स्थिर किया। इसके बाद, मैं अपने घुटनों के बल बैठी, बर्फ पर अपने माथे को लगाकर मैंने 'सागरमाथा' के ताज का चुंबन लिया। बिना उठे ही मैंने अपने थैले से दुर्गा माँ का चित्र और हनुमान चालीसा निकाला। मैंने इनको अपने साथ लाए लाल कपड़े में लपेटा, छोटी-सी पूजा-अर्चना की और इनको बर्फ में दबा दिया। आनंद के इस क्षण में मुझे अपने माता-पिता का ध्यान आया।

(i) लेखिका ने एवरेस्ट पर पहुँचकर सबसे पहले ………।
(क) अपने साथियों का धन्यवाद किया
(ख) अपने भाग्य को सराहा
(ग) एवरेस्ट की बर्फ को माथे से लगाया
(घ) झंडा फहराया

(ii) **कथन** (A) एवरेस्ट के शिखर की स्थिति शंकु जैसी थी।
कारण (R) वहाँ इतना कम स्थान था कि दो व्यक्ति एकसाथ खड़े नहीं हो सकते थे। **दक्षता आधारित प्रश्न**
(क) कथन (A) सही है, परंतु कारण (R) कथन (A) की सही व्याख्या नहीं करता है।
(ख) कथन (A) सही है, परंतु कारण (R) कथन (A) की सही व्याख्या करता है।
(ग) कथन (A) सही नहीं है, लेकिन कारण (R) सही है।
(घ) कथन (A) और कारण (R) दोनों गलत हैं।

(iii) लेखिका एवरेस्ट पर चढ़ने वाली कौन-सी महिला बनी? **दक्षता आधारित प्रश्न**
1. दूसरी 2. तीसरी 3. पहली 4. चौथी

कूट
(क) केवल 1 सही है। (ख) केवल 2 सही है।
(ग) केवल 3 सही है। (घ) केवल 4 सही है।

(iv) लेखिका ने हनुमान चालीसा को कहाँ रखा?
(क) अपने झंडे के ऊपर रख दिया
(ख) बर्फ के नीचे दबा दिया
(ग) बेस कैंप में रख दिया
(घ) तेनजिंग के कमरे में रख दिया

(v) आनंद के क्षण में लेखिका को किसका ध्यान आया?
(क) अपने मित्र का (ख) अपने माता-पिता का
(ग) अपने सहयोगी का (घ) अपने गुरु का

लघु उत्तरीय प्रश्नोत्तर

निम्नलिखित प्रश्नों के उत्तर दीजिए

1. एक ही दिन में साउथकोल से चोटी तक जाना और वापस आना अंगदोरजी के लिए क्यों ज़रूरी था?
2. 'एवरेस्टः मेरी शिखर यात्रा' पाठ में नौसिखिया किसे कहा गया है?
3. बेस कैंप में लेखिका से मिलने कौन और क्यों आया था?
4. अभियान दल के लिए सबसे बड़ी बाधा क्या थी?
5. साउथकोल कैंप पहुँचने के उपरांत लेखिका ने अपने साथियों की सहायता किस प्रकार की?
6. ग्लेशियर किसे कहते हैं? इसके बहने का क्या परिणाम होता है?
7. अंगदोरजी की पर्वत-यात्रा की क्या विशेषता थी? स्पष्ट कीजिए।
8. लेखिका की शिखर यात्रा में कौन-कौन सहयोगी बने? उन्होंने लेखिका का किस तरह सहयोग किया? **दक्षता आधारित प्रश्न**
9. पाठ के आधार पर बचेंद्री पाल की चारित्रिक विशेषताएँ बताइए।
10. 'एवरेस्ट : मेरी शिखर यात्रा' पाठ की लेखिका बचेंद्री पाल की शिखर यात्रा में कितने पड़ाव थे? वर्णन कीजिए। **दक्षता आधारित प्रश्न**
11. एवरेस्ट की शिखर यात्रा के दौरान लेखिका का मार्गदर्शन किन लोगों ने किया तथा कैसे? स्पष्ट कीजिए।
12 शिखर पर चढ़ने वालों को किन-किन कठिनाइयों का सामना करना पड़ता है तथा इनके क्या परिणाम होते हैं? 'एवरेस्ट : मेरी शिखर यात्रा' पाठ के आधार पर बताइए। **दक्षता आधारित प्रश्न**

अध्याय 3

तुम कब जाओगे, अतिथि

शरद जोशी

पाठ की रूपरेखा 'तुम कब जाओगे, अतिथि' शरद जोशी की व्यंग्यात्मक रचना है। इस पाठ में लेखक ने उन अतिथियों को आड़े हाथों लिया है, जो अतिथि होने की गरिमा को त्यागकर (मेजबान, जिनके घर मेहमान आते हैं) के लिए मुसीबत बन जाते हैं, जो लोग अपने किसी परिचित या रिश्तेदार के घर बिना कोई पूर्व सूचना दिए चले आते हैं और फिर जाने का नाम नहीं लेते, भले ही उनका टिके रहना मेज़बान पर कितना ही भारी क्यों न पड़े? उन्होंने समाज की इस समस्या को हास-परिहास तथा चुटीली मुहावरेदार भाषा में प्रस्तुत किया है।

लेखक परिचय

शरद जोशी का जन्म 21 मई, 1931 को मध्य प्रदेश के उज्जैन शहर में हुआ। इन्होंने कुछ समय तक सरकारी नौकरी की, परंतु बाद में लेखन कार्य को ही आजीविका के रूप में अपनाया। आरंभ में इन्होंने कहानियाँ लिखीं और फिर ये पूर्ण रूप से व्यंग्य लेखन करने लगे। इनके द्वारा रचित साहित्य में व्यंग्य-लेख, व्यंग्य-उपन्यास, व्यंग्य- कॉलम के साथ-साथ हास्य-व्यंग्यपूर्ण धारावाहिकों की पटकथाएँ और संवाद भी सम्मिलित हैं।

इनकी प्रमुख कृतियाँ इस प्रकार हैं—परिक्रमा, किसी बहाने, जीप पर सवार इल्लियाँ, तिलस्म, रहा किनारे बैठ, दूसरी सतह, प्रतिदिन। व्यंग्य नाटक अंधों का हाथी और एक था गधा।

इनकी रचनाओं की भाषा सरल और सहज है, जिसमें मुहावरों और हास्य-व्यंग्य का पुट दिखाई देता है। शरद जोशी जी का देहांत वर्ष 1991 में हो गया।

पाठ का सार

अतिथि सत्कार का चौथा भारी दिन

लेखक के घर आए अतिथि का आज चौथा दिन है। अभी तक अतिथि ने अपने जाने के कोई संकेत नहीं दिए हैं। वह लेखक के घर इस तरह से विराजमान है, जैसे यह उसका अपना घर हो। अतिथि के सोए स्वाभिमान तथा खोई स्मृति को जगाने के लिए लेखक बार-बार कैलेंडर की तारीखें उसे दिखाकर बदल रहा है, परंतु अतिथि निश्चिंत भाव से सिगरेट का धुआँ उड़ा रहा है।

लेखक उसे मन-ही-मन दुत्कारता है कि अतिथि! यदि तुमने मेरी (लेखक की) आर्थिक स्थिति समझ ली है, तो उसी तरह वापस चले जाओ, जैसे लाखों मील लंबी यात्रा के बाद एस्ट्रोनॉट्स लौट जाते हैं। क्या तुम्हें अपना घर याद नहीं आता?

अतिथि का हार्दिक स्वागत तथा अतिथि द्वारा मर्यादा भंग

अतिथि के घर आने के पहले दिन लेखक और उसकी पत्नी ने उसका दिल खोलकर स्वागत किया था। रात के भोजन को 'डिनर' का रूप दिया गया, जिससे अतिथि मेहमाननवाज़ी की छाप लिए अगले ही दिन वापस चला जाए, परंतु अतिथि नहीं गया। तीसरे दिन लेखक और उसकी पत्नी को अप्रत्याशित आघात तब लगा, जब अतिथि ने अपने कपड़े धोबी को देने का प्रस्ताव रखा अर्थात् अतिथि ने कुछ दिन और रुकने का स्पष्ट संकेत दे दिया।

लेखक और उसकी पत्नी यह पीड़ा झेलकर रह गए। उसकी पत्नी ने आँखें बड़ी करते हुए प्रश्नात्मक दृष्टि से उसकी ओर देखा कि अतिथि और कितने दिनों तक ठहरेगा?

अथिति तुम कब जाओगे?

अतिथि के इस तरह डेरा जमा लेने से मान-सम्मान तथा अपनेपन की गरमाहट समाप्त होने लगी। आत्मीय भाव से फूट पड़ने वाली मुसकुराहट अब समाप्त हो गई है। शब्दों का लेन-देन मिट गया है। तमाम विषयों पर चलने वाली चर्चाएँ समाप्त हो गईं।

सौहार्द बोरियत का रूप धारण करने लगा और भावनाएँ मानो समाप्त ही हो गईं! डिनर से चलकर बात खिचड़ी तक आ गई, परंतु अतिथि टस-से-मस न हुआ। चार दिन बीत गए। मेहमाननवाज़ी की सारी हदें पार हो चुकी हैं। लेखक का मन खिन्न है और उसे आशा है कि पाँचवें दिन की सुबह अतिथि वापस जाने का सम्मानपूर्वक निर्णय लेगा।

लेखक को उम्मीद है कि अतिथि अपने देवत्व की रक्षा करते हुए और 'राक्षसत्व' से बचते हुए वापस चला जाएगा।

शब्दार्थ

शब्द	अर्थ	शब्द	अर्थ
आगमन	आना	आग्रह	निवेदन, प्रार्थना
घुमड़ना	घूमना	अतिथि सुलभ मुसकान	मेहमानों जैसी मुसकान
नि:संकोच	बिना संकोच के	भावभीनी	प्रेम से ओतप्रोत
नम्रता	नरमी, आदर का भाव	अप्रत्याशित	अचानक, जो सोचा न हो
सतत	लगातार	सामीप्य	निकटता
विगत	बीता हुआ	औपचारिक	रस्मी, बनावटी
आतिथ्य	मेहमाननवाज़ी	आघात	चोट
एस्ट्रोनॉट्स	अंतरिक्ष यात्री	सौहार्द	मन की सरलता, प्रेमभाव
अंतरंग	आंतरिक भाव	रूपांतरित	बदला हुआ
स्मरण	याद	महत्ता	विशेषता, महानता
अज्ञात	जिसका ज्ञान न हो	गुंजायमान	गूँजता हुआ

NCERT फोल्डर

पाठ्यपुस्तक (स्पर्श भाग-1) के प्रश्नोत्तर

मौखिक

निम्नलिखित प्रश्नों के उत्तर एक-दो पंक्तियों में दीजिए।

प्र.1 अतिथि कितने दिनों से लेखक के घर पर रह रहा है?

उत्तर अतिथि लेखक के घर पर चार दिनों से रह रहा है।

प्र.2 कैलेंडर की तारीखें किस तरह फड़फड़ा रही हैं?

उत्तर कैलेंडर की तारीखें अपनी सीमा में अपनी नम्रता से फड़फड़ा रही हैं।

प्र.3 पति-पत्नी ने मेहमान का स्वागत कैसे किया?

उत्तर पति-पत्नी ने मेहमान का सादर नमस्ते एवं आत्मीय भाव के साथ स्वागत किया।

प्र.4 दोपहर के भोजन को कौन-सी गरिमा प्रदान की गई?

उत्तर दोपहर के भोजन को 'लंच' की गरिमा प्रदान की गई।

प्र.5 तीसरे दिन सुबह अतिथि ने क्या कहा?

उत्तर तीसरे दिन सुबह अतिथि ने कहा कि वह अपने कपड़े धोबी को देना चाहता है।

प्र.6 सत्कार की ऊष्मा समाप्त होने पर क्या हुआ?

उत्तर सत्कार की ऊष्मा समाप्त हो जाने पर भोजन डिनर से खिचड़ी पर आ गया।

लिखित

(क) निम्नलिखित प्रश्नों के उत्तर 25-30 शब्दों में लिखिए

प्र.1 लेखक अतिथि को कैसी विदाई देना चाहता था?

उत्तर लेखक अतिथि को भावभीनी विदाई देना चाहता था। वह चाहता था कि अतिथि जब घर से विदा लेकर जाने का निर्णय लेगा, तो वह उससे रुकने का आग्रह करेगा और अतिथि अच्छे मेहमान की भाँति उसकी बात न मानते हुए अपने घर वापस चला जाएगा तथा उसे छोड़ने वह स्टेशन तक जाएगा।

प्र.2 पाठ में आए निम्नलिखित कथनों की व्याख्या कीजिए

(क) अंदर-ही-अंदर कहीं मेरा बटुआ काँप गया।

(ख) अतिथि सदैव देवता नहीं होता, वह मानव और थोड़े अंशों में राक्षस भी हो सकता है।

(ग) लोग दूसरे के होम की स्वीटनेस को काटने न दौड़ें।

(घ) मेरी सहनशीलता की वह अंतिम सुबह होगी।

(ङ) एक देवता और एक मनुष्य अधिक देर साथ नहीं रहते।

अथवा देवता मनुष्य के साथ क्यों नहीं रहते?

उत्तर (क) लेखक मध्यवर्गीय व्यक्ति है, जिसकी आय सीमित है। यहाँ बटुआ काँपने का अर्थ है—लेखक की आर्थिक स्थिति पर चोट, जिसका प्रभाव पूरे परिवार एवं संबंधों पर पड़ता है। शहरों में किसी मेहमान का आना मासिक बजट पर दबाव डालता है। अत: मेहमान के आने से लेखक को महसूस होने लगा कि उस पर आर्थिक दबाव बढ़ने वाला है, अत: वह घबरा गया।

(ख) जब अतिथि ने चार दिन तक लेखक के यहाँ रुकने के बाद भी जाने का नाम नहीं लिया, तो लेखक के मन से 'अतिथि देवो भव:' का भाव गायब होने लगा। उसकी सहनशीलता समाप्त होने लगी। उसे प्रतीत होने लगा कि अतिथि, जिसे पुराणों में 'देवता' कहा गया है, जब अपने अतिथि होने का भाव त्याग दे, तो वह राक्षसतुल्य हो जाता है। ऐसे अतिथि का कोई सम्मान नहीं होता।

(ग) खुशहाल घर को प्राय: 'स्वीट-होम' कहा जाता है। लेखक के घर आया अतिथि चार दिनों से लेखक के घर का बजट बिगाड़ रहा था और जाने का नाम नहीं ले रहा था। इससे लेखक और उसका परिवार मानसिक दबाव में जी रहा था। उसके परिवार का खुशनुमा वातावरण गायब हो चुका था। लेखक इसी दबाव में कहता है कि किसी को भी ये अधिकार नहीं है कि वह किसी परिवार के खुशनुमा वातावरण को हानि पहुँचाए।

(घ) लेखक के घर अतिथि चार दिनों से टिका हुआ है। वह घर से जाने का नाम नहीं ले रहा है। वह चार दिनों से लेखक के रोजमर्रा के कार्यों में बाधा बना हुआ है। लेखक न केवल आर्थिक दबाव, बल्कि मानसिक दबाव से भी गुज़र रहा है। लेखक सोचता है कि यदि अतिथि पाँचवें दिन भी उसके यहाँ रुका, तो वह बर्दाश्त नहीं कर पाएगा, वह अपना संयम खो देगा और उसकी सहनशीलता की अंतिम सीमा होगी, जहाँ वह अतिथि का अपमान न कर दे।

(ङ) लेखक जिस शहरी परिवेश में रह रहा है, उसका दबाव इतना अधिक है कि अतिथि का एक दिन से अधिक घर में रुकना कई तरह के संकट पैदा कर देता है। इसी दबाव के कारण लेखक का मानना है कि देवता अर्थात् अतिथि तथा मानव (लेखक) अधिक समय तक एक-दूसरे के निकट रहे, तो वे एक-दूसरे के प्रति सम्मान का भाव खो देंगे।

(ख) निम्नलिखित प्रश्नों के उत्तर 50-60 शब्दों में लिखिए

प्र.1 **अतिथि द्वारा लेखक पर किया गया कौन-सा आघात अप्रत्याशित था, जिसकी चोट मार्मिक थी?**

अथवा "मैं धोबी को कपड़े देना चाहता हूँ" अतिथि के इस कथन का लेखक पर क्या प्रभाव पड़ा? दक्षता आधारित प्रश्न

अथवा कौन-सा आघात अप्रत्याशित था और उसका लेखक पर क्या प्रभाव पड़ा?

उत्तर दो दिन ठहरने के बाद तीसरे दिन जब अतिथि ने अपने कपड़े धोबी को देने के लिए कहा, तो लेखक को इससे अप्रत्याशित आघात लगा। यह चोट अत्यंत मार्मिक थी। लेखक को महसूस हुआ कि ऐसा अतिथि 'देवता' नहीं, बल्कि मनुष्य होता है और यदि वह अपने अतिथि होने की गरिमा भुला दे, तो वह राक्षस के समान हो जाता है।

प्र.2 **"संबंधों का संक्रमण के दौर से गुज़रना"—इस पंक्ति से आप क्या समझते हैं? विस्तार से लिखिए।** दक्षता आधारित प्रश्न

उत्तर वर्तमान समय व्यावहारिक और उपभोक्तावादी संस्कृति का समय है, जहाँ व्यक्ति मशीन की भाँति तेज गति से कार्य कर रहा है तथा उसके संबंध पीछे कहीं छूटते जा रहे हैं। शहरी जीवन की इस भाग-दौड़ में संबंधों की चमक फीकी पड़ती जा रही है। 'अतिथि देवो भव:' की संस्कृति अतिथि के एक दिन से अधिक ठहरने पर 'अतिथि राक्षस भव:' में बदल जाती है। एक-दूसरे की आर्थिक एवं सामाजिक हैसियत का सम्मान करते हुए ही संबंधों को निभाया जा सकता है। शहरी जीवन भागमभाग और रोज़ी-रोटी कमाने में ही बीत जाता है। ऐसे समय में अतिरिक्त आर्थिक दबाव न केवल व्यक्ति को, बल्कि उसके संबंधों को भी प्रभावित करता है। इसी कारण आज का दौर संबंधों के संक्रमण का दौर है।

प्र.3 **जब अतिथि चार दिन तक नहीं गया, तो लेखक के व्यवहार में क्या-क्या परिवर्तन आए?**

उत्तर जब अतिथि चार दिन तक नहीं गया, तो लेखक की मुसकराहट धीरे-धीरे फीकी पड़ने लगी। लेखक और अतिथि के बीच लगने वाले ठहाके कम हो गए। शब्दों का लेन-देन कम हो गया। सौहार्दता अब धीरे-धीरे बोरियत का रूप धारण करने लगी। भावनाएँ गालियों का रूप ग्रहण करने लगी थीं और बातचीत लगभग बंद हो गई।

भाषा अध्ययन

प्र.1 **निम्नलिखित शब्दों के दो-दो पर्यायवाची लिखिए।**

चाँद, ज़िक्र, आघात, ऊष्मा, अंतरंग

उत्तर

चाँद	—	चंद्रमा, मयंक
ज़िक्र	—	चर्चा, उल्लेख
आघात	—	चोट, प्रहार
ऊष्मा	—	गर्मी, ताप
अंतरंग	—	अंदरूनी, भीतरी

प्र.2 **निम्नलिखित वाक्यों को निर्देशानुसार परिवर्तित कीजिए।**

(क) हम तुम्हें स्टेशन तक छोड़ने जाएँगे।
(नकारात्मक वाक्य) …………

(ख) किसी लॉण्ड्री पर देते हैं, जल्दी धुल जाएँगे।
(प्रश्नवाचक वाक्य) …………

(ग) सत्कार की ऊष्मा समाप्त हो रही थी।
(भविष्यत् काल) …………

(घ) इनके कपड़े देने हैं?
(स्थानसूचक प्रश्नवाचक) …………

(ङ) कब तक टिकेंगे ये?
(नकारात्मक वाक्य) …………

उत्तर (क) हम तुम्हें स्टेशन तक छोड़ने नहीं जाएँगे।
(ख) किसी लॉण्ड्री पर देने से क्या जल्दी धुल जाएँगे?
(ग) सत्कार की ऊष्मा समाप्त हो जाएगी।
(घ) इनके कपड़े किस जगह देने हैं?
(ङ) क्या इनके टिकने की सीमा समाप्त नहीं होगी?

प्र.3 पाठ में आए इन वाक्यों में 'चुकना' क्रिया के विभिन्न प्रयोगों को ध्यान से देखिए और वाक्य संरचना को समझिए।
(क) तुम अपने भारी चरण-कमलों की छाप मेरी जमीन पर अंकित कर चुके।
(ख) तुम मेरी काफ़ी मिट्टी खोद चुके।
(ग) आदर-सत्कार के जिस उच्च बिंदु पर हम तुम्हें ले जा चुके थे।
(घ) शब्दों का लेन-देन मिट गया और चर्चा के विषय चुक गए।
(ङ) तुम्हारे भारी-भरकम शरीर से सलवटें पड़ी चादर बदली जा चुकी और तुम यहीं हो।

उत्तर उपर्युक्त वाक्यों में छात्र भूतकाल की क्रिया के विभिन्न रूपों को देखें और उन्हें समझें।

प्र.4 निम्नलिखित वाक्य संरचनाओं में 'तुम' के प्रयोग पर ध्यान दीजिए।
(क) लॉण्ड्री पर दिए कपड़े धुलकर आ गए और तुम यहीं हो।
(ख) तुम्हें देखकर फूट पड़ने वाली मुसकराहट धीरे-धीरे फीकी पड़कर अब लुप्त हो गई है।
(ग) तुम्हारे भरकम शरीर से सलवटें पड़ी चादर बदली जा चुकी।
(घ) कल से मैं उपन्यास पढ़ रहा हूँ और तुम फ़िल्मी पत्रिका के पन्ने पलट रहे हो।
(ङ) भावनाएँ गालियों का स्वरूप ग्रहण कर रही हैं, पर तुम जा नहीं रहे।

उत्तर उपर्युक्त वाक्यों को छात्र ध्यान से पढ़ें और सर्वनाम के प्रयोग को समझें।

योग्यता विस्तार

प्र.1 'अतिथि देवो भव:' उक्ति की व्याख्या कीजिए तथा आधुनिक युग के संदर्भ में इसका आकलन कीजिए।
दक्षता आधारित प्रश्न

उत्तर 'अतिथि देवो भव:' का सामान्य अर्थ है कि अतिथि देवता के समान होता है, लेकिन आधुनिक युग के संदर्भ में यह अर्थ अधिक महत्त्व नहीं रखता। आज लोगों को स्वयं पर, अपने परिवार पर ही ध्यान देने का समय नहीं है, तो वे भला अतिथि पर क्या ध्यान देंगे? आजकल लोग आत्म केंद्रित हो गए हैं, इसलिए अतिथि के आने पर उन्हें अपने संसाधनों में साझेदारी करनी पड़ती है, जो उन्हें अच्छा नहीं लगता। इसके अतिरिक्त सभी की अपनी योजनाएँ होती हैं, कार्यक्रम होते हैं, जो अतिथि के अचानक आ जाने से प्रभावित हो जाते हैं।

प्र.2 विद्यार्थी अपने घर आए अतिथियों के सत्कार का अनुभव कक्षा में सुनाएँ।

उत्तर विद्यार्थी अपने-अपने अनुभव कक्षा में सुनाएँ।

प्र.3 अतिथि के अपेक्षा से अधिक रुक जाने पर लेखक की क्या-क्या प्रतिक्रियाएँ हुईं? उन्हें क्रम से छाँटकर लिखिए।

उत्तर एक दिन बीत जाने के बाद दूसरे दिन लगा कि अब इस अतिथि को और नहीं झेला जाएगा। तीसरे दिन तो वह लेखक की खुशियों को खाने वाला राक्षस प्रतीत होने लगा। चौथे दिन लेखक की हँसी गायब हो गई, उसकी मुसकान फीकी पड़ गई। ठहाके की तो सोचना ही क्या, आपस में बातचीत भी बंद हो गई। डिनर में खिचड़ी ही खानी पड़ी, तब लेखक के मन में विचार आया कि वह इसे शीघ्र ही 'गेटआउट' कह दे।

अभ्यास प्रश्न

बहुविकल्पीय व वर्णनात्मक प्रश्नों सहित

पाठ पर आधारित बहुविकल्पीय प्रश्न

1. दो दिन से कैलेंडर दिखाकर तारीख बदलने से लेखक ······· दर्शाना चाह रहा है।
(क) बड़ी सोच वाले इंसान की प्रेरणा को
(ख) आगमन के चौथे दिन के संकेत को
(ग) अतिथि के इतने दिन रुकने को
(घ) उपर्युक्त सभी

उत्तर (ख) आगमन के चौथे दिन के संकेत को

2. 'तुम मेरी काफी मिट्टी खोद चुके हो' से आशय है
(क) आर्थिक रूप से कमज़ोर कर देना
(ख) अंतरंग निजी संबंधों को जान लेना
(ग) चरण कमलों की छाप ज़मीन पर अंकित कर देना
(घ) समस्त घरेलू हालचाल को जान जाना

उत्तर (घ) समस्त घरेलू हालचाल को जान जाना

3. अच्छे अतिथि के गुण को पहचानिए।
(क) रुकने का आग्रह करने पर भी न रुकने वाला
(ख) ऐसा अतिथि, जिसको मेहमाननवाजी से फर्क नहीं पड़ता
(ग) अतिथि सुलभ मुसकान के लिए घर में ही बने रहने वाला
(घ) उपर्युक्त में से कोई नहीं

उत्तर (क) रुकने का आग्रह करने पर भी न रुकने वाला

4. अतिथि द्वारा लेखक के घर तक पहुँचने में लगे समय की तुलना ········ की जा रही है।
(क) धरती से अंतरिक्ष तक की दूरी से
(ख) चाँद पर मनुष्य/एस्ट्रोनॉट्स के रुकने के समय से
(ग) धरती से चाँद तक की दूरी से
(घ) एस्ट्रोनॉट्स द्वारा चाँद तक जाने में लगे समय से

उत्तर (ख) चाँद पर मनुष्य/एस्ट्रोनॉट्स के रुकने के समय से

5. "तुम मेरी काफी मिट्टी खोद चुके हो।"
इन पंक्तियों से लेखक का क्या आशय था?
(क) लेखक का बजट बिगड़ गया था।
(ख) लेखक अतिथि से संबंध नहीं रखना चाहता था।
(ग) पेड़ों में मिट्टी डालने के लिए।
(घ) उपर्युक्त सभी

उत्तर (क) लेखक का बजट बिगड़ गया था।

6. तीसरे ही दिन सुबह अतिथि ने लेखक से क्या कहा?
(क) चाय पीने के लिए (ख) घूमने के लिए
(ग) खाना खाने के लिए (घ) धोबी को कपड़े देने के लिए

उत्तर (घ) धोबी को कपड़े देने के लिए

7. लेखक की पत्नी ने प्रश्नात्मक दृष्टि से लेखक की ओर कब देखा?
(क) जब अतिथि ने धोबी को कपड़े देने का प्रस्ताव रखा
(ख) जब अतिथि ने सिनेमा देखने जाने का प्रस्ताव रखा
(ग) जब अतिथि ने मनपसंद व्यंजन बनाने की बात की
(घ) जब अतिथि ने घर जाने की बात की

उत्तर (क) जब अतिथि ने धोबी को कपड़े देने का प्रस्ताव रखा।

8. लेखक द्वारा अतिथि का उत्साह और लगन से स्वागत-सत्कार करने के मूल में कौन-सी आशा थी? **दक्षता आधारित प्रश्न**
(क) अतिथि का लेखक के घर रुकना
(ख) दूसरे दिन अतिथि का लेखक के घर से चले जाना
(ग) दूसरे दिन अतिथि के साथ शहर में घूमने जाना
(घ) अतिथि के कपड़े धोबी से धुलवाना

उत्तर (ख) दूसरे दिन अतिथि का लेखक के घर से चले जाना

9. 'अतिथि सदैव देवता नहीं होता, वह मानव और थोड़े अंशों में राक्षस भी हो सकता है' उक्त अंश में उपयुक्त आशय है
(क) अतिथि एक मानव होता है, जिसमें राक्षसी प्रवृत्ति होती है
(ख) अतिथि देवो भव:
(ग) आतिथ्य भार बढ़ जाने से स्वाभाविक झुंझलाहट व्यक्त करना
(घ) मेहमानों द्वारा अनेक विधियों से तंग करने की प्रवृत्ति से तंग आकर व्यक्त मनोस्थिति

उत्तर (क) अतिथि एक मानव होता है, जिसमें राक्षसी प्रवृत्ति होती है।

10. पत्नी की आँखें बड़ी हो जाने पर लेखक को कौन-सी बात याद आती है?
(क) कपड़े धुलने के लिए लांड्री पर देने थे
(ख) आँखें बड़ी होती हैं तो मन छोटा होने लगता है
(ग) आशंका कि अतिथि कुछ दिन और ठहरेगा
(घ) कुछ बरस पूर्व ऐसी आँखें देखकर अकेलेपन की यात्रा समाप्त की

उत्तर (ख) आँखें बड़ी होती हैं, तो मन छोटा होने लगता है

11. **कथन** (A) अतिथि के आ जाने से घर में सन्नाटा पसरा हुआ है।
कारण (R) बातचीत की उछलती हुई गेंद चर्चा के क्षेत्र के सभी कोनों से टप्पे खाकर फिर सेंटर में आकर चुप पड़ी है। **दक्षता आधारित प्रश्न**
(क) कथन (A) और कारण (R) दोनों सही हैं।
(ख) कथन (A) सही है, लेकिन कारण (R) सही नहीं है।
(ग) कथन (A) सही नहीं है, परंतु कारण (R) सही है।
(घ) कथन (A) और कारण (R) दोनों गलत हैं।

उत्तर (क) कथन (A) और कारण (R) दोनों सही हैं।

12. अतिथि और लेखक के बीच किन-किन विषयों पर चर्चा हुई?
(क) उपन्यास और फिल्मी पत्रिकाओं पर
(ख) परिवार, बच्चे, नौकरी, राजनीति, रिश्तेदारी, तबादले, पुराने दोस्त, परिवार नियोजन, महँगाई, साहित्य और यहाँ तक कि पूर्व प्रेमिकाओं के विषय में भी
(ग) केवल पूर्व प्रेमिकाओं के विषय में
(घ) वे सदैव चुप रहते थे और कभी बातचीत नहीं करते थे

उत्तर (ख) परिवार, बच्चे, नौकरी, राजनीति, रिश्तेदारी, तबादले, पुराने दोस्त, परिवार नियोजन, महँगाई, साहित्य और यहाँ तक कि पूर्व प्रेमिकाओं के विषय पर भी

13. 'भावनाएँ गालियों का स्वरूप ग्रहण कर चुकी हैं, पर तुम जा नहीं रहे' वाक्य लेखक ने किसे संबोधित करते हुए लिखा?
(क) अपनी पत्नी को
(ख) अपने बेटे को
(ग) अतिथि को
(घ) अपनी भावनाओं को

उत्तर (ग) अतिथि को

14. सत्कार की ऊष्मा समाप्त होने पर अतिथि के साथ कैसा व्यवहार किया गया? **दक्षता आधारित प्रश्न**
(क) पति-पत्नी ने स्नेह भरी मुसकराहट के साथ अतिथि को गले लगाया
(ख) पहले डिनर में रायता, मिठाई खिलाकर अब अतिथि को खिलाने के लिए केवल खिचड़ी बनाने लगे
(ग) दोपहर के भोजन को लंच की गरिमा प्रदान कर अतिथि को सिनेमा दिखाने ले गए
(घ) अतिथि के जाने को लेकर चिंतित हो गए

उत्तर (ख) पहले डिनर में रायता, मिठाई खिलाकर अब अतिथि को खिलाने के लिए केवल खिचड़ी बनाने लगे

15. शानदार मेहमाननवाज़ी की छाप अपने हृदय में लेकर अतिथि के जाने के लिए लेखक ने क्या किया? **दक्षता आधारित प्रश्न**
1. खाने में खिचड़ी खिलाई
2. बहुत अच्छे ढग से स्वागत-सत्कार किया
3. सिर्फ दो सब्ज़ियाँ खिलाईं
4. सिर्फ़ रात का खाना ही अच्छे से खिलाया था

कूट
(क) केवल 1 सही है।
(ख) केवल 2 सही है।
(ग) केवल 3 सही है।
(घ) केवल 4 सही है।

उत्तर (ख) केवल 2 सही है।

गद्यांश पर आधारित बहुविकल्पीय प्रश्न

1. तुम जहाँ बैठे निस्संकोच सिगरेट का धुआँ फेंक रहे हो, उसके ठीक सामने एक कैलेंडर है। देख रहे हो ना! इसकी तारीखें अपनी सीमा में नम्रता से फड़फड़ाती रहती हैं। विगत दो दिनों से मैं तुम्हें दिखाकर तारीखें बदल रहा हूँ। तुम जानते हो, यदि तुम्हें हिसाब लगाना आता है कि यह चौथा दिन है, तुम्हारे सतत् आतिथ्य का चौथा भारी दिन! पर तुम्हारे जाने की कोई संभावना प्रतीत नहीं होती। लाखों मील लंबी यात्रा करने के बाद वे दोनों एस्ट्रॉनाट्स भी इतने समय चाँद पर नहीं रुके थे, जितने समय तुम एक छोटी-सी यात्रा कर मेरे घर आए हो। तुम अपने भारी चरण-कमलों की छाप मेरी जमीन पर अंकित कर चुके, तुमने एक अंतरंग निजी संबंध मुझसे स्थापित कर लिया, तुमने मेरी आर्थिक सीमाओं की बैंजनी चट्टान देख ली; तुम मेरी काफी मिट्टी खोद चुके। अब तुम लौट जाओ, अतिथि! तुम्हारे जाने के लिए यह उच्च समय अर्थात् हाईटाइम है। क्या तुम्हें तुम्हारी पृथ्वी नहीं पुकारती?

(i) लेखक के घर आए अतिथि को कितने दिन हो गए हैं?

1. केवल एक दिन
2. केवल दो दिन
3. चार दिन
4. पाँच दिन

कूट

(क) केवल 1 सही है। (ख) केवल 2 सही है।

(ग) केवल 3 सही है। (घ) केवल 4 सही है।

उत्तर (ग) केवल 3 सही है।

(ii) **कथन** (A) लेखक को अतिथि का चार दिन उसके घर पर रहना भारी लग रहा है।

कारण (R) क्योंकि उसके रहने से लेखक के घर का बजट बिगड़ गया है। **दक्षता आधारित प्रश्न**

(क) कथन (A) और कारण (R) दोनों गलत हैं।

(ख) कथन (A) सही नहीं है, लेकिन कारण (R) सही है।

(ग) कथन (A) और कारण (R) दोनों सही हैं।

(घ) कथन (A) सही है, परंतु कारण (R) सही नहीं हैं।

उत्तर (ग) कथन (A) और कारण (R) दोनों सही हैं।

(iii) **अतिथि के इतने दिन रुकने के बाद भी लेखक को .... संभावना प्रतीत नहीं हो रही है।** **दक्षता आधारित प्रश्न**

(क) अतिथि के वापस जाने की

(ख) अतिथि के खुश होने की

(ग) अतिथि को परेशान करने की

(घ) उपर्युक्त सभी

उत्तर (क) अतिथि के वापस जाने की

(iv) **लेखक के घर अतिथि कैसे आया था?**

(क) लाखों मील लंबी यात्रा करके

(ख) एक छोटी-सी यात्रा करके

(ग) कष्टपूर्ण यात्रा करके

(घ) आरामदायक आनंदपूर्ण यात्रा करके

उत्तर (ख) एक छोटी-सी यात्रा करके

(v) लेखक द्वारा बार-बार कैलेंडर की तारीख बदलकर दिखाने पर अतिथि की क्या प्रतिक्रिया रही?

(क) वह स्वयं आत्मग्लानि से भर गया

(ख) वह निश्चिंत भाव से सिगरेट का धुआँ उड़ाता रहा

(ग) वह शीघ्र ही वापस घर जाने के लिए तैयार हो गया

(घ) वह लेखक पर क्रोधित हो गया

उत्तर (ख) वह निश्चिंत भाव से सिगरेट का धुआँ उड़ाता रहा

2. उस दिन जब तुम आए थे, मेरा हृदय किसी अज्ञात आशंका से धड़क उठा था।

अंदर-ही-अंदर कहीं मेरा बटुआ काँप गया। उसके बावजूद एक स्नेह-भीगी मुस्कुराहट के साथ मैं तुमसे गले मिला था और मेरी पत्नी ने तुम्हें सादर नमस्ते की थी। तुम्हारे सम्मान में ओ अतिथि, हमने रात के भोजन को एकाएक उच्च-मध्यम वर्ग के डिनर में बदल दिया था। तुम्हें स्मरण होगा कि दो सब्जियों और रायते के अतिरिक्त हमने मीठा भी बनाया था। इस सारे उत्साह और लगन के मूल में एक आशा थी। आशा थी कि दूसरे दिन किसी रेल से एक शानदार मेहमाननवाजी की छाप अपने हृदय में ले तुम चले जाओगे। हम तुमसे रुकने के लिए आग्रह करेंगे, मगर तुम नहीं मानोगे और एक अच्छे अतिथि की तरह चले जाओगे। पर ऐसा नहीं हुआ!

(i) लेखक का बटुआ अंदर-ही-अंदर काँप गया। इसका क्या कारण था? **दक्षता आधारित प्रश्न**

1. लेखक के पास पैसे नहीं थे
2. लेखक का बजट गड़बड़ाने वाला था
3. लेखक के हाथ काँप रहे थे
4. लेखक पैसे जोड़ना चाहता था

कूट

(क) केवल 1 सही है।

(ख) केवल 2 सही है।

(ग) केवल 3 सही है।

(घ) केवल 4 सही है।

उत्तर (ख) केवल 2 सही है।

(ii) लेखक ने पहले दिन अतिथि की मेहमाननवाज़ी कैसे की थी?

(क) अपने बजट के अनुसार

(ख) अपनी हैसियत से बढ़कर अच्छे-अच्छे व्यंजन बनाकर

(ग) साधारण-सा भोजन बनाकर

(घ) अनमने मन से बेरुखी के साथ

उत्तर (ख) अपनी हैसियत से बढ़कर अच्छे-अच्छे व्यंजन बनाकर

(iii) **कथन** (A) लेखक द्वारा अतिथि का सत्कार अत्यंत उत्साहपूर्ण ढंग से किया गया।

कारण (R) लेखक ने सोचा कि अगले दिन अतिथि वापस चला जाएगा। **दक्षता आधारित प्रश्न**

(क) कथन (A) सही है, लेकिन कारण (R) सही नहीं है।

(ख) कथन (A) सही नहीं है, लेकिन कारण (R) सही है।

(ग) कथन (A) और कारण (R) दोनों सही हैं।

(घ) कथन (A) और कारण (R) दोनों गलत हैं।

उत्तर (ग) कथन (A) और कारण (R) दोनों सही हैं।

(iv) **रात के भोजन को उच्च-मध्यम वर्ग के डिनर में क्यों बदला गया?**

(क) धन का अतिरिक्त व्यय करने के लिए
(ख) अतिथि का सम्मान करने के लिए
(ग) दिखावा करने के लिए
(घ) स्वयं को सभ्य प्रस्तुत करने के लिए

उत्तर (ख) अतिथि का सम्मान करने के लिए

(v) **लेखक अतिथि से रुकने के लिए आग्रह करने पर क्या मंशा लिए बैठा था?**

(क) अतिथि नहीं मानेगा और चला जाएगा
(ख) अतिथि रुक जाएगा
(ग) अतिथि लेखक की सोच के विपरीत कार्य करेगा
(घ) अतिथि लेखक का आग्रह स्वीकार कर लेगा

उत्तर (क) अतिथि नहीं मानेगा और चला जाएगा

3. **और आशंका निर्मूल नहीं थी, अतिथि! तुम जा नहीं रहे। लॉण्ड्री पर दिए कपड़े धुलकर आ गए और तुम यहीं हो। तुम्हारे भरकम शरीर से सलवटें पड़ी चादर बदली जा चुकी और तुम यहीं हो।**

तुम्हें देखकर फूट पड़ने वाली मुसकराहट धीरे-धीरे फीकी पड़कर अब लुप्त हो गई है। ठहाकों के रंगीन गुब्बारे, जो कल तक इस कमरे के आकाश में उड़ते थे, अब दिखाई नहीं पड़ते। बातचीत की उछलती हुई गेंद चर्चा के क्षेत्र के सभी कोनों से टप्पे खाकर फिर सेंटर में आकर चुप पड़ी है। अब इसे न तुम हिला रहे हो, न मैं। कल से मैं उपन्यास पढ़ रहा हूँ और तुम फ़िल्मी पत्रिका के पन्ने पलट रहे हो। शब्दों का लेन-देन मिट गया और चर्चा के विषय चूक गए।

(i) **"और आशंका निर्मूल नहीं थी, अतिथि! तुम जा नहीं रहे"। गद्यांश के अनुसार, लेखक की कौन-सी आशंका थी जो निर्मूल नहीं थी?**

(क) शायद अतिथि अभी नहीं जा रहा है
(ख) अतिथि आज ही चला जाएगा
(ग) अतिथि कल चला जाएगा
(घ) अतिथि को सत्कार पसंद नहीं आया

उत्तर (क) शायद अतिथि अभी नहीं जा रहा है

(ii) **अतिथि ने तीन दिन बाद भी जब जाने का निर्णय नहीं लिया, तो उसका क्या प्रभाव पड़ा?**

(क) लेखक अत्यंत प्रसन्न हो गया
(ख) लेखक की पत्नी नाराज़ हो गई
(ग) अतिथि और आतिथेय के बीच संबंधों में बोरियत आ गई
(घ) आतिथेय स्वयं आत्मग्लानि से भर गया

उत्तर (ग) अतिथि और आतिथेय के बीच संबंधों में बोरियत आ गई

(iii) **लेखक और आतिथेय के बीच का सौहार्द्र बोरियत में बदल गया यह किस कथन से स्पष्ट होता है?**

1. ठहाकों के रंगीन गुब्बारों के अदृश्य होने
2. बातचीत कम-से-कम होने
3. चर्चा के विषय चूक जाने
4. लेन-देन मिट जाने पर

कूट

(क) 1 और 2 सही हैं। (ख) 2 और 4 सही हैं।
(ग) 1, 3 और 4 सही हैं। (घ) 1, 2 और 3 सही हैं।

उत्तर (घ) 1, 2 और 3 सही हैं।

(iv) **बातचीत रूपी गेंद घर के कोने में शांत होकर क्यों पड़ी हुई है?**

(क) अतिथि का लेखक के घर में लंबे समय तक रुकने के कारण
(ख) लेखक के अपने काम में व्यस्त होने के कारण
(ग) लेखक तथा अतिथि के बीच झगड़ा होने के कारण
(घ) लेखक की रुचि समाप्त नहीं होने के कारण

उत्तर (क) अतिथि का लेखक के घर में लंबे समय तक रुकने के कारण

(v) **कथन** (A) **लेखक ने धोबी को कपड़े न देकर लॉण्ड्री में दिए।**
कारण (R) **लेखक चाहता था कि कपड़े जल्दी धुलकर मिल जाएँ और अतिथि घर चला जाए।** **दक्षता आधारित प्रश्न**

(क) कथन (A) सही है, लेकिन कारण (R) गलत है।
(ख) कथन (A) गलत है, लेकिन कारण (R) सही है।
(ग) कथन (A) और कारण (R) दोनों सही हैं।
(घ) कथन (A) और कारण (R) दोनों गलत हैं।

उत्तर (ग) कथन (A) और कारण (R) दोनों सही हैं।

4. **अपने खर्राटों से एक और रात गुंजायमान करने के बाद कल जो किरण तुम्हारे बिस्तर पर आएगी वह तुम्हारे यहाँ आगमन के बाद पाँचवें सूर्य की परिचित किरण होगी। आशा है, वह तुम्हें चूमेगी और तुम घर लौटने का सम्मानपूर्ण निर्णय ले लोगे। मेरी सहनशीलता की वह अंतिम सुबह होगी। उसके बाद मैं स्टैंड नहीं कर सकूँगा और लड़खड़ा जाऊँगा। मेरे अतिथि, मैं जानता हूँ कि अतिथि देवता होता है, पर आखिर मैं भी मनुष्य हूँ। मैं कोई तुम्हारी तरह देवता नहीं। एक देवता और एक मनुष्य अधिक देर साथ नहीं रहते। देवता दर्शन देकर लौट जाता है।**

तुम लौट जाओ अतिथि! इसी में तुम्हारा देवत्व सुरक्षित रहेगा। यह मनुष्य अपनी वाली पर उतरे, उसके पूर्व तुम लौट जाओ!

उफ, तुम कब जाओगे, अतिथि?

(i) **"आशा है, वह तुम्हें चूमेगी और तुम घर लौटने का सम्मानपूर्ण निर्णय ले लोगे।"**
प्रस्तुत पंक्तियों में लेखक किस बात की आशा कर रहा है?

(क) अतिथि को अपने घर में ही रख लेगा
(ख) अगले दिन अतिथि ससम्मान अपने घर लौट जाएगा
(ग) लेखक की पत्नी उस पर क्रोध नहीं करेगी
(घ) उपर्युक्त सभी

उत्तर (ख) अगले दिन अतिथि ससम्मान अपने घर लौट जाएगा

(ii) **कथन** (A) **'मेरी सहनशीलता की वह अंतिम सुबह होगी'।**
कारण (R) **अतिथि का अधिक दिनों तक रुकना लेखक के लिए असहय होगा।** **दक्षता आधारित प्रश्न**

(क) कथन (A) और कारण (R) दोनों सही हैं।
(ख) कथन (A) सही है, लेकिन कारण (R) सही नहीं है।
(ग) कथन (A) सही नहीं है, लेकिन कारण (R) सही है।
(घ) कथन (A) और कारण (R) दोनों गलत हैं।

उत्तर (क) कथन (A) और कारण (R) दोनों सही हैं।

(iii) **लेखक के अनुसार अतिथि देवता होता है। उस देवता की क्या विशेषता बताई गई है?** **दक्षता आधारित प्रश्न**

1. देवता दु:ख में साथ देता है
2. देवता किसी के घर नहीं जाता है
3. देवता घर में ही ठहर जाता है
4. देवता दर्शन देकर चला जाता है

कूट

(क) केवल 1 सही है। (ख) केवल 2 सही है।
(ग) केवल 3 सही है। (घ) केवल 4 सही है।

उत्तर (घ) केवल 4 सही है।

(iv) **गद्यांश के आधार पर बताइए कि अतिथि का देवत्व कब तक सुरक्षित रह सकता है?**

(क) अतिथि यदि अधिक समय तक किसी के घर न रुके
(ख) अतिथि समय पर न आए
(ग) अतिथि पेइंग गेस्ट की तरह रहे
(घ) अतिथि के अधिक दिन ठहरने पर

उत्तर (क) अतिथि यदि अधिक समय तक किसी के घर न रुके

(v) **'तुम कब जाओगे, अतिथि' पाठ में लेखक ने किस पर व्यंग्य किया है?**

(क) शिक्षा तंत्र पर
(ख) सामाजिक रूढ़िवादिता पर
(ग) ऐसा अतिथि जो जाने का नाम नहीं लेता
(घ) साहित्यकारों पर

उत्तर (ग) ऐसा अतिथि जो जाने का नाम नहीं लेता

लघु उत्तरीय प्रश्नोत्तर

1. लेखक ने अतिथि का स्वागत अच्छी तरह से किया, परंतु अतिथि परोक्ष रूप से लेखक को कैसी पीड़ा पहुँचा रहा था?

उत्तर लेखक ने अतिथि का स्वागत बड़ी गर्मजोशी एवं स्नेहभरी मुसकुराहट के साथ गले मिलकर किया। परंतु घर आए अतिथि ने राक्षस का रूप धारण कर लिया है और अब वह लेखक के घर से जाने का नाम ही नहीं ले रहा है। अपने इस कार्य से अतिथि स्पष्ट रूप से लेखक को पीड़ा पहुँचा रहा है।

2. लेखक मन-ही-मन अतिथि को क्या चेतावनी देता है? ऐसा उसने क्यों किया? अतिथि के घर के अंदर का सौहार्द्र या स्वीटनेस कब कम होने लगी थी? पाठ के आधार पर बताइए। **दक्षता आधारित प्रश्न**

उत्तर लेखक मन-ही-मन अतिथि को यह चेतावनी देता है कि यदि कल भी अतिथि जाने का निर्णय नहीं लेता है, तो उसकी सहन शक्ति समाप्त हो जाएगी।

लेखक ने ऐसा इसलिए किया, क्योंकि उसके घर में बाहर का कोई व्यक्ति या अतिथि घर के सदस्यों के बीच अनचाहे व्यक्ति के रूप में रहने लगा था। इससे लेखक के घर के अंदर का सौहार्द (अपनापन) कम होने लगा था।

3. लेखक जानता है कि अतिथि देवता होता है, लेकिन लेखक क्यों चाहता है कि अतिथि लौट जाए?

उत्तर लेखक भली-भाँति जानता है कि अतिथि देवता होता है और वह उसी भाव से अतिथि का स्वागत भी करता है, पर जब अतिथि ही अपनी गरिमा का ध्यान न करते हुए उसके घर से जाने का नाम नहीं लेता तो लेखक पर आर्थिक बोझ बढ़ने लगता है, तो वह चाहता है कि अब अतिथि लौट जाए।

4. 'तुम कब जाओगे, अतिथि' के लेखक को किस बात की आशंका थी और वह निर्मूल क्यों नहीं थी? **दक्षता आधारित प्रश्न**

उत्तर दो दिन तक लेखक द्वारा अच्छी तरह आदर-सत्कार किए जाने के पश्चात् भी अतिथि ने अपने जाने की बात नहीं की, बल्कि लेखक से धोबी को कपड़े देने के लिए कहने लगा, तो लेखक को यह आशंका हुई कि शायद अतिथि अभी नहीं जा रहा है। चौथे दिन भी जब अतिथि नहीं गया, तो लेखक को अपनी आशंका निर्मूल नहीं लगी।

5. अतिथि और आतिथेय के बीच के संबंधों की बोरियत किस प्रकार स्पष्ट हो जाती है?

उत्तर अतिथि के तीन दिनों तक रहने के बाद भी जब उसके घर से जाने के संकेत नहीं मिले, तो अतिथि और आतिथेय के बीच के संबंधों में बोरियत आ गई। यह बोरियत आतिथेय की मुसकराहट के लुप्त होने, ठहाकों के रंगीन गुब्बारों के अदृश्य होने, बातचीत कम-से-कम होने, चर्चा के विषय चूक जाने आदि में दिखाई देती है। दोनों के बीच का सौहार्द्र अब धीरे-धीरे बोरियत में रूपांतरित हो जाता है।

6. सत्कार की ऊष्मा समाप्त होने पर क्या हुआ? 'तुम कब जाओगे, अतिथि' पाठ के आधार पर लिखिए।

अथवा सत्कार की ऊष्मा समाप्त होने पर डिनर खिचड़ी में क्यों बदल गया?

***अथवा* यह कैसे पता चलता है कि अतिथि के सत्कार की ऊष्मा समाप्त हो रही थी?**

उत्तर लगातार तीन दिनों तक अनचाहे अतिथि का सत्कार करते-करते लेखक एवं उसका परिवार निराश हो गया। वे अतिथि का सत्कार करते-करते ऊब चुके थे। आर्थिक एवं मनोवैज्ञानिक स्तर पर अनावश्यक भार के कारण सत्कार की ऊष्मा समाप्त हो रही थी। बात यहाँ तक आ गई कि अतिथि का सत्कार 'डिनर' से शुरू हुआ था और अब 'खिचड़ी' पर आ पहुँचा था।

7. उपवास रखने की बात लेखक ने क्यों सोची? 'तुम कब जाओगे, अतिथि' पाठ के आधार पर लिखिए।

उत्तर अतिथि का अकारण ज़बरदस्ती लेखक के घर चार दिन तक रुके रहना और जाने का नाम नहीं लेने से लेखक उसका आतिथ्य करते-करते थक चुका था और आर्थिक दबाव महसूस करने लगा था। अतिथि खिचड़ी खाने की बात सुनकर भी नहीं गया। इस स्थिति में लेखक को लगने लगा कि यदि ऐसे ही रहा, तो एक दिन उपवास रखने की नौबत आ जाएगी।

8. "तुम्हारे सामीप्य की बेला एकाएक यों रबर की तरह खिंच जाएगी, इसका मुझे अनुमान न था"–पंक्ति में निहित तात्पर्य एवं व्यंग्य को स्पष्ट कीजिए। **दक्षता आधारित प्रश्न**

उत्तर 'तुम कब जाओगे, अतिथि' पाठ में उपर्युक्त पंक्ति का प्रयोग लेखक ने अतिथि द्वारा धोबी को कपड़े दिए जाने की इच्छा व्यक्त करने पर किया है। इस पंक्ति का तात्पर्य यह है कि अतिथि के आने के बाद लेखक को लगा था कि वह एक दिन रुककर चला जाएगा। एक दिन में न सही, दो दिन बाद तो वह अवश्य चला जाएगा। ऐसा लेखक को विश्वास था। इसी आशा में लेखक अतिथि का बढ़िया-से-बढ़िया सत्कार करना चाहता है, लेकिन जब अतिथि ने अपने गंदे कपड़ों को धोबी से धुलवाने की इच्छा व्यक्त की, तो लेखक को गहरा झटका लगा। उसे अब लगने लगा कि उसके यहाँ आया अतिथि अभी वापस जाने की ज़ल्दी में नहीं है। उसका इरादा यहाँ लंबे समय तक रुकने का है। इसी संदर्भ में लेखक ने उसके सामीप्य को रबर की तरह खिंच जाने के रूप में व्यंजित किया है। यह व्यंग्यात्मक लहजा है। इससे लेखक की अतिथि के प्रति अनमने मन से अर्थात् अरुचि प्रकट होती है।

9. 'अतिथि सदैव देवता नहीं होता, वह मानव और थोड़े अंशों में राक्षस भी हो सकता है।' पाठ के आधार पर इस कथन का आशय स्पष्ट कीजिए। **दक्षता आधारित प्रश्न**

अथवा **लेखक ने अतिथि को देवता न मानकर राक्षस के समान क्यों माना है? स्पष्ट कीजिए।**

उत्तर लेखक ने अतिथि को देवता इसलिए नहीं माना, क्योंकि देवता तो कुछ समय के लिए ही आते हैं और खुशियाँ, कृपा प्रदान करके प्रसन्न होकर आशीर्वाद देकर चले जाते हैं। जब हम उनसे पुन: आने का आग्रह करते हैं, तो वे फिर आ जाते हैं, पर लेखक के घर आया अतिथि राक्षस की भाँति बिना बुलाए आया और ज़बरदस्ती रहकर घर की सारी खुशियाँ, मधुरता एवं शांति निगलने लगा, इसलिए लेखक ने उसे राक्षस माना है। अतिथि बड़े मज़े से लेखक के घर में रहकर स्वादिष्ट भोजन खा रहा है। वह बैठे-बैठे सिगरेट के छल्ले उड़ाता है और रात को खर्राटें मारकर सोता है। उसे घर के सदस्यों के सुख-दु:ख की कोई चिंता नहीं है। वह लेखक के लिए एक बोझ बन गया है, जिसके कारण लेखक के घर का वातावरण बोझिल एवं उबाऊ हो जाता है।

10. "बातचीत की उछलती गेंद चर्चा के क्षेत्र के सभी कोनों से टप्पे खाकर फिर सेंटर में आकर चुपचाप पड़ी है"–आशय स्पष्ट कीजिए। **दक्षता आधारित प्रश्न**

उत्तर लेखक ने अतिथि से घर-परिवार, दोस्तों, नौकरी, राजनीति, फ़िल्म, साहित्य, परिवार-नियोजन, महँगाई और पुरानी प्रेमिकाओं तक के विषय में काफ़ी बातें कर ली थीं। अब उनके सारे विषय खत्म हो चुके थे। बातचीत रूपी गेंद विषय रूपी कमरे के सारे कोनों को छू आई थी और अब वह शांत पड़ी थी। इन सबका कारण अतिथि का लेखक के घर लंबे समय तक रुकना था।

लेखक को लगने लगा था कि यदि अतिथि का मन बातों में ज़्यादा ही रम गया, तो वह और जम जाएगा। इसके अतिरिक्त, एक ही बात करते-करते उसे बोरियत भी होने लगी थी, इसलिए उनकी बातचीत पर विराम लगा हुआ था। यदि अतिथि समय से खुशी-खुशी चला जाता, तो यह स्थिति कभी उत्पन्न नहीं होती।

11. अतिथि को जाने के लिए लेखक ने किस-किस तरह के संकेत दिए?

उत्तर अतिथि को जाने के लिए लेखक ने निम्न तरह से संकेत दिए

(i) लेखक अतिथि के सामने उसे दिखाकर तारीखें बदलता है। तारीखें बदलते समय वह इस बात को दोहराता है कि आज कौन—सी तारीख हो चुकी है। ऐसा करके वह अतिथि को जाने की याद दिलाना चाहता है।

(ii) उसने धोबी को कपड़े देने की अपेक्षा लॉण्ड्री में कपड़े देने का सुझाव दिया, जिससे कपड़े ज़ल्दी धुलकर आ सकें।

(iii) लेखक ने अतिथि से अपनी नाराज़गी दर्शाते हुए उससे गप्पे मारना और साथ में ठहाके लगाना बंद कर दिया। उनके बीच का सौहार्द बोझिल बोरियत में परिवर्तित हो गया।

(iv) घर में खाना 'डिनर' से चलकर 'खिचड़ी' पर आ गया। यह भी एक ठोस संकेत था, अतिथि को वापस भेजने का। इस तरह लेखक ने अतिथि को शीघ्र घर वापस जाने के लिए कई संकेत दिए।

12. 'तुम कब जाओगे, अतिथि' पाठ का प्रतिपाद्य अपने शब्दों में लिखिए।

उत्तर 'तुम कब जाओगे, अतिथि' पाठ में लेखक और उसकी पत्नी भारतीय परंपरा के अनुसार, अतिथि का बढ़-चढ़कर स्वागत-सत्कार करते हैं। उन्हें लगता है कि अतिथि सम्मान-सत्कार की स्मृतियाँ लेकर अगले दिन लौट जाएगा, लेकिन अतिथि तो जाने के लिए तैयार ही नहीं था।

आज की महँगाई के समय में सीमित आय वाले लोग अधिक दिनों तक अतिथि का स्वागत-सत्कार नहीं कर सकते। लेखक ने कई प्रकार के उदाहरणों, कार्यों द्वारा अतिथि को चले जाने का संकेत दिया था, फिर भी अतिथि को फ़र्क नहीं पड़ा। लेखक के घर उपवास की नौबत आने लगी थी। प्रेम संबंधों में खटास उत्पन्न होने लगी थी। अतिथि लेखक को मानव नहीं, राक्षस का प्रतिरूप दिखने लगा था। अब केवल एक ही रास्ता बचा था कि लेखक भी सभ्यता का आवरण उतारकर अतिथि को सीधे जाने के लिए कह दे।

स्व-मूल्यांकन

पाठ पर आधारित बहुविकल्पीय प्रश्न

1. लेखक अंत में दुःखी होकर अतिथि से क्या कहता है?
(क) कितनी सिगरेट पिओगे
(ख) कितने खर्राटें भरोगे
(ग) उफ! तुम कब जाओगे, अतिथि
(घ) तुम मेरी पहले ही बहुत मिट्टी खोद चुके हो

2. आधुनिक समाज में लेखक अतिथियों से ········ व्यवहार की उम्मीद रखता है।
(क) अतिथि मेजबान के घर हमेशा के लिए रुक जाए
(ख) अतिथि मेजबानों को ज्यादा तकलीफ न देकर अगले दिन अपने घर को रवाना हो जाए
(ग) अतिथियों को आना ही नहीं चाहिए
(घ) अतिथि देवता के समान होता है और देवता दर्शन देकर लौट जाते हैं

3. **कथन** (A) चौथे दिन भी अतिथि के न जाने से लेखक के व्यवहार में परिवर्तन आ गया था।
कारण (R) अतिथि से बाचतीत करना बंद कर दिया, क्योंकि उसके पास चर्चा के विषय नहीं बचे थे। **दक्षता आधारित प्रश्न**
(क) कथन (A) सही है, लेकिन कारण (R) गलत है।
(ख) कथन (A) सही नहीं है, लेकिन कारण (R) सही है।
(ग) कथन (A) सही नहीं है, लेकिन कारण (R) सही है।
(घ) कथन (A) और कारण (R) दोनों गलत हैं।

गद्यांश पर आधारित बहुविकल्पीय प्रश्न

1. दूसरे दिन भी तुम अपनी अतिथि-सुलभ मुसकान लिए घर में ही बने रहे। हमने अपनी पीड़ा पी ली और प्रसन्न बने रहे। स्वागत-सत्कार के जिस उच्च बिंदु पर हम तुम्हें ले जा चुके थे, वहाँ से नीचे उतर हमने फिर दोपहर के भोजन को लंच की गरिमा प्रदान की और रात्रि को तुम्हें सिनेमा दिखाया। हमारे सत्कार का यह आखिरी छोर है, जिससे आगे हम किसी के लिए नहीं बढ़े। इसके तुरंत बाद भावभीनी विदाई का वह भीगा हुआ क्षण आ जाना चाहिए था, जब तुम विदा होते और हम तुम्हें स्टेशन तक छोड़ने जाते। पर तुमने ऐसा नहीं किया।

(i) गद्यांश के अनुसार अतिथि ने दूसरे दिन क्या किया?
(क) वह चुपचाप अपने घर चला गया
(ख) वह अतिथि सुलभ मुसकान लिए लेखक के घर ही रहा
(ग) वह लेखक के घर के कार्यों में सहायता कराने लगा
(घ) वह लेखक की आर्थिक मदद करने लगा

(ii) **कथन** (A) लेखक ने परेशानी की पीड़ा को पी लेने की बात कही है।
कारण (R) अतिथि के आने पर घर के बढ़ने वाले खर्च की बात का उल्लेख किया है। **दक्षता आधारित प्रश्न**
(क) कथन (A) सही है, लेकिन कारण (R) कथन (A) की सही व्याख्या नहीं करता है।
(ख) कथन (A) सही है, परंतु कारण (R) कथन (A) की सही व्याख्या करता है।
(ग) कथन (A) सही नहीं है, लेकिन कारण (R) सही है।
(घ) कथन (A) और कारण (R) दोनों गलत हैं।

(iii) लेखक ने अतिथि के स्वागत सत्कार के लिए क्या कार्य किया? **दक्षता आधारित प्रश्न**
1. दोपहर के भोजन को लंच की गरिमा प्रदान की
2. रात्रि में अतिथि को सिनेमा दिखाया
3. अतिथि-सुलभ मुसकान लिए घर में बने रहें
4. साधारण खिचड़ी को पुलाव का रूप देकर

कूट
(क) 1 और 3 सही हैं। (ख) 2 और 3 सही हैं।
(ग) 1 और 2 सही हैं। (घ) 3 और 4 सही हैं।

(iv) लेखक अतिथि से ········ की आशा रखता था।
(क) आओ और कम-से-कम पाँच दिन रुको
(ख) आओ और दूसरे दिन सम्मान से चले जाओ
(ग) आओ और एक-दो महीने रुक कर जाओ
(घ) आओ और अपना खर्चा स्वयं उठाओ

(v) लेखक के अनुसार, अतिथि ने उसे क्या नहीं करने दिया?
(क) भावभीनी विदाई का अवसर प्रदान नहीं किया
(ख) भोजन में पकवान नहीं बनाने दिए
(ग) रेलवे की टिकट बुक करने नहीं दी
(घ) उपर्युक्त सभी

लघु उत्तरीय प्रश्नोत्तर

निम्नलिखित प्रश्नों के उत्तर दीजिए

1. 'तुम कब जाओगे, अतिथि' पाठ के लेखक के अनुसार, 'होम' को 'स्वीट-होम' क्यों कहा जाता है?
2. लेखक को किस बात का अनुमान नहीं था?
3. लेखक और अतिथि के बीच का सौहार्द किसमें परिवर्तित हो गया और क्यों?
4. "संबंध एक संक्रमण के दौर से गुजर रहे थे"-'तुम कब जाओगे, अतिथि' पाठ के आधार पर आशय स्पष्ट कीजिए।
5. "स्वागत-सत्कार के जिस बिंदु पर हम तुम्हें ले जा चुके थे।" इस पंक्ति का आशय स्पष्ट कीजिए।
6. लेखक ने खर्राटों का प्रसंग क्यों उठाया है? स्पष्ट कीजिए।
7. लेखक को अतिथि से पाँचवें दिन कैसी आशा थी?
8. "लेखक एक अच्छा आतिथेय है"-स्पष्ट कीजिए।
9. 'तुम कब जाओगे, अतिथि' पाठ में निहित व्यंग्य को स्पष्ट कीजिए।
10. अतिथि तुम कब जाओगे पाठ के आधार पर लेखक के अतिथि-सत्कार की भावना पर विचार व्यक्त कीजिए।

अध्याय 4

वैज्ञानिक चेतना के वाहक : चंद्रशेखर वेंकट रामन्

(धीरंजन मालवे)

पाठ की रूपरेखा प्रस्तुत पाठ में वर्ष 1930 में नोबेल पुरस्कार प्राप्त करने वाले प्रथम भारतीय वैज्ञानिक 'चंद्रशेखर वेंकट रामन्' के संघर्षमय जीवन एवं उनकी उपलब्धियों का चित्रण किया गया है। वे ऐसे भारतीय वैज्ञानिक थे, जिन्होंने औपनिवेशिक माहौल के बीच भी भारतीय विज्ञान को नई ऊँचाइयों पर पहुँचाया। उन्हें 'रामन् प्रभाव' संबंधी खोज के लिए विश्व के सर्वाधिक प्रतिष्ठित 'नोबेल पुरस्कार' से सम्मानित किया गया।

लेखक परिचय

धीरंजन मालवे जी का जन्म 9 मार्च, 1952 को बिहार के नालंदा जिले के डुँवरावाँ गाँव में हुआ था। इन्होंने एम. एस. सी. (सांख्यिकी), एम. बी. ए. एवं एल. एल. बी. किया है। विज्ञान में अभिरुचि होने के कारण, आकाशवाणी और दूरदर्शन से जुड़े रहने के बावजूद मालवे जी अभी भी वैज्ञानिक जानकारी को लोगों तक पहुँचाने के काम में लगे हुए हैं। मालवे ने रेडियो विज्ञान पत्रिका 'ज्ञान विज्ञान' का संपादन एवं प्रसारण भी किया है।

मालवे जी की भाषा सीधी, सरल एवं वैज्ञानिक शब्दावली से युक्त है, वे अपनी भाषा में अन्य भाषाओं के शब्दों का प्रयोग भी करते हैं। इन्होंने कई भारतीय वैज्ञानिकों की संक्षिप्त जीवनियाँ भी लिखी हैं, जो उनकी पुस्तक 'विश्व-विख्यात भारतीय वैज्ञानिक' में संगृहीत हैं।

पाठ का सार

रामन् का जन्म व उनकी प्रतिभा

चंद्रशेखर वेंकट रामन् का जन्म 7 नवंबर, 1888 को तमिलनाडु के तिरुचिरापल्ली नगर में हुआ था। वेंकट रामन् कुल ग्यारह वर्ष की उम्र में मैट्रिक, विशेष योग्यता के साथ इंटरमीडिएट, भौतिकी और अंग्रेज़ी में स्वर्ण पदक के साथ बी.ए. तथा प्रथम श्रेणी में एम.ए. करके मात्र अठारह वर्ष की उम्र में कलकत्ता में भारत सरकार के फाइनेंस डिपार्टमेंट में सहायक जनरल एकाउंटेंट नियुक्त हो गए थे। इनकी प्रतिभा से इनके अध्यापक तक अभिभूत (प्रभावित) थे।

रामन् की जिज्ञासु प्रवृत्ति

चंद्रशेखर वेंकट रामन् प्रकृति-प्रेमी होने के साथ-साथ वैज्ञानिक जिज्ञासा रखने वाले व्यक्ति थे। जैसे न्यूटन ने पेड़ से गिरते सेब संबंधी रहस्य को सुलझाया था, वैसे ही चंद्रशेखर वेंकट रामन् ने समुद्र के नीले जल का रहस्य सुलझाया। वर्ष 1921 में वे समुद्री यात्रा पर थे। जहाज के डेक पर खड़े होकर उन्हें समुद्र को निहारना अच्छा लगता था। अपनी यात्रा के दौरान समुद्र को देखकर उनके मन में एक सवाल उठा कि समुद्र का रंग नीला क्यों होता है? इस प्रश्न को हल करते ही वे विश्व प्रसिद्ध हो गए और उनकी इस खोज को 'रामन् प्रभाव' के नाम से जाना गया। इसी खोज के लिए उन्हें वर्ष 1930 में 'नोबेल पुरस्कार' मिला।

रामन् के व्यक्तित्व पर उनके पिता का प्रभाव

रामन् के पिता विशाखापत्तनम में गणित तथा भौतिकी के शिक्षक थे। इनके पिता इन्हें बचपन से गणित व भौतिकी पढ़ाते थे। उन्होंने ही इनके हृदय में विज्ञान के प्रति रुचि जगाई। रामन् ने कॉलेज की परीक्षाओं में बहुत अच्छे अंक हासिल किए। उनका मस्तिष्क बचपन से ही वैज्ञानिक रहस्यों को सुलझाने के लिए बेचैन रहता था। इसमें कोई अतिशयोक्ति नहीं है कि जिन दो विषयों के ज्ञान ने उन्हें जगत प्रसिद्ध बनाया, उनकी सुदृढ़ नींव उनके पिता ने ही तैयार की थी। वे अपना सारा जीवन शोध कार्य में लगाना चाहते थे, परंतु उन दिनों स्वतंत्र शोध को करियर के रूप में अपनाने की कोई व्यवस्था नहीं थी। अत: वे भी अन्य सुयोग्य तथा प्रतिभावान छात्रों की भाँति भारत सरकार के वित्त-विभाग में अफ़सर बन गए। उनकी तैनाती कोलकाता में हुई।

रामन् द्वारा कलकत्ता विश्वविद्यालय की नौकरी

सर आशुतोष मुखर्जी एक प्रसिद्ध शिक्षाशास्त्री थे। उन्हें रामन् की प्रतिभा के बारे में पता चला। उन्होंने कलकत्ता विश्वविद्यालय के प्रोफ़ेसर पद के लिए रामन् को आमंत्रित किया। यह पद उच्च नौकरी की तुलना में बहुत निम्न और कम वेतन वाला था। इसके बावजूद, रामन् ने सुख-सुविधाओं का मोह त्यागकर यह नौकरी स्वीकार कर ली। अपनी उच्च नौकरी को छोड़कर ऐसी नौकरी को अपनाना हिम्मत का काम था। उन्होंने हिम्मत दिखाई और प्रोफेसर पद पर नियुक्त हो गए। कलकत्ता में सरकारी नौकरी करते हुए भी वे वैज्ञानिक प्रयोगों से जुड़े रहे। वे कार्यालय से फुरसत पाते ही 'इंडियन एसोसिएशन फॉर द कल्टीवेशन ऑफ साइंस' नामक प्रयोगशाला में जाते एवं नए-नए प्रयोग करते थे।

रामन् द्वारा किए गए शोध कार्य

'इंडियन एसोसिएशन फॉर द कल्टीवेशन ऑफ साइंस' नामक संस्था की यह प्रयोगशाला कलकत्ता के डॉक्टर महेंद्रलाल सरकार के प्रयासों से बनाई गई थी। इसका उद्देश्य वैज्ञानिक चेतना का विकास करना था। यहाँ साधनों का अभाव था, फिर भी वेंकट रामन् प्रयोग करने में लगे रहते थे। इनका पहला शोधपत्र फिलॉसाफिकल मैगजीन में प्रकाशित हुआ था। इन्हीं दिनों इन्होंने वाद्ययंत्रों की ध्वनियों के रहस्यों को खोलने का भी प्रयास किया। उन्होंने इस भ्रांति को तोड़ा कि विदेशी वाद्ययंत्र वायलिन, चैलो या पियानो की तुलना में भारतीय वाद्ययंत्र वीणा, तानपूरा और मृदंगम् घटिया हैं। उन्होंने वाद्ययंत्रों के कंपन की गणना की तथा शोध-पत्र भी प्रकाशित किए। वे पूरी तरह शोध कार्य में लग गए। समुद्र के नीले रंग की वजह की खोज का फल 'रामन् प्रभाव' के रूप में विख्यात हुआ।

रामन् द्वारा अन्य शोध अध्ययन

रामन् ने ठोस रवों और तरल पदार्थों पर प्रकाश की किरणों के प्रभाव का अध्ययन किया। उन्होंने पाया कि जब एक वर्णीय प्रकाश की किरणें ठोस रवों तथा तरल पदार्थों से होकर गुज़रती हैं, तो उनके रंग में कुछ परिवर्तन आ जाता है। एक वर्णीय प्रकाश तरल या ठोस रवों से गुज़रते हुए जिस परिमाण में ऊर्जा खोता या पाता है, उसी हिसाब से उसका वर्ण परिवर्तित हो जाता है। रामन् की खोज की वजह से ही अणुओं और परमाणुओं की आंतरिक संरचना का अध्ययन सरल हो गया। आणविक एवं परमाणविक संरचना के अध्ययन के लिए इंफ्रारेड स्पेक्ट्रोस्कोपी की जगह रामन् स्पेक्ट्रोस्कोपी का सहारा लिया जाने लगा। इससे पदार्थों का संश्लेषण प्रयोगशाला में करना तथा अनेक उपयोगी पदार्थों का कृत्रिम रूप से निर्माण संभव हो गया।

रामन् द्वारा प्राप्त किए गए पुरस्कार एवं सम्मान

'रामन् प्रभाव' की खोज ने रामन् को विश्व प्रसिद्ध वैज्ञानिकों की श्रेणी में ला खड़ा किया। इसके बाद तो उन्हें मिलने वाले पुरस्कारों की झड़ी ही लग गई। रामन् को 'रॉयल सोसायटी' की सदस्यता से सम्मानित किया गया एवं इन्हें 'सर' की उपाधि मिली। उन्हें विश्व के सर्वाधिक प्रतिष्ठित 'नोबेल पुरस्कार' से सम्मानित किया गया। रोम, रूस आदि देशों ने भी उन्हें पुरस्कृत किया। वर्ष 1954 में उन्हें 'भारत रत्न' से सम्मानित किया गया।

भारतीय संस्कृति के प्रति रामन् की अटूट आस्था

रामन् में राष्ट्रीय स्वाभिमान कूट-कूट कर भरा हुआ था। विदेशी वैज्ञानिकों के बीच बैठकर भी वे अपने भारतीय संस्कारों को कभी नहीं भूले। उन्हें भारतीय संस्कृति से गहरा लगाव था। उन्होंने दक्षिण भारतीय पहनावे को नहीं छोड़ा। उन्होंने कभी मदिरापान नहीं किया। नोबेल पुरस्कार लेने के अवसर पर भी उन्होंने शराब पीने से मना कर दिया। वे जीवनभर शुद्ध शाकाहारी बने रहे।

विज्ञान एवं राष्ट्र के प्रति रामन् का समर्पित जीवन

रामन् में वैज्ञानिक दृष्टि के साथ-साथ राष्ट्रीय चेतना भी प्रखर थी। उन्होंने स्वतंत्र भारत में अत्यंत उन्नत प्रयोगशाला स्थापित की, जिसे 'रामन् रिसर्च इंस्टीट्यूट' के नाम से जाना जाता है।

उन्होंने 'इंडियन जर्नल ऑफ फिजिक्स' नामक शोध-पत्रिका आरंभ की तथा सैकड़ों छात्रों का मार्गदर्शन किया। उन्होंने 'करेंट साइंस' पत्रिका का भी संपादन किया।

21 नवंबर, 1970 को 82 वर्ष की आयु में इनका देहांत हो गया। सर चंद्रशेखर वेंकट रामन् वैज्ञानिक चेतना की साक्षात् प्रतिमूर्ति थे। उन्होंने अपने आसपास बिखरी अनेक सामान्य प्राकृतिक चीज़ों को वैज्ञानिक दृष्टि से परखने की प्रेरणा दी।

शब्दार्थ

शब्द	अर्थ
सदियों	शताब्दियों
विराट	अत्यंत विशाल
नील वर्णीय	नीले रंग की
आभा	चमक
असंख्य	अनगिनत, जिसकी संख्या बताना संभव न हो
आदिकाल	आरंभिक काल से
समक्ष	सामने

शब्द	अर्थ
डेक	ऊपरी भाग
जिज्ञासा	जानने की इच्छा
सशक्त	शक्तिशाली
विश्वविख्यात	संसार में प्रसिद्ध
भौतिकी	वह विज्ञान जिसमें तत्त्वों के गुण आदि का विवेचन किया जाता है, फिजिक्स
अतिशयोक्ति	किसी बात को बहुत बढ़ा-चढ़ाकर कहना

शब्द	अर्थ
हासिल	प्राप्त
शोधकार्य	खोज, अनुसंधान कार्य
समर्पित	न्योछावर, दान
करियर	भविष्य, आजीविका का साधन
प्रतिभावान	जिसमें विलक्षण बौद्धिक शक्ति हो
सुयोग्य	अच्छी योग्यतावाला
भाँति	तरह
वित्त विभाग	किसी राज्य के आय-व्यय से संबंधित विभाग
रुझान	झुकाव, किसी ओर प्रवृत्त होना
दफ़्तर	कार्यालय
फ़ुरसत	खाली समय, अवकाश
चेतना	जागृति, जागरूकता
नितांत	बिलकुल, एकदम
अभाव	कमी
उपकरण	साधन, औज़ार
हठयोग	हठपूर्वक साधना करना/साधनों के न होते हुए भी लगातार कार्य करते रहना
इच्छाशक्ति	तीव्र इच्छा
समृद्ध	उन्नतशील
प्रयास	कोशिश
वाद्ययंत्र	बजने वाला संगीत के उपकरण
आकृष्ट	खिंचे
ध्वनि	आवाज़
परत खोलना	छिपी हुई बातों को जानना
भ्रांति	संदेह, अयथार्थ ज्ञान
सृजित	बना, रचा हुआ
निर्णय	फैसला
समक्ष	सामने
तनख्वाह	वेतन
सरस्वती	ज्ञान
साधना	काम में ध्यान लगाना
शैक्षणिक	शिक्षा संबंधी
अध्यापन	पढ़ाना
परिणति	परिणाम
एकवर्णीय	एक रंग का
फ़ोटॉन	प्रकाश का अंश
ऊर्जा	शक्ति, बल

शब्द	अर्थ
परिणाम	फल
क्रांति	महत्त्वपूर्ण बदलाव
प्रायोगिक प्रमाण	प्रयोग के आधार पर मिलने वाला प्रमाण
पूर्ववर्ती	पहले के
तरंग	लहर
सूक्ष्म	बारीक
तीव्र धारा	तेज़ धारा,
बुलेट	गोली
धारणा	विचार
प्रत्यक्ष	आँखों के सामने
तीव्रगामी	तेज़ चलने वाली
प्रवाह	बहाव
वजह	कारण
आंतरिक संरचना	भीतरी बनावट
सहज	आसान
इंफ्रारेड स्पेक्ट्रोस्कोपी	अवरक्त स्पेक्ट्रम विज्ञान
संभावना	गुंजाइश, वजह
प्रकृति	स्वभाव गुण
प्रायोगिक	प्रयोग संबंधित
आण्विक	अणु का
परमाण्विक	परमाणु का
संरचना	बनावट
सटीक	सही
संश्लेषण	मिश्रण करना, मिलान करना
कृत्रिम	बनावटी
चोटी के	सर्वोच्च, सबसे बड़े
झड़ी लगना	बहुत अधिक संख्या में होना
उपाधि	सम्मान
आत्मसम्मान	अपना सम्मान
अक्षुण्ण	बिना खंडित किए
सुरक्षित कट्टर	दृढ़, पक्का
शाकाहारी	फल, सब्ज़ी खाने वाला, मांसादि न खाने वाला
परहेज	दुराव, दूरी, मनाही
प्रदर्शन	दिखावा
आयोजित	योजना से रची गई

आयोजक	कार्यक्रम की योजना करने वाले, प्रबंधक
परिहास	हँसी, मज़ाक
आह्लादित	प्रसन्न
कसर न छोड़ना	पूरा प्रयत्न करना
चिंतन	विचार
उन्नत	नए-नए उपकरणों से सुसज्जित
शोध संस्थान	ऐसी संस्था जहाँ नई-नई खोजें की जाती हैं
अनुसंधान	खोज
मार्गदर्शन	दिशा देना
प्रचार	प्रसार, फैलाव
संपादन	अन्य लेखकों के लेखों को छापने योग्य बनाना
साक्षात्	प्रत्यक्ष, सजीव, साकार
प्रतिमूर्ति	अनुकृति, चित्र, प्रतिभा
सुर-ताल	ध्वनि और लय
भेदन	जानना, तह तक पहुँचना
नोबेल पुरस्कार	एक अंतर्राष्ट्रीय स्तर का सर्वोच्च पुरस्कार, जो साहित्य, भौतिक विज्ञान, रसायन विज्ञान, चिकित्सा विज्ञान, अर्थशास्त्र तथा शांति के क्षेत्र में अभूतपूर्व कार्य के लिए दिया जाता है।

NCERT फोल्डर

पाठ्यपुस्तक (स्पर्श भाग-1) के प्रश्नोत्तर

मौखिक

प्र.1 रामन् भावुक प्रकृति प्रेमी के अलावा और क्या थे?

उत्तर रामन् भावुक प्रकृति प्रेमी के अलावा अत्यंत जिज्ञासु वैज्ञानिक थे।

प्र.2 समुद्र को देखकर रामन् के मन में कौन-सी दो जिज्ञासाएँ उठीं?

उत्तर समुद्र को देखकर रामन् के मन में उठीं दो मुख्य जिज्ञासाएँ निम्नलिखित हैं

(i) समुद्र का रंग नीला क्यों होता है?

(ii) नीले रंग के अतिरिक्त समुद्र का रंग कुछ और क्यों नहीं होता?

प्र.3 रामन् के पिता ने उनमें किन विषयों की सशक्त नींव डाली?

उत्तर रामन् के पिता ने उनमें गणित और भौतिक विज्ञान विषयों की सशक्त नींव डाली।

प्र.4 वाद्ययंत्रों की ध्वनियों के अध्ययन के द्वारा रामन् क्या करना चाहते थे?

उत्तर रामन् वाद्ययंत्रों की ध्वनियों के पीछे छिपे वैज्ञानिक रहस्यों का पता लगाना चाहते थे।

प्र.5 सरकारी नौकरी छोड़ने के पीछे रामन् की क्या भावना थी?

उत्तर सरकारी नौकरी छोड़ने के पीछे रामन् की भावना यह थी कि वे सरस्वती की साधना को धन और सुख –सुविधा से अधिक महत्त्वपूर्ण मानते थे। वे वैज्ञानिक रहस्यों के ज्ञान को सबसे अधिक मूल्यवान मानते थे।

प्र.6 'रामन् प्रभाव' की खोज के पीछे कौन-सा सवाल हिलोरे ले रहा था?

उत्तर रामन् प्रभाव की खोज के पीछे समुद्र के नीले रंग का सवाल हिलोरे ले रहा था।

प्र.7 प्रकाश तरंगों के बारे में आइंस्टाइन ने क्या बताया?

उत्तर प्रकाश तरंगों के बारे में आइंस्टाइन ने बताया कि प्रकाश अतिसूक्ष्म कणों की तीव्र धारा के समान होता है। प्रकाश के कण बुलेट (गोली) के समान तीव्र प्रवाह से बहते हैं।

प्र.8 रामन् की खोज ने किन अध्ययनों को सहज बनाया?

उत्तर रामन् की खोज ने पदार्थों के अणुओं और परमाणुओं की आंतरिक संरचना के अध्ययन को सहज बनाया।

लिखित

(क) निम्नलिखित प्रश्नों के उत्तर (25-30 शब्दों में) लिखिए

प्र.1 कॉलेज के दिनों में रामन् की दिली इच्छा क्या थी?

उत्तर कॉलेज के दिनों में रामन् की दिली इच्छा नए-नए वैज्ञानिक प्रयोग करने की थी। वे शोध और अनुसंधान के लिए अपना जीवन समर्पित करना चाहते थे, परंतु उन दिनों यह सुविधा न होने के कारण उनकी इच्छा दिल में ही रह गई।

प्र.2 वाद्ययंत्रों पर की गई खोजों से रामन् ने कौन-सी भ्रांति तोड़ने की कोशिश की? दक्षता आधारित प्रश्न

उत्तर वाद्ययंत्रों पर की गई खोजों से रामन् ने पश्चिमी देशों की इस भ्रांति को तोड़ने की कोशिश की कि विदेशी वाद्ययंत्रों की ध्वनियाँ भारतीय वाद्ययंत्रों की तुलना में अधिक उन्नत हैं और भारतीय वाद्ययंत्र विदेशी वाद्यों की तुलना में घटिया हैं।

प्र.3 रामन् के लिए नौकरी संबंधी कौन-सा निर्णय कठिन था?

उत्तर रामन्, सरकार के वित्त विभाग की बहुत प्रतिष्ठित नौकरी पर थे। वहाँ वेतन तथा सुख सुविधाएँ बहुत आकर्षक थीं। जब उन्हें कलकत्ता

विश्वविद्यालय में भौतिकी के प्रोफेसर पद को स्वीकार करने का प्रस्ताव मिला, तो उनके लिए यह निर्णय करना कठिन हो गया कि वे कम वेतन और कम सुविधाओं वाले प्रोफेसर पद को अपनाएँ या सरकारी पद पर बने रहें।

प्र.4 सर चंद्रशेखर वेंकट रामन् को समय-समय पर किन-किन पुरस्कारों से सम्मानित किया गया?

उत्तर सर चंद्रशेखर वेंकट रामन् को निम्नलिखित पुरस्कारों से सम्मानित किया गया

- वर्ष 1929 में रॉयल सोसायटी द्वारा 'सर' की उपाधि से सम्मानित किया गया।
- वर्ष 1930 में नोबेल पुरस्कार
- रोम का मेत्यूसी पदक
- रॉयल सोसायटी का ह्यूज पदक
- फ़िलोडेल्फिया इंस्टीट्यूट का फ्रैंकलिन पदक
- सोवियत रूस का अंतर्राष्ट्रीय लेनिन पुरस्कार
- वर्ष 1954 में देश का सर्वोच्च पुरस्कार 'भारत रत्न' मिला।

प्र.5 रामन् को मिलने वाले पुरस्कारों ने भारतीय-चेतना को जाग्रत किया। ऐसा क्यों कहा गया है?

उत्तर रामन् भारत के प्रथम वैज्ञानिक थे, जिन्हें विश्व के कई प्रतिष्ठित पुरस्कारों से सम्मानित किया गया, जिसमें वर्ष 1930 का नोबेल पुरस्कार भी शामिल है। रामन् को जब ये पुरस्कार मिले, तब भारत इंग्लैंड का उपनिवेश था और स्वतंत्रता की लड़ाई लड़ रहा था। ऐसे में यदि भारतीय विज्ञान की पहचान विश्व को मिली, तो यह औपनिवेशिक भारत के लिए गौरव की बात थी और इससे सामान्य भारतीयों की चेतना जाग्रत हुई।

(ख) निम्नलिखित प्रश्नों के उत्तर (50-60 शब्दों में) लिखिए

प्र.1 रामन् के प्रारंभिक शोध कार्य को आधुनिक हठयोग क्यों कहा गया है?

उत्तर रामन् कलकत्ता में सरकारी नौकरी से फ़ुरसत पाते ही बहू बाज़ार स्थित 'इंडियन एसोसिएशन फॉर द कल्टीवेशन ऑफ साइंस' की प्रयोगशाला में पहुँचकर अपना शोध कार्य करते। इस प्रयोगशाला में आधुनिक उपकरणों का नितांत अभाव था। रामन् इस अभावग्रस्त स्थिति के बावजूद अपने हठ के कारण लगातार अपने शोध कार्य में लगे रहे। इसी कारण रामन् के प्रारंभिक शोध कार्य को लेखक ने आधुनिक हठयोग कहा है।

प्र.2 रामन् की खोज 'रामन् प्रभाव' क्या है? स्पष्ट कीजिए।

उत्तर 'रामन् प्रभाव' के अंतर्गत अनेक ठोस रवों और तरल पदार्थों पर प्रकाश की किरण के प्रभाव का अध्ययन किया गया। इसके शोध के अंतर्गत रामन् ने बताया कि जब एकवर्णीय प्रकाश की किरण किसी तरल या ठोस रवेदार पदार्थ से गुज़रती है, तो गुज़रने के बाद उसके वर्ण (रंग) में परिवर्तन आता है।

एकवर्णीय प्रकाश तरल या ठोस रवों से गुज़रते हुए जिस मात्रा में ऊर्जा खोता या पाता है, उसी के अनुसार उसका वर्ण परिवर्तित हो जाता है।

प्र.3 'रामन् प्रभाव' की खोज से विज्ञान के क्षेत्र में कौन-कौन से कार्य संभव हो सके? **दक्षता आधारित प्रश्न**

उत्तर 'रामन् प्रभाव' की खोज से पदार्थों के अणुओं और परमाणुओं की आंतरिक संरचना का अध्ययन सहज हो गया। पहले इस काम के लिए 'इंफ्रारेड स्पेक्ट्रोस्कॉपी' का सहारा लिया जाता था। रामन् की खोज के बाद पदार्थों की आणविक और परमाणविक संरचना के अध्ययन के लिए 'रामन् स्पेक्ट्रोस्कॉपी' का सहारा लिया जाने लगा। इसके माध्यम से प्रयोगशाला में पदार्थों का संश्लेषण करना तथा अनेक उपयोगी पदार्थों का कृत्रिम रूप से निर्माण संभव हो पाया है।

प्र.4 देश को वैज्ञानिक दृष्टि और चिंतन प्रदान करने में सर चंद्रशेखर वेंकट रामन् के महत्त्वपूर्ण योगदान पर प्रकाश डालिए।

अथवा **शोध कार्य के क्षेत्र में रामन् की भूमिका पर 'वैज्ञानिक चेतना के वाहक' पाठ के आधार पर प्रकाश डालिए।** **दक्षता आधारित प्रश्न**

उत्तर रामन् बचपन से ही भौतिकी के क्षेत्र में रुचि रखते थे। पिता के संरक्षण में उन्होंने गणित एवं भौतिक विज्ञान की शिक्षा प्राप्त की। इसी शिक्षा के परिणामस्वरूप उन्होंने समुद्र के नीले रंग के परीक्षण के आधार पर प्रकाश के प्राकृतिक चरित्र का खुलासा किया, जो 'रामन् प्रभाव' के नाम से विश्व प्रसिद्ध हुआ।

इनकी इस खोज ने न केवल आइंस्टाइन के प्रकाश संबंधी विचारों को प्रमाणित किया, बल्कि भारतीय ज्ञान-विज्ञान को भी विश्व पटल पर स्थापित किया। पूरे विश्व ने रामन् के माध्यम से भारतीय वैज्ञानिक प्रतिभा को स्वीकारा। रामन् ने भारतीय स्वाभिमान को विश्व पटल पर स्थापित कर दिया। इससे सामान्य भारतीयों में भी एक नए आत्मसम्मान एवं आत्मविश्वास की भावना उत्पन्न हुई। उन्होंने विज्ञान के क्षेत्र में एक नई भारतीय चेतना को जाग्रत किया।

प्र.5 सर चंद्रशेखर वेंकट रामन् के जीवन से प्राप्त होने वाले संदेश को अपने शब्दों में लिखिए। **दक्षता आधारित प्रश्न**

उत्तर सर चंद्रशेखर वेंकट रामन् की वैज्ञानिक उपलब्धियाँ अपने आप में महत्त्वपूर्ण संदेश हैं। वे वैज्ञानिक चेतना एवं दृष्टि की साक्षात् प्रतिमूर्ति थे। वे सादगी एवं उच्च वैज्ञानिक चेतना के प्रतीक थे। उनका जीवन यह संदेश देता है कि हमें हमेशा अपने आसपास के वातावरण के प्रति सचेत एवं चेतनासंपन्न रहना चाहिए। उन्होंने संगीत के सुर-ताल एवं वातावरण दोनों के गतिमान होने की प्रक्रिया के वैज्ञानिक सिद्धांत की खोज की। उनका जीवन साधारण से असाधारण उपलब्धि की यात्रा का संदेश देता है।

(ग) निम्नलिखित के आशय स्पष्ट कीजिए

प्र.1 उनके लिए सरस्वती की साधना सरकारी सुख-सुविधाओं से कहीं अधिक महत्त्वपूर्ण थी।

उत्तर सर चंद्रशेखर वेंकट रामन् को बचपन से ही शोध के प्रति लगाव था। अपनी मेधावी क्षमता से भले ही उन्होंने सुख-सुविधापूर्ण उच्च सरकारी पद पा लिया हो, लेकिन उनका मन सरस्वती अर्थात् लिखने-पढ़ने की ओर अधिक झुका था। इसीलिए जब सरस्वती की साधना तथा सरकारी सुख-सुविधाओं के बीच चुनाव का वक्त आया, तो उन्होंने बिना किसी झिझक के सरस्वती की साधना को ही चुना। इसी का परिणाम हुआ कि उन्होंने अपने शोध कार्यों की बदौलत विश्व में नाम कमाया।

प्र.2 हमारे पास ऐसी न जाने कितनी ही चीज़ें बिखरी पड़ी हैं, जो अपने पात्र की तलाश में हैं।

उत्तर जिस प्रकार सर चंद्रशेखर वेंकट रामन् ने समुद्र के नीले रंग को आधार बनाकर 'रामन् प्रभाव' की खोज की, उसी प्रकार हमारे आसपास कई ऐसी प्राकृतिक चीज़ें हैं, जिनका कोई-न-कोई वैज्ञानिक आधार है। बस आवश्यकता है एक ऐसी वैज्ञानिक दृष्टि की, जो इन प्राकृतिक चीज़ों के वैज्ञानिक आधार की खोज कर सके।

प्र.3 यह अपने आप में एक आधुनिक हठयोग का उदाहरण था।

उत्तर चंद्रशेखर वेंकट रामन् की शोध कार्यों में अत्यंत रुचि थी। कलकत्ता में सरकारी नौकरी करते हुए वे बहू बाज़ार में स्थित 'इंडियन एसोसिएशन फॉर द कल्टीवेशन ऑफ साइंस' की प्रयोगशाला में शोध कार्य करते।

इस संस्था के पास उपकरणों एवं संसाधनों का नितांत अभाव था। इन अभावग्रस्त स्थितियों के बावजूद आधुनिक हठयोगियों की भाँति रामन् अपने शोध कार्यों में लगे रहते। अपने शोध के प्रति यह ज़िद या हठ ही आधुनिक हठयोग का उदाहरण है।

(घ) उपयुक्त शब्द का चयन करते हुए रिक्त स्थानों की पूर्ति कीजिए

इंफ्रारेड स्पेक्ट्रोस्कॉपी, इंडियन एसोसिएशन फॉर द कल्टीवेशन ऑफ़ साइंस, फिलोसॉफिकल मैगज़ीन, भौतिकी, रामन् रिसर्च इंस्टीट्यूट

1. रामन् का पहला शोध-पत्र .... में प्रकाशित हुआ था।
2. रामन् की खोज .... के क्षेत्र में एक क्रांति के समान थी।
3. कलकत्ता की मामूली-सी प्रयोगशाला का नाम .... था।
4. रामन् द्वारा स्थापित शोध संस्थान .... नाम से जाना जाता है।
5. पहले पदार्थों के अणुओं और परमाणुओं की आंतरिक संरचना का अध्ययन करने के लिए .... का सहारा लिया जाता था।

उत्तर
1. फिलोसॉफिकल मैगज़ीन
2. भौतिकी
3. इंडियन एसोसिएशन फॉर कल्टीवेशन ऑफ साइंस
4. रामन् रिसर्च इंस्टीट्यूट
5. इंफ्रारेड स्पेक्ट्रोस्कॉपी

भाषा अध्ययन

प्र.1 नीचे कुछ समानदर्शी शब्द दिए जा रहे हैं, इनका अपने वाक्य में इस प्रकार प्रयोग करें कि इनके अर्थ का अंतर स्पष्ट हो सके।

(क) प्रमाण .... प्रणाम ....
(ख) धारणा .... धारण ....
(ग) पूर्ववर्ती .... परवर्ती ....
(घ) परिवर्तन .... प्रवर्तन ....

उत्तर (क) **प्रमाण** वैज्ञानिक अपने सिद्धांतों का प्रमाण प्रयोग द्वारा देते हैं।
प्रणाम अनेक वैज्ञानिकों की प्रतिभा प्रणाम करने योग्य है।
(ख) **धारणा** वैज्ञानिकों ने कई परंपरागत धारणाओं को तोड़ा है।
धारण ईमानदारी की नैतिकता सभी को अपने जीवन में धारण करनी चाहिए।
(ग) **पूर्ववर्ती** रामन् के पूर्ववर्ती वैज्ञानिक प्रकाश को एक तरंग की तरह मानते थे।
परवर्ती रामन् प्रभाव की खोज ने परवर्ती वैज्ञानिकों का अध्ययन सहज बना दिया।
(घ) **परिवर्तन** सामाजिक परिवर्तन लाने के लिए आरक्षण की व्यवस्था लागू की गई।
प्रवर्तन भारतीय वैज्ञानिकों ने अनेक सिद्धांतों का प्रवर्तन किया है।

प्र.2 रेखांकित शब्द के विलोम शब्द का प्रयोग करते हुए रिक्त स्थान की पूर्ति कीजिए

(क) मोहन के पिता मन से <u>सशक्त</u> होते हुए भी तन से .... हैं।
(ख) अस्पताल के <u>अस्थायी</u> कर्मचारियों को .... रूप से नौकरी दे दी गई है।
(ग) रामन् ने अनेक <u>ठोस</u> रवों और .... पदार्थों पर प्रकाश की किरण के प्रभाव का अध्ययन किया।
(घ) आज बाज़ार में <u>देशी</u> और .... दोनों प्रकार के खिलौने उपलब्ध हैं।
(ङ) सागर की लहरों का <u>आकर्षण</u> उसके विनाशकारी रूप को देखने के बाद .... में परिवर्तित हो जाता है।

उत्तर (क) अशक्त
(ख) स्थायी
(ग) तरल
(घ) विदेशी
(ङ) विकर्षण

प्र.3 नीचे दिए उदाहरण में रेखांकित अंश में शब्द-युग्म का प्रयोग हुआ है

उदाहरण चाउतान को <u>गाने-बजाने</u> में आनंद आता है।

उदाहरण के अनुसार निम्नलिखित शब्द-युग्मों का वाक्यों में प्रयोग कीजिए

सुख-सुविधा .... अच्छा-खासा ....
प्रचार-प्रसार .... आस-पास ....

उत्तर **सुख-सुविधा** रोमैया के घर में सुख-सुविधाएँ भरपूर हैं।
अच्छा-खासा प्राइवेट नौकरी करके भी तुमने अच्छा-खासा घर बनवा लिया है।
प्रचार-प्रसार हिंदी को राष्ट्रभाषा के रूप में पूरी तरह स्थापित करने के लिए प्रचार-प्रसार की आवश्यकता है।
आस-पास हमें आस-पास के पर्यावरण के प्रति संवेदनशील होना चाहिए।

प्र.4 प्रस्तुत पाठ में आए अनुस्वार और अनुनासिक शब्दों को निम्न तालिका में लिखिए

अनुस्वार	**अनुनासिक**
अंदर	ढूँढ़ते
(क)	(क) ....
(ख)	(ख) ....

(ग) .... (ग) ....

(घ) .... (घ) ....

(ङ) .... (ङ) ....

उत्तर अनुस्वार	**अनुनासिक**
असंख्य	जहाँ
संस्था	भाँति
नितांत	पहुँचता
चंद्रशेखर	ढूँढने
अत्यंत	चाँदनी

प्र.5 पाठ में निम्नलिखित विशिष्ट वाक्यों का प्रयोग किया गया है। सामान्य शब्दों में इनका आशय स्पष्ट कीजिए

घंटों खोए रहते, स्वाभाविक रुझान बनाए रखना, अच्छा-खासा काम किया, हिम्मत का काम था, सटीक जानकारी, काफ़ी ऊँचे अंक हासिल किए, कड़ी मेहनत के बाद खड़ा किया था, मोटी तनख्वाह

उत्तर घंटों खोए रहते बहुत देर तक अपने चिंतन में डूबे रहना।

स्वाभाविक रुझान बनाए रखना सहज रुचि को कायम रखना।

अच्छा-खासा काम किया पर्याप्त काम किया।

हिम्मत का काम था अत्यधिक दुष्कर या कठिन कार्य था।

सटीक जानकारी बिल्कुल सही एवं प्रामाणिक ज्ञान या सूचनाएँ।

काफ़ी ऊँचे अंक हासिल किए बहुत अच्छा परिणाम आना।

कड़ी मेहनत के बाद खड़ा किया था बहुत परिश्रम के बाद शोध संस्थान की स्थापना हो पाई थी।

मोटी तनख्वाह बहुत अधिक आय या वेतन।

प्र.6 पाठ के आधार पर मिलान कीजिए

(i) नीला (क) कामचलाऊ

(ii) तैनाती (ख) भारतीय वाद्ययंत्र

(iii) घटिया (ग) समुद्र

(iv) भेदन (घ) कलकत्ता

(v) पिता (ङ) रवे

(vi) उपकरण (च) वैज्ञानिक रहस्य

(vii) फोटॉन (छ) नींव

उत्तर (i) ङ (ii) च (iii) छ (iv) क (v) ग (vi) ख (vii) घ

प्र.7 पाठ में आए रंगों की सूची बनाइए। इनके अतिरिक्त दस रंगों के नाम और लिखिए।

उत्तर पाठ में आए रंग बैंगनी, नीला, आसमानी, हरा, पीला, नारंगी, लाल।

अन्य रंग काला, सफेद, गुलाबी, जामुनी, केसरिया, संतरी, भूरा, स्लेटी, फिरोज़ी, मैरून आदि।

प्र.8 नीचे दिए गए उदाहरण के अनुसार 'ही' का प्रयोग करते हुए पाँच वाक्य बनाइए।

उदाहरण **उनके ज्ञान की सशक्त नींव उनके पिता ने ही तैयार की थी।**

उत्तर (i) सेब के गिरने का रहस्य न्यूटन ही समझ सका था।

(ii) आखिर समुद्र का रंग नीला ही क्यों होता है?

(iii) रामन् ने अपने कॉलेज के ज़माने से ही शोधकार्यों में रुचि लेना शुरू कर दिया।

(iv) यह चित्र मैंने ही बनाया है।

(v) अंगदोरजी बिना ऑक्सीजन के ही चढ़ाई करने वाला था।

योग्यता विस्तार

प्र.1 'विज्ञान का मानव विकास में 'योगदान' विषय पर कक्षा में चर्चा कीजिए।

उत्तर विद्यार्थी स्वयं करें।

प्र.2 भारत के किन-किन वैज्ञानिकों को नोबेल पुरस्कार मिला है? पता लगाइए और लिखिए।

उत्तर नोबेल पुरस्कार प्राप्त करने वाले भारत के वैज्ञानिकों के नाम और उनके कार्य क्षेत्र निम्नलिखित हैं

1. सर चंद्रशेखर वेंकट रामन् — भौतिकी में
2. डॉ. हरगोविंद खुराना — चिकित्साशास्त्र में
3. वेंकट रामन् रामकृष्ण — रसायनशास्त्र में
4. डॉ. चंद्रशेखर सुब्रह्मण्यम — भौतिकी में
5. सर रोनाल्ड रॉस — फिजियोलॉजी में

प्र.3 न्यूटन के आविष्कार के विषय में जानकारी प्राप्त कीजिए।

उत्तर अध्यापक की सहायता से विद्यार्थी स्वयं जानकारी प्राप्त करें।

परियोजना कार्य

प्र.1 भारत के प्रमुख वैज्ञानिकों की सूची उनके कार्यों/योगदानों के साथ बनाइए।

उत्तर इंटरनेट की सहायता से विद्यार्थी स्वयं करें।

प्र.2 भारत के मानचित्र में तमिलनाडु के तिरुचिरापल्ली और कलकत्ता (कोलकाता) की स्थिति दर्शाइए।

उत्तर विद्यार्थी स्वयं करें।

प्र.3 पिछले बीस-पच्चीस वर्षों में हुई उन वैज्ञानिक खोजों, उपकरणों की सूची बनाइए, जिसने मानव जीवन बदल दिया है।

उत्तर इंटरनेट की सहायता से विद्यार्थी स्वयं करें।

अभ्यास प्रश्न

बहुविकल्पीय व वर्णनात्मक प्रश्नों सहित

पाठ पर आधारित बहुविकल्पीय प्रश्न

1. 'वैज्ञानिक चेतना के वाहक चंद्रशेखर वेंकट रामन्' पाठ के अनुसार रामन् को किससे गहरा लगाव रहा था?

(क) ब्रिटिश सरकार से (ख) स्वयं की योग्यता से
(ग) अपनी खोजों से (घ) भारतीय संस्कृति से

उत्तर (घ) भारतीय संस्कृति से

2. रामन् के हृदय में विज्ञान के प्रति रुचि किसने जगाई थी?

(क) उनके सहपाठी ने (ख) उनके पिता जी ने
(ग) उनके बड़े भाई ने (घ) उनकी माता जी ने

उत्तर (ख) उनके पिता जी ने

3. रामन् का मस्तिष्क ……… से वैज्ञानिक रहस्यों को सुलझाने के लिए तैयार रहता था।

(क) बचपन (ख) किशोरावस्था
(ग) प्रौढ़ावस्था (घ) बुढ़ापा

उत्तर (क) बचपन

4. 'इंडियन एसोसिएशन फॉर द कल्टीवेशन ऑफ सांइस' नामक संस्था का क्या उद्देश्य था? दक्षता आधारित प्रश्न

(क) वैज्ञानिक उपकरणों का निर्माण करना
(ख) वैज्ञानिक चेतना का विकास करना
(ग) देश के नए वैज्ञानिकों को ढूँढ़ना
(घ) नवीन खोज को बढ़ावा देना

उत्तर (ख) वैज्ञानिक चेतना का विकास करना

5. कलकत्ता विश्वविद्यालय के प्रोफेसर पद के लिए रामन् को किसने आमंत्रित किया?

(क) सर आशुतोष मुखर्जी ने (ख) महेंद्रलाल सरकार ने
(ग) आइंस्टाइन ने (घ) चंद्रशेखर ने

उत्तर (क) सर आशुतोष मुखर्जी ने

6. समुद्र के नीले रंग की वजह की खोज का फल ………… विख्यात हुआ?

(क) प्रकाश किरणों के प्रभाव के रूप में
(ख) रामन् खोज के रूप में
(ग) रामन् प्रभाव के रूप में
(घ) रासायनिक खोज के रूप में

उत्तर (ग) रामन् प्रभाव के रूप में

7. कथन (A) रामन् की खोज के कारण विज्ञान जगत में अनूठी उपलब्धि थी।

कारण (R) इस खोज के कारण अणुओं और परमाणुओं की आंतरिक संरचना का अध्ययन सरल हो गया। दक्षता आधारित प्रश्न

(क) कथन (A) और कारण (R) दोनों सही हैं
(ख) कथन (A) गलत है, लेकिन कारण (R) सही है
(ग) कथन (A) और कारण (R) दोनों गलत हैं
(घ) कथन (A) सही है, लेकिन कारण (R) गलत है

उत्तर (क) कथन (A) और कारण (R) दोनों सही हैं

8. आणविक एवं परमाणविक संरचना के अध्ययन के लिए किसका सहारा लिया जाने लगा?

(क) इंफ्रारेड स्पेक्ट्रोस्कोपी (ख) रामन् स्पेक्ट्रोस्कोपी
(ग) एंड्रोस्कोपी (घ) ये सभी

उत्तर (ख) रामन् स्पेक्ट्रोस्कोपी

9. चंद्रशेखर वेंकट रामन् के लिए कौन-सा काम करना कठिन था?

(क) प्रकाश का रंग बताने का
(ख) अनुसंधान का कार्य करने का
(ग) नौकरी छोड़ने का
(घ) पिता की आज्ञा मानने का

उत्तर (ग) नौकरी छोड़ने का

10. प्रस्तुत पाठ के अनुसार चंद्रशेखर वेंकट रामन् को किस पुरस्कार से सम्मानित किया गया?

(क) नोबेल पुरस्कार (ख) भारत रत्न
(ग) 'क' और 'ख' दोनों (घ) दादा साहब फाल्के

उत्तर (ग) 'क' और 'ख' दोनों

11. वेंकट रामन् को भारतीय संस्कृति से गहरा लगाव था यह किस कथन से सिद्ध होता है?

(क) उन्होंने विदेशी भाषाओं को महत्त्व नहीं दिया
(ख) उन्होंने दक्षिण भारतीय पहनावे को नहीं छोड़ा
(ग) उन्होंने हिंदी भाषा को महत्त्व प्रदान किया
(घ) उपर्युक्त सभी

उत्तर (ख) उन्होंने दक्षिण भारतीय पहनावे को नहीं छोड़ा

12. नोबेल पुरस्कार पाने वाले पहले भारतीय वैज्ञानिक कौन थे? CBSE Diksha

(क) हरगोविंद खुराना (ख) सुब्रमण्यम चंद्रशेखर
(ग) चंद्रशेखर वेंकट रामन् (घ) होमी जहाँगीर भाभा

उत्तर (ग) चंद्रशेखर वेंकट रामन्

13. रामन् रिसर्च इंस्टीट्यूट किस शहर में स्थित है? CBSE Diksha

(क) दिल्ली में (ख) मुंबई में
(ग) बैंगलोर में (घ) कलकत्ता में

उत्तर (ग) बैंगलोर में

गद्यांश पर आधारित बहुविकल्पीय प्रश्न

1. विराट समुद्र की नील-वर्णीय आभा को भी असंख्य लोग आदिकाल में देखते आ रहे थे, मगर इस आभा पर पड़े रहस्य के परदे को हटाने के लिए हमारे समक्ष उपस्थित हुए सर चंद्रशेखर वेंकट रामन्।

बात वर्ष 1921 की है, जब रामन् समुद्री यात्रा पर थे। जहाज के डेक पर खड़े होकर नीले समुद्र को निहारना, प्रकृति-प्रेमी रामन् को अच्छा लगता था। वे समुद्र की नीली आभा में घंटों खोए रहते। लेकिन रामन् केवल भावुक प्रकृति-प्रेमी ही नहीं थे। उनके अंदर एक वैज्ञानिक की जिज्ञासा भी उतनी ही सशक्त थी। यही जिज्ञासा उनसे सवाल कर बैठी, आखिर समुद्र का रंग नीला ही क्यों होता है? कुछ और क्यों नहीं? रामन् सवाल का जवाब ढूँढ़ने में लग गए। जवाब ढूँढते ही वे विश्वविख्यात बन गए।

(i) विशालकाय समुद्र के नीले रंग की चमक के पीछे छिपे रहस्य को किसने समझा था?

(क) लेखक ने (ख) न्यूटन ने

(ग) चंद्रशेखर वेंकट रामन् ने (घ) मनोवैज्ञानिक ने

उत्तर (ग) चंद्रशेखर वेंकट रामन् ने

(ii) **कथन** (A) रामन भावुक प्रकृति-प्रेमी थे।

कारण (R) वे समुद्र की नीली भाभा देखते हुए घंटों खोए रहते थे। **दक्षता आधारित प्रश्न**

(क) कथन (A) और कारण (R) दोनों सही हैं।

(ख) कथन (A) गलत है, लेकिन कारण (R) सही है।

(ग) कथन (A) सही है, लेकिन कारण (R) गलत है।

(घ) कथन (A) और कारण (R) दोनों गलत हैं।

उत्तर (क) कथन (A) और कारण (R) दोनों सही हैं।

(iii) गद्यांश के अनुसार, रामन् भावुक प्रकृति प्रेमी के अतिरिक्त और क्या थे?

(क) एक समुद्र यात्री (ख) एक वैज्ञानिक

(ग) एक साहित्यकार (घ) एक किसान

उत्तर (ख) एक वैज्ञानिक

(iv) रामन् अपने जीवन में किस वर्ष समुद्री यात्रा पर गए थे? **दक्षता आधारित प्रश्न**

1. वर्ष 1988 2. वर्ष 1921

3. वर्ष 1954 4. वर्ष 1930

कूट

(क) केवल 1 सही है। (ख) केवल 2 सही है।

(ग) केवल 3 सही है। (घ) केवल 4 सही है।

उत्तर (ख) केवल 2 सही है।

(v) जहाज के डेक पर खड़े होकर रामन् क्या कियाकरते थे?

(क) असंख्य तारों को निहारना

(ख) नीले आकाश को निहारना

(ग) नीले समुद्र को निहारना

(घ) उपर्युक्त सभी

उत्तर (ग) नीले समुद्र को निहारना

2. उन्हीं दिनों वे वाद्ययंत्रों की ओर आकृष्ट हुए। वे वाद्ययंत्रों की ध्वनियों के पीछे छिपे वैज्ञानिक रहस्यों की परतें खोलने का प्रयास कर रहे थे। इस दौरान उन्होंने अनेक वाद्ययंत्रों का अध्ययन किया जिनमें देशी और विदेशी, दोनों प्रकार के वाद्ययंत्र थे।

वाद्ययंत्रों पर किए जा रहे शोधकार्यों के दौरान उनके अध्ययन के दायरे में जहाँ वायलिन, चैलो या पियानो जैसे विदेशी वाद्य आए, वहीं वीणा, तानपूरा और मृदंगम् पर भी उन्होंने काम किया। उन्होंने वैज्ञानिक सिद्धांतों के आधार पर पश्चिमी देशों की इस भ्रांति को तोड़ने की कोशिश की कि भारतीय वाद्ययंत्र विदेशी वाद्यों की तुलना में घटिया हैं। वाद्ययंत्रों के कंपन के पीछे छिपे गणित पर उन्होंने अच्छा-खासा काम किया और अनेक शोधपत्र भी प्रकाशित किए।

(i) 'उन्हीं दिनों वे वाद्ययंत्रों की ओर आकृष्ट हुए।' पंक्ति में 'वे' शब्द किसके लिए प्रयुक्त हुआ है?

(क) शिक्षाशास्त्री सर आशुतोष मुखर्जी

(ख) चंद्रशेखर वेंकट रामन्

(ग) रामन् के पिता जी

(घ) महान संगीतज्ञ

उत्तर (ख) चंद्रशेखर वेंकट रामन्

(ii) **कथन** (A) भारतीय वाद्ययंत्र विदेशी वाद्यों की तुलना में घटिया नहीं हैं।

कारण (R) वाद्ययंत्रों की ध्वनियों के पीछे छिपे वैज्ञानिक रहस्यों की परतों को खोलने के लिए इनका अध्ययन एवं शोध करके दिखाया। **दक्षता आधारित प्रश्न**

(क) कथन (A) सही है और कारण (R) कथन (A) की सही व्याख्या करता है।

(ख) कथन (A) सही है, लेकिन कारण (R) कथन (A) की सही व्याख्या नहीं करता है।

(ग) कथन (A) सही नहीं है, लेकिन कारण (R) सही है।

(घ) कथन (A) और कारण (R) दोनों गलत हैं।

उत्तर (क) कथन (A) सही है और कारण (R) कथन (A) की सही व्याख्या करता है।

(iii) रामन् द्वारा किन वाद्ययंत्रों का अध्ययन किया गया?

1. देशी वाद्ययंत्रों का 2. विदेशी वाद्ययंत्रों का

3. पश्चिमी देशों के वाद्ययंत्रों का

कूट

(क) केवल 1 सही है (ख) 1 और 3 सही हैं

(ग) 1 और 2 सही हैं (घ) 2 और 3 सही हैं

उत्तर (ग) 1 और 2 सही हैं

(iv) रामन् ने वाद्ययंत्रों का अध्ययन करके पश्चिमी देशों की इस भ्रांति को तोड़ा।

उक्त पंक्तियों में रामन् द्वारा किस प्रकार की भ्रांति को तोड़ने का उल्लेख है? **दक्षता आधारित प्रश्न**

(क) भारतीय वाद्ययंत्र विदेशी वाद्ययंत्रों की तुलना में घटिया हैं

(ख) भारतीय वाद्ययंत्र विदेशी वाद्ययंत्रों की तुलना में बढ़ियाँ हैं

(ग) केवल भारतीय वाद्ययंत्र ही अच्छे होते हैं

(घ) केवल विदेशी वाद्ययंत्र ही अच्छे होते हैं

उत्तर (क) भारतीय वाद्ययंत्र विदेशी वाद्ययंत्रों की तुलना में घटिया हैं

(v) वाद्ययंत्रों के कंपन के पीछे छिपे गणित पर रामन् ने कार्य करने के साथ और क्या किया?
(क) वाद्ययंत्रों को बजाना सीखा
(ख) अनेक शोधपत्र प्रकाशित किए
(ग) वाद्ययंत्रों को बनाना सीखा
(घ) अन्य किसी बात पर ध्यान नहीं दिया

उत्तर (ख) अनेक शोधपत्र प्रकाशित किए

3. रामन् ने अनेक ठोस रवों और तरल पदार्थों पर प्रकाश की किरण के प्रभाव का अध्ययन किया। उन्होंने पाया कि जब एकवर्णीय प्रकाश की किरण किसी तरल या ठोस रवेदार पदार्थ से गुजरती है तो गुजरने के बाद उसके वर्ण में परिवर्तन आता है। वजह यह होती है कि एकवर्णीय प्रकाश की किरण के फोटॉन जब तरल या ठोस रवे से गुजरते हुए इनके अणुओं से टकराते हैं, तो इस टकराव के परिणामस्वरूप वे या तो ऊर्जा का कुछ अंश खो देते हैं या पा जाते हैं। दोनों ही स्थितियाँ प्रकाश के वर्ण (रंग) में बदलाव लाती हैं। एकवर्णीय प्रकाश की किरणों में सबसे अधिक ऊर्जा बैंगनी रंग के प्रकाश में होती है। बैंगनी के बाद क्रमशः नीले, आसमानी, हरे, पीले, नारंगी और लाल वर्ण का नंबर आता है। इस प्रकार लाल-वर्णीय प्रकाश की ऊर्जा सबसे कम होती है। एकवर्णीय प्रकाश तरल या ठोस रवों से गुजरते हुए जिस परिमाण में ऊर्जा खोता या पाता है, उसी हिसाब से उसका वर्ण परिवर्तित हो जाता है।

(i) एकवर्णीय प्रकाश की किरण किसी तरल या ठोस रवेदार पदार्थ से गुजरती है, तो गुजरने के बाद क्या प्रभाव पड़ता है?
1. प्रकाश की किरणें बिखर जाती हैं
2. प्रकाश गायब हो जाता है
3. उसके वर्ण में परिवर्तन होता है
4. कोई परिवर्तन नहीं होगा

कूट
(क) केवल 1 सही है। (ख) केवल 2 सही है
(ग) केवल 3 सही है। (घ) केवल 4 सही है

उत्तर (ग) केवल 3 सही है।

(ii) एकवर्णीय प्रकाश की किरणों में सबसे अधिक ऊर्जा किस रंग के प्रकाश में होती है?
(क) सफेद (ख) काला (ग) लाल (घ) बैंगनी

उत्तर (घ) बैंगनी

(iii) एकवर्णीय प्रकाश की किरणों में बैंगनी के बाद क्रम के अनुसार किसका नंबर आता है? **दक्षता आधारित प्रश्न**
(क) नीले, आसमानी, हरे, पीले, नारंगी और लाल
(ख) आसमानी, नीले, हरे, पीले, नारंगी और लाल
(ग) आसमानी, पीले, हरे, नीले, नारंगी और लाल
(घ) नीले, पीले, हरे, आसमानी, नारंगी और लाल

उत्तर (क) नीले, आसमानी, हरे, पीले, नारंगी और लाल

(iv) ………… रंग के प्रकाश की ऊर्जा सबसे कम होती है।
(क) नीले (ख) पीले
(ग) लाल (घ) आसमानी

उत्तर (ग) लाल

(v) **कथन** (A) एकवर्णीय प्रकाश तरल या ठोस रवों से गुजरते हुए जिस परिमाण में ऊर्जा पाता या खोता है तो
कारण (R) उसी हिसाब से उसका वर्ण परिवर्तित हो जाता है।
(क) कथन (A) और कारण (R) दोनों सही हैं।
(ख) कथन (A) और कारण (R) दोनों गलत हैं।
(ग) कथन (A) गलत है, लेकिन कारण (R) सही है।
(घ) कथन (A) सही है, लेकिन कारण (R) गलत है।

उत्तर (क) कथन (A) और कारण (R) दोनों सही हैं।

4. रामन् की खोज भौतिकी के क्षेत्र में एक क्रांति के समान थी। इसका पहला परिणाम तो यह हुआ कि प्रकाश की प्रकृति के बारे में आइंस्टाइन के विचारों का प्रायोगिक प्रमाण मिल गया। आइंस्टाइन के पूर्ववर्ती वैज्ञानिक प्रकाश को तरंग के रूप में मानते थे, मगर आइंस्टाइन ने बताया कि प्रकाश अति सूक्ष्म कणों की तीव्र धारा के समान है। इन अति सूक्ष्म कणों की तुलना आइंस्टाइन के बुलेट से की और इन्हें 'फोटॉन' नाम दिया। रामन् के प्रयोगों में आइंस्टाइन की धारणा का प्रत्यक्ष प्रमाण दे दिया, क्योंकि एकवर्णीय प्रकाश के वर्ण में परिवर्तन यह साफतौर पर प्रमाणित करता है कि प्रकाश की किरण तीव्रगामी सूक्ष्म कणों के प्रवाह के रूप में व्यवहार करती है।

(i) रामन् की खोज भौतिकी के क्षेत्र में किसके समान थी?
(क) शांति के समान (ख) समझौते के समान
(ग) क्रांति के समान (घ) अंधकार के समान

उत्तर (ग) क्रांति के समान

(ii) रामन् की खोज का क्या परिणाम हुआ था?
(क) आइंस्टाइन के विचारों का प्रायोगिक प्रमाण मिल गया
(ख) आइंस्टाइन की खोज का कोई आधार न रहा
(ग) आइंस्टाइन ने प्रयोग करना बंद कर दिया
(घ) उपर्युक्त सभी

उत्तर (क) आइंस्टाइन के विचारों का प्रायोगिक प्रमाण मिल गया

(iii) आइंस्टाइन के पूर्ववर्ती वैज्ञानिक प्रकाश को क्या मानते थे?
(क) प्रकाश को प्रकृति के रूप में
(ख) प्रकाश को तरंग के रूप में
(ग) प्रकाश को उपधारा के रूप में
(घ) प्रकाश को प्रत्यक्ष प्रमाण के रूप में

उत्तर (ख) प्रकाश को तरंग के रूप में

(iv) प्रकाश के अति सूक्ष्म कणों की तुलना आइंस्टाइन ने ……… की है। **दक्षता आधारित प्रश्न**
1. तरंग से
2. बुलेटिन से
3. बिजली की धारा से
4. बुलेट से

कूट
(क) केवल 1 सही है (ख) केवल 2 सही है
(ग) केवल 3 सही है (घ) केवल 4 सही है

उत्तर (घ) केवल 4 सही है

(v) **कथन** (A) एकवर्णीय प्रकाश के वर्ण में परिवर्तन क्या प्रमाणित करता है?
कारण (R) प्रकाश की किरण तीव्रगामी सूक्ष्म कणों के प्रवाह के रूप में व्यवहार करती है। **दक्षता आधारित प्रश्न**

कूट

(क) कथन (A) और कारण (R) दोनों सही हैं

(ख) कथन (A) और कारण (R) दोनों गलत हैं

(ग) कथन (A) गलत है, लेकिन कारण (R) सही है

(घ) कथन (A) सही है, लेकिन कारण (R) गलत है

उत्तर (क) कथन (A) और कारण (R) दोनों सही हैं

लघु उत्तरीय प्रश्नोत्तर

1. 'इंडियन एसोसिएशन फॉर द कल्टीवेशन ऑफ़ साइंस' की स्थापना किसने की थी तथा इस प्रयोगशाला की स्थापना का मुख्य उद्देश्य क्या था? **दक्षता आधारित प्रश्न**

उत्तर 'इंडियन एसोसिएशन फॉर द कल्टीवेशन ऑफ़ साइंस' की स्थापना कलकत्ता के एक डॉक्टर महेंद्रलाल सरकार ने की थी। कलकत्ता के बहू बाज़ार में 'इंडियन एसोसिएशन फॉर द कल्टीवेशन ऑफ़ साइंस' की प्रयोगशाला की स्थापना का मुख्य उद्देश्य देश में वैज्ञानिक चेतना का विकास करना था।

2. रामन् की राष्ट्रीय चेतना किस रूप में प्रकट हुई? तथा रामन् प्रभाव की खोज ने रामन् को किस पंक्ति में लाकर खड़ा कर दिया?

उत्तर रामन् की राष्ट्रीय चेतना उनके वैज्ञानिक कार्यों के रूप में प्रकट हुई। रामन् प्रभाव की खोज ने रामन् को शीर्षस्थ वैज्ञानिकों की पंक्ति में लाकर खड़ा कर दिया, जिस कारण उन्हें अनेक उपहारों एवं सम्मानों से सम्मानित किया गया।

3. वैज्ञानिक रामन् को मिलने वाले पुरस्कारों से भारतीयों को क्या संदेश जाता है?

उत्तर वैज्ञानिक रामन् को मिलने वाले पुरस्कारों ने अन्य भारतीयों को एक नया आत्मविश्वास और आत्मसम्मान प्रदान किया। इससे विज्ञान के क्षेत्र में एक नई भारतीय चेतना जाग्रत हुई।

रामन् का जीवन हमें संदेश देता है कि हम आसपास होने वाली प्राकृतिक घटनाओं को वैज्ञानिक दृष्टि से जाँचें। वे चीज़ें हमारी ओर इस दृष्टि से निहार रही हैं कि हम उनका विश्लेषण करके उनका उपयोग करें।

4. रामन् को भावुक प्रकृति-प्रेमी क्यों कहा जाता है?

उत्तर रामन् प्राय: प्रकृति की मनोरमता और अथाह समुद्र के नीले जल को निहारा करते थे। वे प्रकृति के सान्निध्य में काफ़ी समय व्यतीत करते थे। इसके अतिरिक्त, वे प्रकृति के रहस्यों के प्रति अत्यंत जिज्ञासु थे तथा प्रकृति में होने वाले परिवर्तनों के कारणों एवं प्रभावों को जानने की इच्छा रखते थे। वस्तुत: इस तरह की प्रवृत्ति के कारण ही उन्होंने समुद्र के जल के नीले रंग संबंधी कारणों को खोजा और विश्वविख्यात हो गए।

5. पिता के संस्कारों का रामन् पर क्या प्रभाव पड़ा?

उत्तर रामन् के पिता गणित तथा भौतिकी के शिक्षक थे। उन्होंने रामन् को इन दोनों ही विषयों का अध्ययन पूरी लगन से कराया था। रामन् ने वाद्ययंत्रों से संबंधित खोज में गणित और भौतिकी दोनों का उपयोग किया। इसी प्रकार 'रामन् प्रभाव' में भी उन्होंने दोनों विषयों का भरपूर उपयोग किया और इसी खोज ने उन्हें विश्वविख्यात (प्रसिद्ध) बनाया। अत: हम कह सकते हैं कि रामन् की सफलता में उनके पिता का अत्यधिक योगदान रहा।

6. रामन् ने वाद्ययंत्रों के संबंध में क्या खोज की?

उत्तर रामन् ने वाद्ययंत्रों की ध्वनियों के संबंध में यह खोज की कि वाद्ययंत्रों की गुणवत्ता उससे निकलने वाली ध्वनियों की गुणवत्ता के आधार पर आँकी जाती है। जिस वाद्ययंत्र की ध्वनियों में अधिक कंपन होता है, वह अधिक उन्नत माना जाता है। इस दृष्टि से भारतीय वाद्ययंत्र—वीणा, मृदंगम्, तानपूरा आदि विदेशी वाद्ययंत्रों वायलिन, चैलो या पियानो आदि से कम महत्त्वपूर्ण नहीं होते।

7. रामन् ने सरकारी नौकरी क्यों छोड़ दी? **CBSE Diksha**

अथवा

रामन् ने सरकारी नौकरी छोड़ने का फैसला क्यों लिया?

उत्तर रामन् की प्रकृति प्रारंभ से ही वैज्ञानिक जिज्ञासा एवं शोध संबंधी कार्यों में रुचि लेने वाली थी, लेकिन जीवन को सुचारु रूप से चलाने के लिए सरकारी नौकरी सहायक थी। वित्त विभाग की सरकारी नौकरी में सुख-सुविधाएँ तो उपलब्ध थीं, लेकिन रामन् की शोध-प्रवृत्ति में वह बाधक बन रही थी। रामन् ने अपना अधिक-से-अधिक समय शोध कार्य में व्यतीत करने के लिए ही सरकारी नौकरी को छोड़ने का फैसला लिया।

8. 'रामन् प्रभाव' की खोज से वैज्ञानिक क्षेत्र किस प्रकार लाभान्वित हुआ?

उत्तर 'रामन् प्रभाव' की खोज से वैज्ञानिक क्षेत्र में एक नई क्रांति का आगमन हुआ। इसकी खोज से पदार्थों के अणुओं और परमाणुओं की आंतरिक संरचना का अध्ययन सहज हो गया। पहले इस काम के लिए 'इंफ्रारेड स्पेक्ट्रोस्कॉपी' का सहारा लिया जाता था।

रामन् की खोज के बाद पदार्थों की आणविक और परमाणविक संरचना के अध्ययन के लिए 'रामन् स्पेक्ट्रोस्कॉपी' का सहारा लिया जाने लगा। इसके माध्यम से प्रयोगशाला में पदार्थों का संश्लेषण करना तथा अनेक उपयोगी पदार्थों का कृत्रिम रूप से निर्माण करना संभव हो पाया।

9. "भारतीय संस्कृति से रामन् को हमेशा गहरा लगाव था।" इस कथन पर प्रकाश डालिए। **दक्षता आधारित प्रश्न**

उत्तर रामन् को भारतीय संस्कृति से हमेशा गहरा लगाव था। उन्होंने अपनी भारतीय पहचान को हमेशा सुरक्षित रखा। दक्षिण भारतीय पहनावे को भी नहीं छोड़ा। वे शुद्ध शाकाहारी थे। उन्होंने कभी मदिरापान नहीं किया। नोबेल पुरस्कार लेने पहुँचे रामन् ने एल्कोहल पीने से मना कर दिया।

10. रामन् ने वैज्ञानिक अनुसंधान को बढ़ावा देने के लिए क्या-क्या किया?

उत्तर रामन् ने वैज्ञानिक अनुसंधान को बढ़ावा देने के लिए निम्नलिखित कार्य किए

(i) उन्होंने एक अत्यंत उन्नत प्रयोगशाला और शोध संस्थान की स्थापना की। उस संस्थान को 'रामन् रिसर्च इंस्टीट्यूट' के नाम से जाना जाता है।

(ii) उन्होंने 'इंडियन जर्नल ऑफ़ फिजिक्स' नामक शोध-पत्रिका आरंभ की। बाद में 'करेंट साइंस' नामक पत्रिका का भी संपादन किया।

(iii) उन्होंने अपने मार्गदर्शन में अनेक शोध-छात्रों को शोध के लिए प्रेरित किया।

11. शोध को विकसित करने में स्वैच्छिक संस्थानों की क्या भूमिका हो सकती है? अपने विचार व्यक्त करें।

उत्तर स्वतंत्र शोध को विकसित करने में स्वैच्छिक संस्थानों की महत्त्वपूर्ण भूमिका हो सकती है। इसका प्रत्यक्ष उदाहरण है— कलकत्ता के बहू बाज़ार में स्थित 'इंडियन एसोसिएशन फॉर द कल्टीवेशन ऑफ साइंस' की प्रयोगशाला। यदि यह प्रयोगशाला न होती, तो रामन् को आगे शोध करने का सुअवसर न मिलता। अत: स्वैच्छिक शोध संस्थानों का निर्माण होना आवश्यक व लाभकारी है, ताकि भावी शोध छात्रों को नई उपलब्धियाँ प्राप्त हो सकें तथा शोध करने के सुअवसर प्राप्त हो सकें। इससे नए-नए विषयों पर शोध करने की प्रेरणा मिलेगी।

12. रामन् की 'जिज्ञासु' प्रवृत्ति से नई पीढ़ी को क्या सीख मिलती है? 'वैज्ञानिक चेतना के वाहक : चंद्रशेखर वेंकट रामन्' पाठ के आधार पर स्पष्ट कीजिए। **दक्षता आधारित प्रश्न**

अथवा **वर्तमान समय में शोधकार्यों से जुड़े युवा वैज्ञानिकों के लिए वेंकट रामन् प्रेरणा के स्रोत हैं, स्पष्ट कीजिए।** **CBSE Diksha**

अथवा **'वैज्ञानिक चेतना के वाहक : चंद्रशेखर वेंकट रामन्' पाठ से लेखक ने पाठकों को क्या प्रेरणा देनी चाही है?**

उत्तर प्रस्तुत पाठ के द्वारा लेखक ने रामन् की जिज्ञासु प्रवृत्ति के माध्यम से नई पीढ़ी या पाठकों को प्रकृति के बीच छिपे वैज्ञानिक रहस्यों को जानने की प्रेरणा दी है तथा हमें यह संदेश भी दिया है कि हम आसपास घट रही प्राकृतिक घटनाओं को वैज्ञानिक दृष्टि से जाँचें। वे चीज़ें हमारी ओर इस दृष्टि से निहार रही हैं कि हम उनका समुचित विश्लेषण करके उनका उपयोग करें। सर चंद्रशेखर वेंकट रामन् के व्यक्तित्व व उनके जीवन से नई पीढ़ी या पाठकों को अनेक महत्त्वपूर्ण संदेश एवं वैज्ञानिक दृष्टि प्राप्त हुई है; जैसे—वैज्ञानिकों का सोचने का ढंग कैसा होता है? उनके मन में क्या-क्या प्रश्न उठते हैं आदि। इन सभी प्रश्नों के हल भी हमें इसी पाठ में मिल जाते हैं। रामन् की जीवनी से नई पीढ़ी की रुचि शोध कार्य के प्रति बढ़ी।

रामन् के जीवन से हमें यह प्रेरणा भी मिलती है कि हमें धन और सुख-सुविधा का मोह त्यागकर नए शोध के लिए समर्पित भावना रखनी चाहिए। उन्होंने जिस प्रकार अनेकानेक नवयुवकों को शोध के लिए प्रेरित किया, वह भी अनुकरणीय है। उन्होंने अपनी राष्ट्रीयता और भारतीयता का संस्कार कभी नहीं त्यागा। उन्होंने अपना दक्षिण भारतीय पहनावा भी नहीं छोड़ा। अपनी संस्कृति से जुड़े रहने का यह संदेश भी सभी के लिए अनुकरणीय है। रामन् वैज्ञानिक चेतना की साक्षात् प्रतिमूर्ति थे। उन्होंने अपने आस-पास बिखरी चीज़ों को वैज्ञानिक दृष्टि से परखने की प्रेरणा एवं सीख दी।

13. सर चंद्रशेखर वेंकट रामन् के जीवन पर प्रकाश डालिए तथा उनके द्वारा किए गए महत्त्वपूर्ण कार्यों का वर्णन कीजिए।

उत्तर सी. वी. रामन् का जन्म 7 नवंबर, 1888 को तमिलनाडु के तिरुचिरापल्ली नगर में हुआ था। वे प्रकृति –प्रेमी होने के साथ-साथ वैज्ञानिक जिज्ञासा रखने वाले व्यक्ति थे। रामन् का मन बचपन से ही वैज्ञानिक रहस्यों को जानने के लिए उत्सुक रहता था। उनका पहला शोध-पत्र 'फिलोसॉफिकल मैगज़ीन' में प्रकाशित हुआ था। शोध कार्य को करियर के रूप में नहीं अपनाने की विवशता के कारण उन्होंने वित्त विभाग में नौकरी कर ली।

कलकत्ता में नौकरी करते हुए छुट्टी पाते ही वे डॉ. महेंद्रलाल सरकार द्वारा स्थापित 'इंडियन एसोसिएशन फॉर द कल्टीवेशन ऑफ़ साइंस' की प्रयोगशाला में जाते और उपकरणों के नितांत अभाव के बीच भी अपने शोध कार्य में जुट जाते।

सी.वी. रामन् ने इस बीच भारतीय एवं विदेशी वाद्ययंत्रों पर भी शोध किया। रामन् ने सरकारी अफ़सर की सुख-सुविधाओं वाली नौकरी छोड़ विश्वविद्यालय के प्रोफ़ेसर का पद स्वीकार कर लिया। इसके बाद वे पूरी तरह शोध कार्य में जुट गए, जिसके परिणामस्वरूप उन्होंने 'रामन् प्रभाव' की खोज की।

रामन् की इस खोज से पदार्थों के अणुओं-परमाणुओं की आंतरिक संरचना का अध्ययन सहज हो गया। इस उपलब्धि के लिए रामन् को 'नोबेल पुरस्कार' के साथ-साथ 'सर' की उपाधि तथा 'भारत रत्न' जैसे पुरस्कारों से भी सम्मानित किया गया। उन्होंने भारत में भौतिकी के क्षेत्र में अनुसंधान को बढ़ावा देने के लिए बंगलौर में 'रामन् रिसर्च इंस्टीट्यूट' की स्थापना की।

14. रामन् की खोज को क्रांति के समान क्यों कहा गया है?

अथवा **क्या आप इस बात से सहमत हैं कि रामन् की खोज भौतिकी के क्षेत्र में एक क्रांति के समान थी? तर्क सहित इसकी पुष्टि करें।** **दक्षता आधारित प्रश्न**

उत्तर रामन् की खोज भौतिकी के क्षेत्र में एक क्रांति के समान थी। इसका पहला परिणाम तो यह हुआ कि प्रकाश की प्रकृति के बारे में आइंस्टाइन के विचारों का प्रायोगिक प्रमाण मिल गया। आइंस्टाइन के पूर्ववर्ती वैज्ञानिक प्रकाश को तरंग के रूप में मानते थे, लेकिन आइंस्टाइन ने बताया कि प्रकाश अतिसूक्ष्म कणों की तीव्र धारा के समान है। इन अतिसूक्ष्म कणों की तुलना आइंस्टाइन ने बुलेट से की और इन्हें 'फोटॉन' नाम दिया।

रामन् के प्रयोगों ने आइंस्टाइन की धारणा से संबंधित प्रत्यक्ष प्रमाण दे दिया, क्योंकि एकवर्णीय प्रकाश के वर्ण में परिवर्तन स्पष्ट रूप से यह प्रमाणित करता है कि प्रकाश की किरण तीव्रगामी सूक्ष्म कणों के प्रवाह के रूप में व्यवहार करती है। रामन् की खोज की वजह से पदार्थों के अणुओं और परमाणुओं की आंतरिक संरचना का अध्ययन सहज हो गया। पहले इस काम के लिए 'इंफ्रारेड स्पेक्ट्रोस्कॉपी' का सहारा लिया जाता था।

रामन् की खोज के बाद पदार्थों की आणविक और परमाणविक संरचना के अध्ययन के लिए रामन् स्पेक्ट्रोस्कॉपी का सहारा लिया जाने लगा। यह तकनीक एकवर्णीय प्रकाश के वर्ण में परिवर्तन के आधार पर, पदार्थों के अणुओं और परमाणुओं की संरचना की सटीक जानकारी देती है। इस जानकारी की वजह से प्रयोगशाला में पदार्थों का संश्लेषण करना तथा अनेक उपयोगी पदार्थों का कृत्रिम रूप से निर्माण करना संभव हो गया है। अत: हम कह सकते हैं कि रामन् द्वारा की गई खोजों ने वैज्ञानिक क्षेत्र में क्रांति लाने का कार्य किया।

15. "वेंकट रामन् भारतीय संस्कृति के प्रति आस्थावान थे।" पाठ के आधार पर इसकी पुष्टि कीजिए।

अथवा रामन् के जीवन से जुड़ी ऐसी घटनाओं का उल्लेख कीजिए, जिससे उनका भारतीय संस्कृति से गहरा लगाव प्रदर्शित होता हो

उत्तर सर चंद्रशेखर वेंकट रामन् में राष्ट्रीयता की भावना कूट– कूटकर भरी थी। उन्हें अपने देश से असीम प्रेम था। इसी के परिणामस्वरूप भारतीय संस्कृति से उन्हें गहरा लगाव था। उन्होंने अपनी भारतीय पहचान को हमेशा अक्षुण्ण बनाए रखा। अंतर्राष्ट्रीय प्रसिद्धि प्राप्त होने के बाद भी उन्होंने अपने दक्षिण भारतीय पहनावे को नहीं छोड़ा। पाश्चात्य संस्कृति के अत्यधिक संपर्क में आने के पश्चात् भी उन्होंने अपनी भारतीय संस्कृति की किसी भी परंपरा को नहीं छोड़ा। वे हमेशा भारतीय संस्कृति की परंपराओं का पालन करते रहे। इसके प्रति उनकी आस्था इतनी गहरी थी कि जब वे नोबेल पुरस्कार प्राप्त करने स्टॉकहोम गए, तो वहाँ उन्होंने आयोजित पार्टी में अपने समकक्ष वैज्ञानिकों के कहने के पश्चात् भी शराब पीने से इनकार कर दिया। वे किसी भी ऐसी गतिविधि या चिंतन में शामिल नहीं थे, जो भारतीय संस्कृति की विचारधारा एवं परंपराओं के विरुद्ध हो।

भारतीय संस्कृति के प्रति गहरी आस्था का ही परिणाम है कि उन्होंने अत्यंत उच्चस्तरीय शोध करके यह सिद्ध किया कि भारतीय वाद्ययंत्र किसी भी दृष्टि से विदेशी वाद्ययंत्रों की तुलना में कम नहीं हैं। उन्होंने जीवनभर भारत एवं भारतीय संस्कृति की उच्च स्थिति को बनाए रखने हेतु प्रयास किया। इस तरह कहा जा सकता है कि वेंकट रामन् भारतीय संस्कृति के प्रति अत्यंत आस्थावान थे।

स्व-मूल्यांकन

पाठ पर आधारित बहुविकल्पीय प्रश्न

1. कथन (A) प्रकृति के बीच छुपे वैज्ञानिक रहस्य को भेदने के लिए शोध करना आवश्यक है।
कारण (R) आस-पड़ोस में हो रही घटनाओं पर ध्यान नहीं देना चाहिए। **दक्षता आधारित प्रश्न**

(क) कथन (A) और कारण (R) दोनों गलत हैं
(ख) कथन (A) और कारण (R) दोनों सही हैं
(ग) कथन (A) गलत है, लेकिन कारण (R) सही है
(घ) कथन (A) सही है, लेकिन कारण (R) गलत है

2. रामन् द्वारा स्थापित प्रयोगशाला और शोध संस्थान का क्या नाम है?
(क) चंद्रशेखर रिसर्च इंस्टीट्यूट
(ख) रामन् रिसर्च इंस्टीट्यूट
(ग) चंद्रशेखर वेंकट रिसर्च इंस्टीट्यूट
(घ) वेंकट रिसर्च इंस्टीट्यूट

3. वेंकट रामन् के पिता क्या कार्य किया करते थे?
(क) वे एक सफल कृषक थे
(ख) वे नौकाएँ बनाने का कार्य करते थे
(ग) वे गणित और भौतिकी के शिक्षक थे
(घ) वे मछलियाँ पकड़ने वाले मछुवारे थे

गद्यांश पर आधारित बहुविकल्पीय प्रश्न

1. रामन् वैज्ञानिक चेतना और दृष्टि की साक्षात प्रतिमूर्ति थे। उन्होंने हमें हमेशा ही यह संदेश दिया कि हम अपने आस-पास घट रही विभिन्न प्राकृतिक घटनाओं की छानबीन एक वैज्ञानिक दृष्टि से करें। तभी तो उन्होंने संगीत के सुर-ताल और प्रकाश की किरणों की आभा के अंदर से वैज्ञानिक सिद्धांत खोज निकाले। हमारे आस-पास ऐसी न जाने कितनी ही चीजें बिखरी पड़ी हैं, जो अपने पात्र की तलाश में हैं। जरूरत है रामन् के जीवन से प्रेरणा लेने की और प्रकृति के बीच छुपे वैज्ञानिक रहस्य का भेदन करने की।

(i) वैज्ञानिक चेतना और दृष्टि की साक्षात् प्रतिमूर्ति किसे कहा गया है?
(क) आइंस्टाइन को (ख) वेंकट रामन् को
(ग) आशुतोष मुखर्जी को (घ) वित्तीय अधिकारी को

(ii) रामन् के अनुसार विभिन्न प्राकृतिक घटनाओं की छानबीन ……… करनी चाहिए।
(क) वैज्ञानिक दृष्टि से (ख) मानवीय दृष्टि से
(ग) सामाजिक दृष्टि से (घ) राजनीतिक दृष्टि से

(iii) गद्यांश के आधार पर बताइए कि रामन् ने किसके अंदर से वैज्ञानिक सिद्धांत खोज निकाले थे? **दक्षता आधारित प्रश्न**
1. संगीत के सुर-ताल के
2. प्रकाश की किरणों की आभा के
3. रामन के जीवन से प्रेरणा लेने की
4. अंतरिक्ष के खगोल के

कूट
(क) 1 और 2 सही हैं। (ख) 2 और 3 सही हैं।
(ग) 1 और 4 सही हैं। (घ) 2 और 4 सही हैं।

(iv) हमारे आस-पास बिखरी हुई चीजें किसकी तलाश में हैं?
(क) जीवन के सत्य की (ख) अपने सदस्यों की
(ग) अपने पात्र की (घ) ये सभी

(v) प्रकृति के बीच छुपे वैज्ञानिक रहस्य को भेदन के लिए क्या करना आवश्यक है?
(क) रामन् के जीवन से प्रेरणा लेनी होगी
(ख) प्रकृति के समक्ष झुकना होगा
(ग) आर्थिक उन्नति के मार्ग को प्रशस्त करना होगा
(घ) आसपास घट रही घटनाओं पर ध्यान नहीं देना होगा

लघु उत्तरीय प्रश्नोत्तर

निम्नलिखित प्रश्नों के उत्तर दीजिए

1. आशुतोष मुखर्जी ने रामन् के जीवन को दिशा-निर्देश देने के लिए क्या किया?
2. स्टॉकहोम में रामन् ने क्या प्रदर्शित किया?
3. रामन् को भावुक प्रकृति-प्रेमी क्यों कहा गया है?
4. रामन् के वाद्ययंत्रों पर किए जा रहे शोध कार्य में देशी एवं विदेशी वाद्ययंत्रों के बारे में क्या बताया?
5. एकवर्णीय प्रकाश की किरणों में सबसे अधिक एवं सबसे कम ऊर्जा किन रंगों में होती है? **दक्षता आधारित प्रश्न**
6. रामन् ने वैज्ञानिक सिद्धांत कैसे खोजा?
7. "एक दीपक से अन्य कई दीपक जल उठते हैं"-पंक्ति का आशय पाठ के आलोक में स्पष्ट कीजिए। **दक्षता आधारित प्रश्न**

अध्याय 5

शुक्रतारे के समान

स्वामी आनंद

पाठ की रूपरेखा

'शुक्रतारे के समान' पाठ के लेखक स्वामी आनंद के अनुसार, कोई भी महान् व्यक्ति महानतम कार्य तभी कर पाता है, जब उसके साथ ऐसे सहयोगी हों, जो उसकी अनेक चिंताओं एवं उलझनों को अपने सिर ले लें। महात्मा गाँधी के लिए महादेव भाई देसाई ऐसे ही सहयोगी थे।

इस पाठ में लेखक ने महात्मा गाँधी के मंत्री महादेव भाई देसाई की प्रतिभा एवं उनकी व्यस्त दिनचर्या का वर्णन किया है। लेखक ने उनकी सरलता, सज्जनता, निष्ठा, समर्पण, लगन एवं निरभिमान को पूरी ईमानदारी से शब्दों में पिरोया है।

लेखक परिचय

स्वामी आनंद का मूल नाम हिम्मतलाल था। इनका जन्म गुजरात के काठियावाड़ जिले के किमड़ी गाँव में सन् 1887 ई. में हुआ था। दस साल की उम्र में इन्हें कुछ साधु अपने साथ हिमालय ले गए और इनका नाम 'स्वामी आनंद' रखा। वर्ष 1907 में ये स्वतंत्रता आंदोलन से जुड़े। इन्होंने महाराष्ट्र से कुछ समय तक 'तरुण हिंद' अख़बार निकाला, फिर बाल गंगाधर के केसरी अख़बार से जुड़ गए। वर्ष 1917 में गाँधीजी के संपर्क में आने के बाद उन्हीं के निर्देशन में 'नवजीवन' और 'यंग इंडिया' की प्रसार व्यवस्था सँभाल ली। वस्तुत: स्वामी आनंद महात्मा गाँधी के निकटतम सहयोगी के रूप में रहते हुए अपनी लेखनी चलाते रहे। इनकी मृत्यु वर्ष 1976 में हो गई।

पाठ का सार

महादेव जी का परिचय

प्रस्तुत लेख के माध्यम से लेखक ने ऐसे व्यक्तित्व का परिचय कराया है, जिनकी आभा कम अवधि तक रही, लेकिन इसके प्रभाव अमिट रहे। अत: लेखक ने उस व्यक्तित्व की तुलना शुक्रतारे से की, जो गगनमंडल में लंबे समय तक नहीं दिखता, किंतु उसकी आभा बड़ी तीक्ष्ण होती है। इस आभापूर्ण व्यक्तित्व का नाम है महादेव भाई देसाई। महादेव भाई गाँधीजी के मंत्री थे। मित्रों के बीच मज़ाक में वे स्वयं को गाँधीजी का 'हम्माल' तथा कभी-कभी 'पीर-बावर्ची-भिश्ती-खर' भी कहते थे अर्थात् वे स्वयं को 'कुली' तथा 'महात्मा-खाना बनाने वाला-पानी लाने वाला' इन सभी नामों से संबोधित करते थे। वे गाँधीजी के पुत्रतुल्य पुत्र के समान थे तथा गाँधीजी की उनके प्रति विश्वसनीयता इस तथ्य से झलकती है कि जब गाँधीजी वर्ष 1919 के जलियाँवाला बाग हत्याकांड के दौरान पंजाब जाते हुए पलवल स्टेशन पर गिरफ़्तार हो गए थे, तब उन्होंने महादेव भाई को अपना वारिस बताया था।

महादेव जी की प्रसिद्धि

वर्ष 1929 में महादेव भाई ने संपूर्ण राष्ट्र की यात्राएँ की थीं। उन दिनों जन सैलाब अंग्रेज़ी हुकूमत के अत्याचारों को गाँधीजी को सुनाने आया करता था। महादेव भाई टिप्पणी के साथ बड़ी ही बारीकी से सारांशत: गाँधीजी को उनसे अवगत कराते थे। महादेव भाई की लेखन शैली अत्यंत प्रभावी एवं दोषरहित थी। जिसने महादेव जी को अत्यंत प्रसिद्धि दिलाई।

साप्ताहिक पत्रों में लेखन

अंग्रेज़ी सरकार के ज़ुल्म और अत्याचार संबंधी लेख मुख्यत: राष्ट्रीय अंग्रेज़ी दैनिक 'बांबे क्रॉनिकल' में गाँधीजी द्वारा लिखे जाते थे। बाद में 'क्रॉनिकल' के निर्भीक अंग्रेज संपादक हार्नीमैन को अंग्रेज़ी सरकार ने देश निकाला की सज़ा देकर इंग्लैंड भेज दिया। अंग्रेज़ी साप्ताहिक में लिखने वालों की कमी हो गई, तब गाँधीजी ने बंबई के तीन बड़े नेताओं शंकरलाल बैंकर, उम्मर सोबानी तथा जमनादास द्वारकादास के निवेदन पर 'यंग इंडिया' के संपादक का दायित्व सँभाल लिया।

गाँधीजी की व्यस्तता

काम इतना बढ़ गया था कि साप्ताहिक पत्र कम पड़ने लगे, परिणामस्वरूप इसे सप्ताह में दो बार प्रकाशित करने का निश्चय किया गया। बाद में 'नवजीवन' नामक समाचार-पत्र भी गाँधीजी द्वारा संचालित होने लगा। इन दोनों समाचार-पत्रों में लेख एवं टिप्पणियाँ देखने का कार्य महादेव भाई का ही था। इन पत्रों में महादेव भाई लेखन के अतिरिक्त गाँधीजी की यात्राओं व कार्यकलापों का विवरण भी प्रस्तुत करते थे।

महादेव भाई के जीवन पर गाँधीजी का प्रभाव

महादेव भाई, गाँधीजी से जुड़ने के पूर्व अंग्रेज़ी सरकार के अनुवाद विभाग में कार्य करते तथा उन्होंने वकालत भी की थी। साथ-ही-साथ, उन्होंने 'चित्रांगदा' कच-देवयानी की कथा पर टैगोर द्वारा रचित 'विदाई का अभिशाप' शीर्षक नाटिका, 'शरद बाबू की कहानियाँ' आदि का अनुवाद भी किया था, लेकिन गाँधीजी के संपर्क में आने के बाद उनका साहित्यिक क्षेत्र में कार्य अवरुद्ध हो गया।

बहुमुखी व्यक्तित्व के धनी महादेव भाई जिनसे भी मिलते, उन पर अपनी अमिट छाप छोड़ जाते थे। वे अपने कार्य में इतने अधिक व्यस्त रहते थे कि चार घंटे की दिनचर्या का काम भी आधे से कम समय में ही निबटा देते थे। इतनी व्यस्तताओं के बीच भी वे सूत कातते थे, जिसे देखने और सुनने वाले हैरान हो जाते थे।

महादेव जी की लेखन शैली

महादेव भाई की लेखन शैली अद्‌भुत व प्रभावशाली थी। महादेव के हाथों के लिखे गए लेख, टिप्पणियाँ, पत्र, गाँधीजी के व्याख्यान, प्रार्थना-प्रवचन, मुलाकातों, वार्तालापों पर लिखी गई टिप्पणियाँ, सब कुछ फुलस्केप के चौथाई आकार वाली मोटी अभ्यास पुस्तकों में, लंबी लिखावट के साथ, जेट की-सी गति से लिखा जाता था। जबकि वे 'शॉर्ट हैंड' नहीं जानते थे।

महादेव भाई का असमय देहांत

जीवन-लक्ष्य को साधते तथा व्यस्त जीवन के कठिन रास्तों पर चलते-चलते महादेव की अचानक मृत्यु होना सभी के लिए एक असहनीय दर्द था, जिसे गाँधीजी ने भी आजीवन महसूस किया।

वर्धा की असहाय गर्मी में रोज सुबह पैदल चलकर वे मगनवाड़ी से सेवाग्राम पहुँचते थे। वहाँ दिनभर काम करके शाम को पैदल वापस जाते। प्रतिदिन 11 मील पैदल चलने का यह सिलसिला लंबे समय तक चला, जिसने उनके स्वास्थ्य पर अत्यंत प्रतिकूल प्रभाव डाला। उनकी अकाल मृत्यु के कारणों में इसे एक प्रमुख कारण माना जाता है। महादेव भाई की मृत्यु का घाव गाँधीजी के दिल में सदैव बना रहा।

शब्दार्थ

शब्द	अर्थ
शुक्र तारा	एक तारा जो प्रातःकाल पूरब दिशा में कुछ समय के लिए चमकता है
आभा	प्रभा, चमक/तेज
नक्षत्र	मंडल-तारा समूह
कलगी रूप	तेज चमकने वाला तारा
तेजस्वी	चमकदार
उषाकाल	सूर्योदय से पहले का समय
मुग्ध	प्रसन्न, न्योछावर
विनोद	मज़ाक
हम्माल	बोझ उठाने वाला/कुली/मज़दूर
पीर	महात्मा, सिद्ध
बावर्ची	खाना पकाने वाला/रसोइया
भिश्ती	मशक से पानी ढोनेवाला व्यक्ति
खर	गधा/घास
आसेतु हिमाचल	सेतुबंध रामेश्वर से हिमाचल तक
विस्तीर्ण	फैला हुआ
दुलारे	प्यारे
कहर	अत्याचार
संकट-आपत्ति	गुस्सा-क्रोध
ब्यौरा	विवरण

शब्द	अर्थ
कालापानी	आजीवन कैद की सज़ा पाए कैदियों को रखने का स्थान/वर्तमान अंडमान निकोबार द्वीप-समूह
ज़ुल्म	अन्याय, जबरदस्ती
रूबरू	आमने-सामने
तंगी	कमी
श्रीमती बेसेंट	ये गाँधीजी की अनुयायी थीं, जिन्होंने भारत में थियोसोफिकल सोसाइटी की स्थापना की थी
साप्ताहिक	सप्ताह में एक बार होने वाला
प्रशंसक	प्रशंसा करने वाले
सत्याग्रह	सत्य के लिए आग्रह
बेजोड़	अनुपम
विनती	प्रार्थना
व्यवस्था	प्रबंध
भ्रमण	सैर
उग्र	तीव्र, तेज
उदार	नरम
धुरंधर	प्रवीन, उत्तम गुणों से युक्त
संवाददाता	पत्रकार
कॉलम	जगह
विवरण	वर्णन/व्याख्यान
अग्रगण्य	प्रमुख, श्रेष्ठ

शब्द	अर्थ
टीका-टिप्पणी	व्याख्या/आलोचना
चौकसाई	चौकस रहना/नज़र रखना
कट्टर	दृढ़, जिसे अपने मत या विश्वास का अधिक आग्रह हो
तालीम	शिक्षा
लाडला	प्यारा/दुलारा
जिगरी दोस्त	घनिष्ठ मित्र
पेशा	व्यवसाय
स्याह	काला
साहित्यिक	साहित्य से संबंधी
सानी	बराबर/तुल्य
साँस-उसाँस	आहें भरना
सल्तनत	राज्य/हुकूमत
व्याख्यान	भाषण/वक्तव्य/किसी विषय की व्याख्या या टीका करना
प्रवचन	भाषण करना
वार्तालाप	आपसी बातचीत
फुलस्केप	कागज़ का एक आकार
चौथाई	चौथा भाग
शॉर्ट हैंड	आशुलिपि
संचालक	संचालन करने वाला

शब्द	अर्थ
ग्रंथकार	ग्रंथ लिखने वाला
मुकाम	पड़ाव
दाँतों तले उँगली दबाना	चकित रहना
प्रवाह	बहाव
अद्यतन	अब तक का/वर्तमान से संबंध रखने वाला
बर्थ	सीट
झोला	थैला
हाज़तें रफ़ा करना	दैनिक निजी कार्य निपटना
गाद	तलछट/गाढ़ी चीज़
सराबोर	तरबतर/डूबा हुआ
अनवरत	लगातार
सानी	बराबरी करने वाला/उसी जोड़ का दूसरा
अनगिनत	जिसे गिना न जा सके
मनोहारी	मन को हरने वाला
आत्मकथा	स्वयं की कथा
सरहद	सीमा
सिलसिला	क्रम
प्रतिकूल	विपरीत
अकाल	समय से पहले
अनायास	बिना किसी प्रयास के/आसानी से

NCERT फोल्डर

पाठ्यपुस्तक (स्पर्श भाग-1) के प्रश्नोत्तर

मौखिक

निम्नलिखित प्रश्नों के उत्तर एक-दो पंक्तियों में दीजिए

प्र.1 महादेव भाई अपना परिचय किस रूप में देते थे?

उत्तर महादेव भाई अपना परिचय गाँधीजी के हम्माल तथा 'पीर-बावर्ची-भिश्ती-खर' के रूप में देते थे।

प्र.2 'यंग इंडिया' साप्ताहिक में लेखों की कमी क्यों रहने लगी थी?

उत्तर 'यंग इंडिया' में 'क्रॉनिकल' के संपादक हार्नीमैन मुख्य रूप से लिखते थे, लेकिन अंग्रेज़ों ने उन्हें देश निकाला दे दिया था। इस कारण 'यंग इंडिया' में लेखों की कमी पड़ने लगी थी।

प्र.3 गाँधीजी ने 'यंग इंडिया' प्रकाशित करने के विषय में क्या निश्चय किया?

उत्तर गाँधीजी ने साप्ताहिक पत्र 'यंग इंडिया' की माँग को ध्यान में रखते हुए उसे सप्ताह में दो बार निकालने का निश्चय किया।

प्र.4 गाँधीजी से मिलने से पहले महादेव भाई कहाँ नौकरी करते थे?

उत्तर गाँधीजी से मिलने से पहले महादेव भाई अंग्रेज़ी सरकार के अनुवाद विभाग में नौकरी व वकालत किया करते थे।

प्र.5 महादेव भाई के झोलों में क्या भरा रहता था?

उत्तर महादेव भाई के झोलों में ताजे-से-ताजे समाचार-पत्र, मासिक पत्र और चर्चाओं से संबंधित पुस्तकें भरी होती थीं।

प्र.6 महादेव भाई ने गाँधीजी की कौन-सी प्रसिद्ध पुस्तक का अनुवाद किया था?

उत्तर महादेव भाई ने गाँधीजी की आत्मकथा 'सत्य के प्रयोग' नाम की प्रसिद्ध पुस्तक का अंग्रेज़ी में अनुवाद किया था।

प्र.7 अहमदाबाद से कौन-से दो साप्ताहिक पत्र निकलते थे?

उत्तर अहमदाबाद से 'यंग इंडिया' तथा 'नवजीवन' नामक दो साप्ताहिक पत्र निकलते थे।

प्र.8 महादेव भाई दिन में कितनी देर काम करते थे?

उत्तर महादेव भाई के लिए काम दिन और रात का मोहताज़ नहीं था। वे चार घंटों का काम एक घंटे में कर लेते थे। वे रात होने तक काम करते रहते थे।

प्र.9 महादेव भाई से गाँधीजी की निकटता किस वाक्य से सिद्ध होती है?

उत्तर महादेव भाई की मृत्यु के बाद भी गाँधीजी जब कभी प्यारेलाल जी को बुलाते, तो उनके मुँह से अचानक 'महादेव' ही निकलता। इससे महादेव भाई से गाँधीजी की निकटता का पता चलता है।

लिखित

(क) निम्नलिखित प्रश्नों के उत्तर (25-30 शब्दों में) लिखिए

प्र.1 गाँधीजी ने महादेव को अपना वारिस कब कहा था?

उत्तर जब गाँधीजी को वर्ष 1919 में जलियाँवाला बाग हत्याकांड के बाद पंजाब जाने से रोकने के लिए पलवल स्टेशन पर अंग्रेज़ सरकार द्वारा गिरफ्तार कर लिया गया, तब उसी समय गाँधीजी ने महादेव भाई को अपना वारिस कहा था।

प्र.2 गाँधीजी से मिलने आने वालों के लिए महादेव भाई क्या करते थे?

उत्तर जो लोग गाँधीजी से मिलने आते थे, महादेव भाई पहले उनकी समस्याओं को सुनते थे फिर उनकी बातों की संक्षिप्त टिप्पणियाँ तैयार कर गाँधीजी के सामने प्रस्तुत करते थे तथा उनसे लोगों की मुलाकात करवाते थे।

प्र.3 महादेव भाई की साहित्यिक देन क्या है?

उत्तर महादेव भाई ने 'चित्रांगदा' कच-देवयानी की कथा पर टैगोर द्वारा रचित 'विदाई का अभिशाप' शीर्षक नाटिका; 'शरद बाबू की कहानियाँ' आदि का अनुवाद कर अपना साहित्यिक योगदान किया। उन्होंने महात्मा गाँधी की आत्मकथा, सत्य के प्रयोग का अंग्रेज़ी में अनुवाद किया।

प्र.4 महादेव भाई की अकाल मृत्यु का कारण क्या था? दक्षता आधारित प्रश्न

उत्तर महादेव भाई प्रतिदिन वर्धा की असहाय गर्मी में सुबह मगनवाड़ी से पैदल चलकर सेवाग्राम पहुँचते और सारे काम निपटाकर शाम को पैदल ही वापस लौटते । इस तरह वे आते-जाते 11 मील प्रतिदिन पैदल चलते। यही 76 वर्ष में उनकी अकाल मृत्यु का एक प्रमुख कारण था।

प्र.5 महादेव भाई के लिखे नोट के विषय में गाँधीजी क्या कहते थे?

उत्तर महादेव भाई के लिखे नोट को गाँधीजी काफी प्रामाणिक मानते थे, इसलिए वे लोगों के लिखे हुए नोट को महादेव भाई के नोट से मिलाने को कहते, जिससे वर्तनी संबंधी अशुद्धियाँ 'न' के बराबर रहें।

(ख) निम्नलिखित प्रश्नों के उत्तर (50-60 शब्दों में) लिखिए

प्र.1 पंजाब में फौज़ी शासन ने क्या कहर बरसाया? दक्षता आधारित प्रश्न

उत्तर पंजाब में फौज़ी शासन ने वहाँ के अधिकांश प्रमुख नेताओं को गिरफ्तार करके फौज़ी कानून के अंतर्गत उम्र-कैद की सज़ाएँ देकर कालापानी के लिए भेज दिया। यहाँ तक कि राष्ट्रीय अंग्रेज़ी दैनिक पत्र 'ट्रिब्यून' के संपादक श्री कालीनाथ राय को भी 10 साल की जेल की सज़ा दी गई।

प्र.2 महादेव जी के किन गुणों ने उन्हें सबका लाडला बना दिया था?
***अथवा* महादेव भाई समूचे देश के दुलारे कब बन गए?** **CBSE, Term-I 2013**

उत्तर महादेव भाई की 'विनय-विवेकयुक्त' चेतना ने उन्हें सबका लाड़ला बना दिया। महादेव जी देश-विदेश के उन समाचार-पत्रों पर आलोचक की दृष्टि रखते थे, जो गाँधीजी की प्रतिदिन की गतिविधियों पर नज़र रखते थे और उन पर निरंतर टीका-टिप्पणी करते। गाँधीजी को आड़े हाथों लेने वाले लेखों पर भी वे समय-समय पर लिखते। बेजोड़ कॉलम, चौकन्नी दृष्टि तथा बड़े-बड़े समाचार-पत्रों के आदर्शों पर चलने का गाँधीजी का आग्रह तथा धुर विरोधियों के प्रति भी पूरी निष्ठा बरतते हुए विनय-विवेक युक्त विवाद करने में पारंगत महादेव भाई देश-विदेश के समाचार-पत्रों के भी लाडले बन गए।

प्र.3 महादेव जी की लिखावट की क्या विशेषताएँ थीं?

उत्तर महादेव जी गाँधीजी के पत्रों को लिखते। उनकी लिखावट और वर्तनी संबंधी सावधानी का भारत में कोई बराबरी करने वाला नहीं था। वायसराय के नाम जाने वाले गाँधीजी के पत्र हमेशा महादेव जी की लिखावट में जाते थे।

इन पत्रों की शानदार लिखावट से वायसराय भी अभिभूत हो उठते और उनके मन में महादेव भाई जैसा सेक्रेटरी (सचिव) पाने की इच्छा जाग उठती। बड़े-बड़े गवर्नर कहते थे कि पूरे ब्रिटिश प्रशासन में महादेव भाई जैसा लिखने वाला कोई नहीं है। पढ़ने वालों को उनकी लेखनी मंत्रमुग्ध कर देती थी।

(ग) निम्नलिखित के आशय स्पष्ट कीजिए

प्र.1 "अपना परिचय उनके 'पीर-बावर्ची-भिश्ती-खर' के रूप में देने में वे गौरवान्वित महसूस करते थे।" **दक्षता आधारित प्रश्न**

उत्तर महादेव भाई गाँधीजी के खास आदमी थे। वे प्रायः हँसी-मजाक में अपना परिचय गाँधीजी के 'पीर-बावर्ची-भिश्ती-खर' अर्थात् मार्गदर्शक, खाना बनाने वाला, पानी भरने वाला, खच्चर या गधे के रूप में करते थे। ऐसा कहते हुए उनके चेहरे पर गौरव का अनुभव होता था। वास्तविक रूप में वे गाँधीजी के दाहिने हाथ थे, जिनकी लिखावट एवं विनय-विवेकयुक्त व्यक्तित्व सभी को आकर्षित करता था।

प्र.2 इस पेशे में आमतौर पर स्याह को सफ़ेद और सफ़ेद को स्याह करना होता था।

उत्तर महादेव भाई एवं उनके मित्र नरहरि भाई ने एक साथ वकालत पास की थी। दोनों ने एक साथ अहमदाबाद में वकालत प्रारंभ की। इस पेशे में गलत को सही तथा सही को गलत करने की परंपरा है। साहित्य एवं संस्कार का इस पेशे से कोई संबंध न था। अतः महादेव भाई ने इस पेशे को छोड़कर साहित्य एवं सत्य का मार्ग अपनाया व पूरी सच्चाई से काम किया।

प्र.3 "देश और दुनिया को मुग्ध करके शुक्रतारे की तरह ही अचानक अस्त हो गए।" का आशय स्पष्ट करें। **दक्षता आधारित प्रश्न**

उत्तर महादेव भाई सबको प्यारे थे। उनका व्यक्तित्व सबको आकर्षित करता था। अपने सादगी भरे जीवन और 11 मील तक रोज़ पदयात्रा करने वाले महादेव भाई की जब अकाल मृत्यु हो गई, तो ऐसा लगा जैसे वे अपने कर्म एवं व्यक्तित्व से पूरे संसार को मोहित कर रहे हों और एक दिन अचानक शुक्रतारे की भाँति थोड़े समय के लिए अपनी चमक बिखेरकर हमारे बीच से चले गए।

प्र.4 "उन पत्रों को देख-देखकर दिल्ली और शिमला में बैठे वायसराय लंबी साँस-उसाँस लेते रहते थे।" आशय स्पष्ट कीजिए। **दक्षता आधारित प्रश्न**

उत्तर गाँधीजी के अधिकांश पत्र महादेव भाई लिखते थे। उनकी लिखावट इतनी सुंदर थी कि पढ़ने वाला मंत्र-मुग्ध हो उठता। जब महादेव भाई के लिखे गाँधीजी के पत्र वायसराय पढ़ता, तो उसके मन में महादेव भाई जैसा सेक्रेटरी (सचिव) पाने की ललक जाग उठती। कई गवर्नर यह स्वीकार करते थे कि महादेव भाई जैसा लिखने वाला पूरे ब्रिटिश प्रशासन में नहीं है।

भाषा अध्ययन

प्र.1 'इक' प्रत्यय लगाकर शब्दों का निर्माण कीजिए

सप्ताह	....	अर्थ	....
साहित्य	....	धर्म	....
व्यक्ति	....	मास	....
राजनीति	....	वर्ष	....

उत्तर

सप्ताह	साप्ताहिक
साहित्य	साहित्यिक
व्यक्ति	वैयक्तिक
राजनीति	राजनीतिक
अर्थ	आर्थिक
धर्म	धार्मिक
मास	मासिक
वर्ष	वार्षिक

प्र.2 नीचे दिए गए उपसर्गों का उपयुक्त प्रयोग करते हुए शब्द बनाइए
अ, नि, अनु, अन, दुर, वि, कु, पर, सु, अधि

आर्य	....	आगत	....
डर	....	आकर्षण	....
क्रय	....	मार्ग	....
उपस्थित	....	लोक	....
नायक	....	भाग्य	....

उत्तर
आर्य — अनार्य
डर — निडर
क्रय — विक्रय
उपस्थित — अनुपस्थित
नायक — अधिनायक
आगत — स्वागत
आकर्षण — विकर्षण
मार्ग — कुमार्ग
लोक — परलोक
भाग्य — दुर्भाग्य

प्र.3 **निम्नलिखित मुहावरों का अपने वाक्यों में प्रयोग कीजिए**

1. आड़े हाथों लेना
2. अस्त हो जाना
3. दाँतों तले अँगुली दबाना
4. मंत्र-मुग्ध करना
5. लोहे के चने चबाना

उत्तर **आड़े हाथों लेना** चाचा जी पर गलत टिप्पणी करने के लिए मैंने उसे आड़े हाथों लिया।

अस्त हो जाना आज लोगों की पड़ोसी भावना लगभग अस्त हो गई है।

दाँतों तले अँगुली दबाना चोर की चालाकी सुनकर सबने दाँतों तले अँगुली दबा ली।

मंत्र-मुग्ध करना कविता कृष्णमूर्ति की मधुर गायिकी ने सबको मंत्र-मुग्ध कर दिया।

लोहे के चने चबाना कविता ने परीक्षा में प्रथम आने के लिए लोहे के चने चबाए।

प्र.4 **निम्नलिखित शब्दों के पर्याय लिखिए**

वारिस	....	जिगरी	....
कहर	....	मुकाम	....
रूबरू	....	फ़र्क	....
तालीम	....	गिरफ़्तार	....

उत्तर

वारिस	—	उत्तराधिकारी
जिगरी	—	हार्दिक, अत्यंत आत्मीय
कहर	—	अत्याचार, जुल्म
मुकाम	—	मंजिल, लक्ष्य
रूबरू	—	आमने-सामने, प्रत्यक्ष
फ़र्क	—	अंतर
तालीम	—	शिक्षा
गिरफ़्तार	—	कैद, बंधक

प्र.5 **उदाहरण के अनुसार वाक्य बदलिए**

उदाहरण

गाँधीजी ने महादेव भाई को अपना वारिस कहा था।
गाँधीजी महादेव भाई को अपना वारिस कहा करते थे।

1. महादेव भाई अपना परिचय 'पीर-बावर्ची-भिश्ती-खर' के रूप में देते थे।
2. पीड़ितों के दल-के-दल गामदेवी के मणिभवन पर उमड़ते रहते थे।
3. दोनों साप्ताहिक अहमदाबाद से निकलते थे।
4. देश-विदेश के समाचार-पत्र गाँधीजी की गतिविधियों पर टीका-टिप्पणी करते थे।
5. गाँधीजी के पत्र हमेशा महादेव की लिखावट में जाते थे।

उत्तर
1. महादेव भाई अपना परिचय 'पीर-बावर्ची-भिश्ती-खर' के रूप में दिया करते थे।
2. पीड़ितों के दल-के-दल गामदेवी के मणिभवन पर उमडते थे।
3. दोनों साप्ताहिक पत्र अहमदाबाद से निकला करते थे।
4. देश-विदेश के समाचार-पत्रों ने गाँधीजी की गतिविधियों पर टीका-टिप्पणी किया करते थे।
5. गाँधीजी के **पत्र** हमेशा महादेव की लिखावट में जाया करते थे।

योग्यता-विस्तार

प्र.1 **गाँधीजी की आत्मकथा 'सत्य के प्रयोग' को पुस्तकालय से लेकर पढ़िए।**

उत्तर छात्र स्वयं करें।

प्र.2 **जलियाँवाला बाग में कौन-सी घटना हुई थी? जानकारी एकत्रित कीजिए।**

उत्तर छात्र पुस्तकालय से इतिहास की पुस्तक एकत्रित करके अपनी कक्षा में जलियाँवाला बाग की घटनाओं का वर्णन करें।

प्र.3 **अहमदाबाद में बापू के आश्रम के विषय में चित्रात्मक जानकारी एकत्र कीजिए।**

उत्तर छात्र स्वयं करें।

प्र.4 **सूर्योदय के 2-3 घंटे पहले पूर्व दिशा में या सूर्यास्त के 2-3 घंटे बाद पश्चिम दिशा में एक खूब चमकता हुआ ग्रह दिखाई देता है, वह शुक्र ग्रह है। छोटी दूरबीन से इसकी बदलती हुई कलाएँ देखी जा सकती हैं; जैसे-चंद्रमा की कलाएँ।**

उत्तर छात्र स्वयं करें।

प्र.5 **वीराने में जहाँ बत्तियाँ न हों वहाँ अँधेरी रात में जब आकाश में चाँद भी दिखाई न दे रहा हो तब शुक्र ग्रह (जिसे हम शुक्र तारा भी कहते हैं) के प्रकाश से अपने साए को चलते हुए देखा जा सकता है। कभी अवसर मिले तो इसे स्वयं अनुभव करके देखिए।**

उत्तर छात्र स्वयं करें।

परियोजना कार्य

प्र.1 **सूर्यमंडल में नौ ग्रह हैं। शुक्र सूर्य से क्रमशः दूरी के अनुसार दूसरा ग्रह है और पृथ्वी तीसरा। चित्र सहित परियोजना पुस्तिका में अन्य ग्रहों के क्रम लिखिए**

उत्तर छात्र स्वयं करें।

प्र.2 **'स्वतंत्रता आंदोलन में गाँधीजी का योगदान' विषय पर कक्षा में परिचर्चा आयोजित कीजिए।**

उत्तर छात्र स्वयं करें।

प्र.3 **भारत के मानचित्र पर निम्न स्थानों को दर्शाइए: अहमदाबाद, जलियाँवाला बाग (अमृतसर), कालापानी (अंडमान), दिल्ली, शिमला, बिहार, उत्तर प्रदेश**

उत्तर छात्र स्वयं करें।

अभ्यास प्रश्न

बहुविकल्पीय व वर्णनात्मक प्रश्नों सहित

पाठ पर आधारित बहुविकल्पीय प्रश्न

1. 'शुक्रतारे के समान' पाठ के आधार पर बताइए कि महादेव देसाई की खास बात क्या थी?

(क) बहुत अधिक वाचाल होना
(ख) काम को काम न समझना
(ग) चार घंटे के काम को एक घंटे में निपटाना
(घ) काम आरंभ करने से पहले उसकी चिंता करना

उत्तर (ग) चार घंटे के काम को एक घंटे में निपटाना

2. महादेव जी के व्यवहार को किसके समान कहा गया है?

(क) चंद्र के समान (ख) सूर्य के समान
(ग) शुक्रतारे के समान (घ) ध्रुव के समान

उत्तर (ग) शुक्रतारे के समान

3. कथन (A) गाँधीजी महादेव भाई पर बहुत विश्वास करते थे।
कारण (R) उन्होंने महादेव भाई को अपना वारिस बताया था। **दक्षता आधारित प्रश्न**

(क) कथन (A) और कारण (R) दोनों सही हैं।
(ख) कथन (A) गलत है, लेकिन कारण (R) सही है।
(ग) कथन (A) सही है, लेकिन कारण (R) गलत है।
(घ) कथन (A) और कारण (R) दोनों गलत हैं।

उत्तर (क) कथन (A) और कारण (R) दोनों सही हैं।

4. महादेव भाई ने संपूर्ण राष्ट्र की यात्राएँ किस वर्ष की थीं?

(क) वर्ष 1919 (ख) वर्ष 1922
(ग) वर्ष 1929 (घ) वर्ष 1930

उत्तर (ग) वर्ष 1929

5. वर्ष 1919 में किस घटना ने पंजाब में हाहाकार मचा दिया था?

(क) भगत सिंह की फाँसी ने
(ख) आतंकवादी हमलों ने
(ग) नेता जी की गिरफ्तारी ने
(घ) जलियाँवाला बाग हत्याकांड ने

उत्तर (घ) जलियाँवाला बाग हत्याकांड ने

6. विद्यार्थी काल में महादेव जी ने कहाँ नौकरी की थी?

(क) समाचार-पत्र में (ख) वकील के पास में
(ग) गाँधीजी के आश्रम में (घ) सरकार के अनुवाद विभाग में

उत्तर (घ) सरकार के अनुवाद विभाग में

7. क्रानिकल के निडर अंग्रेज संपादक का क्या नाम था?

(क) डलहौजी (ख) हार्नीमैन
(ग) रॉबर्ट किंग (घ) महादेव

उत्तर (ख) हार्नीमैन

8. किसकी मृत्यु का घाव गाँधीजी के दिल पर हमेशा बना रहा?

(क) लाला लाजपत राय (ख) कस्तूरबा गाँधी
(ग) प्यारेलाल (घ) महादेव भाई

उत्तर (घ) महादेव भाई

9. महादेव भाई को प्रतिदिन 11 मील पैदल क्यों चलना पड़ता था? **दक्षता आधारित प्रश्न**

1. सेवाग्राम जाने के लिए 2. भाषण देने के लिए
3. चुनाव जीतने के लिए 4. इलाज करवाने के लिए

कूट

(क) केवल 1 सही है
(ख) केवल 2 सही है
(ग) केवल 3 सही है
(घ) केवल 4 सही है

उत्तर (क) केवल 1 सही है

10. लेखक ने महादेव भाई की तुलना कहाँ के मैदानों से की है?

(क) बिहार व उत्तर प्रदेश के मैदानों से
(ख) पंजाब के मैदानों से
(ग) उत्तरी भारत के मैदानों से
(घ) राजस्थान के मैदानों से

उत्तर (क) बिहार व उत्तर प्रदेश के मैदानों से

11. 'ए रे जख्म जोगे नहि जशे' उक्ति में गाँधीजी का कौन-सा भाव स्पष्ट होता है? **CBSE Diksha**

(क) इलाज के बावजूद उनका घाव नहीं भरना
(ख) भर्तृहरि का भजन याद करना
(ग) महादेव देसाई से निकटता और विछोह का दर्द
(घ) प्यारेलाल की याद

उत्तर (ग) महादेव देसाई से निकटता और विछोह का दर्द

12. उचित मिलान करें **दक्षता आधारित प्रश्न**

	समाचार-पत्र		संपादक
A	बॉम्बे क्रॉनिकल	1	बाल गंगाधर तिलक
B	ट्रिब्यूनल	2	हार्नीमैन
C	केसरी	3	महात्मा गाँधी
D	नवजीवन	4	श्री कालीनाथ राय

	A	B	C	D		A	B	C	D
(क)	3	1	2	4	(ख)	4	3	1	2
(ग)	1	2	3	4	(घ)	3	4	2	1

13. महादेव देसाई को स्याह को सफेद व सफेद को स्याह कहाँ करना पड़ता था? **CBSE Diksha**

(क) अनुवाद विभाग में नौकरी करने में

(ख) वकालत में

(ग) साहित्य के लिए लेख लिखने में

(घ) अनुवाद करने में

उत्तर (ख) वकालत में

गद्यांश पर आधारित बहुविकल्पीय प्रश्न

1 आकाश के तारों में शुक्र की कोई जोड़ नहीं। शुक्र चंद्र का साथी माना गया है। उसकी आभा-प्रभा का वर्णन करने में संसार के कवि थके नहीं। फिर भी नक्षत्र मंडल में कलगी-रूप इस तेजस्वी तारे को दुनिया या तो ऐन शाम के समय, बड़े सवेरे घंटे-दो घंटे से अधिक देख नहीं पाती। इसी तरह भाई महादेव जी आधुनिक भारत की स्वतंत्रता के उषाकाल में अपनी वैसी ही आभा से हमारे आकाश को जगमगाकर, देश और दुनिया को मुग्ध करके, शुक्रतारे की तरह ही अचानक अस्त हो गए। सेवाधर्म का पालन करने के लिए इस धरती पर जन्मे स्वर्गीय महादेव देसाई गाँधीजी के मंत्री थे। मित्रों के बीच विनोद में अपने को गाँधीजी का 'हम्माल' कहने में और कभी-कभी अपना परिचय उनके 'पीर-बावर्ची-भिश्ती- खर' के रूप में देने में वे गौरव का अनुभव किया करते थे।

(i) आकाश के तारों में सबसे अनोखा तारा किसे कहा गया है? **दक्षता आधारित प्रश्न**

1. मंगल
2. शुक्र
3. चंद्रमा
4. सूर्य

कूट

(क) 1 और 2 सही हैं (ख) केवल 2 सही है

(ग) केवल 3 सही है (घ) 2 और 4 सही हैं

उत्तर (ख) केवल 2 सही है

(ii) शुक्रतारे को किसका साथी माना गया है?

(क) चंद्रमा का (ख) प्रात:काल का

(ग) सायंकाल का (घ) सूर्य का

उत्तर (क) चंद्रमा का

(iii) शुक्रतारे की तरह अचानक ·········· अस्त हो गए।

(क) महादेव देसाई (ख) महात्मा गाँधी

(ग) जवाहरलाल नेहरू (घ) स्वामी आनंद

उत्तर (क) महादेव देसाई

(iv) गद्यांश में 'विनोद' शब्द से क्या अभिप्राय है?

(क) हँसी, परिहास, हर्ष

(ख) मनोरंजन, विषाद, हर्ष

(ग) हर्ष, परिहास, काम

(घ) दु:ख, मनोरंजन, हर्ष

उत्तर (क) हँसी, परिहास, हर्ष

(v) **कथन** (A) महादेव भाई स्वयं को गाँधीजी का 'पीर-बावर्ची '-भिश्ती-खर' कहते थे।

कारण (R) पीर-बावर्ची-भिश्ती-खर का अर्थ है—मार्गदर्शक-खाना बनाने वाला-पानी भरने वाला-खच्चर। **दक्षता आधारित प्रश्न**

(क) कथन (A) और कारण (R) दोनों सही हैं।

(ख) कथन (A) सही है, लेकिन कारण (R) गलत है।

(ग) कथन (A) गलत है, लेकिन कारण (R) सही है।

(घ) कथन (A) और कारण (R) दोनों गलत हैं।

उत्तर (क) कथन (A) और कारण (R) दोनों सही हैं।

2 इसके अतिरिक्त महादेव, देश-विदेश के अग्रगण्य समाचार-पत्र, जो आँखों में तेल डालकर गाँधीजी की प्रतिदिन की गतिविधियों को देखा करते थे और उन पर बराबर टीका-टिप्पणी करते रहते थे, उनको आड़े हाथों लेने वाले लेख भी समय-समय पर लिखा करते थे। बेजोड़ कॉलम, भरपूर चौकसाई, ऊँचे-से-ऊँचे ब्रिटिश समाचार-पत्रों की परंपराओं को अपनाकर चलने का गाँधीजी का आग्रह और कट्टर से कट्टर विरोधियों के साथ भी पूरी-पूरी सत्यनिष्ठा में से उत्पन्न होने वाली विनय-विवेक-युक्त विवाद करने की गाँधीजी की तालीम इन सब गुणों ने तीव्र मतभेदों और विरोधी प्रचार के बीच भी देश-विदेश के सारे समाचार-पत्रों की दुनिया में और एंग्लो-इंडियन समाचार-पत्रों के बीच भी व्यक्तिगत रूप से एम.डी. को सबका लाड़ला बना दिया था।

(i) गद्यांश के अनुसार, आँखों में तेल डालने से क्या आशय है?

(क) आँखों को साफ रखना

(ख) आँखों की ज्योति बढ़ाना

(ग) प्रत्येक चीज को बहुत गौर से देखना

(घ) नियमपूर्वक रहना

उत्तर (ग) प्रत्येक चीज को बहुत गौर से देखना

(ii) गाँधीजी की प्रतिदिन की गतिविधियों पर कौन नज़र बनाए रखता था? **दक्षता आधारित प्रश्न**

1. शंकर लाल बैंकर
2. उम्मर सोबानी
3. महादेव देसाई
4. स्वयं लेखक

कूट

(क) 1 और 2 सही हैं (ख) 2 और 3 सही हैं

(ग) केवल 3 सही है (घ) 3 और 4 सही हैं

उत्तर (ग) केवल 3 सही है

(iii) महादेव भाई के चरित्र की विशेषता क्या थी?

(क) विनय-विवेक युक्त चेतना होना

(ख) गाँधीजी की चापलूसी करना

(ग) अन्य पत्रकारों को कुछ न समझना

(घ) विरोधियों के मुँह न लगना

उत्तर (क) विनय-विवेक युक्त चेतना होना

(iv) **कथन** (A) महादेव भाई के तीव्र मतभेद और विरोधी प्रचार का भी अच्छा प्रभाव हुआ।

कारण (R) समाचार-पत्रों की दुनिया में सबका लाडला बना दिया।

दक्षता आधारित प्रश्न

(क) कथन (A) सही है, लेकिन कारण (R) गलत है

(ख) कथन (A) और कारण (R) दोनों सही हैं।

(ग) कथन (A) और कारण (R) दोनों गलत हैं।

(घ) कथन (A) गलत है, लेकिन कारण (R) सही है।

उत्तर (ख) कथन (A) और कारण (R) दोनों सही हैं।

(v) 'आड़े हाथों लेना' मुहावरे का क्या अर्थ है?

(क) खरी खोटी सुनाना (ख) हाथों से दबाना

(ग) कुछ न कहना (घ) अपने काम से मतलब रखना

उत्तर (क) खरी खोटी सुनाना

3 बड़े-बड़े देशी-विदेशी राजपुरुष, राजनीतिज्ञ, देश-विदेश के अग्रगण्य समाचार-पत्रों के प्रतिनिधि, अंतर्राष्ट्रीय संगठनों के संचालक, पादरी, ग्रंथकार आदि गाँधीजी से मिलने के लिए आते थे। ये लोग खुद या इसके साथी-संगी भी गाँधीजी के साथ बातचीत को 'शॉर्ट हैंड' में लिखा करते थे। महादेव एक कोने में बैठे-बैठे अपनी लंबी लिखावट में सारी चर्चा को लिखते रहते थे। मुलाकात के लिए आए हुए लोग अपनी मुकाम पर जाकर सारी बातचीत को टाइप करके जब उसे गाँधीजी के पास 'ओके' करवाने के लिए पहुँचते, तो भले ही उनमें कुछ भूलें या कमियाँ-खामियाँ मिल जाएँ, लेकिन महादेव की डायरी में या नोट-बही में मजाल है कि कॉमा मात्र की भी भूल मिल जाए।

(i) **कथन** (A) गाँधीजी से मिलने हजारों लोग आया करते थे।

कारण (R) इनमें देशी-विदेशी राजपुरुष, देश-विदेश के अग्रगण्य समाचार-पत्रों के प्रतिनिधि और अंतर्राष्ट्रीय संगठन के संचालक भी होते थे।

दक्षता आधारित प्रश्न

(क) कथन (A) और कारण (R) दोनों गलत हैं।

(ख) कथन (A) गलत है, लेकिन कारण (R) सही है।

(ग) कथन (A) सही है, लेकिन कारण (R) गलत है।

(घ) कथन (A) और कारण (R) दोनों सही हैं।

उत्तर (घ) कथन (A) और कारण (R) दोनों सही हैं।

(ii) देश-विदेश से आने वाले पत्रकार, राजनीतिज्ञ, समाचार-पत्रों के प्रतिनिधि शॉर्ट हैंड में क्या लिखा करते थे?

(क) गाँधीजी के साथ होने वाली बातचीत

(ख) महादेव देसाई के गुण

(ग) भारत की समस्याएँ

(घ) अंग्रेजी शासन की कमियाँ

उत्तर (क) गाँधीजी के साथ होने वाली बातचीत

(iii) जब गाँधीजी लोगों से बातचीत करते थे, तो महादेव देसाई क्या किया करते थे?

(क) उन्हें ध्यान से सुनते थे

(ख) उन्हें केवल देखते रहते थे

(ग) उनकी चर्चा को लिखा करते थे

(घ) अन्य जरुरी कार्य निपटा लिया करते थे

उत्तर (ग) उनकी चर्चा को लिखा करते थे

(iv) बड़े-बड़े देशी विदेशी, राजपुरूष, राजनीतिज्ञ, पादरी, ग्रंथकार, बडे-बडे समाचार पत्रों के सम्पादक ········ से मिलने आते थे।

(क) महादेव देसाई जी से।

(ख) बाल गंगाधर तिलक जी से।

(ग) महात्मा गाँधी जी से।

(घ) महादेव देसाई व महात्मा गाँधी जी से।

उत्तर (ग) महात्मा गाँधी जी से।

(v) महादेव की डायरी या नोटबुक में किस प्रकार की गलतियाँ मिलती थीं?

दक्षता आधारित प्रश्न

1. उनमें कुछ भूलें होती थीं
2. उनमें कॉमा की गलती होती थी
3. उनमें शब्द संबंधी गलती होती थी
4. कोई गलती नहीं होती थी

कूट

(क) केवल 1 सही है

(ख) केवल 2 सही है

(ग) केवल 3 सही है

(घ) केवल 4 सही है

उत्तर (घ) केवल 4 सही है

4 महादेव का समूचा जीवन और उनके सारे कामकाज गाँधीजी के साथ एकरूप होकर इस तरह गुँथ गए थे कि गाँधीजी से अलग करके अकेले उनकी कोई कल्पना की ही नहीं जा सकती थी। कामकाज की अनवरत व्यस्तताओं के बीच कोई कल्पना भी न कर सके, इस तरह समय निकालकर लिखी गई दिन-प्रतिदिन की उनकी डायरी की वे अनगिनत अभ्यास पुस्तकें, आज भी मौजूद हैं। प्रथम श्रेणी की शिष्ट, संस्कार-संपन्न भाषा और मनोहारी लेखन शैली की ईश्वरीय देन महादेव को मिली थी। यद्यपि गाँधीजी के पास पहुँचने के बाद घमासान लड़ाइयों, आंदोलनों और समाचार-पत्रों की चर्चाओं के भीड़-भरे प्रसंगों के बीच केवल साहित्यिक गतिविधियों के लिए उन्हें कभी समय नहीं मिला, फिर भी गाँधीजी की आत्मकथा 'सत्य के प्रयोग' का अंग्रेजी अनुवाद उन्होंने किया, जो 'नवजीवन' में प्रकाशित होने वाले मूल गुजराती की तरह हर हफ्ते 'यंग इंडिया' में छपता रहा।

(i) गाँधीजी से अलग करके महादेव के जीवन की कल्पना क्यों नहीं की जा सकती थी?

दक्षता आधारित प्रश्न

1. वे गाँधीजी के साथ एक रूप हो गए थे
2. वे गाँधीजी के साथ रहते थे
3. वे गाँधीजी के लिए ही जीवित थे
4. वे गाँधीजी के लिए अविश्वसनीय थे

कूट

(क) केवल 1 सही है

(ख) केवल 2 सही है

(ग) केवल 3 सही है

(घ) केवल 4 सही है

उत्तर (क) केवल 1 सही है

(ii) **दिनभर कामकाज की व्यस्तताओं के बीच क्या कल्पना नहीं की जा सकती थी?**

(क) समय के सभी कार्य पूर्ण करने की

(ख) दिन-प्रतिदिन की डायरी लिखने की

(ग) स्वयं के लिए समय निकालने की

(घ) उपर्युक्त सभी

उत्तर (ख) दिन-प्रतिदिन की डायरी लिखने की

(iii) **गद्यांश के अनुसार, महादेव देसाई को किस प्रकार की ईश्वरीय देन मिली थी?**

(क) अपनी बात को स्पष्ट करने की

(ख) शिष्टाचार करने की

(ग) शिष्ट, संस्कार-संपन्न भाषा और मनोहारी शैली की

(घ) बेवजह किसी भी मुद्दे पर बोलने की

उत्तर (ग) शिष्ट, संस्कार-संपन्न भाषा और मनोहारी शैली की

(iv) **कथन** (A) **महादेव भाई साहित्यिक गतिविधियों के लिए समय नहीं निकाल पाते थे।**

कारण (R) **वे आंदोलनों और समाचार-पत्रों की चर्चाओं में व्यस्त रहते थे।** **दक्षता आधारित प्रश्न**

(क) कथन (A) और कारण (R) दोनों सही हैं।

(ख) कथन (A) सही है, लेकिन कारण (R) गलत है।

(ग) कथन (A) गलत है, लेकिन कारण (R) सही है।

(घ) कथन (A) और कारण (R) दोनों गलत हैं।

उत्तर (क) कथन (A) और कारण (R) दोनों सही हैं।

(v) **गाँधीजी की आत्मकथा 'सत्य के प्रयोग' का अनुवाद किसके द्वारा किया गया था?**

(क) स्वयं गाँधीजी द्वारा (ख) महादेव द्वारा

(ग) हार्नीमैन द्वारा (घ) नरहरि भाई द्वारा

उत्तर (ख) महादेव द्वारा

लघु उत्तरीय प्रश्नोत्तर

1. शीर्षक 'शुक्रतारे के समान' की उपमेयता को स्पष्ट कीजिए।

***अथवा* 'शुक्रतारे के समान' किसे कहा गया है और क्यों? स्पष्ट कीजिए।**

उत्तर 'शुक्रतारे के समान' निबंध के लेखक ने शुक्रतारे से गाँधीजी के सचिव महादेव भाई देसाई की तुलना की है, वे अपने व्यस्ततम जीवन काल में भी अपने नियमित कार्यकलापों को करते रहे। आखिरकार उनका अकाल निधन हो गया, ठीक उसी प्रकार जैसे आकाश में अपनी आभा-प्रभा बिखेरते हुए घंटे दो घंटे में शुक्रतारा अस्त हो जाता है। इसी 'अल्पकालीन तीक्ष्ण आभा' के बिंदु पर शुक्रतारा एवं महादेव भाई के बीच तुलना की गई है।

2. गामदेवी के मणिभवन पर कौन-कौन से लोग गाँधीजी से मिलने आते थे? 'शुक्रतारे के समान' पाठ के आधार पर लिखिए। **दक्षता आधारित प्रश्न**

उत्तर गामदेवी के मणिभवन पर ब्रिटिश शासन के अत्याचारों एवं अन्यायों से पीड़ित लोग गाँधीजी से मिलने के लिए आते थे। ये पीड़ित लोग अपने ऊपर हुए अत्याचारों की कहानियाँ बताते थे। महादेव भाई आवश्यक होने पर आने वालों के साथ गाँधीजी की मुलाकात भी करवाते थे। मिलने आने वालों में सामान्य जनता के अतिरिक्त अन्य स्वतंत्रता-सेनानी, वकील, विभिन्न संवाददाता, देश-विदेश के धुरंधर लोग आदि होते थे।

3. हार्नीमैन कौन थे? उनको देश निकाला देने का कारण क्या था?

उत्तर हार्नीमैन एक साप्ताहिक (अंग्रेज़ी) 'बोंबे क्रॉनिकल' के संपादक थे। वे निर्भीकतापूर्वक समाचार-पत्र का संपादन करते थे, जिसमें भारतीय नागरिकों की दुर्दशा तथा व्यथा का स्पष्ट विवरण एवं टिप्पणियाँ होती थीं, जो देश में जागरूकता तथा चेतना के प्रसार का एक असरदायी कारण था। आंदोलन की चिंगारी की आशंका सदैव बनी रहती थी। अतः अंग्रेजी सरकार ने हार्नीमैन की निर्भीकता व ईमानदारी से दुःखी होकर उन्हें देश निकाला की सज़ा दे दी और उन्हें इंग्लैंड भेज दिया।

4. हार्नीमैन के देश निकाला की सज़ा का असर गाँधीजी पर कैसा पड़ा?

***अथवा* हार्नीमैन को देश निकाला की सजा का समाचार-पत्रों की दुनिया में इसका क्या प्रभाव पड़ा?** **CBSE Diksha**

उत्तर 'बोंबे क्रॉनिकल' के संपादक हार्नीमैन की निर्भीकता व ईमानदारी से दुःखी होकर अंग्रेज़ी सरकार ने उन्हें देश निकाला की सज़ा देते हुए इंग्लैंड भेज दिया। इससे बंबई के तीन बड़े नेता शंकरलाल बैंकर, उम्मर सोबानी और जमनादास द्वारकादास के साप्ताहिक समाचार-पत्र में लिखने वालों की कमी हो गई। तब गाँधीजी ने उनकी इच्छा के अनुरूप 'यंग इंडिया' के संपादक का दायित्व सँभाल लिया, जो उन दिनों गाँधीजी की भी आवश्यकता थी। बाद में 'नवजीवन' नामक समाचार-पत्र का कार्यभार भी गाँधीजी के पास ही आ गया।

5. उग्र और उदार देशभक्तों से क्या तात्पर्य है? 'शुक्रतारे के समान' पाठ के आधार पर लिखिए।

उत्तर उग्र एवं उदार देशभक्तों से तात्पर्य भारत के राष्ट्रीय स्वतंत्रता आंदोलन के दौरान दो भिन्न प्रकार की विचारधारा से जुड़े देशभक्तों से है। स्वाधीनता संग्राम के दौरान देशभक्तों का एक वर्ग प्रार्थना-पत्र, आवेदन-विनती, सत्याग्रह आदि के माध्यम से स्वतंत्रता-प्राप्ति का प्रयास कर रहा था जिसे उदार विचारधारा से जुड़ा माना गया, जबकि इसके विपरीत देशभक्तों का एक ऐसा वर्ग भी था जो आंदोलन, क्रांति, हिंसा आदि के माध्यम से ब्रिटिश शासन पर दबाव बनाकर देश को स्वतंत्र कराने का प्रयास कर रहा था, इसे उग्र विचारधारा से जुड़ा वर्ग माना गया।

6. गाँधीजी के पास पत्र कहाँ-कहाँ से और क्यों आते थे?

उत्तर गाँधीजी के पास देश-विदेश के अनेक लोगों तथा संघों के पत्र आते थे। सभी प्रांतों के देशभक्त तथा क्रांतिकारी पत्रों द्वारा अपनी-अपनी गतिविधियों की जानकारी गाँधीजी को दिया करते थे। देश के विभिन्न भागों से, अंग्रेज़ी सरकार से परेशान व्यक्ति गाँधीजी को अपनी व्यथा सुनाते थे। गाँधीजी द्वारा अनेक समाचार-पत्रों का संपादन कार्य किया जाता था तथा गाँधीजी एक सक्रिय आंदोलनकर्ता भी थे। अतएव गाँधीजी को विभिन्न लोगों तथा संस्थाओं द्वारा पत्र लिखे जाते थे।

7. महादेव भाई ने वकालत किसके साथ पढ़ी? यह पेशा उन्होंने क्यों छोड़ दिया?

उत्तर महादेव भाई ने नरहरि भाई के साथ वकालत पढ़ी, लेकिन वकालत का यह पेशा स्याह को सफ़ेद तथा सफ़ेद को स्याह करने के लिए ज्यादा प्रसिद्ध है। महादेव भाई झूठ का साथ नहीं देना चाहते थे, इसलिए उन्होंने यह पेशा छोड़ दिया। साहित्य और संस्कार के साथ भी इसका कोई संबंध नहीं रहता है।

8. महादेव भाई की दिनचर्या संबंधी तथ्यों को अपने शब्दों में लिखिए।

उत्तर लगातार चलने वाली यात्राओं, प्रत्येक स्टेशन पर दर्शनों के लिए एकत्रित जनता के विशाल समुदायों, सभाओं, मुलाकातों, बैठकों, चर्चाओं और बातचीतों के बीच वे स्वयं कब खाते, कब नहाते, कब सोते या कब अपने दैनिक निजी कार्य निपटाते, किसी को भी इसका कुछ पता नहीं चलता।

वे एक घंटे में चार घंटे के काम निबटा देते थे। काम में रात और दिन के बीच कोई अंतर न रहता था। वे सूत भी बहुत सुंदर कातते थे। इतनी सारी व्यस्तताओं के बीच भी वे सूत कातने से कभी चूकते नहीं थे।

9. गाँधीजी से मिलने के बाद महादेव जी को साहित्यिक लेखन का समय क्यों नहीं मिला?

उत्तर गाँधीजी के संपर्क में आने के बाद महादेव जी का जीवन इतना व्यस्त हो गया कि उन्हें निजी कामों के लिए समय न मिल पाता था। वे सदा मुलाकातियों तथा समाचार-पत्रों के बीच ही घिरे रहने लगे थे। वे घमासान लड़ाइयों, आंदोलनों और समाचार-पत्रों की चर्चाओं के भीड़-भरे प्रसंगों के बीच साहित्यिक गतिविधियों के लिए उन्हें कभी समय नहीं मिला।

10. महादेव भाई के संपर्क में आने वाले लोगों को क्या मिलता था?

अथवा **'शुक्रतारे के समान' पाठ में बिहार और उत्तर प्रदेश की ज़मीन से महादेव जी की तुलना किस प्रकार की गई है?**

उत्तर महादेव भाई के संपर्क में आने वाले लोगों को उनकी निर्मल प्रतिभा चंद्र-शुक्र की प्रभा के साथ दूधों नहला देती थी। उसमें सराबोर होने वाले के मन से उनकी इस मोहिनी का नशा कई-कई दिन तक उतरता नहीं था। उनके संपर्क में आने वाले लोगों के लिए वे 'गाद' के समान थे। अत: उन्हें ठेस या ठोकर नहीं लगती थी। उनको खुरदुरी मिट्टी या कंकरी भी नहीं चुभती थी। उनके संपर्क में आने वालों को किसी भी प्रकार के कष्टों का अनुभव नहीं होता था।

11. महादेव भाई को कैसी ईश्वरीय देन मिली थी?

उत्तर महादेव भाई को उत्कृष्ट कोटि की शिष्ट, संस्कार संपन्न भाषा और मनोहारी लेखन शैली से संबंधित विशिष्ट ईश्वरीय देन प्राप्त थी। गाँधीजी से मिलने के पहले उन्होंने साहित्यिक क्षेत्र में अनुवाद के कार्य किए थे। बाद में उन्होंने उनकी आत्मकथा का अंग्रेज़ी अनुवाद भी किया था। विशिष्ट लेखन शैली उन्हें ईश्वरीय देन के रूप में मिली थी, किंतु साहित्यिक क्षेत्र में समय के अभाव के फलस्वरूप इसका उपयोग वे नहीं कर पाए।

12. गाँधीजी और महादेव जी के संबंधों पर प्रकाश डालिए।

उत्तर महादेव जी का समूचा जीवन और उनके सारे कामकाज गाँधीजी से एकरूप होकर इस तरह गुँथ गए थे कि गाँधीजी से अलग करके अकेले उनकी कोई कल्पना नहीं की जा सकती। वे गाँधीजी के प्रति निष्ठा भाव के कारण ही वर्धा की असहाय गर्मी में रोज सुबह पैदल चलकर सेवाग्राम पहुँचते और दिनभर काम करके शाम को वापस भी पैदल ही आते। महादेव जी की असमय मृत्यु गाँधीजी के हृदय पर गहरी चोट थी।

13. गाँधीजी के जीवन में महादेव जी का क्या स्थान रहा?

उत्तर गाँधीजी के जीवन में महादेव भाई का अत्यंत महत्त्वपूर्ण स्थान था। वे गाँधीजी के हृदय में रच-बस गए थे। उनकी मृत्यु के पश्चात् भी गाँधीजी उन्हें भूल नहीं पाए। जीवित रहते हुए महादेव भाई ने गाँधीजी द्वारा प्रदत्त सभी कार्यों को पूरी निष्ठा के साथ किया। महादेव भाई का गाँधीजी पर इतना गहरा प्रभाव था कि उनकी मृत्यु के बाद भी गाँधीजी के मुँह से अचानक उनका नाम निकल जाता था।

14. महादेव भाई के अध्ययन एवं लेखन की प्रवृत्ति पर प्रकाश डालिए।

उत्तर महादेव भाई साहित्यिक पुस्तकों की तरह ही राजनीतिक विचारों और परिघटनाओं से संबंधित जानकारी देने वाली पुस्तकें भी पढ़ते रहते थे। भारत से संबंधित देश-विदेश की समकालीन राजनीतिक गतिविधियों और चर्चाओं की नई-से-नई जानकारी उनके पास मिल जाती थी।

सभाओं में, कमेटियों की बैठकों में या दौड़ती रेलगाड़ियों के डिब्बों के ऊपर की बर्थ पर बैठकर, ठूँस-ठूँसकर भरे अपने बड़े-बड़े झोलों में रखे नए-नए समाचार-पत्र, मासिक पत्र तथा पुस्तकें पढ़ते रहते तथा 'यंग इंडिया' और 'नवजीवन' के लिए लेख लिखते रहते। महादेव भाई अपनी विशिष्ट शैली में इतनी शुद्ध और सटीक टिप्पणी करते थे कि लोग उनकी टिप्पणियों से अपने लेखन में सुधार किया करते थे। प्रथम श्रेणी की शिष्ट संस्कार संपन्न भाषा और मनोहारी लेखन शैली संबंधी ईश्वरीय देन महादेव जी को प्राप्त थी। यद्यपि गाँधीजी के पास पहुँचने के बाद घमासान लड़ाइयों, आंदोलनों और समाचार-पत्रों की चर्चाओं की भीड़ और प्रसंगों के बीच साहित्यिक गतिविधियों के लिए उन्हें कभी समय न मिला। फिर भी गाँधीजी की आत्मकथा 'सत्य के प्रयोग' का अंग्रेज़ी अनुवाद उन्होंने किया, जो 'नवजीवन' में प्रकाशित होने वाले मूल गुजराती की तरह हर हफ़्ते 'यंग इंडिया' में छपता रहा।

15. "महादेव भाई देसाई अपनी लेखनी की विशेषता के कारण शीघ्र ही अत्यंत लोकप्रिय हो गए।" स्पष्ट कीजिए।

अथवा **महादेव भाई देसाई की लेखन शैली की विशेषताओं को पाठ की मदद से स्पष्ट करें।**

उत्तर महादेव जी की कलम से अनेक लेख, टिप्पणियाँ, पत्र, गाँधीजी के व्याख्यान, प्रार्थना-प्रवचन, मुलाकात तथा वार्तालापों पर लिखी गई टिप्पणियाँ, सब कुछ फुलस्केप के चौथाई आकार वाली मोटी अभ्यास पुस्तकों में सुंदर लिखावट के साथ जेट जैसी गति से लिखे जाते थे। वे 'शॉर्ट हैंड' नहीं जानते थे।

विभिन्न क्षेत्रों तथा विभिन्न स्थानों से गाँधीजी से मिलने को आए आगंतुक अपनी मुलाकात की चर्चाओं को 'शॉर्ट हैंड' में लिखा करते थे, किंतु महादेव भाई एक कोने में बैठकर ही सारी चर्चाओं का वृत्तांत लंबे लेख में उतार देते थे, जो अचूक रहता था। इनमें त्रुटियों की कोई गुंजाइश न होती थी। शॉर्ट हैंड को देख जब गाँधीजी कहते कि महादेव के लिखे नोट से थोड़ा मिलान कर लेना, तो लोग दाँतों तले अँगुलियाँ दबा लेते थे। अपनी इसी विशेषता के कारण महादेव देसाई लोकप्रिय हो गए।

लुई फिशर और गुंथर के समान निपुण लेखक भी अपनी टिप्पणियों का मिलान महादेव की टिप्पणियों के साथ करके उन्हें सुधारे बिना गाँधीजी के पास ले जाने से हिचकिचाते थे।

16. किस प्रकार से पाठकों को महादेव भाई की कीर्ति पर अभिमान हो आता है और महादेव भाई गाँधीजी के किस प्रकार के सहयोगी थे?

उत्तर मूलतः गुजराती भाषा में लिखे गए प्रस्तुत पाठ 'शुक्रतारे के समान' में लेखक स्वामी आनंद ने गाँधीजी के निजी सचिव तथा विशिष्ट व्यक्तित्व के धनी महादेव भाई देसाई की अतुल्य प्रतिभा तथा व्यस्ततम दिनचर्या व जीवन को प्रदर्शित किया है। लेखक ने रेखाचित्र के नायक की ऊर्जा, लगन व प्रतिभा का आकलन किया है। महादेव भाई की सरलता, सज्जनता, निष्ठा, समर्पण व निरभिमान को लेखक ने पूरी ईमानदारी से शब्दों में पिरोया है। निःसंदेह इस लेखनी ने नायक का ऐसा रेखाचित्र खींच दिया है कि पाठक को महादेव भाई पर अभिमान हो आता है।

लेखक के अनुसार, कोई भी महान् व्यक्ति महानतम् कार्य तभी कर पाता है, जब उनके साथ कोई ऐसा सहयोगी हो, जो उनके सारे क्रियाकलापों व उलझनों में उसका निरंतर सहयोगी बना रहे। गाँधीजी के लिए महादेव भाई व प्यारेलाल भाई ऐसे ही सहयोगियों में से थे।

17. "महादेव जी आधुनिक भारत की स्वतंत्रता के उषाकाल में ही विदा हो गए"–पंक्ति का आशय स्पष्ट करें।

अथवा **"देश और दुनिया को मुग्ध करके शुक्रतारे की तरह ही अचानक अस्त हो गए।" 'शुक्रतारे के समान' पाठ के आधार पर आशय स्पष्ट कीजिए।** **दक्षता आधारित प्रश्न**

उत्तर आकाशीय तारों में शुक्र का स्थान विशेष है, जिसे चंद्रमा का साथी भी माना गया है। इसकी आभा-प्रभा का वर्णन कई कवियों द्वारा किया गया है। नक्षत्र मंडल में कलगी रूपी शुक्रतारे को पृथ्वीवासी ठीक शाम के समय या बड़े सवेरे घंटे—दो घंटे से अधिक नहीं देख सकते हैं। ठीक इसी प्रकार महादेव जी आधुनिक भारत की स्वतंत्रता के प्रारंभिक काल में अपनी आभा से देश को जगमगाकर, सबको मुग्ध कर, अपनी अमिट छाप छोड़ हमारे बीच से विदा हो गए।

सेवाधर्म का पालन करने वाला कर्तव्यनिष्ठ व्यक्ति का उनसे अच्छा उदाहरण और कोई नहीं। वे गाँधीजी के सचिव की भूमिका में थे। मित्रों के बीच विनोद में, स्वयं को गाँधीजी का हम्माल (बोझ उठाने वाला) कहने में उनको बड़ा गर्व होता था।

कभी-कभी वे अपना परिचय 'पीर-बावर्ची-भिश्ती-खर' के रूप में देते थे। गाँधीजी से जुड़ाव के बाद वे हर कदम पर गाँधीजी के अनुगामी बने रहे। उन्होंने सेवाधर्म को अपने जीवन का आधार बना लिया। वे अपने विशिष्ट व्यक्तित्व के कारण लोगों के बीच अत्यधिक लोकप्रिय हो गए, लेकिन अचानक ही उनकी अकाल मृत्यु हो गई। महादेव भाई देसाई आधुनिक भारत की स्वतंत्रता की पवित्र घड़ी को देख नहीं पाए। यह किसी सदमे से कम नहीं।

18. महादेव जी अपने खाली समय का उपयोग किस प्रकार करते थे तथा इसमें उनके व्यक्तित्व का कौन-सा पहलू दिखाई देता है?

उत्तर महादेव जी अपने खाली समय में देश भ्रमण करते समय भारी भीड़ एवं काम के बीच से समय निकालकर लोगों की प्रतिक्रियाएँ जानने का प्रयास करते थे। वे साहित्यिक पुस्तकों की तरह तत्कालीन राजनीतिक प्रवाहों एवं घटनाओं से संबंधित अद्यतन जानकारी वाली पुस्तकें भी पढ़ते रहते थे। वे खाली समय में अपने बड़े-बड़े झोलों में रखे ताज़े-से-ताज़े समाचार-पत्र, मासिक पत्र और पुस्तकें पढ़ते रहते अथवा 'यंग इंडिया' एवं 'नवजीवन' के लिए लेख लिखते रहते। इसके अतिरिक्त, वे अपनी सारी व्यस्तताओं के बीच भी सूत कातना कभी नहीं भूलते थे।

महादेव जी देश-विदेश के अग्रगण्य समाचार-पत्रों, जो गाँधीजी की आलोचना करते रहते थे, को आड़े हाथों लेने वाले लेख भी समय-समय पर लिखते रहते थे। वे हमेशा अपनी जानकारी को अद्यतन रखते तथा किसी भी प्रकार के गलत कार्यों का विरोध करते थे।

महादेव जी द्वारा अपने खाली समय में किए जाने वाले कार्यों के आधार पर कहा जा सकता है कि उनका व्यक्तित्व अत्यंत समृद्ध था, जिसमें नए-नए तथ्यों एवं सूचनाओं को जानने के प्रति एक अनंत भूख थी। उनकी अपने कार्यों के प्रति जिम्मेदारी एवं समर्पण आज भी लोगों के लिए प्रेरणा-स्रोत बन सकती है। गाँधीजी के प्रति निष्ठा भाव तथा देश के प्रति अटूट प्रेम हमेशा उनके व्यक्तित्व के उज्ज्वल पक्षों को दर्शाता रहेगा।

स्व-मूल्यांकन

पाठ पर आधारित बहुविकल्पीय प्रश्न

1. गाँधीजी ने ………… निवेदन पर 'यंग इंडिया' के संपादक का दायित्व सँभाल लिया था।
(क) शंकरलाल बैंकर (ख) उम्मर सोबानी
(ग) जमनादास द्वारकादास (घ) ये सभी

2. कथन (A) महादेव भाई के स्वास्थ्य पर गरमी एवं पैदल यात्रा का अत्यंत प्रतिकूल प्रभाव पड़ा।
कारण (R) रोज 11 मील पैदल चलने का उनके स्वास्थ्य पर अत्यंत प्रभाव पड़ा। **दक्षता आधारित प्रश्न**
(क) कथन (A) और कारण (R) दोनों सही हैं।
(ख) कथन (A) सही है, लेकिन कारण (R) गलत हैं।
(ग) कथन (A) और कारण (R) दोनों गलत हैं।
(घ) कथन (A) गलत है, लेकिन कारण (R) सही है।

3. महादेव भाई ने किस समाचार-पत्र में लेख एवं टिप्पणियाँ लिखने का कार्य किया?
1. यंग इंडिया 3. नवजीवन
3. आलोचना
कूट
(क) केवल 2 सही है
(ख) 2 और 3 सही हैं
(ग) 1 और 3 सही हैं
(घ) 1 और 2 सही हैं

गद्यांश पर आधारित बहुविकल्पीय प्रश्न

1. साहित्यिक पुस्तकों की तरह ही महादेव वर्तमान राजनीतिक प्रवाहों और घटनाओं से संबंधित अद्यतन जानकारी वाली पुस्तकें भी पढ़ते रहते थे। हिंदुस्तान से संबंधित देश-विदेश की ताजी-से-ताजी राजनीतिक गतिविधियों और चर्चाओं की नई-से-नई जानकारी उनके पास मिल सकती थी। सभाओं में, कमेटियों की बैठकों में या दौड़ती रेलगाड़ियों के डिब्बों में ऊपर की बर्थ पर बैठकर, ठूँस-ठूँसकर भरे अपने बड़े-बड़े झोलों में रखे ताजे-से-ताजे समाचार-पत्र, मासिक-पत्र और पुस्तकें वे पढ़ते रहते, अथवा 'यंग इंडिया' और 'नवजीवन' के लिए लेख लिखते रहते। लगातार चलने वाली यात्राओं, हर स्टेशन पर दर्शनों के लिए एकत्रित हुई जनता के विशाल, समुदायों, सभाओं, मुलाकातों, बैठकों, चर्चाओं और बातचीतों के बीच वे स्वयं कब खाते, कब नहाते, कब सोते या कब अपनी हाजतें रफ़ा करते, किसी को इसका कोई पता नहीं चल पाता। वे एक घंटे में चार घंटों के काम निपटा देते। काम में रात और दिन के बीच कोई फर्क शायद ही कभी रहता हो। वे सूत भी बहुत सुंदर कातते थे। अपनी इतनी सारी व्यस्तताओं के बीच भी वे कातना कभी चूकते नहीं थे।

(i) निम्नलिखित में से कौन-सा कार्य महादेव द्वारा नहीं किया जाता था?
(क) साहित्यिक पुस्तकों का अध्ययन
(ख) राजनीतिक पुस्तकों का अध्ययन
(ग) प्राकृतिक क्षेत्रों में अकेले भ्रमण
(घ) यंग इंडिया तथा नवजीवन के लिए लेख लिखना

(ii) महादेव अपने आप को किन गतिविधियों के अंतर्गत व्यस्त रखते थे?
(क) समाचार-पत्रों के अध्ययन में (ख) मासिक पत्रों के अध्ययन में
(ग) पुस्तकों के अध्ययन में (घ) ये सभी

(iii) महादेव दैनिक जीवन की व्यस्तता के मध्य …… नहीं भूलते थे।
(क) प्राणायाम गतिविधियाँ (ख) सामुदायिक भाषण
(ग) सूत कातना (घ) खाना बनाना

(iv) **कथन** (A) महादेव के संबंध में क्या कहा था।
कारण (R) वह राजनीतिक जानकारी नहीं रखते थे और स्वदेशीकरण को नहीं मानते थे। **दक्षता आधारित प्रश्न**
(क) कथन (A) गलत है, लेकिन कारण (R) सही है।
(ख) कथन (A) और कारण (R) दोनों गलत हैं।
(ग) कथन (A) सही है, लेकिन कारण (R) गलत है।
(घ) कथन (A) और कारण (R) दोनों सही हैं।

(v) निम्नलिखित में से कौन-सा कार्य महादेव की व्यवस्था से संबंधित है?
1. बैठकों में चर्चा
2. खेलकूद में विशेष रुचि
3. संगीत में विशेष प्रेम
4. वैज्ञानिक गतिविधियों से संबंधित कार्य
कूट
(क) केवल 1 सही है (ख) केवल 2 सही है
(ग) केवल 3 सही है (घ) केवल 4 सही है

लघु उत्तीय प्रश्नोत्तर

निम्नलिखित प्रश्नों के उत्तर दीजिए

1. श्रीमती ऐनी बेसेंट के अनुयायी कौन थे? 'शुक्रतारे के समान' पाठ के आधार पर लिखिए।
2. गाँधीजी को क्रांतिकारियों द्वारा अपनी गतिविधियों की जानकारी किस प्रकार दी जाती थी?
3. महादेव जी व गाँधीजी के मध्य कैसे संबंध थे? प्रकाश डालिए।
4. गाँधीजी ने किसे अपना उत्तराधिकारी माना और क्यों?
5. महादेव की टिप्पणियों के साथ अपनी टिप्पणियों का मिलान कौन करते थे?
6. महादेव भाई साहित्यिक पुस्तकों की तरह और अन्य कौन-सी पुस्तकें पढ़ते थे? **दक्षता आधारित प्रश्न**
7. महादेव भाई अपना कर्त्तव्य किस प्रकार निभाते थे?
8. महादेव भाई देसाई की चारित्रिक विशेषताओं पर प्रकाश डालिए।
9. महादेव भाई की प्रसिद्धि का वर्णन विस्तार से कीजिए।
10. महादेव भाई के द्वारा व्यतीत किए गए उनके अति व्यस्त जीवन का वर्णन अपने शब्दों में कीजिए। **दक्षता आधारित प्रश्न**
11. गाँधीजी जब प्यारेलाल को बुलाना चाहते थे, तो उनके मुँह से 'महादेव' क्यों निकल जाता था? **दक्षता आधारित प्रश्न**
12. 'शुक्रतारे के समान' पाठ के आधार पर उग्र व उदार देशभक्तों से क्या तात्पर्य है? **दक्षता आधारित प्रश्न**
13. ''इसी तरह महादेव के संपर्क में आने वाले किसी को भी ठेस या ठोकर की बात तो दूर रही खुरदरी मिट्टी या कंकरी भी कभी चुभती नहीं थी।'' आशय स्पष्ट कीजिए। **दक्षता आधारित प्रश्न**

पद रैदास

अध्याय 6

पाठ की रूपरेखा

प्रस्तुत पदों के रचयिता संत रैदास हैं। ये दोनों पद प्रभु की आराधना तथा एक भक्त की चरम भक्ति को दर्शाते हैं। आत्मनिवेदन, दास्य भाव तथा सहज भक्ति इन पदों की मूल विशेषता है। रैदास के प्रस्तुत पदों में से पहले पद 'अब कैसे छूटे राम नाम रट लागी' में भक्ति का सहज प्रदर्शन है। इस पद के माध्यम से कवि ने ईश्वर को स्वामी और स्वयं को दास कहते हुए स्वयं का उनसे अनन्य संबंध बताया है।

रैदास का दूसरा पद 'ऐसी लाल तुझ बिनु कउनु करै' भक्तिकालीन युग के सामाजिक यथार्थ को प्रस्तुत करता है। इस पद में ईश्वर को सर्वशक्तिमान मानते हुए यह स्पष्ट किया गया है कि निम्न वर्ग अर्थात् दीन-दरिद्रों की सहायता हेतु वे हमेशा तैयार रहते हैं। कवि को ऐसा प्रतीत होता है कि समाज में व्याप्त असमानता को ईश्वर अपनी दिव्य शक्तियों से दूर कर देंगे।

कवि परिचय

रैदास का जन्म 1388 ई. में बनारस में हुआ। इनका वास्तविक नाम संत रविदास था। मध्ययुगीन संत कवियों में इनका महत्त्वपूर्ण स्थान है। इनकी ख्याति से प्रभावित होकर सिकंदर लोदी ने इन्हें दिल्ली आने का निमंत्रण भेजा था। ये कबीर के समकालीन थे। इन्हें मूर्तिपूजा, तीर्थयात्रा जैसे बाह्याडंबरों पर बिलकुल भी विश्वास नहीं था, इसलिए इन्होने व्यक्ति की आंतरिक प्रवृत्ति और भाईचारे को सच्चा धर्म माना। इनके द्वारा रचित पदों में आत्मनिवेदन, दास्य भाव, सहज भक्ति आदि स्पष्ट दिखाई देते हैं।

इनकी काव्य-रचनाओं में सरल, व्यावहारिक ब्रजभाषा का प्रयोग मिलता है, साथ ही इन्होंने अवधी, राजस्थानी, खड़ी बोली और उर्दू-फ़ारसी के शब्दों का प्रयोग भी किया है। इन्होंने सीधी-सादी भाषा में हृदय के भाव को प्रस्तुत किया है। सिखों के पवित्र धर्मग्रंथ 'गुरु ग्रंथ साहब' में इनके चालीस पदों को संकलित किया गया है। रैदास जी का देहांत 1518 ई. में हो गया।

पदों की विस्तृत व्याख्या

पद 1

अब कैसे छूटै राम नाम रट लागी।
प्रभु जी, तुम चंदन हम पानी, जाकी अंग-अंग बास समानी।
प्रभु जी, तुम घन बन हम मोरा, जैसे चितवत चंद चकोरा।
प्रभु जी, तुम दीपक हम बाती, जाकी जोति बरै दिन राती।
प्रभु जी, तुम मोती हम धागा, जैसे सोनहिं मिलत सुहागा।
प्रभु जी, तुम स्वामी हम दासा, ऐसी भक्ति करै रैदासा।।

शब्दार्थ **रट लागी**-ज़बान पर चढ़ना, आदत लगना; **जाकी**-जिसकी; **बास**-खुशबू , गंध; **समानी**-समाना, बस जाना; **घन**-बादल; **मोरा**-मोर; **चितवत**- तल्लीन होकर देखना; **चकोरा**-एक पक्षी; **बाती**-रूई की बत्ती; **जोति**-ज्योति, लौ; **बरै**-जलती है; **सोनहिं**-सोना; **सुहागा**-सोने को शुद्ध करने के लिए प्रयोग में लाया जाने वाला क्षार द्रव्य; **दासा**-सेवक, दास।

भावार्थ

हे प्रभु! मेरे मन में जो आपके नाम की रट लग गई है वह कैसे छूट सकती है? अब तो मैं तुम्हारा परम भक्त हो गया हूँ, तुम्हारा अनन्य प्रेमी हो गया हूँ। जिस प्रकार चंदन के संपर्क में रहने से पानी में उसकी सुगंध फैल जाती है, ठीक उसी प्रकार मेरे तन-मन में भी तुम्हारे प्रेम की सुगंध व्याप्त हो गई है। तुममें और मुझमें वही संबंध स्थापित हो चुका है, जो चंदन और पानी में होता है।

कवि का कहना है कि प्रभु, तुम बादल हो, तो मैं मोर (मयूर) हूँ, तुम चंद्रमा हो, तो मैं चकोर हूँ अर्थात् जिस प्रकार आसमान में काले घने बादलों को देखते ही मोर खुशी से नाचने लगता है, ठीक वैसी ही स्थिति आपके (ईश्वर) दर्शन से मेरी (कवि) भी हो जाती है। जिस प्रकार चकोर चंद्रमा का प्रेम प्राप्त करने के लिए उसकी ओर तल्लीन एवं व्यग्र होकर देखता रहता है, उसी प्रकार मैं (कवि) भी आपका (ईश्वर) प्रेम पाने के लिए हमेशा तरसता रहता हूँ। भक्त कवि

रैदास कहते हैं कि हे प्रभु! तुम दीपक हो, जबकि मैं उस दीपक की बाती हूँ, जो तुम्हारे प्रेम में सदा जलता रहा है। मैं तुम्हारे प्रेम को पाने के लिए सदा तड़पता रहता हूँ।

प्रभु, तुम अगर मोती हो, तो मैं उन्हें पिरोने में काम आने वाला धागा हूँ। यदि तुम मोती के समान उज्ज्वल एवं कांतिमान हो, तो मेरा तन-मन भी उसी कांति से दीप्तिमान है। मोती एवं धागे का मिलन ठीक सोना एवं सुहागा के मिलन जैसा पवित्र है। जिस प्रकार सुहागे के संपर्क में आकर सोने का महत्त्व और बढ़ जाता है, उसी प्रकार तुम्हारे संपर्क में आकर मेरा भी महत्त्व बढ़ गया है।

हे प्रभु! वास्तव में तुम (ईश्वर) स्वामी हो, मालिक हो और मैं (कवि) तुम्हारा दास हूँ, नौकर हूँ। मैंने हमेशा से स्वयं को तुम्हारा दास या सेवक ही समझा है और तुम्हारी प्रत्येक आज्ञा का पालन करना अपना धर्म माना है। मेरी (रैदास की) भक्ति तुम्हारे प्रति एक दास की भक्ति है।

पद 2

ऐसी लाल तुझ बिनु कउनु करै।
गरीब निवाजु गुसईआ मेरा माथै छत्रु धरै।।
जाकी छोति जगत कउ लागै ता पर तुहीं ढरै।
नीचहु ऊच करै मेरा गोबिंदु काहू ते न डरै।।
नामदेव कबीरु तिलोचनु सधना सैनु तरै।
कहि रविदासु सुनहु रे संतहु हरिजीउ ते सभै सरै।।

शब्दार्थ **लाल**–स्वामी, प्रभु; **गरीब निवाजु**–गरीबों पर दया करने वाला; **गुसईआ**–स्वामी; **छत्रु**–मुकुट; **छोति**–छुआछूत; **तुहीं**–तुम्हीं; **ढरै**–द्रवित होना; **नीचहु**–निम्न वर्ग वाला; **ऊच**–ऊँचा; **काहू**–किसी से; **हरिजीउ**–हरि जी; **सभै**–सभी; **सरै**–संभव।

भावार्थ

कवि रैदास कहते हैं कि हे प्रभु! मेरे ऊपर इतनी कृपा तुम्हारे अलावा और कौन कर सकता है अर्थात् मुझ पर तुम्हारी कृपा हमेशा बनी रहती है। मेरे प्रभु, तुम दीन-दु:खियों पर दया करने वाले हो। इसी का परिणाम है कि तुमने मुझ जैसे गरीब के माथे पर मुकुट रख दिया है अर्थात् मेरे सिर पर राजाओं जैसा छत्र (मुकुट) तुमने गरीबों को सम्मान दिलाने के लिए ही रखा है। तुम सच में गरीबों एवं दीन-दु:खियों की चिंता करने वाले हो।

कवि रैदास कहते हैं कि मुझ जैसे अछूत से संसार के सभी लोग बचना चाहते हैं। मुझे छूने मात्र से ही वे स्वयं को अपवित्र समझने लगते हैं। ऐसे अछूत व्यक्ति पर तुम्हीं द्रवित हुए अर्थात् तुमने ही कृपा की और मुझसे अपना संबंध बनाए रखा। मेरे गोविंद! तुम किसी से भी नहीं डरते और नीच प्राणी को भी ऊँचा उठा देते हो। प्रभु इतने महान हैं कि वे निडर होकर बिना किसी की परवाह किए निम्न स्थिति वाले व्यक्ति को भी उच्च स्थिति में ला देते हैं। इसी का परिणाम है कि नामदेव, कबीर, तिलोचनु (त्रिलोचन), सधना, सैनु जैसे गरीब एवं निम्न जाति के लोग भी इस संसार रूपी भवसागर से तर गए, मुक्ति पा ली।

यहाँ पर रैदास तत्कालीन समाज की विसंगतियों को सामने लाते हैं। तत्कालीन समाज में व्याप्त छुआछूत, असमानता, भेदभाव, जाति-पाँति का आडंबर आदि को कवि ने स्पष्ट रूप से दर्शाया है।

कवि (रैदास) रविदास कहते हैं कि हे संत जनो! हरि (प्रभु) जी, इस संसार में सब कुछ करने में समर्थ हैं। वे कुछ भी कर सकते हैं, इसलिए सभी संतों को ईश्वर की शरण में ही जाना चाहिए, क्योंकि वही उन्हें (संतों को) भवसागर से पार लगा सकते हैं, मुक्ति दिला सकते हैं।

NCERT फोल्डर

पाठ्यपुस्तक (स्पर्श भाग-1) के प्रश्नोत्तर

प्र.1 निम्नलिखित प्रश्नों के उत्तर दीजिए

(क) पहले पद में भगवान और भक्त की जिन-जिन चीज़ों से तुलना की गई है, उनका उल्लेख कीजिए।

(ख) पहले पद की प्रत्येक पंक्ति के अंत में तुकांत शब्दों के प्रयोग से नाद सौंदर्य आ गया है; *जैसे*–पानी, समानी आदि। इस पद में से अन्य तुकांत शब्द छाँटकर लिखिए।

(ग) पहले पद में कुछ शब्द अर्थ की दृष्टि से परस्पर संबद्ध हैं। ऐसे शब्दों को छाँटकर लिखिए।

उदाहरण दीपक बाती

(घ) दूसरे पद में कवि ने 'गरीब निवाजु' किसे कहा है? स्पष्ट कीजिए।

(ङ) दूसरे पद की 'जाकी छोति जगत कउ लागै ता पर तुहीं ढरै' पंक्ति का आशय स्पष्ट कीजिए।

(च) 'रैदास' ने अपने स्वामी को किन-किन नामों से पुकारा है?

(छ) निम्नलिखित शब्दों के प्रचलित रूप लिखिए

मोरा, चंद, बाती, जोति, बरै, राती, छत्रु, छोति, तुहीं, गुसईआ

उत्तर (क) पहले पद में भगवान और भक्त की निम्नलिखित चीज़ों से तुलना की गई है

भगवान की तुलना	भक्त की तुलना
चंदन से	पानी से
चाँद से	चकोर से
बादल से	मोर से
दीपक से	बाती से
मोती से	धागे से
स्वामी से	दास से
सुहागे से	सोने से

(ख) अन्य तुकांत पद इस प्रकार हैं

मोरा	— चकोरा		**बाती**	—	राती
धागा	— सुहागा		**दासा**	—	रैदासा

(ग)	**सोना**	— सुहागा	**चंदन**	—	पानी
	मोती	— धागा	**चंदा**	—	चकोर
	स्वामी	— दास (रैदास)			

(घ) दूसरे पद में कवि ने अपने प्रभु को 'गरीब निवाजु' कहा है। इसका अर्थ है—दीन-दुखियों पर दया करने वाला। प्रभु ने रैदास जैसे अछूत माने जाने वाले प्राणी को संत की पदवी प्रदान की। रैदास जन-जन के पूज्य बने। उन्हें महान संतों जैसा सम्मान मिला। रैदास की दृष्टि में यह उनके प्रभु की दीन-दयालुता और कृपा ही है।

(ङ) संसार, जिन्हें अस्पृश्य या अछूत मानता है, प्रभु आप उनके सिर पर भी मुकुट धारण करा देते हैं अर्थात् आपकी दृष्टि में सभी बराबर हैं, चाहे वह दीन अर्थात् रंक हो या राजा।

(च) भक्त कवि 'रैदास' ने अपने स्वामी को 'लाल', 'गरीब निवाजु', 'गुसईआ', 'गोबिंदु', 'हरिजीउ' आदि नामों से पुकारा है।

(छ)

प्रयुक्त रूप	प्रचलित रूप	प्रयुक्त रूप	प्रचलित रूप
मोरा	मोर, मयूर	चंद	चाँद
बाती	बत्ती	जोति	ज्योति
बरै	जलै, जलना	राती	रात्रि, रात
छत्र	छत्र, छाता	धरै	धारण करें
छोति	छूत	तुहीं	तुम्हीं
गुसईआ	स्वामी या गोसाईं		

प्र.2 नीचे लिखी पंक्तियों का भाव स्पष्ट कीजिए

(क) जाकी अंग-अंग बास समानी

(ख) जैसे चितवत चंद चकोरा

(ग) जाकी जोति बरै दिन राती

(घ) ऐसी लाल तुझ बिनु कउनु करै

(ङ) नीचहु ऊच करै मेरा गोबिंदु काहू ते न डरै

उत्तर (क) रैदास जी कहते हैं कि प्रभु, आप चंदन हैं और मैं पानी, जिसके अंग-अंग में आपकी सुगंध समा गई है अर्थात् प्रभु आप मेरे अंग-अंग में समा गए हैं।

(ख) प्रभु, आप चंद्रमा के समान हैं और मैं अपने प्रिय चंद्रमा से बिछुड़ा चकोर। मुझे आप में ही अपना प्रिय चाँद नज़र आता है। अत: मैं दिन-रात आपको निहारता रहता हूँ।

(ग) प्रभु! आप दीपक हैं और मैं उसकी बत्ती। प्रभु आपके प्रेम में मैं दिन-रात जलता रहता हूँ। आप मुझमें समाहित रहते हैं।

(घ) मेरे लाल, मेरे स्वामी, मेरे ऊपर इतनी कृपा आपके अतिरिक्त और कौन कर सकता है? मुझ पर आपकी कृपा सदैव बनी रहती है।

(ङ) मेरे गोविंद! तुम किसी से भी नहीं डरते और नीच प्राणी को भी ऊँचा उठा देते हो। प्रभु इतने महान हैं कि वे निडर होकर बिना किसी की परवाह किए निम्न स्थिति वाले व्यक्ति को भी उच्च स्थिति में ला देते हैं।

प्र.3 रैदास के इन पदों का केंद्रीय भाव अपने शब्दों में लिखिए।

उत्तर रैदास के पद भक्ति एवं प्रेम के सर्वश्रेष्ठ उदाहरण हैं। भक्तिकालीन युग के रैदास भक्ति में प्रेम एवं समानता के पक्षधर हैं। उनका पहला पद उनकी भक्ति एवं श्रद्धा सहित समर्पण भाव को दर्शाता है, जबकि दूसरा पद प्रभु के माध्यम से सामाजिक समता की माँग करता है। पहले पद में प्रभु का सामीप्य प्राप्त करने के लिए रैदास चंदन का पानी, मेघ के प्रति आकर्षित मोर, चाँद का चकोर, दीपक की बाती, मोती का धागा तथा अपने स्वामी (प्रभु) का दास बने रहने की कामना करते हैं। वहीं दूसरे पद में वे प्रभु के माध्यम से सामाजिक विषमता को दूर करने की कामना करते हैं। यह पद छुआछूत एवं अस्पृश्यता जैसी सामाजिक बुराइयों को दूर करने के लिए प्रेरित करता है। 'नीचहु ऊच करै मेरा गोबिंदु' कहकर रैदास जाति-प्रथा एवं भेदभाव को समाप्त करने की इच्छा व्यक्त करते हैं।

योग्यता-विस्तार

प्र.1 भक्त कवि कबीर, गुरु नानक, नामदेव और मीराबाई की रचनाओं का संकलन कीजिए।

उत्तर विद्यार्थी स्वयं करें।

प्र.2 पाठ में आए दोनों पदों को याद कीजिए और कक्षा में गाकर सुनाइए।

उत्तर विद्यार्थी स्वयं करें।

अभ्यास प्रश्न

बहुविकल्पीय व वर्णनात्मक प्रश्नों सहित

कविता पर आधारित बहुविकल्पीय प्रश्न

1. कवि रैदास को किसके नाम की रट लग गई है?

(क) अपनी प्रियतमा के नाम की
(ख) ईश्वर के नाम की
(ग) मोक्ष प्राप्त करने की
(घ) धन के नाम की

उत्तर (ख) ईश्वर के नाम की

2. कवि रैदास के अंग-अंग में क्या समाया हुआ है?

(क) प्रेम (ख) चंदन
(ग) ईश्वर (घ) प्रकाश

उत्तर (ग) ईश्वर

3. चकोर पक्षी एकटक .... देखता रहता है।

(क) बादल को (ख) सूरज को
(ग) चंद्रमा को (घ) आकाश को

उत्तर (ग) चंद्रमा को

4. कवि ने चकोर पक्षी से किसकी तुलना की है?

(क) कवि की प्रेयसी से
(ख) बादल-चंद्रमा से
(ग) सांसारिक मोह-माया से
(घ) भक्त की

उत्तर (घ) भक्त की

5. रैदास ने प्रभु को चाँद और स्वयं को चकोर क्यों माना है?

(क) ईश्वर भक्ति में अपनी एकाग्रता सिद्ध करने के लिए
(ख) भक्त और ईश्वर में समानता दिखाने के लिए
(ग) पौराणिक उदाहरण को स्पष्ट करने के लिए
(घ) उपर्युक्त सभी

उत्तर (क) ईश्वर भक्ति में अपनी एकाग्रता सिद्ध करने के लिए

6. रैदास के अनुसार यदि भगवान दीपक हैं तो भक्त क्या है?

(क) मोर (ख) चकोर
(ग) बाती (घ) पानी

उत्तर (ग) बाती

7. कथन (A) 'तुम दीपक हम बाती' पंक्ति के माध्यम से कवि रैदास ईश्वर से अपनी निकटता बताते हैं?

कारण (R) मैं आपके प्रेम के लिए सैदव बाती की तरह जलता रहता हूँ।

दक्षता आधारित प्रश्न

(क) कथन (A) सही है, लेकिन कारण (R) गलत है।
(ख) कथन (A) और कारण (R) दोनों सही हैं।
(ग) कथन (A) गलत है, लेकिन कारण (R) सही है।
(घ) कथन (A) और कारण (R) दोनों गलत हैं।

उत्तर (ख) कथन (A) और कारण (R) दोनों सही हैं।

8. 'प्रभु जी तुम चंदन हम पानी' पंक्ति में कौन-सा अलंकार है?

दक्षता आधारित प्रश्न

1. श्लेष अलंकार 2. रूपक अलंकार
3. यमक अलंकार 4. उपमा अलंकार

कूट

(क) केवल 1 सही है (ख) केवल 2 सही है
(ग) केवल 3 सही है (घ) केवल 4 सही है

उत्तर (घ) केवल 4 सही है

9. रैदास ने सुहागा की उपमा क्यों दी है?

(क)सोने की कीमत बढ़ाने के लिए
(ख)प्रभु तथा अपने मिलन की पवित्रता सिद्ध करने के लिए
(ग)अपनी महत्ता दर्शाने के लिए
(घ)लोगों के ज्ञान को विस्तार देने के लिए

उत्तर (ख) प्रभु तथा अपने मिलन की पवित्रता सिद्ध करने के लिए

10. ईश्वर घन है, तो कवि .... बनना चाहता है।

(क) मोर (ख) बाती (ग) बादल (घ) सुहागा

उत्तर (क) मोर

11. 'तुम चंदन हम पानी, जाकि अंग-अंग बास समानि' पंक्ति में 'बास' शब्द का क्या अर्थ है?

(क) इत्र (ख) सुगंध (ग) लाठी (घ) ये सभी

उत्तर (ख) सुगंध

काव्यांशों पर आधारित बहुविकल्पीय प्रश्न

1. अब कैसे छूटै राम नाम रट लागी।
प्रभु जी, तुम चंदन हम पानी, जाकी अंग-अंग बास समानी।
प्रभु जी, तुम घन बन हम मोरा, जैसे चितवत चंद चकोरा।
प्रभु जी, तुम दीपक हम बाती, जाकी जोति बरै दिन राती।
प्रभु जी, तुम मोती हम धागा, जैसे सोनहिं मिलत सुहागा।
प्रभु जी, तुम स्वामी हम दासा, ऐसी भक्ति करै रैदासा।।

(i) प्रस्तुत पद में भगवान और भक्त की तुलना किस चीज से की गई है?

(क) चंदन-पानी (ख) चाँद-चकोर
(ग) बादल-मोर (घ) ये सभी

उत्तर (घ) ये सभी

(ii) **कथन** (A) 'जाकी अंग-अंग बास समानी' के माध्यम से रैदास अपने ईश्वर से अपना अनन्य संबंध बताते हैं।

कारण (R) प्रभु की सुगंध रैदास के अंग-अंग में समा गई है। **दक्षता आधारित प्रश्न**

(क) कथन (A) और कारण (R) दोनों सही हैं।
(ख) कथन (A) सही है, लेकिन कारण (R) गलत है।
(ग) कथन (A) और कारण (R) दोनों गलत हैं।
(घ) कथन (A) गलत है, लेकिन कारण (R) सही है।

उत्तर (क) कथन (A) और कारण (R) दोनों सही हैं।

(iii) कवि दिन-रात किसकी भाँति जलता रहता है?

(क) विरहिणी की भाँति
(ख) दीपक की बाती (ज्योति) की भाँति
(ग) प्रेमी की भाँति
(घ) चकोर की भाँति

उत्तर (ख) दीपक की भाँति

(iv) प्रस्तुत कविता में कवि ने किस भाव को अभिव्यक्त किया है? **दक्षता आधारित प्रश्न**

1. भक्ति का भाव 2. श्रद्धा का भाव
3. समर्पण का भाव 4. स्वामी का भाव

कूट

(क) 1 और 4 सही हैं (ख) 2, 3 और 4 सही हैं
(ग) 1, 3 और 4 सही हैं (घ) 1, 2 और 3 सही हैं

उत्तर (घ) 1, 2 और 3 सही हैं

(v) प्रस्तुत पद के अनुसार धागे की कीमत कब होती है?

(क) जब उसके साथ मोती हो
(ख) जब उसके साथ सोना हो
(ग) जब उसके साथ सुहागा हो
(घ) जब उसके साथ ईश्वर हो

उत्तर (क) जब उसके साथ मोती हो

2. **ऐसी लाल तुझ बिनु कउनु करै।**
गरीब निवाजु गुसईआ मेरा माथै छत्रु धरै।।
जाकी छोति जगत कउ लागै ता पर तुहीं ढरै।
नीचहु ऊच करै मेरा गोबिंदु काहू ते न डरै।
नामदेव कबीरु तिलोचनु सधना सैनु तरै।
कहि रविदासु सुनहु रे संतहु हरिजीउ ते सभै सरै।।

(i) कवि ने 'गरीब निवाजु'........ कहा है।

(क) संत-महात्माओं को (ख) अपने प्रभु को
(ग) राजा-महाराजाओं को (घ) अपने गुरु को

उत्तर (ख) अपने प्रभु को

(ii) प्रस्तुत काव्यांश में कवि रैदास ने अपने स्वामी को किस नाम से संबोधित किया है?

1. हरिजीउ 2. गुसईआ 3. लाल 4. ये सभी

कूट

(क) 1 और 2 सही हैं (ख) 2 और 3 सही हैं
(ग) 3 और 2 सही हैं (घ) केवल 4 सही है

उत्तर (घ) केवल 4 सही है

(iii) यह पद हमें क्या संदेश देता है?

(क) जाति प्रथा और भेदभाव को समाप्त करने का
(ख) स्वयं की उन्नति करने का
(ग) निम्न वर्ग में जन्म न लेने का
(घ) कृष्ण की पूजा अर्चना करने का

उत्तर (क) जाति प्रथा और भेदभाव को समाप्त करने का

(iv) **कथन** (A) कवि संतों से ईश्वर की शरण में जाने को कह रहा है।

कारण (R) क्योंकि ईश्वर ही उन्हें भवसागर से पार लगा सकते हैं। **दक्षता आधारित प्रश्न**

(क) कथन (A) और कारण (R) दोनों सही हैं।
(ख) कथन (A) सही है, लेकिन कारण (R) गलत है।
(ग) कथन (A) और कारण (R) दोनों गलत हैं।
(घ) कथन (A) गलत है, लेकिन कारण (R) सही है।

उत्तर (क) कथन A और कारण R दोनों सही हैं।

(v) 'मेरा गोबिंदु काहू ते न डरै' पंक्ति से क्या आशय है?

(क) ईश्वर अच्छे लोगों से डरते हैं
(ख) ईश्वर को किसी का भी भय नहीं है
(ग) ईश्वर अछूत लोगों से डरते नहीं हैं
(घ) ईश्वर ऊँची जाति वाले लोगों से डरते नहीं हैं

उत्तर (ख) ईश्वर को किसी का भी भय नहीं है

काव्यबोध संबंधी लघु प्रश्नोत्तर

1. कवि अपनी किस आदत को नहीं छोड़ पा रहा है? और क्यों?

उत्तर कवि को ईश्वर की आराधना करते हुए 'राम के नाम का जाप' करने की जो आदत पड़ गई है, वह उस आदत को नहीं छोड़ पा रहा है। जिस प्रकार पानी के कण-कण में चंदन की सुगंध समा जाती है, उसी प्रकार कवि के रोम-रोम में प्रभु भक्ति की सुगंध समा गई है।

2. रैदास के स्वामी क्या-क्या कार्य करते हैं? तथा उन्होंने किन लोगों का उद्धार किया है?

उत्तर रैदास के स्वामी अनेक कार्य करते हैं; जैसे—गरीबों पर दया करना, अछूतों को अपनाकर उनका उद्धार करना, असंभव कार्य को संभव बनाना तथा निम्न स्तर वाले को ऊँचा स्थान प्रदान करना आदि। कवि के अनुसार, प्रभु ने नामदेव, कबीर, त्रिलोचन, सधना और सैनु जैसे अपने कई भक्तों का उद्धार भी किया है।

3. कवि से राम नाम की रट क्यों नहीं छूटती है?

उत्तर कवि से राम नाम की रट इसलिए नहीं छूटती है, क्योंकि कवि का जीवन प्रभु के साथ इतना घुल-मिल गया है कि प्रभु की सत्ता से अलग उसका अपना कोई स्वतंत्र अस्तित्व ही नहीं है।
कवि का प्रभु के साथ अनन्य संबंध स्थापित हो चुका है और वह प्रभु के बिना निष्प्राण है। इतने अभिन्न एवं आत्मीय संबंध होने के कारण ही कवि से राम (प्रभु) नाम की रट नहीं छूट पाती।

4. रैदास ने प्रभु को चाँद व स्वयं को चकोर क्यों माना है?

अथवा

चकोर पक्षी का उदाहरण कवि ने किस संदर्भ में दिया है?

उत्तर जिस प्रकार चकोर पक्षी चाँद को अपना प्रियतम मानकर उसे अपलक निहारता रहता है, उसी प्रकार रैदास भी अपने प्रभु से एकनिष्ठ प्रेम करते हैं और टकटकी लगाए प्रभु रूपी चाँद को निहारते रहते हैं, इसलिए ईश्वर भक्ति में अपनी एकाग्रता और तन्मयता सिद्ध करने के लिए रैदास ने प्रभु को चाँद और स्वयं को चकोर कहा है।

5. 'सुहागा' की उपमा रैदास ने क्यों दी?

उत्तर कवि रैदास ने प्रभु के साथ अपने संबंधों को व्याख्यायित करते हुए कई उपमाओं का प्रयोग किया है। उन्हीं में से एक उपमा 'सुहागा' की देते हुए कवि रैदास ने यह स्पष्ट करना चाहा है कि प्रभु एवं उनका मिलन सोने एवं सुहागे के मिलन के समान पवित्र है। जिस प्रकार सुहागे के संपर्क में आकर सोना और अधिक खरा हो जाता है, उसी प्रकार प्रभु के संपर्क में आकर कवि (रैदास) भी पूर्णत: शुद्ध एवं खरा हो जाएगा।

6. प्रस्तुत पाठ के अंतर्गत 'रैदास' द्वारा रचित प्रथम पद का भाव क्या है?

उत्तर प्रथम पद में 'रैदास' ने ईश्वर की महिमा बताते हुए ईश्वर को सर्वश्रेष्ठ एवं सर्वगुण संपन्न तथा स्वयं को तुच्छ कहा है, इसलिए वह ईश्वर को चंदन, बादल, दीपक तथा मोती के रूप में देखते हैं, जबकि स्वयं को क्रमश: पानी, मोर, बाती और धागे के रूप में। यह भाव रैदास की दास्य भक्ति का परिचायक है।

7. कवि ने स्वयं को प्रभु के निकट किन-किन रूपों में पाया है?

***अथवा* रैदास जी अपने ईश्वर के साथ किन रूपों में एकाकार हो गए?**

***अथवा* रैदास ने ईश्वर का स्वयं से संबंध समझाने के लिए जिन प्रतीकों का चित्रण किया है, उन्हें विस्तार से लिखिए।** **दक्षता आधारित प्रश्न**

उत्तर कवि ने ईश्वर को सर्वगुण संपन्न बताते हुए स्वयं को ईश्वर का अंश माना है। ईश्वर के साथ अपनी एकात्मकता को अनेक रूपों में व्यक्त करते हुए रैदास कहते हैं कि प्रभु चंदन हैं, तो वह पानी, प्रभु बादल हैं, तो वह मोर, प्रभु दीपक हैं, तो वह बाती, प्रभु मोती हैं, तो वह धागा, प्रभु चाँद हैं, तो वह चकोर। इस प्रकार दोनों का मिलन सोने एवं सुहागे के मिलन जैसा पवित्र एवं महत्त्वपूर्ण है। वास्तव में, दोनों में अभिन्न संबंध है।

8. कवि ने किस पंक्ति द्वारा समाज पर व्यंग्य किया है?

***अथवा* 'जाकी छोति जगत कउ लागै' का क्या आशय है?**

उत्तर 'जाकी छोति जगत कउ लागै' का आशय यह है कि जिनके छूने से जगत के लोग दूर रहते हैं अर्थात् उन्हें छूने से जगत के लोगों को छूत लग जाती है। देश में या निम्न वर्ण में पैदा हुए लोगों के शरीर के स्पर्श मात्र से अन्य लोग बचते दिखाई पड़ते है। सिर्फ आपने ही प्रभु उन अछूत व्यक्तियों से भी अपना संबंध बनाया हुआ है।

9. अछूतों पर कौन द्रवित होता है और क्यों?

उत्तर प्रभु अर्थात् परमेश्वर समदर्शी हैं। उनके लिए सभी मनुष्य एक समान हैं। उच्च वर्ण या निम्न वर्ण के मनुष्यों के बीच उनके लिए कोई भिन्नता नहीं है। वे निम्न कुल के लोगों को इस जगत में उचित सम्मान दिलाते हैं, उन्हें प्रतिष्ठित करते हैं। समदर्शी प्रभु अछूतों एवं निम्न वर्ण व वर्ग के लोगों पर निर्भीकतापूर्वक दया करते हैं। इसी कारण वे अछूतों पर द्रवित होते हैं।

10. कवि रैदास की भक्ति से क्या अभिप्राय है?

***अथवा* कवि रैदास की भक्ति किस प्रकार की भक्ति है?**

उत्तर कवि रैदास की भक्ति दास्य भाव से की गई भक्ति है। कवि ने स्वयं कहा है कि ''प्रभुजी, तुम स्वामी हम दासा'' अर्थात् प्रभु कवि के लिए स्वामी हैं, मालिक हैं और वह स्वयं (कवि) उनका दास है। कवि ने प्रभु को चंदन एवं बादल जैसा महान्, जबकि स्वयं को पानी एवं मोर (मयूर) जैसा तुच्छ माना है। वह उन्हें ज्योति फैलाने वाला दीपक मानता है, जबकि स्वयं को एक अदना-सी बाती। कवि प्रभु को मोती जैसा बेशकीमती, उज्ज्वल एवं पवित्र रत्न मानता है, तो स्वयं को तुच्छ धागा।

वास्तव में, कवि की एकमात्र इच्छा किसी भी प्रकार से प्रभु के सान्निध्य में रहने की है। उसने स्वयं को पूरी तरह से प्रभु के लिए समर्पित कर दिया है। प्रभु के प्रति पूर्ण समर्पण तथा स्वयं को तुच्छ, लघु एवं दास मानने की प्रवृत्ति ही कवि की भक्ति को दास्य भाव की भक्ति की श्रेणी में रखती है।

11. कवि रैदास अन्य कवियों, जैसे-नामदेव, कबीर, त्रिलोचन, सधना एवं सैनु की चर्चा क्यों करते हैं?

उत्तर कवि रैदास का कहना है कि उच्च कोटि के संत; *जैसे*—नामदेव, कबीर, त्रिलोचन, सधना एवं सैनु निम्न वर्ण एवं निम्न वर्ग के सदस्य होते हुए भी ईश्वर की कृपा पाकर तर गए अर्थात् इस संसार रूपी भवसागर से पार हो गए, ठीक उसी प्रकार सभी संतों को, चाहे वे निम्न वर्ण एवं निम्न वर्ग के ही क्यों न हों, इस पर ध्यान देना चाहिए और ईश्वर की भक्ति एवं आराधना के द्वारा मोक्ष प्राप्त करने के उपाय करने चाहिए।

वास्तव में, ईश्वर अत्यधिक दयालु, कृपालु एवं सर्वशक्तिमान हैं और उनके लिए कोई भी कार्य असंभव नहीं है। वह सब कुछ करने में समर्थ हैं, बस उनकी कृपा की आवश्यकता है। संत जनों को यही बताने के लिए कवि ने उपर्युक्त संतों का नाम उदाहरण के रूप में दिया है।

12. कवि रैदास ने अपने पद के माध्यम से तत्कालीन समाज का चित्रण किस प्रकार किया है? **दक्षता आधारित प्रश्न**

उत्तर कवि रैदास ने अपने पद 'ऐसी लाल तुझ बिनु कउनु करै' में सामाजिक छुआछूत एवं भेदभाव की तत्कालीन स्थिति का अत्यंत मार्मिक एवं यथार्थ चित्र खींचा है। उन्होंने अपने पद में कहा है कि गरीब एवं दीन-दुखियों पर कृपा बरसाने वाला एकमात्र प्रभु ही है। उन्होंने ही एक ऐसे व्यक्ति के माथे पर मुकुट/छत्र रख दिया है, राजा जैसा सम्मान दिया है, जिसे जगत के लोग छूना भी पसंद नहीं करते। समाज में निम्न जाति एवं वर्ग के लोगों को तिरस्कारपूर्ण दृष्टि से देखा जाता था, ऐसे समाज में प्रभु ही उस पर द्रवित हुए।

कवि द्वारा नामदेव, कबीर, त्रिलोचन, सधना, सैनु आदि संत कवियों का दिया गया उदाहरण दर्शाता है कि लोग निम्न जाति के लोगों के उच्च कर्म पर विश्वास भी मुश्किल से करते थे, इसलिए कवि को उदाहरण देने की आवश्यकता पड़ी। इन कथनों से तत्कालीन समाज की सामाजिक विषमता की स्पष्ट झलक मिलती है।

13. रैदास के पदों में व्याप्त तत्कालीन समाज की विषमता के संदर्भ में अपना मत व्यक्त करें।

उत्तर रैदास के दूसरे पद में तत्कालीन सामाजिक स्थितियों का चित्रण करते हुए निम्न सामाजिक स्थिति में रहने वाले दीन-दुखियों के प्रति प्रभु की कृपा को उजागर किया गया है।

कवि रैदास (रविदास) कहते हैं कि समाज में अनेक लोग उनके जैसे अछूत हैं, जिन्हें संसार का कोई व्यक्ति छूना भी पसंद नहीं करता। कवि का कहना है कि उनके जैसे अछूत व्यक्ति को भी प्रभु अपनी कृपा से सराबोर कर देते हैं और निम्न जाति एवं स्थिति के लोगों को ऊँचा उठाने में प्रभु किसी से भी नहीं डरते। नामदेव, कबीर, त्रिलोचन, सधना एवं सैनु जैसे निम्न वर्ग एवं वर्ण के लोगों को भी ईश्वर ने मुक्ति प्रदान की।

वास्तव में, छुआछूत, ऊँच-नीच, भेदभाव, असमानता, जाति का आडंबर आदि कुरीतियाँ तत्कालीन समाज में व्याप्त थीं। इसके बावजूद, जिस प्रकार ईश्वर के लिए सभी मनुष्य एक समान हैं, ठीक उसी प्रकार इस संसार के सभी मनुष्यों की दृष्टि भी एकसमान होनी चाहिए। हमें प्राणी-मात्र के प्रति करुणा एवं सहानुभूति रखनी चाहिए और किसी भी धर्म या जाति के आधार पर मनुष्यों के बीच भेदभाव नहीं करना चाहिए, तभी मानव समाज का कल्याण हो सकता है।

14. रैदास के दोहों का प्रतिपाद्य स्पष्ट कीजिए।

अथवा

रैदास अपने पदों द्वारा हमें क्या संदेश देना चाहते हैं?

उत्तर रैदास अपने पदों द्वारा हमें ईश्वर की महानता का संदेश देना चाहते हैं। रैदास कहते हैं कि ईश्वर महान् है और मनुष्य तुच्छ। ईश्वर को भक्ति के माध्यम से पाया जा सकता है। भक्ति द्वारा ईश्वर के इतने निकट पहुँचा जा सकता है, जहाँ भक्त और ईश्वर एकाकार हो जाएँ। रैदास के गोविंद, नीच, अछूत और गरीब सभी का उद्धार करते हैं। वे किसी से नहीं डरते, क्योंकि वे सब कुछ संभव करने में समर्थ हैं। रैदास के आराध्य कमज़ोर लोगों के लिए सहारा हैं, वे सर्वगुण संपन्न हैं। उनकी कृपा एवं उदारता का बखान करना असंभव है। कवि रैदास ने सभी संत जनों से प्रभु भक्ति के मार्ग पर चलने का आग्रह किया है। इस प्रकार रैदास सभी को भक्ति मार्ग पर चलने का संदेश देते जान पड़ते हैं। इसके अतिरिक्त, वे अपने प्रभु का उदाहरण प्रस्तुत कर समाज में व्याप्त विषमता, छुआछूत आदि को समाप्त करने का भी संदेश देते हैं।

15. कैसे कहा जा सकता है कि रैदास भक्त कवि के साथ-साथ एक समाज-सुधारक संत भी थे? तर्कसंगत उत्तर दीजिए।

दक्षता आधारित प्रश्न

उत्तर कबीर, रैदास दोनों की संत प्रवृत्ति उन्हें भक्तिकाल में उचित स्थान प्रदान करती है। ये दोनों समाज-सुधारक पहले हैं कवि बाद में। रैदास भक्तिकालीन संत कवि थे। उन्होंने ईश्वर की भक्ति करते हुए स्वयं को उनका दास बताया और स्वयं को पूरी तरह से ईश्वर के लिए समर्पित कर दिया। अपने पदों के माध्यम से उन्होंने तत्कालीन समाज की स्थिति का वर्णन करते हुए, समाज को उचित दिशा प्रदान करने का भी कार्य किया।

रैदास जी ने समाज को संदेश दिया है कि जिस प्रकार ईश्वर के लिए सभी मनुष्य एक समान हैं, ठीक उसी प्रकार इस संसार के सभी मनुष्यों की दृष्टि भी एक-सी होनी चाहिए। हमें किसी भी धर्म या जाति के आधार पर मनुष्यों के बीच भेदभाव नहीं करना चाहिए, तभी मानव समाज का कल्याण होगा। वे चाहते थे कि समाज में समानता हो। इस प्रकार स्पष्ट है कि रैदास भक्त कवि के साथ-साथ एक समाज-सुधारक संत भी थे।

स्व-मूल्यांकन

कविता पर आधारित बहुविकल्पीय प्रश्न

1. 'जाकी छोति जगत कउ लागै ता पर तुहीं ढरै।' पंक्ति में छोति शब्द से क्या आशय है?
(क) छतरी (ख) छोरी
(ग) छुआछूत (घ) छत्रछाया

2. 'चितवत चंद चकोरा' में कौन-सा अलंकार है?
(क) यमक अलंकार (ख) रूपक अलंकार
(ग) अनुप्रास अलंकार (घ) उत्प्रेक्षा अलंकार

3. 'जैसे सोनहिं मिलत सुहागा' के माध्यम से रैदास क्या बताना चाहते हैं?
(क) सोने से मिलकर सुहागा खरा हो जाता है।
(ख) सुहागा सोने की शुद्धता बढ़ा देता है।
(ग) प्रभुरूपी सुहागा से मिलकर वे स्वयं खरे एवं शुद्ध हो जाएँगे।
(घ) सोने की अपेक्षा सुहागा की श्रेष्ठता दर्शाना।

4. रैदास द्वारा रचित प्रथम पद किसका परिचायक है?
दक्षता आधारित प्रश्न
1. रैदास की दास्य भक्ति का
2. रैदास की साख्य भक्ति का
3. रैदास की माधुर्य भक्ति का
4. उपर्युक्त सभी

कूट
(क) केवल 1 सही है (ख) केवल 2 सही है
(ग) केवल 3 सही है (घ) केवल 4 सही है

काव्यांश पर आधारित बहुविकल्पीय प्रश्न

1. ऐसी लाल तुझ बिनु कउनु करै।
गरीब निवाजु गुसईआ मेरा माथै छत्रु धरै।।
जाकी छोति जगत कउ लागै ता पर तुहीं ढरै।
नीचहु ऊच करै मेरा गोबिंदु काहू ते न डरै।
नामदेव कबीरु तिलोचनु सधना सैनु तरै।
कहि रविदासु सुनहु रे संतहु हरिजीउ ते सभै सरै।।

(i) कवि ने 'गरीब निवाजु' किसे कहा है?
1. संत-महात्माओं को 2. अपने प्रभु को
3. राजा-महाराजाओं को 4. अपने गुरु को

कूट
(क) केवल 1 सही है (ख) 2 और 3 सही हैं
(ग) केवल 2 सही है (घ) 3 और 4 सही हैं

(ii) प्रस्तुत पद में कवि रैदास ने अपने स्वामी को किस नाम से संबोधित किया है?
(क) हरिजीउ (ख) गुसईआ
(ग) लाल (घ) ये सभी

(iii) 'नीचहु ऊच करै मेरा गोबिंदु' उक्त पंक्ति से कवि का आशय है
(क) जाति प्रथा और भेदभाव को समाप्त करने की
(ख) स्वयं की उन्नति करने की
(ग) निम्न वर्ग में जन्म न लेने की
(घ) कृष्ण की पूजा अर्चना करने की

(iv) **कथन** (A) कवि संतों से ईश्वर की शरण में जाने को कह रहा है।
कारण (R) ईश्वर ही उन्हें और संतों को भवसागर से पार लगा सकते हैं। दक्षता आधारित प्रश्न
(क) कथन (A) और कारण (R) दोनों सही हैं।
(ख) कथन (A) सही है, लेकिन कारण (R) गलत है।
(ग) कथन (A) और कारण (R) दोनों गलत हैं।
(घ) कथन (A) गलत है, लेकिन कारण (R) सही है।

(v) 'मेरा गोबिंदु काहू ते न डरै' पंक्ति से क्या आशय है?
(क) ईश्वर अच्छे लोगों से डरते हैं
(ख) ईश्वर को किसी का भी भय नहीं है
(ग) ईश्वर अछूत लोगों से डरते नहीं हैं
(घ) ईश्वर ऊँची जाति वाले लोगों से डरते नहीं हैं

काव्यबोध संबंधी लघु प्रश्न

निम्नलिखित प्रश्नों के उत्तर दीजिए

1. रैदास के स्वामी कौन हैं? वह क्या-क्या कार्य करते हैं?
2. रैदास ने किस ईश्वर की आराधना की है? तथा उनकी भक्ति में किस भाव की प्रधानता है? दक्षता आधारित प्रश्न
3. कवि ने स्वयं को धागा क्यों कहा है?
4. कवि ने सोने व सुहागे की बात किस संबंध में कही है?

अध्याय 7

दोहे रहीम

पाठ की रूपरेखा

रहीम के दोहे नीतिपरक दोहे हैं। इन दोहों की एक सामान्य विशेषता यह है कि एक पंक्ति में नीति संबंधी विचार और दूसरी पंक्ति में उस विचार से संबंधित उदाहरण होता है। रहीम के दोहे आम जीवन से उठाए गए उदाहरणों के साथ नीतिपरक शिक्षाएँ देते हैं।

ये दोहे मानव-समाज को सच्चाई एवं अच्छाई की ओर प्रेरित करते हैं, मनुष्य को करणीय तथा अकरणीय आचरण की नसीहत देते हैं। उन्होंने ब्रज एवं अवधी भाषा में अपने दोहों की रचना की है।

कवि परिचय

रहीम का जन्म 1556 ई. में लाहौर (पाकिस्तान) में हुआ। इनका पूरा नाम 'अब्दुर्रहीम खानखाना' था। इन्हें अरबी, फ़ारसी, संस्कृत और हिंदी भाषा का अच्छा ज्ञान था। ये मध्ययुगीन दरबारी संस्कृति के प्रतिनिधि कवि माने जाते हैं।

इनके नीतिपरक दोहे अधिक प्रचलित हैं, क्योंकि इन्होंने दैनिक जीवन के उदाहरण देकर उन्हें सरल, सहज और बोधगम्य बना दिया है, जिसके कारण ये सर्वसाधारण को ज़ल्दी याद हो जाते हैं। इनकी नीतिपरक उक्तियों पर संस्कृत कवियों की स्पष्ट छाप दिखाई देती है। रहीम का अवधी और ब्रज दोनों भाषाओं पर समान अधिकार था, इसलिए इनके काव्य की भाषा प्रभावपूर्ण है।

इनकी प्रमुख रचनाएँ हैं—रहीम सतसई, श्रृंगार सतसई, मदनाष्टक, रास पंचाध्यायी, रहीम रत्नावली, बरवै, भाषिक भेदवर्णन आदि। इनके द्वारा रचित सभी कृतियाँ 'रहीम ग्रंथावली' में संकलित हैं। इनका देहांत 1626 ई. में हो गया।

दोहों की विस्तृत व्याख्या

दोहा 1

रहिमन धागा प्रेम का, मत तोड़ो चटकाय।
टूटे से फिर ना मिले, मिले गाँठ परि जाय।।

शब्दार्थ चटकाय–तोड़ना; परि जाय–पड़ जाती है।

भावार्थ

प्रस्तुत पंक्तियों में कवि रहीम कहते हैं कि प्रेम वस्तुत: धागे के समान नाज़ुक एवं पतला होता है, जिसे कभी भी जान-बूझकर नहीं तोड़ना चाहिए अर्थात् धागे के समान अखंड एवं कोमल प्रेम को अचानक से नहीं तोड़ना चाहिए। यदि धागा रूपी प्रेम एक बार टूट जाता है, तो वह पहले जैसा नहीं जुड़ता। दोबारा जोड़ने पर उसमें अनिवार्यत: गाँठ पड़ जाती है अर्थात् एक बार प्रेम का संबंध टूट जाने पर उसमें पहले जैसी आत्मीयता एवं पवित्रता नहीं आ पाती। प्रेम का संबंध किसी प्रकार से दोबारा जुड़ने पर दोनों व्यक्तियों के मन में खटास रह ही जाती है, इसलिए प्रेम संबंधों की नाज़ुकता को बनाकर रखना चाहिए तथा उसे कभी टूटने नहीं देना चाहिए।

दोहा 2

रहिमन निज मन की बिथा, मन ही राखो गोय।
सुनि अठिलैहैं लोग सब, बाँटि न लैहैं कोय।।

शब्दार्थ निज- निजी, अपना; बिथा- दुःख, व्यथा; गोय- गुप्त, छिपाकर; अठिलैहैं- मज़ाक उड़ाना; लैहैं- लेंगे; कोय- कोई।

भावार्थ

कवि रहीम कहते हैं कि व्यक्ति को अपने मन या हृदय के दु:ख को अपने तक ही सीमित रखना चाहिए। उसे दूसरों के सामने प्रकट नहीं करना चाहिए। मन की वेदना को दूसरों के सामने व्यक्त करने से कोई भी अन्य व्यक्ति आपकी वेदना या कष्ट को आपसे साझा नहीं करता, उसे आपस में नहीं बाँटता। मन की वेदना को दूसरों के सामने व्यक्त करने से लोग आपके दु:ख से मन-ही-मन खुश ही होते हैं, इसलिए अपने दु:ख को अपने मन तक ही सीमित रखना चाहिए।

दोहा 3

एकै साधे सब सधै, सब साधे सब जाय।
रहिमन मूलहिं सींचिबो, फूलै फलै अघाय।।

शब्दार्थ **साधे** - साधने पर, पा लेने पर; **सधै**-सध जाते हैं, **जाय**-चले जाते हैं, नष्ट हो जाते हैं; **मूलहिं**-मूल को, जड़ को; **सींचिबो**-सींचने से; **फूलै**-फूलों से; **फलै**-फलों में; **अघाय**-तृप्त।

भावार्थ

कवि रहीम कहते हैं कि एक लक्ष्य की प्राप्ति कर लेने के बाद क्रम से अन्य सभी लक्ष्य प्राप्त हो जाते हैं अर्थात् व्यक्ति को सर्वाधिक आधारभूत एवं महत्त्वपूर्ण लक्ष्य पर ध्यान देना चाहिए, क्योंकि उस लक्ष्य के प्राप्त होते ही उसके साथ जुड़े अन्य लक्ष्य सिद्ध हो जाते हैं। जिस तरह किसी वृक्ष की जड़ की सिंचाई करने पर उस पर लगने वाले फल-फूल सभी का पर्याप्त पोषण हो जाता है एवं उसे भरपूर मात्रा में पाकर हम तृप्त हो जाते हैं, ठीक उसी तरह जड़ समान मूल लक्ष्य की प्राप्ति होने पर अन्य लक्ष्य स्वत: ही हासिल कर लिए जाते हैं अर्थात् जो व्यक्ति इस सृष्टि के मूल परमात्मा का ध्यान करता है, वह सब प्रकार के सांसारिक फलों को पाकर धन्य/प्रसन्न हो जाता है।

दोहा 4

चित्रकूट में रमि रहे, रहिमन अवध नरेस।
जा पर बिपदा पड़त है, सो आवत यह देस।।

शब्दार्थ **रमि**-रमना; **अवध नरेस**-अयोध्या के राजा राम; **जा पर**-जिस पर; **बिपदा**-संकट; **सो**-जो; **आवत**-आता है; **देस**-क्षेत्र, प्रदेश।

भावार्थ

कवि रहीम कहते हैं कि चित्रकूट इतना मनोरम एवं शांति प्रदान करने वाला प्रदेश है कि जिस व्यक्ति पर भी विपत्ति आती है, वह इसी प्रदेश में शांति पाने के लिए चला आता है। अयोध्या के राजा राम भी विपत्तिकाल में इसी प्रदेश में चले आए थे। इस दोहे में चित्रकूट के मोहक प्राकृतिक सौंदर्य को सामने लाने की कोशिश की गई है।

दोहा 5

दीरघ दोहा अरथ के, आखर थोरे आहिं।
ज्यों रहीम नट कुंडली, सिमिटि कूदि चढ़ि जाहिं।।

शब्दार्थ **दीरघ**-लंबा, बड़ा, विस्तृत; **अरथ**-अर्थ, आशय; **आखर**-अक्षर; **थोरे**-थोड़े; **आहिं**-होते हैं; **नट**-कलाकार; **कुंडली**-घेरा; **सिमिटि**-सिकुड़कर, सिमटना; **कूदि**-कूदना; **चढ़ि**-निकल।

भावार्थ

कवि रहीम कहते हैं कि उनके दोहों में भले ही कम अक्षर या शब्द हैं, परंतु उनके अर्थ बड़े ही गहरे और बहुत कुछ कह देने में समर्थ हैं। ठीक उसी प्रकार जैसे कोई नट अपने करतब के दौरान अपने बड़े शरीर को सिमटाकर कुंडली मार लेने के बाद छोटा लगने लगता है। कहने का तात्पर्य यह है कि किसी के आकार को देखकर उसकी प्रतिभा और कौशल का अंदाजा नहीं लगाना चाहिए।

दोहा 6

धनि रहीम जल पंक को, लघु जिय पिअत अघाय।
उदधि बड़ाई कौन है, जगत पिआसो जाय।।

शब्दार्थ **धनि**-धन्य; **पंक**- कीचड़; **लघु जिय**- छोटे जीव, कीट-पतंगे; **अघाय**-प्यास बुझाकर; **उदधि**- समुद्र, सागर; **बड़ाई**-महानता; **पिआसो**- प्यासा।

भावार्थ

कवि रहीम कहते हैं कि कीचड़ का जल समुद्र के जल से अधिक महान है, जिसका पानी पीकर छोटे जीव तृप्त हो जाते हैं। समुद्र की महानता या बड़प्पन किस काम का, जो संसार के प्राणियों की प्यास ही नहीं बुझा पाता। संसार के प्राणी समुद्र के पास जाकर भी प्यासे ही रह जाते हैं, उनकी प्यास नहीं बुझ पाती। कवि का आशय यह है जो व्यक्ति किसी के काम आए, वही महान होता है।

दोहा 7

नाद रीझि तन देत मृग, नर धन हेत समेत।
ते रहीम पशु से अधिक, रीझेहु कछू न देत।।

शब्दार्थ **नाद**-ढोल की आवाज़; **रीझि**-प्रसन्न होकर; **तन**-शरीर; **मृग**-हिरण; **हेत**-कल्याण, प्रेम; **समेत**-सहित।

भावार्थ

कवि रहीम कहते हैं कि जिस प्रकार ढोल की स्वरताल पर प्रेमरूपी हिरण प्रसन्न होकर अपने प्राण तक न्योछावर कर देता है, उसी प्रकार, किसी व्यक्ति की कला से प्रभावित होकर मनुष्य को उसकी कल्याण

कामना करते हुए प्रेमरूपी धन अर्पित कर देना चाहिए, परंतु जो मनुष्य किसी की कला पर प्रसन्न होकर भी उसे कुछ नहीं देता, वह मनुष्य पशु से भी अधिक बदतर होता है। कवि का आशय यह है कि मनुष्य को कला की कद्र करनी चाहिए।

दोहा 8

बिगरी बात बनै नहीं, लाख करौ किन कोय।
रहिमन फाटे दूध को, मथे न माखन होय।।

शब्दार्थ **बिगरी**–बिगड़ी हुई बात; **करौ किन कोय**-कोई कुछ भी क्यों न करे; **फाटे**–फटे हुए; **मथे**–मथना।

भावार्थ

रहीम अपने इस नीतिपरक दोहे में कहते हैं कि एक बार जो बात बिगड़ जाती है, वह लाख कोशिश करने के बाद भी ठीक नहीं हो पाती। जिस तरह, एक बार दूध फटने के बाद उसे कितना भी मथा जाए, उससे मक्खन नहीं निकल सकता, ठीक उसी प्रकार जब किसी से एक बार संबंध खराब हो जाए या फिर किसी कार्य के दौरान कोई (बड़ी व भारी) गलती हो जाए, तो कितना भी प्रयास क्यों न किया जाए, वह संबंध पहले जैसा नहीं हो पाता।

दोहा 9

रहिमन देखि बड़ेन को, लघु न दीजिये डारि।
जहाँ काम आवे सुई, कहा करे तरवारि।।

शब्दार्थ **बड़ेन**-बड़ा; **लघु**-छोटा; **डारि**-डालना; **तरवारि**-तलवार।

भावार्थ

कवि रहीम अपने इस दोहे में कहते हैं कि बड़े अर्थात् शक्तिशाली को सामने देखकर छोटे अर्थात् कमज़ोर की उपेक्षा या उसका त्याग नहीं करना चाहिए, क्योंकि जहाँ सुई काम आती है, वहाँ तलवार कार्य नहीं कर सकती है।

इस दोहे के माध्यम से कवि यह कहना चाहता है कि इस संसार में मौजूद सभी का अपना-अपना महत्त्व है, सबका अपना-अपना कार्य है। कोई दूसरे का स्थान नहीं ले सकता, इसलिए महान् एवं बड़े लोगों को देखकर लघु या छोटे लोगों की उपेक्षा नहीं करनी चाहिए, क्योंकि उनका कार्य कोई अन्य नहीं कर सकता।

दोहा 10

रहिमन निज संपति बिना, कोउ न बिपति सहाय।
बिनु पानी ज्यों जलज को, नहिं रवि सके बचाय।।

शब्दार्थ **निज**-अपनी; **बिपति**-संकट; **सहाय**-सहायक;/सहायता **जलज**-कमल; **रवि**-सूर्य।

भावार्थ

कवि रहीम कहते हैं कि बिना निजी (अपनी) संपत्ति के किसी भी विपत्ति का सामना नहीं किया जा सकता है अर्थात् किसी भी प्रकार की विपत्ति या संकट आने पर व्यक्ति की निजी (अपनी) संपत्ति ही काम आती है। जैसे बिना पानी वाले कमल को अनेक कोशिशों के बाद भी सूर्य बचा नहीं सकता।

कवि का आशय है कि यदि कमल का आधार पानी ही नहीं रहे, तो सूर्य उसकी रक्षा किसी भी भाँति नहीं कर सकता, ठीक उसी प्रकार बिना निजी संपत्ति वाला व्यक्ति कोई भी विपत्ति या संकट सहने योग्य नहीं होता है अर्थात् जब आपके पास धन नहीं होता, तो कोई भी विपत्ति में आपकी सहायता नहीं करता।

दोहा 11

रहिमन पानी राखिए, बिनु पानी सब सून।
पानी गए न ऊबरै, मोती, मानुष, चून।।

शब्दार्थ **पानी**-सम्मान, जल; **सून**-सूना, व्यर्थ; **मानुष**–मनुष्य; **ऊबरै**–उबरना; **चून**-आटा।

भावार्थ

कवि रहीम इस दोहे के माध्यम से कहते हैं कि पानी का अत्यधिक महत्त्व है और इसके बिना सब कुछ व्यर्थ है। कवि ने यहाँ पानी शब्द का प्रयोग तीन संदर्भों में किया है—मोती, मनुष्य एवं चून (आटा)।

कवि का कहना है कि पानी अर्थात् चमक के बिना मोती व्यर्थ है, पानी अर्थात् सम्मान या इज़्ज़त के बिना मनुष्य व्यर्थ है और बिना पानी के चून (आटा) व्यर्थ है। यहाँ कवि पानी की महिमा का बखान करते हुए कहता है कि मनुष्य को अपने व्यवहार में हमेशा पानी (विनम्रता) रखनी चाहिए, जिसके बिना उसका जीवन व्यर्थ हो जाता है।

NCERT फोल्डर

पाठ्यपुस्तक (स्पर्श भाग-1) के प्रश्नोत्तर

प्र.1 निम्नलिखित प्रश्नों के उत्तर दीजिए

(क) प्रेम का धागा टूटने पर पहले की भाँति क्यों नहीं हो पाता?

(ख) हमें अपना दु:ख दूसरों पर क्यों नहीं प्रकट करना चाहिए? अपने मन की व्यथा दूसरों से कहने पर उनका व्यवहार कैसा हो जाता है?

(ग) रहीम ने सागर की अपेक्षा पंक जल को धन्य क्यों कहा है?

(घ) एक को साधने से सब कैसे सध जाते हैं?

(ङ) जलहीन कमल की रक्षा सूर्य भी क्यों नहीं कर पाता?

(च) अवध नरेश को चित्रकूट क्यों जाना पड़ा?

(छ) 'नट' किस कला में सिद्ध होने के कारण ऊपर चढ़ जाता है?

(ज) 'मोती, मानुष, चून' के संदर्भ में पानी के महत्त्व को स्पष्ट कीजिए।

उत्तर (क) प्रेम आपसी लगाव, आकर्षण और विश्वास के कारण होता है। यदि एक बार यह लगाव और विश्वास टूट जाए, तो फिर उसमें पहले जैसा भाव नहीं रहता। ठीक वैसे ही जैसे कि धागा टूटने पर जुड़ नहीं पाता, यदि उसे जोड़ा जाए, तो गाँठ पड़ ही जाती है।

(ख) हमें अपना दु:ख दूसरों के सामने प्रकट नहीं करना चाहिए, क्योंकि इससे लोग मज़ाक उड़ाते हैं और दु:ख को बाँटने की अपेक्षा उपहास कर जले पर नमक छिड़कते हैं।

(ग) रहीम ने सागर की अपेक्षा पंक जल को धन्य इसलिए कहा है, क्योंकि पंक जल की थोड़ी-सी मात्रा भी कई छोटे जीवों की प्यास बुझाती है, जबकि विशाल सागर अपने खारेपन के कारण किसी की प्यास नहीं बुझा पाता।

(घ) यदि व्यक्ति लालचपूर्ण विचारों को त्यागकर संयम एवं नियम से सबसे महत्त्वपूर्ण कार्य करे, तो उसके संपूर्ण कार्य सुचारु रूप से संपन्न एवं सफल हो जाते हैं अर्थात् यदि किसी सर्वाधिक महत्त्वपूर्ण कार्य पर ध्यान दिया जाए, तो उससे संबंधित सारे कार्य सफल हो जाते हैं। फिर एक सफलता के बाद क्रम से अन्य सफलताएँ भी मिलने लगती हैं।

(ङ) कमल की जीवनी शक्ति जल है, वही उसकी संपत्ति है। यदि यही संपत्ति उसके पास नहीं रही, तो सूर्य भी उसको जीवन नहीं दे सकता।

(च) अवध नरेश अर्थात् श्रीराम को चित्रकूट इसलिए जाना पड़ा, क्योंकि उन्हें माता-पिता की आज्ञा का पालन करने के लिए चौदह वर्षों तक वनवास भोगना था। उसी वनवास के दौरान उन्हें चित्रकूट जैसे रमणीय वन में रुकने का अवसर मिला।

(छ) नट स्वयं को समेटने अर्थात् सिकोड़ने की कला में सिद्ध होता है। इसी कला के कारण वह कुंडली में से निकलकर ऊपर चढ़ जाता है।

(ज) पानी जब स्वाति नक्षत्र में किसी सीप में पड़ता है, तो वह मोती बन जाता है। मोती के लिए यह पानी कांति है, जिसके बिना मोती का कोई महत्त्व नहीं होता। व्यक्ति के लिए पानी अर्थात् सम्मान बेहद आवश्यक है, क्योंकि बिना सम्मान के मनुष्य का जीवन निरर्थक है। उसी प्रकार, चून अर्थात् आटे का प्रयोग पानी के बिना संभव नहीं है।

प्र.2 निम्नलिखित का भाव स्पष्ट कीजिए

(क) टूटे से फिर ना मिले, मिले गाँठ परि जाय।

(ख) सुनि अठिलैहैं लोग सब, बाँटि न लैहैं कोय।

(ग) रहिमन मूलहिं सींचिबो, फूलै फलै अघाय।

(घ) दीरघ दोहा अरथ के, आखर थोरे आहिं।

(ङ) नाद रीझि तन देत मृग, नर धन हेत समेत।

(च) जहाँ काम आवे सुई, कहा करे तरवारि।

(छ) पानी गए न ऊबरै, मोती, मानुष, चून।

उत्तर (क) रहीम कहते हैं कि प्रेम रूपी धागा एक बार टूट जाए, तो पुनः जुड़ नहीं सकता और यदि जुड़ भी जाए, तो उसमें गाँठ पड़ ही जाती है अर्थात् यदि एक बार प्रेम संबंध टूट जाए, तो पुनः नहीं जुड़ता। यदि जुड़ भी जाए, तो भी मन में खटास बनी ही रहती है और यह संबंध पहले जितना मज़बूत भी नहीं रहता।

(ख) रहीम कहते हैं कि व्यक्ति को अपना दु:ख सभी से नहीं बाँटना चाहिए, क्योंकि कुछ लोग आपके दु:ख को समझने की बजाय आपका उपहास करेंगे अर्थात् ऐसे लोग आपके दु:ख को बाँटने की अपेक्षा आपका मज़ाक बनाएँगे। अतः हमें अपना दु:ख अपने तक ही सीमित रखना चाहिए।

(ग) रहीम कहते हैं कि व्यक्ति को अपना मुख्य उद्देश्य को भली-भाँति ध्यान में रखना चाहिए। इससे न केवल वह कार्य, बल्कि उससे संबंधित अन्य कार्य भी सफल होते हैं; जैसे—जड़ को सींचने मात्र से पर्याप्त फल और फूल प्राप्त होते हैं, जिनसे व्यक्ति तृप्त हो जाता है।

(घ) रहीम कहते हैं कि दोहा छंद में अक्षर या शब्द कम होते हैं, लेकिन उसका अर्थ अत्यंत विस्तृत और गहरा होता है। ये दोहे 'गागर में सागर' भरने का कार्य करते हैं।

(ङ) रहीम कहते हैं कि जैसे ढोल की धुन सुनकर मृग मदमस्त होकर अपनी जान तक गँवा देता है, वैसे ही कुछ मनुष्य प्रेम सहित अपने धन का दान कर देते हैं।

(च) रहीम कहते हैं कि शक्तिशाली एवं सत्ताधारी व्यक्ति की अपेक्षा निर्बल एवं असहाय व्यक्ति को हमेशा महत्त्वहीन नहीं समझना चाहिए, क्योंकि जहाँ सुई काम आती है, वहाँ तलवार से काम नहीं हो सकता।

(छ) रहीम कहते हैं कि मोती, मनुष्य और चून (आटा) बिना पानी के व्यर्थ हैं। स्वाति नक्षत्र में पानी की बूँद ही सीप में मोती का रूप ले लेती है। यह पानी ही मोती को कांतिमान बनाता है और बिना कांति (चमक) का मोती व्यर्थ है। मनुष्य बिना पानी अर्थात् सम्मान के जीवित नहीं रह सकता, उसका जीवन निरर्थक हो जाता है और चून (आटा) बिना पानी के उपयोग में नहीं लाया जा सकता।

प्र.2 निम्नलिखित भाव को पाठ में किन पंक्तियों द्वारा अभिव्यक्त किया गया है?

(क) जिस पर विपदा पड़ती है वही इस देश में आता है।

(ख) कोई लाख कोशिश करे, पर बिगड़ी बात फिर बन नहीं सकती।

(ग) पानी के बिना सब सूना है, अतः पानी अवश्य रखना चाहिए।

उत्तर (क) जा पर बिपदा पड़त है, सो आवत यह देस।

(ख) बिगरी बात बनै नहीं, लाख करौ किन कोय।

(ग) रहिमन पानी राखिए, बिनु पानी सब सून।

प्र.4 उदाहरण के आधार पर पाठ में आए निम्नलिखित शब्दों के प्रचलित रूप लिखिए

उदाहरण

कोय–कोई, **जे–जो**

ज्यों	....	नहिं	....
धनि	....	जिय	....
होय	....	तरवारि	....
मूलहिं	....	पिआसो	....
आवे	....	ऊबरै	....
बिथा	....	परिजाय	....
कछु	....	कोय	....
आखर	....	थोरे	....
माखन	....	सींचिबो	....
पिअत	....	बिगरी	....
सहाय	....	बिनु	....
अठिलैहैं	....		

उत्तर

ज्यों	—	जैसे	नहिं	—	नहीं
धनि	—	धन्य	जिय	—	हृदय
होय	—	होना	तरवारि	—	तलवार
मूलहिं	—	जड़	पिआसो	—	प्यासा
आवे	—	आना	ऊबरै	—	उबरना
बिथा	—	दु:ख,व्यथा	परिजाय	—	पड़ जाना
कछु	—	कुछ	कोय	—	कोई
आखर	—	अक्षर	थोरे	—	थोड़े
माखन	—	मक्खन	सींचिबो	—	सींचना
पिअत	—	पीना	बिगरी	—	बिगड़ी
सहाय	—	सहायक	बिनु	—	बिना
अठिलैहैं	—	इठलाएँगे			

योग्यता–विस्तार

प्र.1 'सुई की जगह तलवार काम नहीं आती' तथा 'बिन पानी सब सून' इन विषयों पर कक्षा में परिचर्चा आयोजित कीजिए।

उत्तर विद्यार्थी स्वयं करें।

प्र.2 'चित्रकूट' किस राज्य में स्थित है, जानकारी प्राप्त कीजिए।

उत्तर विद्यार्थी स्वयं करें।

परियोजना कार्य

प्र.1 नीति संबंधी अन्य कवियों के दोहे/कविता एकत्र कीजिए और उन दोहों कविताओं को चार्ट पर लिखकर भित्ति पत्रिका पर लगाइए।

उत्तर विद्यार्थी स्वयं करें

अभ्यास प्रश्न

बहुविकल्पीय व वर्णनात्मक प्रश्नों सहित

कविता पर आधारित बहुविकल्पीय प्रश्न

1. रहीम किसके दरबार के नवरत्नों में से एक थे? **CBSE Diksha**

(क) औरंगजेब (ख) अकबर
(ग) सिंकदर लोदी (घ) बाबर

उत्तर (ख) अकबर

2. रहीम के काव्य का मुख्य विषय है **CBSE Diksha**

(क) शृंगार (ख) वात्सल्य
(ग) नीति (घ) हास्य

उत्तर (ग) नीति

3. **कथन** (A) दोहे के अनुसार, प्रेम रूपी धागे को झटके से नहीं तोड़ना चाहिए।

कारण (R) वह बहुत ही नाजुक होता है, वह जरा-सी चोट से टूट जाता है और उसे पुनः जोड़ने पर गाँठ पड़ जाती है। **दक्षता आधारित प्रश्न**

(क) कथन (A) सही है, लेकिन कारण (R) गलत है।
(ख) कथन (A) गलत है, लेकिन कारण (R) सही है।
(ग) कथन (A) और कारण (R) दोनों गलत हैं।
(घ) कथन (A) और कारण (R) दोनों सही हैं।

उत्तर (घ) कथन (A) और कारण (R) दोनों सही हैं।

4. रहीम के अनुसार, व्यक्ति को किस लक्ष्य पर सर्वाधिक ध्यान देना चाहिए?

(क) आधारभूत

(ख) महत्त्वपूर्ण

(ग) 'क' और 'ख' दोनों

(घ) अनुषंगी

उत्तर (ग) 'क' और 'ख' दोनों

5. एक समय पर एक ही कार्य करना चाहिए अपनी इस बात को सिद्ध करने के लिए कवि रहीम ने किसका उदाहरण दिया है?

(क) कमल का (ख) लकड़ी का

(ग) पेड़ का (घ) धरती का

उत्तर (ग) पेड़ का

6. रहीम के अनुसार, जिस पर भी विपत्ति आती है, वह कहाँ चला आता है?

(क) उत्तराखंड (ख) उज्जैन

(ग) अयोध्या (घ) चित्रकूट

उत्तर (घ) चित्रकूट

7. कवि ने अवध नरेश का प्रयोग ………… किया है।

(क) दशरथ के लिए (ख) भरत के लिए

(ग) श्रीराम के लिए (घ) श्रीकृष्ण के लिए

उत्तर (ग) श्रीराम के लिए

8. एक कुशल दोहाकार किसके माध्यम से बहुत ही गहरी और अर्थपूर्ण बातें कह पाता है?

(क) कठिन एवं प्रभावपूर्ण भाषा द्वारा

(ख) सीमित शब्दों के द्वारा

(ग) अलंकारिक प्रयोग द्वारा

(घ) संस्कृतनिष्ठ शब्दावली द्वारा

उत्तर (ख) सीमित शब्दों के द्वारा

9. रहीम के अनुसार, महान व्यक्ति कौन होता है?

(क) जो किसी के काम आता है

(ख) जो महान् कार्य करता है

(ग) जिसके पास अधिक धन-संपत्ति हो

(घ) जिसके कर्म श्रेष्ठ हो

उत्तर (क) जो किसी के काम आता है

10. हिरण किस पर प्रसन्न होकर अपने प्राण न्योछावर कर देता है?

(क) ढोल की आवाज पर

(ख) मनुष्य के उपकार पर

(ग) प्रकृति की सुंदरता पर

(घ) सहयोगी के सानिध्य पर

उत्तर (क) नाद की आवाज पर

11. 'रहिमन पानी राखिए, बिन पानी सब सून' में अलंकार है

(क) श्लेष अलंकार (ख) उपमा अलंकार

(ग) यमक अलंकार (घ) उत्प्रेक्षा अलंकार

उत्तर (क) श्लेष अलंकार

12. कवि के अनुसार, मनुष्य को किसकी कद्र करनी चाहिए?

(क) वाद्य यंत्र (ख) कला

(ग) संगीत (घ) ये सभी

उत्तर (घ) ये सभी

13. कवि के अनुसार, बिगड़ी बात क्या करने पर भी नहीं बनती?

(क) निवेदन करने पर

(ख) पूरा प्रयास करने पर

(ग) लाख प्रयत्न करने पर

(घ) ये सभी

उत्तर (घ) ये सभी

14. रहीम के अनुसार, विपत्ति के समय में व्यक्ति की सहायक ………… होती है।

(क) उसका अभिन्न मित्र (ख) उसके माता-पिता

(ग) उसकी संपत्ति (घ) उसके गुरु

उत्तर (ग) उसकी संपत्ति

15. सूर्य कमल की रक्षा कब नहीं कर सकता?

(क) जब वर्षा न हो

(ख) जब तालाब में पानी न हो

(ग) जब नदी में मछली हो

(घ) जब कमल खिला ही न हो

उत्तर (ख) जब तालाब में पानी न हो

16. 'जलज' का निम्न में पर्यायवाची है

1. कमल 2. पंकज 3. राजीव 4. ये सभी

कूट

(क) केवल 4 सही है (ख) 2 और 4 सही हैं

(ग) 1, 2 और 4 सही हैं (घ) 1, 2 और 3 सही हैं

उत्तर (क) केवल 4 सही है

काव्यांशों पर आधारित बहुविकल्पीय प्रश्न

1. "रहिमन धाग प्रेम का, मत तोड़ो चटकाय।
टूटे से फिर ना मिले, मिले गाँठ परि जाय।।"

(i) **रहीम ने प्रेम के बंधन की तुलना किससे की है?**

1. तार से 2. धागे से 3. डोरी से 4. सूत से

कूट

(क) केवल 1 सही है (ख) केवल 2 सही है

(ग) केवल 3 सही है (घ) केवल 4 सही है

उत्तर (ख) केवल 2 सही है

(ii) **एक बार प्रेम संबंध टूटने पर क्या होता है?**

(क) रिश्ते मधुर हो जाते हैं

(ख) फिर पहले जैसे रिश्ते नहीं रहते

(ग) रिश्ते कटु हो जाते हैं

(घ) रिश्ते पहले जैसे हो जाते हैं

उत्तर (ख) फिर पहले जैसे रिश्ते नहीं रहते

(iii) 'गाँठ पड़ना' मुहावरे का क्या अर्थ है?
(क) मन का मजबूत होना (ख) मन का स्वार्थी होना
(ग) मन में भेद आ जाना (घ) मन में प्रेम बढ़ना

उत्तर (ग) मन में भेद आ जाना

(iv) प्रेम के संबंधों को निभाना चाहिए
(क) तटस्थता के साथ
(ख) झूठ बोलकर
(ग) बहुत सावधानी के साथ
(घ) सच बोलकर

उत्तर (ग) बहुत सावधानी के साथ

(v) **कथन** (A) प्रेम का धागा एक झटके में नहीं तोड़ना चाहिए।
कारण (R) एक बार धागा टूट जाने पर उसे जोड़ना आसान नहीं होता है।
(क) कथन (A) और कारण (R) दोनों सही हैं।
(ख) कथन (A) सही है, लेकिन कारण (R) गलत है।
(ग) कथन (A) गलत है, लेकिन कारण (R) सही है।
(घ) कथन (A) और कारण (R) दोनों गलत हैं।

उत्तर (क) कथन (A) और कारण (R) दोनों सही हैं।

**2. "रहिमन निज मन की बिथा, मन ही राखो गोय।
सुनि अठिलैहैं लोग सब, बाँटि न लैहैं कोय।।"**

(i) व्यक्ति को अपने मन के दुःख को कहाँ तक सीमित रखना चाहिए? दक्षता आधारित प्रश्न
1.अपने घनिष्ठ मित्र तक 2. अपने माता-पिता तक
3.अपने तक ही 4. अपने गुरु तक
कूट
(क) केवल 1 सही है (ख) केवल 2 सही है
(ग) केवल 3 सही है (घ) केवल 4 सही है

उत्तर (ग) केवल 3 सही है

(ii) हमें अपना दुःख दूसरों के सामने व्यक्त क्यों नहीं करना चाहिए?
(क) क्योंकि लोग मजाक उड़ाते हैं
(ख) क्योंकि दुःख स्वयं को भोगना है
(ग) क्योंकि दूसरे हमारी सहायता करते हैं
(घ) क्योंकि दूसरे स्वयं दुःखी हैं

उत्तर (क) क्योंकि लोग मजाक उड़ाते हैं

(iii) व्यक्ति क्या सोचकर अपनी व्यथा दूसरों को सुनाता है?
(क) उसका दुःख बढ़ जाएगा
(ख) उसका दुःख कम हो जाएगा
(ग) लोग उसकी सहायता करेंगे
(घ) लोग उसे सुख प्रदान करेंगे

उत्तर (ख) उसका दुःख कम हो जाएगा

(iv) लोग आपस में क्या बाँटना पसंद नहीं करते?
(क) सुख को (ख) दुःख को
(ग) संपत्ति को (घ) इनमें से कोई नहीं

उत्तर (ख) दुःख को

(v) **कथन** (A) अपना दुःख दूसरों को नहीं बताना चाहिए।
कारण (R) लोग दूसरों का दुःख सुनकर केवल मजाक ही उड़ाते हैं।
(क) कथन (A) सही है, लेकिन कारण (R) गलत है।
(ख) कथन (A) गलत है, लेकिन कारण (R) सही है।
(ग) कथन (A) और कारण (R) दोनों सही हैं।
(घ) कथन (A) और कारण (R) दोनों गलत हैं।

उत्तर (क) कथन (A) सही है, लेकिन कारण (R) गलत है।

**3. "धनि रहीम जल पंक को, लघु जिय पिअत अघाय।
उदधि बड़ाई कौन है, जगत पिआसो जाय।।"**

(i) कवि ने किसके जल को धन्य कहा है?
(क) नदी (ख) तालाब
(ग) कीचड़ (घ) सागर

उत्तर (ग) कीचड़

(ii) "धनि रहीम जल पंक को, लघु जिय पिअत अघाय।"
उक्त पंक्ति में कीचड़ का जल किस प्रकार काम आता है?
(क) छोटे जीवों की प्यास बुझाने के
(ख) कमल खिलाने के
(ग) मनुष्य को गंदा करने के
(घ) घृणा करने के

उत्तर (क) छोटे जीवों की प्यास बुझाने के

(iii) संसार के प्राणियों की प्यास कौन नहीं बुझा पाता है?
1.कीचड़ का जल 2. समुद्र का जल
3.नदी का जल 4. तालाब का जल दक्षता आधारित प्रश्न
कूट
(क) केवल 1 सही है
(ख) केवल 2 सही है
(ग) केवल 3 सही है
(घ) केवल 4 सही है

उत्तर (ख) केवल 2 सही है

(iv) संसार के प्राणी समुद्र के पास जाकर भी प्यासे क्यों रह जाते हैं?
(क) उसकी विशालता के कारण
(ख) उसके लहराते जल के कारण
(ग) उसके जल से प्यास न बुझने के कारण
(घ) उसकी महानता के कारण

उत्तर (ग) उसके जल से प्यास न बुझने के कारण

(v) **कथन** (A) एक साथ कई कार्य नहीं करने चाहिए।
कारण (R) कोई भी कार्य पूरा नहीं होता है।
दक्षता आधारित प्रश्न
(क) कथन (A) और कारण (R) दोनों गलत हैं।
(ख) कथन (A) गलत है, लेकिन कारण (R) सही है।
(ग) कथन (A) सही है, लेकिन कारण (R) गलत है।
(घ) कथन (A) और कारण (R) दोनों सही हैं।

उत्तर (घ) कथन (A) और कारण (R) दोनों सही हैं।

4. "रहिमन देखि बड़ेन को, लघु न दीजिए डारि।
जहाँ काम आवे सुई, कहा करे तलवारि।।"

(i) इस दोहे में क्या संदेश दिया गया है?
(क) केवल छोटी चीज ही काम की होती है
(ख) बड़ी चीज का महत्त्व सब जगह होता है
(ग) हर चीज का अपना महत्त्व होता है
(घ) छोटी चीज कम काम की होती है
उत्तर (ग) हर चीज का अपना महत्त्व होता है

(ii) कवि के अनुसार, सुई के स्थान पर क्या काम नहीं आती है?
(क) तार (ख) डोरी
(ग) धागा (घ) तलवार
उत्तर (घ) तलवार

(iii) 'जहाँ काम आवे सुई' पंक्ति में सुई किसका प्रतीक है?
(क) शक्तिशाली लोगों का
(ख) छोटे या कमजोर लोगों का
(ग) बड़े या प्रभावशाली लोगों
(घ) असमर्थ लोगों का
उत्तर (ख) छोटे या कमजोर लोगों का

(iv) **कथन** (A) तलवार मिलते ही सुई को नहीं फेंकना चाहिए।
कारण (R) सभी का अपना-अपना महत्त्व है, कोई दूसरे का स्थान नहीं ले सकता और बड़े को देखकर छोटे की उपेक्षा नहीं करनी चाहिए।
(क) कथन (A) सही है, लेकिन कारण (R) गलत है।
(ख) कथन (A) गलत है, लेकिन कारण (R) सही है।
(ग) कथन (A) और कारण (R) दोनों गलत हैं।
(घ) कथन (A) और कारण (R) दोनों सही हैं।
उत्तर (घ) कथन (A) और कारण (R) दोनों सही हैं।

(v) छोटी-से-छोटी वस्तु का अपना महत्त्व है, इस बात को सिद्ध करने के लिए रहीम ने किसका उदाहरण दिया है?
1. समुद्र और मछली का 2. सुई और धागे का
3. कमल और कीचड़ का 4. सुई और तलवार का
कूट
(क) केवल 1 सही है (ख) केवल 2 सही है
(ग) केवल 3 सही है (घ) केवल 4 सही है
उत्तर (घ) केवल 4 सही है

काव्यबोध संबंधी लघु प्रश्नोत्तर

1. कवि रहीम के अनुसार, विपत्ति में हमारा सहायक कौन होता है तथा किस तरह के लोग चित्रकूट आते हैं?

उत्तर कवि रहीम के अनुसार, विपत्ति के समय हमारी अपनी संपत्ति, धैर्य और प्रार्थना, साधना ही हमारी सबसे महत्त्वपूर्ण सहायक होती हैं। विपत्ति में पड़े हुए लोग चित्रकूट आते हैं। कवि ने संबंधित दोहे में बताया है कि वनवास मिलने पर अयोध्या नरेश भगवान राम ने भी कुछ दिनों के लिए चित्रकूट में निवास किया था।

2. 'रहिमन पानी राखिए' दोहे के माध्यम से कवि मनुष्य को क्या प्रेरणा देना चाहता है? तथा बिना पानी वाले मनुष्य से कवि का आशय क्या है?

उत्तर 'रहिमन पानी राखिए' दोहे के माध्यम से कवि मनुष्य को यह प्रेरणा देना चाहता है कि मनुष्य को अपना मान-सम्मान बनाए रखना चाहिए, क्योंकि मान-सम्मान ही मनुष्य के जीवन की सर्वाधिक मूल्यवान संपत्ति होती है। बिना पानी वाले मनुष्य से कवि का आशय ऐसे व्यक्ति से है, जिसके पास स्वाभिमान या आत्म-सम्मान नहीं होता।

3. प्रेम रूपी धागे की क्या विशेषता है?

अथवा **प्रेम की नाज़ुकता को धागे के संदर्भ में स्पष्ट करते हुए बताइए कि कवि का अभिप्राय क्या है?** **दक्षता आधारित प्रश्न**

उत्तर प्रेम रूपी धागे की विशेषता यह होती है कि वह बहुत नाज़ुक होता है और ज़रा-सी चोट से टूट जाता है। एक बार टूट जाने के पश्चात् उसे पुनः नहीं जोड़ा जा सकता। जिस तरह धागे को जोड़ने पर उसमें गाँठ पड़ जाती है, उसी प्रकार प्रेम संबंधों को भी एक बार टूट जाने पर पुनः पहले जैसा सरस नहीं किया जा सकता।

4. कवि रहीम के अनुसार, प्रेम का धागा क्यों नहीं तोड़ना चाहिए?

अथवा **रहीम के अनुसार, प्रेम के धागे को क्या नहीं करना चाहिए? 'धागा टूटने' से क्या अभिप्राय है?** **दक्षता आधारित प्रश्न**

उत्तर रहीम के अनुसार, 'धागा टूटने' से अभिप्राय है—प्रेम संबंधों में दरार पड़ना अथवा टूट जाना। रहीम इसलिए प्रेम का धागा नहीं तोड़ना चाहते, क्योंकि एक बार धागा टूट जाने पर उसको जोड़ना कठिन होता है। यदि वह जुड़ भी जाता है, तो उसमें गाँठ अवश्य पड़ जाती है और वह गाँठ बार-बार संबंधों में आई कटुता, कलुषता और कलह की याद दिलाती रहती है, इसलिए प्रेम का धागा टूटने पर वह पहले की भाँति सहज नहीं हो पाता।

**5. रहिमन पानी राखिए, बिनु पानी सब सून।
पानी गए न ऊबरै, मोती, मानुष, चून।।**

(क) उपर्युक्त दोहे में कवि ने किसका वर्णन किया है?
(ख) वर्णन करने के लिए मुख्य रूप से किस अलंकार का प्रयोग किया गया है?

उत्तर (क) इस दोहे में रहीम ने पानी का तीन अर्थों में प्रयोग किया है। पानी का पहला अर्थ मनुष्य के लिए किया गया है तथा इसका अर्थ सम्मान तथा विनम्रता से है। रहीम कहते हैं मनुष्य में हमेशा विनम्रता होनी चाहिए। पानी का दूसरा अर्थ आभा (चमक) से है, जिसके बिना मोती का कोई मूल्य नहीं है। पानी का तीसरा अर्थ जल से है, जिसे आटे (चून) से जोड़कर दर्शाया गया है। रहीम का कहना है कि जिस तरह आटे का अस्तित्व पानी के बिना खाने लायक नहीं बनाया जा सकता है और मोती का मूल्य उसकी आभा के बिना नहीं हो सकता है, उसी तरह मनुष्य को भी अपने व्यवहार में हमेशा पानी (सम्मान एवं विनम्रता) रखना चाहिए, जिसके बिना उसका जीवन व्यर्थ हो जाता है।

(ख) प्रस्तुत दोहे में मोती, मानुष, चून में श्लेष अलंकार का प्रयोग किया गया है।

6. 'रहिमन निज मन की बिथा' दोहे में कवि ने क्या कहना चाहा है?

उत्तर 'रहिमन निज मन की बिथा' दोहे में कवि ने कहना चाहा है कि अपनी व्यथा को औरों के साथ मत बाँटो। अपनी व्यथा या दुःख को औरों के साथ बाँटने पर लोग उसका उपहास ही करते हैं, उसमें सहभागी नहीं होते। इसी कारण, कवि ने अपने दुःख को अपने तक ही सीमित रखने की सलाह दी है।

7. रहीम ने पशु से भी तुच्छ किसे माना है और क्यों?

***अथवा* 'ते रहीम पशु से अधिक, रीझेहु कछू न देत' कवि ने ऐसा क्यों कहा है?**

उत्तर रहीम के अनुसार, जो मनुष्य कला पर रीझने के पश्चात् भी कला की कद्र नहीं करता, कलाकार को कुछ दान नहीं देता, वह कंजूस और क्षुद्र है, जबकि पशु होते हुए भी हिरण वाद्य (बाजे) पर मोहित होकर अपने प्राण तक त्याग देता है।

8. सुई तथा तलवार के उदाहरण द्वारा कवि क्या संदेश देना चाहता है?

***अथवा* रहीम ने क्यों कहा है कि छोटी-बड़ी हर वस्तु का अपना महत्त्व है।** **CBSE Diksha**

***अथवा* हमें अपने निर्धन मित्रों को नहीं भूलना चाहिए। इस भाव के लिए रहीम ने कौन-सा उदाहरण दिया है?**

***अथवा* लघु वस्तु का तिरस्कार क्यों नहीं करना चाहिए?**

***अथवा* "रहिमन देखि बड़ेन को, लघु न दीजिये डारि" दोहे के आधार पर कवि क्या संकेत करता है?**

उत्तर कवि रहीम का मानना है कि प्रत्येक छोटी-बड़ी वस्तु की अपनी अलग-अलग उपयोगिता होती है, इसलिए कभी भी धनी या शक्तिशाली मित्रों को पाकर निर्धन या कमज़ोर मित्रों को नहीं भूलना चाहिए। इसके लिए रहीम सुई और तलवार का उदाहरण देते हुए कहते हैं कि जहाँ सुई का काम होता है, वहाँ तलवार व्यर्थ हो जाती है। इस प्रकार, रहीम इस उदाहरण के माध्यम से समाज में सभी के सम्मान का संदेश देते हैं।

9. रहीम के अनुसार, किसी व्यक्ति की योग्यता या गुण से प्रसन्न होने पर अन्य मनुष्यों का क्या धर्म होना चाहिए?

उत्तर रहीम के अनुसार, किसी व्यक्ति की योग्यता या गुण से प्रसन्न होने पर अन्य मनुष्यों का यह धर्म होना चाहिए कि उन्हें गुणी व्यक्ति के कल्याण के लिए प्रेमपूर्वक दान या धन अर्पित करना चाहिए, क्योंकि गुणी या कलाकार व्यक्ति की योग्यता को सम्मान देने का यह सरल तरीका है।

10. रहीम की भाषा पर अपने विचार व्यक्त कीजिए।

***अथवा* रहीम की भाषा-शैली पर प्रकाश डालिए।**

उत्तर रहीम भक्तिकाल के बहुत लोकप्रिय कवि थे। ये अरबी, फ़ारसी, संस्कृत और हिंदी आदि अनेक भाषाओं के जानकार थे। इन्होंने ब्रज तथा अवधी दोनों भाषाओं में काव्य रचना की है। इनके द्वारा रचित बरवै अवधी भाषा में तथा दोहे, कवित्त, सवैये आदि ब्रज भाषा में हैं। इनके दोहे भाव एवं शैली की दृष्टि से अत्यंत विशिष्ट हैं, जिनकी भाषा सहज, स्वाभाविक तथा मर्मस्पर्शी है। इनकी भाषा में लयात्मकता का गुण विद्यमान है।

11. रहीम के दोहे में प्रेम संबंधों में तनाव और टूटन न आने देने की सलाह क्यों दी गई है? क्या आप ऐसा सोचते हैं कि एक बार गाँठ पड़ जाने पर रिश्ते सामान्य नहीं रहते? **दक्षता आधारित प्रश्न**

उत्तर रहीम ने अपने दोहे के माध्यम से प्रेम संबंधों में तनाव और न टूटने की सलाह इसलिए दी है, क्योंकि प्रेम रूपी धागा बहुत कोमल और नाज़ुक होता है। यह एक बार टूट जाने पर ज़ल्दी नहीं जुड़ पाता और यदि किसी तरह से जुड़ भी जाता है, तो उसमें गाँठ पड़ जाती है, जो बार-बार संबंधों में आई कटुता की याद दिलाती रहती है, इसलिए प्रेम संबंधों के महत्त्व को समझते हुए उनका उचित ढंग से निर्वाह करना चाहिए, ताकि संबंधों की मधुरता बनी रहे।

हाँ, हम भी यही सोचते हैं कि संबंधों में एक बार दरार पड़ जाने पर रिश्ते सामान्य नहीं रहते हैं, उनमें पहले जैसी आत्मीयता नहीं रह जाती और मन में दरार पड़ जाती है। पहले जैसा विश्वास पुनः नहीं बन पाता है, इसलिए यह बात सत्य है कि प्रेम के संबंधों में गाँठ पड़ जाने पर वे पुनः पहले की तरह सहज नहीं रहते।

12. कवि रहीम ने प्रेम के महत्त्व का वर्णन किस प्रकार किया है?

उत्तर कवि रहीम का कहना है कि लोगों को प्रेमपूर्वक एक—दूसरे के साथ मिल-जुलकर रहना चाहिए। आपसी संबंधों में सबसे महत्त्वपूर्ण प्रेमपूर्ण संबंध या व्यवहार ही होता है। एक—दूसरे के प्रति प्रेमपूर्ण व्यवहार के कारण ही लोगों के बीच आत्मीयता एवं लगाव का संबंध बनता है। इस प्रेम संबंध को अत्यधिक महत्त्व देते हुए कवि रहीम कहते हैं कि प्रेम का यह धागा बहुत ही कोमल एवं नाज़ुक होता है। इसे कभी भी तोड़ना नहीं चाहिए, क्योंकि प्रेम का यह धागा एक बार टूट जाने पर ज़ल्दी जुड़ नहीं पाता और यदि किसी तरह जुड़ भी जाता है, तो उसमें गाँठ पड़ जाती है।

वह पहले की तरह सहज नहीं हो पाता। रहीम ने प्रेम के महत्त्व को बारीकी से रेखांकित करते हुए उसकी नाज़ुकता एवं सहजता को स्पष्ट किया है। उन्होंने सभी मानवीय संबंधों का मूल प्रेम को माना है और उसे बनाए रखने के लिए लोगों को परामर्श दिया है।

13. कवि रहीम मन की व्यथा को मन में ही रखने की सलाह क्यों देते हैं?

उत्तर कवि रहीम का मानना है कि व्यक्ति स्वभाव से ईर्ष्यालु होता है। इस ईर्ष्या भावना के कारण ही दूसरों का दुःख या वेदना सुनने के बाद वह मन ही मन प्रसन्न होता है। कवि का कहना है कि व्यक्ति को अपने मन की व्यथा या वेदना को अपने मन में ही रखना चाहिए, क्योंकि उसे दूसरों के सामने प्रकट करने से कोई लाभ नहीं होता है।

मन की वेदना या दुःख को दूसरों के सामने प्रकट करने से उसमें कोई कमी नहीं आती, क्योंकि कोई भी उस दुःख को बाँटना नहीं चाहता। दूसरों के सामने अपने मन की व्यथा को प्रकट करने से कोई लाभ तो नहीं होता, बल्कि सुनने वाला प्रसन्न होकर उपहास करता है। वह ईर्ष्या भावना के कारण और आनंदित हो जाता है, इसलिए कवि ने अपने मन की व्यथा को मन में ही रखने की सलाह दी है।

14. जीवन में सफलता पाने के लिए रहीम के दोहे अत्यंत उपयोगी हैं। एक उदाहरण देकर स्पष्ट कीजिए।

अथवा रहीम के दोहे आज भी लोगों की जुबाँ पर क्यों हैं? **CBSE Diksha**

अथवा रहीम के दोहों का प्रतिपाद्य स्पष्ट कीजिए।

अथवा मानवीय मूल्यों की दृष्टि से रहीम के दोहों का व्यक्ति के जीवन में क्या महत्त्व है?

उत्तर रहीम अपने दोहों के माध्यम से मानव जीवन एवं सामाजिक संबंधों में प्रेम के महत्त्व को दर्शाते हैं। वे कहते हैं कि प्रेम के धागे को कभी मत तोड़ो, क्योंकि एक बार प्रेम संबंध टूट जाने पर वह फिर से पहले जैसा सहज एवं स्वाभाविक नहीं हो पाता। उसमें गाँठ पड़ जाती है अर्थात् संबंधों में मनमुटाव या कड़वाहट आ जाती है, उसमें पहले जैसी आत्मीयता नहीं रहती।

रहीम अपने दोहे के माध्यम से कल्याण या परोपकार करने की प्रवृत्ति पर ज़ोर देते हैं। वे कहते हैं कि लघु जीवों की प्यास बुझाने वाला कीचड़ का पानी समुद्र की अपेक्षा अधिक महान एवं धन्य है। इसके माध्यम से वे हमें जीवन में लोगों की भलाई करने की प्रेरणा देते हैं और इसे वे बड़प्पन मानते हैं। उन्होंने अपने दोहों के माध्यम से यह संदेश भी दिया है कि कभी भी बड़ों की तुलना में छोटों की उपेक्षा नहीं करनी चाहिए, क्योंकि कई बार छोटों द्वारा किए जाने वाले कार्य बड़े नहीं कर सकते। दोनों का अपना अलग-अलग महत्त्व है। सुई के कार्य को तलवार नहीं कर सकती।

इस प्रकार, कवि रहीम अपने नीतिपरक दोहों के बीच ही मानुष-प्रेम एवं मानव-मूल्यों के महत्त्व को प्रतिपादित करते हुए लोगों को इसे बनाए रखने के लिए प्रेरणा देते हैं। अत: स्पष्ट है कि जीवन में सफलता पाने के लिए रहीम के नीतिपरक दोहे अत्यंत उपयोगी हैं।

स्व-मूल्यांकन

कविता पर आधारित बहुविकल्पीय प्रश्न

1. कथन (A) रहीम मन के दुःख को मन में ही रखने को कहते हैं।

कारण (R) सुनने वाला उसकी आलोचना करता है। **दक्षता आधारित प्रश्न**

(क) कथन (A) सही, किंतु कारण (R) गलत है।
(ख) कथन (A) और कारण (R) दोनों सही हैं।
(ग) कथन (A) गलत, किंतु कारण (R) सही है।
(घ) कथन (A) और कारण (R) दोनों गलत हैं।

2. ''रहिमन निज संपत्ति बिना, कोउ न विपत्ति सहाय' रहीम जी इस दोहे में किसका महत्त्व दर्शाते हैं?

(क) तालाब का महत्त्व
(ख) रवि के महत्त्व को
(ग) संपत्ति के महत्त्व को
(घ) विपत्ति के महत्त्व को

3. रहीम ने किस जल को अधिक उपयोगी एवं महत्त्वपूर्ण बताया है?

(क) सागर के जल को
(ख) तालाब के कीचड़युक्त जल को
(ग) 'क' और 'ख' दोनों
(घ) पूजा-पाठ के लिए प्रयुक्त जल को

काव्यांश पर आधारित बहुविकल्पीय प्रश्न

1. ''रहिमन पानी राखिए, बिनु पानी सब सून।
पानी गए न ऊबरै, मोती, मानुष, चून।।''

(i) प्रस्तुत दोहे में कवि ने किसके महत्त्व पर प्रकाश डाला है?
(क) मनुष्य के (ख) पानी के
(ग) मोती के (घ) आटे के

(ii) कवि ने पानी शब्द का प्रयोग कितने संदर्भों में किया है?
(क) दो (ख) तीन
(ग) चार (घ) अनेक

(iii) कवि के अनुसार पानी का अत्यधिक महत्त्व क्यों है?
(क) क्योंकि इसके बिना सब कुछ व्यर्थ है
(ख) क्योंकि इससे सम्मान बढ़ता है
(ग) क्योंकि इससे प्यास बुझती है
(घ) क्योंकि इसके बिना जीवन संभव है

(iv) मोती के संदर्भ में पानी का .... अर्थ है।
(क) जीवन
(ख) चमक
(ग) विनम्रता
(घ) सम्मान

(v) **कथन** (A) रहीम ने पानी को अलग-अलग संदर्भों में संदर्भित किया है।
कारण (R) पानी अत्यंत सरलता से उपलब्ध हो जाता है। **दक्षता आधारित प्रश्न**
(क) कथन (A) गलत है, लेकिन कारण (R) सही है।
(ख) कथन (A) और कारण (R) दोनों गलत हैं।
(ग) कथन (A) और कारण (R) दोनों सही हैं।
(घ) कथन (A) सही है, लेकिन कारण (R) गलत है।

काव्यबोध संबंधी लघु प्रश्न

निम्नलिखित प्रश्नों के उत्तर दीजिए

1. रहीम ने किस दृष्टांत द्वारा सिद्ध किया है कि बिगड़ी बात नहीं बन सकती? **दक्षता आधारित प्रश्न**

2. रहीम की भाषा शैली पर प्रकाश डालिए।

3. रहीम ने प्रेम का महत्त्व किस प्रकार व्यक्त किया है।

4. ''उदधि बड़ाई कौन है, जगत पिआसो जाय'' पंक्ति का आशय स्पष्ट कीजिए। **दक्षता आधारित प्रश्न**

5. मनुष्य को आपसी प्रेम एवं सद्भाव को बनाए रखने के लिए क्या करना चाहिए और क्यों? **दक्षता आधारित प्रश्न**

अध्याय 8

गीत–अगीत

रामधारी सिंह दिनकर

पाठ की रूपरेखा 'गीत-अगीत' कविता शृंगारिक चेतना से परिपूर्ण है। इस कविता के द्वारा दिनकर जी ने जीवन में प्रेम और कोमलता के महत्त्व को प्रतिपादित किया है। यहाँ मौन और मुखर दोनों अभिव्यक्तियों को सुंदर कहा गया है; जैसे—नदी कल-कल करती अपना सुख-दु:ख कहती चली जाती है। वह किनारों पर पड़े पत्थरों से बातें करके अपना हृदय हल्का कर लेती है, लेकिन दूसरी तरफ़ गुलाब का फूल चुप रहकर भी अपनी सुंदरता बिखेरता है। वह मौन भाव से अपने विचारों में मग्न रहता है। वह अपने प्रेम भावों को बोलकर प्रकट नहीं कर पाता। इस प्रकार अपनी भावनाओं को प्रकट करने के दो रूप हैं—मुखर एवं मौन तथा ये दोनों ही रूप अपनी-अपनी जगह सुंदर हैं।

कवि परिचय

बिहार के मुंगेर ज़िले के सिमरिया नामक गाँव में 30 सितंबर, 1908 में रामधारी सिंह 'दिनकर' का जन्म हुआ। वर्ष 1952 में उन्हें राज्यसभा का सदस्य मनोनीत किया गया तथा भारत सरकार ने उन्हें 'पद्मभूषण' अलंकार से सुशोभित किया। 'संस्कृति के चार अध्याय' नामक पुस्तक पर इन्हें 'साहित्य अकादमी' का पुरस्कार भी मिला था। उनकी काव्यकृति 'उर्वशी' के लिए उन्हें ज्ञानपीठ पुरस्कार से सम्मानित किया गया। दिनकर की प्रमुख कृतियाँ—हुंकार, कुरुक्षेत्र, रश्मिरथी, परशुराम की प्रतीक्षा, उर्वशी और संस्कृति के चार अध्याय हैं।

दिनकर जी की भाषा ओजस्वी, प्रभावपूर्ण एवं सरल है। इनकी मृत्यु वर्ष 1974 में हुई।

काव्यांशों की विस्तृत व्याख्या

काव्यांश 1

गीत, अगीत, कौन सुंदर है?
गाकर गीत विरह के तटिनी
वेगवती बहती जाती है,
दिल हल्का कर लेने को
उपलों से कुछ कहती जाती है।
तट पर एक गुलाब सोचता,
"देते स्वर यदि मुझे विधाता,
अपने पतझर के सपनों का
मैं भी जग को गीत सुनाता।"
गा-गाकर बह रही निर्झरी,
पाटल मूक खड़ा तट पर है।
गीत, अगीत, कौन सुंदर है?

शब्दार्थ अगीत–मौन गान/जिसे गाया नहीं गया; विरह–वियोग; तटिनी–नदी; वेगवती–तेज़ गति से; उपलों–पत्थरों; स्वर–आवाज़; विधाता–भगवान; निर्झरी–झरना; पाटल–गुलाब; मूक–मौन/चुप।

भावार्थ

प्रस्तुत पंक्तियों में दिनकर जी ने जीव-जंतुओं के ममत्व, मानवीय राग और प्रेम-भाव का सजीव चित्रण करते हुए एक तुलनात्मक प्रश्न किया है कि गीत और अगीत दोनों में से अच्छा कौन है? नदी को देखो! वह वेगवती है। वह वियोग के गीत गाती हुई तीव्र गति से बहती चली जाती है। वह अपने दु:ख का भार हल्का करने के लिए अपने मन की व्यथा किनारे पड़े पत्थरों से बातें करती हुई आगे बढ़ती जाती है। कवि के अनुसार, वहीं दूसरी ओर किनारे पर खड़ा हुआ गुलाब का फूल यह सोचता होगा कि यदि ईश्वर ने उसे भी स्वर का वरदान दिया होता, तो वह भी अपने सुख-दु:ख की बातें नदी की तरह संसार को सुनाता अर्थात् दु:ख भरे पतझड़ के दिनों में देखे गए अपने सपनों का गीत पूरे संसार को सुनाता।

इस प्रकार नदी गीत गाती अर्थात् कल-कल करती किनारों से बातें करती हुई आगे बढ़ती है और गुलाब का फूल नदी के किनारे मौन भाव से खड़ा रहता है। यहीं पर कवि ने प्रश्न किया है कि नदी के द्वारा गाया गया गीत अधिक सुंदर है या गुलाब का वह गीत, जिसे वह गा न सका अर्थात् गीत-अगीत में अधिक सुंदर कौन है?

काव्यांश 2

बैठा शुक उस घनी डाल पर
जो खोंते पर छाया देती।
पंख फुला नीचे खोंते में
शुकी बैठ अंडे है सेती।
गाता शुक जब किरण वसंती
छूती अंग पर्ण से छनकर।
किंतु, शुकी के गीत उमड़कर
रह जाते सनेह में सनकर।
गूँज रहा शुक का स्वर वन में,
फूला मग्न शुकी का पर है।
गीत, अगीत, कौन सुंदर है?

शब्दार्थ शुक – तोता; घनी – अधिक पत्तों वाली; खोंता – घोंसला; पर्ण – पत्ता; शुकी – मादा तोता; सनकर – डूबकर।

भावार्थ

कवि दिनकर जी ने गीत-अगीत के अंतर को दर्शाने के लिए शुक व शुकी का उदाहरण दिया है। यहाँ शुक (तोता) और शुकी (मादा तोता) है। कवि ने कहा है कि शुक पेड़ की उस घनी डाल पर बैठा है, जिसकी छाया उसके घोंसले पर पड़ रही है। उसी घोंसले में शुकी बैठी है। वह पंख फैलाकर अपने अंडे से रही है। जब सूरज की वसंती किरणें पत्तों से छनकर आती हैं और उनके अंगों को छूती हैं, तो शुक प्रसन्नता से गा उठता है।

इधर शुक की स्वर लहरी से रोमांचित होकर शुकी भी कोई प्रेम भरा गीत गाना चाहती है, पर उसके मन में उठने वाले गीत वात्सल्य भाव में ही डूबकर रह जाते हैं। वह अपने बच्चों के प्रेम में विभोर होकर उन गीतों को अपने अंदर अनुभव करती है। शुक के गीत चारों ओर गूँजते हैं, परंतु शुकी अपने अंडों पर अपने पंख फैलाए खुश हो रही है। यहाँ शुक का स्नेह मुखर है, पर शुकी का मौन। एक का स्वर 'गीत' कहलाता है। दूसरे का मौन 'अगीत' कहलाता है। यहाँ पर दोनों ही सुंदर हैं—गीत और अगीत। फिर कवि पूछता है कि इन दोनों में कौन अधिक सुंदर है, गीत या अगीत?

काव्यांश 3

दो प्रेमी हैं यहाँ, एक जब
बड़े साँझ आल्हा गाता है,
पहला स्वर उसकी राधा को
घर से यहाँ खींच लाता है।
चोरी-चोरी खड़ी नीम की
छाया में छिपकर सुनती है,

'हुई न क्यों मैं कड़ी गीत की
बिधना', यों मन में गुनती है।
वह गाता, पर किसी वेग से
फूल रहा इसका अंतर है।
गीत, अगीत, कौन सुंदर है?

शब्दार्थ आल्हा–बुंदेलखंड में गाये जाने वाले वीरता के उदाहरणों से ओत-प्रोत लोक गीत; कड़ी–गीत की एक पंक्ति; बिधना–ईश्वर/विधाता; गुनती–सोचती; अंतर–हृदय।

भावार्थ

प्रस्तुत पंक्तियों में कवि दिनकर जी ने साँझ ढले प्रेम-युगल के प्रेम की प्रेम से परिपूर्ण कार्य-व्यवहार एवं अभिव्यक्ति को दर्शाया है कि प्रेमी शाम होते ही आल्हा (लोकगीत) गाने लगता है। जैसे ही उसके मुँह से गीत की ध्वनि निकलती है, उसकी प्रेमिका राधा अपने घर से उसकी ओर खिंची चली आती है। वह नीम के पेड़ की छाया में छिपकर अपने प्रेमी का मधुर गीत सुनती है और मुग्ध होकर सोचती है कि विधाता ने उसे अपने प्रेमी के मधुर गीत की कड़ी क्यों नहीं बनाया? वह इस मधुर गीत में खो जाना चाहती है। यहाँ प्रेमी गाता है तथा उसका गीत सुनकर प्रेमिका का हृदय नाच उठता है। यहाँ प्रेमी का प्रेम मुखर है और प्रेमिका का मौन धारण किए है। यहाँ भी एक 'गीत' है और दूसरा 'अगीत'। फिर वही सवाल कवि यहाँ पूछता है कि दोनों में अधिक सुंदर कौन है? वास्तव में, गीत और अगीत दोनों की ही अपनी-अपनी सुंदरता है।

NCERT फोल्डर

पाठ्यपुस्तक (स्पर्श भाग-1) के प्रश्नोत्तर

प्र.1 निम्नलिखित प्रश्नों के उत्तर दीजिए

(क) नदी का किनारों से कुछ कहते हुए बह जाने पर गुलाब क्या सोच रहा है? इससे संबंधित पंक्तियों को लिखिए।

(ख) जब शुक गाता है, तब शुकी के हृदय पर क्या प्रभाव पड़ता है?

(ग) प्रेमी जब गीत गाता है, तब प्रेमिका की क्या इच्छा होती है?

(घ) प्रथम छंद में वर्णित प्रकृति-चित्रण को लिखिए।

(ङ) प्रकृति के साथ पशु-पक्षियों के संबंध की व्याख्या कीजिए।

(च) मनुष्य को प्रकृति किस रूप में आंदोलित करती है? अपने शब्दों में लिखिए।

(छ) सभी कुछ गीत है, अगीत कुछ नहीं होता। कुछ अगीत भी होता है क्या? स्पष्ट कीजिए।

(ज) 'गीत-अगीत' के केंद्रीय भाव को लिखिए।

उत्तर (क) नदी का किनारों से कुछ कहते हुए बह जाने पर गुलाब सोच रहा है—"यदि परमात्मा ने मुझे भी स्वर दिए होते, तो मैं भी अपने पतझड़ के दिनों की वेदना को शब्दों में सुनाता।"

"देते स्वर यदि मुझे विधाता,
अपने पतझर के सपनों का
मैं भी जग को गीत सुनाता।"

(ख) जब शुक गाता है, तब शुकी का मन प्रफुल्लित हो उठता है और वह उसके प्रेम में मग्न हो जाती है। इस प्रक्रिया में उसके पंख फूल उठते हैं।

(ग) प्रेमी के मधुर गीत सुनकर प्रेमिका अपने आप को रोक नहीं पाती। वह घर छोड़कर अपने प्रेमी के पास नीम के पेड़ की छाया में छुपकर उसका मधुर गीत सुनने दौड़ी चली आती है। वह सबके सामने आकर अपने प्रेम को व्यक्त करना चाहती है, परंतु ऐसा नहीं कर पाती। उसकी इच्छा होती है कि उसके गीत भी अपने प्रेमी के गीतों की कड़ी के साथ मिल जाते।

(घ) प्रथम छंद में नदी एवं गुलाब के प्राकृतिक सौंदर्य को प्रस्तुत किया गया है। इसमें नदी के तीव्र गति से बहने का चित्रण किया गया है, जो अपना मन हल्का करने के लिए किनारों से बात करती हुई-सी प्रतीत होती है।

उसी प्रकार, गुलाब भी पतझर के दु:ख तथा पतझर के दिनों में देखे गए स्वप्न को व्यक्त करने की अपनी इच्छा प्रकट कर रहा है, पर विधाता ने उसे स्वयं का वरदान नहीं दिया है। इस छंद में प्रकृति का मानवीकरण किया गया है, जो नदी एवं गुलाब के माध्यम से व्यक्त हुआ है।

(ङ) कविता के दूसरे छंद में शुक-शुकी के माध्यम से कवि ने प्रकृति के साथ पशु-पक्षियों के संबंधों की व्याख्या की है। इसमें शुक-शुकी एक घने पेड़ पर अपना घोंसला बनाकर रह रहे हैं। शुकी घोंसले में बैठकर अंडे सेती है और शुक मधुर स्वर में गीत गाकर शुकी को रिझा (प्रफुल्लित) रहा है। शुक का स्वर पूरे वातावरण में गूँज रहा है और इस मधुर गूँज से न केवल प्रकृति, बल्कि शुकी भी आनंदमग्न हो उठी है।

(च) मनुष्य को प्रकृति कई रूपों में आंदोलित करती है। एक ओर नदी का वेगवती धारामय रूप, गुलाब की सुंदरता एवं वृक्षों की घनी छाँव हमें बरबस ही अपनी ओर खींच लेती है, तो दूसरी ओर पशु-पक्षियों का मधुर गान तथा उनकी शारीरिक बनावट मनुष्य को आकर्षित एवं आंदोलित करती रहती है।

(छ) संसार सुरमय है; शब्दमय है। संसार जो शब्दमय और सुरमय है, वहाँ गीत अवश्य है। जहाँ शब्द नहीं है; सुर नहीं है, वहाँ गीत नहीं है। अत: वहाँ अगीत निश्चित होगा, लेकिन यह गीत की ही पृष्ठभूमि है। दूसरे शब्दों में कहा जा सकता है कि गीत शब्दों की मधुर अभिव्यक्ति है, जबकि अगीत उसके पूर्व की स्थिति, जहाँ विचार मन के अंदर ही उमड़ते रहते हैं, बाहर नहीं आते, पर अगीत किसी भी क्षण गीत का रूप ले सकता है।

(ज) 'गीत-अगीत' कविता में कवि ने प्राकृतिक सौंदर्य के साथ-साथ पशु-पक्षियों के प्रेम एवं मनुष्य तथा प्रकृति के साथ उनके संबंधों का चित्रण किया है। नदी के बहाव तथा गुलाब के झूमने में कवि ने गीत की गूँज सुन ली है।

कवि को शुक –शुकी की दैनिक क्रियाओं में गीत के बोल सुनाई देते हैं और साथ ही पक्षियों में मानवीय राग के संकेत भी दिखते हैं। कवि ने इस कविता में नदी, गुलाब, शुक-शुकी तथा मनुष्य के आंतरिक संबंधों को गूँथ दिया है।
प्रकृति एवं पशु-पक्षी के बीच आल्हा गाता प्रेमी अपनी प्रेमिका के लिए सच्चा साधक बना हुआ है। कवि इन तमाम प्रक्रियाओं के बीच गीत और अगीत की तुलनात्मक सौंदर्य संबंधी दुविधा में है। उसे दुविधा है कि जो गाया जा रहा है (गीत), वह अधिक सुंदर है या जो नहीं गाया जा रहा है (अगीत), वह अधिक सुंदर है।

प्र.2 प्रस्तुत काव्यांश की संदर्भ सहित व्याख्या कीजिए

(क) अपने पतझर के सपनों का
मैं भी जग को गीत सुनाता।

(ख) गाता शुक जब किरण वसंती
छूती अंग पर्ण से छनकर।

(ग) हुई न क्यों मैं कड़ी गीत की
बिधना यों मन में गुनती है।

उत्तर (क) **संदर्भ** प्रस्तुत काव्यांश प्रसिद्ध कवि रामधारी सिंह दिनकर द्वारा रचित 'गीत-अगीत' नामक कविता से उद्धृत है। इस काव्यांश में उन्होंने गीत और मौन अनुभूति की तुलना करते हुए दोनों को सुंदर बताया है।

व्याख्या नदी की वेगवती धारा को देखकर गुलाब का मन यह सोचकर दुःखी हो रहा है कि ईश्वर ने मुझे वाणी प्रदान क्यों नहीं की है, अन्यथा मैं भी पतझर में भोगे हुए दु:ख को सबके सामने गाकर प्रकट कर पाता। यहाँ गुलाब का मानवीय राग प्रकट हुआ है।

(ख) **संदर्भ** प्रस्तुत काव्यांश प्रसिद्ध कवि रामधारी सिंह दिनकर द्वारा रचित 'गीत-अगीत' नामक कविता से उद्धृत है। इस काव्यांश में उन्होंने गीत और मौन अनुभूति की तुलना करते हुए दोनों को सुंदर बताया है।

व्याख्या किसी घने पेड़ पर शुक-शुकी का एक जोड़ा है। शुकी अपने पंख फैलाकर अपने अंडों को सेती है और शुक मधुर गीत गा रहा है। शुक का गीत शुकी के अंगों को छूती वसंती किरण की भाँति है, जो शुक और शुकी के अंडों को भरपूर ऊष्मा प्रदान कर रहा है।

(ग) **संदर्भ** प्रस्तुत काव्यांश प्रसिद्ध कवि रामधारी सिंह दिनकर द्वारा रचित 'गीत-अगीत' नामक कविता से उद्धृत है। इस काव्यांश में उन्होंने गीत और मौन अनुभूति की तुलना करते हुए दोनों को सुंदर बताया है।

व्याख्या साँझ के समय में जब प्रेमी ग्वाला प्रसिद्ध लोकगीत 'आल्हा' गाता है, तो उसकी प्रेमिका उस ओजपूर्ण स्वर को सुनकर भाव-विह्वल हो जाती है और उसके मन में इच्छा उत्पन्न होती है कि वह अपने प्रिय के गाए गीतों की पंक्ति क्यों न बन गई, जिससे वह उसे छू पाती।

प्र.3 निम्नलिखित उदाहरण में 'वाक्य-विचलन' को समझने का प्रयास कीजिए। इसी आधार पर प्रचलित वाक्य-विन्यास लिखिए।

उदाहरण **तट पर एक गुलाब सोचता**
एक गुलाब तट पर सोचता है।

(क) देते स्वर यदि मुझे विधाता
(ख) बैठा शुक उस घनी डाल पर
(ग) गूँज रहा शुक का स्वर वन में
(घ) हुई न क्यों मैं कड़ी गीत की
(ङ) शुकी बैठ अंडे है सेती

उत्तर (क) यदि मुझे विधाता स्वर देते।
(ख) उस घनी डाल पर शुक बैठा है।
(ग) वन में शुक का स्वर गूँज रहा है।
(घ) मैं गीत की कड़ी क्यों न हुई?
(ङ) शुकी बैठकर अंडे सेती है।

अभ्यास प्रश्न

बहुविकल्पीय व वर्णनात्मक प्रश्नों सहित

कविता पर आधारित बहुविकल्पीय प्रश्न

1. 'गीत-अगीत' कविता किसके द्वारा लिखी गई है?

(क) रामधारी सिंह दिनकर (ख) अरुण कमल

(ग) बच्चन (घ) सियाराम शरण गुप्त

उत्तर (क) रामधारी सिंह दिनकर

2. "देते स्वर यदि मुझे विधाता,
अपने पतझर के सपनों का
मैं भी जग को गीत सुनाता।"
उक्त पंक्तियों में, मैं शब्द किसके लिए प्रयुक्त हुआ है?

दक्षता आधारित प्रश्न

(क) पत्ते (ख) वृक्ष (ग) गुलाब (घ) शुक

उत्तर (ग) गुलाब

3. कथन (A) राधा सोचती है कि विधाता ने मुझे इस गीत की कड़ी नहीं बनाया।
कारण (R) राधा प्रेमी के मधुर गीत में खो जाना चाहती है।

दक्षता आधारित प्रश्न

(क) कथन (A) सही है, लेकिन कारण (R) गलत है।

(ख) कथन (A) सही है तथा कारण (R) कथन (A) की सही व्याख्या करता है।

(ग) कथन (A) तथा कारण (R) दोनों सही हैं।

(घ) कथन (A) और कारण (R) दोनों सही हैं तथा कारण (R) कथन (A) की गलत व्याख्या करता है।

उत्तर (ख) कथन (A) सही है तथा कारण (R) कथन (A) की सही व्याख्या करता है।

4. प्रेमी ········ गीत गाने लगता है।

(क) लोक (ख) आल्हा (ग) मधुर (घ) ये सभी

उत्तर (ख) आल्हा

5. 'गीत-अगीत' कविता में कवि ने किसका चित्रण किया है?

(क) प्रकृति के सौंदर्य का

(ख) जीव-जंतुओं के ममत्व का

(ग) मानवीय राग और प्रेम-भाव का

(घ) उपर्युक्त सभी

उत्तर (घ) उपर्युक्त सभी

6. गुलाब के मन में किस बात की कसक है?

(क) उसकी पंखुड़ियाँ क्यों झड़ जाती हैं

(ख) वह दोबारा कली क्यों नहीं बन सकता

(ग) उस पर काँटे क्यों होते हैं

(घ) विधाता ने उसे स्वर क्यों नहीं दिया

उत्तर (घ) विधाता ने उसे स्वर क्यों नहीं दिया

7. प्रस्तुत कविता के अनुसार, 'अगीत' से कवि का क्या अभिप्राय है?

(क) मधुर गान (ख) कर्कश गान

(ग) मौन गान (घ) बेसुरा गान

उत्तर (ग) मौन गान

8. शुक की स्वर लहरी से रोमांचित होकर शुकी ············ चाहती है।

(क) कोई प्रेम भरा गीत गाना

(ख) अपने मन पर काबू रखना

(ग) चिंता मुक्त होकर स्वच्छंद घूमना

(घ) नाचना

उत्तर (क) कोई प्रेम भरा गीत गाना

9. अपने बच्चों के प्रेम में विभोर होकर शुकी क्या करती है?

(क) उन गीतों को अपने अंदर अनुभव करती है

(ख) बच्चों के लिए दाना एकत्रित करती है

(ग) नया घोंसला बनाने के कार्य में जुट जाती है

(घ) शुक के प्रति अपना प्रेम अभिव्यक्त करती है

उत्तर (क) उन गीतों को अपने अंदर अनुभव करती है

10. शुक द्वारा गीत गाना तथा शुकी द्वारा मौन रहना क्या प्रदर्शित करता है?

(क) शुक अच्छा गायक है तथा शुकी गायिका नहीं है

(ख) एक का स्वर गीत है तथा दूसरे का मौन अगीत है

(ग) दोनों का स्वभाव विपरीत है

(घ) दोनों को गीत गाना नहीं आता है

उत्तर (ख) एक का स्वर गीत है तथा दूसरे का मौन अगीत है

11. प्रेमिका अपने प्रेमी का गीत किस तरह सुनती है?

(क) पेड़ की छाँव में बैठकर

(ख) नदी किनारे बैठकर

(ग) चोरी से छुप-छुपकर

(घ) प्रेमी के सामने बैठकर

उत्तर (ग) चोरी से छुप-छुपकर

12. प्रेमी का गीत सुनकर प्रेमिका मन में क्या सोचती है?

(क) काश! वह दोबारा गीत सुनाए

(ख) वह गीत को सुनती जाए

(ग) वह भी प्रेमी के साथ में गाए

(घ) वह उस गीत का हिस्सा बन जाए

उत्तर (घ) वह उस गीत का हिस्सा बन जाए

13. निम्नलिखित में से किसके मन में गीत सुनाने के भाव उभर रहे हैं?
(क) नदी के हृदय में (ख) उपलों के मन में
(ग) गुलाब के मन में (घ) धारा के प्रवाह में

उत्तर (ग) गुलाब के मन में

14. नदी किस प्रकार के गीत गाती है?
(क) संतुष्टि के (ख) प्रेम के
(ग) विरह के (घ) ईर्ष्या के

उत्तर (ग) विरह के

15. 'गीत-अगीत' कविता में कवि ने 'निर्झरी' शब्द किसके लिए प्रयुक्त किया है?
(क) नदी के लिए (ख) प्रेमिका के लिए
(ग) शुकी के लिए (घ) संसार के लिए

उत्तर (क) नदी के लिए

काव्यांशों पर आधारित बहुविकल्पीय प्रश्न

1. गाकर गीत विरह के तटिनी
वेगवती बहती जाती है,
दिल हलका कर लेने को
उपलों से कुछ कहती जाती है।
तट पर एक गुलाब सोचता,
"देते स्वर यदि मुझे विधाता,
अपने पतझर के सपनों का
मैं भी जग को गीत सुनाता।"
गा-गाकर बह रही निर्झरी,
पाटल मूक खड़ा तट पर है।
गीत, अगीत, कौन सुंदर है?

(i) प्रस्तुत काव्यांश में कवि द्वारा किसका वर्णन किया जा रहा है? **दक्षता आधारित प्रश्न**
1. नायिका के सौंदर्य का 2. कवि की भावनाओं का
3. प्रकृति की सुंदरता का 4. मजदूर की विवशता का

कूट
(क) केवल 1 सही है (ख) केवल 2 सही है
(ग) केवल 3 सही है (घ) केवल 4 सही है

उत्तर (ग) केवल 3 सही है

(ii) कवि ने प्रस्तुत काव्यांश में किस प्रकार का तुलनात्मक प्रश्न किया है?
(क) नदी और समुद्र में से कौन बड़ा है?
(ख) पहाड़ और टीले में कौन विशाल है?
(ग) नायक और नायिका में से कौन सुंदर है?
(घ) गीत और अगीत में से कौन सुंदर है?

उत्तर (घ) गीत और अगीत में से कौन सुंदर है?

(iii) नदी अपने मन की व्यथा किससे कहती है?
(क) किनारे खड़े वृक्ष से (ख) किनारे पड़े पत्थरों से
(ग) कविता रचने वाले कवि से (घ) किनारे खड़े गुलाब के फूल से

उत्तर (ख) किनारे पड़े पत्थरों से

(iv) **कथन** (A) गुलाब को ईश्वर द्वारा स्वर प्रदान न किए जाने से गुलाब दु:खी है।
कारण (R) दु:ख भरे पतझड़ के दिनों में देखे गए अपने सपनों का गीत पूरे संसार को सुनाता। **दक्षता आधारित प्रश्न**
(क) कथन (A) सही नहीं है, लेकिन कारण (R) सही है।
(ख) कथन (A) सही है, लेकिन कारण (R) सही नहीं है।
(ग) कथन (A) और कारण (R) दोनों सही हैं।
(घ) कथन (A) और कारण (R) दोनों गलत हैं।

उत्तर (ग) कथन (A) और कारण (R) दोनों सही हैं।

(v) पद्यांश के अनुसार, नदी के संबंध में कौन-सा कथन सही नहीं है?
(क) नदी वेगवती है
(ख) नदी वियोग के गीत गाती है
(ग) नदी कल-कल करती हुई किनारों से टकराती आगे बढ़ती है
(घ) नदी की दिशा निश्चित होती है

उत्तर (घ) नदी की दिशा निश्चित होती है

2. बैठा शुक उस घनी डाल पर
जो खोंते पर छाया देती।
पंख फुला नीचे खोंते में
शुकी बैठ अंडे है सेती।
गाता शुक जब किरण वसंती
छूती अंग पर्ण से छनकर।
किंतु, शुकी के गीत उमड़कर
रह जाते सनेह में सनकर।
गूँज रहा शुक का स्वर वन में,
फूला मगन शुकी का पर है।
गीत, अगीत, कौन सुंदर है?

(i) कवि ने गीत-अगीत के अंतर को प्रकट करने के लिए किसका उदाहरण दिया है?
(क) शुक और शुकी का (ख) दिन और रात का
(ग) फूल और पत्तियों का (घ) मोर और मोरनी का

उत्तर (क) शुक और शुकी का

(ii) शुकी .... बैठकर अपने अंडों को पंखों में छिपाकर गर्मी प्रदान कर रही है।
(क) पुराने मकान की मुंडेर पर
(ख) सघन पेड़ की छाया में अपने घोंसले में
(ग) नदी के किनारे झाड़ियों में
(घ) पेड़ के नीचे घास पर

उत्तर (ख) सघन पेड़ की छाया में अपने घोंसले में

(iii) जब सूरज की किरण शुक के अंगों पर पड़ती है, तो वह प्रतिक्रिया व्यक्त करता है।
(क) अप्रसन्न हो जाता है
(ख) दुविधाग्रस्त हो जाता है
(ग) प्रसन्नता से गा उठता है
(घ) उदासीन हो जाता है

उत्तर (ग) प्रसन्नता से गा उठता है

(iv) शुक द्वारा गीत गाने पर शुकी क्या करती है?

(क) वह भी गीत गाने लगती है

(ख) अपने पंख फैलाकर अंडे सेने में मग्न हो जाती है

(ग) सोचती है कि मैं गीत क्यों नहीं गा पा रही हूँ

(घ) निराश और हताश हो जाती है

उत्तर (ख) अपने पंख फैलाकर अंडे सेने में मग्न हो जाती है

(v) शुकी के गीत किसमें डूब जाते हैं?

(क) घृणा में (ख) उदासी में

(ग) वात्सल्य में (घ) क्रोध में

उत्तर (ग) वात्सल्य में

काव्यबोध संबंधी लघु प्रश्नोत्तर

1. विरह के गीत कौन गा रहा है और क्यों?

उत्तर विरह के गीत नदी गा रही है, जो निरंतर बहती जा रही है। वह विरह के गीत इसलिए गा रही है, क्योंकि वह पहाड़ से बिछड़ने (बहने) से उत्पन्न अपने दुःख का भार हल्का करना चाहती है और कल-कल स्वर में कुछ कहती चली जाती है।

2. दिल हल्का करने के लिए तटिनी क्या करती है? 'गीत-अगीत' कविता के आधार पर उत्तर दीजिए। दक्षता आधारित प्रश्न

उत्तर दिल हल्का करने के लिए तटिनी अर्थात् नदी वियोग के गीत गाती हुई तीव्र वेग से प्रवाहित होती है। वह अपने मन की व्यथा को हल्का करने के लिए किनारों से संवाद करती है। उसका बहता पानी जब किनारों से टकराता है, तो उससे एक प्रकार की गूँज उठती है।

3. नदी अपने किनारों को कैसे गीत सुनाते हुए आगे बढ़ती है? उसके बहकर जाने पर गुलाब क्या सोचता है?

उत्तर नदी अपने विरह के गीत किनारों को सुनाती हुई तेज़ी से निकल जाती है। उसे देख यह लगता है मानो वह सागर से मिलने को उतावली हो रही है। उसके ऐसे व्यवहार को देखकर किनारों पर चुपचाप खड़ा गुलाब यह सोचता है कि काश! भगवान ने उसे भी बोलने के लिए स्वर (आवाज़) दिए होते, तो वह भी पतझड़ के दिनों में देखे गए सपनों का गीत सारे संसार को सुनाता।

4. शुक के गीत गाने का क्या उद्देश्य है? 'गीत-अगीत' कविता के आधार पर उत्तर दीजिए।

उत्तर शुक गीत गाकर शुकी तथा अपने होने वाले बच्चों के प्रति अपना स्नेह व्यक्त कर रहा है। वह अपने परिवार के साथ बहुत खुश है तथा जब सूरज की वसंती किरणें पत्तों से छनकर उसके अंगों को छूती हैं, तो वह अत्यंत प्रसन्न होकर गा उठता है। वह अपने मुखर स्वर से शुकी के प्रति अपने प्रेम का प्रदर्शन कर रहा है।

5. शुकी के गीत उमड़कर क्यों रह जाते हैं?

उत्तर शुकी के गीत उमड़कर इसलिए रह जाते हैं, क्योंकि शुकी भी गाना चाहती है, किंतु उसके मन में उठने वाले गीत प्रेम और वात्सल्य में ही डूबकर रह जाते हैं। वह अपने बच्चों के स्नेह में डूबी-डूबी ही उन गीतों का आनंद लेती है।

6. शुकी की मनोदशा का वर्णन कीजिए।

उत्तर शुकी घोंसले में बैठी है और अपने पंख फैलाकर अंडों को से रही है। शुक गीत गा रहा है। शुकी भी उसके स्वर को सुनकर गाना चाहती है, परंतु उसके गीत प्रेम और वात्सल्य में डूबकर खो जाते हैं। वह मन-ही-मन उन गीतों में सुख का अनुभव करती है। उसका मौन भी सुखकर है, सुंदर है।

7. शुक और शुकी के गायन का भेद लिखिए।

उत्तर शुक जब घनी डाल पर बैठकर प्रणय-गीत शुकी को सुनाता है, तब शुकी के मन को वह गीत वसंती किरणों के समान छू जाता है। खुशी से उसके कंठ से बोल भी नहीं निकलते। वह अपने अंडों को सेने में तल्लीन होती है और उसके गीत मातृत्व में सनकर रह जाते हैं। इस प्रकार शुक का गायन सस्वर है जबकि शुकी का नि:शब्द।

8. आल्हा-गीत सुनकर कौन चला आता है और क्यों?

अथवा **प्रेमी के गीतों का प्रेमिका पर क्या प्रभाव पड़ता है? 'गीत-अगीत' कविता के आधार पर स्पष्ट कीजिए।** **CBSE 2013**

उत्तर आल्हा-गीत सुनकर ग्वाले की प्रेमिका राधा दौड़ी चली आती है, क्योंकि वह प्रेम का मधुर स्वर सुनना चाहती है। साँझ होते ही उसका प्रेमी गाने लगता है। वह अपने प्रेमी के आल्हा-गीत को सुनकर मंत्रमुग्ध हो जाती है और नीम की छाया में छिपकर उसका मधुर गीत सुनती है।

9. प्रेमी का गीत सुनकर भी उसकी राधा उसके पास क्यों नहीं जाती है? 'गीत-अगीत' कविता के आधार पर लिखिए।

अथवा **प्रेमिका प्रेमी का गीत कैसे सुनती है और क्यों? 'गीत-अगीत' कविता के आधार पर लिखिए।** दक्षता आधारित प्रश्न

उत्तर 'गीत-अगीत' कविता में प्रेमी का गीत सुनकर भी उसकी राधा उसके पास लोक –लाज के भय से नहीं जाती है। वह गीत सुनकर अपने घर से निकल तो पड़ती है, लेकिन अपने प्रेमी से दूर रहकर ही नीम के पेड़ की छाया में खड़ी होकर चोरी-चोरी उसका गीत सुनती है और वह हृदय से अत्यंत प्रफुल्लित हो जाती है। संकोच की नारीगत प्रवृत्ति के कारण वह अपने प्रेमी के पास जाकर उसके सुर-से-सुर नहीं मिला पाती है।

10. इस कविता में किन-किन को गीत गाने वाला कहा गया है और क्यों?

उत्तर इस कविता में कल-कल करती नदी को, प्रकृति से प्रसन्न होकर गाने वाले शुक को तथा आल्हा-गीत सुनाने वाले प्रेमी को गीत गाने वाला कहा गया है, क्योंकि ये तीनों अपने सुख, दु:ख या उल्लास को मुखरित होकर प्रकट कर पाते हैं।

11. 'अगीत' की स्थिति किन-किन पात्रों में घटित होती है और क्यों?

उत्तर नदी के किनारे मौन खड़े गुलाब में, शुक का गीत सुनकर प्रसन्न हो जाने वाली शुकी में और आल्हा-गीत सुनकर मुग्ध होने वाली प्रेमिका में 'अगीत' की स्थिति घटित होती है अर्थात् वह यह सब देखकर मन ही मन खुश हो जाते हैं, क्योंकि ये तीनों अंदर-ही-अंदर प्रसन्नता, दु:ख या खुशी अनुभव करते हैं, परंतु मुखर होकर कह नहीं पाते। इसलिए इन तीनों की मनोदशा मौन 'अगीत' की मनोदशा है।

12. 'गीत-अगीत' कविता में कवि की दुविधा क्या है? उसने अपनी दुविधा किन उदाहरणों के माध्यम से अभिव्यक्त की है?

अथवा **गीत और अगीत में कौन श्रेष्ठ है?** दक्षता आधारित प्रश्न

उत्तर 'गीत-अगीत' कविता में कवि की दुविधा यह है कि गीत अधिक सुंदर है या अगीत? वह मुखर एवं मौन के बीच के सौंदर्य का मूल्यांकन करके यह निश्चित नहीं कर पा रहा है कि दोनों में अधिक सुंदर कौन है? उसने अपनी दुविधा नदी एवं गुलाब, शुक एवं शुकी, ग्वाला एवं राधा (प्रेमी एवं प्रेमिका) के उदाहरणों के माध्यम से अभिव्यक्त की है।

गीत-अगीत दोनों की महत्ता अपनी-अपनी जगह है। अगीत के भी अपने पक्ष हैं। वह भी अपनी जगह उतना ही सुंदर है, जितना गीत।

13. 'गीत-अगीत' कविता के उन दो दृश्यों को लिखिए, जिनमें प्रकृति मुखर दिखाई देती है।

उत्तर गीत और अगीत दोनों ही अपनी जगह सुंदर हैं। गीत मन के भावों को प्रकट करते हैं, पर अगीत में मन के भाव मन में ही रहते हैं। यद्यपि अगीत का कोई अस्तित्व नहीं, परंतु यह भी आवश्यक है। गीत-अगीत, दोनों का संबंध मन में उठने वाले भाव से होता है। जब हृदय के भावों को स्वर मिल जाए, तो वह गीत बन जाता है, परंतु उन्हीं भावों को जब सुर नहीं मिल पाते, तो वे अगीत कहलाते हैं, लेकिन तब भी वे सुंदर ही रहते हैं।

कविता के अनुसार, नदी कल-कल स्वर में अपना सुख-दुःख कहती चलती है। उधर गुलाब मौन रहकर अपनी सुंदरता बिखेरता है। दोनों का अपना-अपना सौंदर्य है। गुलाब सोचता है कि यदि भगवान ने मुझे भी स्वर दिया होता, तो मैं भी सारे संसार को पतझड़ के दुःख भरे दिनों की पीड़ा तथा उन्हीं दिनों में देखे गए स्वप्न अवश्य सुनाता। कवि कहता है कि हृदय में नए-नए भाव उत्पन्न होते हैं, यदि उन्हें स्वर मिल जाए, तो वे गीत हैं और यदि उन्हीं भावों को स्वर न मिले, तो वे अगीत हैं। इन चित्रित दृश्यों में प्रकृति मुखर है।

14. प्रकृति के साथ पशु-पक्षियों के संबंध का वर्णन कीजिए।

***अथवा* प्रकृति और पशु-पक्षियों का आपस में गहरा संबंध है। कविता के आधार पर स्पष्ट कीजिए।** **दक्षता आधारित प्रश्न**

उत्तर 'गीत-अगीत' कविता में प्रकृति एवं पशु-पक्षी के संबंधों को वृक्षों की सघन डाल पर रहने वाले शुक-शुकी के माध्यम से व्यक्त किया गया है। पशु-पक्षियों का जीवन प्रकृति पर ही निर्भर है तथा पशु-पक्षी भी प्रकृति की सुंदरता में चार चाँद लगाते हैं। पशु-पक्षी अपने भोजन, आवास, क्रीड़ा आदि से संबंधित गतिविधियों के लिए प्रकृति पर ही निर्भर रहते हैं, जैसा शुक-शुकी के मामले में देखने को मिलता है। साथ ही, किसी वृक्ष को पूर्णता भी तभी प्राप्त होती है, जब वह अनेक पक्षियों का आश्रय या बसेरा बनता है अन्यथा ठूँठ वृक्षों की कद्र कौन करता है? इस तरह, दोनों के बीच परस्पर गहरा संबंध है।

15. आपके अनुसार, अगीत क्या है? स्पष्ट कीजिए।

उत्तर मेरे अनुसार, अगीत से आशय ऐसे गीत से है, जो प्रकट रूप में दिखाई नहीं देता, किंतु अंदर-ही-अंदर व्यक्त होता है। अगीत की मनोदशा से सब मनुष्य गुज़रते हैं। सब कभी-न-कभी दुःख, सुख, उल्लास, क्रोध, भय, करुणा आदि मनोभावों से भर जाते हैं। जब ये अनुभूतियाँ सघन हो जाती हैं, तब अंदर-ही-अंदर मौन गीत का जन्म हो जाता है। यह अलग बात है कि कुछ लोगों के पास उन अनुभूतियों को व्यक्त करने की क्षमता भी होती है।

जिनके पास यह शक्ति होती है और जो स्वयं को व्यक्त कर पाता है, वह 'गीत' रचता है और जो नहीं व्यक्त कर पाता, उसकी अनुभूति 'अगीत' कहलाती है। कवि ने कहा है कि प्रत्येक मनुष्य के हृदय में कोई-न-कोई विचार अवश्य आता है। इन विचारों एवं अहसासों को स्वर न मिल पाना ही 'अगीत' है। वे मन में ही उमड़-घुमड़कर रह जाते हैं। 'अगीत' गूँगा है, उसका आस्वाद केवल कल्पनाशील और चिंतनशील ही ले सकता है, जबकि 'गीत' का स्वाद सभी ले सकते हैं।

16. गीत और अगीत में क्या अंतर है?

***अथवा* गीत-अगीत के अंतर को स्पष्ट कीजिए।**

उत्तर गीत और अगीत में सूक्ष्म अंतर होता है। अपना सुख, दुःख या उल्लास सस्वर प्रकट करना 'गीत' कहलाता है, परंतु 'अगीत' में गीत के सभी भाव समाहित तो होते हैं, लेकिन वे मुखर रूप से सामने न आकर अंदर-ही-अंदर या मन-ही-मन में अनुभव किए जाते हैं। ये ही अनुभूतियाँ सघन होकर गीत के रूप में निकलती हैं। जिसके पास इन्हें कह पाने की क्षमता होती है, वह गीत रचता है, जबकि दुःख, सुख, उल्लास, क्रोध, भय, करुणा आदि मनोभावों को सिर्फ़ अंतस में, मन में ही रखना 'अगीत' कहलाता है। दोनों में सूक्ष्म अंतर कहने और न कहने का है। जो व्यक्त हो गया, वह 'गीत' और जो अव्यक्त रह गया, वह 'अगीत' होता है।

17. 'गीत-अगीत' कविता का केंद्रीय भाव स्पष्ट कीजिए।

***अथवा* 'गीत-अगीत' कविता का मूल भाव क्या है?**

उत्तर प्रस्तुत कविता का मूल या केंद्रीय भाव यह है कि जिस विचार को स्वर के माध्यम से अभिव्यक्त किया जा सके, वह गीत हो जाता है, लेकिन इसके विपरीत जब भावना को स्वर नहीं मिल पाता, तब वह अपने भाव को प्रकट नहीं कर पाता, उसे ही 'अगीत' कहा गया है।

वास्तव में, मन-ही-मन भावों को अनुभव करना भी उतना ही सुंदर है, जितना मुखर होकर महसूस कर पाना। अगीत मन में उमड़-घुमड़ कर रह जाता है, पर यह भावना सिर्फ़ महसूस की जा सकती है। कवि के अनुसार, मन-ही-मन की भावानुभूति भी कम सुंदर नहीं होती।

कवि ने कहा है कि गीत के साथ-साथ गीत रचने की मनोदशा भी महत्त्वपूर्ण होती है। माना कि गीत सुंदर है, परंतु गीत के भावों को मन में अनुभव करना भी उतना ही सुंदर है। हृदय में आए विचारों को स्वर मिल जाना गीत है, परंतु जब इन्हें स्वर नहीं मिलता, तो वह मन में ही उमड़कर 'अगीत' का स्वरूप ग्रहण करता है।

18. गीत-अगीत कविता का कथ्य स्पष्ट कीजिए।

उत्तर प्रस्तुत कविता में एक ओर प्राकृतिक सौंदर्य का वर्णन किया गया है, वहीं दूसरी ओर मानवीय प्रेम के मुखरित और मौन दोनों रूपों का वर्णन है। 'गीत-अगीत' कविता में प्रकृति का मानवीकरण कर उसे सजीवता प्रदान की है। जहाँ नदी, शुक और प्रेमी के माध्यम से प्रेम गीत के रूप में मुखर होता है, वहीं दूसरी ओर गुलाब, शुकी और राधा (प्रेमिका) के माध्यम से वह अगीत अर्थात् मौन बन पड़ता है। 'गीत-अगीत' मन में उमड़ने वाले भावों की प्रतिक्रिया मात्र हैं, जिन भावों की अभिव्यक्ति संभव होती है वही कवि के लिए गीत है, तथा जिन भावों को शब्दों में अभिव्यक्ति नहीं किया गया वे अगीत हो जाते हैं।

19. गाता शुक जब किरण वसंती
छूती अंग पर्ण से छनकर।
किंतु शुकी के गीत उमड़कर
रह जाते सनेह में सनकर।

उक्त पंक्तियों में कवि किस प्रकार गीत व अगीत के अंतर को स्पष्ट करता है? समझाइए। **दक्षता आधारित प्रश्न**

उत्तर इन पंक्तियों में 'दिनकर जी' ने मौन और मुखर के अंतर को शुक और शुकी के व्यवहार के द्वारा दर्शाया है। कवि कहता है कि शुक (तोता) पेड़ की शाखा पर बैठा है व वसंत के सूर्य की किरणें पत्तों से छनकर उसको स्पर्श करती हैं, तब वह प्रसन्न होकर गाने लगता है, लेकिन शुकी (मादा तोता) जो घोंसले में बैठी है, अपने बच्चों के स्नेह में डूबी शांत रह जाती है। उसका मन वात्सल्य व स्नेह से उमड़ रहा है, परंतु वह स्वयं को शांत रखती है। यहाँ शुक और शुकी का गीत-अगीत दोनों के भावों की अपनी ही सुंदरता है।

स्व-मूल्यांकन

कविता पर आधारित बहुविकल्पीय प्रश्न

1. शुकी, शुक द्वारा गाए जाने वाले गीतों का आनंद .... लेती है।
(क) अपने बच्चों के स्नेह में डूबकर
(ख) शुक के साथ स्वयं गीत गाकर
(ग) गीत के भावों को समझकर
(घ) स्वच्छंद हो आकाश में उड़क

2. निम्नलिखित कथनों में से उपयुक्त कथन का चयन करें
(क) कवि सोचता है कि प्रेम को किस प्रकार सब तक पहुँचाया जाए
(ख) कवि को कोई दुविधा नहीं है।
(ग) कवि सोचता है, क्या मनुष्य के अतिरिक्त और जीव भी प्यार करते हैं?
(घ) कवि की दुविधा है कि वह अगीत सुंदर है, जो गाया नहीं जा सका या ग्वाल-बाल द्वारा गाया जाने वाला गीत सुंदर है।

3 कथन (A) 'गीत-अगीत' कविता में कवि के मन में अंतर्द्वंद्व चलता है।
कारण (R) उसके द्वारा गाया गीत सुंदर है या प्रकृति के द्वारा न गा सकने वाला अगीत सुंदर है। **दक्षता आधारित प्रश्न**
(क) कथन (A) सही है, लेकिन कारण (R) सही नहीं है।
(ख) कथन (A) सही नहीं है, लेकिन कारण (R) सही है।
(ग) कथन (A) और कारण (R) दोनों सही हैं।
(घ) कथन (A) और कारण (R) दोनों गलत हैं।

काव्यांश पर आधारित बहुविकल्पीय प्रश्न

1. दो प्रेमी हैं यहाँ, एक जब
बड़े साँझ आल्हा गाता है,
पहला स्वर उसकी राधा को
घर से यहाँ खींच लाता है।
चोरी-चोरी खड़ी नीम की
छाया में छिपकर सुनती है,
'हुई न क्यों मैं कड़ी गीत की
बिधना', यों मन में गुनती है।
वह गाता, पर किसी वेग से
फूल रहा इसका अंतर है।
गीत, अगीत, कौन सुंदर है?

(i) प्रस्तुत काव्यांश के माध्यम से कवि क्या स्पष्ट करना चाहता है?
(क) दो प्रेमियों के प्रेम की अभिव्यक्ति का ढंग
(ख) दो प्रेमियों का विरह वर्णन
(ग) दो प्रेमियों के मध्य होने वाली तकरार
(घ) दो प्रेमियों के पारिवारिक संबंध

(ii) काव्यांश के अनुसार, प्रेमी किस प्रकार का गीत गाता है?
1. प्रेमी विरह का गीत गाता है
2. प्रेमी श्रृंगार का गीत गाता है
3. प्रेमी आल्हा गाता है
4. प्रेमी देशभक्ति पूर्ण गीत गाता है

कूट
(क) केवल 1 सही है
(ख) केवल 2 सही है
(ग) केवल 3 सही है
(घ) केवल 4 सही है

(iii) प्रेमिका राधा प्रेमी के घर की ओर खिंची .... चली आती है।
(क) प्रेमी के मुख की ध्वनि सुनने के कारण
(ख) कोयल का मधुर गीत सुनने के कारण
(ग) प्रकृति के सुंदर संदेश के कारण
(घ) प्रेमी की स्थिति का पता करने के कारण

(iv) 'हुई न क्यों मैं कड़ी गीत की
बिधना यो मन में गुनती है।'
उक्त पंक्ति से कवि का आशय है
(क) उसे किसी ने आते देखा तो नहीं
(ख) वह प्रेमी के गीत की कड़ी क्यों नहीं बन पाई
(ग) प्रेमी की स्थिति का पता लगाने
(घ) उपर्युक्त सभी

(v) **कथन** (A) प्रेमी के गीत गाने पर प्रेमिका प्रभावित होती है।
कारण (R) प्रेमिका का मन घृणा से भर जाता है।
दक्षता आधारित प्रश्न
(क) कथन (A) सही नहीं है, लेकिन कारण (R) सही है।
(ख) कथन (A) सही है, लेकिन कारण (R) सही नहीं है।
(ग) कथन (A) और कारण (R) दोनों सही हैं।
(घ) कथन (A) और कारण (R) दोनों गलत हैं।

काव्यबोध संबंधी लघु प्रश्न

निम्नलिखित प्रश्नों के उत्तर दीजिए
1. नदी के मन के भाव कैसे मुखरित हो रहे हैं?
2. नदी विरह के गीत क्यों गा रही है?
3. प्रेमी का आल्हा गीत सुनकर कौन दौड़ा चला आता है और क्यों?
4. कवि ने गीत-अगीत की तुलना किन उदाहरणों से की है? संक्षेप में लिखिए।
5. शुकी किसके गीत में मुग्ध है और क्यों
6. क्या "गुलाब, शुकी एवं राधा के मूल स्वर मुखर हो सकते हैं।" कविता की इस भावना पर अपने विचार स्पष्ट कीजिए। **दक्षता आधारित प्रश्न**
7. नदी का वेग देख कवि के मन में जिन भावों का प्रतिपादन हुआ है, उनका उल्लेख कीजिए। **दक्षता आधारित प्रश्न**
8. तीसरे छंद-दो प्रेमी हैं .... सुंदर है, में कवि ने दो प्रेमियों के माध्यम से भारतीय संस्कृति की लोक-मर्यादा का चित्रण किया है। 'गीत-अगीत' कविता के आधार पर स्पष्ट कीजिए। **दक्षता आधारित प्रश्न**

अग्नि पथ हरिवंशराय बच्चन

अध्याय 9

पाठ की रूपरेखा

अग्नि पथ नामक कविता में कवि ने लोगों को यह प्रेरणा दी है कि जीवन एक संघर्ष है एवं इस संघर्ष से घबराकर भागना नहीं चाहिए, अपितु अपनी पूरी क्षमता एवं दृढ़ता से इसका सामना करना चाहिए। मनुष्य के जीवन की तुलना कवि ने अग्नि पथ से की है।

संसार में जीने के लिए मनुष्य को बहुत-सी कठिनाइयों का सामना करना पड़ता है और उनसे जूझकर सफल होना पड़ता है। प्रस्तुत कविता लोगों को यह संदेश देती है कि इस जीवन की संघर्षपूर्ण राह में सुख रूपी छाँह की चाह न करके अपनी मंज़िल की ओर कर्मठतापूर्वक बिना थकान महसूस किए बढ़ते रहना चाहिए।

कवि परिचय

27 नवंबर, 1907 में उत्तर प्रदेश के इलाहाबाद शहर में हरिवंशराय बच्चन का जन्म हुआ। कुछ समय तक विश्वविद्यालय में प्राध्यापक के पद पर कार्यरत् रहने के बाद वे भारतीय विदेश सेवा में चले गए थे। बच्चन की कविताएँ सहज और संवेदनशील हैं।

उनके द्वारा लिखी गई उनकी आत्मकथा हिंदी गद्य की बेजोड़ कृति है। उनकी अन्य कृतियाँ हैं— मधुशाला, निशा-निमंत्रण, एकांत-संगीत, मिलन-यामिनी, आरती और अंगारे, टूटती चट्टानें, रूप-तरंगिनी (सभी कविता संग्रह)। उन्हें 'साहित्य अकादमी पुरस्कार' 'सोवियत भूमि नेहरू पुरस्कार' और 'सरस्वती सम्मान' से सम्मानित किया गया। इनकी मृत्यु वर्ष 2003 में हुई।

काव्यांशों की विस्तृत व्याख्या

काव्यांश 1

अग्नि पथ! अग्नि पथ! अग्नि पथ!
वृक्ष हों भले खड़े,
हों घने, हों बड़े,
एक पत्र-छाँह भी माँग मत,
माँग मत, माँग मत!
अग्नि पथ! अग्नि पथ! अग्नि पथ!

शब्दार्थ अग्नि पथ–बहुत ही कठिन मार्ग; पत्र–पत्ता; छाँह–छाया।

भावार्थ

कवि हरिवंशराय बच्चन ने प्रस्तुत पंक्तियों में जीवन को बहुत ही कठिन मार्ग बताया है। उनके अनुसार इस संसार में मनुष्य को अपने जीवन में निरंतर संघर्ष करने की आवश्यकता है। कवि ने कहा है कि अगर रास्ते में कोई घना वृक्ष दिखाई भी दे, तब भी हमें उससे एक पत्ता भर छाया की इच्छा नहीं रखनी चाहिए अर्थात् स्वयं के लिए निरंतर संघर्षरत् रहना चाहिए, बिना किसी सहायता के। इस मार्ग पर हमें स्वयं ही आगे बढ़ना चाहिए, क्योंकि जीवन एक अग्नि पथ यानी कठिन मार्ग है और ऐसे मार्ग पर व्यक्ति निरंतर चलता रहे, तभी सफलता उसके कदम चूमेगी।

काव्यांश 2

तू न थकेगा कभी!
तू न थमेगा कभी!
तू न मुड़ेगा कभी!
कर शपथ, कर शपथ, कर शपथ!
अग्नि पथ! अग्नि पथ! अग्नि पथ!

शब्दार्थ **शपथ**–कसम/वचन/सौगंध।

भावार्थ

प्रस्तुत काव्यांश में कवि ने कहा है कि जीवन एक संघर्षमय पथ है। इस पथ पर न तो रुकना है, न थकना है और न ही पीछे मुड़कर अपनी गलतियों को देखना है। मनुष्य को हर परिस्थिति में अपनी ज़िंदगी को बेहतर बनाने के लिए कठोर परिश्रम करते रहने की आवश्यकता है। उसे शपथ लेनी चाहिए कि इस अग्नि पथ रूपी संघर्षमय जीवन का वह ईमानदारी के साथ सामना करेगा तथा स्वयं को इन सभी बाधाओं से उबार लेगा। वह अपने हौसले को कभी पस्त (क्षीण) नहीं होने देगा।

काव्यांश 3

यह महान दृश्य है-
चल रहा मनुष्य है
अश्रु-स्वेद-रक्त से लथपथ, लथपथ, लथपथ!
अग्नि पथ! अग्नि पथ! अग्नि पथ!

शब्दार्थ **अश्रु**–आँसू; **स्वेद**–पसीना; **रक्त**–खून, शोणित; **लथपथ**–सना हुआ।

भावार्थ

प्रस्तुत पंक्तियों में कवि का कहना है कि इस जीवन रूपी संसार में अग्नि के समान कठिन रास्ते हैं। इस मुश्किल घड़ी में सबसे महान दृश्य यही है कि मनुष्य अपना खून-पसीना बहाकर संघर्ष रूपी अग्नि पथ पर निरंतर आगे बढ़ता रहे। वह आँसू और पसीने से लथपथ होने के बावजूद भी आगे बढ़ रहा है। खून-पसीने से ओत-प्रोत मनुष्य का अपने लक्ष्य की ओर निरंतर बढ़ना ही उसकी कर्मठता की परीक्षा है। मनुष्य को अपना लक्ष्य किसी भी परिस्थिति में प्राप्त करना चाहिए।

NCERT फोल्डर

पाठ्यपुस्तक (स्पर्श भाग-1) के प्रश्नोत्तर

प्र.1 निम्नलिखित प्रश्नों के उत्तर दीजिए

(क) कवि ने 'अग्नि पथ' किसके प्रतीक स्वरूप प्रयोग किया है?

(ख) 'माँग मत', 'कर शपथ', 'लथपथ' इन शब्दों का बार-बार प्रयोग कर कवि क्या कहना चाहता है?

(ग) 'एक पत्र-छाँह भी माँग मत' इस पंक्ति का आशय स्पष्ट कीजिए।

उत्तर (क) कवि ने 'अग्नि पथ' को 'जीवन पथ' के प्रतीक स्वरूप प्रयोग किया है, जहाँ कदम-कदम पर संघर्ष करने की जरूरत होती है।

(ख) 'माँग मत', 'कर शपथ', 'लथपथ' शब्दों का बार-बार प्रयोग कर कवि यही कहना चाहता है कि व्यक्ति को अपने स्वाभिमान के साथ निरंतर संघर्षरत और वांछनीय या अभीष्ट लक्ष्य को पाने के लिए दृढ़ प्रतिज्ञ रहना चाहिए, चाहे इसके लिए कितना भी श्रम क्यों न करना पड़े?

(ग) कवि कहना चाहता है कि यदि व्यक्ति अपने लक्ष्य को पाने निकल पड़ा है, तो उसे तब तक विश्राम नहीं करना चाहिए, जब तक वह अपने लक्ष्य को प्राप्त न कर ले। इससे पूर्व उसे एक पत्ते की छाँह तक नहीं माँगनी चाहिए और निरंतर संघर्षशील रहना चाहिए। जब तक उसे हासिल न हो।

प्र.2 निम्नलिखित का भाव स्पष्ट कीजिए

(क) तू न थमेगा कभी, तू न मुड़ेगा कभी

(ख) चल रहा मनुष्य है, अश्रु-स्वेद-रक्त से लथपथ, लथपथ, लथपथ!

उत्तर (क) कवि कहना चाहता है कि जब तक व्यक्ति को उसकी वांछित मंज़िल न मिल जाए, तब तक न तो उसे रुकना चाहिए और न ही वापस लौटने का विचार करना चाहिए। इस प्रकार, उक्त पंक्तियों के माध्यम से बाधाओं का डटकर मुकाबला करके लक्ष्य को प्राप्त करने की सीख दी गई है।

(ख) कवि मनुष्य की संघर्ष-क्षमता को परखते हुए कहता है कि प्रत्येक मनुष्य अपने लक्ष्य की ओर अग्रसर है और वह आँसुओं, पसीने तथा खून से लथपथ हुआ लगातार अपने लक्ष्य की ओर बढ़ रहा है। यही संघर्षशील व्यक्ति का परिचय है। अत: यहाँ जीवन पथ पर सतत प्रयत्नशील रहने का संदेश दिया गया है।

प्र.3 इस कविता का मूल भाव क्या है? स्पष्ट कीजिए।

उत्तर 'अग्नि पथ' हरिवंशराय बच्चन की प्रसिद्ध कविता है। यह कविता संघर्षशील जीवन को 'अग्नि पथ' के रूप में चित्रित करती है। कवि इस कविता के माध्यम से यह संदेश देना चाहता है कि जीवन किसी आग पर चलने जैसे मार्ग अर्थात् 'अग्नि पथ' से कम नहीं है। मनुष्य को इस 'अग्नि पथ' की कठिन राहों पर बिना रुके, थमे, मुड़े निरंतर आगे बढ़ते रहना है। सुख रूपी छाँह को त्यागकर अपने कर्मरत् मार्ग पर चलते रहना है। इस कविता का मूल भाव यही है कि मनुष्य बिना थके, बिना सुख-साधनों की चाह किए अपने कर्म मार्ग पर निरंतर अग्रसर रहे।

योग्यता-विस्तार

प्र.1 'जीवन संघर्ष का ही नाम है' इस विषय पर कक्षा में परिचर्चा का आयोजन कीजिए।

उत्तर विद्यार्थी स्वयं करें।

परियोजना कार्य

प्र.1 "जीवन संघर्षमय है, इससे घबराकर थमना नहीं चाहिए" इससे संबंधित अन्य कवियों की कविताओं को एकत्र कर एक एलबम बनाइए।

उत्तर विद्यार्थी स्वयं करें।

अभ्यास प्रश्न

बहुविकल्पीय व वर्णनात्मक प्रश्नों सहित

कविता पर आधारित बहुविकल्पीय प्रश्न

1. कवि के अनुसार, मनुष्य की असली परीक्षा कब होती है?

(क) जीवन के आरंभिक चरण में

(ख) जीवन के अंत में

(ग) जीवन के कठिन समय में

(घ) जीवन में परीक्षा भवन में

उत्तर (ग) जीवन के कठिन समय में

2. कवि के अनुसार, "मनुष्य के कठिन समय में यदि कोई मदद का हाथ बढ़ाता है तो उसे .... चाहिए।"

(क) उसका हाथ थाम लेना चाहिए

(ख) कठिन समय में मदद ले लेनी चाहिए

(ग) कोई प्रतिक्रिया व्यक्त नहीं करनी चाहिए

(घ) कठिन समय में किसी की मदद नहीं लेनी चाहिए

उत्तर (घ) कठिन समय में किसी की मदद नहीं लेनी चाहिए

3. कविता के अनुसार, कठिन रास्ते पर चलने का निर्णय लेने वाले मनुष्य को क्या प्रतिज्ञा करनी चाहिए? **दक्षता आधारित प्रश्न**

1. **वह कभी थमेगा नहीं**
2. **वह कभी रुकेगा नहीं**
3. **वह कभी पीछे मुड़कर देखेगा नहीं**
4. **उपर्युक्त में से कोई नहीं**

कूट

(क) केवल 1 सही है।

(ख) 2 और 4 सही हैं।

(ग) 1 और 3 सही हैं।

(घ) 1, 2 और 3 सही हैं।

उत्तर (घ) 1, 2 और 3 सही हैं।

4. कवि दूसरों से सहायता लेने से मना क्यों करता है?

(क) ऐसा करने से हमारे स्वाभिमान को ठेस पहुँचेगी

(ख) ऐसा करने से हमारी संघर्ष शक्ति कम होगी

(ग) ऐसा करने से हम दुविधाग्रस्त हो जाएँगे

(घ) ऐसा करने से हमारी प्रगति रुक जाएगी

उत्तर (ख) ऐसा करने से हमारी संघर्ष शक्ति कम होगी

5. कथन (A) **जीवन पथ पर चल रहे राही से कवि कहता है– 'एक पत्र छाँह भी माँग मत'।**

कारण (R) **इससे राही का स्वाभिमान बना रहेगा और वह पराश्रित नहीं बनेगा।** **दक्षता आधारित प्रश्न**

(क) कथन (A) सही नहीं है, लेकिन कारण (R) सही है।

(ख) कथन (A) सही है, लेकिन कारण (R) गलत है।

(ग) कथन (A) और कारण (R) दोनों सही हैं।

(घ) कथन (A) और कारण (R) दोनों गलत हैं।

उत्तर (ग) कथन (A) और कारण (R) दोनों सही हैं।

6. 'अग्नि पथ' कविता का मूल भाव क्या है?

(क) दूसरों की सहायता के लिए तत्पर रहना

(ख) असहाय व्यक्ति की मदद करना

(ग) गरीबों को समान समझना

(घ) जीवन में निरंतर संघर्ष करना

उत्तर (घ) जीवन में निरंतर संघर्ष करना

7. वृक्षों की छाया जीवन में किसका प्रतीक है?

(क) सुखों का (ख) दु:खों का

(ग) अवसाद का (घ) अंधकार का

उत्तर (क) सुखों का

8. 'तु ना मुड़ेगा कभी! कर शपथ, कर शपथ, कर शपथ।' उक्त पंक्तियों से कवि का क्या आशय है? **दक्षता आधारित प्रश्न**

(क) सहनशक्ति बढ़ाना

(ख) कर्मठता से न भागना

(ग) कठिनाइयों से न भागना

(घ) उपर्युक्त सभी

उत्तर (ग) कठिनाइयों से न भागना

9. 'अग्नि पथ' कविता के माध्यम से कवि ने क्या संदेश दिया है?

(क) अपने लक्ष्य की ओर बढ़ते रहने का

(ख) निरंतर परिश्रम करते रहने का

(ग) किसी से मदद की आशा न रखने का

(घ) उपर्युक्त सभी

उत्तर (घ) उपर्युक्त सभी

10. मनुष्य को सुख-सुविधाओं में क्यों नहीं उलझना चाहिए?

(क) क्योंकि ये हमें कर्मपथ से विमुख करती हैं

(ख) क्योंकि ये जीवन को आगे बढ़ने से रोकती हैं

(ग) क्योंकि ये कर्मशील बनाती हैं

(घ) क्योंकि ये क्षणिक होती हैं

उत्तर (क) क्योंकि ये हमें कर्मपथ से विमुख करती हैं

11. कवि के अनुसार, मनुष्य को कब तक संघर्ष करना चाहिए?

(क) जब तक वह चाहे

(ख) जब तक वह अपने लक्ष्य को प्राप्त न कर लें

(ग) जब तक कोई दूसरा उसे रोके नहीं

(घ) जब तक आनंद प्राप्त न हो

उत्तर (ख) जब तक वह अपने लक्ष्य को प्राप्त न कर लें

12. 'अग्निपथ! अग्निपथ! अग्निपथ!' इन पंक्तियों में दिए गए पथ का पर्यायवाची है

(क) नदी (ख) समुद्र

(ग) मार्ग (घ) ये सभी

उत्तर (ग) मार्ग

13. 'वृक्ष हों भले खड़े' पंक्ति में 'वृक्ष' शब्द किनके लिए प्रयोग किया गया है?

(क) आलसी मनुष्यों के लिए

(ख) स्वार्थी मनुष्यों के लिए

(ग) कठिन समय में मदद करने वालों के लिए

(घ) कठिन समय में साथ छोड़ने वालों के लिए

उत्तर (ग) कठिन समय में मदद करने वालों के लिए

14. छाया माँगने से क्या आशय है?

(क) शीतलता माँगना

(ख) सुख-सुविधा चाहना

(ग) धन-संपत्ति की सहायता प्राप्त करना

(घ) पेड़ के नीचे बैठना

उत्तर (ख) सुख-सुविधा चाहना

काव्यांशों पर आधारित बहुविकल्पीय प्रश्न

1. **अग्नि पथ! अग्नि पथ! अग्नि पथ!**
वृक्ष हों भले खड़े,
हों घने, हों बड़े,
एक पत्र-छाँह भी माँग मत, माँग मत, माँग मत!
अग्नि पथ! अग्नि पथ! अग्नि पथ!

(i) काव्यांश में कवि ने जीवन को कैसा बताया है?

(क) सहज और सरल (ख) आडंबरपूर्ण

(ग) संघर्षमय (घ) वैभवपूर्ण

उत्तर (ग) संघर्षमय

(ii) कवि के अनुसार, मनुष्य के जीवन में क्या करने की आवश्यकता है?

(क) चिंताहीन होकर कार्य करने की

(ख) निरंतर संघर्ष करने की

(ग) दूसरे के कार्यों से प्रेरणा लेने की

(घ) आर्थिक लाभ प्राप्त करने की

उत्तर (ख) निरंतर संघर्ष करने की

(iii) जीवन की राह में कोई घना वृक्ष दिखाई देने पर .... नहीं करना चाहिए।

(क) उसकी शाखाओं को नहीं निहारना चाहिए

(ख) उससे छाया की इच्छा नहीं रखनी चाहिए

(ग) उसके फल खाने की चाह नहीं रखनी चाहिए

(घ) उसकी जड़ों को पानी नहीं देना चाहिए

उत्तर (ख) उससे छाया की इच्छा नहीं रखनी चाहिए

(iv) **कथन** (A) सफलता व्यक्ति के कदम चूमेगी।

कारण (R) जब व्यक्ति जीवन के कठिन मार्ग पर निरंतर चलता रहेगा। **दक्षता आधारित प्रश्न**

(क) कथन (A सही नहीं है, लेकिन कारण (R) सही है।

(ख) कथन (A) सही है, लेकिन कारण (R) सही नहीं है।

(ग) कथन (A) और कारण (R) दोनों सही हैं।

(घ) कथन (A) और कारण (R) दोनों गलत हैं।

उत्तर (ग) कथन (A) और कारण (R) दोनों सही हैं।

(v) जीवन को अग्नि पथ कहने से क्या अभिप्राय है? **दक्षता आधारित प्रश्न**

1. आग से भरा जीवन
2. संघर्षपूर्ण जीवन
3. आग रहित जीवन
4. प्रकाशपूर्ण जीवन

कूट

(क) केवल 1 सही है। (ख) केवल 2 सही है।

(ग) केवल 3 सही है। (घ) केवल 4 सही है।

उत्तर (ख) केवल 2 सही है।

2. **तू न थकेगा कभी!**
तू न थमेगा कभी!
तू न मुड़ेगा कभी!-कर शपथ, कर शपथ, कर शपथ!
अग्नि पथ! अग्नि पथ! अग्नि पथ!

(i) कवि जीवन में रुकने तथा थकने से मना क्यों करता है?

(क) क्योंकि जीवन एक संघर्षमय पथ है

(ख) क्योंकि जीवन में रुकने का कोई अर्थ नहीं है

(ग) क्योंकि रुकना और थकना आधारहीन शब्द हैं

(घ) क्योंकि जीवन बहुत समाप्त नहीं होता है

उत्तर (क) क्योंकि जीवन एक संघर्षमय पथ है

(ii) **कथन** (A) कवि व्यक्ति को दृढ़ निश्चयी बनाना चाहता है।

कारण (R) अग्निपथ रूपी संघर्षमय जीवन का ईमानदारी से सामना करने की शपथ लेने के लिए कहता है। **दक्षता आधारित प्रश्न**

(क) कथन (A) सही नहीं है, लेकिन कारण (R) सहा है।

(ख) कथन (A) सही है, लेकिन कारण (R) सही नहीं है।

(ग) कथन (A) और कारण (R) दोनों सही हैं।

(घ) कथन (A) और कारण (R) दोनों गलत हैं।

उत्तर (ग) कथन (A) और कारण (R) दोनों सही हैं।

(iii) प्रस्तुत काव्यांश में कवि के अनुसार, व्यक्ति को अपने जीवन में क्या नहीं करना चाहिए? **दक्षता आधारित प्रश्न**

1. उसे थकना नहीं चाहिए
2. उसे रुकना नहीं चाहिए
3. उसे पीछे मुड़कर नहीं देखना चाहिए
4. उसे हार जाना है।

कूट

(क) 1 और 4 सही हैं। (ख) केवल 4 सही है।

(ग) 3 और 4 सही हैं। (घ) 1, 2 और 3 सही हैं।

उत्तर (घ) 1, 2 और 3 सही हैं।

(iv) **कवि जीवन में निरंतर संघर्षरत रहने को क्यों कहता है?**
(क) क्योंकि संघर्ष ही जीवन का पर्याय है
(ख) क्योंकि संघर्ष से ईर्ष्या भाव समाप्त होता है
(ग) क्योंकि संघर्ष और व्यक्ति समान है
(घ) क्योंकि कवि स्वयं संघर्ष कर रहा है

उत्तर (क) क्योंकि संघर्ष ही जीवन का पर्याय है

(v) **यह काव्यांश संदेश देता है कि हमें**
(क) कठोर परिश्रम से बचना चाहिए
(ख) निरंतर संघर्षशील रहना चाहिए
(ग) परीक्षा भवन में संघर्ष करना चाहिए
(घ) उपर्युक्त सभी

उत्तर (ख) निरंतर संघर्षशील रहना चाहिए

काव्यबोध संबंधी लघु प्रश्नोत्तर

1. "वृक्ष हों भले खड़े, हों घने, हों बड़े"–यह कहकर कवि मनुष्य को क्या समझाना चाहता है? **दक्षता आधारित प्रश्न**

उत्तर "वृक्ष हों भले खड़े, हों घने, हों बड़े" कहकर कवि मनुष्य को यह समझाना चाहता है कि भले ही सुख के साधन मौजूद हों या कोई आश्रय या सहारा देने वाला मौजूद हो, जो आपको सुख-सुविधा की ओर आकर्षित करता हो, लेकिन मनुष्य को इन भ्रमों में पड़कर अपने उद्देश्य यानि मनुष्य को लक्ष्य से भटकना नहीं चाहिए।

2. 'अग्नि पथ' कविता के आधार पर लिखिए कि क्या घने वृक्ष भी हमारे मार्ग की बाधा बन सकते हैं?

***अथवा* क्या घने वृक्ष भी राह में बाधक हो सकते हैं? अग्निपथ कविता के आधार पर बताइए।** **दक्षता आधारित प्रश्न**

उत्तर कवि ने घने व बड़े वृक्षों की छाँह को गुमराह करने का साधन माना है। कवि का मानना है कि अगर कोई हमारे लक्ष्य की राह में हमें आराम या सुख देने की कोशिश करता है, तो वह हमें हमारे लक्ष्य से और दूर ले जाता है, जिससे हमारे अंदर दूसरों पर आश्रित होने की आदत उत्पन्न हो जाती है। छाँह के रूप में सुख प्रदान करने वाले ये घने वृक्ष हमारे लक्ष्य के मार्ग की बाधा बन सकते हैं, इसलिए कवि ने हमें इन सबसे दूर रहने के लिए कहा है।

3. 'अग्नि पथ' कविता में-प्रयुक्त संघर्ष के मार्ग पर चलते हुए व्यक्ति पर वृक्षों से क्या प्रभाव पड़ सकता है?

उत्तर 'अग्नि पथ' कविता में संघर्ष के मार्ग पर चलते हुए व्यक्ति को वृक्षों की छाया में विश्राम करने से मना किया गया है। यहाँ वृक्षों की छाया वस्तुत: जीवन में सुख की प्राप्ति का प्रतीक है। यदि अपनी मंज़िल पर पहुँचे बिना सुखों का आनंद लेने की प्रवृत्ति उत्पन्न होती है, तो वह मनुष्य को अपनी मंज़िल तक पहुँचने से रोकेगी। अत: व्यक्ति को इनके बहकावे में नहीं आना चाहिए।

4. मनुष्य को किसी भी सहारे की चाह क्यों नहीं रखनी चाहिए?

***अथवा* कवि हमसे किसी से भी सहायता की अपेक्षा नहीं रखने की बात क्यों कहता है?**

उत्तर मनुष्य को तब तक संघर्ष करना चाहिए, जब तक वह अपने लक्ष्य की प्राप्ति न कर ले। इस लक्ष्य को हासिल करने में कई बाधाएँ आएँगी, परंतु मनुष्य को किसी भी सहारे की इच्छा नहीं करनी चाहिए, क्योंकि यही सहारे मनुष्य को जीवन में कमजोर कर देते हैं। इससे मनुष्य के अंदर आगे बढ़ने की क्षमता क्षीण होती जाती है।

5. 'अग्नि पथ' कविता के आलोक में किसी ऐसी सुविधा का वर्णन कीजिए, जो आपके लक्ष्य के मार्ग में बाधा बनी हो।

उत्तर एक बार दिल्ली में बहुत अधिक गर्मी पड़ रही थी और मैं उस गर्मी से बचने के लिए अपनी माँ के कमरे में सोता था, जिसमें एयरकंडीशनर लगा हुआ था। सोने में अधिक आनंद आने के कारण मैं पूरी गर्मी उसी कमरे में सोता रहा, जिससे मेरी पढ़ाई बहुत अधिक बाधित हुई और इसका प्रभाव मेरे परीक्षाफल पर भी पड़ा। मुझे उस दौरान बहुत ही खराब अंक प्राप्त हुए।

6. कविता के आधार पर 'अग्नि पथ' का अर्थ बताकर 'अग्नि पथ' की दो विशेषताएँ उदाहरण सहित लिखिए। **दक्षता आधारित प्रश्न**

उत्तर कविता में 'अग्नि पथ' का अर्थ—जीवन का संघर्ष भरा मार्ग है, जिसमें कठिन-से-कठिन परिस्थितियाँ निहित हैं। अग्नि पथ की दो विशेषताएँ निम्न हैं

(i) अग्नि पथ पर चलते हुए मनुष्य को अपने जीवन में निरंतर संघर्षरत रहना चाहिए, क्योंकि संघर्ष ही जीवन का पर्याय है।

(ii) इस अग्नि पथ में दृढ़ता व कठोर परिश्रम कर कर्मठ बने रहने की आवश्यकता है तभी मनुष्य जीवन में सफल हो सकता है।

7. कवि मानव से किस प्रकार की अपेक्षा करता है?

उत्तर कर्मवीरों को जीवन-पथ पर अनेक असफलताओं व कष्टों का सामना करना पड़ता है, क्योंकि संघर्ष करके ही लक्ष्य की प्राप्ति होती है। मनुष्य को संघर्षों व चुनौतियों से जूझते हुए निरंतर लक्ष्य की प्राप्ति की ओर बढ़ते रहना चाहिए। कवि मानव से यही अपेक्षा करता है।

8. कवि ने कौन-सी शपथ लेने के लिए कहा है?

उत्तर कवि ने मनुष्य को थकने से मना किया है। कवि ने कहा है कि उसे रुकना भी नहीं चाहिए और न कभी पीछे मुड़कर देखना चाहिए, क्योंकि ऐसा करने से हम कमज़ोर पड़ जाते हैं तथा लक्ष्य हमसे और दूर हो जाता है। यहाँ कवि ने हमें इन्हीं विचारों से दूर रहने की शपथ दी है।

9. मनुष्य को अपनी ज़िंदगी में किस प्रकार आगे बढ़ना चाहिए?

उत्तर कविता के अनुसार, मनुष्य को सुख-सुविधाओं में न उलझकर बाधाओं का दृढ़तापूर्वक सामना करते हुए कर्मपथ पर निरंतर डटे रहना चाहिए। उसे कड़ी मेहनत करके अपने आपको पूरी तरह से अपने लक्ष्य की प्राप्ति में जुट जाना चाहिए। मनुष्य को अपने लक्ष्य को प्राप्त करने के लिए अपना खून एवं पसीना बहाने से भी पीछे नहीं हटना चाहिए और निरंतर आगे बढ़ते रहना चाहिए।

10. 'महान दृश्य' से 'अग्नि पथ' कविता के कवि का क्या तात्पर्य है?

***अथवा* "यह महान दृश्य है" पंक्ति से क्या तात्पर्य है?**

उत्तर कवि का कहना है कि यह संसार अग्नि-भरे रास्ते के समान है। 'महान दृश्य' से कवि का अभिप्राय है कि इस कठिन मार्ग का सबसे सुंदर दृश्य यह है कि मनुष्य अपना खून-पसीना बहाते हुए संघर्ष रूपी अग्नि पथ पर आगे बढ़ता रहे। पसीने व रक्त यानी मेहनत की बूँदों से वह ओत-प्रोत हो। परिश्रम से टपका पसीना कर्मठता का बोध कराता है। यही महान दृश्य है।

11. 'अग्नि पथ' कविता का स्वर कैसा है? कविता पढ़कर मन में किस प्रकार के भाव उत्पन्न होते हैं?

उत्तर 'अग्नि पथ' कविता का स्वर संघर्ष का है। कविता इस तथ्य को रेखांकित करती है कि जीवन में संघर्ष अपरिहार्य है। उससे बचने की कोशिश करने वाले अपने लक्ष्य को प्राप्त नहीं कर सकते। अत: उसका डटकर सामना करना चाहिए, क्योंकि जीवन का दूसरा नाम संघर्ष ही है। इस कविता को पढ़कर मन में उत्साह, उमंग एवं जोश उत्पन्न होता है तथा जीवन में संघर्ष करने की प्रेरणा प्राप्त होती है।

12. 'अग्नि पथ' कविता के आधार पर स्पष्ट कीजिए कि कवि छाँह माँगने के लिए क्यों मना करता है?

अथवा **जीवन के लक्ष्य को प्राप्त करने में किस प्रकार का जीवन बाधक बन सकता है? 'अग्नि पथ' कविता के आधार पर उदाहरण देकर स्पष्ट कीजिए।** **दक्षता आधारित प्रश्न**

उत्तर कवि कहता है कि संघर्षशील मनुष्य अपने मन के संकल्प को कभी न भूले। वह सुख-सुविधा के लालच में न पड़े। इसलिए वह अग्नि पथ पर चलते हुए छाँह माँगने के लिए मना करता है। मनुष्य को अपने जीवन में सफल होने के लिए सुख-सुविधा के मोह को त्यागना होगा, क्योंकि इससे मनुष्य को सुविधा भोगने की आदत पड़ जाती है। इस कारण वह जीवन में आने वाली कठिनाइयों का सामना करने की अपेक्षा उनसे बचने की कोशिश करने लगता है। कवि जीवन को आग से भरा पथ मानता है। इसमें पग-पग पर चुनौतियाँ और कष्ट हैं। कवि ने मनुष्य के जीवन को संघर्षपूर्ण कहा है। कवि के अनुसार, जो मनुष्य जीवन में आँसू पीकर, पसीना बहाकर तथा खून से लथपथ होकर भी निरंतर संघर्ष करता है, वही मनुष्य महान है। जीवन की सुख-सुविधा को त्यागकर मेहनत करने वाला मनुष्य ही भविष्य में भी निरंतर उन्नति करता रहेगा। अत: मानव को जीवन में किसी तरह की सुख-सुविधा यानी किसी का आश्रय या सहारा पाने की इच्छा नहीं करनी चाहिए, क्योंकि सुख-सुविधाओं अथवा दूसरों पर निर्भरता वाला जीवन लक्ष्य प्राप्ति में बाधक होता है।

13. वर्तमान सामाजिक परिवेश अग्नि पथ की माँग करता है, क्या आप इससे सहमत हैं, क्यों? 'अग्नि पथ' कविता के आधार पर तर्क सम्मत विचार व्यक्त कीजिए। **दक्षता आधारित प्रश्न**

अथवा **'अग्नि पथ' कविता के प्रतिपाद्य पर विचार करते हुए वर्तमान समय में इस कविता का महत्त्व स्पष्ट कीजिए।**

उत्तर जीवन वस्तुत: संघर्ष का ही नाम है। मनुष्य को आगे बढ़ने के लिए निरंतर संघर्ष करना पड़ता है। वर्तमान सामाजिक परिवेश भी जीवन को संघर्ष के रूप में ही स्थापित करता है। वर्तमान सामाजिक परिवेश अपनी विषमता की अधिकता के कारण अधिक संघर्ष की माँग करता है। 'अग्नि पथ' कविता जीवन के इसी संघर्ष को व्याख्यायित करती है। यह जीवन को संघर्ष का पर्याय मानते हुए मनुष्य को निरंतर इससे जूझने की प्रेरणा देती है। अत: मैं इससे पूरी तरह सहमत हूँ कि वर्तमान सामाजिक परिवेश अग्नि पथ की माँग करता है।

'अग्नि पथ' कविता मनुष्य को प्रेरणा देती है कि जीवन रूपी संघर्ष से घबराकर हमें भागना नहीं चाहिए, बल्कि संघर्षों से गुज़रते हुए, जीवन की कठिनाइयों का सामना करते हुए धैर्य एवं दृढ़ संकल्प के साथ अपने लक्ष्य की ओर बढ़ते रहना चाहिए। इसी में जीवन की सार्थकता है। आँसू , पसीने एवं रक्त से लथपथ होकर भी कर्मवीर मनुष्य की भाँति अपने जीवन को सफल बनाना ही हमारा लक्ष्य होना चाहिए।

स्व-मूल्यांकन

कविता पर आधारित बहुविकल्पीय प्रश्न

1. मनुष्य को लक्ष्य की ओर बढ़ने के लिए कवि ने ………… प्रेरणा दी है।

(क) अथक परिश्रम (ख) काम से जी चुराना
(ग) थककर रुक जाना (घ) विचलित होना

2. कथन (A) सफलता पाने के लिए अंतिम समय तक प्रयास करना चाहिए।

कारण (R) कठिन परिस्थितियों में भी संघर्ष करना चाहिए।

दक्षता आधारित प्रश्न

(क) कथन (A) सही तथा कारण (R) गलत है।
(ख) कथन (A) तथा कारण (R) दोनों सही हैं।
(ग) कथन (A) गलत, किंतु कारण (R) सही है।
(घ) कथन (A) और कारण (R) दोनों गलत हैं।

3. 'अग्निपथ' कविता हमें क्या संदेश देती है?

(क) परोपकारी बनने का
(ख) जरूरतमंद लोगों की पहचान करने का
(ग) जीवन में निरंतर संघर्ष करते रहने का
(घ) रास्ते के किनारे सुख-सुविधाएँ उपलब्ध कराने का

काव्यांश पर आधारित बहुविकल्पीय प्रश्न

1. यह महान दृश्य है
चल रहा मनुष्य है
अश्रु-स्वेद-रक्त से लथपथ, लथपथ, लथपथ!
अग्नि पथ! अग्नि पथ! अग्नि पथ!

(i) 'यह महान दृश्य है' पंक्ति में किस दृश्य को महान कहा गया है?

(क) प्रकृति के जीवनदायिनी दृश्य को
(ख) निरंतर परिश्रम करते हुए मनुष्य के दृश्य को
(ग) नदी किनारे घूमते बच्चों के दृश्य को
(घ) कविता गायन करते छोटे बच्चों के दृश्य को

(ii) जीवन पथ पर मनुष्य निरंतर आगे कैसे बढ़ रहा है?

(क) खून-पसीना बहाकर (ख) सहजतापूर्ण ढंग से
(ग) विचलित होकर (घ) दुःखी होकर

(iii) **कथन** (A) किसी मनुष्य का संघर्ष दूसरों के लिए प्रेरणादायक बन जाता है।

कारण (R) कठिन समय में हार न मानने वालों का, दूसरों पर निर्भर न रहने वालों का और किसी भी परिस्थिति में हार न मानने वालों का संघर्ष प्रेरणा देता है।

दक्षता आधारित प्रश्न

(क) कथन (A) सही है, लेकिन कारण (R) सही नहीं है।
(ख) कथन (A) सही नहीं है, लेकिन कारण (R) सही है।
(ग) कथन (A) और कारण (R) दोनों सही हैं।
(घ) कथन (A) और कारण (R) दोनों गलत हैं।

(iv) मेहनत करने वाला मनुष्य किससे लथपथ दिखाई देता है?

दक्षता आधारित प्रश्न

1. आँसुओं से 2. पसीने से
3. खून से 4. ये सभी

कूट

(क) केवल 1 सही है।
(ख) केवल 2 सही है।
(ग) केवल 3 सही है।
(घ) 1, 2 और 3 सही हैं।

(v) कवि के अनुसार, ………… मनुष्य अंत में अपनी मंजिल को हासिल कर लेता है।

(क) किसी से मदद लेने वाले
(ख) जीवन के अंत में हार मानने वाले
(ग) खून-पसीने से लथपथ होकर आगे बढ़ने वाला
(घ) लक्ष्य निर्धारित न करने वाले

काव्यबोध संबंधी लघु प्रश्न

निम्नलिखित प्रश्नों के उत्तर दीजिए

1. 'अग्नि पथ' कविता पढ़कर मन में किस प्रकार के भाव उत्पन्न होते हैं?

2. 'अग्नि पथ' कविता के कवि कौन हैं और उन्होंने कविता के माध्यम से क्या संदेश दिया है?

3. कवि ने वृक्षों को किस रूप में चित्रित किया है? स्पष्ट कीजिए।

नए इलाके में... खुशबू रचते हैं हाथ...

अध्याय **10**

अरुण कमल

पाठ की रूपरेखा 'नए इलाके में' नामक कविता का मुख्य भाव यह है कि जीवन में सब कुछ परिवर्तनशील है। कवि कहता है कि वह शहर के नए बसते हुए क्षेत्रों में जाकर अपना रास्ता भूल जाता है। कवि उन निशानियों को ढूँढता रह जाता है, जिनके सहारे उसे अपनी मंज़िल पर पहुँचना है। परंतु दिन-प्रतिदिन बदलते रास्ते उसे धोखा दे रहे हैं तथा सारी यादें उसे धूमिल (धुँधली) हो गई हैं।

'खुशबू रचते हैं हाथ' कविता में कवि ने समाज के गरीबों, मज़दूरों एवं कारीगरों की दुर्दशा का चित्रण किया है, ये मज़दूर खुद गंदी बस्तियों में रहते हैं एवं दूसरों के लिए सुगंधित अगरबत्तियाँ बनाते हैं। शारीरिक रूप से अस्वस्थ रहते हुए भी वे दूसरों को प्रसन्न एवं तरोताज़ा रखने के लिए अगरबत्तियाँ बनाते हैं। अपने कार्य के दौरान ज़ख्मी होने के बाद भी वे रुकते नहीं एवं अपने परिश्रम एवं लगन से दूसरों को खुशियाँ बाँटते रहते हैं।

कवि परिचय

15 फरवरी, 1954 में, बिहार के रोहतास जिले के नासरीगंज में अरुण कमल का जन्म हुआ। ये पटना विश्वविद्यालय में प्राध्यापक हैं। इन्हें इनकी कविताओं के लिए साहित्य अकादमी पुरस्कार सहित कई अन्य पुरस्कारों से भी सम्मानित किया गया। इनके कई कविता संग्रह, आलोचनात्मक कृति एवं अनुवाद की पुस्तकें प्रकाशित हो चुके हैं। इनकी कविताओं में नए बिंब, बोलचाल की भाषा, खड़ी बोली के अनेक लय-छंदों का समावेश है।

ये जीवन प्रसंगों को अत्यंत कुशलता एवं सहजता से कविता में बदल देते हैं। इनकी प्रमुख कृतियाँ हैं- अपनी केवल धार, सबूत, नए इलाके में, पुतली में संसार तथा कविता और समय।

काव्यांशों की विस्तृत व्याख्या (नए इलाके में)

काव्यांश 1

इन नए बसते इलाकों में
जहाँ रोज़ बन रहे हैं नए-नए मकान
मैं अकसर रास्ता भूल जाता हूँ
धोखा दे जाते हैं पुराने निशान
खोजता हूँ ताकता पीपल का पेड़
खोजता हूँ ढहा हुआ घर
और ज़मीन का खाली टुकड़ा जहाँ से बाएँ
मुड़ना था मुझे
फिर दो मकान बाद बिना रंगवाले
लोहे के फाटक का
घर था इकमंज़िला
और मैं हर बार एक घर पीछे चल
देता हूँ
या दो घर आगे ठकमकाता

शब्दार्थ इलाका–क्षेत्र; अकसर–प्रायः; ताकता–देखता हुआ; ढहा–गिरा; फाटक–दरवाज़ा; ठकमकाता–डगमगाता हुआ या रुक-रुककर।

भावार्थ

प्रस्तुत पंक्तियों में कवि ने बस्तियों में तीव्र गति से हो रहे निर्माण को एक संकट के रूप में दर्शाया है। कवि किसी नई बस्ती में पहुँचता है, तो प्राय: रास्ता भूल जाता है, कारण यह है कि वहाँ रोज़ नए-नए मकान बन रहे हैं। इसलिए अपने आने-जाने के रास्तों और ठिकानों तक पहुँचने के लिए जो निशान बनाए होते थे, वे अब काम नहीं आते। वह पीपल का पुराना पेड़ खोजता है या कोई टूटा हुआ घर ढूँढता है या ज़मीन का कोई खाली टुकड़ा ढूँढता है, जहाँ से उसे बाएँ हाथ की तरफ़ मुड़ना था, परंतु बहुत समय बाद न तो पीपल का पेड़ रहा, उसे लोगों ने उखाड़ दिया। न गिरा हुआ घर रहा, वहाँ किसी ने नया मकान बना लिया। न ज़मीन का खाली टुकड़ा रहा, क्योंकि वहाँ भी किसी ने मकान बना लिया। अत: उसकी सारी पुरानी निशानियाँ गायब हो गईं। उसे याद था कि खाली प्लाट के दो मकान बाद एकमंजिला मकान था, जिसके बाहर बिना रंगवाला लोहे का फाटक लगा था, परंतु अब वह एकमंजिला मकान दुमंजिला हो गया और उसका फाटक सज-धज गया। इसलिए वह अकसर ठिकाना भूलकर या तो अपने घर से एकाध घर पहले ही मुड़ जाता है या घर से दो घर आगे पहुँच जाता है।

काव्यांश 2

यहाँ रोज़ कुछ बन रहा है
रोज़ कुछ घट रहा है
यहाँ स्मृति का भरोसा नहीं
एक ही दिन में पुरानी पड़ जाती है दुनिया
जैसे वसंत का गया पतझड़ को लौटा हूँ
जैसे बैसाख का गया भादों को लौटा हूँ
अब यही है उपाय कि हर दरवाज़ा खटखटाओ
और पूछो—क्या यही है वो घर?
समय बहुत कम है तुम्हारे पास
आ चला पानी ढहा आ रहा अकास
शायद पुकार ले कोई पहचाना ऊपर से देखकर।

शब्दार्थ घट–घटना/घटित होना; स्मृति–याद; वसंत–एक ऋतु; बैसाख, भादों–हिंदी में महीनों के नाम; ढहा–गिरना; अकास–आकाश।

भावार्थ

कवि कहता है कि नई बस्ती में रोज़ ही कुछ नया बन रहा है, कुछ पुराना टूट रहा है। इस बदलते परिवेश के चलते हमारी स्मृतियाँ (यादें) व्यर्थ हैं, उनका कोई लाभ नहीं अर्थात् इस दुनिया में ऐसा लग रहा है मानो पुरानी यादों को मिटाने की एक होड़-सी लगी है। यादें तो एक ही दिन में पुरानी पड़ जाती हैं। कवि को ऐसा लग रहा है कि मानो वह वसंत में गया और पतझड़ में लौटा हो या फिर बैसाख का गया, वह भादों के महीने में लौटा हो।

ऐसा प्रतीत होता है कि एक पल में कई सदियाँ गुजर गईं। आज इस नई दुनिया में कोई अपनापन नहीं रह गया है। उसकी इच्छा होती है कि हर दरवाज़ा खटखटाकर पूछे कि क्या यह वही घर है, जिसमें उसके परिचित रहा करते थे। आजकल की दुनिया में ऐसा लगता है मानो आकाश ढहा जा रहा है और ऊपर से पानी बहता आ रहा है। वह ऊपर की ओर भी देखता है और आशा करता है कि कोई उसे पहचानकर पुकार ले। कोई तो उससे आत्मीयता दर्शाए!

काव्यांशों की विस्तृत व्याख्या (खुशबू रचते हैं हाथ)

काव्यांश 3

कई गलियों के बीच
कई नालों के पार
कूड़े-करकट
के ढेरों के बाद
बदबू से फटते जाते इस
टोले के अंदर
खुशबू रचते हैं हाथ
खुशबू रचते हैं हाथ।

शब्दार्थ नाला–गंदे पानी को बहाने के लिए बनाया गया रास्ता; टोला–छोटी बस्ती।

भावार्थ

प्रस्तुत पंक्तियों में कवि सुगंधित वस्तुओं का निर्माण करने वाले मज़दूरों के जीवन का भावपूर्ण चित्रण करते हुए कहता है कि हमारे समाज के ये मज़दूर व श्रमिक लोग स्वयं बदबूदार बस्तियों में रहते हुए भी संसार व लोगों के जीवन में सुगंध फैलाने वाली अगरबत्तियों को बनाते हैं। इन्हें अपने घर तक पहुँचने के लिए कई नालों और कूड़े-करकट के ढेरों का सामना करना होता है। बदबू के मारे यहाँ रहना दूभर है, फिर भी ये उसी कूड़े के ढेर व नाले के समीप अपने टोले बनाकर रहने के लिए विवश हैं। ऐसे वातावरण में रहते हुए भी ये लोग, संसार को सुगंधित करने का कार्य निरंतर करते रहते हैं।

काव्यांश 4

उभरी नसों वाले हाथ
घिसे नाखूनों वाले हाथ
पीपल के पत्ते-से नए-नए हाथ
जूही की डाल-से खुशबूदार हाथ
गंदे कटे-पिटे हाथ
ज़ख्म से फटे हुए हाथ
खुशबू रचते हैं हाथ
खुशबू रचते हैं हाथ।

शब्दार्थ जूही–एक फूल; ज़ख्म–घाव।

भावार्थ

कवि मज़दूरों की शारीरिक व मार्मिक स्थिति का चित्रण करता हुआ कहता है कि दूसरों के जीवन में सुगंध फैलाने वाले मज़दूरों के हाथ अपनी दुर्गति और जीने की विपरीत परिस्थितियों के बावजूद अपना कार्य जारी रखते हैं। इन मज़दूरों में कुछ बूढ़े लोग भी हैं, जिनके हाथों की नसें कमज़ोरी के कारण स्पष्ट दिखाई देने लगी हैं और कुछ ऐसे लोग भी हैं, जिनके नाखून तक काम करते-करते घिस चुके हैं।

कुछ नन्हें बच्चे, जिनके हाथ पीपल के पत्तों की तरह कोमल हैं या फिर वे नवयुवतियाँ, जिनके हाथ जूही की डाल की तरह खुशबूदार प्रतीत होते हैं। मजदूरी या काम के बोझ से उनके हाथ गंदे, कटे और घाव वाले हो गए हैं, उसके बावजूद भी वह निरंतर काम कर रहे हैं। भाँति-भाँति के ये लोग वीभत्स जीवन-परिस्थितियों के बाद भी खुशबूदार वस्तुओं की रचना करते हैं।

काव्यांश 5

यहीं इस गली में बनती हैं
मुल्क की मशहूर अगरबत्तियाँ
इन्हीं गंदे मुहल्लों के गंदे लोग
बनाते हैं केवड़ा, गुलाब, खस और रातरानी
अगरबत्तियाँ
दुनिया की सारी गंदगी के बीच
दुनिया की सारी खुशबू
रचते रहते हैं हाथ
खुशबू रचते हैं हाथ
खुशबू रचते हैं हाथ।

शब्दार्थ मुल्क–देश; केवड़ा–एक प्रकार का पेड़, जिसमें खुशबूदार फूल होते हैं; रातरानी–एक प्रकार का फूल।

भावार्थ

कवि यहाँ जीवन की विडंबना की कठिनाइयों का यथार्थपरक चित्रण करता हुआ कहता है कि देश की प्रसिद्ध अगरबत्तियाँ इन्हीं गंदे मोहल्लों में इन्हीं गंदे लोगों के द्वारा दयनीय और विपरीत परिस्थितियों में बनाई जाती हैं। केवड़ा, गुलाब, खस एवं रातरानी जैसी अलग-अलग सुगंधों से परिपूर्ण अगरबत्तियों का निर्माण इन्हीं गंदी बस्तियों में होता हैं। स्वयं गंदगी में रहकर भी ये श्रमिक दूसरों के लिए खुशबूदार अगरबत्तियाँ बनाते हैं और पूरी दुनिया में सुगंध फैलाते हैं।

यह एक विडंबना ही है कि दुनिया की सारी खुशबू उन गलियों में बनती है, जहाँ दुनिया भर की गंदगी समाई होती है।

NCERT फोल्डर

पाठ्यपुस्तक (स्पर्श भाग-1) के प्रश्नोत्तर

नए इलाके में

प्र.1 निम्नलिखित प्रश्नों के उत्तर दीजिए

(क) नए बसते इलाके में कवि रास्ता क्यों भूल जाता है?

(ख) कविता में कौन-कौन से पुराने निशानों का उल्लेख किया गया है?

(ग) कवि एक घर पीछे या दो घर आगे क्यों चल देता है?

(घ) 'वसंत का गया पतझड़' और 'बैसाख का गया भादों को लौटा' से क्या अभिप्राय है?

(ङ) कवि ने इस कविता में 'समय की कमी' की ओर क्यों इशारा किया है?

(च) इस कविता में कवि ने शहरों की किस विडंबना की ओर संकेत किया है?

उत्तर (क) कवि नए बसते इलाके में रास्ता इसलिए भूल जाता है, क्योंकि वहाँ नए रास्ते व नए-नए घर बन गए हैं। उसने अपनी मंज़िल पर पहुँचने के लिए जो निशानियाँ व चिन्ह बनाए थे, वे अब नष्ट हो गए हैं इसलिए वह अपना रास्ता भटक जाता है।

(ख) कविता में पीपल का पेड़, ढहा हुआ घर, खाली ज़मीन का टुकड़ा, बिना रंगवाले लोहे के फाटक वाला एकमंज़िला मकान जैसे पुराने निशानों का उल्लेख किया गया है।

(ग) कवि का वह परिचित पुराना इलाका अब नए इलाके में परिवर्तित हो चुका है। नई इमारतों के निर्माण और पुराने प्रतीकों के अभाव में उस दिशा में वह भटक जाता है। इसलिए उसे अपने निर्धारित स्थान को ढूँढने में परेशानी होती है और वह एक घर पीछे या दो घर आगे चल देता है।

(घ) 'वसंत का गया पतझड़' और 'बैसाख का गया भादों को लौटा' से अभिप्राय है—अचानक परिवर्तन हो जाना, कुछ ही समय में अत्यधिक परिवर्तन हो जाना, जिससे ऐसा लग रहा है कि लंबे समय बाद लौट रहा हो।

(ङ) कवि ने इस कविता में 'समय की कमी' की ओर इशारा इसलिए किया है, क्योंकि आज का मनुष्य अपने जीवन में इतना व्यस्त है कि वह अपने पुराने जीवन मूल्यों व संस्कृति को पूर्णतः भूल चुका है। सभी लोग इतने गतिशील हैं कि उनके पास अपने जान-पहचान के लोगों को पहचानने का भी समय नहीं है। अतः संसार इतना गतिमान व परिवर्तनशील है कि प्रत्येक के जीवन में समय का अभाव है।

(च) 'नए इलाके में' कविता में कवि ने स्पष्ट किया है कि नगरों व शहरों में नवीन निर्माण व एक-दूसरे से आगे निकलने की होड़ ने प्रगति के नाम पर मनुष्य की संवेदनाएँ व आत्मीयता समाप्त कर दी है। शहरों में असंवेदनशीलता व अमानवीयता इतनी बढ़ गई है कि यदि कोई व्यक्ति दूसरे का दरवाज़ा खटखटाकर मदद माँगता है, तो वह अपनी व्यस्तता को दिखाकर उसे दुत्कार देता है। कवि ने अपनी कविता के माध्यम से शहरों की इसी विडंबना की ओर संकेत किया है।

प्र.2 व्याख्या कीजिए **दक्षता आधारित प्रश्न**

(क) यहाँ स्मृति का भरोसा नहीं
एक ही दिन में पुरानी पड़ जाती है दुनिया

(ख) समय बहुत कम है तुम्हारे पास
आ चला पानी ढहा आ रहा अकास
शायद पुकार ले कोई पहचाना ऊपर से देखकर

उत्तर (क) कवि ने शहरों में विकास के नाम पर हो रहे अंधाधुंध निर्माणों के दुष्परिणामों की ओर संकेत किया है। इन निर्माणों से शहरों में प्रतिदिन इतने अधिक परिवर्तन हो रहे हैं कि दो दिन पहले की देखी दुनिया स्मृति से बाहर हो जाती है। ऐसा लगता है कि स्मृति से विश्वास ही उठ गया है, क्योंकि यहाँ दुनिया एक ही दिन में काफी बदल जाती है।

(ख) कवि शहर की बदली दुनिया में अपनी पुरानी स्मृतियों के आधार पर अपने गंतव्य को खोजने का प्रयास कर रहा है। बारिश प्रारंभ हो गई है तथा इसके और अधिक तेज़ होने की संभावना है।

इस स्थिति में कवि को प्रतीत होता है कि समय कम है, यदि कोई ऊपर से जान-पहचान का व्यक्ति उसे पहचानकर बुला ले, तो उसका संकट दूर हो। उपर्युक्त पंक्तियाँ कवि की मनःस्थिति का यथार्थ चित्रण करती हैं।

योग्यता-विस्तार

प्र.1 **पाठ में हिंदी महीनों के कुछ नाम आए हैं। आप सभी हिंदी महीनों के नाम क्रम से लिखिए।**

उत्तर (1) चैत्र (2) बैसाख (3) ज्येष्ठ (4) आषाढ़
(5) श्रावण (6) भाद्रपद (7) आश्विन (8) कार्तिक
(9) मार्गशीर्ष (10) पौष (11) माघ (12) फाल्गुन

खुशबू रचते हैं हाथ

प्र.2 **निम्नलिखित प्रश्नों के उत्तर दीजिए**

(क) 'खुशबू रचने वाले हाथ' कैसी परिस्थितियों में तथा कहाँ-कहाँ रहते हैं?

(ख) कविता में कितने तरह के हाथों की चर्चा हुई है?

(ग) कवि ने यह क्यों कहा है कि 'खुशबू रचते हैं हाथ'?

(घ) जहाँ अगरबत्तियाँ बनती हैं, वहाँ का माहौल कैसा होता है?

(ङ) इस कविता को लिखने का मुख्य उद्देश्य क्या है?

उत्तर (क) 'खुशबू रचने वाले हाथ' गंदी बस्तियों में, कूड़े-करकट के ढेरों के बीच भयानक बदबूदार इलाकों में रहते हैं।

(ख) कविता में खुशबू रचते हाथ, उभरी नसों वाले हाथ, घिसे नाखून वाले हाथ, पीपल के पत्ते-से नए-नए कोमल हाथ, जूही की डाल-से खुशबूदार हाथ, गंदे व कटे-पिटे हाथ, ज़ख्म से भरे हाथ आदि की चर्चा हुई है।

(ग) कवि ने 'खुशबू रचते हैं हाथ' इसलिए कहा, क्योंकि संसार को सुगंधित करने वाली अगरबत्तियों का निर्माण वे मज़दूर करते हैं, जो स्वयं गंदे तथा बदबूदार स्थानों पर रहते हैं। इन मज़दूरों का जीवन उन कूड़े के ढेरों के पास व्यतीत होता है जहाँ दुर्गंध के अलावा और कुछ नहीं होता, उन्हीं मज़दूरों के हाथ निरंतर खुशबू रचते रहते हैं।

(घ) जहाँ अगरबत्तियाँ बनती हैं, वहाँ का माहौल अत्यंत बदबूदार एवं गंदा है। वहाँ प्रायः कूड़े-करकट का ढेर लगा रहता है। ऐसे गंदे मोहल्ले में अगरबत्तियाँ बनाने वाले लोग रहते हैं।

(ङ) इस कविता के माध्यम से कवि उस माहौल को दिखाना चाहता है, जो पशुओं के रहने लायक भी नहीं है। वहाँ मज़दूर रात-दिन लगातार दुनिया को सुगंध बाँटने के लिए विश्व प्रसिद्ध खुशबूदार अगरबत्तियाँ बनाते हैं। कवि ने उन्हीं हाथों की बदहाल ज़िंदगी को इस कविता का आधार बनाया है। कवि यह बताना चाहता है कि जिन अगरबत्तियों की खुशबू से हम अपने घर को महकाते हैं, वह वस्तुतः बदबूदार ज़िंदगी जी रहे लोगों की अथाह मेहनत से बनती हैं।

प्र.3 व्याख्या कीजिए **दक्षता आधारित प्रश्न**

(क) (i) पीपल के पत्ते-से नए-नए हाथ
जूही की डाल-से खुशबूदार हाथ

(ii) दुनिया की सारी गंदगी के बीच
दुनिया की सारी खुशबू रचते रहते हैं हाथ

(ख) कवि ने इस कविता में 'बहुवचन' का प्रयोग अधिक किया है, इसका क्या कारण है?

(ग) कवि ने हाथों के लिए कौन-कौन से विशेषणों का प्रयोग किया है?

उत्तर (क) (i) कवि जहालत भरी ज़िंदगी में जी रहे अगरबत्ती बनाने वाले मज़दूरों के त्रासदपूर्ण जीवन को दर्शाते हुए कह रहा है कि अगरबत्तियाँ बनाने वालों में मासूम बच्चे भी सम्मिलित हैं, जिनके हाथ पीपल के नए पत्तों के समान कोमल हैं। इन अगरबत्ती बनाने वालों में कुछ हाथ जूही की डाल की भाँति सुंदर एवं खुशबूदार भी हैं, जो नवयुवतियों के हैं। इन मज़दूरों के जीवन की विवशता यही है कि ये अपनी निर्धनता के वशीभूत समाज के हाशिए पर रहते हुए भी संसार को महका रहे हैं।

(ii) कवि ने इन पंक्तियों के माध्यम से कूड़े-करकट के ढेर में बसे बदबूदार मोहल्ले में रहने वाले मज़दूरों-कामगारों के जीवन का चित्रण किया है, जो नरक की ज़िंदगी जीते हुए भी अपने हाथों से दुनिया के लिए खुशबू रचते हैं। यही इन मज़दूरों का जीवन है। वे हमारे जीवन को खुशबू से भर देते हैं, परंतु उनका स्वयं का जीवन अत्यंत त्रासद एवं अभावग्रस्त है।

(ख) कवि ने कविता में 'बहुवचन' का प्रयोग प्रायः मज़दूरों के संदर्भ में किया है। इसके माध्यम से कवि बताना चाह रहा है कि इस तरह का नारकीय जीवन जीने वालों की संख्या अत्यधिक है। ये संख्या में 'बहु' अर्थात् बहुल हैं।

(ग) कवि ने हाथों के लिए निम्नलिखित विशेषणों का प्रयोग किया है; जैसे—उभरी नसों वाले, घिसे नाखूनों वाले, नए-नए, खुशबूदार, कटे-पिटे, फटे, पीपल के पत्ते जैसे कोमल, जूही की डाल-से खुशबूदार हाथ आदि।

योग्यता-विस्तार

प्र.1 **अगरबत्ती बनाना, माचिस बनाना, मोमबत्ती बनाना, लिफाफे बनाना, पापड़ बनाना, मसाले कूटना आदि लघु उद्योगों के विषय में जानकारी एकत्रित कीजिए।**

उत्तर छात्र स्वयं करें।

अभ्यास प्रश्न

बहुविकल्पीय व वर्णनात्मक प्रश्नों सहित

कविता पर आधारित बहुविकल्पीय प्रश्न

1. 'नए इलाके में' कविता में कवि क्या खोज रहा है?
(क) अपने पिता का घर
(ख) नए बनने वाले मकान
(ग) जमीन का खाली टुकड़ा
(घ) अपने मित्र का मकान
उत्तर (ग) जमीन का खाली टुकड़ा

2. कवि के अनुसार, उसका घर कैसा था?
(क) पीपल के पेड़ के समान बड़ा-सा
(ख) साधु की कुटिया के समान छोटा-सा
(ग) ढेर हो चुके मलबे के समान
(घ) बिना रंग वाले लोहे के फाटक का
उत्तर (घ) बिना रंग वाले लोहे के फाटक का

3. कवि को किस पर भरोसा नहीं है?
(क) समाज के तथा कथित लोगों पर
(ख) जीवन के दिखावे पर
(ग) अपनी स्मृतियों पर
(घ) झूठ बोलने वाले लोगों पर
उत्तर (ग) अपनी स्मृतियों पर

4. कथन (A) कवि ने तेजी से बदलते समय की ओर संकेत किया है।
कारण (R) जैसे वसंत का गया पतझड़ को लौटा हूँ। **दक्षता आधारित प्रश्न**
(क) कथन (A) और कारण (R) दोनों सही हैं।
(ख) कथन (A) सही है, लेकिन कारण (R) सही नहीं है।
(ग) कथन (A) सही नहीं है, लेकिन कारण (R) सही है।
(घ) कथन (A) और कारण (R) दोनों गलत हैं।
उत्तर (क) कथन (A) और कारण (R) दोनों सही हैं।

5. 'पुरानी पड़ जाती है दुनिया' पंक्ति से क्या अभिप्राय है?
(क) लोग जल्दी बड़े हो जाते हैं
(ख) समय वहीं रुक जाता है
(ग) दुनिया में तेजी से बदलाव हो रहा है
(घ) लोग बुजुर्गों को भूल जाते हैं
उत्तर (ग) दुनिया में तेजी से बदलाव हो रहा है

6. कवि के अनुसार, सही घर ढूँढ़ने का क्या उपाय है?
(क) किसी साथी के साथ मिलकर ढूँढ़ना
(ख) प्रत्येक व्यक्ति से जाकर पूछना
(ग) हर किसी को पुराने चिह्न दिखाना
(घ) हर दरवाजे को खटखटाकर पूछना
उत्तर (घ) हर दरवाजे को खटखटाकर पूछना

7. 'नए इलाके में' कविता में कवि ने किन पुराने निशानों का उल्लेख किया है? **दक्षता आधारित प्रश्न**
1. ढहा हुआ मकान
2. पीपल का पेड़
3. लोहे का बिना रंगवाला दरवाजा
4. उपर्युक्त सभी

कूट
(क) केवल 1 सही है। (ख) केवल 2 सही है।
(ग) केवल 3 सही है। (घ) केवल 4 सही है।
उत्तर (घ) केवल 4 सही है।

8. 'नए इलाके में' कविता में कवि अंत में क्या आशा करता है?
(क) उसे पुरानी निशानी वाला घर मिल जाएगा
(ख) संसार में परिवर्तन अवश्य होगा
(ग) उसका परिचित उसे स्वयं ही बुला लेगा
(घ) नए मकान बनने बंद हो जाएँगे
उत्तर (ग) उसका परिचित उसे स्वयं ही बुला लेगा

9. कवि किसका पेड़ खोजता है? **CBSE Diksha**
(क) पीपल का
(ख) नीम का
(ग) शीशम का
(घ) बरगद का
उत्तर (क) पीपल का

10. मेहनत करने वालों के हाथ .... हो जाते हैं। **CBSE Diksha**
(क) मजबूत
(ख) कटे-फटे जख्मों से भरे
(ग) विभिन्न आकार वाले
(घ) मटमैले
उत्तर (ख) कटे-फटे जख्मों से भरे

काव्यांशों पर आधारित बहुविकल्पीय प्रश्न

नए इलाके में

1. इन नए बसते इलाकों में
जहाँ रोज बन रहे हैं नए-नए मकान
मैं अकसर रास्ता भूल जाता हूँ
धोखा दे जाते हैं पुराने निशान
खोजता हूँ ताकता पीपल का पेड़
खोजता हूँ ढहा हुआ घर
और जमीन का खाली टुकड़ा
जहाँ से बाएँ मुड़ना था मुझे
फिर दो मकान बाद बिना रंगवाले
लोहे के फाटक का घर था इकमंजिला
और मैं हर बार एक घर पीछे
चल देता हूँ
या दो घर आगे ठकमकाता

(i) प्रस्तुत काव्यांश में कवि ने किसे संकट के रूप में दर्शाया है?
(क) आधुनिक विचारधारा के लोगों को
(ख) बस्तियों में तीव्र गति से हो रहे निर्माण को
(ग) खाली पड़ी हुई जमीनों को
(घ) मजदूरों के जीवन को

उत्तर (ख) बस्तियों में तीव्र गति से हो रहे निर्माण को

(ii) **कथन** (A) कवि के अनुसार, पुराने निशान धोखा दे जाते हैं।
कारण (R) क्योंकि लोग उस जगह नए मकान बना लेते हैं।

दक्षता आधारित प्रश्न

(क) कथन (A) सही नहीं है, लेकिन कारण (R) सही है।
(ख) कथन (A) सही है, लेकिन कारण (R) गलत है।
(ग) कथन (A) और कारण (R) दोनों सही हैं।
(घ) कथन (A) और कारण (R) दोनों गलत हैं।

उत्तर (ग) कथन (A) और कारण (R) दोनों सही हैं।

(iii) 'फिर दो मकान बाद बिना रंगवाले लोहे के फाटक का घर था' ....।
(क) दो मंजिला (ख) एक मंजिला
(ग) तीन मंजिला (घ) चार मंजिला

उत्तर (ख) एक मंजिला

(iv) कवि को जमीन का खाली टुकड़ा .... नही मिला।
(क) क्योंकि वहाँ भी किसी ने मकान बना लिया
(ख) क्योंकि वहाँ कोई जमीन थी ही नहीं
(ग) क्योंकि कवि को गलतफहमी हो गई थी
(घ) उपर्युक्त सभी

उत्तर (क) क्योंकि वहाँ भी किसी ने मकान बना लिया

(v) कवि अपने घर से एकाध घर पहले ही मुड़ जाता है, क्यों?
(क) ठिकाना याद हो जाने के कारण
(ख) नव निर्माण हो जाने से रास्ता भूल जाने के कारण
(ग) पुरानी यादों को पुनः ताजा करने के कारण
(घ) पड़ोसियों से मिलने जाने के कारण

उत्तर (ख) नव निर्माण हो जाने से रास्ता भूल जाने के कारण

2. यहाँ रोज कुछ बन रहा है
रोज कुछ घट रहा है
यहाँ स्मृति का भरोसा नहीं
एक ही दिन में पुरानी पड़ जाती है दुनिया
जैसे वसंत का गया पतझड़ को लौटा हूँ
जैसे बैसाख का गया भादों को लौटा हूँ
अब यही है उपाय कि हर दरवाजा खटखटाओ
और पूछो-क्या यही है वो घर?
समय बहुत कम है तुम्हारे पास
आ चला पानी ढहा आ रहा अकास
शायद पुकार ले कोई पहचाना ऊपर से देखकर।

(i) कवि के अनुसार, अब किस पर भरोसा नहीं किया जा सकता है?
(क) पुराने हो चुके रास्तों पर
(ख) नए बनने वाले रास्तों पर
(ग) पुरानी हो चुकी यादों पर
(घ) नई बनने वाली यादों पर

उत्तर (ग) पुरानी हो चुकी यादों पर

(ii) एक दिन में ही दुनिया पुरानी क्यों पड़ जाती है?
(क) बीता हुआ दिन पुराना होने के कारण
(ख) रोज नए परिवर्तन होने के कारण
(ग) बीते हुए दिन का न लौटने के कारण
(घ) पुरानी बातों को याद न रखने के कारण

उत्तर (ख) रोज नए परिवर्तन होने के कारण

(iii) 'जैसे वसंत का गया पतझड़ को लौटा हूँ' पंक्ति से क्या आशय है?
1. समय की परिवर्तनशीलता एवं तेजी से नवनिर्माण होना
2. सुख का दुःख में बदल जाना
3. दुःख का सुख में बदल जाना
4. ऋतु का बदल जाना

कूट
(क) केवल 1 सही है। (ख) केवल 2 सही है।
(ग) केवल 3 सही है। (घ) केवल 4 सही है।

उत्तर (क) केवल 1 सही है।

(iv) कवि प्रत्येक दरवाजे पर जाकर .... पूछना चाहता है।
(क) क्या यह वही पुरानी स्मृति है?
(ख) क्या यह वही शहर है?
(ग) क्या यह वही मकान है?
(घ) क्या वह उसे पहचानते हैं?

उत्तर (ग) क्या यह वही मकान है?

(v) नए इलाके में जाने पर कवि क्या भूल जाता है?
(क) अपना कीमती सामान (ख) अपनी कविताओं की पुस्तक
(ग) रास्ता (घ) अपना पुराना कपड़ा

उत्तर (ग) रास्ता

खुशबू रचते हैं हाथ

1. कई गलियों के बीच
कई नालों के पार
कूड़े-करकट
के ढेरों के बाद
बदबू से फटते जाते इस
टोले के अंदर
खुशबू रचते हैं हाथ
खुशबू रचते हैं हाथ।

(i) खुशबू रचने वाले हाथ कहाँ रहते हैं?
(क) गलियों के बीच (ख) नालों के पार
(ग) कूड़े के ढेर के पास (घ) ये सभी

उत्तर (घ) ये सभी

(ii) गंदे मोहल्ले में गंदे हाथों से लोग क्या बनाते हैं?
(क) मोमबत्तियाँ
(ख) अगरबत्तियाँ
(ग) पटाखे
(घ) फुलझड़ियाँ

उत्तर (ख) अगरबत्तियाँ

(iii) समाज को सुंदर बनाने वाले लोग अकसर कैसी जगहों में रहते हैं?
(क) शहर के बीचों-बीच में
(ख) गंदी जगहों में
(ग) आलीशान महलों में
(घ) अच्छी साफ-सुथरी जगहों में

उत्तर (ख) गंदी जगहों में

(iv) अगरबत्तियाँ बनाने वाले लोग अच्छे घरों में क्यों नहीं रह पाते?
(क) ऐसी जगह में रहने की आदत होने के कारण
(ख) घोर गरीबी एवं अभावों के कारण
(ग) धन खर्च न करने के कारण
(घ) अच्छे घरों में रहने की इच्छा न होने के कारण

उत्तर (ख) घोर गरीबी एवं अभावों के कारण

(v) कथन (A) खुशबू रचने वाले हाथ कूड़े के ढेर के पास रहते हैं?

कारण (R) सुगंधित वस्तुओं का निर्माण करने वाले मजदूरों का जीवन घोर गरीबी में बीतता है। दक्षता आधारित प्रश्न
(क) कथन (A) और कारण (R) दोनों सही हैं।
(ख) कथन (A) सही है, लेकिन कारण (R) सही नहीं है।
(ग) कथन (A) सही नहीं है, लेकिन कारण (R) सही है।
(घ) कथन (A) और कारण (R) दोनों गलत हैं।

उत्तर (क) कथन (A) और कारण (R) दोनों सही हैं।

2. उभरी नसोंवाले हाथ
घिसें नाखूनों वाले हाथ
पीपल के पत्ते-से नए-नए हाथ
जूही की डाल-से खुशबूदार हाथ
गंदे कटे-पिटे हाथ
जख्म से फटे हुए हाथ
खुशबू रचते हैं हाथ
खुशबू रचते हैं हाथ।

(i) प्रस्तुत पद्यांश में कवि ने क्या वर्णित किया है?
(क) मजदूरों की शारीरिक व आर्थिक स्थिति को
(ख) पीपल के वृक्ष की शाखाओं को
(ग) सुगंध देने वाले कोमल फूलों को
(घ) जानवरों के नाखूनों के आकार को

उत्तर (क) मजदूरों की शारीरिक व आर्थिक स्थिति को

(ii) दूसरों के जीवन में सुगंध फैलाने वाले हाथ किसके हैं?
(क) बूढ़े लोगों के
(ख) नन्हें बच्चों के
(ग) नवयुवतियों के
(घ) उपर्युक्त सभी

उत्तर (घ) उपर्युक्त सभी

(iii) विपरीत परिस्थितियों के बावजूद भी मजदूर क्या करते हैं?
(क) जीवन जीना छोड़ देते हैं
(ख) अपना कार्य जारी रखते हैं
(ग) मजदूरी करना छोड़ देते हैं
(घ) परिवार से रिश्ता तोड़ देते हैं

उत्तर (ख) अपना कार्य जारी रखते हैं

(iv) कामों के बोझ के कारण मजदूरों के हाथ कैसे हो गए हैं?
1. गंदे
2. कटे हुए
3. घाव वाले
4. पीपल के पत्तों के समान सुंदर

कूट
(क) 1 और 2 सही हैं। (ख) 2 और 3 सही हैं।
(ग) 3 और 4 सही हैं। (घ) 1, 2 और 3 सही हैं।

उत्तर (घ) 1, 2 और 3 सही हैं

(v) खुशबूदार वस्तुओं की रचना करने वाले लोग किन परिस्थितियों में जीवन जीते हैं? दक्षता आधारित प्रश्न
(क) दयनीय जीवन की परिस्थितियों में
(ख) सामान्य जीवन की परिस्थितियों में
(ग) उत्कृष्ट जीवन की परिस्थितियों में
(घ) निम्न जीवन की परिस्थितियों मे

उत्तर (क) दयनीय जीवन की परिस्थितियों में

काव्यबोध संबंधी लघु प्रश्नोत्तर

नए इलाके में

1. कवि को अपनी स्मृति के निशान कैसे धोखा दे जाते हैं?
***अथवा* कवि को स्मृतियों पर भरोसा क्यों नहीं रहा?**

उत्तर कवि को अपनी स्मृतियों पर भरोसा नहीं रहा, क्योंकि रोज़-रोज़ नए बसते इलाके में रोज़ाना बनते नए मकानों के कारण पुरानी निशानियाँ समाप्त हो जाती हैं, इस तरह कवि को अपनी स्मृति के निशान धोखा दे जाते हैं।

2. 'नए इलाके में' कविता में अपने गंतव्य तक पहुँचने के लिए कवि कौन-कौन सी निशानियाँ ढूँढता है? **दक्षता आधारित प्रश्न**

उत्तर प्रस्तुत कविता में कवि अपने गंतव्य (मंज़िल) तक पहुँचने के लिए पीपल का पेड़, खंडहर बना मकान, ज़मीन का खाली टुकड़ा, दो मकानों के बाद रंगहीन लोहे के फाटक वाला एकमंज़िला मकान इत्यादि, निशानियों को ढूँढता है।

3. "एक ही दिन में पुरानी पड़ जाती है दुनिया" कहकर कवि क्या बताना चाह रहा है?

उत्तर "एक ही दिन में पुरानी पड़ जाती है दुनिया" कहकर कवि रोज़ तेज़ी से हो रहे बदलाव के विषय में बताना चाहता है। कल जिस स्थान पर कुछ नहीं था, आज वहाँ ऊँची इमारतें खड़ी हैं; जहाँ भवन था, वहाँ कुछ और बन गया है। परिवर्तन की इस तीव्र दौड़ में एक दिन पहले की निर्मित वस्तु भी पुरानी हो जाती है।

4. 'नए इलाके में' कविता में कवि ने नए इलाके की किन विशेषताओं का उल्लेख किया है?

उत्तर 'नए इलाके में' कविता में कवि ने प्रतिदिन बनने वाले नए मकानों, नई इमारतों की चर्चा की है। रोज़-रोज़ होने वाले निर्माण कार्यों के कारण सामाजिक परिवेश बहुत तेज़ी से परिवर्तित हो रहा है। लोग अपने पड़ोसियों को भी नहीं पहचानते और न ही उनसे कोई आत्मीय संबंध रखते हैं। नया सृजन प्राचीन के ध्वंस पर हो रहा है, इसलिए परंपराएँ एवं मूल्य समाप्त हो रहे हैं।

5. जैसे वसंत का गया पतझड़ को लौटा हूँ, इस पंक्ति का क्या आशय है? **Diksha**

उत्तर इस पंक्ति से कवि का अभिप्राय ऋतुओं के वर्णन के साथ-साथ कवि के लौट आने के भी उल्लेख से है, जब वह लौटा, तो एकाएक परिवर्तन हो गया है। आने और जाने के समय के इस अंतराल में पुराने स्थानों ने नए मकानों का रूप ले लिया और धीरे-धीरे अब स्मृतियाँ भी पुरानी हो रही हैं। कवि अपने ठिकाने को भी पहचानने में असमर्थ है, क्योंकि वह काफी समय के बाद लौटा है।

6. 'नए इलाके में' कविता में कवि ने किस विडंबना को चित्रित किया है? **दक्षता आधारित प्रश्न**

उत्तर प्रस्तुत कविता में कवि ने आधुनिक शहरों की विडंबना को दर्शाया है। आज के भाग-दौड़ वाले युग में जीवन की गति परिवर्तनशील है। पल-पल बनती-बिगड़ती दुनिया में लोग स्मृतियों के सहारे नहीं जी सकते हैं। आपसी स्नेह और संवेदनाओं के लिए लोगों के दिलों में कोई जगह नहीं रह गई है।

7. 'नए इलाके में' कविता का शीर्षक कितना सार्थक है?

उत्तर 'नए इलाके में' कविता का शीर्षक पूर्णत: सार्थक है, क्योंकि शहरी वातावरण में नित्य नए बदलाव आ रहे हैं। पुरानी पहचान के पैमाने काफ़ी बदल गए हैं।

बहुत ढूँढने पर भी पुरानी यादों के सहारे सही पते पर नहीं पहुँचा जा सकता। कम समय होने के कारण जीवन की रफ़्तार तेज़ हो गई है। मनुष्य नए इलाके में अपना अस्तित्व कहीं खो बैठा है।

8. मनुष्य को नए इलाके में किस समस्या का सामना करना पड़ता है?
***अथवा* कवि को घर ढूँढने में किन-किन कठिनाइयों का सामना करना पड़ता है?** **दक्षता आधारित प्रश्न**

उत्तर कवि कहता है कि नए इलाके में रोज़-रोज़ कुछ-न-कुछ नया निर्माण होता है। रोज़-रोज़ नई आबादी का बढ़ना, नए भवनों का बनना एक समस्या है। नई घटनाएँ भी घटती हैं। रोज़-रोज़ नई-नई इमारतों के निर्माण से मनुष्य रास्ता भी भूल जाता है। वह पहले घर जाने के लिए जिन-जिन निशानियों को याद रखता था, अब वे निशानियाँ वहाँ नहीं मिलतीं, बल्कि उनके स्थान पर कुछ नया निर्माण नज़र आता है। इसलिए वह रास्ता भटक जाता है। इन सबके कारण उसके चारों ओर अजनबियों का एक संसार बस जाता है। अत: वह उनके बीच अपनी पहचान के लिए तथा अपनेपन के लिए तरसता है। नए निर्माण के कारण हमारी पुरानी यादें बेकार हो जाती हैं।

आज नगरों में बसने वाली बस्तियाँ इतनी तीव्रता से बढ़ रही हैं कि आदमी को अपना घर तक ढूँढ़ना कठिन हो गया है। यदि वह कुछ दिन बाद अपनी बस्ती में लौटकर आए, तो रास्ता तक भूल जाएगा। उसकी पुरानी निशानियाँ देखते ही देखते नष्ट हो जाती हैं। दुनिया इतनी तेज़ी से बदल रही है कि जो निर्माण एक दिन पहले किया जाता है, दूसरे दिन तक वह पुराना पड़ चुका होता है।

9. "धोखा दे जाते हैं पुराने निशान" पंक्ति का आशय स्पष्ट कीजिए।

उत्तर कवि ने दुनिया में तीव्र गति से हो रहे निर्माण को संकट का एक रूप बताया है। वह कहता है कि रोज़-रोज़ हो रहे निर्माणों से वह इतना परेशान है कि अकसर रास्ता भूल जाता है। वे पुराने निशान, जिनके द्वारा वह अपना घर आसानी से ढूँढ़ लेता था, सब मिट चुके हैं। जैसे कोई पेड़ या पौधा आदि अब नष्ट हो गए हैं।

कवि कहता है कि ज़मीन के जो बड़े-बड़े खाली टुकड़े पड़े थे, वहाँ भी अब बड़ी-बड़ी इमारतें बन गई हैं। कवि को यह याद रहता है कि जहाँ उसे जाना है, वहाँ पर दो मकानों के बाद एक बिना रंग वाले लोहे के फाटक का घर था, जो सिर्फ़ एकमंज़िला था।

लेकिन अब इन्हें देखकर ऐसा प्रतीत होता है मानो एक पल में कई सदियाँ बीत गईं। इन सब समस्याओं के कारण कवि एक घर पीछे या दो घर आगे निकल जाता है, क्योंकि उसे अपना घर पहचानने में परेशानी होती है। उसने जो निशानियाँ बना रखी थीं, वे तो सब मिट गई हैं।

10. 'ढहा हुआ घर' क्यों धोखा दे जाता है?

उत्तर कविता के अनुसार, ढहा हुआ घर फिर से एक नए स्वरूप एवं विशाल आकार में निर्मित हो जाता है, इसलिए वह धोखा दे जाता है। कवि कहता है कि आज नए-नए इलाकों में बड़ी-बड़ी इमारतों व भवनों का निर्माण इतनी तीव्र गति से हो रहा है कि वहाँ पुरानी निशानियों के आधार पर कुछ भी ढूँढ़ना व्यर्थ है। दिन-प्रतिदिन तीव्र गति से निर्माण होने के कारण पुरानी निशानियाँ मिट गई हैं।

इसलिए उसे आने-जाने के रास्तों और अपने गंतव्य तक पहुँचने के लिए अनेक परेशानियों का सामना करना पड़ता है। वह पीपल का पुराना पेड़ खोजता है या कोई टूटा हुआ घर ढूँढ़ता है या ज़मीन का कोई खाली टुकड़ा ढूँढ़ता है, जहाँ से उसे बाएँ हाथ की तरफ़ मुड़ना था, परंतु कुछ समय बाद ही न तो पीपल का पेड़ रहा और न ही ज़मीन का खाली टुकड़ा, क्योंकि वहाँ नई-नई इमारतों का निर्माण हो गया है।

अतः उसकी सारी पुरानी निशानियाँ गायब हो गई हैं। प्रस्तुत कविता में यह बताया गया है कि ढहा हुआ घर, जो कवि की एक प्रमुख निशानी के रूप में था, के स्थान पर भी नया निर्माण हो जाता है और इस प्रकार 'ढहा हुआ घर' भी धोखा दे जाता है।

11. 'नए इलाके में' कविता में कवि कहाँ की स्थिति का वर्णन करता है?

उत्तर 'नए इलाके में' कविता में कवि महानगरीय जीवन में विकास की स्थिति का वर्णन करता है। महानगरों में जैसे-जैसे जनसंख्या में बढ़ोतरी हो रही है, वैसे-वैसे नई-नई बस्तियों के जाल पूरे फैलाव के साथ सामने आने लगे हैं। नई बस्तियों में निर्माण कार्य इतनी तेज़ी से होते हैं कि कवि भटक जाता है। वह अपने गंतव्य का रास्ता भूल जाता है।

कवि स्मृति में सुरक्षित निशानियों को याद कर अपने गंतव्य तक पहुँचना चाहता है, तो पता चलता है कि वे निशानियाँ अब नवनिर्माण की भेंट चढ़ चुकी हैं। चारों ओर कंक्रीट के जंगल फैले हुए हैं, जीवन के रंग कहीं खो गए हैं। आदमी अपनी पहचान खो चुका है। ऐसे में कोई पहचानकर उसे आवाज़ लगा दे, तो यह आश्चर्यजनक, लेकिन आत्मीयता से भरा हुआ अनुभव होगा।

12. 'नए इलाके में' कविता का प्रतिपाद्य लिखिए।

उत्तर 'नए इलाके में' कविता में कवि का कहना है कि नए बसते शहरी क्षेत्रों में रोज़-रोज़ स्थितियाँ एवं परिवेश परिवर्तित होते रहते हैं। वह वहाँ जाकर अपनी मंज़िल तक पहुँचने का रास्ता भूल जाता है। उसकी स्मृति में संचित सारी पुरानी निशानियाँ उसे धोखा दे जाती हैं, क्योंकि सभी ओर पुराने स्थानों को तोड़कर नए का निर्माण हो रहा है। जीवन में कुछ भी खाली नहीं रहता, सब कुछ परिवर्तनशील है। प्रस्तुत कविता के माध्यम से कवि उस दुनिया में पाठक को प्रवेश कराता है, जो एक ही दिन में पुरानी पड़ जाती है। पल-पल बनती-बिगड़ती इस दुनिया में स्मृतियों एवं पुराने मूल्यों के भरोसे नहीं जिया जा सकता। इन नए इलाकों में मानवीय संबंधों में आत्मीयता या अपनेपन की भावना का अभाव है। कोई अपना मानकर पुकारने वाला मौजूद नहीं है।

खुशबू रचते हैं हाथ

13. "पीपल के पत्ते जैसे नए-नए हाथ" से कवि का क्या तात्पर्य है?

उत्तर यहाँ कवि का तात्पर्य उन भोले-भाले, मासूम बाल-श्रमिकों से है, जो अगरबत्तियाँ बनाने वाले उद्योग में कार्य करते हैं। कवि उन छोटे-छोटे बालक-बालिकाओं के हाथों को पीपल के पत्तों के समान कोमल बताता है, जो हमें खुशबू प्रदान करने के लिए दिन-रात काम में जुटे रहते हैं।

14. कवि ने हाथों का वर्णन करने के लिए अनेक विशेषणों का प्रयोग क्यों किया है?

उत्तर हाथों का वर्णन करने के लिए कवि ने अनेक विशेषणों का प्रयोग इसलिए किया है, क्योंकि ये अगरबत्ती बनाने वाले लोग हर आयुवर्ग के और हर तरह की विषम परिस्थितियों से गुजरे हुए लोग हैं। उनके मर्म को समझने के लिए और निकटता से उन पर दृष्टि डालने के लिए कवि ने ऐसा किया है।

15. विभिन्न हाथ जिन अगरबत्तियों का निर्माण करते हैं, उनकी दशा कैसी है?

अथवा **देश की मशहूर अगरबत्तियाँ कौन बनाता है? कविता में किस-किस प्रकार की अगरबत्तियों का उल्लेख किया गया है?**

अथवा **अगरबत्तियाँ बनाने वाले लोगों की दशा का वर्णन पाठ के आधार पर कीजिए।** **CBSE Diksha**

उत्तर देश की मशहूर अगरबत्तियों का निर्माण कूड़े-करकट और गंदी बस्तियों में रहने वाले लोग करते हैं। इनके हाथ कटे-फटे, घिसे नाखूनों वाले होते हैं, जिनमें घाव हो चुके होते हैं। इनके द्वारा बनाई गई अगरबत्तियाँ अलग-अलग फूलों की सुगंध से भरी होती हैं। उनमें केवड़ा, गुलाब, खस और रातरानी की सुगंध समाई होती हैं। सारे देश में, ये सभी लोगों के बीच प्रसिद्धि पाती हैं।

16. "दुनिया की सारी गंदगी के बीच दुनिया की सारी खुशबू" इन पंक्तियों के मर्म को समझाइए।

उत्तर प्रस्तुत पंक्ति के अनुसार, दुनिया में सबसे प्रदूषित, विषम और दयनीय परिस्थितियों में रहने वाले लोगों के द्वारा दुनिया में उपयोग होने वाली पवित्र एवं सुगंधित वस्तुओं का निर्माण किया जाता है। कवि के अनुसार, समाज की यह एक उल्लेखनीय विडंबना है।

17. 'गंदगी में रहकर भी खुशबू का निर्माण' कथन के द्वारा कवि देश की किस विषमता की ओर इशारा कर रहा है?

अथवा **'खुशबू रचते हैं हाथ' कविता में कवि ने किस समस्या की ओर ध्यान आकर्षित किया है?** **दक्षता आधारित प्रश्न**

उत्तर कवि के अनुसार, दयनीय एवं विपरीत परिस्थितियों में, छोटी तंग गलियों से गुज़रकर कूड़े के ढेर में बने निवासों में रहने वाले वे लोग, स्वयं बदबूदार एवं गंदे वातावरण में रहते हुए भी दूसरों को अपने द्वारा बनाई हुई खुशबूदार अगरबत्तियाँ प्रदान करते हैं। लोगों के जीवन में खुशबू बिखेरते हैं। समाज जब इन सुगंधित अगरबत्तियों का उपयोग करता है, तो वह कभी उन लोगों के विषय में नहीं सोचता, जिनके हाथों ने इनकी रचना की है। इस काव्य-पंक्ति के माध्यम से कवि इसी विषमता की ओर संकेत करता है।

18. इस कविता का मूल उद्देश्य क्या है?

उत्तर इस कविता का मूल उद्देश्य समाज के दरिद्र और उपेक्षित/(मजदूर वर्ग) लोगों की ओर सभी का ध्यान आकृष्ट करना है, जो अपनी मेहनत से अपने परिवार का भरण-पोषण करते हैं। हालात से विवश होकर स्वयं गंदगी में भी रहकर समाज के अधिकांश लोगों के उपयोग में आने वाली खुशबूदार वस्तुओं का निर्माण करते हैं।

19. 'खुशबू रचते हैं हाथ' कविता के माध्यम से कवि धनी वर्ग से क्या अपेक्षा करता है? स्पष्ट कीजिए।

उत्तर 'खुशबू रचते हैं हाथ' कविता के माध्यम से कवि धनी वर्ग से यह अपेक्षा करता है कि वह उन गरीबों एवं आर्थिक रूप से विवश मज़दूरों के बदबूदार जीवन में भी खुशबू फैलाने के लिए कोई प्रयास करे, जो समाज के सभी लोगों के जीवन में खुशबू फैलाने का काम करते हैं। धनी वर्ग ऐसी व्यवस्था करे कि खुशबूदार अगरबत्ती बनाने वाले मज़दूरों को गंदी एवं बदबूदार नरक जैसी बस्तियों में न रहना पड़े।

20. खुशबू रचने वाले लोग बदबूदार टोले में क्यों रहते हैं?

उत्तर खुशबू रचने वाले लोग प्रायः बहुत गरीब होते हैं। जो लोग खुशबू फैलाने वाली अगरबत्तियों का निर्माण करते हैं, वे स्वयं कूड़े-करकट से भरी मलिन बस्तियों में रहते हैं। उन लोगों को कई गलियों के बीच, अनेक नालों को पार करने के बाद कूड़े-करकट और गंदगी के ढेरों के आस-पास रहना पड़ता है, जहाँ बदबू से मनुष्य की नाक फटने को रहती है।

कवि कहता है कि पूरे संसार को खुशबू देने वाले मज़दूर विभिन्न प्रकार के हैं। उनमें बूढ़े-बुढ़ियाँ भी हैं, जिनके हाथों की नसें उभर चुकी हैं या जिनके हाथों के नाखून काम करते-करते घिस चुके हैं। इन अगरबत्तियाँ बनाने वाले मज़दूरों में नन्हें बालक-बालिकाएँ भी हैं, जिनके हाथ पीपल के पत्तों के समान कोमल हैं।

कालांतर में काम के बोझ से गंदे, कटे और घाव से फटे हुए उनके हाथ दर्द सहते हुए भी आर्थिक विवशता के कारण काम करते रहते हैं। भाँति-भाँति के ये लोग वीभत्स जीवन परिस्थितियों के बाद भी खुशबूदार वस्तुओं की रचना करते हैं।

गंदे वातावरण में रहने वाले ये लोग अन्य लोगों के जीवन में सुगंध भरते हैं। केवड़ा, गुलाब, खस एवं रातरानी आदि अलग-अलग खुशबूदार अगरबत्तियों का निर्माण इन्हीं गंदी व मलिन बस्तियों में ही होता है। कवि कहता है कि ये लोग दयनीय ज़िंदगी जी रहे हैं। इनकी बस्ती अस्वच्छ व दुर्गंधमय होती है। ये लोग आर्थिक रूप से कमज़ोर एवं दरिद्र होते हैं।

21. दुनिया भर को सुगंधित करने वाली अगरबत्तियाँ बनाने में किन-किन लोगों का योगदान रहता है? उनके जीवन के विषय में विस्तारपूर्वक समझाइए।

उत्तर दुनियाभर को सुगंधित करने वाली नाना प्रकार की अगरबत्तियाँ बनाने में अनेक बच्चे, बूढ़े, युवा और स्त्रियों का योगदान रहता है। ये अत्यंत गरीब लोग हैं, जो जीविकोपार्जन के लिए अगरबत्ती उद्योग से जुड़े हैं। खुशबू फैलाने वाली अगरबत्तियों को रचने वाले ये लोग स्वयं कूड़े-करकट के ढेरों एवं गंदे नालों के पास छोटी-छोटी गलियों में रहते हैं, जहाँ पाँव रखना भी अत्यंत दुष्कर है।

ऐसे वातावरण में छोटे-छोटे बच्चों से लेकर उम्रदराज बूढ़ों, कटे-फटे हाथों वाले, ज़रा-सी भी गलती होने पर पीटे जाने से ज़ख्मी हुए हाथों वाले लोग बड़ी तल्लीनता के साथ देश की मशहूर अगरबत्तियाँ तैयार करते रहते हैं। आर्थिक विवशता के कारण उन्हें अपने आसपास के वातावरण का कोई अहसास नहीं रहता है। शिक्षा, स्वास्थ्य, स्वच्छ जल, बिजली आदि सुविधाओं का यहाँ नितांत अभाव है। बस, बदबू के ढेरों से खुशबू जन्म लेती रहती है।

22. 'खुशबू रचते हैं हाथ' कविता में कवि ने खुशबू के पीछे छिपे बदबूदार सच को उजागर किया है, स्पष्ट कीजिए।

अथवा **''दुनिया की सारी गंदगी के बीच दुनिया की सारी खुशबू रचते हैं हाथ'' पंक्ति में कवि समाज की किस विडंबना को उजागर करना चाहता है?** दक्षता आधारित प्रश्न

उत्तर 'खुशबू रचते हैं हाथ' कविता में कवि ने खुशबू का नहीं, बल्कि खुशबू के पीछे छिपे बदबूदार सच को उजागर किया है। खुशबू रचने वाले हाथ नाक फटने वाली बदबू भरे इलाके में रहते हैं। बदबू केवल वातावरण में ही नहीं है, यह लोगों के जीवन में भी प्रवेश कर गई है। चारों ओर गंदगी का वातावरण है, वे उस अहसास से परे केवल अगरबत्तियाँ बनाने में लगे रहते हैं।

यह कितनी त्रासद अवस्था है कि खुशबू का व्यापार करने वाले हाथ सुख-सुविधा संपन्न हैं, साफ़-सुथरे स्वस्थ वातावरण में रहते हैं, सब सुविधाएँ-खुशियाँ उनके इर्द-गिर्द मौजूद हैं। इसके विपरीत, खुशबू रचने वाले हाथ उपर्युक्त सभी सुख-सुविधाओं से वंचित हैं।

उन्हें तो इस विषय में सोचने की भी शायद फुरसत नहीं मिलती होगी। इसलिए हाथों के कटे-फटे, नसों के उभरे होने, कोमल-कठोर तथा पिटे होने पर भी खुशबू रचने का काम नहीं रुकता। इसी खुशबू का बदबूदार सच कवि ने बड़ी सूक्ष्मता से अभिव्यक्त किया है।

23. 'खुशबू रचते हैं हाथ' शीर्षक कविता में कवि किस भयंकर समस्या का चित्रण करता है?

उत्तर 'खुशबू रचते हैं हाथ' शीर्षक कविता में कवि बाल-श्रमिकों तथा अन्य मज़दूर वर्ग की समस्याओं को चित्रित करता है। यह श्रमिक वर्ग समाज को सुख-आनंद देने के लिए दिन-रात श्रम करता है, परंतु वह साफ़-स्वच्छ जीवन तो क्या, जीवन की मूलभूत आवश्यकताओं को जुटाने में भी असमर्थ है। खुशबू रचने वाले हाथ स्वयं अत्यंत गंदगी, बदबू और बुरी स्थिति में रहते हैं। अगरबत्ती उद्योग में स्त्री-पुरुष, बाल-वृद्ध सभी लोग कार्य करते हैं, लेकिन उनकी आर्थिक अवस्था जर्जर है। शिक्षा का प्रचार-प्रसार इन तक नहीं पहुँचता, स्वास्थ्य-सफ़ाई इनके लिए कल्पना है। यदि इनकी समस्याओं का थोड़ा भी निराकरण हो सके, तो शायद खुशबू की रचना करने वालों के जीवन में भी थोड़ी खुशबू फैल सकेगी।

स्व-मूल्यांकन

कविता पर आधारित बहुविकल्पीय प्रश्न

1. कथन (A) कवि अपना घर ढूँढ़ने के क्रम में गलती करता है।
कारण (R) वह एक घर पीछे चलता जाता है या दो घर आगे चला जाता है। **दक्षता आधारित प्रश्न**
(क) कथन (A) सही नहीं है, लेकिन कारण (R) सही है।
(ख) कथन (A) सही है, लेकिन कारण (R) गलत है।
(ग) कथन (A) और कारण (R) दोनों सही हैं।
(घ) कथन (A) और कारण (R) दोनों गलत हैं।

2. निम्न कथनों में सही कथन का चयन कीजिए।
(क) नवनिर्माण के कारण स्मृति चिह्न लुप्त हो रहे हैं।
(ख) नए इलाकों में अकसर कवि रास्ता भूल जाता है।
(ग) 'क' और 'ख' दोनों
(घ) कवि कभी शहर नहीं गया

3. कवि जहाँ जाना चाह रहा था, उस मकान की विशेषता है।
(क) जमीन के खाली टुकड़े से बाएँ स्थित
(ख) जमीन के खाली टुकड़े से दो मकान बाद स्थित
(ग) एक मंजिला मकान
(घ) बिना रंगवाला स्टील के फाटकवाला मकान

काव्यांश पर आधारित बहुविकल्पीय प्रश्न

1. यहीं इस गली में बनती हैं
मुल्क की मशहूर अगरबत्तियाँ
इन्हीं गंदे मोहल्लों के गंदे लोग
बनाते हैं केवड़ा गुलाब खस और रातरानी
अगरबत्तियाँ
दुनिया की सारी गंदगी के बीच
दुनिया की सारी खुशबू
रचते रहते हैं हाथ
खुशबू रचते हैं हाथ
खुशबू रचते हैं हाथ।

(i) 'खुशबू रचते हैं हाथ' से कवि का क्या अभिप्राय है?
(क) इत्र बनाने वालों से
(ख) गुलदस्ता बनाने वालों से
(ग) अगरबत्ती बनाने वाले हाथों से
(घ) उपर्युक्त सभी

(ii) **कथन** (A) अगरबत्ती का कारखाना अच्छी जगह पर नहीं था।
कारण (R) किसी बदबूदार कूड़े के ढेर के पास, किसी तंग गली में और घरों व सड़कों के किनारे गंदे पानी के बहाव के लिए बनाए गए रास्ते के पार होता था। **दक्षता आधारित प्रश्न**
(क) कथन (A) सही नहीं है, लेकिन कारण (R) सही है।
(ख) कथन (A) सही है, लेकिन कारण (R) गलत है।
(ग) कथन (A) और कारण (R) दोनों सही हैं।
(घ) कथन (A) और कारण (R) दोनों गलत हैं।

(iii) गंदे मोहल्ले के गंदे लोग किसकी खुशबू वाली अगरबत्तियाँ बनाते हैं? **दक्षता आधारित प्रश्न**
1. केवड़ा 2. गुलाब
3. रातरानी 4. ये सभी

कूट
(क) केवल 1 सही है (ख) केवल 2 सही है
(ग) केवल 3 सही है (घ) केवल 4 सही है

(iv) स्वयं गंदगी में रहकर भी श्रमिक-मजदूर दूसरों के लिए क्या करते हैं?
(क) दूसरों का जीवन दूभर करते हैं
(ख) खुशबूदार अगरबत्तियाँ बनाते है
(ग) स्वयं के लिए मुसीबत खड़ी करते है
(घ) उपर्युक्त में से कोई नहीं

(v) समाज को खुशबू देने वाले लोग गंदी जगहों पर रहने के लिए क्यों मजबूर हैं?
(क) उनका शोषण होता है
(ख) उनको उपेक्षित नजरों से देखा जाता है
(ग) उनके पास इतना पैसा नहीं कि वे अच्छी जगह घर बना सकें
(घ) उपर्युक्त सभी

काव्यबोध संबंधी लघु प्रश्न

निम्नलिखित प्रश्नों के उत्तर दीजिए

1. 'खुशबू रचते हैं हाथ' में मज़दूर किन फूलों की सुगंध अगरबत्तियों में डालते हैं।
2. कविता में 'खुशबू' तथा 'खुशबू रचते हाथ' से क्या तात्पर्य है?
3. 'धोखा दे जाते हैं हाथ' पंक्ति से क्या आशय है?
4. 'दुनिया एक ही दिन में कैसी हो जाती है?' 'नए इलाके में' कविता के आधार पर स्पष्ट कीजिए। **दक्षता आधारित प्रश्न**
5. घर खोजने के लिए कवि के पास क्या उपाय है? 'नए इलाके में' कविता के आधार पर लिखिए।
6. 'मैं हर बार एक घर पीछे चल देता' पंक्ति का आशय स्पष्ट कीजिए।
7. 'रोज़ कुछ घट रहा है' पंक्ति के आधार पर स्पष्ट कीजिए कि शहर में हो रहे परिवर्तन से समाज की क्या दशा हो गई है?
8. 'नए इलाके में' कविता में कवि ने मानवीय मूल्यों के ह्रास को उजागर किया है। कैसे? स्पष्ट कीजिए। **दक्षता आधारित प्रश्न**
9. 'नए इलाके में' कविता का मूलभाव अपने शब्दों में लिखिए।

अध्याय 1

गिल्लू

महादेवी वर्मा

पाठ की रूपरेखा

महादेवी वर्मा के संस्मरण 'मेरा परिवार' से चयनित प्रस्तुत पाठ में 'गिल्लू' के माध्यम से पशु-पक्षियों की छोटी-से-छोटी गतिविधियों का वर्णन है, साथ ही यह भी बताया गया है कि इन्हें मुक्त एवं स्वतंत्र रखकर, इनको अपनाकर तथा आत्मीयता देकर ही हम इनका स्वाभाविक विकास होने में मदद कर सकते हैं, जैसा 'गिल्लू' के संदर्भ में लेखिका ने किया।

लेखक परिचय

महादेवी वर्मा का जन्म 26 मार्च, 1907 को उत्तर प्रदेश के फर्रुखाबाद जिले में हुआ। इनकी प्रारंभिक शिक्षा इंदौर में हुई। इलाहाबाद विश्वविद्यालय से संस्कृत में एम. ए. करने के बाद इन्होंने 'प्रयाग महिला विद्यापीठ' में प्रधानाचार्य के रूप में कार्य किया। छायावाद के आधार स्तंभों में इनका महत्त्वपूर्ण स्थान है।

इनकी प्रमुख रचनाएँ नीहार, रश्मि, नीरजा, यामा, दीपशिखा (काव्य-संग्रह), शृंखला की कड़ियाँ (निबंध), स्मृति की रेखाएँ, अतीत के चलचित्र (संस्मरण) आदि हैं।

इन्हें कई पुरस्कार प्राप्त हुए। वर्ष 1956 में भारत सरकार द्वारा 'पद्म भूषण' तथा वर्ष 1988 में 'पद्म विभूषण' पुरस्कार से सम्मानित किया गया। इनकी रचना 'यामा' के लिए इन्हें वर्ष 1936 में 'ज्ञानपीठ पुरस्कार' प्राप्त हुआ और ये साहित्य अकादमी की फैलो भी रहीं। 11 सितंबर, 1987 को उत्तर प्रदेश के इलाहाबाद में इनका देहांत हो गया।

पाठ का सार

लेखिका का सोनजुही को देखना और गिल्लू को याद करना

सोनजुही को देखकर लेखिका की स्मृति ताज़ा हो जाती है और उसे सोनजुही की पीली कली के रूप में गिल्लू याद आ जाता है। गिल्लू एक नन्हा गिलहरी का बच्चा था, जो कौए की चोंच से घायल हो गया था। लेखिका ने उस नन्हें जीव (गिलहरी) की मरहम-पट्टी करके, उसे दूध और पानी की बूँद पिलाकर स्वस्थ किया था। इस तरह स्वस्थ होकर गिल्लू लेखिका के आसपास और उसके साथ ही रहता था। लेखिका के अनुसार, सोनजुही की घनी हरी लताओं में वह छिपकर बैठता था तथा अपनी आकर्षक गतिविधियों से लेखिका के मन को आनंदित एवं चकित करता रहता था।

लेखिका की गिल्लू से आत्मीयता

लेखिका ने फूल रखने की एक हल्की डलिया में रुई बिछाकर उसे तार से खिड़की पर लटका दिया। दो वर्ष तक वही गिल्लू का घर था। गिल्लू उस झूले को स्वयं ही हिलाता था। लेखिका जब कभी लिखने बैठती, गिल्लू उसका ध्यान आकर्षित करने के लिए बहुत प्रयास करता। वह लेखिका के पैर तक आकर सर्र से पर्दे पर चढ़ जाता। वह ऐसा तब तक करता, जब तक लेखिका उसे पकड़ने के लिए न उठ जाती। लेखिका उसे लिफ़ाफ़े में आधा बंद कर देती और गिल्लू टुकुर-टुकुर चारों ओर देखता रहता।

गिल्लू के जीवन का प्रथम वसंत आया। वसंत की खुशबू घर में फैलने लगी। गिल्लू खिड़की से बाहर की गिलहरियों को झाँकता। जब लेखिका ने यह देखा, तो उसने जाली का एक कोना खोल दिया। ऐसा लगा जैसे गिल्लू ने बाहर जाकर मुक्ति की साँस ली हो। अब जब लेखिका घर से बाहर होती, तो गिल्लू भी बाहर चला जाता और जैसे ही चार बजे लेखिका आती, गिल्लू भी आकर अपने झूले में झूलने लगता। इस तरह, लेखिका का लगाव उसके प्रति बढ़ता ही गया।

एक कुशल परिचारिका (नर्स) के रूप में गिल्लू

लेखिका का गिल्लू से इतना अधिक लगाव हो गया था कि जब मोटर दुर्घटना के बाद वह अस्पताल से घर पहुँची, तो गिल्लू ने एक नर्स की भाँति उसकी सेवा की। वह घंटों बैठे-बैठे लेखिका के बालों को सहलाता।

लेखिका महादेवी वर्मा बताती हैं कि उनके अस्पताल में भर्ती रहने के दौरान गिल्लू ने अपना सबसे प्रिय खाद्य पदार्थ काजू भी नहीं खाया। लेखिका ने जब अस्पताल से लौटकर गिल्लू के झूले की सफ़ाई की, तो उसमें काजू भरे मिले। इस घटना से भी यह प्रमाणित होता है कि गिल्लू के अंदर लेखिका के प्रति अत्यधिक प्रेम व स्नेह की भावना मौजूद थी।

गिल्लू का अंत और लेखिका का विश्वास

चूँकि गिलहरी की उम्र दो वर्ष से अधिक नहीं होती है, इसलिए गिल्लू का अंत समय भी समीप आ गया था। यह बात जैसे गिल्लू जानता था, इसलिए वह उस दिन न तो बाहर खेलने ही गया और न ही कुछ खाया। बस ठंडे पंजों से लेखिका की वही उँगली पकड़कर चिपका रहा, जो उसने अपने बचपन में घायल होने पर पकड़ी थी।

लेखिका ने गरमाहट के लिए हीटर भी जलाया, पर प्रात: होते ही गिल्लू के प्राण किसी और ही जीवन में जन्म लेने के लिए जा चुके थे। लेखिका ने सोनजुही के पास ही गिल्लू की समाधि बना दी। इसे देख उसकी स्मृति सदैव तरोताज़ा रहती और साथ ही यह विश्वास भी कि शायद सोनजुही का यह पीला फूल उसका गिल्लू ही हो।

शब्दार्थ

शब्द	हिंदी अर्थ
सोनजुही	जूही (पुष्प) का एक प्रकार जो पीला होता है
अनायास	अचानक बिना प्रयास के
स्मरण	याद
हरीतिमा	हरी-भरी हरियाली
लघुप्राण	छोटा जीव
छूआ-छुऔवल	चुपके से छूकर छुप जाना और फिर छूना
समादरित	विशेष सम्मान
अनादरित	तिरस्कृत
अवतीर्ण	प्रकट
कर्कश	कानों को बुरी लगने वाली आवाज़
काकद्वय	दो कौए

शब्द	हिंदी अर्थ
निश्चेष्ट	बिना किसी हरकत के
आश्वस्त	निश्चित
स्निग्ध	चिकना
विस्मित	आश्चर्यचकित
लघुगात	छोटा शरीर
अपवाद	सामान्य नियम को बाधित या मर्यादित करने वाला
खाद्य	भोजन
घोंसले	नीड़, पक्षियों के रहने की जगह
परिचारिका	सेविका।
मरणासन्न	जिसकी मृत्यु निकट हो, मृत्यु के समीप पहुँचा हुआ
उष्णता	गर्मी
पीताभ	पीले रंग का

NCERT फोल्डर

पाठ्यपुस्तक (संचयन भाग–1) के प्रश्नोत्तर

प्र.1 सोनजुही में लगी पीली कली को देख लेखिका के मन में कौन-से विचार उमड़ने लगे?

उत्तर सोनजुही में लगी पीली कली को देख लेखिका उस छोटे जीव को याद करने लगी, जो उसे घनी लताओं के बीच छिपा घायल और बेसुध मिला था। लेखिका को गिल्लू (नन्हा गिलहरी) से इतना लगाव हो गया था कि उसकी मृत्यु के पश्चात् भी वह उसे भुला नहीं पा रही थी।

प्र.2 पाठ के आधार पर कौए को एक साथ समादरित और अनादरित प्राणी क्यों कहा गया है? CBSE Diksha

उत्तर कौए को समादरित इसलिए कहा गया है, क्योंकि पितृपक्ष में इसका आना शुभ माना जाता है। यह कहा जाता है कि ये कौए न होकर हमारे पुरखे ही हैं, साथ ही यह अनादरित प्राणी भी कहलाता है, क्योंकि इसकी कर्कश आवाज़ (काँव-काँव) को अच्छा नहीं माना जाता है। हालाँकि किसी प्रियजन के आने की सूचना यह अपनी कर्कश आवाज़ में ही देता है।

प्र.3 गिलहरी के घायल बच्चे का उपचार किस प्रकार किया गया?

उत्तर गिलहरी के घायल बच्चे को लेखिका धीरे से उठाकर अपने कमरे में लाई। फिर रुई से रक्त पोंछकर उसके घावों पर पेंसिलिन का मरहम लगाया। रुई की पतली बत्ती दूध में भिगोकर उसके नन्हें मुँह में लगाई, पर दूध की बूँदें मुँह के दोनों तरफ गिर गईं। कई घंटों के उपचार के बाद उसके मुँह में पानी की एक बूँद जा पाई और वह स्वस्थ महसूस कर पाया।

प्र.4 लेखिका का ध्यान आकर्षित करने के लिए गिल्लू क्या करता था?

उत्तर लेखिका का ध्यान आकर्षित करने के लिए गिल्लू उसके पैर तक आकर सर्र से पर्दे पर चढ़ जाता और फिर उसी तेज़ी से उतरता। उसके दौड़ने का यह क्रम तब तक चलता रहता, जब तक लेखिका उसे पकड़ने के लिए न उठती।

प्र.5 गिल्लू को मुक्त करने की आवश्यकता क्यों समझी गई और उसके लिए लेखिका ने क्या उपाय किया? दक्षता आधारित प्रश्न

उत्तर लेखिका ने देखा कि वसंत के समय, बाहर की गिलहरियाँ खिड़की की जाली के पास आकर चिक-चिक करके कुछ कहने लगीं, जिससे गिल्लू उनकी ओर आकर्षित हुआ। गिल्लू को जाली के पास बैठ अपनेपन से बाहर झाँकते हुए देखकर लेखिका को लगा कि गिल्लू को मुक्त कर देना चाहिए। इसके लिए लेखिका ने कीलें निकालकर जाली का एक कोना खोल दिया, जिससे गिल्लू के बाहर जाने का मार्ग खुल गया।

प्र.6 गिल्लू किन अर्थों में परिचारिका की भूमिका निभा रहा था?

उत्तर लेखिका जब मोटर दुर्घटना में आहत होने के कारण कुछ दिन अस्पताल में रहकर घर आई, तो गिल्लू तकिए पर सिरहाने बैठकर अपने नन्हें-नन्हें पंजों से लेखिका के सिर और बालों को धीरे-धीरे सहलाता रहता, ठीक एक सेविका की तरह। इस तरह गिल्लू एक परिचारिका की भूमिका निभा रहा था।

प्र.7 गिल्लू की किन चेष्टाओं से यह आभास मिलने लगा था कि अब उसका अंत समय समीप है?

उत्तर गिल्लू अपनी दैनिक दिनचर्या के अनुसार कार्य नहीं कर रहा था। उसने दिनभर न कुछ खाया और न बाहर ही गया। रात में जीवन के अंत की यातना में भी वह अपने झूले से उतरकर लेखिका के बिस्तर पर आ गया और ठंडे पंजों से उसकी उँगली पकड़कर हाथ से चिपक गया। लेखिका ने गरमाहट देने के लिए हीटर भी जलाया, लेकिन कोई लाभ नहीं हुआ। इससे आभास होने लगा था कि गिल्लू का अंत समय समीप है।

प्र.8 "प्रभात की प्रथम किरण के स्पर्श के साथ ही वह किसी और जीवन में जागने के लिए सो गया"–का आशय स्पष्ट कीजिए। दक्षता आधारित प्रश्न

उत्तर इस कथन का आशय यह है कि गिल्लू की मृत्यु हो गई और वह लेखिका से अंतिम विदा लेकर चला गया। लेखिका को यह विश्वास है कि उसकी आत्मा किसी-न-किसी रूप में पुनः जीवित होगी।

प्र.9 सोनजुही की लता के नीचे बनी गिल्लू की समाधि से लेखिका के मन में किस विश्वास का जन्म होता है?

उत्तर लेखिका के मन में यह विश्वास है कि शायद एक दिन गिल्लू इसी सोनजुही की बेल पर पीले चटक फूल के रूप में जन्म लेगा। यही कारण है कि सोनजुही में लगी पीली कली को देखकर लेखिका को गिल्लू की याद आ गई।

अभ्यास प्रश्न

वर्णनात्मक प्रश्नों सहित

विषयवस्तु पर आधारित/निबंधात्मक/ मूल्यपरक प्रश्नोत्तर

1. हमें पशु-पक्षियों के प्रति कैसा व्यवहार और भावना रखनी चाहिए?

उत्तर हमें पशु-पक्षियों के प्रति सद्व्यवहार अपनाना चाहिए। इसके साथ ही हमें अपने अंदर उनकी सुरक्षा व संरक्षण की भावना उत्पन्न करनी चाहिए। उनसे किसी भी प्रकार की हिंसा, उनका शिकार, खरीद फरोख़्त आदि से बचना चाहिए। इस प्रकार का दृष्टिकोण अपनाकर मनुष्य तथा पशु-पक्षियों के बीच आत्मीय व सुरक्षात्मक संबंध स्थापित किए जा सकते हैं।

2. गिल्लू के रहने के लिए क्या प्रबंध किया गया? **CBSE Diksha**

उत्तर गिल्लू के लिए लेखिका ने फूल रखने वाली टोकरी ली और उसमें रुई बिछाकर उसे बिछौने का आकार दे दिया तथा उस टोकरी को एक तार के माध्यम से खिड़की पर लटका दिया। तभी से वह गिल्लू का घर बन गया, वह वहीं रहता, उसे खुद ही हिलाता और अठखेलियाँ करता।

3. गिल्लू पाठ के आधार पर लेखिका के स्वभाव पर प्रकाश डालिए। **CBSE Diksha**

उत्तर 'गिल्लू' पाठ के आधार पर कहा जा सकता है कि लेखिका बहुत कोमल हृदय व दयालु थी। वह जीवों पर दया करने वाली थी। उसे अनेक प्रकार के जीव-जंतुओं को पालने का शौक था। वह उन्हें पालने-पोसने, खाना, दाना-पानी, रहने आदि की उचित व्यवस्था भी रखती थी। वह एक पशु-पक्षी प्रेमी थी।

4. गिल्लू लेखिका को किस परिस्थिति में मिला था? लेखिका ने उसका उपचार किस संवेदनशीलता के साथ किया?

अथवा **लेखिका ने गिल्लू की जान बचाने के लिए क्या-क्या प्रयत्न किए?**

अथवा **लेखिका को गिल्लू नामक प्राणी कहाँ और किस अवस्था में मिला? लेखिका ने उसकी जान कैसे बचाई?** **दक्षता आधारित प्रश्न**

उत्तर एक दिन सवेरे टहलते समय लेखिका को गिलहरी का एक छोटा-सा बच्चा गमले में अचेत-सा (बिना किसी हरकत के) पड़ा मिला था, जिसे कौवों ने अपनी चोंच से बुरी तरह घायल कर दिया था। लेखिका उसे धीरे से उठाकर अपने कमरे में लाई, फिर रुई से खून पोंछकर उसके घावों पर पेंसिलिन का मरहम लगाया। रुई की पतली बत्ती दूध से भिगोकर उसे धीरे-धीरे दूध पिलाया पर दूध की बूँदें उसके मुँह के दोनों तरफ गिर गईं।

दो दिनों तक देखभाल करने के बाद तीसरे दिन वह अच्छा और भयमुक्त हो पाया। इसके बाद वह लेखिका की उँगली अपने दो नन्हें पंजों से पकड़कर नीले काँच की मोतियों जैसी आँखों से इधर-उधर देखने लगा। लेखिका ने उसका उपचार बड़ी ही संवेदनशीलता के साथ किया। जिस प्रकार एक व्यक्ति की देखभाल की जाती है, ठीक उसी प्रकार लेखिका ने गिल्लू की देखभाल की।

5. लेखिका के पास कई पशु-पक्षी थे, जिनसे लेखिका का पशु-पक्षी प्रेम स्पष्ट होता है। इसके बावजूद गिल्लू उनमें विशिष्ट कैसे था?

उत्तर लेखिका के पास बहुत से पशु-पक्षी थे, जिनसे लेखिका का गहरा लगाव था। उनमें से किसी को भी लेखिका के साथ लेखिका की थाली में खाने की छूट नहीं थी, लेकिन गिल्लू उनमें अपवाद था। लेखिका जैसे ही खाने के कमरे में पहुँचती, गिल्लू खिड़की से निकलकर आँगन, दीवार, बरामदा पार करके मेज़ पर पहुँच जाता और लेखिका की थाली में बैठ जाना चाहता। लेखिका ने बड़ी मुश्किल से उसे थाली के पास बैठना सिखाया, जहाँ बैठकर वह लेखिका की थाली में से एक-एक चावल उठाकर बड़ी सफ़ाई से खाता रहता। इस गतिविधि से पता चलता है कि लेखिका के पास रहने वाले पशु-पक्षियों में गिल्लू सर्वाधिक विशिष्ट था।

6. गिल्लू को मुक्त क्यों और कैसे किया गया? इससे लेखिका की मानवीयता कैसे प्रदर्शित होती है?

उत्तर गिल्लू के जीवन में प्रथम वसंत आने पर बाहर की गिलहरियाँ खिड़की की जाली के पास आकर चिक-चिक करके कुछ कहती रहतीं और गिल्लू जाली के पास बैठकर अपनेपन से बाहर झाँकता रहता। इस स्थिति को देखकर लेखिका को लगा कि गिल्लू को मुक्त करना आवश्यक है, इसलिए लेखिका ने कीलें निकालकर जाली का एक कोना खोल दिया और इस मार्ग से गिल्लू ने बाहर जाने पर मुक्ति की साँस ली। इस प्रकार लेखिका ने गिल्लू को मुक्त कर दिया। अब वह हमेशा इस रास्ते से बाहर जाकर विहार (घूमने) करने लगा। लेखिका ने ऐसा करके अपनी मानवीय भावना को प्रदर्शित किया है। वह प्राणी मात्र के लिए स्वतंत्रता की पक्षधर रही हैं। केवल मनुष्य ही नहीं, बल्कि प्रत्येक प्राणी को स्वतंत्र रहने का अधिकार है और साथ ही किसी अन्य प्राणी को उस पर प्रतिबंध लगाने का कोई नैतिक अधिकार नहीं है।

7. अस्वस्थ लेखिका का ध्यान गिल्लू किस प्रकार रखता था? इस कार्य से गिल्लू की कौन-सी विशेषता का पता चलता है? **दक्षता आधारित प्रश्न**

उत्तर गिल्लू लेखिका से बहुत प्रेम करता था। वह लेखिका के साथ खेलता था, उसके साथ एक ही थाली में भोजन करता था। एक बार लेखिका को मोटर दुर्घटना में घायल होने के कारण कुछ दिन अस्पताल में रहना पड़ा। लेखिका की अनुपस्थिति में गिल्लू का किसी काम में भी मन नहीं लगता था। गिल्लू रोज़ लेखिका के आने की राह देखता रहता। इस दौरान उसने अपना प्रिय भोजन काजू भी नहीं खाया। लेखिका के घर लौटने पर वह तकिए पर सिरहाने बैठकर अपने नन्हें-नन्हें पंजों से लेखिका के सिर और बालों को धीरे-धीरे सहलाता रहता। इस कार्य से वह लेखिका को एक परिचारिका जैसा लगने लगा था। इन गतिविधियों से गिल्लू के अंदर मौजूद सेवा-भाव वाली मानवीय विशेषता का पता चलता है, साथ ही यह भी ज्ञात होता है कि गिल्लू लेखिका से बहुत प्रेम करता था।

8. "गिल्लू एक संवेदनशील प्राणी है।" कैसे? स्पष्ट कीजिए।

उत्तर गिल्लू एक संवेदनशील प्राणी हैं। प्रस्तुत पाठ में गिल्लू ने अपने संवेदनशील होने के कई प्रमाण दिए हैं। लेखिका महादेवी वर्मा ने जब अस्वस्थ गिल्लू का उपचार किया, तो स्वस्थ होते ही उसने अपने पंजों से लेखिका की उँगली को पकड़ लिया। एक प्रकार से उसने लेखिका को धन्यवाद दिया। वह धीरे-धीरे महादेवी जी के साथ घुल-मिल गया, अपनी क्रीड़ाओं में वह उन्हें शामिल करने की कोशिश करता था। उसने भोजन खाने के लिए थाली के पास बैठना भी सीख लिया।

गिल्लू की संवेदनशीलता का गहन परिचय दो मुख्य घटनाओं से मिलता है। एक यह कि जब महादेवी जी बीमार थीं और अस्पताल में रहीं, तब गिल्लू ने अपना प्रिय भोजन काजू भी खाना छोड़ दिया।

दूसरी यह कि जब महादेवी जी अस्पताल से घर लौटीं तो गिल्लू उनके सिरहाने बैठा रहता। वह एक कुशल परिचारिका की तरह अपने नन्हें-नन्हें पंजों से महादेवी का सिर और बाल सहलाता रहता था। इस प्रकार, इन घटनाओं से स्पष्ट हो जाता है कि गिल्लू एक संवेदनशील प्राणी है।

9. हमारा पशु-पक्षियों के प्रति क्या कर्त्तव्य होना चाहिए? अपने शब्दों में लिखिए।

उत्तर पशु-पक्षी प्रकृति तथा हमारे समाज का अभिन्न अंग होते हैं। वे हमारे सहयोगी भी होते हैं। इसलिए उनके प्रति हम सबके कुछ कर्त्तव्य हैं जिनका पालन प्रत्येक मनुष्य को करना चाहिए।

पशु-पक्षियों को किसी भी तरह की हानि नहीं पहुँचानी चाहिए। आहत, निरीह एवं मूक पशु-पक्षियों की सुरक्षा एवं सेवा करना हमारा पहला कर्त्तव्य है।

पशु-पक्षी अपना दुख-दर्द जता नहीं सकते, ऐसी स्थिति में मनुष्य को उन्हें सुरक्षित स्थान पर ले जाकर उनकी मरहम पट्टी की व्यवस्था करनी चाहिए। उन्हें स्वच्छंद वातावरण में उन्मुक्त हो अपना स्वाभाविक विकास करने में हर संभव मदद करनी चाहिए।

10. "गिल्लू को लेखिका का साथ अत्यधिक पसंद था"–इस कथन की पुष्टि कीजिए।

उत्तर गिल्लू वास्तव में एक अत्यधिक संवेदनशील प्राणी था और उसे लेखिका महादेवी वर्मा से गहरा लगाव था। पाठ के अंतर्गत इसके कई प्रमाण विद्यमान हैं

(i) जब भी लेखिका महादेवी वर्मा अपना कमरा खोलकर अंदर घुसती थीं, तो गिल्लू उनके शरीर पर ऊपर से नीचे दौड़ने लगता था, लेकिन यदि कोई अन्य व्यक्ति अंदर आता, तो वह ऐसा नहीं करता था।

(ii) गर्मियों के दिनों में वह लेखिका के पास रहने के लालच में उनके पास रखी सुराही के साथ चिपका रहता था।

(iii) गिल्लू ने लेखिका के अस्वस्थ रहने के दौरान उपचार में अपनी ओर से एक परिचारिका (नर्स) की तरह यथासंभव भूमिका निभाई।

(iv) लेखिका के अस्वस्थ होने पर अस्पताल में रहने के दौरान गिल्लू ने अपना मनपसंद भोजन काजू तक नहीं खाया।

(v) अपने अंतिम समय में गिल्लू ने लेखिका की उँगली पकड़ ली।

11. गिल्लू कहानी हमारे स्वभाव में जीव-प्रेम को किस प्रकार विकसित करती है? गिल्लू कहानी के आधार पर लिखिए। दक्षता आधारित प्रश्न

***अथवा* गिल्लू कहानी से हमें क्या संदेश मिलता है? स्पष्ट कीजिए।**

उत्तर गिल्लू कहानी, लेखिका महादेवी वर्मा के जीव-प्रेम को अभिव्यक्त करती है। लेखिका ने घायल गिलहरी के बच्चे का उपचार किया, उसके रहने तथा खाने का अपने घर में प्रबंध किया। एक तरह से अपने परिवार के सदस्य की तरह उसे पाला। थोड़े ही समय में लेखिका और गिल्लू के बीच बड़े ही मधुर संबंध बन गए।

इस कहानी से यह संदेश मिलता है कि जीव-जंतुओं को प्यार तथा आत्मीयता से पालकर हम उन्हें घर के सदस्य के समान रख सकते हैं। प्यार में वह ताकत होती है कि बेज़ुबान जीव-जंतु भी हमें सच्चे अर्थों में परिचारिका की भाँति प्रेम दे सकते हैं। हमारे जीवन के सूनेपन के अभाव को दूर कर सकते हैं। वे हमारे अंदर दया-भाव का संचार करते हैं तथा हमें प्रकृति की ओर मोड़ते हैं। इस प्रकार यह कहानी हमारे स्वभाव में जीव-प्रेम को विकसित करते हुए यह प्रेरणा देती है कि हम अपने प्यार, अपनत्व तथा ममत्व से किसी भी जीव को अपना मित्र बना सकते हैं।

स्व-मूल्यांकन

निम्नलिखित प्रश्नों के उत्तर दीजिए

1. गिल्लू कौन था? उसके जीवन के अंतिम क्षणों का वर्णन अपने शब्दों में कीजिए।
2. जब लेखिका लिखने बैठती तब गिल्लू क्या करता? वह उस पर किस प्रकार नियंत्रण रखती थीं? दक्षता आधारित प्रश्न
3. अस्वस्थ लेखिका का ध्यान रखने से गिल्लू की किस भावना का पता चलता है? अपने शब्दों में उत्तर दीजिए।
4. लेखिका तथा गिल्लू के आपसी संबंधों पर प्रकाश डालिए।
5. गिल्लू पाठ के आधार पर लेखिका महादेवी वर्मा की चारित्रिक विशेषताओं पर प्रकाश डालिए। दक्षता आधारित प्रश्न
6. "वर्तमान समय में पशु-पक्षियों को मनुष्य द्वारा प्रताड़ित किया जाना सर्वथा अनुचित कार्य है।" कथन के पक्ष में अपने विचार व्यक्त कीजिए। दक्षता आधारित प्रश्न
7. लेखिका को गिल्लू की याद कैसे आई?
8. लेखिका को कैसे आभास हुआ कि गिल्लू की मृत्यु समीप है?

स्मृति

श्रीराम शर्मा

अध्याय 2

पाठ की रूपरेखा 'स्मृति' बाल्यावस्था की एक ऐसी घटना पर आधारित है, जो पाठकों को बरबस ही अपने बचपन की स्मृतियों तक पहुँचाकर उनमें रोमांच पैदा कर देती है। इस पाठ में लेखक ने यह स्पष्ट करने की कोशिश की है कि बच्चों की जिज्ञासा एवं उनका क्रियाकलाप उन्हें किन जोखिमों तक पहुँचा सकता है। ऐसी ही एक घटना का सजीव चित्रण इस पाठ में लेखक ने किया है।

लेखक परिचय

श्रीराम शर्मा का जन्म 1896 ई. में हुआ। इन्होंने प्रारंभिक जीवन में अध्यापन कार्य में निपुणता प्राप्त की। इसके पश्चात् इन्होंने अपना संपूर्ण जीवन राष्ट्र और साहित्य सेवा में समर्पित किया। श्रीराम शर्मा 'शिकार साहित्य' के द्वारा हिंदी के अग्रणी लेखक के रूप में भी विराजमान रहे। इसके साथ ही इन्होंने 'विशाल भारत' के संपादक पद पर कार्यरत रहते हुए विशेष ख्याति भी प्राप्त की।

इनकी प्रसिद्ध रचनाएँ शिकार, बोलती प्रतिमा तथा जंगल के जीव, सेवाग्राम की डायरी, सन् बयालीस के संस्मरण आदि हैं। वर्ष 1967 में इनका निधन हो गया।

पाठ का सार

बड़े भाई द्वारा लेखक को बुलाना और चिट्ठियाँ देना

लेखक जब ग्यारह वर्ष का था, तभी उसके साथ यह घटना घटी थी। उस समय कड़ाके की सर्दी पड़ रही थी। शाम के साढ़े तीन या चार बजे के आसपास लेखक अपने साथियों के साथ झरबेरी से बेर तोड़क रखा रहा था। तभी एक आदमी ने आवाज़ लगाते हुए कहा कि तुम्हारे भाई बुला रहे हैं। लेखक अपने बड़े भाई से बहुत डरता था, उस पर गलती यह कि शाम के चार बजे तक भी वह घर पर नहीं था।

लेखक को इसी बात का डर था कि कहीं बड़े भाई उसकी पिटाई न कर दें, पर घर पहुँचते ही जब भाई साहब ने पत्रों को पकड़ाकर यह कहा कि इन्हें मक्खनपुर डाकखाने में डाल आओ, ताकि शाम की डाक से ही चिट्ठियाँ निकल जाएँ, तब लेखक की जान-में-जान आई।

लेखक का डाकखाने जाना और रास्ते की शरारतें

लेखक और उसका छोटा भाई अपना-अपना डंडा, धोती में भुनाने के लिए थोड़े चने और चिट्ठियाँ लेकर चल पड़े। दोनों भाई तेज़ी से चलने लगे। उछलते-कूदते वे गाँव के उस कुएँ के पास पहुँच गए, जिसमें एक काला साँप गिर गया था। कुआँ कच्चा था, जो चौबीस हाथ गहरा था।

उसमें पानी का नामोनिशान नहीं था। बच्चे चूँकि, स्वभाव से ही नटखट होते हैं, इसलिए मक्खनपुर पढ़ने जाने वाली लेखक की पूरी टोली, केवल उत्सुकतावश उस कुएँ में पत्थर फेंकती, ताकि उसकी प्रतिध्वनि सुनाई पड़ सके। इसी उत्सुकता से एक दिन जब लेखक ने पहला ढेला (पत्थर) फेंका, तो उसमें से साँप की फुंकार जैसी आवाज़ें आने लगीं। झाँककर देखा, तो उसमें काला साँप गिरा नज़र आया। तब से प्रतिदिन साँप की क्रोधपूर्ण फुंकार सुनने के लिए ही बच्चे उसमें ढेला फेंका करते।

चिट्ठियाँ निकालने के लिए कुएँ में उतरना

इस बात को याद करते हुए लेखक की दोबारा इच्छा हुई कि वह आज भी एक ढेला डालता हुआ चले और उसने वैसा ही किया, पर जैसे ही झाँककर और अपनी टोपी उठाकर कुएँ में ढेला फेंका, वैसे ही उसकी टोपी के नीचे रखी तीनों चिट्ठियाँ चक्कर काटती हुई कुएँ में गिरती चली गईं और वह उन्हें विस्मित बेबस नज़रों से देखता रहा। उसको कुछ समझ न आया कि वह क्या करे? एक ओर भाई की डाँट और पिटाई थी, तो दूसरी ओर ज़िम्मेदारी का बोझ। उसने चिट्ठियाँ को निकालने का निर्णय किया और जैसे-तैसे सभी धोतियों को रस्सी की तरह बाँधकर कुएँ में उतर गया।

साँप से सामना और लेखक की सफलता

कुएँ के बीचों-बीच लटके लेखक ने साँप को एक प्रतिद्वंद्वी की तरह देखा। फिर उसका ध्यान बँटाने के लिए कभी पैर से मिट्टी गिराई, कभी डंडे को दूसरी ओर फटकारा, तो कभी डंडा साँप की पूँछ पर ही पड़ गया।

इसी दौरान लेखक के हाथ से डंडा छूट गया और उसकी चीख निकल पड़ी, जिससे छोटे भाई को लगा कि वह साँप द्वारा डस लिया गया है, परंतु अंत में लेखक जैसे-तैसे साँप को चकमा देकर चिट्ठियाँ निकालने में सफल हो जाता है।

घटना को न बताने का निर्णय लेना

तत्पश्चात् लेखक अपने हाथों के सहारे 36 फुट ऊपर चढ़कर बाहर निकल आया। बाहर आकर यह निर्णय लिया गया कि कुएँ वाली घटना किसी को भी नहीं बताई जाएगी। लेखक ने यह बात वर्ष 1915 में मैट्रीकुलेशन पास करने के उपरांत ही अपनी माँ को बताई और माँ ने उसे प्यार से गोद में एक नन्हीं चिड़िया की भाँति छुपा लिया। इस तरह, लेखक द्वारा डंडे से किया गया यह शिकार रोचक होने के साथ-साथ काफ़ी खतरनाक था, जो हमेशा के लिए उसके स्मृति-पटल पर अंकित हो गया था।

शब्दार्थ

शब्द	हिंदी अर्थ
आखिर	अंतिम, आखिरी
चिल्ला	कड़ी सर्दी
आशंका	शंका से भरा, डर
मज्जा	हड्डी के भीतर भरा मुलायम पदार्थ
भुँजाने	भुनवाना
झुरे	तोड़ना
प्रसन्नवदन	प्रसन्न चेहरा
उझकने	उचकना, पंजे के बल उचककर झाँकना
प्रतिध्वनि	किसी शब्द के उपरांत सुनाई पड़ने वाला उसी से उत्पन्न शब्द, गूँज
फुसकार	फुँफकार
किलोल	क्रीड़ा, खेल
प्रवृत्ति	मन का किसी विषय की ओर झुकाव
मृगशावक	हिरण का बच्चा
अकस्मात्	अचानक
ढाढ़ें मारकर रोना	ज़ोर-ज़ोर से रोना
उद्वेग	बेचैनी, घबराहट

शब्द	हिंदी अर्थ
दुधारी	दोनों तरफ़ से धार वाली, दो धारों वाली
आश्वासन	भरोसा, दिलासा
घातक	जो नुकसान पहुँचाए, घात करने वाला;
प्रतिद्वंद्वी	विपक्षी, शत्रु
एकाग्रचित्तता	स्थिरचित्त, ध्यान
सूझ	तरीका, उपाय
चक्षुःश्रवा	आँखों से सुनने वाला
पैंतरे	मुद्रा, स्थिति
अचूक	खाली न जाने वाला, निश्चित, न चूकने वाला
अवलंबन	सहारा
कायल	मानने वाला
गुंजल्क	कुंडलित, उलझा हुआ
वार	प्रहार, हमला
धौंकनी	तेज़ धड़कन
ताकीद	बार-बार चेताने की क्रिया
सजल नेत्र	आँसू भरी आँखें
डैने	पंख

NCERT फोल्डर

पाठ्यपुस्तक (संचयन भाग-1) के प्रश्नोत्तर

प्र.1 भाई के बुलाने पर घर लौटते समय लेखक के मन में किस बात का डर था?

उत्तर सर्दियों के सायंकाल के साढ़े तीन या चार बजे थे, जब लेखक अपने साथियों के साथ झरबेरी से बेर तोड़कर खा रहा था, तभी उसके भाई ने उसे बुलावा भेजा। घर जाते हुए लेखक इस आशंका से भयभीत था कि संभवत: घर लौटने में उसे देर हो गई है और वह अभी तक बेर खा रहा था। साथ में छोटा भाई भी था, इसलिए उसे बड़े भाई साहब की पिटाई का डर था।

प्र.2 मक्खनपुर पढ़ने जाने वाले बच्चों की टोली रास्ते में पड़ने वाले कुएँ में ढेला क्यों फेंकती थी?

उत्तर बच्चों की टोली पहले तो ढेले की प्रतिध्वनि सुनने के लिए कुएँ में ढेला फेंकती थी, परंतु जब उन्हें यह पता चला कि अंदर साँप गिरा पड़ा है, तो उसकी फुसकार सुनने के लिए वह टोली प्रतिदिन ढेला फेंकने लगी।

प्र.3 "साँप ने फुसकार मारी या नहीं, ढेला उसे लगा या नहीं, यह बात अब तक स्मरण नहीं"–यह कथन लेखक की किस मनोदशा को स्पष्ट करता है? दक्षता आधारित प्रश्न

उत्तर यह कथन लेखक के हक्का-बक्का या बदहवास होने जैसी मनोदशा को बताता है, क्योंकि लेखक तो अपनी पुरानी आदत के कारण कुएँ में ढेला फेंकने गया था, पर जैसे ही उसने अपनी टोपी उतारकर कुएँ में ढेला फेंका, उसकी ज़रूरी चिट्ठियाँ कुएँ में जा गिरीं। यह देख लेखक इतना घबरा गया कि उसे इसका ध्यान ही नहीं रहा कि ढेला साँप को लगा या नहीं।

प्र.4 किन कारणों से लेखक ने चिट्ठियों को कुएँ से निकालने का निर्णय लिया?

उत्तर लेखक ने दो कारणों से चिट्ठियों को कुएँ से निकालने का निर्णय लिया—पहला तो यह कि वह सच बोलकर रुई की तरह धुनाई होने के खयाल से डर गया और दूसरा, वह झूठ बोलकर चिट्ठियों के न पहुँचने की ज़िम्मेदारी का बोझ नहीं ले सकता था।

प्र.5 साँप का ध्यान बँटाने के लिए लेखक ने क्या-क्या युक्तियाँ अपनाईं?

उत्तर साँप का ध्यान बँटाने के लिए लेखक ने अपने पैर से कुछ मिट्टी गिराई, जिससे साँप उसी ओर लपका और लेखक ने डंडे से चिट्ठियों को सरकाया, जिससे साँप ने अपना फन डंडे पर ही मारा। तत्पश्चात् बाहर निकलते समय उसने एक मुट्ठी मिट्टी लेकर साँप के दाईं ओर फेंकी, जिससे साँप उस तरफ़ झपटा और जैसे-तैसे लेखक जान बचाकर बाहर आया।

प्र.6 कुएँ में उतरकर चिट्ठियों को निकालने संबंधी साहसिक गतिविधि को अपने शब्दों में लिखिए। दक्षता आधारित प्रश्न

उत्तर लेखक धोती के सहारे कुएँ के बीचों-बीच उतरता है। साँप का ध्यान बँटाने के लिए वह पैर से मिट्टी गिराता है, जिसे देख साँप उस ओर झपटता है। पाँच मिनट तक लेखक जस-का-तस लटका रहता है। वह चिट्ठियों को उठाने के उपाय ढूँढने लगता है, क्योंकि वह भी भयानक ज़हरीले साँप पर वार करके जोखिम लेने के पक्ष में नहीं है। जब साँप और लेखक की नज़रें आपस में मिलती हैं, तो लेखक डंडे से चिट्ठियों को सरकाता है, जिससे साँप उस पर झपटता है, पर अगले ही पल वह एक मुट्ठी मिट्टी डालकर साँप का ध्यान भटकाता है और चिट्ठियाँ लेकर हाथों के बल चढ़कर ऊपर पहुँचता है, तब उसकी जान-में-जान आती है।

प्र.7 इस पाठ को पढ़ने के बाद किन-किन बाल-सुलभ शरारतों के विषय में पता चलता है?

उत्तर इस पाठ से निम्नलिखित बाल-सुलभ शरारतों के विषय में पता चलता है

- सर्दियों के मौसम में सायंकाल साढ़े तीन-चार बजे तक झरबेरी के बेर तोड़-तोड़कर खाना।
- मस्ती करते हुए धोती में कुछ चने बाँधकर भुनवाने ले जाना।
- कुएँ जैसी चीज़ को देखकर आवाज़ की प्रतिध्वनि सुनने की इच्छा से उसमें पत्थर फेंकना।
- कुएँ में गिरे साँप को परेशान कर उसकी फुसकार (फुँकार) सुनना।
- कहीं किसी तालाब में पत्थर फेंककर यह देखना कि कौन कितनी दूर तक फेंक सकता है इत्यादि।

प्र.8 "मनुष्य का अनुमान और भावी योजनाएँ कभी-कभी कितनी मिथ्या और उलटी निकलती हैं"–का आशय स्पष्ट कीजिए।

उत्तर इस कथन का आशय यह है कि कभी-कभी परिणाम मनुष्य की सोच के विपरीत निकलता है। हम अपनी जो योजनाएँ बनाते हैं, वे हमेशा कारगर नहीं होतीं, क्योंकि परिस्थितियाँ सदैव बदलती रहती हैं और उन्हीं के अनुसार हमारा अनुमान और भावी योजनाएँ भी परिवर्तित हो जाती हैं। उदाहरण के लिए; लेखक ने सोचा था कि वह डंडे से साँप को मारकर अपनी चिट्ठियाँ लेकर वापस आ जाएगा, लेकिन जब उसने फन फैलाए फुँफकारते साँप को देखा, तो उसकी सारी योजनाएँ एवं कल्पनाएँ धरी-की-धरी रह गईं।

प्र.9 "फल तो किसी दूसरी शक्ति पर निर्भर है"–पाठ के संदर्भ में इस पंक्ति का आशय स्पष्ट कीजिए। दक्षता आधारित प्रश्न

उत्तर प्रस्तुत पंक्ति का आशय यह है कि दृढ़ संकल्प से सारी दुविधा मिट जाती है। हमें अपने कर्त्तव्य के प्रति सचेत रहना चाहिए। उचित दिशा में किए गए कर्त्तव्य से हमें आत्मशक्ति मिलती है, हालाँकि उसका परिणाम तो सर्वशक्तिमान की इच्छा पर निर्भर है। लेखक ने जब एक बार कुएँ में उतरकर चिट्ठियाँ निकाल लाने का दृढ़ संकल्प कर लिया, तो उसने उसके परिणाम की चिंता छोड़ दी। कुएँ में उतरने और साँप से लड़ने का परिणाम उसने ईश्वर पर छोड़ दिया और अपने संकल्प को पूरा करने के लिए वह कुएँ में उतर गया।

अभ्यास प्रश्न

वर्णनात्मक प्रश्नों सहित

विषयवस्तु पर आधारित/निबंधात्मक/मूल्यपरक प्रश्नोत्तर

1. 'स्मृति' पाठ में लेखक ने क्या काम किया, जिससे वह भारी मुसीबत में फँस गया? **दक्षता आधारित प्रश्न**

उत्तर 'स्मृति' पाठ में लेखक ने जिस घटनाक्रम का वर्णन किया है, उस समय लेखक बाल्यावस्था में था। बालसुलभ शैतानियाँ करने के कारण ही लेखक इस भारी मुसीबत में फँसा था। लेखक के स्कूल आने-जाने के मार्ग में एक पानी रहित कच्चा कुआँ पड़ता था। उसमें एक काला साँप गिरा हुआ था। लेखक और उसके साथी रोज़ स्कूल आते-जाते उसमें पत्थर फेंकते और साँप की फुसकार सुनकर आनंदित होते थे।

एक दिन जब लेखक के भाई द्वारा लेखक को तीन चिट्ठियाँ डाकखाने में पोस्ट करने के लिए दी जाती हैं। वह उन्हें लेकर मक्खनपुर के लिए निकल पड़ता है, परंतु रास्ते में पड़ने वाले कुएँ को देखकर लेखक साँप की फुंकार सुनने का लालच करता है तथा जैसे ही वह पत्थर कुएँ में फेंकता है, उसके सिर पर रखी टोपी की तीनों चिट्ठियाँ कुएँ में गिर जाती हैं तथा वह भारी मुसीबत में फँस जाता है।

2. लेखक ने अपने मन में भय, निराशा और उद्वेग के आने तथा माँ की गोद याद आने का वर्णन किस प्रसंग में किया है?

***अथवा* लेखक की माँ ने घटना सुनकर लेखक को गोद में क्यों बिठा लिया? 'स्मृति' पाठ के आधार पर स्पष्ट कीजिए।** **दक्षता आधारित प्रश्न**

उत्तर लेखक ने साँप की फुँफकार सुनने के लिए जैसे ही कुएँ में झाँका वैसे ही उसकी टोपी में रखी चिट्ठियाँ कुएँ में जा गिरीं। लेखक का यह कथन इसी घटना के संदर्भ में है, क्योंकि कुएँ के बहुत अधिक गहरा होने, अपनी उम्र कम होने और कुएँ में गिरे विषैले साँप के डर से वह चिट्ठियाँ को निकालने का कोई उपाय नहीं समझ पा रहा था। चिट्ठियाँ न मिलने का परिणाम बड़े भाई द्वारा दिए जाने वाले दंड के रूप में सामने आता, इसलिए लेखक निराशा, भय और उद्वेग अर्थात् घबराहट के मनोभावों के बीच फँस गया था। सामान्यतया बचपन में कोई गलत कार्य हो जाता है, तो बच्चे अपने अपराध-निवारण या उससे संबंधित दंड से बचने हेतु माँ के लाड़-प्यार और उसकी गोद का आश्रय लेना स्वभावत: पसंद करते हैं। माँ की ममता बच्चों के लिए एक सुरक्षात्मक आवरण की भाँति कार्य करती है। इसी कारण लेखक ने ऐसा कहा है।

3. "वास्तव में, मौत सजीव और नग्न रूप में कुएँ में बैठी थी।" लेखक के इस कथन से संबंधित घटनाक्रम को अपने शब्दों में लिखिए। **दक्षता आधारित प्रश्न**

***अथवा* चिट्ठियों के कुएँ में गिरने के पश्चात् लेखक की मन:स्थिति कैसी थी? उसका वर्णन अपने शब्दों में कीजिए।**

उत्तर जब चिट्ठियाँ कुएँ में गिर गईं और लेखक को उन्हें निकालने का कोई अन्य उपाय नहीं सूझा, तब उसने कुएँ में उतरकर चिट्ठियों को निकालने का निश्चय किया। लेखक कहता है कि उसके कुएँ में उतरने के विचार को जानकर उसका छोटा भाई रोने लगा। छोटे भाई के रोने से लेखक को ऐसा प्रतीत हुआ कि उसका भाई कुएँ में उतरने पर होने वाली उसकी संभावित मृत्यु के डर से रो रहा है, क्योंकि कुएँ में विषैला साँप था, यद्यपि लेखक का छोटा भाई अपनी आशंका को शब्दों में नहीं कह पा रहा था, फिर भी लेखक के मत में उसकी रुलाई का अर्थ था—"कुएँ में घुसने और साँप द्वारा डस लिए जाने पर होने वाली मौत।" वस्तुत: साँप को ही कुएँ में बैठी नग्न एवं सजीव मृत्यु के रूप में लेखक ने चित्रित किया है।

4. दोनों भाइयों ने मिलकर कुएँ में नीचे उतरने की क्या युक्ति अपनाई?

उत्तर कुएँ में चिट्ठियाँ गिर जाने पर दोनों भाई सहम गए और डरकर रोने लगे। छोटा भाई ज़ोर-ज़ोर से और लेखक आँखें डबडबा कर रो रहा था, तभी उसे एक युक्ति सूझी। उनके पास एक धोती में चने बँधे थे, दो धोतियाँ उन्होंने अपने कानों पर बाँध रखी थीं और दो धोतियाँ वे पहने हुए थे। उन्होंने पाँचों धोतियाँ मिलाकर कसकर गाँठ बाँधकर रस्सी बनाई। धोती के एक सिरे पर डंडा बाँधा, तो दूसरा सिरा चरस के डेंग पर कसकर बाँध दिया और उसके चारों ओर चक्कर लगाकर एक और गाँठ लगाकर छोटे भाई को पकड़ा दिया।

लेखक ने उसे विश्वास दिलाया कि वह साँप को मारकर चिट्ठियाँ ले आएगा। नीचे साँप फन फैलाए बैठा था। लेखक ने बुद्धिमत्तापूर्वक साँप से लड़ने या मारने की बात त्याग कर डंडे से चिट्ठियाँ सरका लीं और साँप को चकमा देने में कामयाब हो गया।

5. जिस विचार और आशा को लेकर लेखक ने कुएँ में घुसने की ठानी थी, वह उसके लिए 'आकाश-कुसुम' के समान क्यों था? **दक्षता आधारित प्रश्न**

उत्तर लेखक बताता है कि धोतियों को जोड़कर बनाई गई रस्सी के सहारे जब वह कुएँ में उतरा, तो उसका अनुमान था कि वह किसी प्रकार डंडे से साँप को मार देगा और चिट्ठियाँ पाने में सफल हो जाएगा, लेकिन यहाँ परिस्थिति दूसरी थी। साँप पहले से ही तैयार बैठा था, वह अपने प्रतिद्वंद्वी अर्थात् लेखक के आक्रमण की प्रतीक्षा में था। साँप को इस स्थिति में देखकर लेखक को यह महसूस हुआ कि चिट्ठियाँ को सहजता से प्राप्त कर लेना संभव नहीं है और उसे चिट्ठियाँ मिलने का विचार 'आकाश-कुसुम' की भाँति कठिन प्रतीत होने लगा। वास्तव में, 'आकाश-कुसुम' एक काल्पनिक साहित्य-रूढ़ि है, क्योंकि आसमान में कोई फूल नहीं खिलता। जब कोई वस्तु प्राप्त करना मनुष्य की क्षमता एवं सामर्थ्य से बाहर दिखाई देने लगता है, तो उसके लिए 'आकाश-कुसुम' का दृष्टांत दिया जाता है। लेखक को भी चिट्ठियाँ पाना असंभव लग रहा था, इसलिए उसने इसकी तुलना 'आकाश-कुसुम' से की है।

6. साँप ने किस प्रकार अपनी शक्ति का सर्टिफिकेट लेखक के सामने रख दिया? जीव-जंतु भी अपने अस्तित्व की रक्षा के लिए अंत तक प्रयास करते हैं। इस संदर्भ में लेखक के विचारों को अपने शब्दों में बताइए। **दक्षता आधारित प्रश्न**

उत्तर साँप के पास पड़ी चिट्ठियों को उठाने के प्रयास में जब लेखक ने डंडे को साँप के दाएँ पड़ी चिट्ठी की ओर बढ़ाया, तो साँप का फन पीछे की ओर हुआ। लेखक बताता है कि उस समय ऐसा लगा जैसे फुँकार के साथ कोई काली बिजली कड़क कर डंडे पर गिरी हो।

लेखक इस घटना से भीतर तक काँप गया। उसके हाथों से डंडा छूट गया और अचानक उछलने के बाद जब वह पुन: स्थिर हुआ, तब उसने देखा कि डंडे के सिरे पर तीन-चार जगहों पर पीव जैसी विष की बूँदें लगी हुई थीं। लेखक ने इसी वज़ह से ऐसा कहा है कि डंडे पर विष उगलकर साँप ने मानो अपनी शक्ति का सर्टिफिकेट दे दिया था। इससे यह भी पता चलता है कि जीव-जंतु भी अपने अस्तित्व की रक्षा के लिए अपनी ओर से अंत समय तक भरपूर प्रयास करते हैं। वे हार मानने या समर्पण करने के लिए तुरंत तैयार नहीं होते। अपने लक्ष्यों की प्राप्ति के लिए संघर्षरत मनुष्यों को लेखक और साँप दोनों से प्रेरणा लेनी चाहिए।

7. कभी-कभी दृढ़ संकल्प के साथ तैयार की गई योजना भी प्रभावी नहीं हो पाती है। कुएँ से चिट्ठी निकालने के लिए लेखक द्वारा बनाई गई पूर्व-योजना क्यों सफल नहीं हुई? **दक्षता आधारित प्रश्न**

उत्तर कुएँ में चिट्ठियाँ गिर जाने पर लेखक बहुत भारी मुसीबत में फँस गया। पिटने का डर और ज़िम्मेदारी का अहसास उसे चिट्ठियाँ निकालने के लिए विवश कर रहा था। लेखक ने धोतियों में गाँठ बाँधकर उन्हें रस्सी के रूप में प्रयोग कर कुएँ में उतरने की योजना बना ली। लेखक को स्वयं पर भरोसा था कि वह नीचे जाते ही डंडे से दबाकर साँप को मार देगा और चिट्ठियाँ लेकर ऊपर आ जाएगा, क्योंकि वह पहले भी कई साँपों को मार चुका था।

लेखक द्वारा बनाई योजना कमतर नहीं थी, परंतु लेखक द्वारा बनाई गई यह पूर्व-योजना सफल नहीं हुई, क्योंकि योजना की सफलता परिस्थिति पर निर्भर करती है। कुएँ में स्थान की कमी थी और अत्यंत ज़हरीला साँप भी व्याकुलता से उसको काटने के लिए तत्पर था। ऐसे में डंडे का प्रयोग करना संभव नहीं था। यही कारण था कि लेखक की योजना सफल नहीं हो पाई।

8. "स्मृति पाठ में लेखक के प्रति सहानुभूति की भावना प्रबल होने के कारण छोटे भाई की चीख निकल गई"–कथन को स्पष्ट कीजिए।

उत्तर 'स्मृति' पाठ में यह बताया गया है कि जब लेखक कुएँ में अंदर गया, तो उसमें गिरा ज़हरीला काला साँप पहले से ही घातक वार करने के लिए तैयार बैठा हुआ था।

साँप के फूँ-फूँ करने तथा लेखक के उछलने एवं उसकी चीख निकल जाने के कारण उसके छोटे भाई ने समझा कि साँप ने लेखक को काट लिया है। अपने भाई से विरह के ख़्याल से उसके कोमल हृदय को धक्का लगा और छोटे भाई की चीख निकल गई।

यह घटना स्पष्ट रूप से यह दर्शाती है कि छोटे भाई को अपने बड़े भाई अर्थात् लेखक से अत्यधिक सहानुभूति थी। उसे अपने भाई से अत्यधिक प्रेम था, लगाव था। लेखक के प्रति सहानुभूति, प्रेम या लगाव की प्रबल भावना के कारण ही छोटे भाई की चीख निकल गई। यह दोनों भाइयों के बीच मौजूद गहरे आत्मीय संबंध को दर्शाता है। छोटा भाई अपने बड़े भाई की कुशलता के लिए अत्यंत व्याकुल एवं चिंतित था। यह भ्रातृ-प्रेम का एक उत्कृष्ट उदाहरण है।

9. लेखक ने इस पाठ में भ्रातृ-स्नेह के ताने-बाने को चोट लगने की बात कही है। भाई के प्रति भाई के स्नेह का कोई अन्य उदाहरण प्रस्तुत करते हुए लेखक के इस कथन का अभिप्राय स्पष्ट करें। **दक्षता आधारित प्रश्न**

उत्तर लेखक का छोटा भाई, जो कुएँ के पास ऊपर खड़ा था, को ऐसा प्रतीत हुआ कि उसके बड़े भाई को साँप ने काट लिया। छोटा भाई यह सोचकर चीख पड़ा। लेखक उसकी चीख को उसके मन में अपने प्रति विद्यमान स्नेह-भाव के कारण उठी चीख मानता है। वास्तव में, स्नेह या प्रेम ऐसा ही सकारात्मक मनोविकार है। इसमें अपने स्नेह-पात्र के अमंगल की आशंका से उसे स्नेह करने वाले का मन व्यथित हो उठता है। लेखक के छोटे भाई का चीखना इसी का प्रमाण है।

ऐसा ही उदाहरण हम राम और लक्ष्मण के इतिहास प्रसिद्ध 'भ्रातृ-स्नेह' में देख सकते हैं, जब लक्ष्मण के 'युद्ध-भूमि' में मूर्च्छित हो जाने पर उनके वियोग की आशंका से राम जैसा मर्यादित और वीर पुरुष भी विलाप करने लगा। वस्तुत: भ्रातृ-प्रेम का ऐसा उदाहरण अन्यत्र दुर्लभ है। लेखक ने इसी कारण भ्रातृ-स्नेह के ताने-बाने को चोट लगने की बात कहते हुए भाई-भाई के पारस्परिक प्रेम को सामान्य लोकानुभव से जोड़कर देखा है।

10. लेखक ने कुएँ में गिरी चिट्ठियाँ को कैसे निकाला? इससे लेखक के किस मानवीय गुण का पता चलता है? संक्षेप में वर्णन कीजिए।

अथवा **सीमित साधनों से ही लेखक कुएँ में उतरने में कैसे सफल हुआ? लेखक ने दृढ़ संकल्प शक्ति का परिचय कैसे दिया?**

उत्तर कुएँ में चिट्ठियाँ गिर जाने के बाद लेखक ने बहुत ही बुद्धिमानी, चतुरता एवं साहस का परिचय दिया। कठिन परिस्थिति में भी उसने हिम्मत नहीं हारी। कुएँ में ज़हरीले साँप के गिरे होने के बावजूद वह साहसपूर्ण युक्ति से अपने पास मौजूद सभी धोतियों को आपस में बाँधता है, ताकि वे नीचे तक चली जाएँ। साँप के डसे जाने से बचने के लिए उसने पहले कुएँ की बगल की मिट्टी गिराई, फिर डंडे से चिट्ठियाँ को सरकाया।

डंडा छूट जाने पर उसने साँप का ध्यान दूसरी ओर बँटाया, फिर डंडे को उठा लिया। साँप का स्थान बदला, तो उसने चिट्ठियाँ भी उठा लीं और उन्हें धोतियों में बाँध दिया। इस प्रकार लेखक ने अपनी बुद्धि का पूरा सदुपयोग करके तथा युक्तियों का सहारा लेकर कुएँ में गिरी चिट्ठियों को निकाला। अपने दृढ़-विश्वास, पिटने के भय और ज़िम्मेदारी के अहसास के कारण लेखक सीमित साधनों में भी कुएँ से अपनी चिट्ठियाँ प्राप्त करने में सफल हो गया।

11. व्यक्ति के जीवन में साहस का क्या महत्त्व है? 'स्मृति' पाठ के आधार पर अपना उत्तर दीजिए। **दक्षता आधारित प्रश्न**

उत्तर व्यक्ति के जीवन में साहस का अत्यधिक महत्त्व है, क्योंकि बिना साहस हम जीवन में कुछ भी नहीं कर सकते। साहस ही वह वैयक्तिक गुण है, जो किसी भी प्रकार की सफलता प्राप्ति के लिए अत्यंत आवश्यक है। साहस के कारण ही हम किसी कार्य में नए सिरे से संलग्न होते हैं और आने वाली सभी परेशानियों का सामना करने को तैयार रहते हैं। 'स्मृति' पाठ का लेखक बचपन से ही बहुत साहसी था।

वह ज़हरीले साँप से बिना भयभीत हुए सीमित साधनों के आधार पर ही चिट्ठियाँ निकालने के लिए कुएँ में उतर गया और अंततः इसमें उसे सफलता प्राप्त हुई। इस पाठ से यह प्रेरणा मिलती है कि हमें स्वयं को अत्यधिक साहसी बनाना चाहिए। साहसी बनकर ही जीवन में सफलता प्राप्त की जा सकती है। जो लोग भयभीत रहते हैं, वे कायर होते हैं, वे अपने जीवन में कोई भी जोखिम नहीं ले पाते और बिना जोखिम लिए कोई उल्लेखनीय सफलता भी प्राप्त नहीं कर पाते, इसलिए सभी व्यक्तियों को 'स्मृति' पाठ के लेखक की तरह साहसी होना चाहिए।

12. लेखक पर दुधारी जिम्मेदारी कौन-सी थी? **CBSE Diksha**

उत्तर लेखक सच बोलकर पिटाई का भय और झूठ बोलकर चिट्ठियों को न पँहुचानें की जिम्मेदारी के बोझ से दब रहा था। उसका मन कहीं भाग जाने को करता था, परंतु पिटने का भय भी था। लेखक पर यही वो दुधारी जिम्मेदारी थी, इसी उधेड़बुन में वह 15 मिनट तक लगा रहता है।

13. 'मनुष्य का अनुमान और भावी योजनाएँ कभी-कभी कितनी मिथ्या और उल्टी निकलती हैं' वर्तमान के संदर्भ में पंक्ति का आशय स्पष्ट कीजिए।

उत्तर मनुष्य प्रत्येक स्थिति से निपटने के लिए अपना अनुमान लगाता है वह अपने अनुसार भविष्य की योजनाएँ बनाता है, परंतु सभी योजनाएँ हर बार सफल नहीं हो पाती और कई बार परिस्थितियाँ ही हमारे विपरीत होती हैं तथा हमें असफलता हाथ लगती है।

मनुष्य की कल्पना और वास्तविकता में काफी अंतर होता है। वह अपने हिसाब से भविष्य की योजनाएँ तैयार करता है, पर वे सभी योजनाएँ धरी की धरी रह जाती हैं, स्थिति बिल्कुल उल्टी हो जाती है।

इसलिए हम सभी को योजनाओं के अनुकूल और प्रतिकूल परिणाम के लिए तैयार रहना चाहिए।

स्व-मूल्यांकन

निम्नलिखित प्रश्नों के उत्तर दीजिए

1. स्मृति पाठ के आधार पर स्पष्ट कीजिए कि "कितने अच्छे थे वे दिन"-इस पंक्ति में लेखक ने किन दिनों को और क्यों अच्छा माना है?
2. लेखक को अपने डंडे से प्यार क्यों था? उस डंडे ने लेखक का अंत तक साथ कैसे दिया? 'स्मृति' पाठ के आधार पर बताइए। **दक्षता आधारित प्रश्न**
3. 'स्मृति' पाठ से हमें क्या शिक्षा मिलती है?
4. 'स्मृति' पाठ बाल मनोविज्ञान की परतों को खोलता है। स्पष्ट कीजिए।
5. 'स्मृति' पाठ के आधार पर सिद्ध कीजिए कि लेखक का युक्ति-कौशल अत्यंत प्रशंसनीय है। **दक्षता आधारित प्रश्न**
6. 'स्मृति' पाठ के आधार पर कहानी के मुख्य पात्र की चारित्रिक विशेषताओं पर प्रकाश डालिए। **दक्षता आधारित प्रश्न**

कल्लू कुम्हार की उनाकोटी

के. विक्रम सिंह

अध्याय 3

पाठ की रूपरेखा 'कल्लू कुम्हार की उनाकोटी' एक यात्रा वृत्तांत है। लेखक एक टीवी कार्यक्रम की शूटिंग करने के लिए त्रिपुरा की यात्रा पर जाता है। इस पाठ के माध्यम से लेखक ने त्रिपुरा के इतिहास, भूगोल, संस्कृति, कला, लोकजीवन एवं समसामयिक स्थिति का आँखों देखा चित्रण प्रस्तुत किया है। इस पाठ को पढ़कर हम बुद्ध और शिव की महिमा से संपन्न देश के सीमावर्ती राज्य त्रिपुरा के विषय में रोचक एवं तथ्यपरक जानकारी प्राप्त करते हैं।

लेखक परिचय

के. विक्रम सिंह का जन्म 26 मई, 1938 को हुआ। इन्होंने प्रारंभिक समय में अध्यापक पद पर कार्य किया। इसके पश्चात् सरकारी नौकरी के विभिन्न क्षेत्रों में उच्च पदों पर कार्यरत रहे। इनकी रुचि सिनेमा और टेलीविजन में थी। इसी कारण इन्होंने अपनी नौकरी छोड़ दी और सिनेमा जगत से जुड़ गए। विकास, पर्यावरण और देशाटन के प्रति इनका विशेष आकर्षण था।

इन्होंने 'अंधी गली' (1984), 'न्यू डेली टाइम्स' (1985) के निर्माण में अपना सहयोग दिया। इन्होंने कई फिल्मों का निर्माण किया, जिनमें 'तर्पण' (1994), 'सृजन' (1994) और 'कवि और कविता श्रृंखला' प्रमुख हैं। इन्होंने साठ से अधिक 'वृत्तचित्र' भी बनाए। इनके कई वृत्तचित्र राष्ट्रीय और अंतर्राष्ट्रीय फिल्म समारोह में प्रदर्शित हुए। आजकल ये फ़िल्म क्षेत्र में कार्य करने के साथ-साथ 'जनसत्ता' (समाचार-पत्र) में लेखन कार्य कर रहे हैं।

पाठ का सार

दिल्ली की सुबह और उनाकोटी की शाम

प्रस्तुत पाठ में लेखक ने अपने बारे में बताया है कि वह सुबह-सुबह लोधी गार्डन में सैर करने के लिए न जाकर अख़बार के साथ चाय की चुस्कियाँ लेता है। एक दिन जाड़े की सुबह में एक धमाके की आवाज़ के साथ लेखक की आँखें खुलती हैं। उसे लगा कि कहीं कुछ फूटा। खिड़की से बाहर झाँका, तो पाया कि बादल बिखरे हुए सैनिकों की तरह एक-दूसरे से टकरा रहे थे अर्थात् बारिश की पूरी संभावना थी। इस गर्जन-तर्जन ने लेखक को तीन साल पहले उनाकोटी की एक शाम की स्मृति में पहुँचा दिया।

लेखक की त्रिपुरा यात्रा का उद्देश्य

अपनी त्रिपुरा यात्रा के उद्देश्य को स्पष्ट करता हुआ लेखक बताता है कि दिसंबर, 1999 में 'ऑन द रोड' शीर्षक से तीन खंडों वाली एक टेलीविज़न श्रृंखला बनाने के सिलसिले में वह त्रिपुरा की राजधानी अगरतला गया था। दरअसल उसकी यह यात्रा राष्ट्रीय राजमार्ग-44, जो त्रिपुरा की समस्त लंबाई में आर-पार जाता है, के माध्यम से त्रिपुरा के विकास संबंधी गतिविधियों की जानकारी से संबंधित थी।

त्रिपुरा का इतिहास, भूगोल एवं सामाजिक जीवन

लेखक ने बताया है कि त्रिपुरा की सीमा तीन ओर से बांग्लादेश से तथा उत्तर-पूर्वी सीमा मिज़ोरम से जुड़ी है। सोनामुरा, बेलोनिया, सबरूम और कैलाश शहर जैसे त्रिपुरा के अधिकांश शहरों के बांग्लादेश की सीमा से जुड़े होने के कारण बांग्लादेश से लोगों की अवैध आवाजाही है।

इस कारण से वहाँ की जनसंख्या में भारी इजाफ़ा हुआ है। स्थानीय आदिवासियों में इस बात का असंतोष भी है। लेखक ने शूटिंग के बहाने त्रिपुरा के उज्जयंत महल के इतिहास पर भी प्रकाश डाला है। लेखक के अनुसार, त्रिपुरा में बहुधार्मिक समाज होने के कारण अलग-अलग धर्मों एवं विचारों की झलक दिखाई देती है।

स्थानीय लोगों से मुलाकात

त्रिपुरा में अगरतला के टीलियामुरा कस्बे में लेखक की मुलाकात स्थानीय कोकबारोक बोली के प्रसिद्ध लोकगायक एवं संगीत नाटक अकादमी द्वारा पुरस्कृत हेमंत कुमार जमातिया से हुई। वहाँ के संगीत से प्रभावित लेखक को अचानक प्रसिद्ध संगीतकार एस. डी. बर्मन की याद आ गई, जो त्रिपुरा के एक राजपरिवार से संबंधित थे।

यहीं पर एक और गायिका मंजु ऋषिदास से भी लेखक की मुलाकात हुई। लेखक बताता है कि गायिका मंजु ऋषिदास निरक्षर एवं अछूत समुदाय की महिला होते हुए भी नगर पंचायत में अपने वार्ड का प्रतिनिधित्व करने वाली जनप्रतिनिधि और कुशल गृहिणी भी थीं। उन्होंने लेखक को चाय पिलाई।

लेखक मंजु ऋषिदास के व्यक्तित्व से बेहद प्रभावित होता है और सामाजिक कार्यों में उनकी सहभागिता को त्रिपुरा की प्रगतिशील सोच से जोड़कर देखता है।

सी.आर.पी.एफ. के सुरक्षा काफ़िले के साथ यात्रा

अपनी शूटिंग के दौरान लेखक को त्रिपुरा में सशस्त्र क्रांति के दो-चार उदाहरण भी दिखे, जिससे लेखक के मन में डर-सा बैठ गया। सी. आर. पी. एफ. के सुरक्षा काफ़िले के साथ चलते हुए लेखक को त्रिपुरा की प्रमुख नदी मनु का विहंगम सौंदर्य दिखा।

उद्योग धंधे तथा कृषि की जानकारी

इसी दौरान लेखक ने जाना कि उत्तरी त्रिपुरा में अगरबत्तियों के लिए बाँस की पतली सींकें तैयार की जाती हैं। अगरबत्तियाँ बनाने के लिए इन्हें कर्नाटक व गुजरात भेजा जाता है। उत्तरी त्रिपुरा जिले के जिलाधिकारी से लेखक को त्रिपुरा की कृषि व्यवस्था की जानकारी मिली और साथ ही उससे उनाकोटी में शूटिंग करने का आग्रह भी किया गया।

उनाकोटी की यात्रा और उसका इतिहास

उनाकोटी का नाम आते ही लेखक जिज्ञासा से भर उठता है। लेखक को पता चला कि उनाकोटी सबसे बड़े शैव तीर्थों में से एक है। दंतकथा के अनुसार, उनाकोटी में शिव की एक कोटि (एक करोड़) से एक कम मूर्तियाँ हैं।

यह इलाका दस वर्ग किलोमीटर से ज़्यादा क्षेत्र में फैला हुआ है। यहाँ पहाड़ों को अंदर से काटकर उसके विशाल आधार पर मूर्तियाँ बनाई गई हैं। यहीं लेखक को कल्लू कुम्हार की अद्‌भुत शक्ति का पूर्ण परिचय मिलता है, जो लेखक के मन में गहरा प्रभाव छोड़ जाता है।

शब्दार्थ

शब्द	हिंदी अर्थ
सोहबत	संगत, साथ
ऊर्जादायी	शक्ति देने वाली
खलल	बाधा
कानफाड़ू	तेज़ आवाज़, जो कान को फोड़ने वाला हो
विक्षिप्तों	पागल
तड़ित	बिजली चमकना
आवक	आना
इर्द-गिर्द	आसपास
हस्तांतरण	एक व्यक्ति के हाथ से दूसरे व्यक्ति के हाथ में जाना
प्रतीकित	अभिव्यक्त करना
बहुधार्मिक	अनेक धर्म वाला
कबीलाई	कबीले से संबंधित
हथियारबंद	हथियार के साथ
मुँहजोर	मुँह का तेज़, जुबान जोर
विशेषज्ञता	विशेष जानकारी
इरादतन	जान-बूझकर
तेज़तर्रार	बहुत तेज़
दंतकथा	लोगों में प्रचलित कहानी
कोटि	करोड़
मिथक	पौराणिक कथा
शब्दश:	प्रत्येक शब्द के अनुसार

NCERT फोल्डर

पाठ्यपुस्तक (संचयन भाग-1) के प्रश्नोत्तर

प्र.1 'उनाकोटी' का अर्थ स्पष्ट करते हुए बताइए कि यह स्थान इस नाम से क्यों प्रसिद्ध है? CBSE Diksha

उत्तर उनाकोटी का अर्थ है—एक कोटि अर्थात् एक करोड़ से एक कम। यह स्थान भगवान शिव की मूर्तियों के लिए प्रसिद्ध है, क्योंकि यहाँ शिव की एक करोड़ से एक कम मूर्तियाँ हैं।

प्र.2 पाठ के संदर्भ में उनाकोटी में स्थित गंगावतरण की कथा को अपने शब्दों में लिखिए।

उत्तर पौराणिक कथा के अनुसार, उनाकोटी की एक विशाल चट्टान ऋषि भगीरथ की प्रार्थना को चित्रित करती है। भगीरथ किस तरह गंगा को स्वर्ग से पृथ्वी पर लाए थे, इसमें यह दिखाया गया है। ऐसा विश्वास है कि गंगावतरण के धक्के से कहीं पृथ्वी धँसकर पाताल लोक में न चली जाए, इसके लिए शिव को मनाया गया कि वे गंगा को अपनी जटाओं में बाँध लें और धीरे-धीरे उसे पृथ्वी पर बहने के लिए छोड़ें। इस तरह पृथ्वी पर गंगा का अवतरण हुआ।

प्र.3 कल्लू कुम्हार का नाम उनाकोटी से किस प्रकार जुड़ गया? CBSE Diksha

उत्तर कल्लू कुम्हार को उनाकोटी के पहाड़ों के अंदर बनी विशाल आधार मूर्तियों का निर्माता माना जाता है। वह पार्वती का भक्त था और शिव-पार्वती के साथ कैलाश जाना चाहता था। पार्वती के कहने पर शिव ने कहा कि ठीक है, पर उससे पहले तुम्हें एक शर्त पूरी करनी होगी। शर्त यह है कि तुम्हें एक रात में शिव की एक कोटि मूर्तियाँ बनानी होंगी। कल्लू चूँकि अपनी धुन का पक्का था, अत: वह अपने काम में जुट गया, परंतु सुबह मूर्तियाँ एक कोटि से एक कम निकलीं

और शिव उसे मूर्तियों के साथ उनाकोटी में ही छोड़कर चले गए। इस तरह कल्लू कुम्हार का नाम उनाकोटी से जुड़ गया।

प्र.4 "मेरी रीढ़ में एक झुरझुरी-सी दौड़ गई" लेखक के इस कथन के पीछे कौन-सी घटना जुड़ी है?

उत्तर लेखक अपनी शूटिंग में इतना व्यस्त था कि उसे यह खयाल ही नहीं रहा कि यह सुंदर तथा शांतिपूर्ण लगने वाला जंगल विद्रोहियों से घिरा हुआ भी हो सकता है। यहाँ पहाड़ियों पर रखे दो पत्थर इस बात की गवाही दे रहे थे कि दो दिन पहले ही सी.आर.पी.एफ. का एक जवान विद्रोहियों द्वारा मार डाला गया था। इस घटना ने लेखक को अंदर तक भयभीत कर दिया।

प्र.5 त्रिपुरा 'बहुधार्मिक समाज' का उदाहरण कैसे बना? **CBSE Diksha**

उत्तर त्रिपुरा में बाहरी लोगों का आना लगातार बना रहता है, क्योंकि तीन तरफ़ से यह बांग्लादेश से घिरा हुआ है और शेष भारत के साथ है, साथ ही त्रिपुरा में उन्नीस अनुसूचित जनजातियाँ और विश्व के चारों बड़े धर्म मौजूद हैं। बाहरी लोग अपनी संस्कृति एवं धर्म साथ लेकर आए, जिससे यह एक 'बहुधार्मिक समाज' का उदाहरण बन गया।

प्र.6 टीलियामुरा कस्बे में लेखक का परिचय किन दो प्रमुख हस्तियों से हुआ? समाज-कल्याण के कार्यों में उनका क्या योगदान था? **दक्षता आधारित प्रश्न**

उत्तर टीलियामुरा कस्बे में लेखक का परिचय प्रसिद्ध लोकगायक हेमंत कुमार जमातिया और गायिका मंजु ऋषिदास से हुआ। हेमंत कुमार पहले कभी पीपुल्स लिबरेशन ऑर्गेनाइजेशन के कार्यकर्ता थे, पर अब वे जिला परिषद् के सदस्य बन गए थे।

मंजु ऋषिदास निरक्षर होने के बावजूद नगर पंचायत में अपने वार्ड का प्रतिनिधित्व करती थीं। उन्होंने अपने वार्ड में स्वच्छ पेयजल पहुँचाने हेतु नल लगवाने और मुख्य गलियों में ईंटें बिछवाने जैसे महत्त्वपूर्ण कार्य करवाए थे।

प्र.7 कैलाश शहर के ज़िलाधिकारी ने आलू की खेती के विषय में लेखक को क्या जानकारी दी?

उत्तर ज़िलाधिकारी ने लेखक को टी.पी.एस. (टरू पोटेटो सीड्स) की खेती के बारे में बताया। ज़िलाधिकारी ने बताया कि आमतौर पर आलू की बुआई के लिए आलू के बीजों की ज़रूरत दो मीट्रिक टन प्रति हेक्टेयर पड़ती है, जबकि टी.पी.एस. की सिर्फ़ 100 ग्राम मात्रा ही एक हेक्टेयर की बुआई के लिए काफ़ी होती है।

प्र.8 त्रिपुरा के घरेलू उद्योगों पर प्रकाश डालते हुए अपनी जानकारी के कुछ अन्य घरेलू उद्योगों के विषय में बताइए। **दक्षता आधारित प्रश्न**

उत्तर त्रिपुरा के घरेलू उद्योगों में से एक है—अगरबत्तियों के लिए बाँस की पतली सींकें तैयार करना, जिन्हें कर्नाटक और गुजरात अगरबत्तियाँ बनने के लिए भेजा जाता है। इसके अतिरिक्त, बाँस से बनने वाली अन्य चीज़ें भी काफ़ी लोकप्रिय हैं; *जैसे*—लैंप शेड, कुर्सियाँ, फ़्रोटो फ्रेम इत्यादि।

प्र.9 हेमंत जमातिया कौन थे तथा वे क्यों प्रसिद्ध थे?

उत्तर हेमंत कुमार जमातिया एक प्रसिद्ध लोकगायक हैं, जिन्हें वर्ष 1996 में संगीत नाटक अकादमी द्वारा पुरस्कृत भी किया जा चुका है। हेमंत जमातिया 'कोकबारोक' बोली में गाते हैं, जो त्रिपुरा की कबीलाई (कबीले से संबंधित) बोलियों में से है। हेमंत जमातिया पहले पीपुल्स लिबरेशन ऑर्गेनाइजेशन के कार्यकर्ता थे और अब जिला परिषद् के सदस्य बन गए हैं।

प्र.10 उनाकोटी के बारे में जिलाधिकारी ने क्या जानकारी दी थी? **CBSE Diksha**

उत्तर जिलाधिकारी ने बताया कि उनाकोटी भारत का सबसे बड़ा तो नहीं पर सबसे बड़े शैव तीर्थों में से एक है। संसार के इस हिस्से में यहाँ युगों से स्थानीय आदिवासी धर्म ही फलते-फूलते हैं।

अभ्यास प्रश्न

वर्णनात्मक प्रश्नों सहित

विषयवस्तु पर आधारित/निबंधात्मक/मूल्यपरक प्रश्नोत्तर

1. 'कल्लू कुम्हार की उनाकोटी' में लेखक ने 'कटी पतंग योग' किसे कहा है और इसका क्या महत्त्व है?

उत्तर लेखक की अपनी व्यक्तिगत दिनचर्या है कि वह सूर्योदय के साथ जगकर स्वयं अपने लिए चाय बनाता है और फिर चाय एवं अखबार के साथ लंबी अलसाई सुबह का आनंद लेता है। लेखक अखबार नहीं पढ़ता वरन् इस बहाने वह अपने दिमाग को कटी पतंग की तरह हवा में तैरने देता है, जिससे उसे बेहद ऊर्जा प्राप्त होती है। दिमाग को इस प्रकार खुला छोड़ देने की क्रिया को वह 'कटी पतंग योग' कहता है। लेखक का मानना है कि इस क्रिया द्वारा उसे एक और दिन के लिए दुनिया का सामना करने में मदद मिलती है। लेखक ने यहाँ ऐसी दुनिया का सामना करने की बात कही है, जिसके बारे में समझ पाने में वह स्वयं को असमर्थ पाता है। 'कटी पतंग योग' के द्वारा वह दुनिया को समझने की कोशिश करता है।

2. पाठ के आधार पर बताइए कि उनाकोटी में लेखक द्वारा शूटिंग कर लेने के पश्चात् अचानक क्या हुआ, जिसका लेखक के मानस-पटल पर गहरा प्रभाव पड़ा?

अथवा **लेखक उनाकोटी क्यों गया था? शूटिंग पूरी होते-होते वहाँ कैसा दृश्य उपस्थित हो गया?** **दक्षता आधारित प्रश्न**

उत्तर लेखक 'ऑन द रोड' शीर्षक से तीन खंडों में बनने वाली टेलीविज़न शृंखला की शूटिंग करने के लिए उनाकोटी गया था। वहाँ उसने और शूटिंग दल के लोगों ने उनाकोटी में शूटिंग की। काम पूरा करते—करते चार बज गए। शाम होते ही उनाकोटी के वातावरण में भयानक अँधेरा छा गया। देखते-ही-देखते अचानक बादल भी घिर आए। लेखक लिखता है कि जब तक उन्होंने अपने शूटिंग के उपकरण समेटे, तब तक गर्जन—तर्जन के साथ बादल बरसने लगे।

लेखक इसे शिव के तांडव—नृत्य की संज्ञा देते हुए बताता है कि उनाकोटी की उस शाम की भयंकर वर्षा ने उसकी स्मृति में पुनः तब स्थान पाया, जब वह दिल्ली में था।

वहाँ भी अचानक घनघोर बादल घिर आए थे और गर्जन-तर्जन के साथ प्रकृति का तांडव शुरू हो गया था। तीन साल पहले और उस दिन के वातावरण में पूर्ण समानता होने के कारण लेखक के मानस-पटल पर गहरा प्रभाव पड़ा।

3. "सुंदर और अत्यंत शांतिपूर्ण प्रतीत होने वाले जंगलों में हमें घेरे हुए किसी जगह विद्रोही भी छिपे हो सकते हैं", लेखक ने ऐसा क्यों कहा? **दक्षता आधारित प्रश्न**

उत्तर लेखक बताता है कि उसके काफ़िले ने दिन में 11 बजे के करीब चलना शुरू किया। पहले तो अपनी शूटिंग के काम में व्यस्त रहने के कारण उसके मन में कोई डर नहीं था। जब सी.आर.पी.एफ. के एक सुरक्षाकर्मी ने, जो लेखक की सुरक्षा में लगा था, बताया कि पहाड़ियों पर रखे इन दो पत्थरों के पास उसके दल के जवान की विद्रोहियों ने हत्या कर दी थी, तो यह सुनकर लेखक की रीढ़ में एक झुरझुरी—सी दौड़ गई।

इन्हीं परिस्थितियों के बारे में सोचकर आशंकित लेखक ने यह टिप्पणी की कि अत्यंत शांतिपूर्ण और सुंदर दिखाई देने वाले इन जंगलों में किसी जगह विद्रोही भी छिपे हो सकते हैं, जो जानबूझकर हत्या कर देते हैं।

4. त्रिपुरा के हिंसाग्रस्त क्षेत्र में अपने साहस एवं जिज्ञासा का परिचय देते हुए लेखक ने अपनी यात्रा का जो वर्णन किया है, उसे अपने शब्दों में लिखिए। **दक्षता आधारित प्रश्न**

उत्तर लेखक बताता है कि टीलियामुरा से त्रिपुरा के हिंसाग्रस्त भाग में प्रवेश करने पर राष्ट्रीय राजमार्ग-44 पर पड़ने वाले आगे के रास्ते पर केंद्रीय रिजर्व पुलिस बल के जवानों की सुरक्षा में काफिले के रूप में मनु कस्बे तक गया।

लेखक ने हिंसात्मक घटनाओं को ध्यान में रखते हुए व अपने शूटिंग दल के लोगों की सुरक्षा को ध्यान में रखते हुए केंद्रीय रिजर्व पुलिस बल के सुरक्षा-घेरे में सबसे आगे चलने का फैसला किया तथा लेखक व कैमरा-मैन को सी.आर.पी.एफ. के जवानों ने हथियारों से युक्त गाड़ी में चलने की हिदायत दी और ऐसा न करने पर सभी काम अपने जोखिम पर करने को कहा।

5. त्रिपुरा के विद्रोहियों के प्रति आपका दृष्टिकोण क्या है? क्या उन्हें यह रास्ता छोड़ देना चाहिए?

उत्तर त्रिपुरा के विद्रोहियों की वास्तविक माँग के बारे में निश्चित रूप से तो कुछ नहीं कहा जा सकता, लेकिन पाठ से स्पष्ट होता है कि त्रिपुरा के विद्रोहियों को यह लगता है कि उनके संसाधनों पर बाहरी लोगों ने अनधिकृत रूप से नियंत्रण कर लिया है। त्रिपुरा में आदिवासी असंतोष का मुख्य कारण यही है।

मुझे लगता है कि त्रिपुरा के विद्रोही भी तो भारतीय नागरिक ही हैं। उन्हें भी अपनी माँग को व्यक्त करने का अधिकार है और उसके लिए संघर्ष करने का भी अधिकार है, लेकिन भारतीय संविधान किसी भी तरह की हिंसा की अनुमति नहीं देता, इसलिए माँग एवं संघर्ष अहिंसक तरीके से होना चाहिए।

हिंसा की अनुमति देने या उसे स्वीकार करने का तो सवाल ही पैदा नहीं होता, इसलिए मुझे लगता है कि त्रिपुरा के विद्रोहियों को अपनी माँगें अहिंसक तरीके से सामने रखनी चाहिए और उन्हें मनवाने के लिए जन सामान्य को साथ लेकर सरकार पर दबाव डालना चाहिए। उन्हें इसके लिए अपनाए जाने वाले हिंसा के रास्ते को तुरंत छोड़ देना चाहिए।

6. "स्वच्छता के नाम पर एक नए किस्म की अछूत प्रथा उत्तर भारत में अब भी चलन में है।" लेखक के इस कथन का आशय स्पष्ट करते हुए अछूत समस्या पर प्रकाश डालिए। **दक्षता आधारित प्रश्न**

उत्तर लेखक का कहना है कि उत्तर भारतीय सामाजिक व्यवस्था में आज भी ऐसी अनेक रूढ़ियाँ विद्यमान हैं, जो सामाजिक संस्थाओं में आधुनिकता के प्रवेश के फलस्वरूप भी व अनेक परिवर्तनों के बाद भी समाप्त नहीं हुई हैं और जिनके कारण आज भी महिलाओं को, विशेषकर निम्नवर्गीय महिलाओं को, इस प्रकार का सम्मान एवं सामाजिक स्वीकृति मिलना दुर्लभ है।

मंजु ऋषिदास जैसी महिलाएँ भारत में गाँधीजी और डॉ. अंबेडकर द्वारा अस्पृश्यता निवारण एवं अछूतोद्धार अभियान की सुखद फलश्रुति हैं। यह कहना ठीक नहीं होगा कि विकासवादी अवधारणाओं को आत्मसात् कर लेने के बाद भी हमारा देश इस समस्या से प्रच्छन्न रूप से प्रभावित है। इतिहास इस बात का साक्षी है कि मध्यकाल से लेकर आज तक यह समस्या देश में कहीं-न-कहीं सिर उठाती रही है। हालाँकि यह एक संवैधानिक नियम के द्वारा अपराध की श्रेणी में रखी गई है, फिर भी जब तक मन का मैल नहीं धुलता, मनुष्यता का पथ ऐसी समस्याओं से अवरुद्ध होता रहेगा।

7. त्रिपुरा में बाहरी लोगों के आने से क्या-क्या समस्याएँ उत्पन्न हुईं? बाहरी आगमन ने वहाँ के जन-जीवन को किस प्रकार प्रभावित किया? 'कल्लू कुम्हार की उनाकोटी' पाठ के आधार पर लिखिए। **दक्षता आधारित प्रश्न**

उत्तर त्रिपुरा भारत के छोटे राज्यों में से एक है। यह तीन तरफ़ से बांग्लादेश से घिरा हुआ है, जबकि शेष भाग भारत के उत्तरी-पूर्वी सीमा से सटे मिज़ोरम और असम से जुड़ा है। यहाँ बड़ी संख्या में बांग्लादेशी लोग अवैध रूप से आते हैं, जो जनसंख्या वृद्धि का मुख्य कारण बने हैं। इसी अवैध रूप से आने वाली जनसंख्या ने त्रिपुरा में आदिवासी असंतोष को जन्म दिया है। इसी कारण वहाँ के कई क्षेत्रों में हिंसा की घटनाएँ भी होती रहती हैं। त्रिपुरा के विद्रोहियों को लगता है कि उनके संसाधनों पर बाहरी लोगों ने अनधिकृत रूप से नियंत्रण कर लिया है।

बाहरी लोगों के आने से त्रिपुरा में कुछ समस्याएँ पैदा हुईं, लेकिन इसके चलते यह राज्य बहुधार्मिक समाज का उदाहरण भी बना है।

त्रिपुरा का जन-जीवन सीधा-सादा है और दिखावे की संस्कृति से कोसों दूर है। वहाँ सादगी अभी भी मौजूद है, वहाँ लोग अतिथि को अभी भी देवता के समान मानते हैं।

8. लेखक ने उत्तरी त्रिपुरा जिले के जिलाधिकारी से कौन-सी उत्सुकता प्रकट की? मानवीय जिज्ञासा के संदर्भ में पाठ के आधार पर स्पष्ट करें। **दक्षता आधारित प्रश्न**

उत्तर लेखक जब उत्तरी त्रिपुरा जिले के जिलाधिकारी से मिला, तो उसने स्वभाव से मिलनसार, तेज़तर्रार तथा उत्साही दिखाई दे रहे जिलाधिकारी से उनाकोटी के विषय में जानने की इच्छा जताई, क्योंकि उसने उनाकोटी के बारे में सुना तो था, लेकिन उसे इस स्थान की विधिवत् जानकारी नहीं थी। जब जिलाधिकारी महोदय ने उसे बताया कि उनाकोटी भारत के बड़े शैव तीर्थों में से एक है, तो लेखक को यह उत्सुकता हुई कि दुनिया के इस हिस्से में, जहाँ युगों से आदिवासी धर्म ही फलते-फूलते रहे हैं, देश के विशालतम शैव तीर्थ (उनाकोटी) का होना कैसे संभव हुआ?

एक अन्य महत्त्वपूर्ण बात, जिसने उनाकोटी संबंधी जानकारी के संदर्भ में लेखक की उत्सुकता बढ़ा दी थी, वह लेखक को दिया जाने वाला 'शूटिंग का प्रस्ताव' था। जिलाधिकारी ने लेखक से अपनी बातचीत के क्रम में उनाकोटी में शूटिंग करने का प्रस्ताव रखा था।

9. 'कल्लू कुम्हार की उनाकोटी' पाठ के लेखक ने त्रिपुरा में कहाँ-कहाँ शूटिंग की?

उत्तर लेखक ने पहले तीन दिन त्रिपुरा की राजधानी अगरतला एवं उसके आसपास के क्षेत्रों में शूटिंग की। उसने उज्जयंत महल एवं बौद्ध मंदिरों की शूटिंग की। इसके बाद लेखक ने लोकगायक हेमंत कुमार जमातिया एवं गायिका मंजु ऋषिदास के गाने की शूटिंग की। लेखक ने राष्ट्रीय राजमार्ग-44 की भी शूटिंग की। सी.आर.पी.एफ. के सहयोग से लेखक ने पूरे राजमार्ग पर शूटिंग की, जिसमें हिंसाग्रस्त क्षेत्र भी शामिल था।

त्रिपुरा की प्रमुख नदी मनु के पुल को भी लेखक ने अपने कैमरे में कैद किया। उत्तरी त्रिपुरा जिले के जिलाधिकारी के सहयोग से लेखक ने उनाकोटी के शिव की मूर्तियों की शूटिंग की। उसने शिव की सबसे बड़ी मूर्ति तथा शिव द्वारा गंगा की धारा को पृथ्वी पर छोड़ने संबंधी मूर्तियों को भी अपने कैमरे में समेटा। इस प्रकार, लेखक ने पूरे त्रिपुरा के लगभग सभी प्रमुख एवं उल्लेखनीय स्थानों की शूटिंग की।

10. 'कल्लू कुम्हार की उनाकोटी' पाठ में त्रिपुरा के बारे में व्यक्त किए गए लेखक के विचारों पर प्रकाश डालिए।

उत्तर लेखक का मानना है कि भारत के छोटे राज्यों में से एक त्रिपुरा की जनसंख्या वृद्धि दर बहुत अधिक है। यह पहाड़ी इलाका तीन तरफ़ से बांग्लादेश से घिरा हुआ है, जबकि शेष भारत से संपर्क मिजोरम एवं असम द्वारा होता है। यहाँ बड़ी संख्या में बांग्लादेशी अवैध रूप से आते हैं।

लेखक का कहना है कि यहाँ उज्जयंत महल है। पहले माणिक्य वंश त्रिपुरा पर शासन करता था। प्रसिद्ध संगीतकार एस.डी. बर्मन त्रिपुरा के ही रहने वाले थे। इसके अतिरिक्त, यहाँ अनेक प्रसिद्ध लोकगायक हैं। त्रिपुरा में अनेक धर्मों के लोग रहते हैं और इसके कई क्षेत्रों में हिंसा की घटनाएँ होती रहती हैं, जिससे निपटने के लिए सी.आर.पी.एफ. तैनात रहती है। त्रिपुरा के लोग अगरबत्तियों के लिए बाँस की सींकें तैयार करते हैं। यहाँ टी.पी.एस. (टरू पोटेटो सीड्स) की सफलतापूर्वक खेती होती है, जिसका निर्यात भी किया जाता है। उत्तरी त्रिपुरा जिले के उनाकोटी का शिव मंदिर बहुत प्रसिद्ध है, जहाँ एक करोड़ से एक कम शिव की मूर्तियाँ हैं। चट्टानों पर चित्रित शिव की मूर्तियों के अंतर्गत गंगा की अवतरण संबंधी पौराणिक कथा को भी देखा जा सकता है।

11. शिव की सबसे बड़ी आधार मूर्ति के विषय में बताइए।

उत्तर उनाकोटी में शिव की एक कोटि मूर्तियाँ हैं, जिन्हें 'कल्लू कुम्हार' नामक व्यक्ति ने बनाया था। शिव की सबसे बड़ी आधार मूर्ति पूरे भारतवर्ष में यहीं पर है। यहाँ की चट्टानों पर शिव की मूर्तियों का चित्रण किया गया है। गंगा के अवतरण संबंधी पौराणिक कथा को भी चित्र रूप में इन चट्टानों पर देखा जा सकता है। इसके पीछे एक दंतकथा जुड़ी हुई है। कहा जाता है कि गंगावतरण के धक्के से कहीं पृथ्वी पाताल लोक में न चली जाए, इसलिए शिव को मनाया गया कि वे गंगा को अपनी जटाओं में उलझा लें और उसे धीरे-धीरे पृथ्वी पर बहने दें। कथा के प्रतीक रूप में ही शिव का चेहरा एक समूची चट्टान पर बना हुआ है और उनकी जटाएँ दो पहाड़ों की चोटियों पर फैली हैं। पूरे साल बहने वाला एक जल प्रपात पहाड़ों से उतरता है, जिसे गंगा जितना ही पवित्र माना जाता है।

स्व-मूल्यांकन

निम्नलिखित प्रश्नों के उत्तर दीजिए

1. 'कल्लू कुम्हार की उनाकोटी' पाठ के आधार पर त्रिपुरा के सामाजिक जीवन की विशेषताएँ बताइए।
2. बाहरी लोगों का लगातार आना त्रिपुरा के आदिवासियों के लिए असंतोष का कारण बना, पर यह समाज के लिए लाभदायक कैसे साबित हुआ? 'कल्लू कुम्हार की उनाकोटी' पाठ के आधार पर वर्णन कीजिए।
3. त्रिपुरा बहुधार्मिक समाज का उदाहरण है। क्या संपूर्ण भारत को ही बहुधार्मिक समाज का उदाहरण नहीं माना जा सकता? तर्क के साथ अपना उत्तर दीजिए।
4. 'कल्लू कुम्हार की उनाकोटी' पाठ में लेखक की त्रिपुरा यात्रा का क्या उद्देश्य था? अपने शब्दों में लिखिए।
5. लेखक ने दिल्ली की सुबह की तुलना उनाकोटी की शाम से क्यों की है? 'कल्लू कुम्हार की उनाकोटी' पाठ के आधार पर बताइए।
6. लेखक को ऐसा क्यों लगा कि त्रिपुरा स्वच्छता के नाम पर उत्तर भारतीय गाँवों से अलग है? इससे आपको क्या प्रेरणा मिलती है?
7. 'कल्लू कुम्हार की उनाकोटी' पाठ के आधार पर गंगावतरण की कथा का उल्लेख कीजिए और ऐसे स्थलों की यात्रा करते समय हमें किन-किन बातों का ध्यान रखना चाहिए?

मेरा छोटा–सा निजी पुस्तकालय धर्मवीर भारती

अध्याय 4

पाठ की रूपरेखा

प्रस्तुत आत्मकथा के अंश में लेखक ने पुस्तकों के प्रति अपना प्रेम और लगाव अभिव्यक्त किया है। लेखक के घर इतनी पुस्तकें और पत्रिकाएँ आती थीं कि उसे बचपन से ही पुस्तकें पढ़ने का शौक लग गया था। लेखक के पास अपना एक छोटा-सा पुस्तकालय था। इस पाठ का अध्ययन छात्रों को पुस्तकें खरीदने, पढ़ने और उन्हें ढंग से रखने के लिए प्रेरित करता है।

लेखक परिचय

धर्मवीर भारती का जन्म 25 दिसंबर, 1926 को अतरसुइया, इलाहाबाद में हुआ था। हिंदी साहित्य के प्रसिद्ध हस्ताक्षर धर्मवीर भारती आधुनिक हिंदी साहित्य के प्रमुख लेखक, कवि, नाटककार और सामाजिक विचारक थे। ये हिंदी की प्रमुख साप्ताहिक पत्रिका धर्मयुग के प्रधान संपादक थे। इस संपादन से डॉ. धर्मवीर भारती की मुख्य पहचान बनी, किंतु इसके पूर्व उनकी रचनाएँ—गुनाहों का देवता, ठंडा लोहा, कनुप्रिया और सूरज का सातवाँ घोड़ा इत्यादि हिंदी साहित्य में अपनी पहचान बना चुकी थी।

उन्होंने उपन्यास, कहानी, नाटक, निबंध, कविता आदि विधाओं में साहित्य सृजन किया है। धर्मवीर भारती पद्मश्री की उपाधि के साथ ही व्यास सम्मान एवं अन्य कई राष्ट्रीय पुरस्कारों से अलंकृत हुए। इनकी मृत्यु वर्ष 1997 में हुई थी।

पाठ का सार

लेखक के जीवन और मृत्यु के बीच संघर्ष

लेखक को जुलाई, 1989 में तीन-तीन हार्ट-अटैक पड़े थे। कई डॉक्टरों ने कह दिया था कि वे अब नहीं बचेंगे, परंतु डॉक्टर बोर्जेस ने हिम्मत नहीं हारी। उन्होंने लेखक को 900 वॉल्ट्स के शॉक्स दिए। यदि कहीं भी एक कण प्राण शेष होंगे, तो हार्ट रिवाइव (पुनर्जीवित) करने की आशा बँधी हुई थी। 900 वॉल्ट्स के शॉक्स देने के पश्चात्, प्राण तो लौट आए, पर इस प्रयोग से 60% हार्ट सदा के लिए नष्ट हो गया। शेष 40% में भी रुकावट थी। अत: ओपन हार्ट ऑपरेशन की आवश्यकता बताई गई, लेकिन अभी उन्हें कुछ दिन आराम करने को कहा गया। लेखक को अर्द्ध-मृत्यु वाली स्थिति में घर लाया गया।

लेखक के कमरे की व्यवस्था

लेखक की ज़िद थी कि उसे किताबों वाले कमरे में ही रखा जाए। उसे वहाँ लिटा दिया गया। चलना, बोलना, पढ़ना सब कुछ मना था। वह दिन भर कमरे में पड़े-पड़े दो ही चीज़ें देखता—कमरे में बाईं ओर की खिड़की के सामने रह-रह कर हवा में झूलते सुपारी के पेड़ के झालरदार पत्ते और कमरे की अलमारियों में भरी किताबें। लेखक के पास हज़ारों किताबें जमा हो गई थीं। यह कैसे जमा हुईं, इसकी भी एक कहानी है। लेखक यह बताने से पहले कि किताबें कैसे जमा हुईं, यह बताता है कि उसे पढ़ने का शौक कैसे लगा।

लेखक की प्रारंभिक शिक्षा

लेखक के पिता आर्यसमाज रानीमंडी के प्रधान थे और उनकी माँ ने स्त्री-शिक्षा के लिए आदर्श कन्या पाठशाला की स्थापना की थी। पिता की अच्छी-खासी सरकारी नौकरी थी। बर्मा रोड जब बन रही थी, तब उन्होंने बहुत धन कमाया था, लेकिन लेखक के जन्म के पहले ही गाँधीजी के आह्वान पर उन्होंने सरकारी नौकरी छोड़ दी। उन दिनों लेखक के परिवार के लोग बड़े आर्थिक कष्टों से गुजर रहे थे, फिर भी घर में नियमित रूप से पत्र-पत्रिकाएँ आती थीं—'आर्य मित्र साप्ताहिक', 'वेदोदम', 'सरस्वती', 'गृहिणी' और दो बाल पत्रिकाएँ—'बालसखा' और 'चमचम'। इसलिए लेखक को बचपन से ही पढ़ने की आदत लग गई थी।

लेखक की प्रिय पुस्तक का लेखक पर प्रभाव

लेखक के घर में 'सत्यार्थ प्रकाश' भी था। 'सत्यार्थ प्रकाश' के अध्याय पूर्ण रूप से लेखक की समझ में नहीं आते थे, परंतु उन्हें पढ़ने में मज़ा आता था। लेखक की प्रिय पुस्तक थी—स्वामी दयानंद की जीवनी। इसमें स्वामी दयानंद के जीवन की अनेक घटनाओं का वर्णन था। स्वामी दयानंद अदम्य साहस वाले अद्भुत व्यक्ति थे। उनके जीवन की घटनाएँ मुझे (लेखक) काफ़ी प्रभावित करती थीं। जैसे—चूहे को भगवान का भोग खाते देखकर मान लेना कि प्रतिमाएँ भगवान नहीं होतीं, तीर्थों, जंगलों, हिमशिखरों पर साधुओं के बीच घूमना, भगवान की तलाश करना आदि।

लेखक और आलोचना

ऐसे मूल्य जो समाज विरोधी हैं या मनुष्य विरोधी हैं, उनका खंडन करना लेखक को काफी प्रभावित करता था। अंत में हारे हुए को क्षमा करना और उसे सहारा देना लेखक के बाल मन को बहुत प्रभावित करता था। लेखक की माँ स्कूली पढ़ाई पर ज़ोर देती थीं। लेखक को शुरू में घर पर ही पढ़ाया गया तथा वह बुरे संस्कार ग्रहण न कर ले, इसलिए कक्षा दो तक की पढ़ाई लेखक ने घर पर ही की थी। लेखक को स्कूल में तीसरी कक्षा में भर्ती कराया गया।

उस दिन शाम को पिता जी उसे घुमाने ले गए और लोकनाथ की दुकान पर ताज़ा अनार का शर्बत पिलाया। उन्होंने लेखक से पाठ्यक्रम की पुस्तकें पढ़ने का वायदा ले लिया। लेखक अच्छे नंबरों से पास होता चला गया। पाँचवीं कक्षा में वह फर्स्ट आया तथा अंग्रेज़ी में सबसे अधिक नंबर लाने पर उसे अंग्रेज़ी की दो पुस्तकें इनाम में मिलीं। एक किताब में दो छोटे बच्चे घोंसलों की खोज में बागों में भटकते हैं। इस किताब के कारण लेखक को पक्षियों की जातियों, बोलियों व उनकी आदतों के विषय में काफ़ी जानकारी मिलती है।

दूसरी किताब 'ट्रस्टी द रग'

दूसरी किताब 'ट्रस्टी द रग' में पानी के जहाज़ों की कथाएँ थीं। कौन-कौन सा माल लादकर लाते हैं, कहाँ से लाते हैं, कहाँ ले जाते हैं, नाविकों की ज़िंदगी कैसी होती है, कैसे-कैसे द्वीप उन्हें मिलते हैं, कहाँ व्हेल होती है तथा कहाँ शार्क होती है, इन सभी बातों की जानकारी लेखक को इस पुस्तक को पढ़ने से मिली। इन किताबों ने लेखक के लिए एक नई दुनिया का दरवाज़ा खोल दिया।

निजी पुस्तकालय की शुरुआत

लेखक के पिता जी ने अलमारी का एक खाना खाली करके उसकी दोनों किताबें वहाँ रखते हुए उसके निजी पुस्तकालय की शुरुआत की और कहा—''आज से यह खाना तुम्हारी अपनी किताबों का। यह तुम्हारी अपनी लाइब्रेरी है।'' इस प्रकार एक बच्चे की लाइब्रेरी प्रारंभ हुई और धीरे-धीरे इसका विस्तार होता गया।

किताबें एकत्र करने का उत्साह

इलाहाबाद भारत के प्रख्यात शिक्षा केंद्रों में से एक रहा है। ईस्ट इंडिया कंपनी द्वारा स्थापित पब्लिक लाइब्रेरी से लेकर मदन मोहन मालवीय द्वारा स्थापित भारती भवन तक यहाँ पर है। विश्वविद्यालय की लाइब्रेरी तथा अनेक कॉलेजों की लाइब्रेरियाँ तो हैं ही, लगभग हर मोहल्ले में अलग-अलग लाइब्रेरी भी है। अपनी लाइब्रेरी कभी वैसी होगी, यह तो वह स्वप्न में भी नहीं सोच सकता था। उसके अपने मोहल्ले में एक लाइब्रेरी थी—'हरि भवन'। स्कूल की छुट्टी होते ही लेखक वहाँ पढ़ने चला जाता था। लेखक के पिता दिवंगत हो चुके थे, इसलिए लाइब्रेरी का चंदा चुकाने का पैसा नहीं था।

अत: वहीं बैठकर किताबें निकलवाकर पढ़ता रहता था। तभी से लेखक पर किताबें इकट्ठी करने की सनक चढ़ गई थी, परंतु पैसे के अभाव के कारण वह उस समय ऐसा न कर पाया। हरि भवन में ही लेखक का परिचय बंकिमचंद्र चट्टोपाध्याय की 'दुर्गेश नंदिनी', 'कपाल कुंडला' और 'आनंदमठ' टालस्टॉय की 'अन्ना करेनिना', विक्टर ह्यूगो का 'पेरिस का कुबड़ा', सर्वारीज़ का 'विचित्र वीर' आदि उपन्यासों से हुआ।

लेखक द्वारा अपने पैसों से खरीदी गई पहली पुस्तक

लेखक के पिता की मृत्यु के बाद तो उस पर आर्थिक संकट और भी बढ़ गया था। वह एक ट्रस्ट से सहायतार्थ मिले धन से सेकंड हैंड पाठ्यपुस्तकें खरीदता था। एक बार इंटरमीडिएट पास करने पर पुरानी पाठ्यपुस्तकें बेचकर बी. ए. की सेकंड हैंड पुस्तकें खरीदीं, तो दो रुपये बच गए। लेखक 'देवदास' फिल्म के एक गाने 'दु:ख के दिन अब बीतत नाहीं' को अकसर गुनगुनाता रहता था।

माँ ने धीरज बँधाते हुए समझाया कि ''दिल इतना छोटा क्यों करते हो? दु:ख के दिन बीत जाएँगे।'' उन्होंने लेखक से पिक्चर देख आने को कहा, पर वह पिक्चर देखने के स्थान पर उन दो रुपयों से 'देवदास' नामक पुस्तक ही खरीद लाया।

उसने दस आने में किताब खरीदकर शेष बचे पैसे माँ के हाथों पर रख दिए। यह देखकर माँ की आँखों में आँसू आ गए। यह उसकी अपने पैसों से खरीदी गई पहली पुस्तक थी।

लेखक को पुनर्जीवन

आज लेखक के पास पुस्तकों के संकलन में विभिन्न विषयों पर अनेक लेखकों की हज़ारों पुस्तकें हैं। इनके बीच लेखक स्वयं को भरा-भरा सा महसूस करता है। लेखक का ऑपरेशन सफल होने के बाद उसे देखने आए मराठी के वरिष्ठ कवि विंदा करंदीकर ने सच कहा था कि ''भारती, ये सैकड़ों महापुरुष जो पुस्तक-रूप में तुम्हारे चारों ओर विराजमान हैं, इन्हीं के आशीर्वाद से तुम बचे हो। इन्होंने तुम्हें पुनर्जीवन दिया है।'' लेखक ने मन-ही-मन सबको प्रणाम किया, विंदा को भी और उन महापुरुषों को भी।

शब्दार्थ

शब्द	हिंदी अर्थ
नब्ज़	नाड़ी
हार्ट अटैक	दिल का दौरा
शॉक्स	झटके
रिवाइव	पूर्व रूप में आना, पुनर्जीवित
अवरोध	रुकावट
सर्जन	आपरेशन करने वाला डॉक्टर
अर्द्धमृत्यु	अधमरा
ठसाठस	ठूँस-ठूँसकर भरना
संकलन	जमा करना, संग्रह करना
आह्वान	पुकार
आर्थिक	रुपये-पैसे संबंधी
खंडन-मंडन	किसी बात को काटना और पुष्ट करना
रोचक	मनोरंजक
पाखंड	दिखावटी, ढकोसला
अदम्य	जिसे दबाया न जा सके
अद्‌भुत	आश्चर्यजनक, अनोखा
प्रतिमाएँ	मूर्तियाँ
तीर्थ	धार्मिक जगह
हिमशिखर	बर्फ़ की चोटी
रूढ़ियाँ	प्रथा
रोमांचित	पुलकित
इनाम	पुरस्कार

शब्द	हिंदी अर्थ
दर्ज़ा	कक्षा
द्वीप	वह भू-भाग, जिसके चारों ओर पानी हो
व्हेल, शार्क	मछलियों की किस्में
द्वार	दरवाज़ा
लाइब्रेरी	पुस्तकालय
डाक्टरेट	डॉक्टर की उपाधि
सनक	धुन
प्रख्यात	प्रसिद्ध
स्वप्न	सपना
दिवंगत	स्वर्गवासी
अनिच्छा	बेमन से, इच्छा न होते हुए भी
कसक	पीड़ा
विपन्न	गरीब
धीरज	सब्र
विक्रेता	बेचने वाला
संस्मरण	किसी याद रही घटना पर लिखा गया अनुभव
पुरातत्त्व	पुरानी बातों और इतिहास के अध्ययन तथा अनुसंधान से संबंध रखने वाली विशेष प्रकार की विद्या
हज़ारहा	हज़ार से अधिक
शिद्‌दत	अधिकता, प्रबलता
वरिष्ठ	बड़ा, पूजनीय
पुनर्जीवन	दुबारा जीवन का मिलना

NCERT फोल्डर

पाठ्यपुस्तक (संचयन भाग–1) के प्रश्नोत्तर

प्र.1 लेखक का ऑपरेशन करने से सर्जन क्यों हिचक रहे थे?

उत्तर लेखक का ऑपरेशन करने से सर्जन इसलिए हिचक रहे थे, क्योंकि लेखक को तीन-तीन हार्ट-अटैक आए थे और उन्हें 900 वॉल्ट्स के शॉक्स देकर किसी तरह बचाया गया था। इस प्रयोग में केवल 40% हार्ट ही बचा था, जिसमें तीन अवरोध थे। सर्जन को डर था कि ऑपरेशन के बाद यदि बचा हुआ हृदय सक्रिय नहीं हुआ, तो जान चली जाएगी।

प्र.2 'किताबों वाले कमरे' में रहने के पीछे लेखक के मन में क्या भावना थी?

उत्तर लेखक के अनुसार, जिस तरह बचपन में पढ़ी गई कहानियों में राजा के प्राण उसके शरीर में नहीं, बल्कि तोते में रहते थे, उसी तरह लेखक को भी लगता था कि उसके प्राण तो शरीर से निकलकर उसकी जमा की हुई हज़ारों किताबों में बसे हुए हैं। इसलिए वह 'किताबों वाले कमरे' में ही रहने के लिए कहता है

प्र.3 लेखक के घर कौन-कौन-सी पत्रिका आती थीं?

अथवा **लेखक के घर में नियमित रूप से कौन-सी पत्रिकाएँ आती थीं?**

उत्तर लेखक के घर 'आर्यमित्र साप्ताहिक', 'वेदोदम', 'सरस्वती', 'गृहिणी' जैसी पत्रिकाएँ और दो बाल पत्रिकाएँ—'बालसखा' और 'चमचम' आती थीं।

प्र.4 लेखक को किताबें पढ़ने और सहेजने का शौक कैसे लगा?

उत्तर लेखक के पास स्कूल से इनाम में मिली अंग्रेज़ी की दो किताबें थीं। उनसे उसे पढ़ने का शौक लगा। लेखक द्वारा पहली किताब 'देवदास' खरीदने पर उन्हें सहेजने का शौक लगा, क्योंकि वह उसने अपने पैसों से खरीदी थी।

प्र.5 माँ लेखक की स्कूली पढ़ाई को लेकर क्यों चिंतित रहती थीं?

उत्तर माँ लेखक की स्कूली पढ़ाई को लेकर इसलिए चिंतित रहती थीं, क्योंकि वह विभिन्न पत्र-पत्रिकाएँ पढ़ता था, किंतु अपनी स्कूली पढ़ाई पर उसका कोई ध्यान नहीं था। माँ को यह चिंता लगी रहती थी कि यह अपनी कक्षा में पास कैसे होगा?

प्र.6 स्कूल से इनाम में मिली अंग्रेज़ी की दोनों पुस्तकों ने किस प्रकार लेखक के लिए नई दुनिया के द्वार खोल दिए?

उत्तर स्कूल से इनाम में मिली अंग्रेज़ी की एक किताब में पक्षियों की जातियों व बोलियों के बारे में जानकारी थी, तो दूसरी 'ट्रस्टी द रग' में पानी के जहाज़ों की कथाएँ थीं। इन दोनों किताबों ने लेखक को पढ़ने के लिए प्रेरित किया, जिससे उसका पढ़ने का शौक बढ़ता चला गया। इस प्रकार, स्कूल से इनाम में मिली अंग्रेज़ी की दोनों पुस्तकों ने लेखक के लिए नई दुनिया के द्वार खोल दिए।

प्र.7 "आज से यह खाना तुम्हारी अपनी किताबों का। यह तुम्हारी अपनी लाइब्रेरी है।" पिता के इस कथन से लेखक को क्या प्रेरणा मिली?

उत्तर पिता के इस कथन ने लेखक को अत्यधिक प्रेरित किया, जिससे वह हर मुकाम पर अपनी लाइब्रेरी का विस्तार करता चला गया। उसमें नई-नई किताबों को सहेज कर रखने लगा।

प्र.8 लेखक द्वारा पहली पुस्तक खरीदने की घटना का वर्णन अपने शब्दों में कीजिए।

उत्तर लेखक इंटरमीडिएट पास करके बी.ए. की पाठ्यपुस्तकें लेने (सेकंड-हैंड) बुकशॉप पर गया हुआ था। वहीं उसने थियेटर पर 'देवदास' फ़िल्म लगी देखी। चूँकि उसकी माँ को सिनेमा देखना बिलकुल पसंद नहीं था, इसलिए उसने कभी सिनेमा का ज़िक्र नहीं किया। उस फ़िल्म का एक गाना—"दु:ख के दिन अब बीतत नाहीं" वह अक्सर गुनगुनाया करता।

माँ ने जब यह गीत सुना, तो बेटे से कहा कि तुम निराश मत हो। दु:ख के दिन अवश्य ही बीत जाएँगे। जब माँ को पता चला कि यह फ़िल्म का गाना है, तो उन्होंने कहा कि जाओ, फ़िल्म देख आओ और दो रुपये दे दिए।

लेखक जब फ़िल्म देखने गया, तो उससे पहले अपनी परिचित की किताब की दुकान पर चला गया, जहाँ उसे 'देवदास' नामक किताब दिखाई दी और उसने दस आने में 'देवदास' खरीदी और बाकी एक रुपया छ: आना माँ को दे दिए। इस तरह लेखक द्वारा अपने पैसों से खरीदी गई, यह पहली साहित्यिक पुस्तक थी।

प्र.9 "इन कृतियों के बीच अपने को कितना भरा-भरा महसूस करता हूँ", का आशय स्पष्ट कीजिए।

उत्तर लेखक पुस्तकों से ही बातें किया करता था। उनमें ही लेखक के प्राण बसते थे। हिंदी-अंग्रेज़ी के उपन्यास, नाटक, कथा-संकलन इत्यादि पुस्तकों में मौजूद महान् व्यक्तित्व से लेखक को हर पल कुछ सीखने को मिलता था। ज्यॉ पाल सात्र, ऑल्बेयर कामू, पिकासो, निराला, महादेवी आदि चिंतकों की कृतियाँ लेखक को कभी भी अकेला महसूस नहीं होने देती थीं।

अभ्यास प्रश्न

वर्णनात्मक प्रश्नों सहित

विषयवस्तु पर आधारित/निबंधात्मक/मूल्यपरक प्रश्नोत्तर

1. डॉक्टर बोर्जेस की किस दिलेरी (बहादुरी) के कारण लेखक के प्राण बच गए?

अथवा **डॉक्टर बोर्जेस ने किस प्रकार लेखक के प्राण बचाए? 'मेरा छोटा-सा निजी पुस्तकालय' पाठ के आधार पर उत्तर दीजिए।**

दक्षता आधारित प्रश्न

उत्तर वर्ष 1989 में लेखक के बचने की कोई उम्मीद नहीं थी। एक के बाद एक तीन-तीन जबरदस्त हार्ट-अटैक लेखक को झेलने पड़े। कुछ डॉक्टरों ने तो उन्हें मृत घोषित कर दिया था, परंतु डॉक्टर बोर्जेस की दिलेरी ने लेखक के प्राण बचा लिए। डॉक्टर बोर्जेस ने हिम्मत नहीं हारी। उन्होंने 900 वॉल्ट्स के शॉक्स लेखक को दिए। उनका मानना था कि यदि शरीर मृत है, तो दर्द महसूस नहीं होगा और यदि कहीं भी प्राण बचे हैं, तो जीवन लौटने की आशा है।

इस प्रयोग में लेखक की जान तो बच गई, परंतु 60% हार्ट सदा के लिए नष्ट हो गया, केवल 40% ही बचा रहा। ओपन हार्ट ऑपरेशन करने की आवश्यकता थी। डॉक्टर हिचक रहे थे कि केवल 40% बचा हुआ हार्ट यदि ऑपरेशन के बाद रिवाइव नहीं हुआ, तो क्या होगा? उन्होंने अन्य विशेषज्ञों से भी राय ली। कुछ दिनों बाद ऑपरेशन हुआ और डॉक्टर की दिलेरी के कारण लेखक को नया जीवन मिल गया।

2. धर्मवीर भारती का जीवन बचाने के लिए डॉ. बोर्जेस ने जो खतरा उठाया, क्या वह उचित था? 'मेरा छोटा-सा निजी पुस्तकालय' पाठ के आधार पर अपने विचार प्रकट कीजिए। इससे आप क्या प्रेरणा ग्रहण करते हैं?

दक्षता आधारित प्रश्न

उत्तर वर्ष 1989 में लेखक धर्मवीर भारती को तीन हार्ट-अटैक पड़े थे। सभी डॉक्टरों ने जवाब दे दिया था, परंतु डॉक्टर बोर्जेस ने हिम्मत नहीं हारी और लेखक की धड़कन लौटाने के लिए 900 वॉल्ट्स के शॉक्स दिए। उनका यह मत था कि यदि शरीर मृत है, तो उसे दर्द महसूस ही नहीं होगा, किंतु यदि एक कण भी प्राण शेष होंगे, तो हार्ट पुनर्जीवित हो सकता है।

डॉक्टर के इस प्रयोग से लेखक के प्राण तो लौट आए, किंतु उसका 60% हार्ट सदा के लिए नष्ट हो गया। डॉक्टर बोर्जेस द्वारा लेखक को 900 वॉल्ट्स का शॉक्स दिया जाना पूरी तरह उचित था, क्योंकि लेखक के जीवन को बचाने हेतु यही अंतिम उपाय था। यदि इसे नहीं

किया जाता, तो संभवत: लेखक जीवित नहीं रहता। बाहरी तौर पर क्रूर लगने वाला यह तरीका लेखक की जीवन रक्षा के लिए अपरिहार्य था। डॉक्टर बोर्जेस के द्वारा लेखक धर्मवीर भारती का जीवन बचाने के लिए किया गया प्रयास हमें अपने कर्त्तव्यों का ईमानदारी से निर्वहन करने की प्रेरणा देता है। साथ ही यह मनुष्य के प्रति स्नेह एवं आत्मीयता की भावना के विस्तार की भी प्रेरणा देता है। हमें किसी भी मनुष्य के जीवन की रक्षा के लिए हर संभव प्रयास करना चाहिए, जो विवेकपूर्ण हो।

3. लेखक के मन में यह विचार क्यों आया होगा कि उसे पुस्तकों वाले कमरे में ही रहना है?

अथवा **लेखक अस्पताल से घर लौटने के बाद अपने पुस्तकालय में क्यों रहना चाहता था?**

उत्तर पुस्तकों वाले कमरे में रहने के पीछे लेखक के मन में पुस्तकों के प्रति लगाव एवं प्रेम था, जिसके कारण उसने बचपन से अब तक इतना बड़ा संकलन किया था। जब उसे अस्पताल से घर लाया गया, तो उसने ज़िद की कि वह स्वयं द्वारा स्थापित निजी पुस्तकालय में रहकर अपने आपको उनके साथ जुड़ा अनुभव करना चाहता है। उसके प्राण इन हज़ारों किताबों में बसे हुए थे। इसी विचार ने लेखक को पुस्तकों वाले कमरे में रहने के लिए प्रेरित किया होगा।

वास्तव में, लेखक को अपने पुस्तकालय एवं उनमें एकत्रित की गईं पुस्तकों से इतना अधिक लगाव था कि उनके साथ समय व्यतीत करना उसे अच्छा लगता था। वह हमेशा पुस्तकें पढ़ते रहने वाला व्यक्ति था। भले ही अपनी बीमारी के कारण वह उन्हें पढ़ नहीं सकता था, लेकिन कम-से-कम वहाँ रहकर हर समय उन्हें देख तो सकता था।

4. अपनी एकत्र की गई पुस्तकों में लेखक को कौन-सी पुस्तक सर्वप्रिय थी और क्यों?

अथवा **बचपन में लेखक को कौन-कौन-सी पुस्तकें पढ़ना अच्छा लगता था? उसकी प्रिय पुस्तक कौन-सी थी और क्यों?**

अथवा **लेखक को स्वामी दयानंद सरस्वती की जीवनी में क्या प्रभावित करता था?** दक्षता आधारित प्रश्न

उत्तर लेखक ने अपने घर में ही एक बड़ी लाइब्रेरी का निर्माण कर लिया था। विभिन्न विषयों की पुस्तकें वहाँ उपलब्ध थीं। लेखक की प्रिय पुस्तक थी स्वामी दयानंद की जीवनी, जो रोचक शैली में लिखी हुई और अनेक चित्रों से सुसज्जित थी। स्वामी दयानंद तत्कालीन पाखंडों के विरुद्ध अदम्य साहस दिखाने वाले अद्‌भुत व्यक्ति थे। उनके जीवन की बहुत-सी घटनाएँ लेखक को प्रभावित करती थीं। चूहे को भगवान का भोग खाते देखकर यह मान लेना कि प्रतिमाएँ भगवान नहीं होतीं, घर छोड़कर जाना, भगवान की हर जगह तलाश करना, सत्य की खोज करना, सामाजिक रूढ़ियों का खंडन करना, अपने से हारे हुए को क्षमा कर उसे सहारा देना आदि लेखक के बाल-मन को बहुत रोमांचित करता था। इस पुस्तक ने न केवल लेखक को रोमांचित किया, बल्कि उन्हें तार्किक एवं बौद्धिक दृष्टि भी प्रदान की, जिससे अंधविश्वासों एवं रूढ़ियों का साहसपूर्वक विरोध किया जा सके। मूर्तिपूजा एवं अनेक प्रकार के अन्य रूढ़िवादी रीति-रिवाज़ों के प्रति लेखक के मन में उत्पन्न विरोध भावना का मूल उत्स (स्रोत) यह पुस्तक ही रही होगी। इस पुस्तक ने लेखक के जीवन एवं विचार को बहुत गहराई से प्रभावित किया। इसलिए लेखक को यह पुस्तक बहुत प्रिय थी।

5. लेखक को कौन-सी पुस्तकें इनाम में मिलीं और इनका लेखक के जीवन पर क्या प्रभाव पड़ा?

उत्तर लेखक अपने पिता के आशीर्वाद और अपने परिश्रम के बल पर पाँचवीं कक्षा में प्रथम आया, तो बतौर इनाम में उसे अंग्रेज़ी की दो पुस्तकें मिलीं। एक में पक्षियों की जातियों, उनकी बोलियों, उनकी आदतों संबंधी जानकारी थी, जबकि दूसरी किताब 'ट्रस्टी द रग' थी, जिसमें पानी के जहाज़ों की कथाएँ थीं।

जहाज़ कितने प्रकार के होते हैं, कौन-कौन-सा माल लादकर लाते हैं, कहाँ से लाते, कहाँ ले जाते हैं, नाविकों की ज़िंदगी कैसी होती है, कैसे-कैसे द्वीप मिलते हैं, कहाँ व्हेल होती है, कहाँ शार्क होती है? आदि से संबंधित जानकारी इसमें थी।

इन दोनों किताबों ने लेखक के लिए मानो एक नई दुनिया के द्वार खोल दिए। पिता जी ने उन पुस्तकों को रखने के लिए अलमारी का एक खाना खाली कर दिया था और उसे लाइब्रेरी बनाने के लिए कहा। ये दो किताबें लेखक में लाइब्रेरी बनाने का शौक जगा गईं। पढ़ने का शौक और नई-नई पुस्तकों के संचयन ने एक बड़ी समृद्ध लाइब्रेरी का रूप ले लिया।

6. लेखक को अपनी लाइब्रेरी स्थापित करने की प्रेरणा किस प्रकार मिली? स्पष्ट कीजिए।

उत्तर लेखक के पिता जी ने कहा—"आज से यह खाना तुम्हारी अपनी किताबों का है। यह तुम्हारी अपनी लाइब्रेरी है।" यह सुनकर लेखक में पुस्तकों को एकत्रित करने की भावना जग गई। यहीं से आरंभ हुई थी बच्चे की लाइब्रेरी। बच्चा किशोर हुआ, स्कूल से कॉलेज, कॉलेज से यूनिवर्सिटी गया, डॉक्टरेट की डिग्री हासिल की, यूनिवर्सिटी में अध्यापन किया, अध्यापन छोड़कर इलाहाबाद से बंबई जाकर संपादन किया। उसी अनुपात में लाइब्रेरी का भी विस्तार होता गया। किताबें पढ़ने की लगन तो थी ही, किताबें एकत्र करने की सनक भी पैदा हो गई। बचपन के अनुभव तथा पिता के कथन की प्रेरणा से उसने निजी लाइब्रेरी को स्थापित किया।

7. हरि भवन की क्या विशेषता थी? वहाँ जाकर कभी-कभी लेखक का मन उदास क्यों हो जाता था? इस घटना से आपको क्या शिक्षा मिलती है?

अथवा **लेखक के मोहल्ले में कौन-सी लाइब्रेरी थी? वह वहीं बैठकर क्यों पढ़ते थे?** CBSE Diksha

अथवा **हरि भवन लाइब्रेरी में कई बार पुस्तकें पढ़ने के बाद भी पुस्तकों के विषय में डॉ. धर्मवीर भारती के क्या सपने थे? "यह सपना ही रहेगा, भला कैसे पूरा हो पाएगा।" के पीछे छिपी विवशता के भाव क्या पुस्तकें पढ़ने में एवं उनके संग्रह में बाधक हो सकते हैं? लेखक के इस सपने से आप क्या प्रेरणा ग्रहण करते हैं? 'मेरा छोटा-सा निजी पुस्तकालय' पाठ के आधार पर लिखिए।** दक्षता आधारित प्रश्न

उत्तर 'मेरा छोटा-सा निजी पुस्तकालय' पाठ के लेखक के मोहल्ले में एक लाइब्रेरी थी-'हरि भवन'। स्कूल से छुट्टी मिलते ही लेखक वहाँ जाकर जम जाता था। चूँकि लेखक के पिता का स्वर्गवास हो चुका था। अत: आर्थिक तंगी के कारण लाइब्रेरी का चंदा चुकाने का पैसा उसके पास नहीं था।

इसलिए वह लाइब्रेरी में ही बैठकर किताबें निकलवाकर पढ़ता रहता था। जिस दिन कोई उपन्यास अधूरा छूट जाता, उस दिन लेखक के मन में कसक होती कि काश! उसके पास पैसे होते, तो वह सदस्य बनकर उस पुस्तक को अपने नाम से इश्यू करा लेता या उस किताब को खरीद ही लेता, जिससे बार-बार उसे पढ़ने का मौका मिले। इन्हीं सब बातों को सोचकर वह उदास हो जाता था।

इस प्रसंग से हमें यह शिक्षा मिलती है कि व्यक्ति के अंदर पढ़ने की ललक होनी चाहिए। नए-नए तथ्यों एवं विचारों को जानने की उत्सुकता होनी चाहिए। यदि किसी काम के प्रति व्यक्ति में दृढ़ इच्छा है, तो उसे पूरा करने में कोई भी विपरीत परिस्थिति बाधा नहीं बन सकती।

8. माँ अपनी संतान को दुःखी नहीं देख सकती, माँ का दिल तो आखिर माँ का दिल होता है। इस बात की पुष्टि के लिए 'मेरा छोटा-सा निजी पुस्तकालय' पाठ से उदाहरण दीजिए।

उत्तर 'मेरा छोटा-सा निजी पुस्तकालय' पाठ का लेखक इंटरमीडिएट पास करने के बाद आर्थिक तंगी के कारण अपनी पुरानी पाठ्यपुस्तकें बेचकर बी. ए. की पाठ्यपुस्तकें लेने एक सेकंड-हैंड बुकशॉप पर गया। अपनी पाठ्यपुस्तकें खरीदने के बाद भी उसके पास दो रुपये बच गए थे, जो उसने अपनी माँ को दे दिए।

उन्हीं दिनों वहाँ के सिनेमाघर में 'देवदास' फ़िल्म लगी थी, जिसका एक गाना 'दुःख के दिन अब बीतत नाहीं' लेखक को बहुत पसंद था। वह अकसर इस गाने को गुनगुनाता रहता था और कभी-कभी इस गाने को गुनगुनाते समय उसकी आँखों में आँसू भी आ जाते थे।

एक दिन माँ ने उसके द्वारा इस गाने को गुनगुनाते हुए सुना, तो वह बोलीं—"दुःख के दिन बीत जाएँगे बेटा, दिल इतना छोटा क्यों करता है? धीरज से काम ले!" जब उन्हें मालूम हुआ कि यह गाना तो 'देवदास' फ़िल्म का है, तो सिनेमा देखने की घोर विरोधी माँ ने कहा—"अपना मन क्यों मारता है, जाकर पिक्चर देख आ। पैसे मैं दे दूँगी।" उन्होंने किताबें बेचने से बचे दो रुपये से इस फ़िल्म को देखने की अनुमति दे दी।

वास्तव मे, आर्थिक तंगी के बावजूद बेटे के मन की इच्छा को पूरा करने के लिए माँ ने पैसे की चिंता नहीं की। उनके लिए लेखक का प्रसन्न रहना अधिक महत्त्वपूर्ण था। इसी तरह, लेखक जब छोटा था, तो पाठ्यपुस्तकों को पढ़ने से बहुत जी चुराता था, लेकिन पिता जी के समझाने के बाद उसने पाठ्यपुस्तकों को पढ़ने पर ध्यान देना शुरू किया। लेखक जब पाँचवीं कक्षा में प्रथम आया, तो माँ ने आँखों में आँसू भरकर उसे गले से लगा लिया।

9. धर्मवीर भारती ने अपने निजी पुस्तकालय में किन लेखकों की कृतियों का संकलन किया है?

उत्तर लेखक के पुस्तकालय में रेनर भाटिया रिल्के, चेखव, टालस्टॉय, आयोनेस्को के साथ पिकासो, हैब्बर, हुसैन हिंदी में कबीर, तुलसीदास, सूरदास, रसखान, मलिक मुहम्मद जायसी, प्रेमचंद, पंत, निराला, महादेवी वर्मा आदि सभी लेखकों की हजारों कृतियाँ मौजूद थीं।

10. 'जिस दिन कोई उपन्यास अधूरा छूट जाता, उस दिन मन में कसक होती।' पाठ 'मेरा छोटा-सा निजी पुस्तकालय' के आधार पर समझाइए।

उत्तर लेखक की रुचि बचपन से ही किताबें पढ़ने में थी। इसीलिए वह पुस्तकालय खुलते ही वहाँ पहुँच जाया करते थे तथा पुस्तकालय बंद होने पर ही वहाँ से जाते, लेकिन जब इस समयावधि में वह किताब पूरी नहीं पढ़ पाते तो सोचते यदि मेरे पास पैसे होते तो मैं भी इस पुस्तकालय का सदस्य बन जाता और यहाँ से किताबें लेकर घर जाता तो इन्हें पूरा पढ़ पाता। लेखक के मन में यही वो कसक थी, जिसे वह इन पंक्तियों में चरितार्थ करता है।

स्व-मूल्यांकन

निम्नलिखित प्रश्नों के उत्तर दीजिए

1. किन घटनाओं से पता चलता है कि धर्मवीर भारती की माँ शिक्षा को महत्त्वपूर्ण मानती थीं? इस दिशा में उन्होंने क्या प्रयास किया? आप उनकी माँ की इस भावना से स्वयं क्या प्रेरणा ग्रहण करते हैं? 'मेरा छोटा-सा निजी पुस्तकालय' पाठ के आधार पर लिखिए। **दक्षता आधारित प्रश्न**
2. जिस प्रकार लेखक को दयानंद सरस्वती की जीवनी बड़ी रोचक लगी थी, उसी प्रकार आपको कौन-सी पुस्तक पढ़ना रोचक लगा है और क्यों?
3. हमारे जीवन में पाठ्यक्रमेत्तर पुस्तकों का महत्त्व भी उतना ही है जितना पाठ्यक्रम में संकलित पुस्तकों का। 'मेरा छोटा-सा निजी पुस्तकालय' पाठ के आधार पर स्पष्ट कीजिए। **दक्षता आधारित प्रश्न**
4. क्या वास्तव में, पुस्तकें हमारे जीवन में एक नयी दुनिया के द्वार खोलती हैं? 'मेरा छोटा-सा निजी पुस्तकालय' पाठ के आधार पर स्पष्ट कीजिए।
5. "पुस्तकें लेखक को समृद्ध बनाती हैं।" इस कथन की समीक्षा करतेहुए बताइए कि लेखक को पुस्तकें एकत्रित करने की आदत कैसे लगी?
6. 'मेरा छोटा-सा निजी पुस्तकालय' पाठ के माध्यम से लेखक विद्यार्थियों को क्या शिक्षा देना चाहता है?
7. वर्तमान समय में छात्र-वर्ग पुस्तकों से दूर भागता है। छात्रों में पुस्तकों के प्रति लगाव पैदा करने के लिए यह पाठ किस तरह सहायक सिद्ध हो सकता है? **दक्षता आधारित प्रश्न**
8. पुस्तकें लेखक के खालीपन को भर देती हैं और उसे प्राण शक्ति प्रदान करती हैं, यह सिद्ध करते हुए धर्मवीर भारती के ऑपरेशन के बाद के जीवन पर प्रकाश डालिए। **दक्षता आधारित प्रश्न**

अध्याय

1

अनुच्छेद लेखन

अनुच्छेद लेखन का अर्थ अनुच्छेद लेखन को लघु निबंध भी कहा जा सकता है। इसमें सीमित शब्दों का प्रयोग सुगठित एवं समग्र दृष्टिकोण से किया जाता है। अनुच्छेद लेखन में शब्द संख्या सीमित होने के कारण अनुच्छेद लिखते समय थोड़ी सावधानी रखनी चाहिए।

निबंध और अनुच्छेद लेखन में मुख्य अंतर यह है कि जहाँ निबंध में प्रत्येक बिंदु को अलग-अलग अनुच्छेद में लिखा जाता है, वहीं अनुच्छेद लेखन में एक ही परिच्छेद (पैराग्राफ) में प्रस्तुत विषय को सीमित कर दिया जाता है। इसके अतिरिक्त, निबंध की तरह भूमिका, मध्य भाग एवं उपसंहार जैसा विभाजन अनुच्छेद में करने की आवश्यकता नहीं होती।

अनुच्छेद लेखन में ध्यान रखने योग्य बातें

- यदि परीक्षा में अनुच्छेद लेखन के लिए **संकेत बिंदु** दिए गए हैं, तो सबसे पहले उन बिंदुओं को समझ लेना चाहिए और उन्हीं बिंदुओं के आधार पर विषय को स्पष्ट करना चाहिए।
- अनुच्छेद लेखन के लिए दिए गए विषय को इस प्रकार लिखना चाहिए कि संपूर्ण विषय 10-15 वाक्यों अथवा 100 शब्दों में पूर्ण रूप से समाप्त हो जाए।
- अनुच्छेद में भाषा की शुद्धता के साथ शब्दों के चयन पर भी विशेष ध्यान देना चाहिए।
- जहाँ तक संभव हो, वाक्यों को **छोटा** तथा **सरल** रखना चाहिए।
- अनुच्छेद के अंत तक विषय का निष्कर्ष पूरी तरह स्पष्ट हो जाना चाहिए तथा विषय से संबंधित प्राप्त होने वाले संदेश आदि का भी उल्लेख किया जाना चाहिए।

अभ्यास प्रश्न

(दक्षता आधारित प्रश्नों सहित)

कृत्रिम बुद्धिमत्ता (ए.आई.) : एक वरदान या अभिशाप

दक्षता आधारित प्रश्न

संकेत बिंदु

- ए.आई. क्या है?
- शिक्षा के क्षेत्र में इसका प्रभाव
- नौकरी पर इसका प्रभाव
- ए.आई. के प्रति सकारात्मकता

"कृत्रिम बुद्धिमत्ता या आर्टिफिशियल इंटेलिजेंस"(ए. आई.) एक तकनीकी और वैज्ञानिक क्षेत्र है, जिसका उद्देश्य मशीनों को मानव बुद्धि की तरह कार्य करने की क्षमता प्रदान करना है। इसमें मशीनों को सीखने, समस्याओं का हल निकालने और निर्णय लेने की क्षमता प्रदान की जाती है।

इसमें विभिन्न तकनीकी उपायों का उपयोग होता है, जैसे कि मशीन लर्निंग, न्यूरल नेटवर्क्स और डेटा विश्लेषण आदि।

शिक्षा के क्षेत्र में आर्टिफिशियल इंटेलिजेंस या कृत्रिम बुद्धिमत्ता एक वरदान हो सकती है, जो पूरे समाज को तकनीकी और आर्थिक रूप से बेहतर बना सकती है। यह लोगों को सुरक्षित रखने, स्वास्थ्य देखभाल प्रदान करने और आर्थिक विकास को बढ़ावा देने के लिए उपयोगी हो सकता है। इससे स्वास्थ्य सेवाएँ बेहतर हो सकती हैं तथा विज्ञान और तकनीकी क्षेत्र में नई संभावनाएँ खुल सकती हैं। इसके विपरीत नैतिक, सामाजिक और राजनीतिक क्षेत्र में इसका दुरुपयोग हो सकता है, जो इस क्षेत्र के लिए अभिशाप बन सकता है। ए.आई. के कारण लोगों की नौकरियों को खतरा हो रहा है, जिससे बेरोजगारी और अराजकता बढ़ सकती है। यह नैतिक और सामाजिक समस्याओं को बढ़ा सकता है। इसका दुरुपयोग लोगों की गोपनीयता को खतरे में डाल सकता है। सामाजिक न्याय पर अनैतिक प्रभाव डाल सकता है और मानवता के साथ विचारशीलता का समर्थन करने की इसकी क्षमता पर सवाल उठा सकता है।

इसलिए हमें आर्टिफिशल इंटेलिजेंस का सही तरीके से प्रयोग करने के लिए नैतिकता और सामाजिक दृष्टिकोण से देखने, सुरक्षित और संवेदनशील तरीके से उपयोग करने की ज़रूरत है, ताकि इससे समाज में सकारात्मक परिणाम हों।

वर्तमान में बढ़ती बेरोजगारी–एक समस्या

संकेत बिंदु

- बेरोजगारी क्या है?
- कारण
- समस्या का समाधान

बेरोजगारी से तात्पर्य है—नौकरियों का अभाव। इसका दुष्प्रभाव झेल रहे बेरोजगारों को मुख्य रूप से तीन भागों में बाँटा जा सकता है। पहला, जिसके पास आजीविका का कोई साधन नहीं है।

दूसरे, वे जो कुछ समय से काम कर रहे हैं, लेकिन काम के समाप्त होने के बाद बेकार हो जाते हैं एवं तीसरे पक्ष में वे हैं, जिन्हें योग्यता के आधार पर नौकरियाँ नहीं मिलीं। ऐसे लोगों को बेरोजगार कहा जाता है। बेरोजगारी का मुख्य कारण जनसंख्या में वृद्धि है। जनसंख्या वृद्धि के कारण देश में रोजगार सृजन की सभी योजनाएँ बेकार हो गई हैं। दूसरा कारण है पढ़े-लिखे युवाओं की छोटी-मोटी नौकरी न करने की चाहत। बेरोजगारी का तीसरा प्रमुख कारण भ्रष्ट शिक्षा व्यवस्था है। हमारी शिक्षा व्यवस्था लगातार नए बेरोजगार पैदा कर रही है।

हमारी शिक्षा में व्यावसायिक प्रशिक्षण का अभाव है। सरकार को लघु उद्योगों को बढ़ावा देना चाहिए। मशीनीकरण का स्तर उस सीमा तक बढ़ाया जाना चाहिए, जिससे रोजगार के अवसर कम न हों। बेरोजगारी के परिणाम बहुत भयानक हैं। बेरोजगार युवा रोजगार पाने के लिए कुछ भी गलत करने को तैयार हो जाते हैं। बेरोजगारी को कम करने के लिए जनसंख्या वृद्धि दर पर नियंत्रण आवश्यक है। बेरोजगारी की समस्या का समाधान करने के लिए सरकार को सकारात्मक कदम उठाने चाहिए। छोटे और मध्यम उद्यमों को बढ़ावा देना चाहिए, ताकि और नौकरियाँ सृजित हो सकें। शिक्षा में सुधार करना भी ज़रूरी है। उच्च गुणवत्ता वाली शिक्षा और उद्योगों के साथ सहयोगपूर्ण प्रशिक्षण से लोगों को बेहतर रोजगार के अवसर मिल सकते हैं। इस प्रकार, सकारात्मक समाधान ही सभी समुदायों को बेरोजगारी की समस्या का सामना करने और सामंजस्यपूर्ण भविष्य की दिशा में कदम उठाने में मदद कर सकते हैं।

लोकतंत्र की वास्तविकता

दक्षता आधारित प्रश्न

संकेत बिंदु

- लोकतंत्र का अर्थ
- वर्तमान राजनीति में लोकतंत्र
- लोक का कल्याण कितना

अब्राहम लिंकन ने लोकतंत्र को परिभाषित करते हुए कहा था कि "जनता का, जनता के लिए और जनता द्वारा की जाने वाली शासन प्रणाली ही लोकतंत्र है।" इसका अर्थ यह हुआ कि लोकतंत्र में जनता ही सत्ताधारी होती है, उसी की अनुमति एवं इच्छा से शासन चलता है तथा उसकी प्रगति ही शासन का एकमात्र लक्ष्य होना चाहिए।

वर्तमान समय में विश्व के अनेक देशों में लोकतंत्र मौजूद है, लेकिन क्या लोकतंत्र अपने वास्तविक अर्थों में जनता के हितों को पूरा कर पाने में सक्षम है? लोकतांत्रिक प्रणाली के अंतर्गत निर्वाचित होने वाले सदस्य क्या जनता की सेवा के प्रति ईमानदार हैं? क्या वे लोक का कल्याण करने में वास्तविक रुचि लेते हैं?

वर्तमान समय की राजनीति एक व्यवसाय का रूप ले रही है, जिसमें धंधा करने एवं कमाने की प्रवृत्ति मौजूद है। राजनीति को माध्यम बनाकर विभिन्न राजनीतिक दलों के नेता अपने—अपने स्वार्थों की पूर्ति कर रहे हैं। एक बार निर्वाचित हो जाने के बाद अगले 5 वर्ष उनका सारा ध्यान अपनी तिजोरी भरने तथा अपने स्वार्थों को साधने में लगा रहता है। 'लोकतंत्र' से 'लोक' शब्द गायब हो गया है तथा केवल 'तंत्र' बचा हुआ है, जिसकी प्रवृत्ति शोषण एवं भ्रष्टाचार को बढ़ावा देने की है। इसमें लोक के कल्याण की भावना सिरे से ही गायब है।

मानवता के लिए एक खतरा– ग्लोबल वार्मिंग या भूमंडलीय तापन

दक्षता आधारित प्रश्न

संकेत बिंदु

- ग्लोबल वार्मिंग का अर्थ
- ग्लोबल वार्मिंग के कारण
- ग्लोबल वार्मिंग से बचने के उपाय

पिछले एक दशक में जिस समस्या ने मनुष्य का ध्यान खींचा है वह है-ग्लोबल वार्मिंग। ग्लोबल वार्मिंग, जिसे भूमंडलीय तापन के नाम से भी जाना जाता है, वह मानवता के लिए एक गंभीर खतरा पैदा कर रहा है।

ग्लोबल वार्मिंग का सीधा-सा अर्थ है—धरती के तापमान में निरंतर वृद्धि अर्थात् ग्लोबल वार्मिंग एक प्रकार का पर्यावरणीय बदलाव है, जिसमें पृथ्वी के वायुमंडल में गैसों की मात्रा में वृद्धि होती रहती है, जो अत्यधिक तापमान का कारण बनती है। हालाँकि यह समस्या विकसित देशों के कारण बढ़ी है, लेकिन इसका नुकसान पूरी पृथ्वी को भुगतना पड़ रहा है।

ग्लोबल वार्मिंग के प्रमुख कारणों में वन्यजीवों की संख्या में निरंतर हो रही कमी, प्राकृतिक संसाधनों का दुरुपयोग, उनके संरक्षण के प्रति उदासीनता, उद्योगों से निकलने वाली जहरीली गैसें, केमिकल युक्त दूषित जल, वनों की अँधाधुंध कटाई इत्यादि शामिल हैं। मनुष्य अपनी बढ़ती ज़रूरतों को पूरा करने के लिए प्रगति की अँधाधुंध दौड़ में भाग लेकर प्रकृति और पर्यावरण को बेहिसाब नुकसान पहुँचा रहा है।

ग्लोबल वार्मिंग के बढ़ते हुए खतरे के सामने हमें जल्दी से सुरक्षित और पर्यावरण के प्रति जिम्मेदारी भारी रूप में लेनी चाहिए। पेड़-पौधे लगाना और वन्यजीवों का संरक्षण करना होगा। नई ऊर्जा स्रोतों की खोज और प्रदूषण को कम करने के उपायों का अनुसरण करके हम समस्त मानवता को आगामी पीढ़ियों के लिए एक स्वस्थ और हरित पर्यावरण छोड़ सकते हैं।

'मेक इन इंडिया' अभियान

दक्षता आधारित प्रश्न

संकेत बिंदु

- अभियान का उद्देश्य
- अभियान की सफलता के कारक
- आर्थिक समृद्धि का मूलमंत्र

'मेक इन इंडिया' अर्थात् 'भारत में बनाओ' अभियान एक बहुआयामी अभियान है, जिसमें 'भारत को बनाओ' का भाव निहित है। 'मेक इन इंडिया' अभियान की सफलता से ही 'मेड इन इंडिया' का स्वर्णिम स्वप्न पूरा होगा।

'मेक इन इंडिया' का अभियान का उद्देश्य भारत को विनिर्माण के बड़े केंद्र के रूप में स्थापित कराना है। यह संकल्पना औद्योगिक उत्पादन को बढ़ाकर आर्थिक समृद्धि लाने की धारणा पर आधारित है। 'मेक इन इंडिया' का सीधा-अर्थशास्त्र है—उत्पादन बढ़ाओ, रोज़गार के अवसर पैदा करो, क्रयशक्ति बढ़ाओ और विकास प्रक्रिया में सबको लाभ दो।

'मेक इन इंडिया' अभियान से समूचे विश्व की लगभग 300 प्रमुख कंपनियों को जोड़ने की योजना है और इसके लिए मुख्य 25 क्षेत्रों की पहचान कर ली गई है, जिनमें भारत अग्रणी स्थान बना सकता है। 'मेक इन इंडिया' अभियान को वास्तविक धरातल पर सफल बनाने के लिए विदेशी उद्यमियों को अनुकूल वातावरण उपलब्ध कराना अनिवार्य है। 'मेक इन इंडिया' का संकल्प देश के विकास के नए रास्ते खोलने में सक्षम है। मार्ग में आने वाली बाधाओं को दूर कर निवेश की नई संभावनाओं से 'मेक इन इंडिया' अभियान वास्तव में शांति, सुरक्षा एवं आर्थिक समृद्धि का मूलमंत्र सिद्ध होगा।

कंप्यूटर युग

दक्षता आधारित प्रश्न

संकेत बिंदु

- भूमिका
- कंप्यूटर : एक युग क्रांति
- मनोरंजन जगत में कंप्यूटर
- कंप्यूटर का महत्त्व

"कंप्यूटर में है सारा संसार।
इसमें संचित ज्ञान-भंडार।।"

वर्तमान वैज्ञानिक युग ने हमें बहुत कुछ दिया है, जिसमें कंप्यूटर आज सर्वोपरि हो गया है। आज जहाँ देखो, वहीं कंप्यूटर का बोलबाला है। आज प्रत्येक कार्य के लिए कंप्यूटर की ही ज़रूरत पड़ती है। कंप्यूटर एक युग क्रांति का सूचक बन चुका है। आज प्राय: सभी कार्यालयों में इनके प्रयोग के बिना कोई काम नहीं होता है। रेलवे, हवाई जहाज़ आदि के टिकटों की आरक्षण व्यवस्था में भी कंप्यूटर की विशेष भूमिका हो गई है। कंप्यूटर पर नवीनतम जानकारियाँ उपलब्ध रहती हैं, जिनसे हम घर बैठे ही सभी सुविधाएँ प्राप्त कर सकते हैं। न सिर्फ़ यही, बल्कि लेखा-विभाग में तो कंप्यूटर की भूमिका अद्वितीय है। इतना ही नहीं बिजली, पानी, टेलीफ़ोन, गृहकर आदि के बिल भी कंप्यूटर पर तैयार किए जाते हैं और प्राप्तियों को कंप्यूटर पर ही रिकॉर्ड कर लिया जाता है। मनोरंजन जगत में भी कंप्यूटर का कम योगदान नहीं है। आज कंप्यूटर स्क्रीन पर तरह-तरह के खेल खेले जाते हैं। आजकल के बच्चे इन खेलों में अत्यधिक रुचि लेते हैं और अपना मनोरंजन करते हैं। निष्कर्षत: हम कह सकते हैं कि आज का समय कंप्यूटर का समय है और अपनी बहु-उपयोगिता के कारण यह हमारे जीवन का एक अनिवार्य अंग बन गया है।

मानव जीवन पर विज्ञापनों का प्रभाव

संकेत बिंदु

- विज्ञापन का युग
- विज्ञापन का प्रभाव
- विज्ञापन के लाभ व हानि

"विज्ञापन देता उत्पादों का ज्ञान।
प्रसिद्ध बनाना कार्य महान।।"

वर्तमान समय विज्ञापन युग के रूप में जाना जाता है। विज्ञापनों के ज़रिए ही उत्पादक अपने माल का प्रचार करके लाभ कमाते हैं। विज्ञापनों में इतना जादू होता है कि कम गुणवत्ता वाले उत्पाद भी बड़ी आसानी से बाज़ार में खूब बिकते नज़र आते हैं। हमारे जीवन में विज्ञापनों का इतना प्रभाव है कि ऐसा लगता है मानो वे ही यह तय करते हैं कि हम क्या पहनें, क्या खाएँ, कौन-सा साबुन या टूथपेस्ट इस्तेमाल करें इत्यादि। सुबह से लेकर रात तक सारे क्रियाकलाप विज्ञापनों द्वारा ही चालित होते हैं। विज्ञापनों से हमें लाभ तो हैं, लेकिन कुछ नुकसान भी। लाभ यह है कि इससे हमें नए उत्पादों के बारे में जानकारी मिलती है। आज विज्ञापन एक सशक्त माध्यम है, जो सही

चीज़ के चयन में हमारी मदद करता है, पर साथ ही यह भी सच है कि विज्ञापनों की लुभावनी भाषा के जादू से बचे रह पाना बहुत मुश्किल होता है। इसके लिए अपने विवेक का प्रयोग करना आवश्यक है। आज प्रत्येक वस्तु एक-दूसरे का विज्ञापन बनती जा रही है। टी. वी. खरीदो तो प्रेस मुफ्त। इसमें टी.वी. और प्रेस दोनों का विज्ञापन हो गया। खाद्य तेलों, मिर्च, मसाला तथा दैनिकोपयोगी वस्तुओं के विज्ञापनों की तो जैसे बाढ़-सी लगी है। विज्ञापनों की अंधी दौड़ में हमें अपने विवेक से काम लेना होगा।

साक्षरता अभियान

संकेत बिंदु

- साक्षरता का अर्थ
- साक्षरता : एक ज़रूरत
- साक्षरता का महत्त्व

"अक्षर ज्ञान पर सबका अधिकार।
पढ़े-लिखे पूरा संसार।।"

आज हमारे जीवन में पढ़ाई का क्या महत्त्व है, इससे हम अनजान या अपरिचित नहीं हैं। भारत को स्वतंत्र हुए लंबा समय बीत चुका है, पर अभी भी हम सभी को साक्षर नहीं बना पाए हैं। अभी तक केवल केरल ही एकमात्र ऐसा राज्य है, जहाँ शत-प्रतिशत साक्षरता है। 'प्रौढ़ शिक्षा' संबंधी कार्यक्रम अनेक वर्षों से चल रहा है, पर इसमें उतनी सफलता अभी तक नहीं मिल सकी है। यह हमारा दायित्व है कि हम स्वयं भी पढ़ें और निरक्षर लोगों को भी पढ़ाएँ।

आज एक मज़दूर भी यदि निरक्षर है, तो वह भी साक्षर होना चाहता है, ताकि अपने मेहनताने के बारे में सही जानकारी रख सके। भारत सरकार ने प्रत्येक राज्य में 'प्रौढ़ शिक्षा निदेशालय' बनवाने का प्रयास किया है। इसके लिए पर्याप्त धन भी व्यय किया गया है। इस कार्य में समाज सेवी संगठनों एवं छात्रों का सक्रिय सहयोग लिया जा रहा है। 'Each one, teach one' अर्थात् प्रत्येक व्यक्ति द्वारा एक निरक्षर को साक्षर बनाने संबंधी कार्यक्रम चलाया जा रहा है। इससे अशिक्षित महिलाओं को जागरूक करने की अधिक ज़रूरत है, क्योंकि यदि एक महिला साक्षर होगी, तो पूरा परिवार साक्षर बनेगा, जिससे समाज साक्षर बनेगा और यदि समाज साक्षर होगा, तो देश साक्षर बनेगा। साक्षरता अभियान को सफल बनाने के लिए हम सभी को प्रण लेना होगा।

प्रदूषण से निजात : कचरा प्रबंधन

दक्षता आधारित प्रश्न

संकेत बिंदु

- कचरे की वर्तमान स्थिति
- कचरे का दुष्प्रभाव
- कचरा प्रबंधन की आवश्यकता

केंद्रीय प्रदूषण नियंत्रण बोर्ड द्वारा कराए गए एक अध्ययन के अनुसार, भारत के शहरों से करीब 1.60 लाख मीट्रिक टन ठोस कचरा रोज़ निकलता है। कचरे से रिसकर ज़हरीला रसायन ज़मीन, हवा और पानी को दूषित कर रहा है। इससे इनके पास रहने वाली आबादी अनेक गंभीर बीमारियों; जैसे—मलेरिया, टीबी, दमा एवं चर्म रोगों से पीड़ित है। ठोस एवं तरल कचरा प्रबंधन की समस्या से हर छोटे—बड़े शहर एवं महानगर जूझ रहे हैं।

कचरे के कारण प्रदूषण बढ़ रहा है और यह जलवायु परिवर्तन के लिए भी खतरा बनता जा रहा है। कचरे का सही प्रबंधन करके इससे ₹27 हज़ार करोड़ की खाद पैदा की जा सकती है। इससे 45 लाख एकड़ बंजर ज़मीन को उपजाऊ खेतों में बदला जा सकता है तथा 50 लाख टन अतिरिक्त अनाज पैदा करने की क्षमता प्राप्त की जा सकती है। कचरे का उचित प्रबंधन करके खाद, बायोगैस एवं बिजली बनाई जा सकती है।

कचरा प्रबंधन के लिए वर्ष 2000 में ठोस कचरा नीति बनाई गई, लेकिन इसका प्रभावी ढंग से क्रियान्वयन नहीं किया जा सका है। आज इसे अत्यधिक कारगर ढंग से लागू किए जाने की आवश्यकता है।

जीवन में मधुर वाणी का महत्त्व / वाणी ऐसी बोलिए, मन का आपा खोय।

दक्षता आधारित प्रश्न

संकेत बिंदु

- सबको प्यारी मधुर वाणी
- मधुर वाणी औषधि समान
- मधुर वाणी एक वरदान
- वाणी का सब पर प्रभाव

मधुर वाणी के महत्त्व को व्यक्त करने वाला एक दोहा है

ऐसी वाणी बोलिए, मन का आपा खोय।
औरन को शीतल करें, आपहुं शीतल होय।।

अर्थात् मनुष्य को ऐसी वाणी बोलनी चाहिए कि सुनने वाले का क्रोध कम हो और उसे मन में शीतलता का अनुभव हो। ऐसा करने से न केवल सुनने वाले का दिमाग शीतल होगा, बल्कि बोलने वाले का दिमाग भी शीतल होगा और मानसिक शांति मिलेगी।

समाज में मधुर वाणी बोलने वालों को सभी पसंद करते हैं, जबकि कड़वा बोलने वालों से हर कोई बचना चाहता है। मधुर वाणी एक औषधि के समान कार्य करती है, जो सुनने वाले के शरीर और मन को शीतलता प्रदान करती है। जिससे लोगों को सुख की अनुभूति होती है, जबकि कटु वचन या कड़वी वाणी एक तीखे तीर के समान हमारे शरीर को आघात पहुँचाती है।

कड़वी वाणी जहाँ लोगों को दु:ख पहुँचाती है, वहीं मीठी वाणी मन के वर्षों के घावों को भर देती है। मधुर वाणी एक वरदान के समान है, जो शत्रु को भी आपका मित्र बना देती है। इसके अतिरिक्त जो लोग मीठा बोलते हैं वे स्वयं को संतुष्ट और प्रसन्न महसूस करते हैं। इससे व्यक्ति का व्यक्तित्व प्रभावशाली और आकर्षक बनता है। इससे व्यक्ति के बिगड़े काम भी बन जाते हैं।

समय कोई भी हो मनुष्य जीवन में मधुर वाणी का अपना विशेष महत्त्व है। इस भागदौड़ भरी जिंदगी में जब व्यक्ति काम के बोझ, दिखावे और भौतिक सुखों की होड़ में तनावग्रस्त होता जा रहा है, ऐसे में तो मधुर वाणी का महत्त्व और भी अधिक बढ़ जाता है। अत: हमें सदैव मधुर वाणी का ही प्रयोग करना चाहिए।

विद्यालयों में अनुशासन की कमी

संकेत बिंदु

- अनुशासन का अर्थ
- जीवन में अनुशासन का महत्त्व
- शिक्षक व विद्यालय का दायित्व

"अनुशासन है जीवन-आधार
इसके बिना जीवन बेकार।"

अनुशासन का अर्थ होता है—नियम, सिद्धांत तथा आदेशों का पालन करना। अनुशासन का महत्त्व जीवन की सभी अवस्थाओं में होता है, जिसमें विद्यार्थी जीवन बहुत ही महत्त्वपूर्ण है। इस समय सोची गई बातें आगे भविष्य में बहुत काम आती हैं। आज के विद्यार्थी पहले के भारतीय शिष्यों के बिल्कुल विपरीत हैं। वे पर्याप्त आज्ञाकारी व अनुशासन प्रिय नहीं हैं। वे खुलकर जीना और स्वच्छंद घूमना चाहते हैं। वे अपने जीवन में किसी भी तरह की रोक-टोक बर्दाश्त नहीं कर पाते हैं। वे हर नियम को तोड़ने में विश्वास करते हैं। विद्यार्थियों में यह अनुशासनहीनता दिन-प्रतिदिन बढ़ती ही जा रही है। इसे हम प्रेम और सहानुभूति से नियंत्रण में ला सकते हैं। अध्यापक, छात्रों के प्रति सहानुभूति का व्यवहार करें तथा छात्र अध्यापकों के प्रति आदर की दृष्टि रखें। दोनों पक्षों के सहयोग से अनुशासन बनाए रखने में मदद मिल सकती है। छात्र-छात्राएँ स्वभाव से अनुकरणीय प्रवृत्ति के होते हैं। वे केवल अपने साथियों का ही नहीं, बल्कि शिक्षकों का भी अनुकरण करते हैं, इसलिए शिक्षकों का भी यह दायित्व बन जाता है कि वे उन्हें अच्छी बातें ही सिखाएँ। विद्यालयों में ऐसे वातावरण का निर्माण किया जाए, जिससे विद्यार्थी दैनिक जीवन में स्वयं ही अनुशासनबद्ध होने लगें।

इंटरनेट का जीवन में उपयोग

दक्षता आधारित प्रश्न

संकेत बिंदु

- इंटरनेट क्या है?
- लाभ-समय की बचत, शिक्षा में सहायक
- उपयोग के सुझाव

वर्तमान युग विज्ञान का युग है। मानव ने आकाश-पाताल लगभग सभी जगह विज्ञान द्वारा विजय प्राप्त कर ली है। इसी विज्ञान की एक महत्त्वपूर्ण उपलब्धि है—'इंटरनेट'। इंटरनेट ने संपूर्ण विश्व को एक सूत्र में बाँधने का काम किया है। आज मानव घर बैठे ही पूरे विश्व के घटनाक्रम की जानकारी देने के अलावा टिकट बुक कराना, घरेलू सामान मँगवाना, बैंक से लेन-देन, बिल-भुगतान करना आदि कार्य बहुत ही सरलता से कर सकता है। इससे व्यक्ति अपने समय की बचत कर लेता है। इंटरनेट आज की शिक्षा-व्यवस्था का मुख्य अंग बन चुका है; जैसे—परीक्षा संबंधित कार्य, विद्यार्थियों का लेखा-जोखा, प्रमाण-पत्र तथा परियोजना संबंधी कार्य या कोई भी आवेदन करना हो, सभी कामों के लिए इंटरनेट उपयोगी है। इंटरनेट का प्रयोग करते समय सावधानी बरतने की आवश्यकता होती है, जिससे आपका निजी डाटा सुरक्षित रह सकता है व उसका दुरुपयोग होने से भी बचाया जा सकता है। जल्दबाज़ी करने से हमारी सूचना व धन किसी दूसरे के पास पहुँच सकते हैं। अत: हमें इंटरनेट का प्रयोग करते समय अत्यंत सावधानी बरतने की आवश्यकता है।

समाचार-पत्र का महत्त्व

संकेत बिंदु

- भूमिका
- समाचार-पत्रों की भूमिका
- समाचार-पत्र का महत्त्व

हमारा समाज परिवर्तनशील समाज है। समय के साथ-साथ समाज में भी परिवर्तन होता रहता है। विभिन्न परिवर्तनों की सूचना देना और हमारी ख़बर लेने का सबसे सरल और सस्ता माध्यम समाचार-पत्र है। आज प्रत्येक पढ़ा-लिखा व्यक्ति समाचार-पत्र पढ़ता है। उसे सुबह उठते ही समाचार-पत्र पढ़ने की आदत होती है। विश्व भर में फैले संवाददाता एवं संवाद एजेंसियाँ समाचार एकत्र करके समाचार-पत्रों के कार्यालयों में भिजवाती हैं। फिर संपादक इनका संपादन करके प्रकाशन योग्य बनाते हैं। समाचार-पत्र को प्रजातंत्र का चौथा स्तंभ माना जाता है। समाचार-पत्र लोगों को जागरूक बनाने और उनके अधिकारों की रक्षा के लिए आवाज़ उठाने का सशक्त माध्यम हैं। सरकारी घपलों (घोटालों) का पर्दाफ़ाश करने और सरकार के क्रियाकलापों का कच्चा चिट्ठा खोलने में भी उनकी भूमिका महत्त्वपूर्ण रहती है। हमें घर बैठे ही समाचार-पत्रों से विश्व भर की जानकारी मिल जाती है। इन जानकारियों के अतिरिक्त और बहुत कुछ समाचार-पत्रों में होता है; जैसे—ज्ञानवर्द्धक लेख, संपादकीय लेख, अन्य विद्वानों द्वारा लिखे गए लेख आदि।

समसामयिक विषयों पर अनेक प्रासंगिक चर्चाएँ भी इनमें मौजूद रहती हैं। इसके अलावा इसमें मनोरंजन सामग्री भी प्रकाशित होती है, जिसमें कहानियाँ, चुटकुले, कविताएँ आदि शामिल हैं।

करत-करत अभ्यास ते, जड़मति होत सुजान

संकेत बिंदु

- उन्नति का मूलमंत्र : अभ्यास
- सर्वत्र अभ्यास की आवश्यकता
- महान लोगों ते जीवन का आधार
- निरंतर अभ्यास : जीवन की साधना

"करत-करत अभ्यास ते, जड़मति होत सुजान।
रसरी आवत जात ते, सिल पर परत निसान।।"

किसी काम को बार-बार करना ही अभ्यास कहलाता है। यह मानव की उन्नति का मूलमंत्र है। सफलता के लिए किया गया परिश्रम अभ्यास द्वारा ही फलित होता है। एक बार किया गया श्रम उतना लाभकारी नहीं होता, जितना बार-बार का श्रम और अभ्यास हो सकता है। कार्य कोई भी हो बिना अभ्यास के लक्ष्य तक पहुँचना सरल नहीं होता। निर्माण कार्य हो या कोई कला-कौशल सीखना, विद्याध्ययन करना हो या किसी लक्ष्य तक पहुँचना, अभ्यास की सर्वत्र आवश्यकता पड़ती है। किसी भी कौशल या विद्या में परिपक्वता अभ्यास से ही आती है। निरंतर अभ्यास के बल पर ही एकलव्य जैसा प्रखर धनुर्धर, कालिदास, वाल्मीकि और तुलसीदास जैसे कवि, पाणिनी जैसे संस्कृत के समर्थ

वैयाकरण, अमिताभ बच्चन जैसे कलाकार, कपिलदेव व सचिन तेंदुलकर जैसे महान् क्रिकेटर आदि ने अपने-अपने क्षेत्रों में उच्चतम सफलता प्राप्त की है। निरंतर अभ्यास जीवन साधना का ही एक रूप है, जिसका सुख साधक को स्वत: मिलता है। बिना अभ्यास के श्रेष्ठ-से-श्रेष्ठ हथियार भी निष्क्रिय हो जाते हैं और उनका उपयोग करके महत्त्वपूर्ण लड़ाइयाँ जीतनी कठिन ही नहीं, बल्कि असंभव हो जाती हैं। अभ्यास, असंभव से दिखने वाले कार्य को भी संभव बना देता है।

मेरे सपनों का भारत

संकेत बिंदु

- भारत के बारे में मेरे विचार
- सांप्रदायिकता आदि से मुक्त उन्नत भारत की चाह
- सुखी समृद्ध भारत

भारत देश मुझे अपने प्राणों से भी अधिक प्रिय है। मुझे अपने भारतीय होने पर गर्व का अनुभव होता है। मेरा देश संसार के सभी देशों से निराला है और संसार के सब देशों से प्यारा है। मैं भारत को विश्व के शक्तिशाली देश के रूप में देखना चाहता हूँ। मैं ऐसे भारत का सपना देखता हूँ, जो भ्रष्टाचार मुक्त, शोषण मुक्त, हिंसा से मुक्त हो। मेरे सपनों का भारत 'सुशिक्षित भारत' है। उसमें अनपढ़ता, निरक्षरता और बेरोज़गारी का कोई स्थान नहीं है। मैं चाहता हूँ कि हमारे देश के नियोजक ऐसी शिक्षा लागू करें जिसके बाद व्यवसाय या नौकरियाँ सुरक्षित हों। कोई भी व्यक्ति अशिक्षित न हो और कोई भी शिक्षित बेरोज़गार न हो। मैं चाहता हूँ कि भारत सांप्रदायिक दंगों-झगड़ों से दूर रहे। सब में आपसी भाईचारा और प्रेम का संबंध हो। राष्ट्रीय एकता का संचार हो। भारत का जो सम्मान प्राचीन काल में था, वही सम्मान मैं पुन: उसे प्रदान कराना चाहता हूँ। मैं फिर से रामराज्य की कल्पना करता हूँ, जिसमें सभी लोगों को जीने के समान अवसर प्राप्त हो सकें। भारत एक बार फिर 'सोने की चिड़िया' बन जाए। मेरे सपनों का भारत वह होगा, जो राजनीतिक आध्यात्मिक, सांस्कृतिक, आर्थिक और वैज्ञानिक आदि विभिन्न दृष्टियों से उन्नति के पथ पर अग्रसर होगा। भावी भारत के सपनों की पूर्णता के लिए आवश्यक है कि हमारे देश का प्रत्येक नागरिक देश की प्रत्येक कुरीति को समूल नष्ट करने का दृढ़ संकल्प ले।

दिनों-दिन बढ़ती महँगाई/महँगाई के बढ़ते चरण

संकेत बिंदु

- महँगाई क्या है?
- महँगाई के कारण
- निवारण के उपाय

वस्तुओं की कीमतों का आवश्यकता से अधिक बढ़ जाना अर्थात् मूल्यवृद्धि ही महँगाई कहलाती है। महँगाई बढ़ने का सबसे बड़ा कारण है-जनसंख्या में तेज़ी से होने वाली वृद्धि। भ्रष्टाचार, काला बाज़ारी और तस्करी भी इसके उल्लेखनीय कारण हैं। कई बार दुकानदार अधिक मुनाफा कमाने के लिए बाज़ार में अपनी वस्तुओं की पूर्ति जानबूझकर कम कर देते हैं। कई बार सरकारों द्वारा घाटे का बजट प्रस्तुत किया जाता है। यह योजनाओं को चलाने के लिए किया जाता है। भारत एक गरीब देश है। यहाँ की अधिकांश जनता के पास आय के साधन सीमित हैं, जिसके कारण साधारण और कमज़ोर वर्ग के व्यक्ति अपनी आवश्यकताओं की पूर्ति नहीं कर पाते।

महँगाई दूर करने के लिए किसानों को कम कीमत पर खाद, बीज, कृषि के उपकरण दिलाने होंगे। जनसंख्या वृद्धि को रोकना होगा। सरकार को इस बात का ध्यान रखना होगा कि शक्ति और साधन कुछ विशेष लोगों के हाथों तक ही सीमित न रह जाए। घरों में सामान को बिना किसी कारण एकत्र करने की प्रवृत्ति को कम करना होगा। वस्तुओं का तार्किक ढंग से सदुपयोग करना होगा।

आतंकवाद : समस्या और समाधान

संकेत बिंदु

- आतंकवाद का अर्थ
- आतंकवाद के कारण
- आतंकवाद से मुक्ति
- आतंकवाद के प्रति समाज एवं सरकार का कर्तव्य।

आतंकवाद एक विचारधारा है, जो अपने विभिन्न राजनीतिक, आर्थिक और मनोवैज्ञानिक उद्देश्यों की पूर्ति के लिए हिंसा फैलाकर किसी भी देश की न्याय द्वारा स्थापित सत्ता को अवैध और हिंसक तरीकों से चुनौती देती है। यह परस्पर विरोधी विचारधाराओं, अपनी पहचान, उग्र दक्षिणपंथी तथा अंध राष्ट्रवादियों और स्वतंत्रता के संकट के साथ-साथ आर्थिक असमानता के कारण उत्पन्न हुआ है। अमेरिकी सेना द्वारा कुख्यात ओसामा बिन लादेन को पाकिस्तान में जाकर मार गिराने से भी इनके हौसले पस्त नहीं हुए हैं। आतंकवाद की घटनाओं को देखकर लगता है कि बिना आतंकवाद का समाधान किए विश्व शांति संभव नहीं। सभी देशों को यह सोचना होगा कि आतंकवाद का समाधान बंदूक की गोली से नहीं निकल सकता। किसी भी देश को ऐसा करते पाए जाने पर उसका सार्वजनिक बहिष्कार कर उसे आतंकवादी राष्ट्र घोषित किया जाए। समाज में न्याय के शासन की अवधारणा को व्यापक स्वीकृति दी जाए। ऐसी परिस्थितियाँ पैदा ही न होने दी जाएँ, जिनसे कोई व्यक्ति आतंकवाद की ओर मुड़े। यदि कोई आतंकवादी आत्मसमर्पण करता है, तो उसे समाज में एक सामान्य नागरिक की तरह जीवन जीने की सुविधाएँ दी जाएँ।

आत्मविश्वास या/अथवा घमंड

संकेत बिंदु

- अर्थ
- कारण और परिणाम
- किसे अपनाना चाहेंगे और क्यों?

आत्मविश्वास का अर्थ है—मनुष्य को अपनी योग्यता व क्षमता पर पूर्ण विश्वास होना तथा घमंड का अर्थ है—मनुष्य की ज्ञानात्मक क्षमता हो या न हो, दोनों ही स्थितियों में अभिमान करना। आत्मविश्वास मनुष्य का सकारात्मक पक्ष है जबकि घमंड नकारात्मक पक्ष। मनुष्य में आत्मविश्वास की परिणति तब होती है, जब वह धैर्यशील, संयमी व परिश्रमी होता है।

कठिन-से-कठिन परिस्थिति, कष्टों, बाधाओं को रौंदता हुआ जो मनुष्य निर्भीकतापूर्वक आगे बढ़ता है, उसमें उतना ही आत्मविश्वास निरंतर बढ़ता है। इसके विपरीत घमंड का आविर्भाव तब होता है, जब व्यक्ति बिना किसी मेहनत के अपने लक्ष्य की प्राप्ति कर लेता है या अपने मेहनतकश कार्य के पश्चात् अपना बीता हुआ कल भूल जाता है। आत्मविश्वास से भरा मनुष्य सदैव जीवन में सफलता पाता है और घमंडी मनुष्य क्षणिक सफलता का ही सुख पाता है और दूसरों के लिए व्यंग्य, घृणा व उपहास का पात्र बनता है। अत: हमें आत्मविश्वास को अपनाना चाहिए, जिससे हम अपना जीवन सफल बना सकते हैं, क्योंकि आत्मविश्वास से भरा व्यक्ति ही नए-नए कार्य करने की हिम्मत कर सकता है। वह विश्वासपूर्वक अपना तथा समाज का भला कर सकता है।

ई-कचरा

दक्षता आधारित प्रश्न

संकेत बिंदु
- ई-कचरे से तात्पर्य
- चिंता का कारण
- निपटान के उपाय

इलेक्ट्रॉनिक वेस्ट अर्थात् ई-कचरा आधुनिक समय की एक गंभीर समस्या है। वर्तमान समय में विज्ञान और प्रौद्योगिकी के क्षेत्र में काफ़ी काम हो रहा है। इसी का नतीज़ा है कि आज कंप्यूटर, लैपटॉप, मोबाइल फ़ोन, टीवी, रेडियो, प्रिंटर, आई-पोड्स आदि के रूप में ई-कचरा बढ़ता जा रहा है। एक अनुमान के अनुसार, एक वर्ष में पूरे विश्व में लगभग 50 मिलियन टन ई-कचरा उत्पन्न होता है। यह अत्यंत चिंता का विषय है कि ई-कचरे का निपटान उस दर से नहीं हो पा रहा है, जितनी तेज़ी से यह पैदा हो रहा है। इससे पर्यावरण के लिए गंभीर समस्या उत्पन्न हो गई है। इलेक्ट्रॉनिक यंत्रों में आर्सेनिक, कोबाल्ट, मरकरी, बेरियम, लिथियम, कॉपर, क्रोम, लेड आदि हानिकारक अवयव होते हैं। इन्हें खुले में जलाना या मिट्टी में दबाना अत्यंत खतरनाक हो सकता है। इससे कैंसर जैसी गंभीर बीमारियों का खतरा कई गुना बढ़ गया है। ई-कचरे के उचित निपटान और पुन:चक्रण के लिए विकसित देशों को आगे आना होगा और विकासशील देशों के साथ अपनी तकनीकों को साझा करना होगा। इस समस्या से निपटने के लिए पूरी दुनिया को एक होना होगा।

विज्ञान : वरदान या अभिशाप/विज्ञान हमारे जीवन का आधार

संकेत बिंदु
- विज्ञान का जीवन में स्थान
- विज्ञान के लाभ व हानि
- सही दिशा में उपयोग

हमारे जीवन में विज्ञान का महत्त्वपूर्ण स्थान है। आज विज्ञान ने जीवन को सरल व सुगम बनाने में पर्याप्त योगदान दिया है। विज्ञान के क्षेत्र में अत्यधिक प्रगति के कारण मनुष्य को लगने लगा है कि उसने प्रकृति पर विजय प्राप्त कर ली है। मनुष्य ने धरती तो क्या, आसमान पर भी अपनी कामयाबी के झंडे गाड़ दिए हैं। विज्ञान की सहायता से बस, गाड़ी, वायुयान आदि ने एक स्थान से दूसरे स्थान की दूरी को कम कर दिया है। टेलीफ़ोन, इंटरनेट द्वारा हम पूरे विश्व से जुड़ गए हैं। टी. वी., रेडियो, वीडियो द्वारा मनोरंजन करते हैं। हम अपने दैनिक जीवन में वैज्ञानिक संसाधनों का प्रयोग कर समय की बचत कर रहे हैं।

विज्ञान मानवता के लिए वरदान है, लेकिन इसका दुरुपयोग की सहायता इसे अभिशाप बना देता है। नए-नए वैज्ञानिक हथियारों द्वारा मनुष्य मानवता को कुचलने पर आमादा (तैयार) हो गया है। यदि हम विज्ञान से मानव कल्याण के कार्य करते हैं, तो वह वरदान प्रतीत होता है और यदि उसी से विनाश करना शुरू कर देंगे, तो वह अभिशाप बन जाएगा। अत: हम विज्ञान का सही दिशा में उपयोग करके अपने जीवन को सफल और सहज बना सकते हैं। इसका दुरुपयोग हमें अवनति की ओर ले जाएगा।

भारत में बाल मज़दूरी की समस्या

संकेत बिंदु
- बाल मज़दूरी का अर्थ
- बाल मज़दूरी के कारण
- बाल मज़दूरी को दूर करने के उपाय

बाल मज़दूरी से तात्पर्य ऐसी मज़दूरी से है, जिसके अंतर्गत 14 वर्ष से कम आयु के बच्चे किसी संस्थान में कार्य करते हैं। जिस आयु में उन बच्चों को शिक्षा मिलनी चाहिए, उस आयु में वे किसी दुकान, रेस्टोरेंट, पटाखे की फैक्ट्री, हीरे तराशने की फैक्ट्री, शीशे का सामान बनाने वाली फैक्ट्री आदि में काम करते हैं।

भारत जैसे विकासशील देश में बाल मज़दूरी के अनेक कारण हैं। अशिक्षित व्यक्ति शिक्षा का महत्त्व न समझ पाने के कारण अपने बच्चों को स्कूल भेजने की बजाय मज़दूरी करने के लिए भेज देते हैं। जनसंख्या वृद्धि बाल मज़दूरी का दूसरा सबसे बड़ा कारण है। निर्धन परिवारों के

सदस्य पेट भरने के लिए अपने छोटे-छोटे बच्चों को काम पर लगा देते हैं। आज भारत में बाल मज़दूरी को गंभीरता से नहीं लिए जाने के कारण इसे प्रोत्साहन मिल रहा है।

बाल मज़दूरी की समस्या का समाधान करने के लिए सरकार कड़े कानून बना सकती है। समाज के निर्धन वर्ग को शिक्षा प्रदान करके, बाल मज़दूरी को प्रतिबंधित करके व जनसंख्या वृद्धि पर नियंत्रण पाकर बाल मज़दूरी पर नियंत्रण किया जा सकता है। ऐसी संस्थाओं को प्रोत्साहन दिया जाना चाहिए, जो बाल मज़दूरी का विरोध करती है और बाल मज़दूरी करने वाले बच्चों के लिए शिक्षा से जुड़े कार्यक्रम चलाती है।

साहित्य का महत्त्व

संकेत बिंदु

- साहित्य का सामर्थ्य
- देश की वास्तविक स्थिति का सजीव चित्रण
- साहित्यकारों द्वारा संस्कृति व सभ्यता को बचाने में योगदान

साहित्य सोते हुए मनुष्य को जागृत करने का सामर्थ्य रखता है तथा कमज़ोर एवं शोषितों को उत्साहित करने का कार्य करता है। यह साहित्य ही है, जिसने कई बार हारी हुई लड़ाइयों को भी जीतने में मदद की है। कहा भी गया है कि 'साहित्य समाज का दर्पण' होता है।

साहित्य देश की वास्तविक स्थिति का सजीव चित्रण करता है, जिससे प्रभावित होकर समाज के जागरूक लोग सामाजिक बुराइयों को पहचानकर, उनका कारण समझकर तथा उन्हें मिटाने के तरीके ढूँढकर उन्हें समाप्त कर देते हैं। जिस समय भारतीय संस्कृति और सभ्यता को दुष्प्रभावित करने का षड्यंत्र किया जा रहा था, उस समय कबीरदास, तुलसीदास, भूषण, प्रेमचंद, रामधारी सिंह 'दिनकर' आदि साहित्यकारों ने जनता को अपनी रचनाओं के माध्यम से शिक्षित एवं संवेदनशील बनाने का कार्य किया। राष्ट्रीयता एवं मानवीय मूल्यों की रक्षा करने में अनेक साहित्यकारों का महत्त्वपूर्ण योगदान रहा है। साहित्यकारों ने अपने राष्ट्रीय एवं नैतिक दायित्व को पहचाना तथा उसी के अनुसार कार्य किया। इस प्रकार कह सकते हैं कि अच्छे साहित्य की रचना करना साहित्यकार का सामाजिक उत्तरदायित्व होता है। समाज के हित की दृष्टि से लिखा गया साहित्य ही श्रेष्ठ साहित्य कहा जा सकता है।

स्वच्छ भारत : स्वच्छता की ओर बढ़ते कदम

संकेत बिंदु

- स्वच्छ भारत अभियान का आरंभ एवं लक्ष्य
- वर्तमान समय में स्वच्छता को लेकर भारत की स्थिति
- उपसंहार

'स्वच्छ भारत अभियान' एक राष्ट्र-स्तरीय अभियान है। गाँधी जी की 145वीं जयंती के अवसर पर माननीय प्रधानमंत्री श्री नरेंद्र मोदी ने इस अभियान के आरंभ की घोषणा की। तय कार्यक्रम के अनुसार, प्रधानमंत्री जी ने 2 अक्टूबर के दिन सर्वप्रथम गाँधी जी को राजघाट पर श्रद्धांजलि अर्पित की और नई दिल्ली में स्थित वाल्मीकि बस्ती में जाकर झाड़ू लगाई। इसके बाद, मोदी जी ने जनपथ जाकर इस अभियान की शुरुआत की। उन्होंने सभी राष्ट्रवासियों से स्वच्छ भारत अभियान में भाग लेने और इसे सफल बनाने की अपील की।

स्वच्छ भारत अभियान को पूरा करने के लिए पाँच वर्ष (2 अक्टूबर, 2019) तक की अवधि निश्चित की गई है।

जब-जब भारत की अर्थव्यवस्था, तरक्की, ताकत और प्रतिभा की बात होती है, तब-तब इस बात की भी चर्चा होती है कि भारत में स्वच्छता की कमी है। कोरोना महामारी के समय हमारे पड़ोसी देश चीन के कई ब्लॉगों पर गंगा में तैरती लाशों और भारतीय सड़कों पर पड़े कूड़े के ढेर वाली तस्वीरें छाई रहीं।

स्वच्छता समान रूप से हम सभी की नैतिक ज़िम्मेदारी है। वर्तमान समय में यह हमारी सबसे बड़ी आवश्यकता भी है। हमें अपने दैनिक जीवन में तो सफ़ाई को एक मुहिम की तरह शामिल करने के साथ-साथ इसे एक बड़े स्तर पर भी देखने की ज़रूरत है, ताकि हमारा पर्यावरण भी स्वच्छ रहे।

स्व-मूल्यांकन

निम्नलिखित संकेत बिंदुओं के आधार पर किसी एक विषय पर लगभग 120 शब्दों में एक अनुच्छेद लिखिए

1. विद्यार्थी जीवन और समय नियोजन

संकेत बिंदु
- समय की पहचान
- समय प्रबंधन
- आलस्य का त्याग

2. स्वावलंबन/आत्मनिर्भरता

संकेत बिंदु
- स्वावलंबन का अर्थ
- आत्मविश्वास की भावना का विकास
- स्वावलंबन के कुछ उदाहरण

3. शिक्षा में माता-पिता का योगदान

संकेत बिंदु
- शिक्षा का अर्थ
- शिक्षा का महत्त्व
- माता-पिता का उत्तरदायित्व

4. भारतीय नारी का राष्ट्र निर्माण में योगदान

संकेत बिंदु
- पौराणिक युग में नारी का स्थान
- आधुनिक युग में नारी का स्थान
- 21वीं सदी में नारी का स्वरूप और योगदान

5. व्यायाम : सुख का आधार

संकेत बिंदु
- व्यायाम का अर्थ
- व्यायाम के प्रकार
- स्वास्थ्य पर प्रभाव
- मानसिक उत्साह

6. उठती इमारतें, घटती भावनाएँ

संकेत बिंदु
- शहरी निर्माण
- एकाकीपन
- विडंबना

7. मेरा प्रिय खेल

संकेत बिंदु
- जीवन में खेलकूद का महत्त्व
- प्रिय खेल होने का कारण
- खेल के नियम

8. हमारे बुज़ुर्ग : हमारी धरोहर

संकेत बिंदु
- बुज़ुर्गों से आशय
- बुज़ुर्गों की वर्तमान स्थिति
- पीढ़ी-अंतराल
- बुज़ुर्गों के प्रति दायित्व

9. प्राकृतिक आपदा

संकेत बिंदु
- प्राकृतिक आपदा से तात्पर्य
- इसका कारण एवं हानि
- बचाव के उपाय

10. संतुलित आहार

संकेत बिंदु
- संतुलित आहार से तात्पर्य
- इसकी आवश्यकता
- इससे लाभ

11. वर्षा में भीगने का आनंद

संकेत बिंदु
- कब और कहाँ की घटना
- भीगने का अनूठा अनुभव
- मन पर पड़ने वाला प्रभाव

12. कर्त्तव्यपरायणता

संकेत बिंदु
- सफलता का साधन
- प्रगति का मूलमंत्र
- जीवन का उद्देश्य
- विभिन्न उदाहरण

13. भारतीय किसानों की पीड़ा

संकेत बिंदु
- अन्नदाता : सुविधाओं का अभाव
- गरीबी व संघर्ष
- सरकार का दायित्व
- समाज का दायित्व

14. अपने लिए जिए तो क्या जिए

संकेत बिंदु
- स्वार्थी होता मनुष्य
- प्रकृति से सीख
- उदारता का महत्त्व
- दूसरों के लिए जीना ही मनुष्यता

पत्र लेखन

अध्याय 2

पत्र का अर्थ पत्र लेखन दैनिक जीवन से जुड़ा एक आवश्यक कौशल है, जिसका उपयोग अपने विचारों एवं भावों की अभिव्यक्ति के लिए किया जाता है। अपने सगे-संबंधियों, पदाधिकारियों, मित्रों, संपादकों को अपने विचारों से लिखित रूप में अवगत कराना पत्र लेखन कहलाता है। पत्र लेखन हमारे जीवन का महत्त्वपूर्ण अंग है, जो लोगों को समाज से जोड़कर रखता है।

पत्र के प्रकार

पत्र के सामान्यत: दो प्रकार होते हैं

1. औपचारिक पत्र (Formal Letters)
2. अनौपचारिक पत्र (Informal Letters)

नोट पाठ्यक्रम के अनुसार यहाँ केवल **अनौपचारिक पत्र** को ही शामिल किया गया है।

पत्र के अंग

पत्र को जिस क्रम या उपभागों में लिखा जाता है, वे पत्र के अंग कहलाते हैं। सामान्यत: किसी भी पत्र में निम्नलिखित अंग होते हैं

शीर्षक या प्रारंभ

पत्र में सर्वप्रथम शीर्षक के रूप में पत्र लिखने वाले का नाम व पता लिखा जाता है। तत्पश्चात् पत्र लिखने की तिथि का उल्लेख किया जाता है। परीक्षा में पूछे गए औपचारिक एवं अनौपचारिक पत्र में नाम का उल्लेख न होने पर 'क. ख. ग.' व पते का उल्लेख न होने पर 'परीक्षा भवन' लिखा जाता है। यह सब पत्र के बाईं ओर सबसे ऊपर लिखा जाता है। औपचारिक पत्रों के अंतर्गत विषय का उल्लेख सीमित शब्दों में स्पष्ट रूप से किया जाता है। अनौपचारिक पत्रों में इसका उल्लेख नहीं होता।

संबोधन का उल्लेख

पत्र में संबोधन का महत्त्वपूर्ण स्थान होता है। औपचारिक पत्र के अंतर्गत 'मान्यवर', 'महोदय' आदि संबोधन शब्दों का प्रयोग किया जाता है तथा अनौपचारिक पत्र के अंतर्गत 'पूजनीय', 'स्नेहमयी', 'प्रिय' आदि सूचक शब्दों का प्रयोग किया जाता है।

अभिवादन अथवा शिष्टाचार संबंधी शब्दों का उल्लेख

पत्र में संबोधन के अनुरूप ही अभिवादन या शिष्टाचार संबंधी शब्दों का प्रयोग किया जाता है। इसका प्रयोग अनौपचारिक पत्रों में बड़ों के लिए प्रणाम, नमस्कार, सादर चरण-स्पर्श तथा छोटों के लिए आशीर्वाद, शुभाशीष, चिरंजीव रहो आदि शब्द-सूचक का प्रयोग किया जाता है। औपचारिक पत्रों में इसका प्रयोग नहीं किया जाता।

विषय-वस्तु

विषय-वस्तु पत्र लेखन का महत्त्वपूर्ण अंग है। इसे पत्र का मुख्य भाग भी कहते हैं। इस भाग में अपने भावों एवं विचारों को प्रकट किया जाता है।

समाप्ति अथवा अंत

पत्र के अंत में अपने विषय में लिखते हुए पत्र को समाप्त किया जाता है। औपचारिक पत्र में धन्यवाद लिखते हुए 'भवदीय', 'प्रार्थी', 'आज्ञाकारी' आदि शब्द-सूचक का प्रयोग किया जाता है। जबकि अनौपचारिक पत्र में 'प्यारा', 'स्नेहाकांक्षी', 'हितैषी', 'शुभाकांक्षी' इत्यादि शब्दों का प्रयोग किया जाता है। औपचारिक व अनौपचारिक दोनों पत्रों के अंत में यदि परीक्षा में, पूछे गए पत्र में नाम व पते का उल्लेख न किया गया हो, तब वहाँ क. ख. ग. का प्रयोग किया जाता है।

पत्र लिखते समय ध्यान रखने योग्य बातें

- पत्र में ऊपर बाईं ओर पत्र भेजने वाले का संक्षिप्त पता लिखा होना चाहिए।
- पते के नीचे पत्र लिखने की तिथि का उल्लेख अवश्य करें।
- पत्र का आकार संक्षिप्त होना चाहिए तथा विषय के अनुकूल होना चाहिए। कम शब्दों में अधिक बात कहने की कोशिश करनी चाहिए।
- पत्र की भाषा सरल, सामान्य, मधुर एवं आदर सूचक एवं शुद्ध होनी चाहिए।
- पत्र अधूरा नहीं होना चाहिए। पत्र को इस प्रकार समाप्त किया जाना चाहिए कि पत्र लिखने का उद्देश्य या संदेश स्पष्ट हो जाए।

अनौपचारिक पत्र

सगे-संबंधियों, मित्रों, रिश्तेदारों, परिचितों आदि को लिखे गए पत्र 'अनौपचारिक पत्र' कहलाते हैं। इन्हें व्यक्तिगत पत्र भी कहा जाता है। इस प्रकार के पत्रों में पत्र पाने वाले व्यक्ति से संबंधित सुख-दु:ख, हर्ष, उत्साह आदि का वर्णन किया जाता है। अनौपचारिक पत्रों की भाषा आत्मीय व हृदय को स्पर्श करने वाली होती है।

अनौपचारिक पत्रों में आने वाले संबोधन, अभिवादन तथा अभिनिवेदन

पत्र पाने वाले के साथ संबंध	संबोधन	अभिवादन	अभिनिवेदन
अपने से बड़े संबंधी (माता, पिता, बड़ा भाई, बड़ी बहन, शिक्षक इत्यादि)	पूजनीया (माता), पूज्य (पिता), आदरणीय, पूजनीय, आदरणीया (माता, बहन)	चरण-स्पर्श, सादर प्रणाम	आज्ञाकारी, स्नेहाकांक्षी, प्यारा इत्यादि
अपने से छोटे संबंधी (छोटा भाई, छोटी बहन, पुत्र, पुत्री, भतीजा, भतीजी इत्यादि)	चिरंजीवी, प्रिय, केवल नाम	शुभाशीर्वाद, प्रसन्न रहो	शुभेच्छु, शुभाकांक्षी, हितैषी इत्यादि
मित्र, सहपाठी	प्रिय, मित्रवर, केवल नाम	सप्रेम नमस्कार, नमस्ते	तुम्हारा सहृदय, मित्र इत्यादि
विदेशी पत्र-मित्र	प्रिय, मित्र	नमस्ते	आपका, आपका मित्र
अपरिचित पुरुष	महाशय, श्रीमान (नाम), महोदय	नमस्ते, नमस्कार	भवदीय, भवदीया, हितैषी
अपरिचित महिला	महाशया, श्रीमती (नाम), महोदया	नमस्ते, नमस्कार	भवदीय, हितैषी, भवदीया

अनौपचारिक पत्र का प्रारूप

अपने बड़े भाई को पत्र लिखकर सूचित कीजिए कि आप वार्षिक परीक्षा की तैयारी किस प्रकार से कर रहे हैं?

1. प्रेषक	परीक्षा भवन, नई दिल्ली।
2. दिनांक	22 जनवरी, 20XX
3. संबोधन	आदरणीय भाई साहब
4. अभिवादन	सादर प्रणाम।
5. विषय-वस्तु	कैसे हैं आप सब? आशा है कि आप सब स्वस्थ और खुशहाल होंगे। मैं भी यहाँ सकुशल हूँ तथा अपनी परीक्षा की तैयारी कर रहा हूँ। आपने पिछले पत्र में मुझसे वार्षिक परीक्षा की तैयारी के बारे में पूछा था। इस बार मैंने शुरू से ही आपके निर्देशों का पालन किया, जिससे पाठ्यक्रम तय समय से पहले पूरा हो गया। अभी मैं विषयों का दोहरान कर रहा हूँ। इस बार मैंने सभी विषयों को बराबर समय दिया, ताकि कोई भी विषय कठिन न लगे। अब मैं कठिन प्रश्नों को ढूँढता हूँ और विषय शिक्षक की मदद से उन्हें हल करता हूँ। मैंने कक्षा टेस्ट में भी अच्छे अंक प्राप्त किए हैं। अतः मुझे विश्वास है कि इस बार मैं बहुत अच्छे अंकों से सफलता प्राप्त करूँगा।
6. समाप्ति एवं अंत	पूजनीया माता जी और पिता जी को मेरा चरण स्पर्श आपके प्रोत्साहन भरे पत्र की प्रतीक्षा रहेगी।
7. प्रेषक का नाम	आपका अनुज अरविंद

अभ्यास प्रश्न

(दक्षता आधारित प्रश्नों सहित)

1. आपको नए सत्र के लिए पुस्तकें चाहिए, जिसके लिए कुछ रुपयों की आवश्यकता है। रुपये मँगवाने के लिए अपने पिता जी को पत्र लिखिए। दक्षता आधारित प्रश्न

उत्तर परीक्षा भवन,
नई दिल्ली।

दिनांक 25 मार्च, 20XX

पूजनीय पिता जी
सादर चरण स्पर्श
मुझे आपका पत्र मिला। यह जानकर खुशी हुई कि आप सभी सकुशल हैं। मैं भी यहाँ सकुशल हूँ। आपने मुझसे मेरे परीक्षा परिणाम के बारे में पूछा था। पिताजी! आपको यह जानकर अत्यंत खुशी होगी कि हमारी नौवीं कक्षा का परीक्षा परिणाम घोषित हो गया है, जिसमें मैंने 96% अंक प्राप्त किए हैं। अपनी कक्षा में मैंने प्रथम स्थान प्राप्त किया है। अब हमारे नए सत्र की पढ़ाई 1 अप्रैल से शुरू हो जाएगी। इसके लिए किताबें और कॉपियाँ खरीदनी होंगी। मुझे छात्रावास की फीस भी भरनी है, साथ ही 10वीं कक्षा के लिए तीन महीने की फीस भी देनी होगी। इन सब कामों के लिए मुझे लगभग 6000 रुपये की आवश्यकता है। आप इन्हें यथाशीघ्र भिजवा दीजिए, ताकि मैं समय पर नए सत्र की पढ़ाई शुरू कर सकू।
पूज्या माताजी को चरण स्पर्श एवं छोटी को प्यार। आपके पत्र की प्रतीक्षा रहेगी।
आपका पुत्र
सोमेश

2. अस्पताल में दाखिल हुए अपने किसी दुर्घटनाग्रस्त मित्र/सखी को सांत्वना देते हुए पत्र लिखिए।

उत्तर जी-201, एम ब्लॉक,
जनकपुरी, नई दिल्ली।

दिनांक 19 फरवरी, 20XX

प्रिय सखी अनुष्का,
कैसी हो?
आज ही तुम्हारी छोटी बहन कनकप्रिया से पता चला कि एक सड़क दुर्घटना में पैर की हड्डी टूट जाने के कारण तुम कल से ही अस्पताल में भर्ती हो। यह सचमुच बहुत ही दु:खद समाचार है। कैसे हुआ यह सब? तुम स्वयं को बिलकुल भी अकेला मत समझना। हम सब तुम्हारे साथ हैं। तुम्हें किसी भी प्रकार से किसी भी समस्या का सामना नहीं करना पड़ेगा। पैर की हड्डी टूटने का मतलब है कि कम-से-कम तुम दो माह तक ठीक से चल-फिर नहीं पाओगी, लेकिन तुम्हारी पढ़ाई का कोई भी नुकसान नहीं होगा। हम सबने आपस में मिलकर यह निश्चय किया है कि बारी-बारी से एक –एक सहेली कक्षा में होने वाली पढ़ाई का विस्तृत ब्यौरा तुमसे मिलकर देगी और तुम्हें उस विषय को समझने में मदद करेगी। इसके अतिरिक्त, यदि कोई अन्य समस्या भी हो, तो तुम बिना किसी झिझक के बता देना। घबराने की ज़रूरत नहीं है। परीक्षा में तुमसे अच्छा और कोई नहीं कर पाएगा, यह हम सबको भी पता है। खुश रहो और हँसते हुए इस मुसीबत का सामना करो। हम सबकी शुभकामनाएँ तुम्हारे साथ हैं।
तुम्हारी प्रिय सखी,
कुमारी शालिनी

3. छात्रावास में रह रहे छोटे भाई के द्वारा की गई मोबाइल फ़ोन की माँग पर अभी इसका उपयोग न करने की सलाह देते हुए पत्र लिखिए।

उत्तर परीक्षा भवन,
नई दिल्ली।

दिनांक 27 अप्रैल, 20XX
प्रिय सुधीर,
असीम स्नेह!
मैं यहाँ ठीक हूँ और आशा करता हूँ कि तुम भी छात्रावास में सकुशल होंगे। पिछले दिनों तुम्हारा पत्र मिला। पत्र पढ़कर अत्यंत प्रसन्नता हुई कि तुम छात्रावास के माहौल में पूरी तरह रम गए हो तथा तुम्हारे कई मित्र भी बन गए हैं। छात्रावास के व्यवस्थित जीवन से लाभ उठाकर छात्र अपने जीवन को सार्थक बना सकते हैं।
पत्र में तुमने एक मोबाइल फोन की माँग की है, जो मेरी दृष्टि में अभी अनावश्यक है, क्योंकि इससे समय की बर्बादी के सिवा कुछ और लाभ नहीं है। तुम्हें तो समय का सदुपयोग करना है। तुम्हें अपने जीवन के लक्ष्य को प्राप्त करने के लिए छात्रावास भेजा गया है। इसके अतिरिक्त, मोबाइल फ़ोन से निकलने वाली विकिरण हानिकारक होती है। आशा है कि तुम मोबाइल फ़ोन की माँग छोड़कर अपना मन पढ़ाई में पूरी एकाग्रता से लगाओगे। छुट्टियों में घर आने पर और बातें होंगी।
तुम्हारा बड़ा भाई,
करण

4. अपने मित्र को 'स्वच्छता अभियान' का हिस्सा बनने के लिए प्रेरित करते हुए पत्र लिखिए। दक्षता आधारित प्रश्न

उत्तर परीक्षा भवन,
मेरठ।
दिनांक 12 अगस्त, 20XX
प्रिय मित्र,
सप्रेम नमस्कार!

आशा करता हूँ कि तुम सकुशल होंगे। मैं यह पत्र 'स्वच्छ भारत अभियान' के संबंध में लिख रहा हूँ।

मित्र! मैं प्रधानमंत्री द्वारा चलाए गए स्वच्छता अभियान से बहुत प्रभावित हूँ। अपने आस-पास के परिवेश को सुंदर बनाने एवं स्वास्थ्य संबंधी परेशानियों से बचने के लिए स्वच्छता अत्यंत आवश्यक है। मैं चाहता हूँ कि इस अभियान में अपने-अपने क्षेत्र के युवा बढ़-चढ़कर भाग लें और क्षेत्र को साफ़ –सुथरा रखने में अपना योगदान दें। इस कड़ी में, मैं तुम्हें 'स्वच्छ भारत अभियान' का हिस्सा बनने के लिए प्रेरित करना चाहता हूँ। इसे युवा संगठन के अध्यक्ष का नहीं, अपितु अपने मित्र का स्नेहपूर्ण अनुरोध समझना।

मुझे आशा ही नहीं, वरन् पूर्ण विश्वास है कि तुम इस अनुरोध को स्वीकार करते हुए आगामी रविवार को इस अभियान का हिस्सा बनने के लिए संगठन के कार्यालय में अवश्य उपस्थित रहोगे।

घर पर सभी बड़ों को मेरा प्रणाम कहना।

तुम्हारा मित्र,

दिव्यांशु गुप्ता

5. आपके चाचा जी ने नया घर लिया है। उन्हें बधाई देते हुए पत्र लिखिए

उत्तर सेक्टर 16, द्वारका,

दिल्ली।

दिनांक 17 नवंबर, 20XX

पूजनीय चाचा जी

सादर प्रणाम!

मैं यहाँ कुशलपूर्वक हूँ। आशा है कि आप भी कुशलता से होंगे। आपका गृहप्रवेश हेतु पूजा का निमंत्रण पत्र मिला। आपने नया घर लिया है, यह जानकर अत्यंत प्रसन्नता हुई। आपका नया घर देखने की मेरी बहुत इच्छा है, परंतु इस महीने मेरी परीक्षाएँ हैं, इसलिए मैं गृहप्रवेश पूजा में नहीं आ सकता। मेरी परीक्षाएँ समाप्त होते ही मैं आपका नया घर देखने ज़रूर आऊँगा। यह नया घर आपके जीवन में सुख, समृद्धि व सफलता के सुअवसर प्रदान करे। ईश्वर करे कि आप इसी प्रकार प्रगति करते रहें।

मेरी ओर से आपको और चाची जी को नमस्कार तथा बहुत-बहुत बधाई व अनुजों को प्यार।

आपका भतीजा,

विनय त्यागी

6. आप सोनीपत में रहने वाले तुषार हैं। ग्रीष्मावकाश में आपके पर्वतीय शहर में रहने वाले मित्र नीरज ने आपको आमंत्रित कर अनेक दर्शनीय स्थलों की सैर कराई। इसके लिए उसका आभार व्यक्त करते हुए धन्यवाद पत्र लिखिए। दक्षता आधारित प्रश्न

उत्तर मकान नं. 32

नैनीताल क्लब रोड,

मल्लीताल, जिला नैनीताल

उत्तराखंड।

दिनांक 10 अप्रैल, 20XX

प्रिय मित्र नीरज,

आशा करता हूँ कि तुम सकुशल होगे। तुम्हारे पर्वतीय शहर की स्मृतियाँ आज भी मेरे चिंतन में विद्यमान हैं। वहाँ का सुहावना मौसम, पर्वतीय क्षेत्रों में कार द्वारा यात्रा करना, चारों ओर फैला अप्रतिम सौंदर्य, शांति तथा देवदार के वृक्षों ने हृदय को बहुत शांति प्रदान की। बर्फ़ीले पहाड़ तथा बहती व्यास नदी का नाद-सौंदर्य भुलाए नहीं भूलता। वहाँ के प्राचीन मंदिरों की कला देखने लायक थी। प्राकृतिक दृश्यों को देखने और पर्वत पर चढ़ने में बहुत आनंद आया। वहाँ का वातावरण इतना मनमोहक था कि वापस आने का मन ही नहीं कर रहा था। बाज़ार से जो उपहार हमने माँ और पिता जी के लिए खरीदे थे, सभी उन्हें बहुत पसंद आए। यह सब तुम्हारे साथ के कारण ही संभव हो पाया। मित्र! तुम्हारे द्वारा कराई गई अविस्मरणीय सैर के लिए, मैं तुम्हारा सहृदय आभार व्यक्त करता हूँ।

अंकल और आंटी को मेरा प्रणाम कहना।

तुम्हारा मित्र,

तुषार

7. किसी ऐसे अपरिचित को पत्र लिखिए, जिसने आपकी खोई वस्तु आपको लौटाई हो।

उत्तर 61, छत्रसाल भवन,

चंडीगढ़।

दिनांक 17 सितंबर, 20XX

सम्माननीय दिनेश जी,

सादर नमस्कार!

मैं आपको नहीं जानता हूँ और न ही आप मुझे पहचानते हैं। मुझे आपके द्वारा भेजी गई अपनी खोई हुई अटैची मिली। आपके साथ मेरा एक भले इंसान और कर्त्तव्यनिष्ठ नागरिक का संबंध है। अपनी खोई हुई अटैची पाकर मैं हृदय से आपका कृतज्ञ हूँ।

आप नहीं जानते यह अटैची महज़ अटैची नहीं थी, बल्कि इसमें मेरे अत्यंत ज़रूरी कागज़ात और कीमती वस्तुएँ भी थीं, जिनके लिए मैं बहुत परेशान था। मुझे तो इसके मिलने की उम्मीद ही नहीं थी, क्योंकि मुझे लगता था कि यह संसार तो ठगों और चोरों से भरा हुआ है। ऐसे में आपके कार्य ने मेरी इस धारणा को गलत सिद्ध कर दिया और साथ ही यह विश्वास भी दिला दिया कि अभी भी इस संसार में ईमानदारी और इंसानियत बची हुई है। मैं तो अटैची लेकर आने वाले आपके बेटे का ठीक से शुक्रिया भी अदा नहीं कर पाया। वह अटैची सौंपकर शीघ्र ही चला गया।

एक बार फिर से आपका हार्दिक धन्यवाद।

आपका अपरिचित मित्र,

दिवाकर

8. पशु-पक्षियों का मानव-जीवन में महत्त्व बताकर उनके प्रति क्रूर व्यवहार न करने की हिदायत देते हुए अपने छोटे भाई को एक पत्र लिखिए। दक्षता आधारित प्रश्न

उत्तर परीक्षा भवन,

इलाहाबाद।

दिनांक 27 फरवरी, 20XX

प्रिय कुशल,

स्नेह!

आशा करता हूँ कि तुम सकुशल होगे और तुम्हारा अध्ययन सुचारु रूप से चल रहा होगा। सुनने में आया है कि आजकल तुम गुलेल से निशाना लगाना सीख रहे हो। तुम्हारी इस गतिविधि से कुछ पशु-पक्षी भी चोटिल हो रहे हैं। आज मैं तुम्हें एक महत्त्वपूर्ण बात बताना चाहता हूँ कि ये पशु-पक्षी मानव-जीवन के लिए बड़े महत्त्वपूर्ण होते हैं।

अनेक पशु दूध देकर, पशु-सवारी में सहायक होकर, हमारा सामान ढोकर हमारी सहायता करते हैं। विभिन्न पक्षी अपनी सुंदरता और स्वरों से वातावरण को सुंदर एवं मनोहारी बनाते हैं। ये पशु-पक्षी आहार श्रृंखला के भी महत्त्वपूर्ण भाग होते हैं। इनके अभाव में प्राकृतिक संतुलन बिगड़ सकता है।

अतः हमें इन मूक प्राणियों के प्रति क्रूर नहीं होना चाहिए, बल्कि इनकी उचित देखभाल और संरक्षण करना चाहिए। आशा है तुम मेरी बातों को समझकर उनका पालन करोगे। घर में मेरी ओर से सबको यथोचित अभिवादन कहना।

तुम्हारा भाई,
राजन

9. अपने मित्र अभिषेक को परीक्षा में असफल होने पर उसे सांत्वना देते हुए पुनः अध्ययन के लिए एक प्रोत्साहन पत्र लिखिए।

उत्तर मोहन निवास,
26, सम्राट अशोक मार्ग,
सिविल लाइंस,
दिल्ली।

दिनांक 18 अप्रैल, 20XX

प्रिय मित्र अभिषेक,
सप्रेम नमस्कार!

कल मुझे बाज़ार में तुम्हारे चाचा जी मिले थे। उनसे मुझे तुम्हारे परीक्षाफल के विषय में जानकारी मिली। मुझे यह जानकर बहुत दुःख हुआ कि इस वर्ष की वार्षिक परीक्षा में तुम अनुत्तीर्ण हो गए हो। मुझे तो यह समाचार सुनकर विश्वास ही नहीं हुआ।

मुझे याद है कि पिछले वर्ष तुमने 62% अंक प्राप्त किए थे, फिर यह सब कैसे हो गया? कहीं तुम्हारी मित्रता बिगड़े हुए छात्रों से तो नहीं हो गई है। यदि ऐसा है, तो अभी भी समय है। अभी से सचेत हो जाना और पिछली बातों को भुलाकर एक बार फिर से अपनी पढ़ाई में लग जाना।

मुझे विश्वास है कि तुम इस झटके से स्वयं को सँभाल लोगे तथा अगले वर्ष बेहतर परिणाम पाओगे। जो हुआ है, उसे एक बुरा स्वप्न समझकर भूल जाओ और भविष्य को सँवारने की कोशिश में लग जाओ। निराशा की इस घड़ी को अपने ऊपर हावी मत होने देना। यदि मुझसे किसी भी प्रकार की सहायता की आवश्यकता हो, तो अवश्य बताना।

तुम्हारा मित्र,
रजनीश

10. साक्षरता अभियान में अपने योगदान का ज़िक्र करते हुए पिता जी को पत्र लिखिए।

उत्तर परीक्षा भवन,
नई दिल्ली।

दिनांक 21 सितंबर, 20XX

आदरणीय पिता जी,
सादर चरण-स्पर्श!

मैं यहाँ सकुशल हूँ तथा आशा करता हूँ कि आप सब भी वहाँ कुशलतापूर्वक होंगे। आप सर्व शिक्षा अभियान के विषय में तो जानते ही होंगे। सरकार के इस महत्त्वपूर्ण अभियान के माध्यम से प्रत्येक व्यक्ति तक शिक्षा का प्रकाश पहुँचाया जा रहा है। इसी संदर्भ में हमारे विद्यालय ने सरकार के इस अभियान में अपना सहयोग प्रदान करते हुए मुझे इस कार्य के लिए चुना है। हमारे प्रधानाचार्य जी ने मुझे गाँव के प्रौढ़ व्यक्तियों को साक्षर बनाने की महत्त्वपूर्ण ज़िम्मेदारी सौंपी है। इसके लिए मुझे सप्ताह में दो रातें गाँव के प्रौढ़ व्यक्तियों को एकत्रित कर पढ़ाना है। इस कार्य के लिए मैं बहुत उत्साहित हूँ, लेकिन अनुभवहीनता के कारण डर भी रहा हूँ।

पिता जी, आपसे आग्रह है कि इस कार्य में अपने बहुमूल्य सुझावों द्वारा मेरा मार्ग निर्देशन करें, ताकि मैं इस कार्य में अपना अधिक से अधिक सहयोग दे सकूँ।

माता जी को मेरा प्रणाम कहिएगा।

आपका पुत्र,
क. ख. ग.

11. राज्य स्तर की खेल प्रतियोगिता में प्रथम आने पर छोटी बहन को बधाई देते हुए पत्र लिखिए।

उत्तर 322, कर्ण कुटीर,
कवि नगर,
गाज़ियाबाद।

दिनांक 14 सितंबर, 20XX

प्रिय सीमा,
खुश रहो!

मुझे अभी-अभी 'अमर उजाला' पढ़कर ज्ञात हुआ है कि तुमने राज्य स्तरीय भाला फेंक प्रतियोगिता में भाग लिया था, जिसमें तुमने अपनी श्रेणी में प्रथम स्थान प्राप्त किया है।

मुझे इस समाचार से इतनी प्रसन्नता हुई है कि मैं अपने सभी आवश्यक कार्यों को छोड़कर तुम्हें बधाई संदेश लिखने बैठ गया हूँ। मेरे कई साथी तुम्हें आशीर्वाद दे रहे हैं। ईश्वर करे, तुम्हें इसी प्रकार सफलताएँ मिलती रहें। वास्तव में, तुम इस सफलता की अधिकारी हो। तुमने ईश्वर द्वारा दी गई प्रतिभा और अपनी मेहनत से यह सफलता अर्जित की है। मेरी मनोकामना है कि तुम इसी प्रकार आगे बढ़ती रहो। मेरा आशीर्वाद हमेशा तुम्हारे साथ है।

मेरी ओर से माता जी एवं पिता जी को नमस्कार तथा तुम्हारी इस सफलता के लिए मेरी ओर से उन्हें भी बधाई देना।

तुम्हारा अग्रज,
विनीत बंसल

12. विद्यालय की ओर से विद्यार्थियों को मनाली भ्रमण के लिए ले जाया जा रहा है। भ्रमण पर जाने की अनुमति माँगते हुए पिता जी को पत्र लिखिए। **दक्षता आधारित प्रश्न**

उत्तर परीक्षा भवन,
नई दिल्ली।

दिनांक 17 सितंबर, 20XX

आदरणीय पिता जी,
सादर प्रणाम!

मैं सकुशल हूँ तथा आशा करता हूँ कि आप भी कुशलतापूर्वक होंगे। अगले माह हमारे विद्यालय की वार्षिक परीक्षा आरंभ होने वाली है, जिसके लिए हम रात-दिन अध्ययन में लगे हुए हैं। परीक्षा के पश्चात् हमारे विद्यालय की ओर से छात्रों को भ्रमण हेतु मनाली ले जाया जा रहा है। इस भ्रमण में, मैं भी जाना चाहता हूँ। परीक्षा के पश्चात् थोड़ा सैर-सपाटा हो जाने से पढ़ाई से थके तन-मन को थोड़ी ताज़गी मिल जाएगी, जिससे अगली कक्षा की तैयारी के लिए अधिक उत्साह से लगा जा सकेगा।

पिता जी, आपसे अनुरोध है कि आप मुझे मनाली जाने की अनुमति प्रदान करें और साथ ही सैर पर जाने के लिए कुछ आवश्यक सामग्री और वस्त्र खरीदने के लिए एक हज़ार रुपये भेजने की कृपा करें।
माता जी को मेरा प्रणाम कहिएगा।

आपका पुत्र
सुमित

13. आपको जन्मदिन पर पिता जी की ओर से 'हिंदी शब्दकोश' उपहार में मिला है। पिता जी को उसकी उपयोगिता बताते हुए धन्यवाद पत्र लिखिए।

उत्तर परीक्षा भवन,
नई दिल्ली।

दिनांक 19 सितंबर, 20XX

पूजनीय पिता जी,
सादर प्रणाम।
मैं यहाँ कुशलता से हूँ तथा आशा करता हूँ कि आप सब भी सकुशल होंगे। आपका भेजा हुआ अनमोल उपहार 'हिंदी शब्दकोश' मिला। इससे बढ़कर जन्मदिन का कोई अन्य उपहार हो ही नहीं सकता था। यह उपहार मेरे लिए बहुत उपयोगी है। इसने मेरी भाषा संबंधी समस्या को हल कर दिया है, क्योंकि अब मैं किसी भी शब्द का अर्थ आसानी से जान सकूँगा, जिससे मुझे अपने हिंदी के पाठों के सरलार्थ और भावार्थ लिखने में मदद मिलेगी। सबसे महत्त्वपूर्ण यह है कि इससे मेरी हिंदी भाषा भी सुधरेगी। मैंने प्रतिदिन दस शब्द याद करने का निश्चय किया है। पिता जी आप हमेशा मुझे उपयोगी वस्तुएँ ही उपहार में देते हैं। आपके द्वारा दिए गए इस अनमोल उपहार के लिए बहुत-बहुत आभार। मेरी पढ़ाई ठीक चल रही है।
माता जी को मेरा प्रणाम कहिएगा।
आपका पुत्र,
क. ख. ग.

14. छात्रावास की जीवन-शैली से अपनी माता जी को पत्र लिखकर परिचित कराएँ।

उत्तर कक्ष संख्या-38,
चाचा नेहरू छात्रावास,
स्टेशन रोड,
फरीदाबाद।

दिनांक 20 सितंबर, 20XX

पूजनीय माता जी,
सादर चरण-स्पर्श!
मैं यहाँ सकुशल हूँ तथा आशा करता हूँ कि आप भी कुशलता से होंगी।
छात्रावास में रहते हुए मेरा जीवन बहुत अच्छा चल रहा है। यहाँ मैं प्रात: 5 बजे उठकर छात्रावास के बगल में स्थित मैदान में घूमने जाता हूँ। करीब चालीस मिनट घूमने के पश्चात् मैं वापस आकर स्नान आदि से निवृत्त होकर एक कप चाय पीता हूँ। थोड़ी देर के लिए छात्रावास के हॉल में जाकर समाचार-पत्र पढ़ता हूँ, ताकि नवीन समाचारों के विषय में पता चल सके।
इसके पश्चात् साढ़े सात बजे नाश्ता करके मैं स्कूल चला जाता हूँ। दिन में तीन बजे वापस आकर सबसे पहले मैं भोजन करता हूँ और एक घंटे के लिए आराम करता हूँ। साढ़े चार बजे उठकर मैं एक घंटे वॉलीबॉल खेलता हूँ और वापस आकर अपनी पढ़ाई में जुट जाता हूँ। लगभग तीन घंटे पढ़ने के पश्चात् मैं रात्रि का भोजन करता हूँ। इसके बाद, कुछ देर के लिए टेलीविज़न देखकर मैं सोने के लिए चला जाता हूँ।
इस प्रकार छात्रावास में मेरा दिल बहुत अच्छी तरह से लग रहा है। घर पर सभी को मेरा सादर प्रणाम।
आपका पुत्र,
हर्षवर्धन

स्व-मूल्यांकन

1. आपके विद्यालय से छात्रों का समूह अयोध्या जा रहा है। इस यात्रा में शामिल होने के कारणों का उल्लेख करते हुए अपने पिता से अनुमति माँगने हेतु एक पत्र लिखिए।
2. "गागर में सागर भरना" लोकोक्ति का अर्थ स्पष्ट करते हुए छोटे भाई/बहन को पत्र द्वारा अभ्यास का महत्त्व बताइए।
3. परीक्षा की तैयारी के महत्त्व को बताते हुए अपनी छोटी बहन को पत्र लिखिए।
4. धूम्रपान से होने वाली हानियों का उल्लेख करते हुए छोटे भाई को पत्र लिखिए।
5. आपका छोटा भाई छात्रावास में उदास रहता है। जीवन में गृह त्याग का महत्त्व समझाते हुए पत्र लिखकर उसका मार्गदर्शन कीजिए।
6. अपने जन्मदिन पर आयोजित कार्यक्रम की रूपरेखा बताते हुए अपने मित्र को इस अवसर पर आने के लिए निमंत्रण पत्र लिखिए।
7. बड़ों के प्रति आदर-सम्मान रखते हुए उनके जीवन के अनुभवों से प्रेरणा लेने की सीख देते हुए छोटे भाई को पत्र लिखिए।
8. अपने मित्र के पिता जी की असमय मृत्यु पर शोक प्रकट करते हुए उसे पत्र लिखिए।
9. अपने विदेशी मित्र को भारतीय रीति-रिवाज़ों के बारे में बताते हुए पत्र लिखिए।
10. अपने मित्र को वाद-विवाद प्रतियोगिता में प्रथम आने पर बधाई पत्र लिखिए।
11. आपका मित्र अपने स्कूल की क्रिकेट टीम का कैप्टन है। टीम ने जिला स्तरीय ट्रॉफी जीती है, इसके लिए उसे बधाई पत्र लिखिए।
12. अपने विद्यालय में आयोजित वृक्षारोपण समारोह का वर्णन करते हुए मित्र को पत्र लिखिए।
13. आप स्कूल की ओर से विद्यार्थियों के साथ ताजमहल देखने गए थे। अपने अनुभवों को बताते हुए अपने पिता जी को पत्र लिखिए।
14. आपके विद्यालय में खेलने के दौरान एक विद्यार्थी को चोट लग गई। विद्यालय में उचित चिकित्सा सुविधा न होने के कारण उसे बाहर किसी अस्पताल में ले जाया गया। अपने पिता जी को पत्र द्वारा सूचित करते हुए घटना का वर्णन कीजिए।

अध्याय 3

चित्र वर्णन

चित्र वर्णन का आशय चित्र वर्णन अथवा दृश्य-लेखन एक ऐसी लेखन शैली है, जिसमें हम किसी दृश्य को देखकर मन में उठने वाले भावों को कलमबद्ध करते हैं। इससे आपकी कल्पनाशक्ति तथा बौद्धिक क्षमता का पता चलता है। दृश्य-लेखन गागर में सागर भरने वाली उक्ति को रेखांकित करता है। साहित्य की विभिन्न विधाओं में दृश्य-लेखन एक महत्त्वपूर्ण कला है।

चित्र वर्णन के लिए आवश्यक तथ्य

- **विषय का गंभीरतापूर्वक अवलोकन** दृश्य-लेखन करते समय सर्वप्रथम दर्शाए गए दृश्य का उचित प्रकार से अवलोकन कर अर्थात् उसमें दिखाई गई वस्तुओं, दृश्यों, जीवों तथा उनकी पृष्ठभूमि पर विचार करते हुए उसमें उपस्थित उद्देश्य को समझ लेना चाहिए। पशु-पक्षियों के दृश्यों का संबंध प्रायः किसी शिक्षाप्रद कहानी या पर्यावरण से होता है। अतः ऐसे दृश्यों को अत्यंत सूक्ष्मता से देखना चाहिए।
- **विषय का विभाजन** प्रकरण को समझने के पश्चात् दृश्य में उपस्थित प्रमुख समस्या/घटना का विभाजन कर उस पर अपने विचार प्रस्तुत करने चाहिए।
- **प्रमुख उद्देश्य** दृश्य में प्रदर्शित प्रमुख उद्देश्य को प्रारंभ से अंत तक ध्यान में रखना चाहिए।
- **वातावरण** दृश्य में दर्शाए जा रहे आस-पास के वातावरण एवं उसके प्रभावों पर भी ध्यान देना चाहिए। प्रस्तुत दृश्य किस वर्ग, संस्कृति, भौगोलिक प्रदेश का संकेत कर रहा है, उसका वर्णन संक्षिप्त रूप में करना चाहिए।
- **प्रस्तुतीकरण** प्रस्तुतीकरण करते हुए दृश्य में दर्शाई जा रही घटना का वर्णन व्यवस्थित क्रम में करना चाहिए। जिन बातों को प्रमुखता से कहा जाना है, उन्हें प्रारंभ में लिखना चाहिए, तत्पश्चात् मध्य में विस्तारपूर्वक वर्णन और अंत में निष्कर्ष के साथ समाप्त करना चाहिए।
- **देशकाल** दृश्य वर्णन के अंतर्गत दृश्य में दिखाई गई सभ्यता, संस्कृति, व्यक्ति आदि को अभिव्यक्ति का आधार बनाया जाना चाहिए।
- **वाक्य विन्यास** वाक्य अत्यधिक बड़े अथवा छोटे नहीं होने चाहिए। दृश्य में बताए गए विभिन्न नारों तथा सूचना इत्यादि को उचित प्रकार से अभिव्यक्त करना चाहिए।
- **भाषा-शैली** दृश्य-लेखन की भाषा-शैली रोचक व आकर्षक होनी चाहिए। इसमें शब्दों का चयन सरल व स्पष्ट रूप में किया जाना चाहिए एवं यथास्थान लोकोक्तियों, मुहावरों, सूक्तियों, काव्यांशों, महापुरुषों के कथनों आदि का वर्णन किया जाना चाहिए।
- **निष्कर्ष** दृश्य-लेखन का अंत समस्या आदि के सुझाव के प्रयास से किया जाना चाहिए। निष्कर्ष इस प्रकार अभिव्यक्त हो, जिससे दृश्य में दी गई घटना का पूर्ण उद्देश्य मुखरित होता हो। उचित पृष्ठभूमि के द्वारा दृश्य-लेखन का अंत करना चाहिए।
- **अन्य तथ्य** दृश्य की पृष्ठभूमि पर कई बार नारा, उपदेश, विज्ञापन, जन-चेतना, सूचना, साइनबोर्ड या योजना आदि लिखे होते हैं। दृश्य के संदर्भ में उन्हें अभिव्यक्ति का आधार अवश्य बनाएँ; जैसे—'लड़का-लड़की एक समान', 'ईच वन टीच वन', 'आओ, पढ़ें पढ़ाएँ', 'पोलियो-उन्मूलन', 'एड्स से बचें', 'ऋण प्राप्त करें', 'वृक्षों को बचाओ—स्वास्थ्य बनाओ' आदि।

अभ्यास प्रश्न
(दक्षता आधारित प्रश्नों सहित)

1. नीचे दिए गए दृश्य को ध्यानपूर्वक देखिए और दृश्य को आधार बनाकर वर्णन कीजिए अथवा चित्र वर्णन कीजिए, जिसका सीधा व स्पष्ट संबंध दृश्य से होना चाहिए।

उत्तर प्रस्तुत चित्र में रेल-दुर्घटना का दृश्य है, जिसमें पटरी पर पलटी रेलगाड़ी के डिब्बे को क्रेन द्वारा उठाया जा रहा है। रेल के डिब्बों के आसपास खड़े बचाव दल के कार्यकर्ता कार्य कर रहे हैं।

रेल दुर्घटनाएँ एक सामाजिक और आर्थिक कलंक हैं, जो समृद्धि और सुरक्षित यात्रा को खतरे में डाल सकती हैं। रेलवे यात्रा कई लोगों के लिए परिवहन का एक महत्त्वपूर्ण साधन है, इसलिए इसकी सुरक्षा को सर्वोच्च रूप से देखा जाना चाहिए।

रेल दुर्घटनाओं के कई कारण हो सकते हैं, जिससे यात्रियों की जान को खतरा हो सकता है। इनमें सुव्यवस्थित रेलमार्गों की कमी, मानवीय लापरवाही, तकनीकी खामियाँ, यातायात नियमों की अवहेलना और जनशक्ति की अधिकता सम्मिलित हैं।

रेल दुर्घटनाओं से जानमाल की हानि होती है, यातायात संचालन बुरी तरह प्रभावित हो जाता है। इसके प्रभाव को समझकर रेल सेवाओं और सुरक्षा उपायों को मजबूत किया जाना चाहिए। रेलवे ट्रैक्स को सुरक्षित और मजबूत बनाए जाने चाहिए। नियमित मरम्मत और अच्छी तकनीकी निगरानी सुनिश्चित करनी चाहिए। नवाचारी तकनीक का उपयोग करके रेलवे सुरक्षा में सुधार किया जा सकता है, जैसे कि ऑटोमेटेड सिग्नलिंग और ट्रैक सुरक्षा सिस्टम्स आदि। रेलवे के कर्मचारियों को उच्च स्तर का प्रशिक्षण और तकनीकी सुधार के लिए तैयार किया जाना चाहिए। यात्रीगण को सुरक्षित रहने के लिए सुरक्षित रेलवे सेवाओं का उपयोग करना चाहिए व यात्रा के दौरान सुरक्षा के नियमों का पालन भी करना चाहिए।

रेल-दुर्घटनाओं के निवारण के लिए सशक्त कदम उठाना आवश्यक है, ताकि रेलयात्रा यात्रियों के लिए एक सुरक्षित और आनंददायक अनुभव बना रहे।

2. नीचे दिए गए दृश्य को ध्यानपूर्वक देखिए और दृश्य को आधार बनाकर वर्णन कीजिए अथवा उसकी कहानी लिखिए, जिसका सीधा व स्पष्ट संबंध दृश्य से होना चाहिए। **दक्षता आधारित प्रश्न**

उत्तर प्रस्तुत दृश्य में नर्स जाँच के बाद खून ले रही है। यहाँ रक्त एकत्र करने और सुरक्षित रूप से संग्रहीत करने के लिए कई उपकरण हैं। युवा स्वेच्छा से रक्तदान कर रहे हैं। यह दृश्य रक्तदान शिविर की ओर इंगित करता है।

जब किसी व्यक्ति को चिकित्सीय परिस्थितियों में रक्त की आवश्यकता होती है, उसके लिए कोई दूसरा व्यक्ति रक्त देता है, तो उसे रक्तदान कहा जाता है।

रक्तदान एक सुरक्षित वातावरण में एक प्रशिक्षित चिकित्सा पेशेवर के हाथों और चिकित्सा मानकों के अनुसार किया जाता है। रक्तदान को महादान कहा जाता है, आपके रक्त की एक बूँद किसी व्यक्ति की जिंदगी बचा सकती है।

रक्त हमारे शरीर का लाल तरल पदार्थ है। यह शरीर के स्वस्थ कामकाज के लिए एक बहुत ही महत्त्वपूर्ण तत्त्व है। रक्तदान अस्पतालों या शिविरों में रक्त देने की एक गतिविधि है। रक्तदान करने के लिए जो व्यक्ति रक्तदान करना चाहता है, उसकी पहले जाँच की जाती है कि उसका रक्त स्वस्थ है या नहीं और फिर रक्तदान की प्रक्रिया की जाती है। 14 जून को दुनिया भर में रक्तदान दिवस के रूप में मनाया जाता है। लोगों की जान बचाने के लिए दान किया गया रक्त ब्लड बैंकों और अस्पतालों में संग्रहित किया जाता है।

18 से 52 वर्ष की आयु तथा रक्त संबंधी किसी भी बीमारी से मुक्त व्यक्ति रक्तदान कर सकते हैं। रक्तदाताओं से रक्त एकत्र करने के लिए सामाजिक संगठनों और क्लबों द्वारा रक्तदान शिविरों का आयोजन किया जाता है।

डॉक्टरों और नर्सों द्वारा दाता से रक्त लिया जाता है और एक रोगाणुहीन बोतल में एकत्र किया जाता है। एक दाता बिना किसी प्रतिकूल प्रभाव के प्रत्येक छ: महीने में एक बार सुरक्षित रूप से रक्तदान कर सकता है। लोगों में रक्तदान को लेकर जागरूकता बढ़ रही है, हमें भी इस सामाजिक दायित्व को आगे बढ़कर निभाना चाहिए।

3. नीचे दिए गए दृश्य को ध्यान से देखिए और दृश्य को आधार बनाकर उसका परिचय देते हुए कोई लेख, घटना अथवा कहानी लिखिए, जिसका सीधा व स्पष्ट संबंध दृश्य से होना चाहिए।

दक्षता आधारित प्रश्न

उत्तर प्रस्तुत दृश्य बालक द्वारा अपने कार्य को निष्ठापूर्वक किए जाने को दर्शाता है। इसमें बालक को मजदूरी करते हुए दिखाया गया है। बालक ने मिट्टी खोदने के लिए हाथ में फावड़ा लिया है। यह दृश्य बाल श्रम जैसी समस्या को इंगित करता है। **बाल श्रम** जैसी समस्या आज हमारे समाज के लिए अभिशाप बन रही है। बचपन, एक बालक के जीवन का स्वर्णिम समय होने के साथ ही उसके शारीरिक व मानसिक विकास का बहुमूल्य समय होता है। दुर्भाग्य से इसी आयु में घर की आर्थिक स्थिति कई बालकों को पैसे कमाने को बाध्य कर देती है।

आजादी के इतने वर्षों के बाद भी आज हमारा समाज उच्च वर्ग व निम्न वर्ग में विभक्त है। निम्न वर्ग के लोग अपनी मूलभूत आवश्यकताओं की पूर्ति न होने के कारण अपने बच्चों को कारखानों, फैक्ट्रियों आदि में कार्य करने के लिए भेज देते हैं। आज भारत ब्रिटिश की गुलामी से तो आजाद हो गया, परंतु गरीबी ने निम्न वर्ग को बेड़ियों में बाँधा हुआ है। यह दृश्य हमारे समाज में फैली निर्धनता व आर्थिक समस्या की ओर संकेत करता है।

भारत सरकार ने 6 से 14 वर्ष की आयु के बच्चों की शिक्षा के लिए कानून बनाए, जिसमें बालकों के लिए 'शिक्षा के अधिकार' को आवश्यक बताया गया है। इसमें सभी बालकों के लिए 'मुफ्त व अनिवार्य' शिक्षा का प्रावधान है, परंतु फिर भी आज हमारे समाज में बाल श्रम प्रमुख समस्या बनी हुई है। आज भी 14 वर्ष की आयु से कम के बालक कारखानों में काम करते हैं तथा उच्च वर्ग उनका शोषण करता है।

बाल श्रम एक विकराल समस्या का रूप धारण करता जा रहा है। आज जगह-जगह विभिन्न नुक्कड़-नाटक, जागरूकता अभियान आदि चलाए जाते हैं, लेकिन जब तक भारत का प्रत्येक नागरिक इस गंभीर समस्या पर चिंतन या मनन नहीं करेगा अर्थात् इन समस्या के समाधान के लिए प्रयत्न नहीं करेगा, तब तक इस समस्या से मुक्ति पाना कठिन होगा। इस दृश्य में एक ओर तो बालक अपनी दृढ़ इच्छाशक्ति और लगन से कार्य कर रहा है, परंतु दूसरी ओर वह अपने शिक्षा के अधिकार को खो रहा है। अत: संविधान के 86वें संशोधन का ध्यान रखते हुए हमें इस समस्या के प्रति सचेत हो जाना चाहिए तथा बालक की शिक्षा के अधिकार को संरक्षित कर उसे पढ़ने का अवसर प्रदान करके उसके शारीरिक व मानसिक विकास हेतु प्रयास करना चाहिए, तभी हमारा देश पूर्णरूप से आजाद कहा जाएगा।

4. नीचे दिए गए दृश्य को ध्यान से देखिए और दृश्य को आधार बनाकर उसका परिचय देते हुए कोई लेख, घटना अथवा कहानी लिखिए, जिसका सीधा व स्पष्ट संबंध दृश्य से होना चाहिए।

दक्षता आधारित प्रश्न

उत्तर प्रस्तुत दृश्य में किसी ऐसे स्थल या क्षेत्र को दिखाया गया है, जहाँ अत्यधिक वर्षा होने के कारण या बाढ़ आने के कारण पानी भर गया है। यहाँ राहत बचाव दल के कुछ व्यक्ति दिखाई दे रहे हैं, जो वहाँ के लोगों को बाहर निकाल रहे हैं। वहाँ के घर एवं गाड़ियाँ पानी में डूबी हुई दिखाई दे रही हैं। बाढ़ एक प्राकृतिक आपदा है, जो वर्षा के अत्यधिक होने या किसी नदी के बाँध टूटने आदि के कारण आती है। अत्यधिक वर्षा होने के कारण जो बाढ़ आती है, उसे **प्राकृतिक** माना जाता है तथा बाँध टूटने के कारण आई बाढ़ को **अप्राकृतिक** माना जाता है। बाढ़ चाहे प्राकृतिक हो या अप्राकृतिक दोनों ही स्थिति में जनमानस को भारी हानि होती है।

बाढ़ आने के कारण नदियों के आस-पास का क्षेत्र पानी में डूब जाता है। यहाँ तक कि कई बार स्थिति इतनी भयावह हो जाती है कि पशु या आदमी उस पानी में बह जाते हैं। वहाँ के लोगों के पास खाने-पीने व अन्य आवश्यक सामान का अभाव हो जाता है। यातायात ठप्प हो जाता है। कई लोग तो घर की छत पर रहने को विवश हो जाते हैं, क्योंकि उनके घरों में पानी भर जाता है और बिजली आदि की सुविधा भी समाप्त हो जाती है। वहाँ के लोगों की दशा दयनीय एवं असहनीय हो जाती है। कुछ लोगों को अपना घर छोड़कर सरकार द्वारा बनाए गए राहत/कैंप में रहना पड़ता है।

बाढ़ में फँसे लोगों तक राहत पहुँचाना सरल नहीं होता है फिर भी सेना के जवान एवं स्वयं सेवी संस्थाओं के लोग वहाँ के लोगों तक खाने-पीने का सामान एवं अन्य आवश्यक वस्तुएँ पहुँचाते हैं। यहाँ तक कि वे वहाँ के लोगों को हेलीकॉप्टर या नाव की मदद से बाहर निकालकर सुरक्षित स्थल तक लाने का कार्य करते हैं। बचाव दल के सदस्य एवं भारतीय सेना एक मसीहा की भाँति ही उन तक राहत पहुँचाते हैं तथा उन्हें इस मुसीबत से बाहर निकालने का कार्य करते हैं।

बाढ़ आना एक प्राकृतिक आपदा है, जिसे हम मानव कभी नहीं रोक सकते हैं। लेकिन हम इस स्थिति से स्वयं को बचाने के लिए कुछ तैयारी कर सकते हैं। जिन क्षेत्रों में बाढ़ आने की संभावना अधिक होती है, वहाँ बड़े-बड़े बाँधों का निर्माण किया जा सकता है जिससे अत्यधिक मात्रा में जल को संचित किया जा सके तथा जल निकास का अधिक प्रयास किया जा सके। सरकार द्वारा आपदा की सूचना जनता तक पहुँचाने की व्यवस्था का निर्माण किया जाना चाहिए, ताकि लोगों को यथासंभव सुरक्षित स्थान पर पहुँचने का समय मिल सके और लोगों को हानि कम हो।

5. **नीचे दिए गए दृश्य को ध्यान से देखिए और दृश्य को आधार बनाकर उसका परिचय देते हुए कोई लेख, घटना अथवा कहानी लिखिए, जिसका सीधा व स्पष्ट संबंध दृश्य से होना चाहिए।**

उत्तर प्रस्तुत दृश्य में कुछ विद्यार्थियों को दिखाया गया है, जो शायद विद्यालय से घर आ रहे हैं। उनकी वेश-भूषा को देखकर वे किसी सरकारी विद्यालय के विद्यार्थी लग रहे हैं। उनके पास बस्ता है, जिनमें किताबें हैं। उनके पास टैबलेट जैसा यंत्र भी दिखाई दे रहा है, जो शायद उन्हें विद्यालय से प्राप्त हुआ होगा। वर्तमान शिक्षा में विज्ञान एवं प्रौद्योगिकी का अत्यंत महत्त्व है। वर्तमान समय में विद्यार्थियों की पुस्तकों की जगह कंप्यूटर, लैपटॉप, टैबलेट इत्यादि ने ले ली है। अब विद्यार्थी शिक्षा के लिए, शिक्षण सहायक सामग्रियों में ग्लोब व मानचित्रों का प्रयोग करने के साथ-साथ कंप्यूटर का भी प्रयोग करते हैं। उन्हें कोई भी प्रोजेक्ट पूरे करने हों उनमें आधुनिक उपकरणों का प्रयोग अवश्य होता है। शिक्षक अब केवल विद्यालय तक ही सीमित नहीं रहे, बल्कि कंप्यूटर व इंटरनेट के रूप में प्रत्येक क्षण विद्यार्थियों के साथ जुड़े रहते हैं।

प्रस्तुत दृश्य में सरकारी स्कूल के विद्यार्थियों को दिए गए टैबलेट्स विज्ञान एवं प्रौद्योगिकी के महत्त्व को रेखांकित करते हुए प्रतीत होते हैं।

शिक्षा किसी भी परिवार, समाज एवं राष्ट्र की उन्नति एवं प्रगति का एकमात्र रास्ता है। शिक्षा वह हथियार है, जो लोगों में चेतना का विकास करती है और समाज एवं राष्ट्र को दिन-प्रतिदिन बेहतर-से-बेहतर बनाने में महत्त्वपूर्ण भूमिका निभाती है। हमारी सरकारें भी शिक्षा के इस महत्त्व को पहचानती हैं। वे यह नहीं चाहती कि हमारे सरकारी विद्यालयों के बच्चे निजी विद्यालयों के बच्चों से पीछे रहें, इसलिए वह उन विद्यार्थियों को हर संभव सहायता प्रदान करने के लिए तत्पर रहती है।

आधुनिक समय में शिक्षा के क्षेत्र में तकनीकी का प्रयोग बड़ी तेजी से हो रहा है। शैक्षिक तकनीकी उसी रूप में शिक्षण और अधिगम के क्षेत्र में अधिक लाभ उठाने के प्रयोग में लाई जाती है। दृश्य श्रव्य सामग्री के प्रयोग द्वारा कम-से-कम समय में कम-से-कम शक्ति लगाकर अधिक-से-अधिक अच्छे रूप में शिक्षण अधिगम की प्रक्रिया को प्रभावशाली बनाया जा रहा है। आज शिक्षा के प्रत्येक क्षेत्र में तकनीकी उपयोग होने लगा है तथा नवाचारों का विकास होने से शिक्षा में काफी विकास हुआ है।

6. **नीचे दिए गए दृश्य को ध्यानपूर्वक देखिए और दृश्य को आधार बनाकर वर्णन कीजिए अथवा उसकी कहानी लिखिए, जिसका सीधा व स्पष्ट संबंध दृश्य से होना चाहिए।** **दक्षता आधारित प्रश्न**

उत्तर प्रस्तुत दृश्य में दो बालिकाओं को दर्शाया गया है, जो नल से पानी लेते समय प्रसन्नचित्त मुद्रा में दिखाई दे रही हैं। वे दोनों पानी से होली खेल रही हैं और खुश हो रही हैं। जल मानव की मूल आवश्यकता है। पृथ्वी पर जल की उपलब्धता के कारण ही प्राणियों का अस्तित्व और पदार्थों में उपयोगिता का गुण कायम है। कहा भी जाता है—जल ही जीवन है। जल के बिना न तो मनुष्य का जीवन संभव है और न ही वह किसी कार्य को कर सकता है।

प्रस्तुत दृश्य में भी बालिकाओं द्वारा पानी का आनंद लेना जल की महत्ता को दर्शाता है। जल के बिना जीवन की कल्पना ही नहीं की जा सकती। रक्त के संचालन, शरीर के विभिन्न अंगों को स्वस्थ रखने, शरीर के विभिन्न ऊतकों को मुलायम व लचीला रखने के अतिरिक्त शरीर की कई अन्य प्रक्रियाओं के लिए भी जल की समुचित मात्रा की आवश्यकता होती है। जल के अभाव में मनुष्य की मृत्यु निश्चित है। जल की आवश्यकता दैनिक जीवन के कार्यों में भी होती है। मनुष्य के साथ-साथ प्रकृति में पेड़-पौधे, पशु-पक्षी सभी अपने जीवन के लिए जल पर ही निर्भर रहते हैं। फसलों की सिंचाई करने में, विभिन्न प्रकार के उद्योगों में जल की आवश्यकता पड़ती है। इन सभी दृष्टिकोणों से जल की उपयोगिता मनुष्य के लिए बढ़ जाती है। जीवन के लिए सामान्य उपयोगिता एवं दैनिक आवश्यकताओं के अतिरिक्त जल ऊर्जा का भी एक प्रमुख स्रोत है।

पानी की इन सभी आवश्यकताओं को देखते हुए भी मनुष्य ने अपने स्वार्थ के लिए प्रकृति का संतुलन बिगाड़ दिया है और अपने लिए खतरे की स्थिति उत्पन्न कर ली है। प्रकृति का श्रेष्ठतम प्राणी होने के नाते उसका कर्त्तव्य बनता है कि वह जल का समुचित मात्रा में प्रयोग करे।

7. नीचे दिए गए दृश्य को ध्यानपूर्वक देखिए और दृश्य को आधार बनाकर वर्णन कीजिए अथवा उसकी कहानी लिखिए, जिसका सीधा व स्पष्ट संबंध दृश्य से होना चाहिए। **दक्षता आधारित प्रश्न**

उत्तर प्रस्तुत किसी दृश्य मतदान केंद्र पर उपस्थित जन-समूह एवं पंक्ति में खड़े लोग, जो मतदान करने के लिए प्रतीक्षा कर रहे हैं, को दर्शाता है। प्रत्येक वयस्क को मतदान करने का अधिकार है। चुनाव के समय देश में जगह-जगह मतदान करने के लिए मतदान केंद्र बनाए जाते हैं। नागरिकों द्वारा किए गए मतदान से ही प्रतिनिधियों का निर्वाचन होता है।

यह दृश्य मतदाताओं के उत्साह को प्रदर्शित करता है, जो मतदान करने के लिए आए हैं। मतदान करने के लिए केंद्र पर सभी जगह चहल-पहल व भीड़ है। मतदान करने की प्रक्रिया निर्धारित समय पर प्रात:काल से आरंभ होकर शाम तक चलती है। चुनाव की घोषणा होते ही विभिन्न दल अपने-अपने प्रत्याशियों की चयन प्रक्रिया आरंभ कर देते हैं। मतदान के दिन युवकों में अधिक उत्साह देखने को मिलता है। कुछ लोग पैदल, कुछ साइकिल पर तो कुछ अपनी-अपनी कार से मत देने के लिए आते हैं। सभी वयस्क नागरिक गुप्त रूप से इलेक्ट्रॉनिक वोटिंग मशीन में अपने पसंदीदा उम्मीदवार के नाम के समक्ष बटन दबाकर अपने मतदान के अधिकार का प्रयोग करते हैं। मतदान केंद्र पर पुलिस व्यवस्था की कड़ी निगरानी रहती है। लोग बारी-बारी से आकर मतदान करते हैं। स्त्रियों-पुरुषों के साथ बच्चे भी मतदान केंद्र पर दिखाई देते हैं। मतदान प्रक्रिया संपन्न होने पर तथा चुनाव के परिणाम आने तक सभी उत्साहित दिखाई देते हैं। इस प्रकार मतदान केंद्र का दृश्य बहुत ही मनमोहक प्रतीत होता है। मतदान प्रारंभ होने से लेकर शाम को वोटिंग मशीन सील करने तथा उन्हें सरकारी वाहन द्वारा भेजने तक चहल-पहल व भीड़-भाड़ का वातावरण बना रहता है।

प्रत्येक व्यक्ति का वोट बहुत कीमती होता है, क्योंकि एक वोट भी किसी सरकार को गिराने और उसे बनाने का दमखम रखता है लेकिन आज भी कई लोग अपने मताधिकार का उपयोग करने को लेकर जागरूक नहीं हैं। ऐसे लोगों को मतदान के महत्त्व को समझने और इसके प्रति जागरूक होने की आवश्यकता है, क्योंकि मतदाता जागरूकता हमारे देश के भविष्य के लिए बहुत आवश्यक है। जब हम सभी वोट करने को लेकर जागरूक होंगे तभी हमारे देश की तस्वीर बदलेगी और देश के बेहतर भविष्य का निर्माण होगा।

8. नीचे दिए गए दृश्य को ध्यानपूर्वक देखिए और दृश्य को आधार बनाकर वर्णन कीजिए अथवा उसकी कहानी लिखिए, जिसका सीधा व स्पष्ट संबंध दृश्य से होना चाहिए।

उत्तर प्रस्तुत दृश्य पानी के संकट को दर्शाता है। सभी लोग पंक्ति में खड़े होकर अपनी बारी का इंतजार कर रहे हैं। कई क्षेत्र ऐसे हैं, जहाँ नियमित रूप से पानी नहीं मिल पाता, कई स्थानों पर पानी न होने

के कारण लोगों को दूर-दराज के क्षेत्रों में पानी लेने जाना पड़ता है, वहीं कुछ ऐसे क्षेत्र भी हैं, जहाँ पर पानी का दुरुपयोग होता है। इस प्रकार का असंतुलन पृथ्वी पर जीवन के लिए घातक साबित हो सकता है।

भारत में आज कई क्षेत्र ऐसे हैं, जहाँ स्वच्छ जल न मिल पाने के कारण वहाँ के निवासियों को कई गंभीर बीमारियों का सामना करना पड़ता है। यूँ तो जल की समस्या प्राचीनकाल से ही बनी हुई है। सरकार द्वारा किए गए प्रयासों के बावजूद जल की आपूर्ति सभी क्षेत्रों तक उचित रूप में नहीं हो पा रही है।

जल जीवन के लिए अनिवार्य तत्त्व है। जल की एक-एक बूँद कीमती है। आज लोगों द्वारा नदियों में स्नान करने, अपशिष्ट पदार्थों को विसर्जित करने व कारखानों और फैक्ट्री आदि का कूड़ा डालने से नदियों का जल प्रदूषित हो गया है, जिससे जल प्रदूषण की समस्या विकराल रूप धारण कर रही है।

जल की आपूर्ति न होने से फसलें प्रभावित होती हैं। कृषि के लिए पानी बहुत जरूरी है। इसी पानी की कमी से सूखे की स्थिति उत्पन्न हो जाती है।

अत: जल को संरक्षित रखने के लिए हमें विभिन्न उपाय करने चाहिए तथा भिन्न-भिन्न अभियान चलाकर लोगों को जागरूक करने का प्रयास करना चाहिए। नई पीढ़ी को जल की महत्ता व उसके संरक्षण से अवगत कराना चाहिए। जल के असंतुलन को नियंत्रित करके ही

हम भावी पीढ़ी के लिए जल संरक्षित कर सकते हैं, ताकि भावी पीढ़ी के लिए जल की विकराल समस्या उत्पन्न न हो। जल ही जीवन है। यही बात ध्यान में रखकर पृथ्वी पर सुखमय जीवन के लिए जल-संरक्षण हेतु सबको कोशिश करनी चाहिए।

9. नीचे दिए गए दृश्य को ध्यानपूर्वक देखिए और दृश्य को आधार बनाकर वर्णन कीजिए अथवा उसकी कहानी लिखिए, जिसका सीधा व स्पष्ट संबंध दृश्य से होना चाहिए।

उत्तर प्रस्तुत दृश्य भारत की विभिन्न धर्मों में आस्था और उसके अनुरूप मनाए जा रहे पर्व को दर्शाता है। इसमें एक ओर एक बच्चे द्वारा पटाखे जलाए जाने तथा साथ में खड़े अन्य बच्चों द्वारा फूलझड़ी जलाना दिखाया गया है।

प्रथम भाग में दीपावली के पर्व को मनाए जाने का संकेत है तथा दूसरे भाग में चंद्रमा के दर्शन के बाद दो व्यक्तियों का गले मिलने तथा आस-पास उपस्थित लोगों के भी प्रसन्नतापूर्वक मिलने से यह दृश्य ईद के पर्व की ओर इशारा करता है। आस-पास मस्जिद का दृश्य मुस्लिम धर्म को दर्शाता है।

दोनों ही पर्व मनाए जाने पर सब ओर प्रसन्नता छाई हुई है। सभी पर्वों की अपनी विशेष महत्ता तथा मान्यताएँ हैं। भारत विभिन्न संस्कृतियों वाला देश है, जहाँ प्रत्येक संस्कृति के भिन्न-भिन्न पहनावे, अलग-अलग रीति-रिवाज होने पर भी इस विविधता में एकता की भावना कायम है। जाति, वर्ण, धर्म आदि का भेदभाव न होते हुए भी सभी लोग एक-दूसरे के त्योहार मनाते हैं।

आज कोई भी पर्व किसी एक धर्म तक सीमित नहीं है, बल्कि व्यापक स्तर पर सभी लोगों के द्वारा मनाया जाता है। भारत की संस्कृति अनेकता में एकता वाली उक्ति को चरितार्थ करती है।

हमारे देश में हिंदू, मुसलमान, सिख, ईसाई आदि सभी धर्मों के लोग रहते हैं। प्रत्येक त्योहार मानवीय मूल्य एवं आदर्श को स्थापित करते हैं और हमें एकता, एकरूपता आदि के साथ रहने की प्रेरणा देते हैं। चाहे त्योहार किसी भी धर्म का हो, प्रत्येक त्योहार मनुष्य के हृदय में उल्लास का संचार करता है। यह दृश्य भी हमें देश में मनाए जाने वाले पर्वों की ओर संकेत करते हुए भाईचारे तथा प्रेम-भावना का संदेश प्रदान करता है।

10. नीचे दिए गए दृश्य को ध्यानपूर्वक देखिए और दृश्य को आधार बनाकर वर्णन कीजिए अथवा उसकी कहानी लिखिए, जिसका सीधा व स्पष्ट संबंध दृश्य से होना चाहिए।

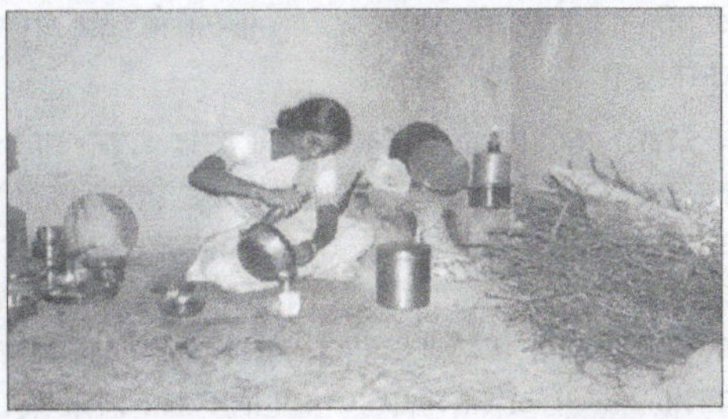

उत्तर प्रस्तुत दृश्य में एक महिला सँडासी (बर्तन पकड़ने का उपकरण) से छोटा/भगौना पकड़कर कप में चाय डाल रही है। वह वेशभूषा से अत्यंत निर्धन प्रतीत हो रही है। उसके पास एक चूल्हा है तथा कुछ लकड़ियाँ मौजूद हैं, जिन्हें वह भोजन आदि बनाने के लिए ईंधन के रूप में प्रयोग करती है।

घर की दयनीय दशा देखकर ही यह अनुमान लगाया जा सकता है कि उनकी आर्थिक दशा चिंतनीय है। हमारे देश में आज भी 60% जनसंख्या गाँवों में ही निवास करती है। गरीब तो शहरों में भी मौजूद हैं, परंतु ग्रामीण स्तर पर गरीबों की दयनीय अवस्था की तो कल्पना मात्र से ही रोंगटे खड़े हो जाते हैं।

आज भी ग्रामीण व आदिवासी क्षेत्रों में लोगों के पास न खाने के लिए अन्न है और न पहनने को वस्त्र। चित्र में दिखाई दे रहा मकान भी इतना जर्जर व कच्ची अवस्था में है कि उसमें मौसम की विकरालता का सामना करने की सामर्थ्य नहीं है। सच कहा जाए, तो इस घर में लोग किसी तरह रह रहे हैं।

भारत में आर्थिक असमानता चिंता का विषय है। एक ओर तो धनी लोग हैं तथा दूसरी ओर ऐसे लोग हैं, जो अपने रहने-खाने की व्यवस्था करने में भी असमर्थ हैं। इस अंतर को दूर करने के लिए समाज के धनी वर्ग तथा प्रशासन को अपना योगदान देना होगा।

निम्न जाति में ऐसे लाखों लोग भी हैं, जो आर्थिक रूप से अत्यंत सक्षम हैं, वहीं तो उच्च समझी जाने वाली जातियों में भी ऐसे लोग हैं, जो आर्थिक तंगी के कारण भूखे मरने को मजबूर हैं। अब इस अंतर को दूर करने का समय आ गया है। प्रशासन को राजनीतिक विचारधारा से ऊपर उठकर उन लोगों को आरक्षण देना होगा, जिन्हें वास्तव में इसकी आवश्यकता है। आरक्षण आर्थिक स्थिति के अनुरूप होना चाहिए न कि जातीय आधार पर। इसके अतिरिक्त धनी लोगों को भी सामर्थ्यानुसार गरीबों के उत्थान के लिए संगठन बनाकर उनके उत्थान में योगदान देना चाहिए।

गरीबी एक अभिशाप है। अपने देश को गरीबीमुक्त बनाने में हम सभी को अपना-अपना योगदान देना होगा। देश के आर्थिक स्तर में सुधार करने के लिए गरीबी-उन्मूलन आवश्यक है।

11. नीचे दिए गए दृश्य को ध्यानपूर्वक देखिए और दृश्य को आधार बनाकर वर्णन कीजिए अथवा उसकी कहानी लिखिए, जिसका सीधा व स्पष्ट संबंध दृश्य से होना चाहिए। दक्षता आधारित प्रश्न

उत्तर प्रस्तुत दृश्य में एक बालक पूर्ण निष्ठा के साथ जूते पर पॉलिश कर रहा है। यह बालक 15-16 वर्ष का प्रतीत हो रहा है, परंतु अपने मजबूत इरादों और इच्छाशक्ति से वह अपने कार्य में लीन है। संभवत: यह दृश्य किसी रेलवे स्टेशन का है और यह बालक वहाँ जमीन पर बैठा हुआ है।

एक समय की बात है, एक स्त्री अपने 15-16 वर्ष के पुत्र के साथ रहती थी। स्त्री के पति का देहांत हो चुका था। पुत्र के पालन-पोषण का भार पूरी तरह उसी पर था। वह स्त्री आस-पास के घरों में मजदूरी आदि करके घर चलाती थी और अपने पुत्र का पालन-पोषण करती थी।

अतिरिक्त समय मिलने पर वह घर पर ही सिलाई कार्य करती थी, ताकि बेटे को शिक्षित कर सके और कामयाब बना सके। इतनी मेहनत करने पर भी वह पर्याप्त धन नहीं जुटा पाती थी। वह बालक की शिक्षा के खर्च को वहन करने में भी कठिनाई महसूस कर रही थी। अपनी माता की इस चिंता व निराशा का आभास होने पर उस बालक ने माता की मदद करने का निर्णय लिया। इसलिए विद्यालयी शिक्षा के साथ-साथ अतिरिक्त समय में वह जूते पॉलिश करने का कार्य करने लगा, जिससे कि माता का आर्थिक सहयोग कर सके तथा अपनी पढ़ाई के खर्चे को पूरा कर सके।

वार्षिक परीक्षा में कठिन मेहनत करके बालक ने कक्षा में सर्वोच्च स्थान प्राप्त किया। वह विद्यालय में मन लगाकर पढ़ाई करता और विद्यालय से आने के बाद जूते पॉलिश करता। उसका कठिन परिश्रम रंग लाया और वह अपनी कक्षा के मेधावी विद्यार्थियों में गिना जाने लगा। लगातार मेधावी प्रदर्शन करने के चलते उसे छात्रवृत्ति प्राप्त होने लगी। इसके उपरांत समय बीतता गया और वह आगे बढ़ता गया। कॉलेज की पढ़ाई पूरी करने के बाद उसने प्रशासनिक सेवा की परीक्षा उत्तीर्ण की और प्रशासनिक सेवा में उच्च पद पाकर एक अधिकारी बन गया। इस कहानी से यह विश्वास मजबूत होता है कि दृढ़ इच्छाशक्ति तथा मेहनत से किसी भी लक्ष्य को पाया जा सकता है। संसाधनों का अभाव भी मजबूत इरादों को रोक नहीं पाता।

शायर मोहम्मद इकबाल ने सही कहा है कि

"खुदी को कर बुलंद इतना, कि हर तकदीर से पहले।
खुदा बंदे से खुद पूछे, बता तेरी रज़ा क्या है?"

अपने जीवन के उद्देश्य को पूरा करने के लिए छोटे से छोटा काम करने में भी हिचकिचाना नहीं चाहिए।

12. नीचे दिए गए दृश्य को ध्यानपूर्वक देखिए और दृश्य को आधार बनाकर वर्णन कीजिए अथवा उसकी कहानी लिखिए, जिसका सीधा व स्पष्ट संबंध दृश्य से होना चाहिए।

उत्तर प्रस्तुत दृश्य में कुछ बच्चे दिखाई दे रहे हैं, जो अपनी कक्षा में अध्ययनरत् हैं। उनमें तीन बच्चों के हाथ में स्लेट है, जिस पर 1, 2, 3....(गिनती) लिखी है।

देखने में बच्चे प्राथमिक स्तर के विद्यार्थी प्रतीत होते हैं। इन बच्चों को देखकर अचानक ही बालपन की स्मृतियों ने मुझमें एक कंपन-सा पैदा कर दिया। बालपन को जीवन का श्रेष्ठकाल कहना उचित होगा। बचपन के दिन तनावरहित व मस्ती-भरे होते थे और सभी मित्र होते थे। किसी से कोई भेदभाव नहीं था। नि:स्वार्थ और अबोध हृदय केवल खेलने और मस्ती का अर्थ समझता था, परंतु देश में सभी बच्चों को ऐसा बचपन नसीब नहीं होता।

भारत सरकार ने शिक्षा का अधिकार कानून के अंतर्गत 6-14 वर्ष तक के सभी बच्चों की शिक्षा को अनिवार्य कर दिया है। इस कानून के अंतर्गत देश में प्राथमिक स्तर पर मुफ्त शिक्षा की व्यवस्था की गई है। इसके साथ ही बालकों के स्वास्थ्य को ध्यान में रखते हुए नि:शुल्क मध्याह्न भोजन (मिड डे मील) की व्यवस्था भी की गई है। हमारे देश में आज भी लाखों बच्चे ऐसे हैं, जो कुपोषण के शिकार हैं, उन्हें न पर्याप्त खाना मिलता है और न ही उचित शिक्षा। कहते हैं कि बच्चे देश का भविष्य होते हैं, लेकिन जिस देश के बच्चे शिक्षा से वंचित हों, कुपोषित हों, वे देश के भविष्य को भला किस प्रकार सँवार सकते हैं?

यदि हम बच्चों में देश का भविष्य देखते हैं, तो हमें आज उन्हें वे सभी अवसर उपलब्ध कराने होंगे, जिससे उनके व्यक्तित्व का सर्वांगीण विकास हो सके।

इस दिशा में 'शिक्षा का अधिकार' निश्चय ही सराहनीय कदम है, लेकिन हमें यह भी सुनिश्चित करना होगा कि इस अधिकार का लाभ समाज के सभी वर्गों के बच्चों को मिले, ताकि शिक्षा का प्रचार-प्रसार भली-भाँति हो सके। जिस प्रकार, इस दृश्य में बच्चों के चेहरों पर मुसकान है, ठीक उसी तरह भारत के प्रत्येक बच्चे के चेहरे पर मुसकान और खुशी दिखाई पड़े।

13. नीचे दिए गए दृश्य को ध्यानपूर्वक देखिए और दृश्य को आधार बनाकर वर्णन कीजिए अथवा उसकी कहानी लिखिए, जिसका सीधा व स्पष्ट संबंध दृश्य से होना चाहिए।

उत्तर प्रस्तुत दृश्य में महिलाओं ने भारतीय संस्कृति के अनुरूप वस्त्रों को धारण किया है वे आधुनिक तकनीकी साधन कंप्यूटर का प्रयोग करते हुए दिखाई दे रही हैं। इंटरनेट जीवन का अनिवार्य अंग बन गया है। चाहे वह विद्यालय हो, विश्वविद्यालय हो, बैंक हो या रेलवे स्टेशन ऐसा कोई भी क्षेत्र नहीं है, जो इंटरनेट से अछूता हो। प्राचीनकाल में महिलाओं को घर की चारदीवारी के भीतर रखा जाता था, आज वे महिलाएँ उन सारे सामाजिक बंधनों को तोड़कर घर की चारदीवारी से बाहर आई हैं।

वे दफ्तरों, कार्यालयों, चिकित्सालयों, संसद भवन आदि में तकनीकी सुविधाओं का उपयोग करती हुई दिखाई देती हैं। आज के आधुनिक समय में महिलाएँ घर में और घर के बाहर भी जीवन के प्रत्येक क्षेत्र में अपना तारतम्य स्थापित कर रही हैं। आज महिलाएँ पुरुषों से पीछे नहीं हैं, बल्कि पुरुषों से आगे बढ़कर प्रत्येक क्षेत्र में उचित प्रकार से अपना कर्त्तव्य निभा रही हैं।

कंप्यूटर के द्वारा देश-विदेश की खबर हम कुछ ही पलों में प्राप्त कर सकते हैं। कंप्यूटर ने विभिन्न क्षेत्रों में विकास करने में अपनी महत्त्वपूर्ण भूमिका निभाई है। यह दृश्य हमें महिलाओं का कंप्यूटर के प्रति झुकाव को दिखाता है, साथ ही उनकी संस्कृति और सभ्यता को भी दर्शाता है। कंप्यूटर ने आज सभी को एक-दूसरे के निकट ला खड़ा किया है। अत: वह आज मानव जीवन का अभिन्न अंग बन गया है।

आज नारी 'अबला' नहीं 'सबला' है। महिलाओं में शिक्षा के प्रसार से उनके आत्मविश्वास में वृद्धि हुई है। एक महिला के शिक्षित होने से दो परिवार शिक्षित होते हैं। महिलाओं को आत्मविश्वास में और वृद्धि करने के लिए प्रयास करने होंगे। आज की नारियाँ शैक्षणिक योग्यता के बल पर अंतरिक्ष तक जा पहुँची हैं। सूचना क्रांति के इस युग में महिलाओं को तकनीकी शिक्षा प्रदान करने की ओर प्रयास करने होंगे।

14. नीचे दिए गए दृश्य को ध्यानपूर्वक देखिए और दृश्य को आधार बनाकर वर्णन कीजिए अथवा उसकी कहानी लिखिए, जिसका सीधा व स्पष्ट संबंध दृश्य से होना चाहिए। दक्षता आधारित प्रश्न

उत्तर प्रस्तुत दृश्य में दो बालक, रखवाली करने वाले जैसा एक व्यक्ति व दो बालिकाएँ दिखाई दे रही हैं। उनमें से एक बालक पत्थर मारकर प्रसन्न मुद्रा में आम तोड़ने की कोशिश कर रहा है। उनसे कुछ दूरी पर ही व्यक्ति हाथ में लाठी लिए क्रोधित मुद्रा में खड़ा है। तीन बच्चे चेहरे पर विभिन्न भाव-भंगिमाओं को दर्शाते हुए भागने का प्रयत्न कर रहे हैं। एक बालिका के चेहरे पर भय व्याप्त है तथा दूसरी बालिका के चेहरे से नटखटपन झलक रहा है। वहीं पास ही एक आम का वृक्ष दिखाया गया है, जो आमों से लदा हुआ है। इन्हीं पके हुए आमों को देखकर बच्चों के मन में आम खाने की लालसा जागृत हुई और उन सबने आम तोड़कर खाने का निश्चय किया।

यह घटना हमारे गाँव की ही है। गाँव से कुछ दूरी पर ही एक आम का बाग है, जिसमें पेड़ों पर आम पके हुए थे और उनकी सुगंध किसी को भी ललचा देती थी। इस सुगंध से हमारे मुँह में पानी आ जाता था। आज विद्यालय से आने के बाद हम बच्चों ने आम तोड़कर खाने की योजना बनाई, क्योंकि दोपहर के समय भोला काका गहरी निद्रा में लीन होते थे। भोला काका बाग के मालिक थे और स्वयं ही बाग की देखभाल किया करते थे।

हमने अत्यंत चपलता व चतुराई से योजना बनाई। एक बालिका को बाहर खड़ा कर दिया गया, ताकि वह बाहर आने-जाने वालों की सूचना देती रहे। हम दोनों बालकों ने पत्थर द्वारा आम तोड़ने आरंभ कर दिए। एक बालिका गिरे हुए आमों को तीव्र गति से थैले में डालने में व्यस्त थी। मैंने सबको चलने के लिए कहा, परंतु 'लालच बुरी बला' वाली कहावत हमारे साथ घटित हो गई। हमने और ज्यादा आम तोड़ने के लिए जोर से पत्थर मारा, तभी तेज आवाज के कारण भोला काका नींद से जाग गए। हम सबको सारे आम वहीं छोड़कर जान बचाने के लिए भागना पड़ा। भोला काका क्रोधित होकर हमारे पीछे दौड़े, परंतु हम तीव्र गति से दौड़ते हुए वहाँ से दूर निकल आए। बाल जीवन बड़ा ही प्यारा व आनंददायक होता है। उस दौर की अनेक घटनाएँ स्मरण होने पर चेहरे पर मंद-मंद मुसकान उभर आती है। आम को फलों के राजा की संज्ञा दी गई है।

इसके रस को दूध में मिलाकर पीने से यह बेहद स्वादिष्ट लगता है। वर्तमान समय में इस प्रकार की बाल सुलभ घटनाओं में कमी आ रही है। बढ़ते हुए शहरीकरण तथा संयुक्त परिवारों के विभाजन के फलस्वरूप, बच्चों की इस प्रकार की चंचलता कहीं खो-सी गई है। आज भी कभी-कभी बचपन की ये स्मृतियाँ हृदय को सुकून प्रदान कर जाती हैं, इसमें कोई अतिशयोक्ति नहीं है।

15. नीचे दिए गए दृश्य को ध्यानपूर्वक देखिए और दृश्य को आधार बनाकर वर्णन कीजिए अथवा उसकी कहानी लिखिए, जिसका सीधा व स्पष्ट संबंध दृश्य से होना चाहिए।

उत्तर प्रस्तुत दृश्य से प्रतीत हो रहा है कि यह दृश्य किसी ऐसी सड़क का है। जिस पर जाम लगा हुआ है। सभी गाड़ियाँ अस्त-व्यस्त रूप में खड़ी हैं। एक कार का ड्राइवर बाहर मौजूद व्यक्ति से इस भयंकर जाम का कारण पूछ रहा है, परंतु सही जवाब के अभाव में घटना को समझ पाने में असमर्थ है। नजदीक ही एक बालिका मौजूद है। वह वहाँ मौजूद पुलिस वाले से जाम का कारण और उसके समाप्त होने का समय पता कर रही है। जाम भयंकर रूप से लगा हुआ है, इस कारण पुलिस कर्मचारी भी जवाब देने में असमर्थ है।

जाम लगने की समस्या हमारे देश के बड़े नगरों में आम बात है, परंतु दिल्ली में यह समस्या विकराल रूप धारण किए हुए है। दिल्ली में आवश्यकतानुसार अनेक चौड़ी-चौड़ी सड़कों व पुलों का निर्माण हुआ है, परंतु जनसंख्या-वृद्धि और वाहनों के प्रयोग में वृद्धि के कारण ये सड़क-निर्माण योजनाएँ अपर्याप्त हैं। प्रदूषण के मामले में दिल्ली का देश में प्रथम स्थान है, जिसका एक मुख्य कारण वाहनों की अधिकता है। वाहनों की अधिकता के कारण ही सर्वत्र जाम से भी जूझना पड़ता है।

राज्य सरकार को इस समस्या के समाधान की ओर विशेष रूप से ध्यान देना होगा। जाम के कारण अधिकतर अवसरों; जैसे—परीक्षा, साक्षात्कार, विवाह आदि में गंतव्य स्थल पर विलंब से पहुँचते हैं। कभी-कभी इस विलंबता के कारण रोजगार के अवसर तक हाथ से निकल जाते हैं। यह स्थिति जीवन के लिए अत्यंत कष्टप्रद है।

स्व-मूल्यांकन

नीचे दिए गए दृश्यों को ध्यान से देखिए और इनको आधार बनाकर इनका अपने शब्दों में वर्णन कीजिए अथवा कहानी लिखिए, जिसका सीधा व स्पष्ट संबंध दृश्य से होना चाहिए।

1.

2.

3.

4.

5.

6.

अध्याय 4

संवाद लेखन

संवाद का अर्थ

जब दो व्यक्ति किसी विषय पर बातचीत करते हैं, तो उस बातचीत को संवाद कहते हैं अर्थात् दो लोगों की परस्पर बातों को हम संवाद कह सकते हैं। इसी बातचीत को यदि लिखित रूप दे दिया जाए, तो यह 'संवाद लेखन' कहलाएगा। संवाद लेखन भी एक महत्त्वपूर्ण कला है। सामान्यत: संवाद लेखन किसी विशेष विषय पर प्रश्नोत्तर शैली में लिखा जाता है। यह वार्तालाप की तुलना में अधिक औपचारिक होता है। वार्तालाप में दो से अधिक व्यक्ति भी सम्मिलित हो सकते हैं। यह सामान्यतया परिचित लोगों में होता है, जिसमें किसी औपचारिकता का विशेष रूप से पालन नहीं किया जाता।

संवाद लेखन की विशेषताएँ

एक अच्छे और रोचक संवाद लेखन में निम्नलिखित विशेषताएँ अपेक्षित हैं

1. **संबोधन** संवाद लेखन में संबोधन का अत्यंत महत्त्वपूर्ण स्थान रहता है। यह संबोधन ही है, जो संवाद की दिशा और दशा दोनों बदल देता है। उदाहरणार्थ; हम अपने मित्र और सगे-संबंधियों को बहुत प्यार से संबोधित करते हैं, किंतु हमें अपने शत्रु से भी प्यार भरे संबोधन के साथ बातचीत/संवाद का आरंभ करना चाहिए।
2. **स्वाभाविकता** बातचीत/संवाद में किसी भी प्रकार की कृत्रिमता नहीं होनी चाहिए। स्वाभाविक संवाद अधिक प्रभावशाली होता है। सोच-समझकर किए गए संवाद के स्थान पर दिल की आवाज़ को आधार बनाकर की गई बातचीत अधिक प्रभावशाली होती है।
3. **अवसरानुकूल स्थान और अवसर** के अनुरूप संवाद किया जाए, तो यह अत्यंत प्रभावशाली होता है। उदाहरणार्थ; विवाह और मृत्यु दोनों विपरीत परिस्थितियाँ हैं, दोनों में संवाद का बिलकुल अलग-अलग भाव प्रस्तुत किया जाना चाहिए।
4. **शैली** संवाद लेखन की शैली प्रभावशाली, स्वाभाविक तथा सहज होनी चाहिए। संवाद को सीधी तरह से प्रस्तुत किया जाना चाहिए।

संवाद लेखन के लिए महत्त्वपूर्ण तथ्य

- संवाद लेखन की भाषा सरल तथा संक्षिप्त, लेकिन कलात्मक होनी चाहिए।
- संवाद विषय तथा पात्रों के अनुकूल होने चाहिए।
- संवाद लेखन में विराम चिह्नों का यथासंभव उचित प्रयोग किया जाना चाहिए।
- पात्रों के मनोभावों को कोष्ठकों में लिखना चाहिए।
  जैसे–राम ने कहा (हँसते हुए)।
- संवाद प्रायः प्रश्नोत्तर शैली में होता है, लेकिन कभी-कभी आदेशात्मक शैली में भी होता है।
- प्रश्नोत्तर शैली के संवाद में जिस काल में प्रश्न होता है, उसी काल में उत्तर दिया जाता है।
- आदेशात्मक शैली में दिए जाने वाले उत्तर प्रायः भूतकाल अथवा वर्तमान काल में होते हैं।

अभ्यास प्रश्न

(दक्षता आधारित प्रश्नों सहित)

1. वनों की अँधाधुँध कटाई पर चिंता व्यक्त करते हुए दो मित्रों के मध्य हुए संवाद को लिखिए।

उत्तर नीरज नमस्ते शौर्य ! कहाँ गए थे इस बार छुट्टियों में?

शौर्य नमस्ते नीरज! इन छुट्टियों में मैं गाँव घूमने गया था।

नीरज तुम्हारा परिवार गाँव में रहता है क्या? वहाँ तो वातावरण बहुत हरा-भरा होगा!

शौर्य हाँ नीरज! वहाँ का हरा-भरा वातावरण छोड़कर आने को मन ही नहीं कर रहा था।

नीरज अच्छा हुआ तुम हरे-भरे वातावरण का आनंद ले आए।

शौर्य हाँ! यहाँ तो चारों ओर सिर्फ ऊँची-ऊँची इमारतें ही दिखाई देती हैं। पेड़-पौधे और हरियाली तो दूर-दूर तक दिखाई नहीं देती।

नीरज अरे मित्र! शहरीकरण और विकास के चक्कर में वनों की अंधाधुंध कटाई हो रही है। हरियाली कहाँ से दिखाई देगी।

शौर्य बिलकुल सही कहा मित्र। वनों की अंधाधुंध कटाई चिंता का विषय है। इससे हमारा वातावरण बहुत प्रभावित हो रहा है।

नीरज हाँ मित्र! आज जलवायु में परिवर्तन बढ़ती गर्मी, बढ़ती सर्दी, अचानक बारिश होना, बाढ़ आना ये सब वनों के कटने के ही दुष्परिणाम हैं।

शौर्य हमें लोगों को इसके प्रति जागरूक करना होगा, ताकि वनों की कटाई रुक सके।

नीरज हाँ मित्र! तुम्हारे इस अभियान में मैं और मेरे अन्य मित्र भी साथ देंगे।

2. 'आम आदमी पर महँगाई की मार' विषय पर समाज के दो सामान्य व्यक्तियों के बीच का संवाद लिखिए। दक्षता आधारित प्रश्न

उत्तर रमेश मनीष! तुम कैसे हो? कहीं ज़रूरी काम से जा रहे हो, क्या?

मनीष हाँ, रमेश! राशन की दुकान से चीनी और गेहूँ लाने जा रहा हूँ।

रमेश चीनी तो ठीक है, लेकिन गेहूँ की क्वालिटी तो सरकारी राशन की दुकानों में अच्छी नहीं होती है।

मनीष देखो रमेश! जब खाने के लिए सामान का अभाव हो, तब गुणवत्ता अर्थात् क्वालिटी पर ज़्यादा ध्यान नहीं दिया जाता।

रमेश हाँ, मैं तुम्हारी बात समझ सकता हूँ।

मनीष महँगाई थोड़ी-बहुत रहे तो आदमी झेल भी ले, लेकिन यहाँ तो सभी सामानों के दाम आसमान छू रहे हैं। कम-से-कम गेहूँ कुछ सस्ता मिलेगा, तो रोटी तो खाने को मिलेगी।

रमेश हाँ! तुम बात बिलकुल सही कह रहे हो। महँगाई के कारण तो भूखे मरने की स्थिति आ गई है।

3. अध्यापक और विद्यार्थी के आपसी संवाद को लगभग 100 शब्दों में लिखिए।

उत्तर विद्यार्थी क्या मैं अंदर आ सकता हूँ? सर!

अध्यापक (दिनेश की ओर देखते हुए) आओ दिनेश! तुम कहाँ थे?

विद्यार्थी सर! हमें ड्रामा-इंचार्ज पॉल साहब ने रोक लिया था। अब मै अंदर आ जाऊँ!

अध्यापक हाँ, हाँ, आओ। पर तुम यह बताओ, पूरा साल ड्रामा ही करते रहोगे या कुछ पढ़ोगे भी?

विद्यार्थी सर! मुझे सारे पाठ याद हैं। होमवर्क भी पूरा है।

अध्यापक अच्छा! वैरी गुड! पर यह ड्रामेबाज़ी तुम्हारी पढ़ाई में बाधा नहीं डालेगी?

विद्यार्थी नहीं सर! पढ़ाई मेरी प्राथमिकता है और अभिनय मेरी अभिरुचि है। इन दोनों में संतुलन बनाकर चलूँगा।

अध्यापक वैरी गुड दिनेश! तुमसे बात करके मुझे बहुत अच्छा लगा।

4. दो विद्यार्थियों के बीच होने वाले वार्तालाप (पुस्तक माँगते हुए) को लगभग 100 शब्दों में लिखिए। दक्षता आधारित प्रश्न

उत्तर प्रणव अक्षय! मुझे एक दिन के लिए तुम्हारी गणित की पुस्तक चाहिए।

अक्षय ज़रूर ले लेना, पर मुझे भी इससे काम करना है। पाँच बजे तक मैं गणित का काम निपटा लूँगा। इसके बाद तुम ले सकते हो।

प्रणव धन्यवाद! अक्षय, मैं पाँच बजे के बाद तुम्हारे घर आकर पुस्तक ले लूँगा।

अक्षय तुम्हें आने में थोड़ा कष्ट ज़रूर होगा।

प्रणव अरे भाई! तुम्हारे घर आना मुझे अच्छा लगता है। इस पुस्तक के बहाने तुम्हारे घर जाना हो जाएगा और सबसे मिलना भी हो जाएगा।

अक्षय प्रणव! इस छोटी-सी बात के लिए दोस्तों के बीच औपचारिकता कैसी?

प्रणव धन्यवाद अक्षय!

अक्षय अच्छा! तो मैं इंतजार करूँगा।

5. गाँव में बाढ़ आ गई है। दो मित्र बाढ़ पीड़ितों की सहायता के लिए जाना चाहते हैं। उनके मध्य हुआ संवाद लगभग 100 शब्दों में लिखिए।

उत्तर अंकुश दिनेश! आज का समाचार-पत्र पढ़ा?

दिनेश हाँ मित्र! बाढ़ के कारण गाँववालों का बुरा हाल हो गया है। सारी फसलें नष्ट हो गई हैं। अनेक गाँववासी बेघर हो गए हैं। प्रशासन उन्हें फिर से बसाने का प्रयास कर रहा है।

अंकुश मित्र! मेरा मन कह रहा है कि कुछ किया जाए।

दिनेश हमारे पास साधन भी तो नहीं हैं।

अंकुश हम उनके लिए लोगों से माँगकर कुछ साधन जुटा तो सकते ही हैं।

दिनेश तो चलें।

अंकुश नेकी और पूछ-पूछ। मैं तैयार होकर आ रहा हूँ।

दिनेश ठीक है, मैं इंतज़ार कर रहा हूँ।

6. स्कूल जाते हुए बच्चों को देखकर काम पर जाते कुछ श्रमिक बच्चों के बीच हुए संवाद को लगभग 100 शब्दों में लिखिए।

उत्तर पहला बच्चा (दूसरे बच्चे से) अरे! ये बच्चे एक से कपड़े पहने, हाथ में पानी की बोतलें और खाने का सामान लेकर कहाँ जा रहे हैं?

दूसरा बच्चा अरे! तुम्हें नहीं पता। ये सब स्कूल जा रहे हैं।

पहला बच्चा स्कूल क्या होता है? वहाँ ये सब क्या करते हैं?

दूसरा बच्चा स्कूल पढ़ने की जगह होती है। वहीं पर ये सब पढ़ने जाते हैं।

पहला बच्चा हम स्कूल क्यों नहीं जाते?

दूसरा बच्चा हम गरीब हैं न! हमें पैसे कमाने के लिए काम पर जाना पड़ता है।

पहला बच्चा मेरा भी मन स्कूल जाने को करने लगा है। क्या मैं स्कूल जा सकता हूँ?

दूसरा बच्चा हाँ, क्यों नहीं जा सकते, पर दूसरे स्कूल में। सरकार ने हमारे जैसे बच्चों की पढ़ाई का मुफ़्त में इंतजाम कर रखा है।

7. दूरदर्शन के कार्यक्रमों के विषय में पिता और पुत्री के बीच होने वाले संवाद को लगभग 100 शब्दों में लिखिए। दक्षता आधारित प्रश्न

उत्तर पिता आजकल दूरदर्शन पर जाने कैसे-कैसे कार्यक्रम आने लगे हैं! अच्छे-बुरे का कुछ ध्यान ही नहीं रह गया है।

बेटी हाँ, पिता जी! आप सही कह रहे हैं, पर कुछ कार्यक्रम अच्छे भी आते हैं।

पिता हो सकता है कुछ कार्यक्रम अच्छे हों, पर अधिकांश का न तो कोई उद्देश्य है और न कोई औचित्य।

बेटी आपने सही कहा, पिता जी।

पिता इन कार्यक्रमों के कारण लाखों-करोड़ों विद्यार्थियों को बहुत हानि पहुँच रही है। उनका ध्यान पढ़ाई में न लगकर इन्हीं कार्यक्रमों की ओर लगा रहता है।

बेटी हाँ, पिता जी! कार्यक्रम प्रसारण अधिकारियों को विद्यार्थियों एवं समग्र समाज का ध्यान रखना चाहिए।

8. जन्मदिन पर न आने की मज़बूरी प्रकट करते हुए दो मित्रों के बीच होने वाले संवाद को लगभग 100 शब्दों में लिखिए।

उत्तर आकांक्षा हैलो रोहित!

रोहित हैलो, कैसी हो आकांक्षा? आज शाम को मुझे तुम्हारी प्रतीक्षा रहेगी।

आकांक्षा रोहित, तुम्हें जन्मदिन की ढेर सारी बधाई हो!

रोहित ये बधाई वहीं आकर देना, घर पर!

आकांक्षा रोहित! खेद है, आज मैं घर पर नहीं आ पाऊँगी। मैं तुम्हारे निमंत्रण का आदर करती हूँ, परंतु क्या करूँ, मज़बूर हूँ। शाम को मेरे मम्मी-पापा घर पर नहीं होंगे।

रोहित तो तुम्हें घर से मैं ले आऊँगा।

आकांक्षा सॉरी रोहित! मुझे लगता है, यह ठीक नहीं होगा।

रोहित ठीक है! जैसा तुम चाहो।

आकांक्षा तुम मेरी ओर से पहले ही बधाई स्वीकार करो।

रोहित धन्यवाद, आकांक्षा!

9. ट्रेन में सफर कर रहे दो यात्रियों के बीच की बातचीत को लगभग 100 शब्दों में लिखिए। दक्षता आधारित प्रश्न

उत्तर विनायक भाई साहब! आप कहाँ जा रहे हैं?

दामोदर मैं मुंबई जा रहा हूँ और आप कहाँ जा रहे हैं?

विनायक मैं गोवा जा रहा हूँ। मुंबई में इस ट्रेन से उतरकर दूसरी ट्रेन लूँगा।

दामोदर आप किसी काम से गोवा जा रहे हैं या घूमने के लिए।

विनायक गोवा में मेरा भाई रहता है। उसके यहाँ कुछ ज़रूरी काम से जा रहा हूँ। आप मुंबई में ही रहते हैं या किसी से मिलने जा रहे हैं?

दामोदर मैं मुंबई में अपनी मौसी के घर जा रहा हूँ। उन्हें लेकर वापस दिल्ली लौटना है।

विनायक अच्छा, अच्छा। चलिए ये तो बहुत बढ़िया बात है कि आपकी मौसी मुंबई में ही रहती हैं। कभी फुरसत में मुंबई और गोवा घूमने का कार्यक्रम बनाया जा सकता है, क्योंकि मुंबई में आपकी मौसी हैं और गोवा में मेरा भाई।

10. 'त्योहारों का हमारे जीवन में महत्त्व व उनके संदेश' विषय पर बातचीत करते दादा जी और पोते के संवाद को लगभग 100 शब्दों में लिखिए।

उत्तर पोता दादा जी हम त्योहार क्यों मनाते हैं?

दादा बेटा! हम त्योहार इसलिए मनाते हैं, क्योंकि प्रत्येक त्योहार का सामाजिक और धार्मिक महत्त्व होता है। त्योहार हमें भाई-चारा, प्रेम व हर्ष का संदेश देते हैं।

पोता अच्छा दादा जी, ये बताइए कि हम दिवाली क्यों मनाते हैं?

दादा दिवाली हम इसलिए मनाते हैं, क्योंकि इस दिन भगवान श्रीराम 14 वर्ष का वनवास पूरा कर अयोध्या वापस लौटे थे। इस खुशी में अयोध्यावासियों ने घी के दिये जलाए थे।

पोता अच्छा दादा जी हमें इससे क्या संदेश मिलता है?

दादा इससे हमें बुराई पर अच्छाई की जीत का संदेश मिलता है।

11. ''हमारा गौरवशाली अतीत और आधुनिकता का आवरण ओढ़े वर्तमान'', विषय पर दो मित्रों के बीच में होने वाले वार्तालाप को लगभग 100 शब्दों में लिखिए।

उत्तर मनोज सुरेश! क्या तुमने आज का अखबार पढ़ा?

शुभम हाँ पढ़ा।

मनोज हमारे भारतीय समाज को न जाने क्या हो गया है, जहाँ देखो सांप्रदायिक दंगे, चोरी, लूटपाट तथा जातिगत भेदभाव ही नज़र आता है।

शुभम तुम ठीक कहते हो मित्र; हमारा अतीत वर्तमान से अधिक गौरवशाली था। हमारी भारतीय संस्कृति और एकता का उदाहरण पूरे संसार में दिया जाता था।

मनोज लेकिन शुभम! आज हम जिस आधुनिकता की बात करते हैं, वह हमारे अतीत के गौरव को नष्ट करती जा रही है। हम जितने आधुनिक हो रहे हैं, उतने ही संवेदनहीन व धर्म-जाति के नाम पर बँट रहे हैं।

शुभम हाँ! मनोज तुम ठीक कहते हो।

स्व-मूल्यांकन

1. छोटे भाई मुकुल के विद्यालय न जाने पर बड़ा भाई सोमेश उसे विद्यालय जाने के महत्त्व समझाता है। दोनों के बीच होने वाले संवाद को लिखिए।

2. विद्यालय में 26 जनवरी के उपलक्ष्य पर देशप्रेम की भावना से ओत-प्रोत फिल्म दिखाई गई। फिल्म देखने के बाद शिक्षक और विद्यार्थियों के मध्य होने वाले संवाद को लिखिए।

3. आप किसी पर्यटन स्थल पर गए हैं। वहाँ के स्थानीय निवासी से घूमने वाली जगह की जानकारी लेते हुए उससे होने वाले संवाद को लिखिए।

4. आपको अपने विद्यालय से कुछ दिनों का अवकाश लेना है। आपके प्रधानाध्यापक ने आपके आवेदन पत्र पर विचार करते हुए आपसे कारण जानने के लिए बुलाया है। अपने प्रधानाध्यापक से होने वाले संवाद को लिखिए।

5. आपके छोटे भाई का एक मित्र उससे मिलने आया है, लेकिन आपका छोटा भाई घर पर नहीं है। उसके मित्र से होने वाले संवाद को लिखिए।

6. अपने एक बीमार दोस्त को दिखाने के लिए आप उसे चिकित्सालय लेकर गए हैं। वहाँ डॉक्टर से होने वाले संवाद को लिखिए।

7. आपने अपना गृहकार्य नहीं किया है। इसका कारण बताते हुए शिक्षक के साथ होने वाला संवाद लिखिए।

8. आपके पड़ोस के एक घर में चोरी हो गई है। आप उनके यहाँ जाकर पूरी जानकारी लेते हैं। इस संदर्भ में अपने पड़ोसी से होने वाले संवाद को लिखिए।

9. आप अपनी सहेली के जन्मदिन मनाने के अवसर पर उसके घर गई हैं। उससे होने वाला संवाद लिखिए।

10. आप ट्रेन से कहीं जा रही हैं। आपके साथ बैठी लड़की आपसे परिचय करना चाहती है। उसके साथ होने वाला संवाद लिखिए।

11. पढ़ने के लिए विद्यालय जाते समय अपने मित्र के साथ होने वाले संवाद को लिखिए।

12. आपके पैर में चोट लगी है। माँ द्वारा कारण पूछे जाने पर उनसे होने वाले संवाद को लिखिए।

13. बड़े भाई के साथ अपनी परीक्षा की तैयारी संबंधी होने वाले संवाद को लिखिए।

14. आपको अपने पिता जी से कुछ पैसे माँगने हैं। इस संदर्भ में उनसे होने वाले संवाद को लिखिए।

15. घर के कुछ सामानों की खरीदारी करने के लिए अपनी बड़ी बहन के साथ होने वाले संवाद को लिखिए।

16. 'जहाँ चाह, वहाँ राह'-इस विषय पर पिता-पुत्र के बीच हुए संवाद को लिखिए।

17. ''बीता हुआ समय कभी वापस नहीं आता''-इस विषय पर छात्र एवं अध्यापक के बीच हुए संवाद को लिखिए।

18. ''मज़हब नहीं सिखाता आपस में बैर रखना''-इस विषय पर दो मित्रों के बीच हुए संवाद को लिखिए।

19. दो व्यक्तियों के बीच भ्रष्टाचार को लेकर होने वाली बातचीत को लिखिए।

20. क्रिकेट के क्षेत्र में भारतीय टीम के शानदार प्रदर्शन पर आधारित दो मित्रों के संवाद को लिखिए।

प्री-मिड टर्म टेस्ट

अपठित, व्याकरण, पाठ्यपुस्तक (पद्य भाग तथा गद्य भाग) एवं लेखन खंड के प्रश्नों सहित

{टेस्ट 1}

1. निम्नलिखित गद्यांश को पढ़कर उन पर आधारित बहुविकल्पीय प्रश्नों के उत्तर दीजिए। (½ × 4 = 2)

रवींद्रनाथ टैगोर ने 12 वर्ष की आयु से ही काव्य-सृजन शुरू कर दिया था, बाद में उन्होंने गद्य-साहित्य की रचना भी शुरू की और अपनी अधिकतर रचनाओं का उन्होंने अंग्रेज़ी में अनुवाद भी किया। अपनी प्रसिद्ध काव्य पुस्तक 'गीतांजलि' के अंग्रेज़ी अनुवाद के लिए उन्हें वर्ष 1913 में साहित्य का 'नोबेल पुरस्कार' प्राप्त हुआ और वे यह पुरस्कार प्राप्त करने वाले केवल भारत के ही नहीं, बल्कि एशिया के भी प्रथम व्यक्ति बने। 'गीतांजलि' रवींद्रनाथ टैगोर की एक अमर काव्य कृति है। इसी के गीतों ने उन्हें 'विश्व कवि' के रूप में प्रतिष्ठित किया। कुछ लोगों का यह मानना है कि इसका अनुवाद किसी अंग्रेज़ कवि ने किया था, किंतु अब यह बात सिद्ध हो चुकी है कि यह अनुवाद किसी और ने नहीं, बल्कि स्वयं रवींद्रनाथ टैगोर ने ही किया था।

जब वे लंदन अंग्रेज़ी भाषा की शिक्षा प्राप्त करने गए थे, उस दौरान 17 वर्ष की आयु में उनकी मुलाकात अंग्रेज़ी के विश्वविख्यात रोमांटिक कवियों एवं लेखकों के साथ हुई। उनमें से कई उनके अच्छे मित्र बन गए। अपने उन मित्रों के साथ आयोजित काव्य गोष्ठियों में अपनी बांग्ला कविताओं को सुनाने के दृष्टिकोण से वे उनका अनुवाद अंग्रेज़ी में किया करते थे। उन कवियों एवं लेखकों ने उनके काव्य की भूरि-भूरि प्रशंसा की। इसके बाद से उन्होंने अपनी अधिकतर रचनाओं का अंग्रेज़ी में अनुवाद प्रारंभ कर दिया था।

प्रश्न

I. 'गीतांजलि' का अंग्रेज़ी अनुवाद किसने किया था?

(क) कबीरदास (ख) तुलसीदास

(ग) रवींद्रनाथ टैगोर (घ) देव

II. रवींद्रनाथ टैगोर शिक्षा प्राप्त करने कहाँ गए तथा वहाँ उनकी मुलाकात किससे हुई?

(क) लंदन (ख) मुंबई

(ग) कलकत्ता (घ) दिल्ली

III. 'विश्वविख्यात' शब्द का समास बताइए।

1. अधिकरण तत्पुरुष समास 2. द्विगु समास

3. अव्ययीभाव समास 4. इनमें से कोई नहीं

कूट

(क) केवल 1 सही है (ख) केवल 2 सही है

(ग) केवल 3 सही है (घ) केवल 4 सही है

IV. प्रस्तुत गद्यांश का उपयुक्त शीर्षक लिखिए।

(क) रवींद्रनाथ टैगोर एक श्रेष्ठ साहित्यकार

(ख) गद्य साहित्य की रचना

(ग) कवि एवं उनकी रचनाएँ

(घ) विश्व कवि

2. निम्न प्रश्नों के उत्तर दीजिए। (1 + 1 = 2)

(क) निम्नलिखित शब्दों में उचित स्थान पर लगे अनुस्वार वाले शब्द छाँटिए

अंदर, घूंघट, कुंआरा, सांप

(ख) निम्नलिखित शब्दों में उपयुक्त स्थान पर लगे अनुनासिक वाले शब्द छाँटिए

छाँव, महगाँई, खुशियाँ, आचँ

3. निम्नलिखित प्रश्नों के उत्तर दीजिए।

नौसिखिया किसे कहा गया है? (1)

अथवा

नज़दीक से एवरेस्ट को देखकर लेखिका बचेंद्री पाल को कैसा लगा? 'एवरेस्ट : मेरी, शिखर यात्रा' पाठ के आधार पर लिखिए। (1)

4. निम्नलिखित में से किसी एक विषय पर दिए गए संकेत बिंदुओं के आधार पर 120 शब्दों में अनुच्छेद लिखिए। (2)

बच्चों पर बढ़ता बस्ते का बोझ

- शिक्षा का स्वरूप
- विद्यालय की भूमिका
- बोझ कम करने के सुझाव

अथवा

कन्या भ्रूण हत्या

- महिलाओं का योगदान
- इसका दुष्प्रभाव
- रोकने के उपाय

5. विद्यालय की ओर से कुछ सहपाठियों के साथ शैक्षणिक भ्रमण पर जाने हेतु अपने पिताजी से आज्ञा माँगते हुए उन्हें एक पत्र लिखिए। (1)

अथवा

आप सुरेश, आनंद पर्वत, दिल्ली के निवासी हैं। आप अपने विद्यालय में राष्ट्रीय नाट्य विद्यालय की ओर से एक कार्यशाला आयोजित करना चाहते हैं। इसके लिए राष्ट्रीय नाट्य विद्यालय के निदेशक को पत्र लिखिए। (1)

6. विद्यालय के वार्षिक दिवस के अवसर पर की जाने वाली तैयारियों के संबंध में एक स्कूल के दो विद्यार्थियों के बीच होने वाले संवाद को लिखिए। (1)

अथवा

चुनाव के दौरान नेताओं की अमर्यादित भाषा की आलोचना करते हुए दो मित्रों के बीच होने वाले संवाद को लिखिए। (1)

7. नीचे दिए गए दृश्य को ध्यान से देखिए और दृश्य को आधार बनाकर उसका परिचय देते हुए कोई लेख, घटना अथवा कहानी लिखिए, जिसका सीधा व स्पष्ट संबंध दृश्य से होना चाहिए। (1)

अथवा

अपने मित्र को 'स्वच्छता अभियान' का हिस्सा बनने के लिए निमंत्रण पत्र लिखिए। 1)

{टेस्ट 2}

1. निम्नलिखित गद्यांश को पढ़कर उन पर आधारित प्रश्नों के उत्तर दीजिए। (½ × 4 = 2)

आधुनिक युग में योग का महत्त्व बढ़ गया है। इसके बढ़ने का कारण व्यस्तता और मन की व्यग्रता है। यदि मनुष्य शारीरिक रूप से स्वस्थ है, तो वह संसार में रहकर जीवन का सुख भोग सकता है और अपने सभी कर्तव्यों एवं मनोकामनाओं को पूर्ण कर सकता है। शरीर ही वह माध्यम है, जिसके द्वारा हम अपने सभी कामों को संपन्न कर सकते हैं। इसलिए अपने शरीर को स्वस्थ रखना हमारा प्रथम कर्तव्य है, जिसे योग द्वारा स्वस्थ बनाया जा सकता है। 21 जून, 2015 को प्रथम बार संपूर्ण विश्व में 'विश्व योग दिवस' मनाया गया। इसके साथ ही यह घोषणा भी की गई कि प्रत्येक वर्ष 21 जून को विश्व योग दिवस के रूप में मनाया जाएगा।

योग प्राचीन समय से ही भारतीय संस्कृति का अंग रहा है। हमारे पूर्वजों ने बहुत समय पहले ही इसका आविष्कार कर लिया था और इसके महत्त्व को पहचान लिया था। इसलिए योग पद्धति सदियों बाद भी जीवित है। योग करने से न केवल तन की थकान दूर होती है, बल्कि मन की थकान भी दूर होती है।

योग करने वाला व्यक्ति अपने अंग-प्रत्यंग में एक नए उत्साह एवं स्फूर्ति का अनुभव करता है। योग करने से शरीर के प्रत्येक अंग में रक्त का संचार सुचारु रूप से होता है तथा शरीर रोगमुक्त रहता है। अतः योग दिवस का उद्देश्य संपूर्ण विश्व में योग से प्राप्त होने वाले लाभों के प्रति लोगों को जागरूक करना है। मनुष्य को शारीरिक और मानसिक रूप से स्वस्थ रखने में योग पूर्णतः सक्षम है। योग प्राचीन भारतीय परंपरा एवं संस्कृति की अमूल्य देन है। यह स्वास्थ्य एवं कल्याण का सहज संबंध बनाने वाला दृष्टिकोण है। योग केवल व्यायाम नहीं है, बल्कि स्वयं को विश्व और प्रकृति के साथ एकत्व खोजने का भाव है।

प्रश्न

I. आधुनिक युग में योग का महत्त्व क्यों बढ़ा है? स्पष्ट कीजिए।

II. प्राचीन समय में भारतीय संस्कृति के अंतर्गत योग की क्या भूमिका थी? संक्षेप में बताइए।

III. मानव शरीर के लिए योग क्यों आवश्यक है? स्पष्ट कीजिए।

IV. गद्यांश के आधार पर योग के महत्त्व को स्पष्ट कीजिए।

2. निम्नलिखित प्रश्नों के उत्तर दीजिए। (1 + 1 = 2)

(क) निम्नलिखित शब्दों में मूल शब्द व उपसर्ग अलग-अलग करके लिखिए

दुबला, भरपेट

(ख) निम्नलिखित शब्दों में से मूल शब्द व प्रयुक्त प्रत्ययों को अलग-अलग करके लिखिए

उपयोगी, संपादकीय

3. निम्नलिखित प्रश्नों के उत्तर दीजिए।

'बिगरी बात बनै नहीं' दोहे के माध्यम से रहीम क्या कहना चाहते हैं? (1)

अथवा

"महानगरों की सबसे बड़ी समस्या यंत्रवत् व्यस्तता एवं अजनबीपन है।" 'नए इलाके में' कविता के आधार पर स्पष्ट कीजिए। (1)

4. निम्नलिखित प्रश्नों के उत्तर दीजिए।

धूर्त तथा चालाक लोग क्या करते हैं और साधारण आदमी की किस अवस्था का फायदा उठाते हैं? (1)

अथवा

कवि रैदास की भक्ति, दास्य-भाव की भक्ति है। सिद्ध कीजिए। (1)

5. निम्नलिखित विषय पर संकेत बिंदुओं के आधार पर अनुच्छेद लिखिए। (2)

शहरों में यातायात-समस्या

- यातायात के विभिन्न साधन
- बस सेवा और नागरिकों को होने वाली असुविधाएँ
- थ्री-व्हीलर द्वारा होने वाली असुविधाएँ

अथवा

भारतीय संस्कृति

- ऐतिहासिक परंपरा
- राष्ट्रीयता की भावना
- अनेकता में एकता

6. प्रस्तुत दृश्य को ध्यान से देखिए और दृश्य को आधार बनाकर उसका परिचय देते हुए कोई लेख, कहानी अथवा घटना लिखिए, जिसका सीधा व स्पष्ट संबंध दृश्य से होना चाहिए। (1)

अथवा

छात्रावास में रह रहे छोटे भाई के द्वारा की गई मोबाइल फ़ोन की माँग पर अभी इसका उपयोग न करने की सलाह देते हुए पत्र लिखिए। (1)

7. दो वृक्षों के बीच होने वाले काल्पनिक संवाद लिखिए। (1)

अथवा

दो मित्रों के बीच जन्मदिवस की तैयारी को लेकर होने वाले संवाद लिखिए। (1)

{टेस्ट 3}

1. निम्नलिखित गद्यांश को ध्यानपूर्वक पढ़कर उन पर आधारित प्रश्नों के उत्तर दीजिए। (½ × 4 = 2)

संपूर्ण विश्व आज जिस बड़ी समस्या से जूझ रहा है, वह है– जलवायु परिवर्तन।

जलवायु परिवर्तन आज एक ऐसी विश्वस्तरीय समस्या का रूप ले चुका है, जिसके समाधान के लिए आज संपूर्ण विश्व-समाज को संयुक्त रूप से अंतर्राष्ट्रीय स्तर पर सतत प्रयास करने की आवश्यकता है। दरअसल सामान्य मौसमी अभिवृत्तियों में किसी खास स्थान पर होने वाले विशिष्ट परिवर्तन को ही जलवायु परिवर्तन कहते हैं।

तापमान में वृद्धि, हिमनदों का पिघलना तथा समुद्र जल स्तर में लगातार वृद्धि ऐसे सूचक हैं, जिनसे जलवायु परिवर्तन की परिघटना का पता चलता है। पृथ्वी पर आने वाली सौर ऊर्जा की बड़ी मात्रा अवरक्त किरणों के रूप में पृथ्वी के वातावरण से बाहर चली जाती है। इस ऊर्जा की कुछ मात्रा ग्रीनहाउस गैसों में मीथेन, कार्बन डाइ-ऑक्साइड, नाइट्रस ऑक्साइड इत्यादि शामिल हैं।

वातावरण में ग्रीनहाउस गैसों का होना अच्छा है, किंतु जब इनकी मात्रा बढ़ जाती है, तो तापमान में वृद्धि होने लगती है। इससे जो समस्या सामने आई है, उसे 'ग्लोबल वार्मिंग' अर्थात् वैश्विक तापवृद्धि की संज्ञा दी गई है।

प्रश्न

I. संपूर्ण विश्व-समाज को संयुक्त रूप से अंतर्राष्ट्रीय स्तर पर सतत प्रयास करने की आवश्यकता क्यों है?

II. जलवायु परिवर्तन से क्या आशय है?

III. 'परिघटना' प्रयुक्त उपसर्ग है।

IV. गद्यांश का उचित शीर्षक बताइए।

2. निम्नलिखित वाक्यों में उचित विराम चिन्ह लगाइए। (1 + 1 = 2)

(क) उपवास रखने की बात लेखक ने क्यों सोची? 'तुम कब जाओगे, अतिथि' पाठ के आधार पर लिखिए।

(ख) हरिवंश राय बच्चन की अग्निपथ प्रसिद्ध रचना है

3. निम्नलिखित लघु उत्तरीय प्रश्नों के उत्तर दीजिए।

उग्र और उदार देशभक्तों से क्या तात्पर्य है? 'शुक्रतारे के समान' पाठ के आधार पर लिखिए। (1)

अथवा

लोग खरबूज़े वाली स्त्री से घृणा क्यों कर रहे थे? पाठ 'दुःख का अधिकार' के आधार पर स्पष्ट कीजिए। (1)

4. निम्नलिखित निबंधात्मक प्रश्नों के उत्तर दीजिए।

रैदास के पद 'प्रभु जी, तुम घन बन हम मोरा, जैसे चितवत चंद चकोरा' का भाव अपने शब्दों में लिखिए। (1)

अथवा

'खुशबू रचते हैं हाथ' शीर्षक कविता में किस विडंबना का चित्रण हुआ है? (1)

5. निम्नलिखित विषय पर संकेत बिंदुओं के आधार पर अनुच्छेद लिखिए। (2)

हमारा स्वाभिमान : स्वतंत्रता दिवस

- परिचय
- स्वतंत्रता दिवस का महत्त्व
- हमारा कर्त्तव्य

उन्नति का साधन : शिक्षा

- शिक्षा की आवश्यकता
- शिक्षा का महत्त्व
- शिक्षा के लाभ

6. परीक्षा में नकल करते हुए पकड़ें जाने पर जिन छात्रों पर जुर्माना लगा है, उनके संदर्भ में अध्यापकों का संवाद लेखन कीजिए। (1)

अथवा

सड़कों पर होने वाली ट्रैफिक की समस्या पर दो मित्रों के बीच होने वाले संवाद को लिखिए। (1)

7. नीचे दिए गए दृश्य को ध्यान से देखिए और दृश्य को आधार बनाकर उसका परिचय देते हुए कोई लेख, घटना अथवा कहानी लिखिए, जिसका सीधा व स्पष्ट संबंध दृश्य से होना चाहिए। (1)

अथवा

आप सोनीपत में रहने वाले तुषार हैं। ग्रीष्मावकाश में आपके पर्वतीय शहर में रहने वाले मित्र नीरज ने आपको आमंत्रित कर अनेक दर्शनीय स्थलों की सैर कराई। इसके लिए उसका आभार व्यक्त करते हुए धन्यवाद पत्र लिखिए। (1)

मिड टर्म टेस्ट

अपठित, व्याकरण, पाठ्यपुस्तक (पद्य भाग तथा गद्य भाग) एवं लेखन खंड के प्रश्नों सहित

{टेस्ट 1}

1. निम्नलिखित गद्यांश को पढ़कर इस पर आधारित प्रश्नों के उत्तर दीजिए। (½ × 4 = 2)

एक समय था, जब मनुष्य जंगलों में आदिमानव के रूप में भटकता था, प्रकृति का दास था। प्राकृतिक आपदाओं से भयभीत था। पर्वतों के ऊँचे शिखर उसे डराते थे। नदियों का प्रवाह उसके साहस को चुनौती देता था, सागर की लहरें उसके मन को भयभीत करती थीं, परंतु कहते हैं न, "आवश्यकता आविष्कार की जननी है।" अतः इसी आवश्यकता के कारण मनुष्य ने अपने अंदर के साहस को बटोरा। अपनी शक्ति का संग्रह कर प्रकृति से लोहा लेने लगा। उसने अंतरिक्ष की टोह (खोज) ली। नक्षत्रों और तारों की दुनिया जानी। उसने पृथ्वी की कोख से खनिज पदार्थ ढूँढे। उसने आग का, पहिए का आविष्कार कर सबको न केवल अचंभे में डाल दिया, बल्कि उसके दम पर क्रांतिकारी परिवर्तन कर दिखाया।

क्या मनोरंजन, क्या शिक्षा और क्या चिकित्सा क्षेत्र! कुछ भी विज्ञान से अछूता न रहा। दूरदर्शन, सिनेमा आदि ने मनुष्य के ज्ञान एवं शिक्षा का प्रसार एवं प्रचार किया। विभिन्न तकनीकों से आज उसने मौसम पर भी नियंत्रण कर लिया है। कृषि आदि कार्यों के लिए प्रकृति के मोहताज रहे मनुष्य ने आज सर्दी में गर्मी का और गर्मी में सर्दी का आनंद देने वाले कूलर, पंखे, फ्रिज, एयरकंडीशनर तक तैयार कर लिए। आज बारह महीने मौसमी फलों एवं सब्जियों का आनंद उठाया जा सकता है। घर बैठे पूरी दुनिया के मौसम का हाल जाना जा सकता है। विज्ञान के बल पर अनेक प्रकार की भविष्यवाणियाँ की जा सकती हैं।

प्रश्न

I. प्राचीन समय में मनुष्य को प्रकृति का दास क्यों समझा जाता था?

II. वैज्ञानिक आविष्कारों से मनुष्य के जीवन में क्या परिवर्तन आए हैं?

III. "आवश्यकता आविष्कार की जननी है।" प्रस्तुत पंक्ति का आशय स्पष्ट कीजिए।

IV. 'भयभीत' और 'अत्यधिक' शब्दों का समास-विग्रह करते हुए समास का नाम बताइए।

2. निम्नलिखित प्रश्नों के उत्तर दीजिए।

(क) निम्नलिखित शब्दों की संधि कीजिए (1 + 1 = 2)

(i) निः + पाप

(ii) कृत् + अंत

(ख) निम्नलिखित शब्दों का संधि-विच्छेद कीजिए

(i) प्रत्युपकार

(ii) भगवद्भक्ति

3. निम्नलिखित प्रश्नों के उत्तर दीजिए।

चंदन के संपर्क में रहने से क्या प्रभाव पड़ता है? रैदास के पद के आधार पर स्पष्ट कीजिए। (1)

अथवा

गीत और अगीत में आप किसे सुंदर मानते हैं और क्यों? (1)

4. निम्नलिखित लघु उत्तरीय प्रश्नों के उत्तर दीजिए।

मनुष्य को अपना मान-सम्मान बनाए रखने की प्रेरणा कवि रहीम कैसे देते हैं? स्पष्ट कीजिए। (1)

अथवा

रामन् की खोज को क्रांति के समान क्यो कहा गया है? (1)

5. निम्नलिखित विषय पर संकेत बिंदुओं के आधार पर 120 शब्दों में अनुच्छेद लिखिए। (2)

जनसंख्या वृद्धि

- एक भयावह समस्या
- जनसंख्या वृद्धि के कारण
- इसके दुष्परिणाम एवं समाधान

अथवा

जीवन में त्योहारों का महत्त्व

- त्योहारों की आवश्यकता
- त्योहारों के प्रकार एवं उसके लाभ
- एकता और बंधुत्व का वाहक

6. अपने सहपाठी से कोई पुस्तक माँगने हेतु उससे होने वाले संवाद को लिखिए। (1)

अथवा

एक विद्यार्थी द्वारा अपने प्रिंसिपल से किए जाने वाले संवाद को लिखिए। (1)

7. नीचे दिए गए दृश्य को ध्यानपूर्वक देखिए और दृश्य को आधार बनाकर वर्णन कीजिए अथवा उसकी कहानी लिखिए, जिसका सीधा व स्पष्ट संबंध दृश्य से होना चाहिए। (1)

अथवा

पशु-पक्षियों का मानव-जीवन में महत्त्व बताकर उनके प्रति क्रूर व्यवहार न करने की हिदायत देते हुए अपने छोटे भाई को एक पत्र लिखिए। (1)

{टेस्ट 2}

1. निम्नलिखित गद्यांश को पढ़कर इस पर आधारित बहुविकल्पीय प्रश्नों के उत्तर दीजिए। (½ × 4 = 2)

समाज दहेज की कुप्रथा से पीड़ित है और इससे छुटकारा पाना चाहता है। कानून भी बनते हैं, सामाजिक दबाव भी है, फिर भी यह प्रथा फलती-फूलती जा रही है, समाप्त नहीं हो पा रही है-क्यों? आखिर क्या उपाय है इस अभिशाप से मुक्त होने का? कोई इसका उपाय अंतर्जातीय विवाह को बढ़ावा देने को बताता है, तो कोई प्रेम विवाह की चर्चा करता है और कोई दंडात्मक कठोर कानून बनाने को। ये सभी बातें एक सीमा तक ही ठीक हैं।

क्या गारंटी है कि अंतर्जातीय तथा प्रेम-विवाह के लिए तैयार होने वालों के दहेज लोभी माँ-बाप उस स्थिति में भी दहेज संबंधी सौदेबाजी नहीं करेंगे? या फिर समाज भी उन्हें स्वीकार कर ही लेगा? कानून उन्हीं का साथ देगा, न कि धन-बल से कानून की धज्जियाँ उड़ाने में समर्थ लोगों का? हमारे विचार में पुरानी पीढ़ी के दकियानूसी लोग किसी भी बात से डरने या पसीजने वाले नहीं और फिर ऐसे विवाह के लिए सामाजिक वातावरण भी सुलभ होना संभव नहीं।

युवक-युवतियाँ दोनों ऐसे परिवारों में विवाह करने से स्पष्ट और आंतरिक दृढ़ता से इनकार कर दें, जहाँ किसी भी रूप में दहेज दिया-लिया जाता हो। युवतियों से भी बढ़कर देश के जागरूक नवयुवकों पर अधिक दायित्व जाता है। जिस दिन युवक अपने माता-पिता से स्पष्ट कह देंगे कि वह दहेज लेकर कतई विवाह नहीं करेंगे, उसी दिन से समस्त दहेजलोभियों की अक्ल ठिकाने लग जाएगी और फिर इस कुप्रथा का अंत हो जाएगा।

प्रश्न

I. समाज किससे छुटकारा पाना चाहता है?
(क) अंतर्जातीय विवाह से
(ख) कठोर कानून से
(ग) दहेज जैसी कुप्रथा से
(घ) उपरोक्त में से कोई नहीं

II. दहेज प्रथा के विकराल रूप का क्या कारण है?
(क) अंतर्जातीय विवाह का होना
(ख) प्रेम विवाह का कम होना
(ग) लोगों का दृष्टिकोण नहीं बदलना
(घ) उपरोक्त में से कोई नहीं

III. **कथन** A दहेज प्रथा का अंत किस प्रकार संभव है?
कारण R युवाओं द्वारा दहेज के खिलाफ विद्रोह करना
(क) कथन A और कारण R दोनों गलत हैं।
(ख) कथन A सही है और कारण R दोनों सही हैं।
(घ) कथन A सही है, लेकिन कारण R सही नहीं है।
(ग) कथन A सही नहीं है, लेकिन कारण R सही है।

IV. उपरोक्त गद्यांश के लिए उपयुक्त शीर्षक क्या हो सकता है?
(क) युवकों का विद्रोह
(ख) दहेजप्रथा—एक अभिशाप
(ग) प्रेम विवाह
(घ) दहेज प्रथा के लिए कानून की आवश्यकता

2. निम्नलिखित प्रश्नों के उत्तर दीजिए (1 + 1 = 2)

(क) विवरण चिह्न का प्रयोग कहाँ किया जाता है?

(ख) लेकिन रामन् केवल भावुक प्रकृति प्रेमी ही नहीं थे प्रस्तुत वाक्य में सही विराम चिह्न का प्रयोग करके पुनः वाक्य लिखिए।

3. निम्नलिखित प्रश्नों के उत्तर दीजिए।

लेखिका ने गिल्लू के लिए 'परिचारिका' शब्द का प्रयोग किन कारणों से किया है? (1)

अथवा

व्यक्ति के जीवन में साहस का क्या महत्त्व है? 'स्मृति' पाठ के आधार पर अपना उत्तर दीजिए। (1)

4. निम्नलिखित विषयों पर संकेत बिंदुओं के आधार पर अनुच्छेद लिखिए। (2)

करत-करत अभ्यास ते जड़मति होत सुजान

- सूक्ति का अर्थ
- निरंतर अभ्यास की महिमा
- जीवन में अभ्यास की उपयोगिता एवं महत्ता

अथवा

भारतीय संस्कृति

- संस्कृति क्या है?
- इसकी विशेषताएँ
- इसका महत्त्व

5. परीक्षा की तैयारी के लिए पढ़ाई की तरफ ध्यान देने के संदर्भ में अपने छोटे भाई को पत्र लिखिए। (1)

अथवा

परीक्षा के बाद अपने कार्यक्रम का विवरण देते हुए अपने पिताजी को पत्र लिखिए। (1)

6. निम्नलिखित विषय पर संवाद लेखन कीजिए।

आप केंद्रीय विद्यालय, मुनिरका, नई दिल्ली के छात्र विवेक उपाध्याय हैं। आपको खेल के मैदान में एक कलाई-घड़ी गिरी हुई मिली थी। इस संबंध में दो मित्रों के बीच होने वाले संवाद को लिखिए। (1)

अथवा

आजकल बिजली कटौती की समस्या से प्राय: सभी को जूझना पड़ रहा है। इस समस्या के संदर्भ में दो गृहणियों के बीच होने वाले संवाद को लिखिए। (1)

7. नीचे दिए गए दृश्य को ध्यानपूर्वक देखिए और दृश्य को आधार बनाकर वर्णन कीजिए अथवा उसकी कहानी लिखिए, जिसका सीधा व स्पष्ट संबंध दृश्य से होना चाहिए। (1)

अथवा

नीचे दिए गए दृश्य को ध्यानपूर्वक देखिए और दृश्य को आधार बनाकर वर्णन कीजिए अथवा उसकी कहानी लिखिए, जिसका सीधा व स्पष्ट संबंध दृश्य से होना चाहिए। (1)

1. निम्नलिखित गद्यांश को ध्यानपूर्वक पढ़कर इस पर आधारित प्रश्नों के उत्तर दीजिए। (1 / 2 × 4 = 2)

सज्जनों का साथ सत्संगति कहलाता है। सज्जनों का साथ करने से आदमी के आचार-विचार तो अच्छे होते हैं, अच्छे संस्कार भी जागते और बनते हैं। उनके जागने से मनुष्य में मनुष्यता का विकास होता है। सत्संगति मनुष्य के सद्‌गुणों का विकास तो करती ही है, उसकी सोई हुई शक्तियाँ भी जगा देती है। ऐसा हो जाने पर मनुष्य के लिए कुछ भी कर पाना कठिन नहीं हुआ करता। अच्छे लोगों की सहायता-सहयोग और शक्तियों के जाग उठने पर आदमी अपने साथ-साथ पूरे समाज, देश-जाति और सारी मानवता का भला कर सकता है। सत्संगति से मनुष्य के ज्ञान-क्षेत्र का विस्तार होता है। उसमें मनुष्यता का विकास होता है। विकसित मनुष्य सभी का भला कर सकता है।

इसके विपरीत एक अच्छा-भला आदमी भी कुसंगति का शिकार होकर बिगड़ जाता है। वह अपनी सारी अच्छाइयों, काम करने की शक्तियों से हाथ धो बैठता है। उसकी बुराइयों से परिचित होने के कारण न तो कोई उसकी सहायता करता है, न अपने पास ही फटकने देता है। सभी उसे घृणा की दृष्टि से देखते हैं। बुराई के डर से मुँह पर चाहे कुछ न कहें, पर पीठ पीछे उसकी प्रशंसा कोई नहीं करता। सभी उससे दूर रहना चाहते हैं। सामने पाकर भी कन्नी काट जाते हैं। कुसंगति का शिकार आदमी अपना या अपने घर-परिवार, किसी का भी भला नहीं कर पाता। उसके कारण उसके अच्छे-भले घर-परिवार को भी बदनाम हो जाना पड़ता है। बुरी संगत में फँसे लोग समाज और देश-जाति का भी बुरा करने वाले तथा अपमान का कारण हुआ करते हैं।

प्रश्न

I. गद्यांश के अनुसार सत्संगति किसे कहा गया है? सत्संगति का मानव जीवन पर क्या प्रभाव पड़ता है?

II. एक अच्छे व्यक्ति पर कुसंगति किस प्रकार अपना प्रभाव डालती है?

III. कुसंगति के क्या दुष्परिणाम होते हैं?

IV. प्रस्तुत गद्यांश का सर्वाधिक उपयुक्त शीर्षक लिखिए।

2. निम्नलिखित प्रश्नों के उत्तर दीजिए। (½ × 4 = 2)

(क) निम्नलिखित शब्दों का वर्ण-विच्छेद कीजिए

(i) हिंदी

(ii) विच्छेद

(ख) निम्नलिखित में से सही अनुनासिक प्रयोग वाला शब्द चुनिए

महिलाँए, महिलाएँ, महिलाँऐ, महिलाऐं

(ग) निम्नलिखित शब्दों में से उचित स्थान पर लगे अनुस्वार वाले शब्द छाँटिए

मंगल, संमान, कंठ, भ्रातिं

3. निम्नलिखित प्रश्नों के उत्तर दीजिए।

रैदास जी ने भगवान और भक्त की तुलना किन-किन चीज़ों से की है? (1)

अथवा

कवि से राम नाम की रट क्यों नहीं छूटती है? (1)

4. निम्नलिखित लघु उत्तरीय प्रश्नों के उत्तर दीजिए।

'इंडियन एसोसिएशन फॉर द कल्टीवेशन ऑफ़ साइंस' की स्थापना किसने की थी? तथा इस प्रयोगशाला की स्थापना का मुख्य उद्देश्य क्या था? (1)

अथवा

बुढ़िया को अपने छन्नी-ककना क्यों बेचने पड़े? 'दुःख का अधिकार' पाठ के आधार पर बताइए। (1)

5. निम्नलिखित विषयों पर संकेत बिंदुओं के आधार पर अनुच्छेद लिखिए। (2)

उल्लास उमंग से भरे भारतीय पर्व

- पर्वों के प्रकार-सामाजिक एवं राष्ट्रीय
- पर्वों की आवश्यकता
- पर्वों से लाभ

मोबाइल फ़ोन

- मोबाइल फ़ोन : विज्ञान की अद्भुत देन
- संपर्क का अद्भुत साधन
- सुविधा या असुविधा

6. आपके जन्मदिन पर आपके मामाजी ने आपको एक सुंदर उपहार भेजा है। इस उपहार के लिए धन्यवाद देते हुए उनके प्रति अपनी कृतज्ञता एक पत्र के माध्यम से व्यक्त कीजिए। (1)

अथवा

आपका मित्र चेतन विदेश यात्रा पर जा रहा है। उसकी मंगलमय यात्रा हेतु शुभकामना देते हुए पत्र लिखिए। (1)

7. नीचे दिए गए दृश्य को ध्यान से देखिए और दृश्य को आधार बनाकर उसका परिचय देते हुए कोई लेख, घटना अथवा कहानी लिखिए, जिसका सीधा व स्पष्ट संबंध दृश्य से होना चाहिए। (1)

अथवा

नीचे दिए गए दृश्य को ध्यानपूर्वक देखिए और दृश्य को आधार बनाकर वर्णन कीजिए अथवा उसकी कहानी लिखिए, जिसका सीधा व स्पष्ट संबंध दृश्य से होना चाहिए। (1)

पोस्ट-मिड टर्म टेस्ट

अपठित, व्याकरण, पाठ्यपुस्तक (पद्य भाग तथा गद्य भाग)
एवं लेखन खंड के प्रश्नों सहित

{टेस्ट 1}

1. निम्नलिखित गद्यांश को ध्यानपूर्वक पढ़कर उन पर आधारित पूछे गए प्रश्नों के उत्तर दीजिए। (½ × 4 = 2)

उन दिनों मैं अपने छात्रों को आनुवंशिकी पढ़ाया करता था उस समय मैं मांसपेशियों की कमज़ोरियों पर भी कुछ प्रयोग कर रहा था। इन प्रयोगों से ही 'एपिजेनेटिक्स' की विधा निकल कर आई थी। मैं मूल कोशिकाओं के प्रतिरूप तैयार करता था। ये मूल कोशिका की एकदम ठीक नकल होते थे।

इन प्रतिरूपी कोशिकाओं को मैं एक-एक कर के अलग करता और इन्हें अलग-अलग वातावरण में रखता, अलग-अलग बर्तनों में। इस संस्कार में रखी कोशिकाएँ हर 10-12 घंटे में विभाजित होती हैं, एक से दो हो जाती हैं। फिर अगले 10-12 घंटे में दो से चार, और फिर चार से आठ। इसी तरह दो हफ़्ते में हज़ारों कोशिकाएँ तैयार होतीं। फिर मैंने तीन भिन्न वातावरण से कोशिकाओं की भिन्न बस्तियाँ तैयार कीं।

इन 'बस्तियों' का रासायनिक वातावरण एकदम अलग-अलग था। ठीक कुछ वैसे ही जैसे हर व्यक्ति के शरीर का वातावरण अलग होता है और एक ही शरीर के भीतर भी कई तरह के वातावरण होते हैं।

प्रश्न

I. लेखक ने आनुवंशिकी के प्रयोग के लिए सर्वप्रथम क्या किया?

II. संस्कार में रखी कोशिकाएँ हर 10-12 घंटे में विभाजित होकर कितनी हो जाती हैं?

III. लेखक ने किस प्रश्न का उत्तर समझने के लिए यह प्रयोग किया था?

IV. प्रयोग से क्या नतीजा निकला?

2. निम्नलिखित प्रश्नों के उत्तर दीजिए। (1 + 1 = 2)

(क) निम्नलिखित में संधि कीजिए

(i) वसंत + उत्सव (ii) सु + उक्ति

(ख) निम्नलिखित शब्दों में संधि-विच्छेद कीजिए

(i) धर्मयात्रा (ii) सत्याग्रह

3. निम्नलिखित लघु उत्तरीय प्रश्नों के उत्तर दीजिए।

धर्म के संबंध में गांधीजी के विचारों पर प्रकाश डालिए। (1)

अथवा

कनकापुरा पहुँचने पर सत्याग्रहियों की स्थिति कैसी थी? गाँधीजी के प्रति उनकी किन भावनाओं की अभिव्यक्ति होती है, अपने शब्दों में लिखिए। (1)

4. निम्नलिखित विषय पर संकेत बिंदुओं के आधार पर अनुच्छेद लिखिए। (2)

बाढ़ : एक प्राकृतिक आपदा

- मानवीय क्षति
- आम जीवन में त्रासदी
- बीमारियों की उत्पत्ति

परिवार : सामाजिक इकाई

- [illegible]
- संबंधों का जाल

5. अपने सहपाठी से कोई पुस्तक माँगने हेतु उससे होने वाले संवाद को लिखिए। (1)

अथवा

एक कामकाजी महिला द्वारा अपने उच्च अधिकारी से किए जाने वाले संवाद को लिखिए। (1)

6. नीचे दिए गए दृश्य को ध्यानपूर्वक देखिए और दृश्य को आधार बनाकर वर्णन कीजिए अथवा उसकी कहानी लिखिए, जिसका सीधा व स्पष्ट संबंध दृश्य से होना चाहिए। (1)

अथवा

नीचे दिए गए दृश्य को ध्यानपूर्वक देखिए और दृश्य को आधार बनाकर वर्णन कीजिए। (1)

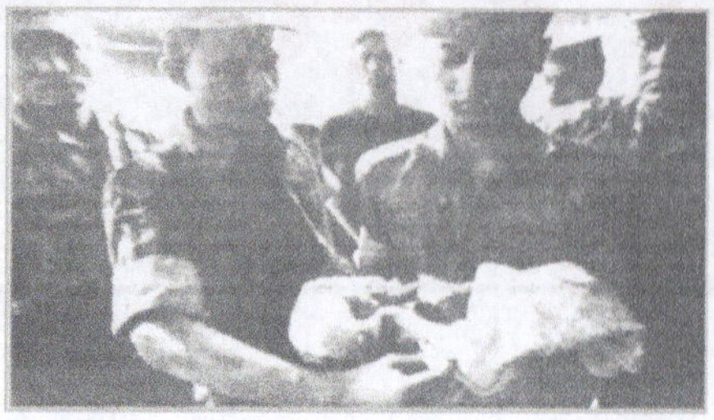

7 दिल्ली में भूकंप आने पर, अपने मौसेरे भाई को पत्र लिखकर भूकंप से बचाव करने के तरीके बताइए। (1)

अथवा

आपके विदेशी मित्र ने आपकी रुचियों के बारे में पूछा है। अपनी रुचियों से परिचित कराते हुए अपने विदेशी मित्र को पत्र लिखिए। (1)

{टेस्ट 2}

1. निम्नलिखित गद्यांश को पढ़कर इस पर आधारित बहुविकल्पीय प्रश्नों के उत्तर दीजिए। (½ × 4 = 2)

शिक्षा और गुरु के माध्यम से ही हम अपने आंतरिक गुणों को प्रकाश में लाते हैं। यदि धर्म के मार्ग पर चलकर मानव विज्ञ बनता है, तो वह अपने जीवन के मार्ग के विकास के लिए अनवरत लगकर जीवन को सफल बनाता है और सम्यक् ज्ञान, गुण, धर्म से अपने जीवन को ब्रह्म से जोड़कर करोड़ों जन्मों के कर्मों से मुक्ति प्राप्त करता है, किंतु यह शिक्षा के द्वारा ही संभव है। शिक्षा भी दो माध्यमों से मिलती है। एक जीविकोपार्जन का माध्यम बनती है तथा दूसरी से जीवन-साधना संभव होती है। दोनों में परिपूर्णता गुरु के माध्यम से ही होती है। जीविकोपार्जन की शिक्षा पाकर यह संसार बड़ा सुखमय प्रतीत होता है और जलते हुए दीपक के प्रकाश जैसा वह बाहरी जीवन में प्रकाश पाता है। दूसरी शिक्षा पाने के लिए सद्गुरु की तलाश होती है। वह सद्गुरु कहीं भी कोई भी हो सकता है, जैसे तुलसीदास की सच्ची गुरु उनकी पत्नी थी, जिनकी प्रेरणा से उनके अंतर्मन में प्रकाश भर गया और सारे विकार धुल गए। मन स्वच्छ हो गया। अपने दुर्लभ जीवन को सफल बनाकर हमेशा-हमेशा के लिए सुखद जीवन जिए। ऐसे ही ब्रह्म-ज्ञान व आत्मनिरूपण की सच्ची शिक्षा के बिना सार्थक जीवन नहीं मिलता। सच्चा ज्ञान मुक्ति का मार्ग है।

प्रश्न

I. मनुष्य अपने जीवन को किस प्रकार सफल बनाता है?

II. गद्यांश में शिक्षा के किन माध्यमों की चर्चा की गई है? स्पष्ट कीजिए।

III. तुलसीदास की सच्ची गुरु कौन-थी तथा उनका तुलसीदास पर क्या प्रभाव पड़ा?

IV. जीविकोपार्जन का माध्यम बनने वाली शिक्षा व जीवन साधना को संभव करने वाली शिक्षा मानव जीवन को किस प्रकार प्रभावित करती है?

2. निम्नलिखित शब्दों का संधि विच्छेद करते हुए उनमें प्रयुक्त संधि का नाम लिखिए। (½ × 4 = 2)

(क) सूक्ति (ख) मनोबल

(ग) आकृष्ट (घ) सुषुप्त

3. निम्नलिखित लघु उत्तरीय प्रश्नों के उत्तर दीजिए।

महादेव भाई के संपर्क में आने वाले लोगों को क्या मिलता था? (1)

अथवा

लेखिका को ध्वज जैसा क्या लगा? (1)

4. निम्नलिखित निबंधात्मक प्रश्नों के उत्तर दीजिए।

"दुनिया की सारी गंदगी के बीच/दुनिया की सारी खुशबू/रचते रहते हैं हाथ" पंक्तियों के माध्यम से कवि क्या कहना चाहता है? (1)

अथवा

"जा पर बिपदा पड़त है, सो आवत यह देस" पंक्ति का भाव स्पष्ट कीजिए। (1)

5. निम्नलिखित विषय पर संकेत बिंदुओं के आधार पर अनुच्छेद लिखिए। (2)

अहिंसा

- अहिंसा का अर्थ
- अहिंसा और कायरता में अंतर
- अहिंसा की प्रासंगिकता

अथवा

ई-क्लास : स्मार्ट क्लास

- कम समय में अधिक जानकारी
- विषय-वस्तु को समझना सरल
- अध्ययन के प्रति रुचि में वृद्धि

6. निम्नलिखित विषय पर संवाद लेखन कीजिए।

विद्यालय परिसर के बाहर अनधिकृत व्यक्तियों के द्वारा स्वास्थ्य की दृष्टि से हानिकारक वस्तुएँ बेची जाती हैं और विद्यार्थी उस ओर आकृष्ट होकर उन वस्तुओं को खरीदते हैं। विद्यालय के छात्र प्रमुख के रूप में इन चीज़ों से दूर रहने की सलाह देते हुए दो मित्र के बीच संवाद लिखिए। (1)

अथवा

जल संरक्षण के लिए दो मित्रों के बीच होने वाले संवाद को लिखिए। (1)

7. नीचे दिए गए दृश्य को ध्यानपूर्वक देखिए और दृश्य को आधार बनाकर वर्णन कीजिए (1)

अथवा

राज्य स्तर की खेल प्रतियोगिता में प्रथम आने पर छोटी बहन को बधाई देते हुए पत्र लिखिए। (1)

{टेस्ट 3}

1. निम्नलिखित गद्यांश को पढ़कर इस पर आधारित प्रश्नों के उत्तर दीजिए। (½ × 4 = 2)

आधुनिक रहन-सहन और दौड़-धूप से भरी ज़िंदगी ने मनुष्य के जीवन में कई परिवर्तन किए हैं। आज लोगों के पास समय का अभाव है, इस व्यस्त ज़िंदगी में सब कुछ फास्ट हो गया है और इसी जल्दबाजी ने मनुष्य को भोजन की एक नई शैली के जाल में फँसा दिया है, जिसे फास्ट फूड या जंक फूड कहते हैं। समय के साथ परिवर्तन होना स्वाभाविक है, लेकिन ये ज़रूरी नहीं है कि हर परिवर्तन सही हो। फास्ट फूड भी भोजन शैली में आया ऐसा ही परिवर्तन है, जिसे अच्छा बिलकुल नहीं कहा जा सकता। देश का भविष्य बच्चे इसकी गिरफ्त में आकर अपना स्वास्थ्य खो रहे हैं। फास्ट फूड बच्चों के लिए कितना खतरनाक है, इसका अंदाजा इसी से लगाया जा सकता है कि इसके सेवन से बच्चों का बुद्धिलब्धि स्तर (आई. क्यू.) कमज़ोर होने लगता है। वह मानसिक रूप से विकलांग तक हो सकते हैं। एक अध्ययन के अनुसार, फास्ट फूड खाने वाले बच्चों का बुद्धिलब्धि स्तर, घर पर बना ताज़ा खाना खाने वाले बच्चों की तुलना में कम होता है।

शोधकर्ताओं के मुताबिक बचपन में खाया पौष्टिक भोजन लंबे समय तक बुद्धिमत्ता पर प्रभाव डालता है।

प्रश्न

I. फास्ट फूड या जंक फूड किसे कहते हैं?

II. फास्ट फूड बच्चों के लिए हानिकारक कैसे है?

III. परंपरागत फास्ट फूड कौन-से हैं तथा उनके क्या लाभ हैं?

IV. प्रस्तुत गद्यांश का शीर्षक तर्क सहित लिखिए।

2. निम्नलिखित वाक्यों में उपयुक्त विराम चिह्नों का प्रयोग कीजिए (½ × 4 = 2)

(क) सज्जनों समय आ गया है सावधान हो जाओ

(ख) आपको क्या चाहिए

3. निम्नलिखित प्रश्नों के उत्तर दीजिए।

गिल्लू को मुक्त क्यों और कैसे किया गया? इससे लेखिका की मानवीयता कैसे प्रदर्शित होती है? (1)

अथवा 'स्मृति' पाठ में लेखक के प्रति सहानुभूति की भावना प्रबल होने के कारण छोटे भाई की चीख निकल गई। प्रस्तुत कथन के माध्यम से क्या स्पष्ट करने का प्रयास किया गया है? (1)

4. महादेव जी के संपर्क में आने वाले व्यक्ति उनके विषय में क्या सोचते थे? (1)

अथवा अभियान पूर्ण हो जाने पर अंगदोरजी की क्या प्रतिक्रिया थी? 'एवरेस्ट : मेरी शिखर यात्रा' पाठ के आधार पर बताइए।

5. "नाद रीझि तन देत मृग, नर धन हेत समेत" पंक्ति का भाव स्पष्ट कीजिए। (1)

अथवा प्रकृति के साथ पशु-पक्षियों के संबंध की व्याख्या 'गीत-अगीत' कविता के आधार पर कीजिए। (1)

6. निम्नलिखित विषय पर संकेत बिंदुओं के आधार पर 80-100 शब्दों में अनुच्छेद लेखन कीजिए। (2)

समय का महत्त्व

- समय का अधिकतम सदुपयोग
- समय के सदुपयोग से लाभ
- समय के दुरुपयोग से हानि

अथवा

आतंकवाद : एक समस्या

- भारत में आतंकवाद
- आतंकवाद के कारण
- आतंकवाद का निदान

7. निम्नलिखित विषय पर संवाद लेखन कीजिए।

किसी 'एनजीओ' विज्ञापन को 25-50 शब्दों में लिखिए। (1)

अथवा 'हिंदी दिवस समारोह' से संबंधित 25-50 शब्दों में एक विज्ञापन लिखिए। (1)

प्रतिदर्श प्रश्न-पत्र 1 (व्याख्या सहित)

CBSE कक्षा 9 की परीक्षा के लिए नमूना प्रश्न-पत्र

हिंदी 'ब'

समय : 3 घंटे	पूर्णांक : 80

1. इस प्रश्न-पत्र में चार खंड दिए गए हैं–'क', 'ख', 'ग' और 'घ'।
2. खंड 'क' में बहुविकल्पीय, अतिलघु व लघु उत्तरीय प्रश्न दिए गए हैं।
3. खंड 'ख' में अतिलघु उत्तरीय प्रश्न दिए गए हैं।
4. खंड 'ग' में बहुविकल्पीय व वर्णनात्मक प्रश्न दिए गए हैं।
5. खंड 'घ' में वर्णनात्मक प्रश्न दिए गए हैं।
6. यथासंभव सभी प्रश्नों के उत्तर क्रमानुसार लिखिए।

खंड (क) : अपठित बोध (14 अंक)

1. निम्नलिखित गद्यांश को ध्यानपूर्वक पढ़कर पूछे गए प्रश्नों के उत्तर दीजिए।

भारत एक बड़ा देश है। बहुसांस्कृतिक, बहुजातीय, बहुभाषीय लोगों का देश। हर हिस्से के अलग रीति-रिवाज़, पोशाक की विभिन्नताएँ आदि मौजूद हैं, लेकिन देश के किसी हिस्से में भी चले जाइए, सारी विभिन्नताओं के बीच एक समानता ज़रूर है– सोने को लेकर गज़ब का प्यार। सौभाग्य का प्रतीक है–सोना। हमारी परंपराओं, मान्यताओं, रीति-रिवाज़ों, त्योहारों और संस्कारों से जुड़ा हुआ। युगों-युगों से ये हमें सम्मोहित करता रहा है। गज़ब की कशिश है इसकी चमक में, न जाने क्या जादू है इसमें। ये शुद्ध है, कालजयी, अजर और अमर है। हिंदुओं की मान्यता है कि सोना भगवान सूर्य का अंग है। उनकी अश्रुधारा से निकला हुआ, इसलिए उन्हीं के समान तेजवान और तीव्र ओज से भरपूर है। वैसे सोना न जाने कितनी पीढ़ियों से विरासत की भूमिका निभाता आ रहा है। माँ से बेटी और फिर इस तरह आगे की पीढ़ियों तक। यह महज़ एक धातु नहीं, बल्कि जीवन का एक हिस्सा है। सुख-दुःख का साथी। हमेशा संबल और आत्मविश्वास देने वाला। ये राजाओं का भी प्यारा रहा और रंकों का भी तथा आध्यात्मिकता से भरपूर महात्माओं का भी।

भाँति-भाँति के व्याधि-ग्रसित मनुष्य जन्म से यदि कोई सच्चा सुख संसार में है तो सोने में है। किंतु वह सुख तभी मिलता है जब सोने का ठीक-ठीक बर्ताव किया जाए। इस सोने को आप चाहे जिस अर्थ में लीजिए निद्रा या धन। बात वही है फर्क सिर्फ इतना ही है कि रात को सोना मन को मनमाना मिल सकता है। धातु वाला सोना सबके पास उतने ही अंदाजे से नहीं आता। दूसरे इतने परिश्रम से मिलता है कि दाँतों सीने आते हैं। हम अपने विचारशील पढ़ने वालों से पूछते हैं सोने के इन दो अर्थों में आप किसे अच्छा समझते हैं? क्यों साहब रात वाला सोना तो अच्छा है न? इसलिए कि यह कंगाल या धनी सबको एक-सा मयस्सर है।

(i) गद्यांश के अनुसार, देश में विभिन्नताएँ होते हुए कौन-सी समानता है? (1)

(क) सभी का देश के प्रति प्रेम
(ख) बहुत-सी मान्यताएँ व परंपराएँ समान होना
(ग) सभी का एक ही भाषा को बोलना
(घ) सोने को लेकर गजब का प्यार

(ii) गद्यांश में सोने को किसका प्रतीक बताया गया है? (1)

(क) दुर्भाग्य का (ख) सौभाग्य का
(ग) संपन्नता का (घ) विपन्नता का

(iii) निम्नलिखित कथन A और कारण R को ध्यान से पढ़कर उसके बाद दिए गए विकल्पों में से कोई एक सही विकल्प चुनें। (1)

कथन (A) सोना महज एक धातु नहीं, बल्कि जीवन का भाग है।
कारण (R) यह सुख व दुःख का साथी है और हमेशा संबल तथा आत्मविश्वास देने वाला है।

(क) कथन (A) और कारण (R) दोनों गलत हैं।
(ख) कथन (A) और कारण (R) दोनों सही हैं तथा कारण (R) कथन (A) की सही व्याख्या करता है।
(ग) कथन (A) गलत है, लेकिन कारण (R) सही है।
(घ) कथन (A) सही है, लेकिन कारण (R) उसकी गलत व्याख्या करता है।

(iv) गद्यांश के अनुसार, रात वाला सोना किसके पास मिलता है? (2)

(v) भारत में अनेकता में एकता कैसे है? (2)

2. निम्नलिखित गद्यांश को ध्यानपूर्वक पढ़कर पूछे गए प्रश्नों के उत्तर दीजिए।

आत्मविश्वास मनुष्य की सबसे बड़ी पूँजी है। यह हमारे सभी आंतरिक गुणों का शिरोमणि है, जिसके अभाव में हम लक्ष्य सिद्धि के प्रयत्नों से दूर हो जाते हैं। विद्यार्थी जीवन से ही हमें इस गुण का विकास स्वयं अपने अंदर विकसित करना चाहिए ताकि आने वाला हमारा भविष्य तात्कालिक लक्ष्यों से ओतप्रोत और परिपूर्ण हो। आत्मविश्वास वस्तुतः अपनी शक्तियों की सच्ची पहचान का नाम है अर्थात् अपनी कार्यक्षमता, कार्यकुशलता और योग्यता का ज्ञान और परख से रूबरू होना और उस दिशा में अपने आपको झोंक देना। अपनी शक्तियों को कार्यरूप में परिणत करने की वास्तविकता ही आत्मज्ञान और आत्मविश्वास है। हमें जिस पदार्थ की कामना है, लिप्सा है उसकी सिद्धि के लिए हमें आत्मविश्वासी बनकर फल की प्राप्ति की साधना करनी होगी। दृढ़ निश्चय कीजिए, अटूट, अक्षय संकल्प कीजिए और अपने मार्ग की रुकावटों को प्रबल आत्मविश्वास से पराजित कीजिए। जिस प्रकार का व्यक्ति का आत्मविश्वास होगा, वैसी ही उसकी योग्यता होगी, यदि हमारी इच्छा अदम्य है तो प्रयत्न भी अदम्य होना चाहिए और उसका मूलाधार आत्मविश्वास ही है। जिसमें आत्मविश्वास प्रबल होगा, दृढ़ इच्छाशक्ति होगी, वह व्यक्ति विपुल ज्ञान, अदम्य साहस और धन-संपत्ति का स्वामी होगा, हर मनोनुकूल क्षेत्र में विजेता होगा। आत्मविश्वास एक भावना है, एक अद्भुत गुण है, एक सर्वश्रेष्ठ आंतरिक शक्ति है, एक आंतरिक भावातिरेक है। जहाँ और जिस व्यक्ति के अंदर इन गुणों का कार्य रूप में परिणत करने का साहस है, उत्साह है और शक्ति है उसे सफलता और कार्य-सिद्धि स्वतः ही प्राप्त हो जाती है। आत्मविश्वास ही साहस और उत्साह का जनक है, जीवन में कठोर परीक्षाएँ सम्मुख आएँ या कठिनाइयाँ बाधा डालें, आत्मविश्वासी को कोई भी परिस्थिति हतोत्साहित नहीं कर सकती है।

(i) मनुष्य की सबसे बड़ी पूँजी क्या है? (1)

(क) विद्यार्थी जीवन (ख) योग्यता

(ग) आत्मविश्वास (घ) कार्यक्षमता

(ii) आत्मविश्वास के अभाव में हम किससे दूर हो जाते हैं? (1)

(क) लक्ष्यसिद्धि के प्रयत्नों से (ख) धन कमाने से

(ग) विद्या प्राप्त करने से (घ) घर से

(iii) जीवन में आने वाली कठिनाइयों ने किसको हतोत्साहित किया है? (1)

1. ज्ञानी व्यक्ति को 2. अमीर व्यक्ति को

3. असाहसी व्यक्ति को 4. आत्मविश्वासी व्यक्ति को

कूट

(क) केवल 1 (ख) केवल 2

(ग) 1, 2 और 4 (घ) 1, 2 और 3

(iv) गद्यांश में साहित्यकार ने आत्मविश्वास की बात क्यों की है? (2)

(v) किसको कोई भी परिस्थिति हतोत्साहित नहीं कर सकती? (2)

खंड (ख) : व्यावहारिक व्याकरण (16 अंक)

3. निम्नलिखित में से किन्हीं दो प्रश्नों के उत्तर दीजिए। (1 × 2 = 2)

(i) शब्द पद कब बनता है? (1)

(ii) व्यक्ति विशेष का ज्ञान कराने वाले शब्दों को क्या कहते हैं? (1)

(ii) पद किसे कहते हैं? (1)

4. निम्नलिखित में से किन्हीं दो प्रश्नों के उत्तर दीजिए। (1 × 2 = 2)

(i) अनुस्वार किसे कहते हैं? (1)

(ii) 'महना' शब्द में उचित स्थान पर अनुनासिक का प्रयोग कर शब्द का उचित रूप लिखिए। (1)

(iii) अनुनासिक किसे कहते हैं? (1)

5. निम्नलिखित में से किन्हीं चार प्रश्नों के उत्तर दीजिए। (1 × 4 = 4)

(i) उपसर्ग किसे कहते हैं? (1)

(ii) नए शब्दों की रचना कौन करते हैं? (1)

(iii) प्रत्यय किसे कहते हैं? (1)

(iv) कृत प्रत्यय किसे कहते हैं? (1)

(v) शब्द के पूर्व लगने वाले शब्दांशों को क्या कहते हैं? (1)

6. निम्नलिखित में से किन्हीं तीन प्रश्नों के उत्तर दीजिए (1 × 3 = 3)

(i) 'महोत्सव' का सही संधि-विच्छेद क्या है? (1)

(ii) 'हिमालय' शब्द में कौन-सी संधि है? (1)

(iii) जहाँ स्वर का स्वर से मेल होता है, वहाँ कौन-सी संधि होती है? (1)

(iv) ए, ऐ, ओ, औ के बाद कोई भिन्न स्वर आए तो ए = अय, ऐ = आय, ओ = अव, औ = आव हो जाता है। इस परिवर्तन को क्या कहते हैं? (1)

7. निम्नलिखित में से किन्हीं दो प्रश्नों के उत्तर दीजिए। (1× 2 = 2)

(i) आकाश-पाताल के बीच लगने वाले (–) चिह्न को क्या कहते हैं? (1)

(ii) निर्देशक चिह्न का प्रयोग कहाँ किया जाता है? (1)

(iii) पूर्णविराम चिह्न किसे कहते हैं? (1)

8. निम्नलिखित में से किन्हीं तीन प्रश्नों के उत्तर दीजिए। (1× 2 = 2)

(i) 'ल्हादू एक नायलॉन की रस्सी लाया था' वाक्य अर्थ के आधार पर किस प्रकार का वाक्य है? (1)

(ii) इच्छावाचक वाक्य किसे कहते हैं? (1)

(iii) अर्थ की दृष्टि से वाक्य के कितने भेद होते हैं? (1)

(iv) निषेधवाचक वाक्य किसे कहते हैं? (1)

खंड (ग) : पाठ्यपुस्तक व पूरक पाठ्यपुस्तक (30 अंक)

9. निम्नलिखित गद्यांश को ध्यानपूर्वक पढ़कर पूछे गए प्रश्नों के सही विकल्प चुनिए। (1 × 5 = 5)

लड़के की बुढ़िया माँ बावली होकर ओझा को बुला लाई। झाड़ना-फूँकना किया। नागदेव की पूजा हुई। पूजा के लिए दान-दक्षिणा चाहिए। घर में जो कुछ बचा हुआ अनाज था, दान-दक्षिणा में उठ गया। माँ, बहू और बच्चे 'भगवाना' से लिपट-लिपटकर रोए, पर भगवाना जो एक दफे चुप हुआ तो फिर न बोला। सर्प के विष से उसका सब बदन काला पड़ गया था। जिंदा आदमी नंगा भी रह सकता है, परंतु मुर्दे को नंगा कैसे विदा किया जाए? उसके लिए तो बजाज की दुकान से नया कपड़ा लाना ही होगा, चाहे उसके लिए माँ के हाथों के छन्नी-ककना ही क्यों न बिक जाएँ।

(i) लड़के की बूढ़ी माँ ओझा को क्यों बुला लाई थी? (1)
- (क) टोने-टोटके करवाने के लिए
- (ख) साँप का जहर उतरवाने के लिए
- (ग) बेटे का दिमाग सही करवाने के लिए
- (घ) बहू का इलाज करवाने के लिए

(ii) उपर्युक्त गद्यांश के माध्यम से लेखक ....। (1)
- (क) रूढ़िवादिता का विरोध करना चाहता है।
- (ख) आर्थिक स्थिति का वर्णन करना चाहता है।
- (ग) परस्पर सहयोग करने की भावना प्रकट करना चाहता है।
- (घ) उपर्युक्त सभी

(iii) भगवाना चुप .... हो गया था। (1)
- (क) साँप के काटने के कारण
- (ख) बच्चों के रोने के कारण
- (ग) माँ द्वारा दान-दक्षिणा करने के कारण
- (घ) उपर्युक्त सभी

(iv) **कथन** (A) 'जिंदा आदमी नंगा भी रह सकता है, परंतु मुर्दे को नंगा कैसे विदा किया जाए?' (1)

कारण (R) अर्थी को ढकने हेतु कफन आवश्यक रूप से चाहिए, चाहे कफन कैसा भी हो।
- (क) कथन (A) और कारण (R) दोनों गलत हैं।
- (ख) कथन (A) गलत है, लेकिन कारण (R) सही है।
- (ग) कथन (A) सही है, लेकिन कारण R उसकी गलत व्याख्या करता है।
- (घ) कथन (A) तथा कारण (R) दोनों सही हैं तथा कारण (R) कथन (A) की सही व्याख्या करता है।

(v) घर में रखा अनाज कहाँ चला गया? (1)
- (क) चोरी हो गया
- (ख) दान-दक्षिणा में चला गया
- (ग) दुकान वाला ले गया
- (घ) भगवाना के साथ चला गया

10. निम्नलिखित प्रश्नों में से किन्हीं तीन के उत्तर दीजिए। (2 × 3 = 6)

(क) "बिना सहयोग एवं सहायता की भावना के सम्मिलित अभियान संभव नहीं है।" 'एवरेस्ट: मेरी शिखर यात्रा' पाठ की लेखिका ने ऐसा क्यों कहा? स्पष्ट कीजिए। (2)

(ख) 'अतिथि देवो भवः' उक्ति की व्याख्या करके आधुनिक युग के संदर्भ में इसका आकलन कीजिए। (2)

(ग) मनुष्य का सामाजिक दर्ज़ा उसकी पोशाक से तथा उसकी आर्थिक स्थिति से निर्धारित होता है। क्या यह उचित है? अपना मत प्रस्तुत कीजिए। (2)

(घ) रामन् को मिलने वाले पुरस्कारों ने भारतीय चेतना को जाग्रत किया। ऐसा क्यों कहा गया है? (2)

11. निम्नलिखित पद्यांश को ध्यानपूर्वक पढ़कर पूछे गए प्रश्नों के सही विकल्प चुनिए। (1 × 5 = 5)

"नाद रीझि तन देत मृग, नर धर हेत समेत।
ते रहीम पशु से अधिक, रीझेहु कछू न देत।।"

(i) नाद की स्वर लहरी पर प्रसन्न होकर हिरण क्या करता है? (1)
1. खुशी से नाच उठता है
2. जंगल में जाकर छिप जाता है
3. अपने प्राण न्योछावर कर देता है
4. हिरनी को खोज निकालता है

कूट
- (क) केवल 1 सही है
- (ख) केवल 2 सही है
- (ग) केवल 3 सही है
- (घ) केवल 4 सही है

(ii) 'नाद रीझ तन देत मृग' के माध्यम से कवि किसकी श्रेष्ठता बताना चाहता है? (1)
- (क) पशु की
- (ख) मनुष्य की
- (ग) पक्षियों की
- (घ) ये सभी

(iii) जो मनुष्य किसी व्यक्ति की कला पर प्रसन्न होकर उसे कुछ नहीं देता वह किसके समान होता है? (1)
1. पशु के समान
2. पशु से भी अधिक निम्न
3. कंजूस व्यक्ति के समान
4. साधारण मनुष्य के समान

कूट
- (क) केवल 1 सही है
- (ख) केवल 2 सही है
- (ग) केवल 3 सही है
- (घ) केवल 4 सही है

(iv) प्रस्तुत दोहे के माध्यम से कवि क्या कहना चाहता है? (1)

(क) मनुष्य और पशु समान हैं

(ख) मनुष्य को कला की कद्र करनी चाहिए

(ग) हिरण को संगीत प्रिय होता है

(घ) कला केवल मनुष्य के लिए बनी है

(v) किसी व्यक्ति की योग्यता का गुण से प्रसन्न होने पर अन्य मनुष्यों का क्या धर्म होना चाहिए? (1)

(क) उसे गुणी व्यक्ति के कल्याण के लिए प्रेमपूर्वक दान या धन अर्पित करना चाहिए

(ख) उसे भी उस गुण को सीखने का प्रयास करना चाहिए

(ग) उसे गुणी व्यक्ति से ईर्ष्या-द्वेष का भाव रखना चाहिए

(घ) उपर्युक्त सभी

12. निम्नलिखित प्रश्नों में से किन्हीं तीन के उत्तर दीजिए। $(2 \times 3 = 6)$

(क) गीत-अगीत कविता के उन दो दृश्यों को लिखिए, जिनमें प्रकृति मुखर दिखाई देती है। (2)

(ख) 'अग्निपथ' कविता में कवि छाँह माँगने को क्यों मना करता है? अपने शब्दों में लिखिए। (2)

(ग) कवि रैदास ने अपने पद के माध्यम से तत्कालीन समाज का चित्रण किस प्रकार किया है? (2)

(घ) ढहा हुआ घर क्यों धोखा दे जाता है? (2)

13. निम्नलिखित में से किन्हीं दो प्रश्नों के उत्तर दीजिए। $(4 \times 2 = 8)$

(क) "बड़े भाई के प्रति श्रद्धा या बड़े भाई से डर दोनों ही स्थिति सामाजिक संबंधों में निहित मूल्यों को प्रदर्शित करती है।" इस संदर्भ में पाठ के आधार पर बताइए कि भाई के बुलाने पर घर लौटते समय लेखक के मन में क्या डर था? (4)

(ख) धर्मवीर भारती का जीवन बचाने के लिए डॉ. बोर्जेस ने जो खतरा उठाया क्या वह उचित था? 'मेरा छोटा-सा निजी पुस्तकालय' पाठ के आधार पर अपने विचार प्रकट कीजिए। इससे आप क्या प्रेरणा ग्रहण करते हैं? (4)

(ग) "गिल्लू को लेखिका का साथ अत्यधिक पसंद था"-इस कथन की पुष्टि कीजिए। (4)

खंड (घ) : रचनात्मक लेखन (20 अंक)

14. निम्नलिखित विषयों में से किसी एक विषय पर दिए गए संकेत बिंदुओं के आधार पर 120 शब्दों में अनुच्छेद लिखिए। (5)

(क) राष्ट्रीय एकता : हमारी पहचान

संकेत बिंदु

- राष्ट्रीय एकता का तात्पर्य
- राष्ट्रीय एकता की आवश्यकता
- राष्ट्रीय गौरव की रक्षा हेतु हमारा दायित्व
- राष्ट्र और परिवार में समानता

(ख) वर्षा जल संचयन

संकेत बिंदु

- भूमिका
- जल संरक्षण चक्र क्या है?
- जल संरक्षण के उपाय
- उपसंहार

(ग) मेरी अविस्मरणीय यात्रा

संकेत बिंदु

- भूमिका
- यात्रा का आनंद
- अविस्मरणीय यात्रा कैसे
- उपसंहार

15. छोटे भाई को कम खर्च करने की सलाह देते हुए 100 शब्दों में पत्र लिखिए। (5)

अथवा

आपके चाचाजी ने नया घर लिया है। उन्हें बधाई देते हुए 100 शब्दों में पत्र लिखिए।

16. नीचे दिए गए चित्र को ध्यान से देखिए। चित्र में दिखाई दे रहे दृश्य/घटना का वर्णन अपनी कल्पनाशक्ति के आधार पर कीजिए जिसका सीधा संबंध चित्र से होना चाहिए। (5)

17. अपने जीवन लक्ष्य को लेकर दो मित्रों के बीच का संवाद लेखन लगभग 100 शब्दों में कीजिए। (5)

अथवा

बच्चे के जन्मदिन पर न आ सकने पर क्षमा माँगते हुए एक पड़ोसी का दूसरे पड़ोसी से संवाद लगभग 100 शब्दों में लिखिए।

व्याख्या सहित उत्तर

1. (i) (घ) सोने को लेकर गजब का प्यार

(ii) (ख) सौभाग्य का

(iii) (ख) कथन (A) और कारण (R) दोनों सही हैं तथा कारण (R) कथन (A) की सही व्याख्या करता है।

(iv) गद्यांश के अनुसार, रात वाला सोना कंगाल अथवा धनी सभी के पास समान रूप से मिलता है।

(v) भारत में अनेकता में एकता ऐसे दिखाई देती है कि यहाँ विभिन्न धर्मावलंबी निवास करते हैं। विभिन्न भाषा-भाषी लोग यहाँ रहते हैं। कहीं ऊँचे पहाड़ हैं और कहीं समतल मैदान हैं। यहाँ के सभी निवासी मिल-जुलकर प्रेम से रहते हैं। यही कारण है कि भारत में अनेकता में भी एकता के दर्शन होते हैं।

2. (i) (ग) आत्मविश्वास

(ii) (क) लक्ष्यसिद्धि के प्रयत्नों से

(iii) (घ) 1, 2 और 3

(iv) गद्यांश में साहित्यकार ने आत्मविश्वास की बात इसलिए की है, क्योंकि आत्मविश्वास मनुष्य की सबसे बड़ी पूँजी है। यह मनुष्य के सभी आंतरिक गुणों का स्वामी है।

(v) आत्मविश्वास एक भावना है, एक अद्‌भुत गुण है, एक सर्वश्रेष्ठ आंतरिक शक्ति है। आत्मविश्वास ही साहस और उत्साह का जनक है। जीवन में कठोर परीक्षाएँ सम्मुख आएँ या कठिनाइयाँ बाधा उत्पन्न करें, आत्मविश्वास एक ऐसा दिव्यगुण और दिव्यास्त्र है, जिसे कोई भी परिस्थिति हतोत्साहित नहीं कर सकती है। आत्मविश्वासी व्यक्ति अपने लक्ष्य को प्राप्त कर लेता है।

3. (i) वाक्य में प्रयोग होने पर शब्द पद बन जाता है।

(ii) व्यक्ति विशेष का ज्ञान कराने वाले शब्दों को व्यक्तिवाचक संज्ञा कहते हैं।

(iii) जब कोई शब्द व्याकरण के नियमों, प्रत्यय, उपसर्ग, वचन, लिंग, कारक, पुरुष आदि में बँधकर किसी वाक्य में प्रयुक्त होता है, तो वह शब्द स्वतंत्र शब्द न रहकर पद बन जाता है; जैसे—

- संन्यासी सोता है।
- बंदर कूदता है।

यहाँ 'संन्यासी' व 'बंदर' शब्द विभिन्न वाक्यों में प्रयुक्त होकर पद बन गए हैं।

4. (i) जिस वर्ण का उच्चारण नाक से किया जाता है, उसे अनुस्वार कहते हैं। इन्हें अयोगवाह भी कहते हैं। उदाहरण- कंगन, मंथन, मंजन।

(ii) 'महगा' शब्द में उचित स्थान पर अनुनासिक का प्रयोग करने पर उचित शब्द 'महँगा' बनेगा।

(iii) जिसका उच्चारण नाक और मुँह दोनों से किया जाता है, उस वर्ण को अनुनासिक कहते हैं; जैसे—आँख, आँसू आदि।

5. (i) 'उपसर्ग' शब्द वस्तुतः 'उप' तथा 'सर्ग' के योग से निर्मित है। 'उप' का अर्थ 'समीप', 'निकट' या 'पास में' होता है, जबकि 'सर्ग' का अर्थ 'सृष्टि करना' है इस तरह उपसर्ग का अर्थ है—पास रहकर नए अर्थ वाले अन्य शब्द की सृष्टि करना। उपसर्ग को अव्यय भी कहा जाता है।

(ii) नए शब्दों की रचना उपसर्ग करते हैं।

(iii) वे शब्दांश, जो किसी शब्द के अंत में जुड़कर उसके अर्थ में परिवर्तन कर देते हैं, प्रत्यय कहलाते हैं।

(iv) जो प्रत्यय क्रिया या धातुओं के अंत में लगकर संज्ञा या विशेषण शब्द बनाते हैं, उन्हें कृत प्रत्यय कहते हैं। इनसे निर्मित शब्द कृदंत कहलाते हैं।

(v) शब्द के पूर्व लगने वाले शब्दांशों को उपसर्ग कहते हैं।

6. (i) 'महोत्सव' शब्द का सही संधि विच्छेद 'महा + उत्सव' है।

(ii) 'हिमालय' शब्द में दीर्घ स्वर संधि है।

(iii) जहाँ स्वर का स्वर से मेल होता है, वहाँ स्वर संधि होती है।

(iv) ए, ऐ, ओ, औ, के बाद कोई भिन्न स्वर आए तो ए को 'अय' ऐ को आय, ओ को अव, औ को आव हो जाता है। इस परिवर्तन को अयादि संधि कहते हैं।

7. (i) आकाश-पाताल के बीच लगने वाले चिह्न को योजक चिह्न (-) कहते हैं।

(ii) किसी विषय-विचार अथवा विभाग के मन्तव्य को सुस्पष्ट करने के लिए निर्देशक चिह्न (Dash) या रेखिका चिह्न का प्रयोग किया जाता है। निर्देशक चिह्न सामान्यतः योजक चिह्न से बड़ा होता है।

(iii) पूर्णविराम (Full Stop) का अर्थ है—भली-भाँति ठहरना। जहाँ वाक्य की गति अंतिम रूप ले ले अर्थात् विचार के तार टूट जाएँ, वहाँ पूर्ण विराम का प्रयोग होता है।

8. (i) 'ल्हाटू एक नायलॉन की रस्सी लाया था।' वाक्य अर्थ के आधार पर विधानवाचक वाक्य है।

(ii) जिस वाक्य से किसी इच्छा, आशा या शुभकामना का बोध होता है, उसे 'इच्छावाचक वाक्य' कहते हैं; जैसे—काश! स्वाधीनता के क्षेत्र में मौलवियों और धर्माचार्यों को स्थान न दिया जाता। (धर्म की आड़)

(iii) अर्थ की दृष्टि से वाक्य के आठ भेद होते हैं।

(iv) जिस वाक्य से किसी कार्य के न होने का बोध होता है, उसे निषेधवाचक वाक्य कहते हैं; जैसे— राम चल नहीं सकता।

9. (i) (ख) साँप का जहर उतरवाने के लिए

(ii) (क) रूढ़िवादिता का विरोध करना चाहता है।

(iii) (क) साँप के काटने के कारण

(iv) (घ) कथन (A) और कारण (R) दोनों सही हैं तथा कारण (R) कथन (A) की सही व्याख्या करता है।

(v) (ख) दान-दक्षिणा में चला गया

10. (क) ''बिना सहयोग एवं सहायता की भावना के सम्मिलित अभियान संभव नहीं है।'' ऐसा 'एवरेस्ट : मेरी शिखर यात्रा' पाठ की लेखिका बचेंद्री पाल ने इसलिए कहा, क्योंकि एक अभियान की सफलता तभी निश्चित होती है, जब सभी उसमें अपना सहयोग एवं सहायता प्रदान करते हैं। प्रत्येक व्यक्ति की अपनी-अपनी विशेष भूमिका होती है। सबके कार्य भी निश्चित होते हैं।

चाहे डॉ. मीनू हों, उपनेता प्रेमचंद हों, लोपसांग हों, की हों, ल्हाटू हो, कर्नल खुल्लर हों या अंगदोरजी हों। सभी ने अपने-अपने स्तर से बचेंद्री पाल के एवरेस्ट अभियान में महत्त्वपूर्ण भूमिका निभाई थी। उनके सहयोग व सहायता के बिना इस महाअभियान का सफल होना असंभव था।

(ख) भारतीय परंपरानुसार अतिथि को देवता की तरह माना जाता है, इसलिए उसके स्वागत-सत्कार का विशेष ध्यान रखा जाता है। उसकी प्रसन्नता हेतु उसे प्रत्येक सुविधा प्रदान की जाती है। आधुनिक संदर्भ में यह परिभाषा अपना वास्तविक अर्थ खोती जा रही है। समय का अभाव और दिनों-दिन बढ़ती महँगाई लंबे समय तक अतिथि-सत्कार की अनुमति नहीं देती। आधुनिक युग में अपना जीवन-यापन करना ही मुश्किल होता जा रहा है। ऐसी स्थिति में, अतिथि को देवता मानकर उसे पूजने का भार कोई नहीं उठा पाता।

आधुनिक जीवन-शैली इतनी व्यस्त हो गई है कि किसी के पास अपने परिवार के सदस्यों की उचित देखभाल के लिए भी पर्याप्त समय नहीं है। ऐसे में वह अतिथि की देखभाल कैसे कर पाएगा? इसके अतिरिक्त, आज के समय में महँगाई इतनी अधिक बढ़ गई है कि अपने परिवार का खर्च चलाना ही लोगों के लिए अत्यंत कठिन हो गया है। ऐसे में अतिथि के खर्च को वहन करना अधिकांश लोगों की आर्थिक हैसियत से बाहर है।

(ग) नहीं, यह उचित नहीं है कि किसी मनुष्य का सामाजिक दर्ज़ा उसकी पोशाक तथा आर्थिक स्थिति से निर्धारित हो, बल्कि इसके स्थान पर हमें यह देखना चाहिए कि किसी व्यक्ति के व्यक्तित्व में निहित मानवीय भावों एवं गुणों की स्थिति कैसी है? उसमें सामाजिक उत्तरदायित्व के प्रति बोध कैसा है? समाज को शांतिपूर्ण एवं सहअस्तित्व युक्त बनाने में उसका किस प्रकार का योगदान है?

समाज एक ऐसी इकाई है, जो धन से ज़्यादा मानवीय संबंधों एवं पारस्परिक समझ से संचालित होती है। समाज के संचालन में प्रत्येक व्यक्ति की अपनी पृथक् एवं विशिष्ट भूमिका होती है। इसमें धनी व्यक्ति भी संकीर्ण दृष्टिकोण के कारण निम्नस्तरीय तथा गरीब भी अपने समाज—हितैषी कार्यों के कारण उच्चस्तरीय हो सकता है।

(घ) रामन् भारत के प्रथम वैज्ञानिक थे, जिन्हें विश्व के कई प्रतिष्ठित पुरस्कारों से सम्मानित किया गया, जिसमें वर्ष 1930 का नोबेल पुरस्कार भी शामिल है। रामन् को जब ये पुरस्कार मिले, तब भारत इंग्लैंड का उपनिवेश था और स्वतंत्रता की लड़ाई लड़ रहा था। ऐसे में यदि भारतीय विज्ञान की पहचान विश्व को मिली, तो यह औपनिवेशिक भारत के लिए गौरव की बात थी और इससे सामान्य भारतीयों की चेतना जाग्रत हुई।

11. (i) (ग) केवल 3 सही है।
(ii) (क) पशु की
(iii) (ख) केवल 2 सही है
(iv) (ख) मनुष्य को कला की कद्र करनी चाहिए
(v) (क) उसे गुणी व्यक्ति के कल्याण के लिए प्रेमपूर्वक दान या धन अर्पित करना चाहिए

12. (क) गीत और अगीत दोनों ही अपनी जगह सुंदर हैं। गीत मन के भावों को प्रकट करते हैं, पर अगीत में मन के भाव मन में ही रहते हैं। यद्यपि अगीत का कोई अस्तित्व नहीं, परंतु यह भी आवश्यक है। गीत—अगीत, दोनों का संबंध मन में उठने वाले भाव से होता है। जब हृदय के भावों को स्वर मिल जाए, तो वह गीत बन जाता है, परंतु उन्हीं भावों को जब सुर नहीं मिल पाते, तो वे अगीत कहलाते हैं, लेकिन तब भी वे सुंदर ही रहते हैं।

कवि कहता है कि हृदय में नए-नए भाव उत्पन्न होते हैं, यदि उन्हें स्वर मिल जाए तो वे गीत हैं और यदि उन्हीं भावों को स्वर न मिले, तो वे अगीत हैं। इन चित्रित दृश्यों में प्रकृति मुखर है।

(ख) कवि कहता है कि संघर्षशील मनुष्य अपने मन के संकल्प को कभी न भूले। वह सुख-सुविधा के लालच में न पड़े। इसलिए वह अग्नि पथ पर चलते हुए छाँह माँगने के लिए मना करता है। मनुष्य को अपने जीवन में सफल होने के लिए सुख-सुविधा के मोह को त्यागना होगा, क्योंकि इससे मनुष्य को सुविधा भोगने की आदत लग जाती है। इस कारण वह जीवन में आने वाली कठिनाइयों का सामना करने की अपेक्षा उनसे बचने की कोशिश करने लगता है। कवि जीवन को आग से भरा पथ मानता है। इसमें पग-पग पर चुनौतियाँ और कष्ट हैं। कवि ने मनुष्य के जीवन को संघर्षपूर्ण कहा है। अत: मानव को जीवन में किसी तरह की सुख-सुविधा अर्थात् किसी का आश्रय या सहारा पाने की इच्छा नहीं करनी चाहिए, क्योंकि सुख-सुविधाओं अथवा दूसरों पर निर्भरता वाला जीवन लक्ष्य प्राप्ति में बाधक होता है।

(ग) कवि रैदास ने अपने पद 'ऐसी लाल तुझ बिनु कउनु करै' में सामाजिक छुआछूत एवं भेदभाव की तत्कालीन स्थिति का अत्यंत मार्मिक एवं यथार्थ चित्र खींचा है। उन्होंने अपने पद में कहा है कि गरीब एवं दीन-दुखियों पर कृपा बरसाने वाला एकमात्र प्रभु ही है। कवि द्वारा नामदेव, कबीर, त्रिलोचन, सधना, सैनु आदि संत कवियों का दिया गया उदाहरण दर्शाता है कि लोग निम्न जाति के लोगों के उच्च कर्म पर विश्वास भी मुश्किल से करते थे, इसलिए कवि को उदाहरण देने की आवश्यकता पड़ी। इन कथनों से तत्कालीन समाज की सामाजिक विषमता की स्पष्ट झलक मिलती है।

(घ) कविता के अनुसार, ढहा हुआ घर फिर से एक नए स्वरूप एवं विशाल आकार में निर्मित हो जाता है, इसलिए वह धोखा दे जाता है। कवि कहता है कि आज नए-नए इलाकों में बड़ी-बड़ी इमारतों व भवनों का निर्माण इतनी तीव्र गति से हो रहा है कि वहाँ पुरानी निशानियों के आधार पर कुछ भी ढूँढ़ना व्यर्थ है। दिन-प्रतिदिन तीव्र गति से निर्माण होने के कारण पुरानी निशानियाँ मिट गई हैं।

इसलिए उसे आने-जाने के रास्तों और अपने गंतव्य तक पहुँचने के लिए अनेक परेशानियों का सामना करना पड़ता है। वह पीपल का पुराना पेड़ खोजता है या कोई टूटा हुआ घर ढूँढ़ता है या ज़मीन का कोई खाली टुकड़ा ढूँढ़ता है, जहाँ से उसे बाएँ हाथ की तरफ़ मुड़ना था, परंतु कुछ समय बाद ही न तो पीपल का पेड़ रहा और न ही ज़मीन का खाली टुकड़ा, क्योंकि वहाँ नई-नई इमारतों का निर्माण हो गया है।

13. (क) भारतीय संस्कृति में बड़े भाई के प्रति श्रद्धा या उससे भय सामाजिक संबंधों में मूल्य के रूप में निहित है। इसी कारण लेखक बड़े भाई के बुलाने पर बिना किसी विलंब के उनके पास पहुँच जाता है। जाड़ों के दिन थे और कड़ाके की ठंड पड़ रही थी। दिसंबर का अंत व जनवरी का प्रारंभ था। ऐसे में लेखक झरबेरी से बेर तोड़कर खा रहा था। तभी गाँव के एक आदमी ने पुकारकर उससे कहा कि तुम्हारे भाई बुला रहे हैं, शीघ्र घर चले जाओ।

भाई के बुलाने पर लेखक घर की ओर चल दिया, पर उसके मन में डर था। उसे समझ नहीं आ रहा था कि उससे ऐसा कौन-सा कसूर हो गया। उसे आशंका थी कि कहीं बेर खाने के अपराध में उसकी पेशी न हो रही हो।

(ख) वर्ष 1989 में लेखक धर्मवीर भारती को तीन हार्ट-अटैक हुए। सभी डॉक्टरों ने जवाब दे दिया था, परंतु डॉक्टर बोर्जेस ने हिम्मत नहीं हारी और लेखक की धड़कन लौटाने के लिए 900 वॉल्ट्स के शॉक्स दिए। उनका यह मत था कि यदि शरीर मृत है, तो उसे दर्द महसूस ही नहीं होगा, किंतु यदि एक कण भी प्राण शेष होंगे, तो हार्ट पुनर्जीवित हो सकता है।

डॉक्टर के इस प्रयोग से लेखक के प्राण तो लौट आए, किंतु उसका 60% हार्ट सदा के लिए नष्ट हो गया। डॉक्टर बोर्जेस द्वारा लेखक को 900 वॉल्ट्स का शॉक्स दिया जाना पूरी तरह उचित था, क्योंकि लेखक के जीवन को बचाने हेतु यही अंतिम उपाय था। यदि इसे नहीं किया जाता, तो संभवतः लेखक जीवित नहीं रहता। बाहरी तौर पर क्रूर लगने वाला यह तरीका लेखक की जीवन रक्षा के लिए अपरिहार्य था।

डॉक्टर बोर्जेस के द्वारा लेखक धर्मवीर भारती का जीवन बचाने के लिए किया गया प्रयास हमें अपने कर्त्तव्यों का ईमानदारी से निर्वहन करने की प्रेरणा देता है। साथ ही यह मनुष्य के प्रति स्नेह एवं आत्मीयता की भावना के विस्तार की भी प्रेरणा देता है। हमें किसी भी मनुष्य के जीवन की रक्षा के लिए हर संभव प्रयास करना चाहिए, जो विवेकपूर्ण हो।

(ग) गिल्लू वास्तव में एक अत्यधिक संवेदनशील प्राणी था और उसे लेखिका महादेवी वर्मा से गहरा लगाव था। पाठ के अंतर्गत इसके कई प्रमाण विद्यमान हैं

(i) जब भी लेखिका महादेवी वर्मा अपना कमरा खोलकर अंदर घुसती थीं, तो गिल्लू उनके शरीर पर ऊपर से नीचे दौड़ने लगता था, लेकिन यदि कोई अन्य व्यक्ति अंदर आता, तो वह ऐसा नहीं करता था।

(ii) गर्मियों के दिनों में वह लेखिका के पास रहने के लालच में उनके पास रखी सुराही के साथ चिपका रहता था।

(iii) गिल्लू ने लेखिका के अस्वस्थ रहने के दौरान उपचार में अपनी ओर से एक परिचारिका की तरह यथासंभव भूमिका निभाई।

(iv) लेखिका के अस्वस्थ होने पर अस्पताल में रहने के दौरान गिल्लू ने अपना मनपसंद भोजन काजू तक खाना कम कर दिया।

(v) अपने अंतिम समय में गिल्लू ने लेखिका की उँगली पकड़ ली।

14. (क) **राष्ट्रीय एकता : हमारी पहचान**

राष्ट्रीय एकता से तात्पर्य है—राष्ट्र की आर्थिक, राजनीतिक, सामाजिक व वैचारिक एकता। संपूर्ण विश्व में भारत ही एक ऐसा देश है, जहाँ अनेक धर्म, भाषा व जाति के लोग स्नेह व सौहार्द से रहते हैं व सभी एक-दूसरे के धर्मों का आदर करते हैं। यही राष्ट्रीय एकता इस देश का गौरव है, शान है।

राष्ट्र की आंतरिक शांति तथा सुव्यवस्था और बाहरी दुश्मनों से रक्षा के लिए राष्ट्रीय एकता परम आवश्यक है। यदि हम भारतवासी किसी कारणवश छिन्न-भिन्न हो गए, तो हमारी पारस्परिक फूट को देखकर अन्य देश हमारी स्वतंत्रता को परतंत्रता में बदल देंगे।

राष्ट्रीय एकता को कई विदेशी ताकतों ने खंडित करने का प्रयास किया, किंतु हमेशा ही मुँह की खाई है। जब-जब हम असंगठित हुए हैं, तभी हमें आर्थिक व राजनीतिक रूप में इसकी कीमत चुकानी पड़ी है। इसका प्रत्यक्ष उदाहरण आप अपने परिवार से ही ले सकते हैं। आपके परिवार में फूट पड़ी नहीं कि पड़ोसी उस आग में अपनी रोटी सेंकने की तैयारी कर लेते हैं। यही बात राष्ट्र के विषय में भी है, जिस प्रकार मनुष्य अपने परिवार की कमियों को छिपाकर अपनी इज़्ज़त बाहर वालों के सामने बनाए रखता है, उसी प्रकार हमें अपने राष्ट्र के गौरव व शान को भी बनाए रखने का प्रण लेना चाहिए। भारत का नागरिक होने के कारण हमारा दायित्व है कि हमें राष्ट्र की एकता और अखंडता को बनाए रखना चाहिए।

(ख) **वर्षा जल संचयन**

जल संकट आज विश्व की एक विकट समस्या बन गया है। प्रत्येक देश के सर्वांगीण विकास हेतु जल अत्यंत आवश्यक है। कृषि, उद्योग, घरेलू उपयोग के लिए जल प्रत्येक क्षेत्र की आवश्यकता है।

वर्षा जल संचयन जल संरक्षण का एक साधारण और किफ़ायती तरीका है, जिसमें छत एवं आँगन में गिरने वाले बरसाती पानी को पाइपों के माध्यम से दिशा देकर ज़मीन के नीचे अथवा टंकियों में जमा किया जाता है। यह संगृहीत जल लंबे समय तक सतह के नीचे जल के भंडार को बढ़ाता है, जिससे पृथ्वी का जल-स्तर और नमी बनी रहती है। जल संसाधन मंत्रालय ने सभी बड़े भवनों एवं सभी विद्यालयों में वर्षा जल का उपयुक्त तरीके से संचयन किए जाने का आग्रह किया है। यह जल संकट को रोकने में सहायक सिद्ध होता है। पशुओं के पीने के लिए पानी की उपलब्धता, फ़सलों की सिंचाई के विकल्प के रूप में जल संचयन प्रणाली को विश्वव्यापी तौर पर अपनाया जा रहा है।

पिछले दो-ढाई दशकों में इस तकनीक के प्रयोग से लगभग 3 करोड़ लोगों को पेयजल उपलब्ध कराया गया है। शहरी-ग्रामीण क्षेत्रों में तथा समाज के विभिन्न वर्गों को वर्षा जल संचयन तकनीक का प्रत्यक्ष लाभ मिल रहा है।

जल संकट की समस्या के समाधान के लिए वर्षा जल-संरक्षण पर ज़ोर देना होगा। पृथ्वी के अस्तित्व की रक्षा के लिए जल संकट के समाधान हेतु शीघ्र ही उचित कदम उठाए जाने की आवश्यकता है।

(ग) **मेरी अविस्मरणीय यात्रा**

मैं शुरू से ही घुमक्कड़ प्रवृत्ति का हूँ। "पिछले पाँच वर्षों में मैंने भारत के लगभग बीस राज्यों की यात्रा की है, इनमें दिल्ली, मुंबई, राजस्थान, मध्य प्रदेश, ओडिशा, गोवा आदि शामिल हैं।" शहरों में भुवनेश्वर ने मुझे सर्वाधिक प्रभावित किया है। पिछले वर्ष ही गर्मी की सप्ताहभर की छुट्टी में मैं इस शहर की यात्रा पर था। यह यात्रा मेरे लिए अविस्मरणीय है।

मैं दिल्ली से रेल यात्रा का आनंद उठाते हुए अपने सभी साथियों के साथ सुबह लगभग दस बजे भुवनेश्वर पहुँच गया था। मेरी व्याकुलता को देखते हुए सभी ने थोड़ी देर आराम करने के बाद तैयार होकर यात्रा पर निकलने का निर्णय लिया। भुवनेश्वर के बारे में जैसा हमने सुना था, उससे कहीं अधिक दर्शनीय पाया। भुवनेश्वर, भारत के खूबसूरत एवं हरे-भरे प्रदेश ओडिशा की राजधानी है। यहाँ की प्राकृतिक सुंदरता देखते ही बनती है। ऐतिहासिक ही नहीं, धार्मिक दृष्टिकोण से भी यह शहर भारत के प्रमुख दर्शनीय स्थलों में से एक है। इसे 'मंदिरों का शहर' भी कहा जाता है। हम जिस होटल में ठहरे थे, उसके निकट ही राजा-रानी मंदिर है, इसलिए सबसे पहले हम उसी के दर्शनों के लिए वहाँ पहुँचे। इस मंदिर की स्थापना ग्यारहवीं शताब्दी में हुई थी। अगली सुबह हम लोग जल्दी तैयार होकर लिंगराज मंदिर समूह देखने गए। इस मंदिर के आस-पास सैकड़ों छोटे-छोटे मंदिर बने हुए हैं, इसलिए इसे 'लिंगराज मंदिर समूह' कहा जाता है। 185 फीट लंबा यह मंदिर भारत की प्राचीन शिल्पकला का अप्रतिम उदाहरण है। मंदिरों की दीवारों पर निर्मित मूर्तियाँ शिल्पकारों की कुशलता की परिचायक हैं। भुवनेश्वर की यात्रा को अविस्मरणीय बनाने के लिए हमने जमकर फ़ोटोग्राफ़ी की थी, किंतु फ़ोटो के साथ-साथ हम सभी ने कई प्रकार की वस्तुएँ खरीदीं। ये वस्तुएँ हमें हमेशा भुवनेश्वर की प्राचीन कला की याद दिलाती हैं। इस प्रकार, भुवनेश्वर की यात्रा मेरे लिए ही नहीं मेरे सभी साथियों के लिए भी एक अविस्मरणीय यात्रा बन गई।

15. परीक्षा भवन,
नई दिल्ली।

दिनांक 30 सितंबर, 20XX

प्रिय अनुज,
सदैव प्रसन्न रहो।

हम सब यहाँ सकुशल हैं। मैं आशा करता हूँ कि तुम भी सकुशल होंगे। कल तुम्हारा एक मित्र मिला था, उसने बताया कि आजकल तुम बेहिसाब खर्च करने लगे हो। तुम्हारा मन बाहर की चीज़ें खाने, फ़िल्में देखने, इधर-उधर घूमने और बेकार की अनावश्यक चीज़ें खरीदने में लगने लगा है।

तुम नहीं जानते कि ऐसा करके केवल धनहानि ही नहीं, वरन् अपने स्वास्थ्य, पढ़ाई और नाम की भी हानि कर रहे हो। आज खर्च करना अच्छा लग रहा होगा, लेकिन कल जब पैसा नहीं होगा, तो हो सकता है कि तुम गलत रास्ते से पैसा जुटाने की ओर अग्रसर हो जाओ। इसलिए अभी ही ये आदतें सुधार लो और कम खर्च की आदत डाल लो, जो तुम्हारे लिए अति आवश्यक है। यह तुम्हारे भविष्य के लिए अच्छा है। आशा है तुम मेरी बात पर ध्यान अवश्य दोगे और अधिक धन खर्च नहीं करोगे। शेष मिलने पर।

तुम्हारा भाई
क. ख. ग.

अथवा

सेक्टर 16, द्वारका,
दिल्ली।

दिनांक 17 नवंबर, 20XX

पूजनीय चाचाजी
सादर प्रणाम।

मैं यहाँ कुशलपूर्वक हूँ। आशा है कि आप भी कुशलता से होंगे। आपके गृहप्रवेश की पूजा का निमंत्रण-पत्र मिला। आपने नया घर लिया है यह जानकर अत्यंत प्रसन्नता हुई। आपका नया घर देखने की मेरी बहुत इच्छा है, परंतु इस महीने मेरी परीक्षाएँ हैं, इसलिए मैं गृहप्रवेश पूजा में नहीं आ सकता। मेरी परीक्षाएँ समाप्त होते ही मैं आपके नए घर ज़रूर आऊँगा। यह नया घर आपके जीवन में सुख, समृद्धि व सफलता के सुअवसर प्रदान करे। ईश्वर करे कि आप इसी प्रकार प्रगति करते रहें।

मेरी ओर से आपको और चाचीजी को नमस्कार तथा बहुत-बहुत बधाई व अनुजों को प्यार।

आपका भतीजा
विनय त्यागी

16. प्रस्तुत चित्र बालक द्वारा अपने कार्य को निष्ठापूर्ण किए जाने को दर्शाता है। यह चित्र बालक द्वारा मजदूरी करने के दृश्य को दिखाता है। बालक ने मिट्टी खोदने के लिए हाथ में फावड़ा लिया है। यह दृश्य बाल श्रम जैसी समस्या कों इंगित करता है। बाल श्रम जैसी समस्या आज हमारे समाज के लिए अभिशाप बन रही है। बचपन, एक बालक के जीवन का स्वर्णिम समय होने के साथ ही उसके शारीरिक व मानसिक विकास का बहुमूल्य समय होता है। जिस आयु में घर की आर्थिक स्थिति कई बालकों को पैसे कमाने को बाध्य कर देती है। यह चित्र हमारे सामाज में फैली निर्धनता व आर्थिक समस्या की ओर संकेत करता है। आज भी 14 वर्ष की आयु से कम के बालक कारखानों में काम करते हैं तथा उच्च वर्ग उनका शोषण करता है।

बाल श्रम एक विकराल समस्या का रूप धारण करता जा रहा है। आज जगह-जगह विभिन्न नुक्कड़-नाटक, जागरुकता अभियान आदि चलाए जाते हैं, लेकिन जब तक भारत का प्रत्येक नागरिक इस गंभीर समस्या पर चिंतन या मनन नहीं करेगा अर्थात् इन समस्या के समाधान के लिए प्रयत्न नहीं करेगा, तब तक इस समस्या में मुक्ति पाना कठिन होगा।

इस चित्र में एक ओर तो बालक अपनी दृढ़ इच्छाशक्ति और लगन से कार्य कर रहा है, परंतु दूसरी ओर वह अपने शिक्षा के अधिकार को खो रहा है। अत: संविधान के 86वें संशोधन का ध्यान रखते हुए हमें इस समस्या के प्रति सचेत हो जाना चाहिए तथा बालक की शिक्षा के अधिकार को संरक्षित कर उसे पढ़ने का अवसर प्रदान करके उसके शारीरिक व मानसिक विकास में वृद्धि करने हेतु प्रयास करना चाहिए, तभी हमारा देश पूर्णरूप से आजाद कहा जाएगा।

17. **आदित्य** हैलो शोभित! कैसे हो?

शोभित अच्छा हूँ! तुम कैसे हो?

आदित्य बिलकुल ठीक! सुनाओ, क्या करने का इरादा है?

शोभित यार! मैं आई.ए.एस. बनना चाहता हूँ।

आदित्य वाह! भाई इरादा तो बहुत ऊँचा है।

शोभित हाँ! सोचता हूँ, लक्ष्य तो ऊँचा ही होना चाहिए। जिसका लक्ष्य जितना ऊँचा होगा, उसका तीर उतना ऊँचा जाएगा।

आदित्य हाँ, सही कहा।

शोभित खैर, तुम बताओ! तुम क्या करने जा रहे हो?

आदित्य अपना तो वही पुराना इरादा है, आर्किटेक्ट बनने का। लोगों के घरों के नक्शे बनाऊँगा।

शोभित चलो, देखते हैं, आगे क्या होता है? फिलहाल तो चलते हैं।

अथवा

अशोक हैलो वरुण! कैसे हैं आप?

वरुण मैं ठीक हूँ। आप सुनाइए।

अशोक मैं कल आपके बच्चे के जन्मदिन पर उसे आशीर्वाद देने नहीं आ सका। इसके लिए मैं क्षमा प्रार्थी हूँ।

वरुण कोई बात नहीं। आप अवश्य किसी आवश्यक कार्य में फँस गए होंगे।

अशोक दरअसल कल मेरे ऑफ़िस के एक सहयोगी की पत्नी की तबीयत अचानक बहुत अधिक खराब हो गई।

वरुण ओह! ये तो बहुत बुरा हुआ। अब उनकी तबीयत कैसी है?

अशोक रातभर मैं अपने मित्र के साथ हॉस्पिटल में ही रहा। अभी थोड़ी देर पहले ही घर आया हूँ। वह अब पहले से बेहतर है, लेकिन पूरी तरह ठीक होने में अभी समय लगेगा।

वरुण ईश्वर करे, उनकी तबीयत शीघ्र ठीक हो जाए!

प्रतिदर्श प्रश्न-पत्र 2 (व्याख्या सहित)

CBSE कक्षा 9 की परीक्षा के लिए नमूना प्रश्न-पत्र

हिंदी 'ब'

समय : 3 घंटे	पूर्णांक : 80

1. इस प्रश्न-पत्र में चार खंड दिए गए हैं–'क', 'ख', 'ग' और 'घ'।
2. खंड 'क' में बहुविकल्पीय, अतिलघु व लघु उत्तरीय प्रश्न दिए गए हैं।
3. खंड 'ख' में अतिलघु उत्तरीय प्रश्न दिए गए हैं।
4. खंड 'ग' में बहुविकल्पीय व वर्णनात्मक प्रश्न दिए गए हैं।
5. खंड 'घ' में वर्णनात्मक प्रश्न दिए गए हैं।
6. यथासंभव सभी प्रश्नों के उत्तर क्रमानुसार लिखिए।

खंड (क) : अपठित बोध (14 अंक)

1. **वर्तमान युग कंप्यूटर का युग है। यदि भारतवर्ष पर नज़र दौड़ाकर देखें, तो हम पाएँगे कि जीवन के लगभग सभी क्षेत्रों में कंप्यूटर का प्रवेश हो गया है। बैंक, रेलवे-स्टेशन, हवाई-अड्डे, डाकखाने, बड़े-बड़े उद्योग-कारखाने, व्यवसाय हिसाब-किताब तथा रुपये गिनने तक की मशीनें कंप्यूटरीकृत हो गई हैं। हमारे देश में आज भी कंप्यूटर का प्रारंभिक प्रयोग है किंतु आने वाला समय इसके विस्तृत फैलाव का संकेत दे रहा है। प्रश्न उठता है कि क्या कंप्यूटर आज की ज़रूरत है? इसका उत्तर है-कंप्यूटर जीवन की मूलभूत अनिवार्य वस्तु तो नहीं है, किंतु इसके बिना आज की दुनिया अधूरी जान पड़ती है। सांसारिक गतिविधियों, परिवहन और संचार उपकरणों आदि का ऐसा विस्तार हो गया है कि उन्हें सुचारु रूप से चलाना अत्यंत कठिन होता जा रहा है।**

पहले मनुष्य जीवन-भर में यदि सौ लोगों के संपर्क में आता था, तो आज वह दो-हज़ार लोगों के संपर्क में आता है। पहले वह दिन में पाँच-दस लोगों से मिलता था, तो आज पचास-सौ लोगों से मिलता है। पहले वह दिन में काम करता था, तो आज रातें भी व्यस्त रहती हैं। आज व्यक्ति के संपर्क बढ़ रहे हैं, व्यापार बढ़ रहे हैं, गतिविधियाँ बढ़ रही हैं, आकांक्षाएँ बढ़ रही हैं तथा साधन बढ़ रहे हैं।

इस अनियंत्रित गति को सुव्यवस्था देने की समस्या आज की प्रमुख समस्या है। कहते हैं आवश्यकता आविष्कार की जननी है। इस आवश्यकता ने अपने अनुसार निदान ढूँढ लिया है।

कंप्यूटर एक ऐसी स्वचालित प्रणाली है, जो कैसी भी अव्यवस्था को व्यवस्था में बदल सकती है। हड़बड़ी में होने वाली मानवीय भूलों के लिए कंप्यूटर रामबाण औषधि है। क्रिकेट के मैदान में अंपायर की निर्णायक भूमिका हो या लाखों-करोड़ों की लंबी-लंबी गणनाएँ, कंप्यूटर पलक झपकते ही आपकी समस्या हल कर सकता है। पहले इन कामों को करने वाले कर्मचारी हड़बड़ाकर काम करते थे, एक भूल से घबराकर और अधिक गड़बड़ी करते थे। परिणामस्वरूप काम कम, तनाव अधिक होता था। अब कंप्यूटर की सहायता से काफी सुविधा हो गई है।

(i) **गद्यांश के अनुसार, किस आवश्यकता ने कंप्यूटर में अपना निदान ढूँढ लिया है?**
(क) अनियंत्रित कर्मचारियों को अनुशासित करने की
(ख) अनियंत्रित गति को सुव्यवस्था देने की
(ग) अधिक-से-अधिक लोगों से जुड़ जन-जागरण लाने की
(घ) अधिक-से-अधिक कार्य कभी भी व कहीं भी करने की

(ii) **गद्यांश के अनुसार कंप्यूटर के महत्त्व के विषय में कौन-सा विकल्प सही है?**
(क) कंप्यूटर काम के तनाव को समाप्त करने का उपाय है
(ख) कंप्यूटर कई मानवीय भूलों को निर्णायक रूप से सुधार देता है
(ग) कंप्यूटर के आने से सारी हड़बड़ाहट दूर हो गई है
(घ) मानव की सारी समस्याओं का हल कंप्यूटर द्वारा ही संभव है

(iii) **कथन (A) और कारण (R) को पढ़कर उपयुक्त विकल्प चुनिए।**
कथन (A) कंप्यूटर के बिना आज की दुनिया अधूरी है, क्योंकि
कारण (R) सारी व्यवस्था, उपकरण और मशीनें कंप्यूटरीकृत नहीं हैं।

(क) कथन (A) गलत है, किन्तु कारण (R) सही है।
(ख) कथन (A) और कारण (R) दोनों ही गलत हैं।
(ग) कथन (A) सही है और कारण (R), कथन (A) की सही व्याख्या करता है।
(घ) कथन (A) सही है, किन्तु कारण (R), कथन (A) की सही व्याख्या नहीं करता है।

(iv) वर्तमान युग किसका युग है?

(v) गद्यांश के अनुसार, कर्मचारी क्यों घबराए हुए रहते थे ?

2. पाठक आमतौर पर रूढ़िवादी होते हैं, वे सामान्यतः साहित्य में अपनी मर्यादाओं की स्वीकृति या एक स्वप्न-जगत में पलायन चाहते हैं। साहित्य एक झटके में उन्हें अपने आस-पास के उस जीवन के प्रति सचेत करता है, जिससे उन्होंने आँखें मूँद रखी थीं। शुतुरमुर्ग अफ्रीका के रेगिस्तानों में ही नहीं मिलते, वे हर जगह बहुतायत में उपलब्ध हैं। प्रौद्योगिकी के इस दौर का नतीजा जीवन के हर गोशे में नक़द फ़सल के लिए बढ़ता हुआ पागलपन है और हमारे राजनीतिज्ञ, सत्ता के दलाल, व्यापारी, नौकरशाह- सभी लोगों का इस भगदड़ में नहीं पहुँचना, जैसा दूसरे करते हैं वैसा करने, चूहादौड़ में शामिल होने और कुछ-न-कुछ हासिल कर लेने को जिए जा रहे हैं।
हम थककर साँस लेना और अपने चारों ओर निहारना, हवा के पेड़ में से गुज़रते वक़्त पत्तियों की मनहर लय-गतियों को और फूलों के जादुई रंगों को, फूली सरसों के चमकदार पीलेपन को, लिखे मैदानों की घनी हरीतिमा को मर्मर ध्वनि के सौंदर्य, हिमाच्छादित शिखरों की भव्यता, समुद्र तट पर पछाड़ खाकर बिखरती हुई लहरों के घोष को देखना-सुनना भूल गए हैं।
कुछ लोग सोचते हैं कि पश्चिम का आधुनिकतावाद और भारत तथा अधिकांश तीसरी दुनिया के नव-औपनिवेशिक चिंतन के साथ अपनी जड़ों से अलगाव, व्यक्तिवादी अजनबियत में हमारा अनिवार्य बेलगाम धँसाव, अचेतन के बिंब, बौद्धिकता से विद्रोह, यह घोषणा कि 'दिमाग अपनी रस्सी के अंतिम सिरे पर है', यथार्थवाद का विध्वंस, काम का ऐन्द्रिक सुख मात्र रह जाना और मानवीय भावनाओं का व्यवसायीकरण तथा निम्नस्तरीयकरण इस अंधी घाटी में आ फँसने की वजह है। लेकिन वे भूल जाते हैं कि आधुनिकीकरण इतिहास की एक सच्चाई है, जो नई समस्याओं को जन्म देने और विज्ञान को अधिक जटिल बनाने के बावजूद, एक तरह से, मानव जाति की नियति है।
मेरा सुझाव है कि विवेकहीन आधुनिकता के बावजूद आधुनिकता की दिशा में धैर्यपूर्वक सुयोजित प्रयास होने चाहिए। एक आलोचक किसी नाली में भी झाँक सकता है, पर वह नाली-निरीक्षक नहीं होता। लेखक का कार्य दुनिया को बदलना नहीं, समझना है, साहित्य क्रांति नहीं करता, वह मनुष्यों का दिमाग बदलता है और उन्हें क्रांति की आवश्यकता के प्रति जागरूक बनाता है।

(i) पाठक साहित्य से सामान्यतौर पर क्या अपेक्षा रखते हैं?
(क) साहित्य को हमारे मन की बात कहनी चाहिए
(ख) साहित्य को संसार को यथावत समझना चाहिए
(ग) साहित्य तनाव कम करने वाला होना चाहिए
(घ) साहित्य को जीवन कौशलों व मूल्यों की शिक्षा देनी चाहिए

(ii) लेखक के अनुसार, गद्यांश पढ़कर बताइए कि लेखक का कार्य क्या है?
(i) लेखक का कार्य दुनिया को बदलना है।
(ii) लेखक का कार्य दुनिया को समझना है।
(iii) लेखक का कार्य मनुष्यों का दिमाग बदलना है।
(iv) लेखक लोगों को क्रांति की आवश्यकता के प्रति जागरूक करता है।

कूट
(क) केवल कथन (i) सही है।
(ख) कथन (i), (ii) और (iii) सही हैं।
(ग) कथन (ii), (iii) और (iv) सही हैं।
(घ) उपर्युक्त में से कोई नहीं

(iii) कथन पढ़कर उपयुक्त विकल्प चुनिए
(क) 'आजकल लोगों का नकद फसल के प्रति पागलपन बढ़ता ही जा रहा है।
(ख) लोग तुरंत व अधिक-से-अधिक लाभ कमाना चाहते हैं।
(ग) 'क' और 'ख' दोनों
(घ) मानवीय भावनाओं का व्यवसायीकरण आधुनिकीकरण की देन है।

(iv) सपनों की दुनिया में रहने वाले पाठक को लेखक ने क्या कहा?

(v) आधुनिकता की दिशा में सुयोजित प्रयास क्यों होने चाहिए? स्पष्ट कीजिए।

खंड (ख) : व्यावहारिक व्याकरण (16 अंक)

3. निम्नलिखित प्रश्नों में से किन्हीं दो के उत्तर निर्देशानुसार दीजिए। (1 × 2 = 2)

(i) 'अग्नि' कौन-सा शब्द है? (1)

(ii) शब्द किसे कहते हैं? (1)

(iii) <u>वह</u> नेता विधायक है। रेखांकित पद में कौन-सा विशेषण है? (1)

4. निम्नलिखित में से किन्हीं दो प्रश्नों के उत्तर दीजिए। (1 × 2 = 2)

(i) अनुनासिक का प्रयोग कहाँ होता है? (1)

(ii) 'संबंध' शब्द का मानक रूप क्या होगा? (1)

(iii) 'अयोगवाह' किन्हें माना गया है? (1)

5. निम्नलिखित में से किन्हीं चार प्रश्नों के उत्तर दीजिए। (1 × 4 = 4)

(i) उपकार शब्द में किस उपसर्ग का प्रयोग हुआ है? (1)

(ii) 'उत्कर्ष' शब्द में कौन-सा उपसर्ग है? (1)

(iii) 'जेठानी' शब्द में कौन-सा प्रत्यय है? (1)

(iv) 'दयालु' में कौन-सा प्रत्यय है? (1)

(v) 'सजीला' शब्द में कौन-सा प्रत्यय है? (1)

6. निम्नलिखित में से किन्हीं तीन प्रश्नों के उत्तर दीजिए। (1 × 3 = 3)

(i) 'पुस्तकालय' में कौन-सी संधि है? (1)

(ii) 'अत्याचार' का संधि विच्छेद क्या होगा? (1)

(iii) इत्यादि में कौन-सी संधि है? (1)

(iv) स्वर संधि के कितने भेद होते हैं? प्रत्येक का नाम लिखिए। (1)

7. निम्नलिखित में से किन्हीं दो प्रश्नों के उत्तर दीजिए। (1 × 2 = 2)

(i) अर्द्धविराम का प्रयोग कहाँ किया जाता है? (1)

(ii) अल्प विराम का प्रयोग कहाँ होता है? (1)

(iii) विस्मयादिबोधक चिह्न का प्रयोग कहाँ किया जाता है? (1)

8. निम्नलिखित में से किन्हीं तीन प्रश्नों के उत्तर दीजिए। (1 × 3 = 3)

(i) 'देश में आतंकवादियों का खौफ शायद अभी भी है।' अर्थ की दृष्टि से वाक्य का कौन-सा भेद है? (1)

(ii) विस्मयवाचक वाक्य किसे कहते हैं? (1)

(iii) 'यहाँ से जाओ' अर्थ की दृष्टि से वाक्य का भेद बताइए। (1)

(iv) विधानवाचक वाक्य किसे कहते हैं? (1)

खंड (ग) : पाठ्यपुस्तक व पूरक पाठ्यपुस्तक (30 अंक)

9. निम्नलिखित गद्यांश को ध्यानपूर्वक पढ़कर पूछे गए प्रश्नों के सही विकल्प चुनिए। (1 × 5 = 5)

ल्हाटू हमारे पीछे-पीछे आ रहा था और जब हम दक्षिणी शिखर के नीचे आराम कर रहे थे, वह हमारे पास पहुँच गया। थोड़ी-थोड़ी चाय पीने के बाद हमने फिर चढ़ाई शुरू की। ल्हाटू एक नायलॉन की रस्सी लाया था। इसलिए अंगदोरजी और मैं रस्सी के सहारे चढ़े, जबकि ल्हाटू एक हाथ से रस्सी पकड़े हुए बीच में चला। उसने रस्सी अपनी सुरक्षा की बजाय हमारे संतुलन के लिए पकड़ी हुई थी। ल्हाटू ने ध्यान दिया कि मैं इन ऊँचाइयों के लिए सामान्यत: आवश्यक चार लीटर ऑक्सीजन की अपेक्षा, लगभग ढाई लीटर ऑक्सीजन प्रति मिनट की दर से लेकर चढ़ रही थी। मेरे रेगुलेटर पर जैसे ही उसने ऑक्सीजन की आपूर्ति बढ़ाई, मुझे महसूस हुआ कि सपाट और कठिन चढ़ाई भी अब आसान लग रही थी।

(i) गद्यांश के आधार पर बताइए कि ल्हाटू कौन था? (1)

(क) पर्वतारोही दल का महत्त्वपूर्ण सहायक

(ख) अंगदोरजी का छोटा भाई

(ग) लेखिका का गुरु

(घ) कैंप की देख-रेख करने वाला व्यक्ति

(ii) कथन (A) और कारण (R) को पढ़कर उचित विकल्प का चयन कीजिए (1)

कथन (A) ल्हाटू एक नायलॉन की रस्सी लाया था।

कारण (R) नायलॉन की रस्सी बीच में टूट गई और वे सब गिर गए।

(क) कथन (A) गलत है, किंतु कारण (R) सही है।

(ख) कथन (A) और कारण (R) दोनों गलत हैं।

(ग) कथन (A) और कारण (R) दोनों सही हैं।

(घ) कथन (A) सही है, किंतु कारण (R) कथन (A) की सही व्याख्या नहीं करता है।

(iii) ल्हाटू ने रस्सी को किसकी सुरक्षा के लिए पकड़ा हुआ था? (1)

1. अंगदोरजी की
2. लेखिका की
3. सामान बाँधने
4. स्वयं की

कूट

(क) केवल 1 सही है। (ख) केवल 2 सही है।

(ग) 1 और 2 सही हैं। (घ) 3 और 4 सही हैं।

(iv) लेखिका इतनी ऊँचाइयों पर कितने लीटर ऑक्सीजन की दर से चढ़ रही थी? (1)

(क) दो लीटर (ख) चार लीटर

(ग) तीन लीटर (घ) ढाई लीटर

(v) अधिक ऊँचाई चढ़ते हुए शरीर पर क्या प्रभाव पड़ता है? (1)

(क) ऑक्सीजन की कमी महसूस होने लगती है

(ख) साँसें तेज-तेज चलने लगती हैं

(ग) थकावट बिल्कुल नहीं होती

(घ) उपर्युक्त में से कोई नहीं

10. निम्नलिखित प्रश्नों में से किन्हीं तीन के उत्तर संक्षेप में दीजिए। (2 × 3 = 6)

(क) "तुम्हारे सामीप्य की वेला एकाएक यों रबर की तरह खिंच जाएगी, इसका मुझे अनुमान न था।" पंक्ति में निहित तात्पर्य एवं व्यंग्य को स्पष्ट कीजिए। (2)

(ख) लोगों के धर्म-ईमान की चिंता किसे और क्यों हो रही थी? (2)

(ग) इस पाठ का शीर्षक 'दु:ख का अधिकार' कहाँ तक सार्थक है? स्पष्ट कीजिए। (2)

(घ) एवरेस्ट की चोटी पर पहुँचकर बचेंद्री पाल ने क्या किया? और उसकी सफलता पर कर्नल खुल्लर ने क्या कहकर बधाई दी? (2)

11. निम्नलिखित पद्यांश को पढ़कर पूछे गए प्रश्नों के उत्तर दीजिए। (1 × 5 = 5)

गाकर गीत विरह के तटिनी
वेगवती बहती जाती है,
दिल हलका कर लेने को
उपलों से कुछ कहती जाती है।
तट पर एक गुलाब सोचता,
"देते स्वर यदि मुझे विधाता,
अपने पतझर के सपनों का
मैं भी जग को गीत सुनाता।"
गा-गाकर वह रही निर्झरी,
पाटल मूख खड़ा तट पर है।
गीत, अगीत, कौन, सुंदर है?

(i) प्रस्तुत पद्यांश में कवि द्वारा किसका वर्णन किया जा रहा है? (1)
(क) नायिका के सौंदर्य का (ख) कवि की भावनाओं का
(ग) प्रकृति की सुंदरता का (घ) मजदूर की विवशता का

(ii) कवि ने प्रस्तुत पद्यांश में किस प्रकार का तुलनात्मक प्रश्न किया है? (1)
(क) नदी और समुद्र में से कौन बड़ा है?
(ख) पहाड़ और टीले में कौन विशाल है?
(ग) नायक और नायिका में से कौन सुंदर है?
(घ) गीत और अगीत में से कौन सुंदर है?

(iii) कविन ने 'तटिनी' शब्द का प्रयोग ········ के लिए किया है। (1)
(क) स्त्री के लिए (ख) नदी के लिए
(ग) पक्षी के लिए (घ) गुलाब के फूल के लिए

(iv) **कथन** (A) यदि गुलाब को ईश्वर ने स्वर प्रदान किए होते तो वह मनुष्यों से बातें करता।
कारण (R) दुःख भरे पतझड़ के दिनों में देखे गए अपने सपनों का गीत पूरे संसार को सुनाता। (1)
(क) कथन (A) सही है और कारण (R) कथन (A) की सही व्याख्या करता है।
(ख) कथन (A) सही है और कारण (R) कथन (A) की सही व्याख्या नहीं करता है।
(ग) कथन (A) गलत है, लेकिन कारण (R) सही है।
(घ) कथन (A) तथा कारण (R) दोनों गलत हैं।

(v) पद्यांश के अनुसार, नदी के संबंध में कौन-सा कथन सही नहीं है? (1)
(क) नदी वेगवती है
(ख) नदी वियोग के गीत गाती है
(ग) नदी कल-कल करती हुई किनारों से टकराती आगे बढ़ती है
(घ) नदी की दिशा निश्चित होती है

12. निम्नलिखित प्रश्नों में से किन्हीं तीन के उत्तर संक्षेप में दीजिए। (2 × 3 = 6)

(क) कवि रहीम के अनुसार, कौन-सा स्रोत या साधन उपयोगी होता है? (2)
(ख) मनुष्य को नए इलाके में किस समस्या का सामना करना पड़ता है? (2)
(ग) 'अग्नि पथ' कविता के प्रतिपाद्य पर विचार करते हुए वर्तमान समय में इस कविता का महत्त्व स्पष्ट कीजिए। (2)
(घ) 'सुहागा' की उपमा रैदास ने क्यों दी? (2)

13. निम्नलिखित में से किन्हीं दो प्रश्नों के उत्तर दीजिए। (3 × 2 = 6)

(क) लेखक ने 'स्मृति' पाठ से भ्रातृ स्नेह के ताने बाने को चोट लगने की बात कही है। भाई के प्रति भाई के स्नेह का कोई अन्य उदाहरण प्रस्तुत करते हुए लेखक के इस कथन का अभिप्राय स्पष्ट कीजिए।
(ख) माँ अपनी संतान को दुःखी नहीं देख सकती, माँ का दिल तो आखिर माँ का दिल होता है। इस बात की पुष्टि के लिए 'मेरा छोटा-सा निजी पुस्तकालय' पाठ के आधार पर स्पष्ट कीजिए।
(ग) कल्लू कुम्हार की उनाकोटी पाठ में त्रिपुरा के बारे में व्यक्त किए गए लेखक के विचारों पर प्रकाश डालिए। (2)

खंड (घ) : रचनात्मक लेखन (20 अंक)

14. निम्नलिखित विषयों में से किसी एक विषय पर दिए गए संकेत बिंदुओं के आधार पर 120 शब्दों में एक अनुच्छेद लिखिए। (5)

(क) **अनुशासन और नैतिकता**
संकेत बिंदु
- भूमिका
- अनुशासन और नैतिकता सफल जीवन के मार्ग
- पाश्चात्य प्रभाव
- अनुशासन और नैतिक शिक्षा की आवश्यकता

(ख) **राष्ट्र निर्माण में नारी का योगदान**
संकेत बिंदु
- प्राचीन संस्कृति और नारी
- नारी का योगदान
- नारी का महत्त्व
- आज की आवश्यकता

(ग) आधुनिक भारत की समस्याएँ

संकेत बिंदु

- सभी देशों में समस्याएँ मौजूद
- भारत की समस्याएँ
- नैतिक मूल्यों की पुनर्स्थापना आवश्यक
- उपसंहार

15. आप रोहित शर्मा हैं। आप अपने पिताजी को एक पत्र लिखिए, जिसमें विद्यालय के छात्रों के साथ भ्रमण की अनुमति माँगी गई हो। (5)

अथवा

अपने मित्र को पत्र लिखकर 'इंटरनेट के प्रयोग' से होने वाले लाभ और हानियों पर प्रकाश डालिए। साथ में उसे यह भी बताइए कि इसका सदुपयोग किस प्रकार किया जा सकता है?

16. नीचे दिए गए चित्र को ध्यान से देखिए। चित्र में दिखाई दे रहे दृश्य/घटना का वर्णन अपनी कल्पनाशक्ति के आधार पर कीजिए जिसका सीधा संबंध चित्र से होना चाहिए। (5)

17. हमारे देश में आए दिन लोग यातायात के नियमों का उल्लघंन करते हैं। इस विषय पर दो मित्रों के बीच होने वाले संवाद को लगभग 100 शब्दों में लिखिए। (5)

अथवा

डॉक्टर तथा मरीज़ के बीच होने वाले संवाद को लगभग 100 शब्दों में लिखिए।

व्याख्या सहित उत्तर

1. (i) (ख) अनियंत्रित गति को सुव्यवस्था देने की

(ii) (ख) कंप्यूटर कई मानवीय भूलों को निर्णायक रूप से सुधार देता है

(iii) (घ) कथन (A) सही है, किन्तु कारण (R), कथन (A) की सही व्याख्या नहीं करता है।

(iv) वर्तमान युग कंप्यूटर का युग है, क्योंकि कंप्यूटर के बिना जीवन की कल्पना असंभव सी हो गई है।

(v) गद्यांश के अनुसार, कंप्यूटर के प्रयोग से पहले अधिक तनाव होता था। पहले काम करने वाले कर्मचारी हड़बड़ाकर काम करते थे, एक भूल से घबराकर और अधिक गड़बड़ी करते थे और गलतियाँ होने के डर से कर्मचारी घबराए हुए रहते थे। इसके परिणामस्वरूप उनका तनाव और अधिक बढ़ जाता था।

2. (i) (ख) साहित्य को संसार को यथावत समझना चाहिए

(ii) (ग) कथन (ii), (iii) और (iv) सही हैं।

(iii) (ग) 'क' और 'ख' दोनों

(iv) सपनों की दुनिया में रहने वाले पाठक को लेखक ने अफ्रीका के रेगिस्तान के शुतुरमुर्ग कहा।

(v) आधुनिकता की दिशा में सुयोजित प्रयास इसलिए होने चाहिए, क्योंकि आधुनिकता होने की प्रक्रिया सदा से ही मानव सभ्यता का अंग रही है। आधुनिकता न केवल तकनीकी विकास को इंगित करती है, बल्कि सामाजिक, आर्थिक, राजनीतिक और मानवीय दृष्टिकोण से भी महत्त्वपूर्ण है। इस प्रकार का प्रयास एक नए और बेहतर जीवन के लिए सक्षम है, जो समृद्धि, ताकत और सामाजिक न्याय से जुड़ा है।

3. (i) 'अग्नि' तत्सम शब्द है।

(ii) वर्णों का ऐसा समूह जिसका कोई अर्थ हो, शब्द कहलाता है।

(iii) <u>वह</u> नेता विधायक है। इस वाक्य में रेखांकित शब्द सार्वनामिक विशेषण है।

4. (i) अनुनासिक का प्रयोग उसी वर्ण पर होता है, जिसका उच्चारण उसके साथ किया जाता है; जैसे—काँच, साँप आदि।

(ii) 'संबंध' शब्द का मानक रूप 'संबंध' होगा।

(iii) हिंदी में अं, अः को अयोगवाह माना गया है।

5. (i) 'उपकार' शब्द में 'उप' उपसर्ग का प्रयोग हुआ है।

(ii) 'उत्कर्ष' शब्द में 'उत्' उपसर्ग है।

(iii) 'जेठानी' शब्द में 'आनी' प्रत्यय है।

(iv) 'दयालु' शब्द में 'आलु' प्रत्यय है।

(v) 'सजीला' शब्द में 'ईला' प्रत्यय है।

6. (i) 'पुस्तकालय' शब्द में दीर्घ स्वर संधि है।

(ii) 'अत्याचार' शब्द का संधि विच्छेद 'अति + आचार' होगा।

(iii) 'इत्यादि' शब्द में यण् संधि है।

(iv) स्वर संधि के पाँच भेद होते हैं- दीर्घ संधि, गुण संधि, वृद्धि संधि, यण् संधि, अयादि संधि।

7. (i) अर्द्ध विराम का अर्थ है—आधा विराम। जहाँ पूर्ण विराम की तुलना में कम रुकना होता है, वहाँ अर्द्ध विराम का प्रयोग होता है।

(ii) अल्प विराम का अर्थ है—न्यून ठहराव। वाक्य में जहाँ बहुत ही कम ठहराव होता है, वहाँ अल्प विराम का प्रयोग होता है। इस चिह्न का प्रयोग सर्वाधिक होता है।

(iii) आश्चर्य, करुणा, घृणा, भय, विषाद, विस्मय आदि भावों की अभिव्यक्ति के लिए विस्मयादिबोधक चिह्न का प्रयोग होता है।

8. (i) देश में आतंकवादियों का खौफ शायद अभी भी है। अर्थ भेद की दृष्टि से यह वाक्य संदेहवाचक वाक्य है।

(ii) जिस वाक्य से आश्चर्य, शोक, हर्ष, विस्मय इत्यादि भावों का बोध हो, उसे 'विस्मयवाचक वाक्य' कहते हैं; जैसे— अरे! महादेव जी की लिखावट इतनी सुंदर है।

(iii) 'यहाँ से जाओ' अर्थ भेद की दृष्टि से यह वाक्य आज्ञावाचक है।

(iv) जिस वाक्य से किसी क्रिया या किसी भी बात के होने का बोध होता है, उसे 'विधानवाचक वाक्य' कहते हैं; जैसे— भगवाना परलोक चला गया।

9. (i) (क) पर्वतारोही दल का महत्त्वपूर्ण सहायक

(ii) (घ) कथन (A) सही है, किंतु कारण (R) कथन (A) की सही व्याख्या नहीं करता है।

(iii) (ग) 1 और 2 सही हैं।

(iv) (घ) ढाई लीटर

(v) (क) ऑक्सीजन की कमी महसूस होने लगती है

10. (क) 'तुम कब जाओगे, अतिथि' पाठ में उपरोक्त पंक्ति का प्रयोग लेखक ने अतिथि द्वारा धोबी को कपड़े दिए जाने की इच्छा व्यक्त करने पर किया है। इस पंक्ति का तात्पर्य यह है कि अतिथि के आने के बाद लेखक को लगा था कि वह एक दिन रुककर चला जाएगा। एक दिन में न सही, दो दिन बाद तो वह अवश्य चला जाएगा। ऐसा लेखक को विश्वास था। इसी आशा में लेखक अतिथि का बढ़िया-से-बढ़िया सत्कार करना चाहता है, लेकिन जब अतिथि ने अपने गंदे कपड़ों को धोबी से धुलवाने की इच्छा व्यक्त की, तो लेखक को गहरा झटका लगा। इसी संदर्भ में लेखक ने उसके सामीप्य को रबर की तरह खिंच जाने के रूप में व्यंजित किया है। यह व्यंग्यात्मक लहजा है और इससे लेखक की अतिथि के प्रति अन्यमनस्कता अर्थात् अरुचि प्रकट होती है।

(ख) सभी लोगों के धर्म-ईमान की चिंता लालाजी को सता रही थी और इसका कारण था—ईर्ष्या भाव। वास्तव में, लालाजी को किसी के धर्म-ईमान की चिंता नहीं थी। यदि ऐसा होता, तो सबसे पहले उन्हें अपना धर्म-ईमान देखना चाहिए था, जो उस संकट की घड़ी में जवान बेटे की मृत्यु का दुःख सहने वाली बूढ़ी माँ की सहायता करने में निहित था।

इसकी जगह वे सूतक के बहाने से लोगों को धर्म-ईमान की याद दिलाने लगे। लालाजी सहानुभूति प्रकट करने एवं सहायता करने की अपेक्षा उस बुढ़िया के प्रति घृणा एवं द्वेष की भावना के कारण लोगों के धर्म एवं ईमान की चिंता का ढोंग कर रहे थे।

(ग) लेखक ने जिस प्रकार पोशाक के माध्यम से समाज में व्याप्त ऊँच-नीच का वर्णन किया है, उससे दुःख व्यक्त करने के अलग-अलग मापदंड भी उजागर हुए हैं। इस पाठ में लेखक ने बताना चाहा है कि दुःख का अधिकार श्रेणी के अनुसार होता है। अमीर को दुःख प्रकट करने का पूरा अधिकार है, क्योंकि समाज में उसका सम्मान है और उसके धन से कई लोग पलते हैं, जबकि निर्धन एवं अभावग्रस्त लोगों को अपनी रोज़ी-रोटी की इतनी चिंता एवं विवशता होती है कि वे अपने पुत्र की मृत्यु का शोक भी नहीं मना सकते। समाज भी उन्हें हेय दृष्टि से देखता है। पाठ के इस कथ्य को देखते हुए 'दुःख का अधिकार' शीर्षक पूर्णतः सार्थक सिद्ध होता है।

(घ) एवरेस्ट की चोटी पर पहुँचकर बचेंद्री पाल ने 'सागरमाथा' को चूमकर पूजा-अर्चना की और अपने साथ लाई गई हनुमान चालीसा और दुर्गा माँ के चित्र को बर्फ़ में दबा दिया। लेखिका की सफलता पर कर्नल खुल्लर ने उसे बधाई दी और कहा कि "तुम्हारी इस अनूठी उपलब्धि पर सभी को प्रसन्नता है; देश को इस पर गर्व है। मैं तुम्हारी इस उपलब्धि के लिए तुम्हारे माता-पिता को बधाई देना चाहूँगा।"

11. (i) (ग) प्रकृति की सुंदरता का

(ii) (घ) गीत और अगीत में से कौन सुंदर है?

(iii) (ख) नदी के लिए

(iv) (क) कथन (A) सही है और कारण (R) कथन (A) की सही व्याख्या करता है।

(v) (घ) नदी की दिशा निश्चित होती है।

12. (क) कवि रहीम के अनुसार, जो स्रोत या साधन उपयोगी होता है, वही महत्त्वपूर्ण होता है, जो स्रोत या साधन उपयोगी नहीं होता, उसका कोई महत्त्व नहीं होता, जिस प्रकार सागर इतना विशाल है, व्यापक है, लेकिन उसका पानी उपयोगी नहीं है, क्योंकि वह लोगों की प्यास नहीं बुझा पाता। ठीक इसके विपरीत, कीचड़ का जल अर्थात् पंक जल अत्यंत तुच्छ है, मलिन है, लेकिन इसके बावजूद वह लघु जीवों की प्यास बुझा पाने के कारण सागर की अपेक्षा अधिक महत्त्वपूर्ण है, क्योंकि वह अधिक उपयोगी है।

कवि रहीम कहना चाहते हैं कि आकार या स्वरूप महत्त्वपूर्ण नहीं होता, बल्कि महत्त्वपूर्ण उसकी उपयोगिता होती है। यदि वह उपयोगी है, तो सभी को उसकी आवश्यकता महसूस होगी और यदि वह अनुपयोगी है, तो किसी के भी काम के योग्य नहीं है, जो व्यक्ति किसी के काम आता है, वही महत्त्वपूर्ण होता है। यदि वह दूसरों के काम नहीं आता, तो उसकी उपयोगिता एवं महत्त्व नगण्य है।

(ख) कवि कहता है कि नए इलाके में रोज़-रोज़ कुछ-न-कुछ नया निर्माण होता है। रोज़-रोज़ नई आबादी का बढ़ना, नए भवनों का बनना एक समस्या है। नई घटनाएँ भी घटती हैं। रोज़-रोज़ नई-नई इमारतों के निर्माण से मनुष्य रास्ता भी भूल जाता है। वह पहले घर जाने के लिए जिन-जिन निशानियों को याद रखता था, अब वे निशानियाँ वहाँ नहीं

मिलतीं, बल्कि उनके स्थान पर कुछ नया निर्माण नज़र आता है। इसलिए वह रास्ता भटक जाता है।

आज नगरों में बसने वाली बस्तियाँ इतनी तीव्रता से बढ़ रही हैं कि आदमी को अपना घर तक ढूँढना कठिन हो गया है। यदि वह कुछ दिन बाद अपनी बस्ती में लौटकर आए, तो रास्ता तक भूल जाएगा। उसकी पुरानी निशानियाँ देखते ही देखते नष्ट हो जाती हैं। दुनिया इतनी तेज़ी से बदल रही है कि जो निर्माण एक दिन पहले किया जाता है, दूसरे दिन तक वह पुराना पड़ चुका होता है।

(ग) जीवन वस्तुतः संघर्ष का ही नाम है। मनुष्य को आगे बढ़ने के लिए निरंतर संघर्ष करना पड़ता है। वर्तमान सामाजिक परिवेश भी जीवन को संघर्ष के रूप में ही स्थापित करता है। वर्तमान सामाजिक परिवेश अपनी विषमता की अधिकता के कारण अधिक संघर्ष की माँग करता है। 'अग्नि पथ' कविता जीवन के इसी संघर्ष को व्याख्यायित करती है।

'अग्नि पथ' कविता मनुष्य को प्रेरणा देती है कि जीवन रूपी संघर्ष से घबराकर हमें भागना नहीं चाहिए, बल्कि संघर्षों से गुज़रते हुए, जीवन की कठिनाइयों का सामना करते हुए धैर्य एवं दृढ़ संकल्प के साथ अपने लक्ष्य की ओर बढ़ते रहना चाहिए। इसी में जीवन की सार्थकता है। आँसू , पसीने एवं रक्त से लथपथ होकर भी कर्मवीर मनुष्य की भाँति अपने जीवन को सफल बनाना ही हमारा लक्ष्य होना चाहिए।

(घ) कवि रैदास ने प्रभु के साथ अपने संबंधों को व्याख्यायित करते हुए कई उपमाओं का प्रयोग किया है। उन्हीं में से एक उपमा 'सुहागा' की देते हुए कवि रैदास ने यह स्पष्ट करना चाहा है कि प्रभु एवं उनका मिलन सोने एवं सुहागे के मिलन के समान पवित्र है। जिस प्रकार सुहागे के संपर्क में आकर सोना और अधिक खरा हो जाता है, उसी प्रकार प्रभु के संपर्क में आकर कवि (रैदास) भी पूर्णतः शुद्ध एवं खरा हो जाएगा।

13. (क) लेखक का छोटा भाई, जो कुएँ के पास ऊपर खड़ा था, को ऐसा प्रतीत हुआ कि उसके बड़े भाई को साँप ने काट लिया। छोटा भाई यह सोचकर चीख पड़ा। लेखक उसकी चीख को उसके मन में अपने प्रति विद्यमान स्नेह-भाव के कारण उठी चीख मानता है। वास्तव में, स्नेह या प्रेम ऐसा ही सकारात्मक मनोविकार है। इसमें अपने स्नेह-पात्र के अमंगल की आशंका से उसे स्नेह करने वाले का मन व्यथित हो उठता है। लेखक के छोटे भाई का चीखना इसी का प्रमाण है।

ऐसा ही उदाहरण हम राम और लक्ष्मण के इतिहास प्रसिद्ध 'भ्रातृ-स्नेह' में देख सकते हैं, जब लक्ष्मण के 'युद्ध-भूमि' में मूर्छित हो जाने पर उनके वियोग की आशंका से राम जैसा मर्यादित और वीर पुरुष भी विलाप करने लगा। वस्तुतः भ्रातृ-प्रेम का ऐसा उदाहरण अन्यत्र दुर्लभ है। लेखक ने इसी कारण भ्रातृ-स्नेह के ताने-बाने को चोट लगने की बात कहते हुए भाई-भाई के पारस्परिक प्रेम को सामान्य लोकानुभव से जोड़कर देखा है।

(ख) 'मेरा छोटा-सा निजी पुस्तकालय' पाठ का लेखक इंटरमीडिएट पास करने के बाद आर्थिक तंगी के कारण अपनी पुरानी पाठ्य-पुस्तकें बेचकर बी.ए. की पाठ्य-पुस्तकें लेने एक सेकंड-हैंड बुकशॉप पर गया। अपनी पाठ्य-पुस्तकें खरीदने के बाद भी उसके पास दो रुपये बच गए थे, जो उसने अपनी माँ को दे दिए।

उन्हीं दिनों वहाँ के सिनेमाघर में 'देवदास' फ़िल्म लगी थी, जिसका एक गाना 'दुःख के दिन अब बीतत नाहीं' लेखक को बहुत पसंद था। वह अकसर इस गाने को गुनगुनाता रहता था और कभी-कभी इस गाने को गुनगुनाते समय उसकी आँखों में आँसू भी आ जाते थे।

एक दिन माँ ने उसके द्वारा इस गाने को गुनगुनाते हुए सुना, तो वह बोलीं—"दुःख के दिन बीत जाएँगे बेटा, दिल इतना छोटा क्यों करता है? धीरज से काम ले!" जब उन्हें मालूम हुआ कि यह गाना तो 'देवदास' फ़िल्म का है, तो सिनेमा की घोर विरोधी माँ ने कहा—"अपना मन क्यों मारता है, जाकर पिक्चर देख आ। पैसे मैं दे दूँगी।" उन्होंने किताबें बेचने से बचे दो रुपये से इस फ़िल्म को देखने की अनुमति दे दी।

वास्तव में, आर्थिक तंगी के बावजूद बेटे के मन की इच्छा को पूरा करने के लिए माँ ने पैसे की चिंता नहीं की। उनके लिए लेखक का प्रसन्न रहना अधिक महत्त्वपूर्ण था। इसी तरह, लेखक जब छोटा था, तो पाठ्य-पुस्तकों को पढ़ने से बहुत जी चुराता था, लेकिन पिता जी के समझाने के बाद उसने पाठ्य-पुस्तकों को पढ़ने पर ध्यान देना शुरू किया। लेखक जब पाँचवीं कक्षा में प्रथम आया, तो माँ ने आँखों में आँसू भरकर उसे गले से लगा लिया।

(ग) लेखक का मानना है कि भारत के छोटे राज्यों में से एक त्रिपुरा की जनसंख्या वृद्धि दर बहुत अधिक है। यह पहाड़ी क्षेत्र तीनो ओर से बांग्लादेश से घिरा हुआ है, जबकि शेष भारत से संपर्क मिजोरम एवं असम द्वारा होता है। यहाँ बड़ी संख्या में बांग्लादेशी अवैध रूप से आते हैं।

लेखक का कहना है कि यहाँ उज्जयंत महल है। पहले माणिक्य वंश त्रिपुरा पर शासन करता था। प्रसिद्ध संगीतकार एस डी बर्मन त्रिपुरा के ही रहने वाले थे। इसके अतिरिक्त, यहाँ अनेक प्रसिद्ध लोकगायक हैं। त्रिपुरा में अनेक धर्मों के लोग रहते हैं और इसके कई क्षेत्रों में हिंसा की घटनाएँ होती रहती हैं, जिससे निपटने के लिए सी आर पी एफ तैनात रहती है। त्रिपुरा के लोग अगरबत्तियों के लिए बाँस की सींकें तैयार करते हैं। यहाँ टी पी एस (टरू पोटेटो सीड्स) की सफलतापूर्वक खेती होती है, जिसका निर्यात भी किया जाता है। उत्तरी त्रिपुरा जिले के उनाकोटी का शिव मंदिर बहुत प्रसिद्ध है, जहाँ एक करोड़ से एक कम शिव की मूर्तियाँ हैं। चट्टानों पर चित्रित शिव की मूर्तियों के अंतर्गत गंगा की अवतरण संबंधी पौराणिक कथा को भी देखा जा सकता है।

14. (क) **अनुशासन और नैतिकता**

अनुशासन से अभिप्राय है—नियमबद्ध प्रणाली एवं व्यवस्था। नैतिकता से तात्पर्य है—सभ्य एवं उच्च विचार। नैतिकता अनुशासन का ही दूसरा नाम है। नैतिकता और अनुशासन दोनों ही सफल जीवन की आधारशिला हैं। मनुष्य इनका उचित रूप से अनुपालन कर अच्छे संस्कार व अच्छी आदतों को अपनाकर जीवन में सफलता प्राप्त कर सकता है।

अनुशासन एवं नैतिकता सफल जीवन का मार्ग है, इसके अभाव में मनुष्य अपने संस्कारों से वंचित होता जा रहा है। यदि जीवन की आरंभिक अवस्था से ही मनुष्य ने अपने

संस्कारों को पहचान लिया, तो वह सफलता की ओर अग्रसर होता रहेगा।

आज व्यक्ति पश्चिमी देशों के फैशन का अंधानुकरण करता जा रहा है, जिसके कारण फैशन की अंधी दौड़ ने मनुष्य के व्यवहार में परिवर्तन ला दिया है। पाश्चात्य प्रभाव ने मनुष्य के नैतिक मूल्यों को गिरा दिया है, जिससे मनुष्य दानव की श्रेणी में आता जा रहा है।

आज शिक्षा पद्धति में भी चरित्र गठन, भावनात्मक उत्कर्ष, आर्थिक स्वावलंबन की दृष्टि से खोखलापन ही दिखाई देता है। आज आवश्यकता इस बात की है कि विद्यालय में नैतिक शिक्षा पर ज़ोर दिया जाना चाहिए। नैतिक शिक्षा पर अत्यंत बल देना आवश्यक है, जिससे विद्यार्थी काल से ही नैतिक उत्थान हो सके और मनुष्य कर्त्तव्य-अकर्त्तव्य के बीच अंतर को समझ सके।

(ख) राष्ट्र निर्माण में नारी का योगदान

भारत की संस्कृति में नारी को ऊँचा स्थान प्राप्त है। यहाँ तक माना जाता है कि जिस घर में नारी का सम्मान नहीं होता, वहाँ सुख, शांति, समृद्धि व संतोष रह ही नहीं सकते और इसके ठीक विपरीत, जहाँ नारी का आदर होता है, उस घर में देवी-देवताओं का वास होता है। राष्ट्र के निर्माण में नारियों का अत्यधिक योगदान रहा है। नारी माँ, बहन, पत्नी व बेटी के रूप में समाज की सहयोगिनी बनकर कार्य करती है। एक शिक्षित व संस्कारी माँ ही अपनी नई पीढ़ी को सुसंस्कृत व शिक्षित बना सकती है। सार्थक नागरिक के रूप में वह आज देश के विकास का हिस्सा बन रही है तथा राष्ट्र व समाज की उन्नति के लिए निरंतर प्रयासरत है।

पौराणिक काल में भी कई ऐसे उदाहरण मिलते हैं। जब नारी ने मानवता के कल्याण में अपना महत्त्वपूर्ण योगदान दिया। सारथी के रूप में कैकेयी को हम नहीं भुला सकते, जिसने रथ के पहिए की कील निकल जाने पर अपनी अँगुली कील की जगह लगा दी थी।

वर्तमान युग में भी ऐसे असंख्य नाम हैं—इंदिरा गाँधी, कल्पना चावला, सरोजिनी नायडू आदि, जो भारतीय नारी जाति की गौरव हैं। आज आवश्यकता है नारी शिक्षा को अधिक विकसित एवं सहज बनाने की। कहा भी जाता है कि यदि नारी शिक्षित, सजग व सुसंस्कृत है, तो समाज व राष्ट्र स्वत: ही शिक्षित, सजग व सुसंस्कृत हो जाएगा।

(ग) आधुनिक भारत की समस्याएँ

संसार में ऐसा कोई भी देश नहीं, जिसमें किसी प्रकार की समस्या न हो। भारत भी अपनी कुछ समस्याओं से जूझ रहा है। संसार के अनेक देशों की ही तरह भारत में भी निर्धनता विद्यमान है, जिसके कारण अपराधों में वृद्धि हो रही है। बढ़ती जनसंख्या भी एक बड़ी विकट समस्या है। भारत की अधिकांश समस्याओं के पीछे अशिक्षा मुख्य कारण है। वैसे तो आज आतंकवाद विश्वव्यापी समस्या है, किंतु भारत को इसने बहुत अधिक परेशान कर रखा है। विशेष रूप से पड़ोसी देश पाकिस्तान अपने प्रायोजित आतंकवाद द्वारा भारत में किसी-न-किसी आतंकवादी घटना को अंजाम देता रहता है। देश में सांप्रदायिकता पूरे ज़ोरों पर है, इससे देश के विकास में बाधा उत्पन्न हो रही है। धर्म के नाम पर लोगों को भड़काया जाता है और दंगे-फ़साद कराए जाते हैं। भ्रष्टाचार ने भी भारतीय लोकतंत्र को बहुत अधिक नुकसान पहुँचाया है।

आज लाखों-करोड़ों रुपयों का भ्रष्टाचार भी लोगों को नहीं चौंकाता, क्योंकि इस प्रकार की घटनाएँ आए दिन हमारे सामने आती रहती हैं। आज आवश्यकता इस बात की है कि नैतिक मूल्यों की पुनर्स्थापना की जाए तथा भ्रष्टाचार, निर्धनता, अशिक्षा, आतंकवाद, सांप्रदायिकता आदि के विरुद्ध कड़ा संघर्ष किया जाए, ताकि सभ्य और सुशिक्षित भारत का विकास हो सके।

15. 32, रमण छात्रावास,
वाराणसी।
दिनांक 05 सितंबर, 20XX
पूज्य पिताजी,
सादर चरण-स्पर्श।
मुझे आपका पत्र मिला। मेरी पढ़ाई सुचारु रूप से चल रही है। हमारा विद्यालय 24-09-20XX से 05-10-20XX तक दशहरा अवकाश के लिए बंद हो रहा है। इस अवकाश में हमारे विद्यालय की ओर से केरल भ्रमण के लिए एक कार्यक्रम बनाया गया है। एक सप्ताह के भोजन एवं आवास व्यय तथा आने-जाने के किराये सहित हमें ₹ 1500 प्रति छात्र जमा कराने के लिए कहा गया है। मैं भी इस भ्रमण कार्यक्रम में सम्मिलित होने का इच्छुक हूँ। अत: आपसे प्रार्थना है कि आप उचित धनराशि शीघ्र भिजवा दें एवं अपनी लिखित अनुमति भी भेज दें।
माताजी को चरण-स्पर्श एवं वंदना को प्यार।
आपका आज्ञाकारी पुत्र
रोहित शर्मा

अथवा

जी ब्लॉक, लक्ष्मीनगर,
दिल्ली।
दिनांक 10 जुलाई, 20XX
प्रिय मित्र,
नमस्कार!
मुझे अभी तुम्हारा पत्र प्राप्त हुआ और यह जानकर अत्यंत प्रसन्नता हुई कि तुम्हारे पिताजी ने तुम्हें कंप्यूटर उपहार में दिया है। मित्र कंप्यूटर पर इंटरनेट की सुविधा उपलब्ध होती है। इस विषय में मैं तुम्हें कुछ जानकारी देना चाहता हूँ। इंटरनेट यद्यपि हमारे लिए लाभदायक है, इससे समय व धन की बचत होती है, साथ ही इससे हम विश्व भर की जानकारी घर बैठे ही प्राप्त कर सकते हैं। इंटरनेट ने ज्ञान-विज्ञान एवं संचार को सुगम बना दिया है, परंतु कभी-कभी इंटरनेट का दुरुपयोग होने से हानि भी होती है। इससे हमारी सूचना एवं धन किसी अन्य के पास पहुँच सकता है, जिसके गलत प्रयोग द्वारा हमें कई कठिनाइयों का सामना कर पड़ सकता है। इंटरनेट पर कई वेबसाइट ऐसी होती हैं, जिससे व्यक्ति पर बुरा प्रभाव पड़ता है तथा चैटिंग आदि की आदत व्यक्ति का बहुमूल्य समय नष्ट कर देती है।

मित्र इंटरनेट का प्रयोग ज्ञान-विज्ञान, सूचनाएँ, आँकड़े एकत्र करने, व्यवसाय चुनने आदि में ही करना चाहिए। आशा है कि तुम मेरे इन संकेतों को समझकर इंटरनेट का सदुपयोग करोगे, जिससे तुम्हारा भविष्य स्वर्णिम बनेगा।

घर पर सभी को मेरा सादर प्रणाम।

तुम्हारा अभिन्न मित्र

राज

16. प्रस्तुत चित्र में किसी ऐसे स्थल या क्षेत्र को दिखाया गया है, जहाँ अत्यधिक वर्षा होने के कारण या बाढ़ आने के कारण पानी भर गया है। इस चित्र में कुछ राहत बचाव दल के व्यक्ति दिखाई दे रहे हैं, जो वहाँ के लोगों को बाहर निकाल रहे हैं। वहाँ के घर एवं गाड़ियाँ पानी में डूबी हुई दिखाई दे रही हैं। बाढ़ एक प्राकृतिक आपदा है, जो अत्यधिक वर्षा होने के कारण आती है, उसे प्राकृतिक माना जाता है तथा बाँध टूटने के कारण आई बाढ़ को अप्राकृतिक माना जाता है। बाढ़ चाहे प्राकृतिक हो या अप्राकृतिक दोनों ही स्थिति में जनमानस को भारी हानि होती है।

बाढ़ आने के कारण वह क्षेत्र पानी में डूब जाता है। यहाँ की स्थिति कई बार इतनी भयावह हो जाती है कि पशु या आदमी उस पानी में बह जाते हैं। वहाँ के लोगों के पास खाने-पीने व अन्य आवश्यक सामान का अभाव हो जाता है एवं यातायात ठप्प हो जाता है। कई लोग तो घर की छत पर रहने को विवश हो जाते हैं, क्योंकि उनके घरों में पानी भर जाता है और बिजली आदि की सुविधा भी समाप्त हो जाती है। वहाँ के लोगों की दशा दयनीय एवं असहनीय हो जाती है। कुछ लोगों को अपना घर छोड़कर सरकार द्वारा बनाए गए कैंप में रहना पड़ता है।

बाढ़ आना एक प्राकृतिक आपदा है, जिसे हम मानव कभी नहीं रोक सकते हैं, लेकिन हम इस स्थिति में स्वयं को बचाने के लिए कुछ तैयारी कर सकते हैं। जिन क्षेत्रों में बाढ़ आने की संभावना अधिक होती है, वहाँ बड़े-बड़े बाँधों का निर्माण किया जा सकता है, जिससे अत्यधिक मात्रा में जल को संचित किया जा सके तथा जल निकास का अधिक प्रयास किया जा सके। सरकार द्वारा आपदा की सूचना जनता तक पहुँचाने की व्यवस्था का निर्माण किया जाना चाहिए, ताकि लोगों को यथासंभव सुरक्षित स्थान पर पहुँचने का समय मिल सके और लोगों को हानि कम हो।

17. **प्रतीक** रमन! एक बात से मेरा मन बहुत दु:खी हो गया।

रमन दोस्त! किस बात से तुम दु:खी हो गए?

प्रतीक कल मैंने जगह-जगह पर लोगों को ट्रैफ़िक नियमों का उल्लंघन करते हुए देखा।

रमन यह कौन-सी नई बात है? यह सब तो चलता रहता है।

प्रतीक यही सोच तो बदलनी है। नियमों का उल्लघंन करके, हमें अपने साथ-साथ दूसरे लोगों के जीवन को भी संकट में डालने का कोई हक नहीं है।

रमन वास्तव में, अपने देशवासियों की सोच बदलना, उनसे नियमों का पालन करवाना बहुत मुश्किल है, किंतु असंभव नहीं है। हमें लोगों को जागरूक करना होगा।

प्रतीक तुम ठीक कहते हो। इसके लिए हमें कुछ और लोगों को भी साथ लेकर एक संगठन बनाना होगा।

अथवा

मरीज़ डॉक्टर साहब! मेरे पेट में दर्द हो रहा है।

डॉक्टर अच्छा, कब से है यह दर्द? आपने बाहर का तो कुछ नहीं खाया?

मरीज़ नहीं, मैंने तो पिछले दो दिनों से घर के बाहर का कुछ भी नहीं खाया।

डॉक्टर रात में सोने में कोई समस्या तो नहीं आई?

मरीज़ कल रात 10:00 बजे खाना खाने के बाद 11:00 बजे के आस-पास सोने चला गया। रात में लगभग 3:00 बजे पेट में दर्द होने लगा।

डॉक्टर कोई बात नहीं। मैं आपको कुछ दवाएँ लिख देता हूँ। इन्हें निर्देशानुसार तीन दिनों तक खा लीजिएगा। पेट में थोड़ा 'इंफेक्शन' हो गया है। ठीक हो जाएगा।

मरीज़ और कोई विशेष बात तो नहीं, डॉक्टर साहब।

डॉक्टर नहीं, नहीं, बिलकुल नहीं।

मरीज धन्यवाद, सर।

प्रतिदर्श प्रश्न-पत्र 3 (व्याख्या रहित)

CBSE कक्षा 9 की परीक्षा के लिए नमूना प्रश्न-पत्र

हिंदी 'ब'

समय : 3 घंटे　　　　　　　　　　　　　　　　　　　　　　　　　　　　　　　पूर्णांक : 80

1. इस प्रश्न-पत्र में चार खंड दिए गए हैं–'क', 'ख', 'ग' और 'घ'।
2. खंड 'क' में बहुविकल्पीय, अतिलघु व लघु उत्तरीय प्रश्न दिए गए हैं।
3. खंड 'ख' में अतिलघु उत्तरीय प्रश्न दिए गए हैं।
4. खंड 'ग' में बहुविकल्पीय व वर्णनात्मक प्रश्न दिए गए हैं।
5. खंड 'घ' में वर्णनात्मक प्रश्न दिए गए हैं।
6. यथासंभव सभी प्रश्नों के उत्तर क्रमानुसार लिखिए।

खंड (क) : अपठित बोध (14 अंक)

1. निम्नलिखित गद्यांश को ध्यानपूर्वक पढ़कर पूछे गए प्रश्नों के उत्तर दीजिए।

आधुनिक युग में योग का महत्त्व बढ़ गया है। इसके बढ़ने का कारण व्यस्तता और मन की व्यग्रता है। यदि मनुष्य शारीरिक रूप से स्वस्थ है, तो वह संसार में रहकर जीवन का सुख भोग सकता है और अपने सभी कर्त्तव्यों एवं मनोकामनाओं को पूर्ण कर सकता है। शरीर ही वह माध्यम है, जिसके द्वारा हम अपने सभी कार्यों को संपन्न कर सकते हैं। इसलिए अपने शरीर को स्वस्थ रखना हमारा प्रथम कर्त्तव्य है, जिसे योग द्वारा स्वस्थ बनाया जा सकता है। 21 जून, 2015 को प्रथम बार संपूर्ण विश्व में 'विश्व योग दिवस' मनाया गया। इसके साथ ही यह घोषणा भी की गई कि प्रत्येक वर्ष 21 जून को विश्व योग दिवस के रूप में मनाया जाएगा।

योग प्राचीन समय से ही भारतीय संस्कृति का अंग रहा है। हमारे पूर्वजों ने बहुत समय पहले ही इसका आविष्कार कर लिया था और इसके महत्त्व को पहचान लिया था। इसलिए योग पद्धति सदियों बाद भी जीवित है। योग करने से न केवल तन की थकान दूर होती है, बल्कि मन की थकान भी दूर होती है। योग करने वाला व्यक्ति अपने अंग-प्रत्यंग में एक नए उत्साह एवं स्फूर्ति का अनुभव करता है। योग करने से शरीर के प्रत्येक अंग में रक्त का संचार सुचारु रूप से होता है तथा शरीर रोगमुक्त रहता है। अतः योग दिवस का उद्देश्य संपूर्ण विश्व में योग से प्राप्त होने वाले लाभों के प्रति लोगों को जागरूक करना है। मनुष्य को शारीरिक और मानसिक रूप से स्वस्थ रखने में योग पूर्णतः सक्षम है।

(i) **आधुनिक युग में योग का महत्त्व क्यों बढ़ा है?** (1)
   (क) प्राचीनतम पद्धतियों पर लोगों के विश्वास के कारण
   (ख) व्यस्तता और मन की व्यग्रता
   (ग) लोगों में इसके प्रति उत्साह बढ़ने के कारण
   (घ) उपर्युक्त में से कोई नहीं

(ii) **हमारा प्रथम कर्त्तव्य क्या है?** (1)
   (क) शरीर को स्वस्थ रखना
   (ख) सभी मनोकामनाओं को पूर्ण करना
   (ग) योग की शिक्षा लेना
   (घ) सुखों का उपभोग करना

(iii) **कथन** (A) **योग आध्यात्मिक व शारीरिक क्रियाओं का संयोग है।** (1)
   कारण (R) **योग से तन-मन की थकान दूर होती है, अंग-प्रत्यंग में नए उत्साह व स्फूर्ति का अनुभव होता है और रक्त का संचार सुचारु रूप से होने से शरीर रोगमुक्त होता है।**
   (क) कथन (A) सही है, लेकिन कारण (R) गलत है।
   (ख) कथन (A) गलत है, लेकिन कारण (R) सही है।
   (ग) कथन (A) और कारण (R) दोनों गलत हैं।
   (घ) कथन (A) सही है और कारण (R) कथन (A) की सही व्याख्या करता है।

(iv) **योग का महत्त्व बढ़ने के क्या कारण हैं?** (2)

(v) **योग दिवस का क्या उद्देश्य है?** (2)

2. निम्नलिखित गद्यांश को ध्यानपूर्वक पढ़कर पूछे गए प्रश्नों के उत्तर दीजिए।

संसार में कुछ भी असाध्य नहीं है। कुछ भी असंभव नहीं है, क्योंकि दृढ़ इच्छाशक्ति, परिश्रम और अभ्यास द्वारा असंभव को भी संभव किया जा सकता है। असंभव, असाध्य आदि शब्द कायरों के लिए हैं। नेपोलियन के लिए ये शब्द उसके कोष में ही नहीं थे। नेपोलियन के कई ऐसे उदाहरण दिए जाते हैं जिनमें उसने दृढ़ इच्छाशक्ति से असंभव काम को भी संभव किया। एक बार नेपोलियन युद्ध के

दौरान आल्प्स पर्वत के पास सेना सहित पहुँचे तथा मार्ग की जानकारी के लिए जब नेपोलियन पास में ही रहने वाली एक वृद्ध महिला के पास पहुँचे तो नेपोलियन की बात सुनकर उसने कहा–पहले भी कई लोग इस पहाड़ पर चढ़ने का असफल प्रयास कर चुके हैं, लेकिन उस वृद्ध महिला की बात से नेपोलियन परेशान नहीं हुआ, क्योंकि उसके लिए असंभव शब्द का कोई वजूद नहीं था। वृद्ध महिला नेपोलियन के इस विश्वास को देखकर हैरान थी। उसने नेपोलियन को सफलता का आशीर्वाद दिया और नेपोलियन बोनापार्ट ने सेना सहित उस पर्वत को पार किया।

साहस के पुतले बापू ने विश्व को चकित कर दिया। क्या बापू शरीर से शक्तिशाली थे? नहीं, वे तो पतले-से, एक लँगोटी पहने लकड़ी के सहारे चलते थे, परंतु उनके विचार सशक्त थे, भावनाएँ शक्तिशाली थीं। उनके साहस को देखकर करोड़ों भारतीय उनके पीछे थे। ब्रिटिश साम्राज्य उनसे काँप गया। अहिंसा के सहारे बिना रक्तपात के उन्होंने भारत को स्वतंत्र कराया। यह विश्व का अद्वितीय उदाहरण है।

जब गाँधीजी ने अहिंसा का नारा लगाया तो लोग हँसते थे। कहते थे, अहिंसा से कहीं ब्रिटिश साम्राज्य से टक्कर ली जा सकती है? परंतु वे डटे रहे, साहस नहीं छोड़ा। अंत में अहिंसा की ही विजय हुई। कहते हैं, 'अकेला चना क्या भाड़ फोड़ सकता है' हाँ, फोड़ सकता है, यदि उसमें साहस हो तो।

(i) संसार में सब कुछ संभव है (1)

1. परिश्रम से 2. अभ्यास से
3. दृढ़ इच्छाशक्ति से 4. असाध्य से

कूट

(क) 1 और 2 सही हैं। (ख) 2 और 3 सही हैं।
(ग) 3 और 4 सही हैं। (घ) 1, 2, 3 और 4 सही हैं।

(ii) नेपोलियन के शब्दकोश में .... नहीं था। (1)

(क) साध्य शब्द (ख) संभव शब्द
(ग) असंभव शब्द (घ) परिश्रम शब्द

(iii) गाँधीजी ने किसका नारा लगाया था? (1)

(क) हिंसा का (ख) अहिंसा का
(ग) सहयोग का (घ) शक्ति का

(iv) संसार में कुछ भी असाध्य क्यों नहीं है? (2)

(v) नेपोलियन वृद्ध महिला की बात से परेशान क्यों नहीं हुआ? (2)

खंड (ख) : व्यावहारिक व्याकरण (16 अंक)

3. निम्नलिखित प्रश्नों में से किन्हीं दो प्रश्नों के उत्तर निर्देशानुसार दीजिए। (1 × 2 = 2)

(i) वह दिनभर काम करता रहा। रेखांकित पद का भेद बताइए। (1)

(ii) 'मोहन धीरे-धीरे चलकर थक गया।' इस वाक्य में रेखांकित अंश के पदबंध का भेद लिखिए। (1)

(iii) शब्द और पद में अंतर को समझाइए। (1)

4. निम्नलिखित में से किन्हीं दो प्रश्नों के उत्तर निर्देशानुसार दीजिए। (1 × 2 = 2)

(i) अनुस्वार का प्रयोग किसके स्थान पर किया जाता है? (1)

(ii) माता का अनुनासिक युक्त शब्द क्या होगा? (1)

(iii) अनुनासिक का उच्चारण स्थान बताइए। (1)

5. निम्नलिखित में से किन्हीं चार प्रश्नों के उत्तर निर्देशानुसार दीजिए (1× 4 = 4)

(i) 'दुर्योधन' शब्द में किस उपसर्ग का प्रयोग हुआ है? (1)

(ii) संबंध शब्द किस उपसर्ग के योग से बना है? (1)

(iii) खर्चीला शब्द किस प्रत्यय के योग से बना है? (1)

(iv) मेधावी शब्द की रचना किस प्रत्यय से हुई है? (1)

(v) ऊँचाई में कौन-सा प्रत्यय है? सकारण उत्तर दीजिए। (1)

6. निम्नलिखित में से किन्हीं तीन प्रश्नों के उत्तर दीजिए। (1 × 3 = 3)

(i) 'पवन' शब्द में संधि का नाम लिखिए। (1)

(ii) 'अभि + उदय की संधि कीजिए और संधि का नाम लिखिए। (1)

(iii) गुण संधि की परिभाषा लिखिए। (1)

(iv) अयादि संधि की परिभाषा उदाहरण सहित लिखिए। (1)

7. निम्नलिखित में से किन्हीं दो प्रश्नों के उत्तर दीजिए (1 × 3 = 3)

(i) आप की सामर्थ्य (शक्ति) को मैं जानता हूँ वाक्य में किस विराम चिह्न का प्रयोग होगा? (1)

(ii) अच्छा, अब मैं चलता हूँ वाक्य में किस विराम चिह्न का प्रयोग होगा? (1)

(iii) प्रश्नवाचक विराम चिह्न का प्रयोग कहाँ किया जाता है? (1)

8. निम्नलिखित में से किन्हीं तीन प्रश्नों के उत्तर दीजिए। (1 × 3 = 3)

(i) 'मैं अपनी बात का अनुमोदन करता हूँ' अर्थ की दृष्टि से वाक्य का कौन-सा भेद है? (1)

(ii) संदेहवाचक वाक्य किसे कहते हैं? सोदाहरण समझाइए। (1)

(iii) 'शोक तथा गम मनाने के लिए भी सहूलियत चाहिए' वाक्य अर्थ भेद की दृष्टि से कैसा वाक्य है? (1)

(iii) संकेतवाचक वाक्य किसे कहते हैं? सोदाहरण लिखिए। (1)

खंड (ग) : पाठ्यपुस्तक व पूरक पाठ्यपुस्तक (30 अंक)

9. निम्नलिखित गद्यांश को पढ़कर पूछे गए प्रश्नों के उत्तर दीजिए (1 × 5 = 5)

विराट समुद्र की नील-वर्णीय आभा को भी असंख्य लोग आदिकाल से देखते आ रहे थे; मगर इस आभा पर पड़े रहस्य के परदे को हटाने के लिए हमारे समक्ष उपस्थित हुए सर चंद्रशेखर वेंकट रामन्।

बात वर्ष 1921 की है, जब रामन् समुद्री यात्रा पर थे। जहाज के डेक पर खड़े होकर नीले समुद्र को निहारना, प्रकृति-प्रेमी रामन् को अचछा लगता था। वे समुद्र की नीली आभा में घंटों खोए रहते। लेकिन रामन् केवल भावुक प्रकृति-प्रेमी ही नहीं थे। उनके अंदर एक वैज्ञानिक की जिज्ञासा भी उतनी ही सशक्त थी। यही जिज्ञासा उनसे सवाल कर बैठी' आखिर समुद्र का रंग नीला ही क्यों होता है? कुछ और क्यों नहीं? रामन् सवाल का जवाब ढूँढ़ने में लग गए। जवाब ढूँढ़ते ही वे विश्वविख्यात बन गए।

(i) विशालकाय समुद्र के नीले रंग की चमक के पीछे छिपे रहस्य को किसने समझा था? (1)

(क) लेखक ने (ख) न्यूटन ने
(ग) चंद्रशेखर वेंकट रामन् ने (घ) मनोवैज्ञानिक ने

(ii) **कथन** (A) रामन् विश्वविख्यात हो गए थे। (1)
कारण (R) आखिर समुद्र का रंग नीला ही क्यों होता है? कुछ और क्यों नहीं?

(क) कथन (A) सही है और कारण (R) कथन (A) की सही व्याख्या करता है।
(ख) कथन (A) सही है, लेकिन कारण (R) कथन (A) की सही व्याख्या नहीं करता है।
(ग) कथन (A) गलत है, लेकिन कारण (R) सही है।
(घ) कथन (A) और कारण (R) दोनों गलत हैं।

(iii) गद्यांश के अनुसार रामन् भावुक प्रकृति प्रेमी के अतिरिक्त और क्या थे? (1)

(क) एक समुद्र यात्री (ख) एक वैज्ञानिक
(ग) एक साहित्यकार (घ) एक किसान

(iv) रामन् जीवन में किस वर्ष समुद्री यात्रा पर गए थे? (1)

1. 1988 2. 1921
3. 1954 4. 1930

कूट

(क) केवल 1 सही है।
(ख) केवल 2 सही है।
(ग) केवल 3 सही है।
(घ) केवल 4 सही है।

(v) 'यही जिज्ञासा उनसे सवाल कर बैठी'। इस वाक्य में 'जिज्ञासा' का अर्थ है (1)

(क) विचार (ख) सुंदरता
(ग) जानने की इच्छा (घ) प्रेरणा

10. निम्नलिखित प्रश्नों में से किन्हीं तीन के उत्तर संक्षेप में दीजिए। (2 × 3 = 6)

(क) "बातचीत की उछलती गेंद चर्चा के क्षेत्र के सभी कोनों से टप्पे खाकर फिर सेंटर में आकर चुपचाप पड़ी है" का आशय स्पष्ट कीजिए। (2)

(ख) हार्नीमेन कौन थे? उनको देश निकाला देने का कारण क्या था? (2)

(ग) जीवन में साहस एवं लगन की भूमिका सफलता प्राप्त करने की दृष्टि से अत्यंत महत्वपूर्ण है। 'एवरेस्ट : मेरी शिखर यात्रा' पाठ के आधार पर इस कथन को स्पष्ट करें। (2)

(घ) रामन् ने सरकारी नौकरी क्यों छोड़ दी थी? (2)

11. निम्नलिखित पद्यांश को पढ़कर पूछे गए प्रश्नों के उत्तर दीजिए। (1 × 5 = 5)

अग्नि पथ! अग्नि पथ! अग्नि पथ!
वृक्ष हों भले खड़े,
हों घने, हों बड़े,
एक पत्र-छाँह भी माँग मत, माँग मत, माँग मत।
अग्नि पथ! अग्नि पथ! अग्नि पथ!

(i) पद्यांश में कवि ने जीवन को कैसा बताया है? (1)

1. सहज और सरल 2. आडंबरपूर्ण
3. संघर्षमय 4. वैभवपूर्ण

कूट

(क) केवल 1 सही है। (ख) केवल 2 सही है।
(ग) केवल 3 सही है (घ) केवल 4 सही है।

(ii) पद्यांश में किस कौशल की बात की गई है? (1)

(क) चिंताहीन होकर कार्य करने की
(ख) निरंतर संघर्ष करने की
(ग) दूसरे के कार्यों से प्रेरणा लेने की
(घ) आर्थिक लाभ प्राप्त करने की

(iii) जीवन की राह में कोई घना वृक्ष दिखाई देने पर क्या नहीं करना चाहिए? (1)

(क) उसकी शाखाओं को नहीं निहारना चाहिए
(ख) उससे छाया की इच्छा नहीं रखनी चाहिए
(ग) उसके फल खाने की चाह नहीं रखनी चाहिए
(घ) उसकी जड़ों को पानी नहीं देना चाहिए

(iv) **कथन** (A) पद्यांश के अनुसार सफलता व्यक्ति के कदम चूमती है।
कारण (R) जब व्यक्ति जीवन के कठिन मार्ग पर निरंतर चलता रहेगा। (1)

(क) कथन (A) सही है, लेकिन कारण (R) कथन (A) की गलत व्याख्या करता है।
(ख) कथन (A) और कारण (R) दोनों सही हैं।

(ग) कथन (A) गलत है, लेकिन कारण (R) सही है।

(घ) कथन (A) और कारण (R) दोनों गलत हैं।

(v) जीवन को अग्नि पथ कहने से क्या अभिप्राय है? (1)

(क) आग से भरा जीवन (ख) संघर्षपूर्ण जीवन

(ग) आग रहित जीवन (घ) प्रकाशपूर्ण जीवन

12. निम्नलिखित प्रश्नों में से किन्हीं तीन के उत्तर संक्षेप में दीजिए। $(2 \times 3 = 6)$

(क) 'खुशबू रचते हैं हाथ' कविता का केन्द्रीय भाव अपने शब्दों में लिखिए। (2)

(ख) प्रकृति और पशु-पक्षियों का आपस में गहरा संबंध है। कविता 'गीत-अगीत' के आधार पर स्पष्ट कीजिए। (2)

(ग) मानवीय मूल्यों की दृष्टि से रहीम के दोहों का व्यक्ति के जीवन में क्या महत्व है? (2)

(घ) मनुष्य को अपनी ज़िंदगी में किस प्रकार आगे बढ़ना चाहिए? (2)

13. निम्नलिखित प्रश्नों में से किन्हीं दो के उत्तर संक्षेप में दीजिए। $(4 \times 2 = 8)$

(क) चिट्ठियों के कुएँ में गिरने के पश्चात् लेखक की मनःस्थिति कैसी थी? उसका वर्णन 'स्मृति' पाठ के आधार पर कीजिए। (2)

(ख) वर्तमान समय में पशु-पक्षियों को मनुष्य द्वारा प्रताड़ित किया जाना सर्वथा अनुचित कार्य है। कथन के पक्ष में अपने विचार व्यक्त कीजिए। (2)

(ग) विंदा करंदीकर का कथन-"भारती में सैकड़ों महापुरुष जो पुस्तक-रूप में तुम्हारे चारों ओर विराजमान हैं, इन्हीं के आशीर्वाद से तुम बचे हो।" लेखक को सच क्यों लगा? (2)

खंड (घ) : रचनात्मक लेखन (20 अंक)

14. निम्नलिखित विषयों में से किसी एक विषय पर दिए गए संकेत बिंदुओं के आधार पर 120 शब्दों में अनुच्छेद लिखिए। (5)

(क) **प्राकृतिक आपदाएँ**

संकेत बिंदु

- अवधारणा
- प्रकार
- बचने के उपाय
- हमारी जिम्मेदारी

(ख) **कन्या भ्रूण हत्या : एक सामाजिक अपराध**

संकेत बिंदु

- कन्या का महत्त्व
- भ्रूण हत्या के कारण
- इसका दुष्प्रभाव
- रोकने के उपाय

(ग) **परिश्रम का जीवन में महत्त्व**

संकेत बिंदु

- परिश्रम से अभिप्राय
- परिश्रम के लाभ
- परिश्रम की उपयोगिता
- परिश्रम एवं सफलता में संबंध

15. अपनी वार्षिक परीक्षा में उत्कृष्ट प्रदर्शन करने पर बड़े भाई के मार्गदर्शन के लिए उन्हें धन्यवाद देते हुए पत्र लिखिए। (5)

अथवा

अपने जन्मदिन पर आयोजित कार्यक्रम की रूपरेखा बनाते हुए अपने मित्र को इस अवसर पर आने के लिए निमंत्रण-पत्र लिखिए।

16. नीचे दिए गए चित्र को ध्यान से देखिए। चित्र में दिखाई दे रहे दृश्य/घटना का वर्णन अपनी कल्पना शक्ति के आधार पर कीजिए जिसका सीधा संबंध चित्र से होना चाहिए। (5)

17. अपनी परीक्षा की तैयारी के संदर्भ में अपने एक सहपाठी से होने वाले संवाद को लगभग 100 शब्दों में लिखिए। (5)

अथवा

बढ़ती महँगाई पर अपने मित्र के साथ हुए संवाद को 100 शब्दों में लिखिए।